新电商精英系列教程

LIVE OPERATION
FROM ENTRY TO MASTERY

直播运营
从入门到精通

王 辉 ◎编著

中国出版集团
中译出版社

图书在版编目（CIP）数据

直播运营从入门到精通 / 王辉编著. –– 北京：中
译出版社，2020.6

新电商精英系列教程

ISBN 978-7-5001-6295-7

Ⅰ.①直…　Ⅱ.①王…　Ⅲ.①网络营销—教材　Ⅳ.
① F713.365.2

中国版本图书馆 CIP 数据核字（2020）第 071928 号

出版发行：中译出版社

地　　址：北京市西城区车公庄大街甲 4 号物华大厦六层

电　　话：（010）68359376，68359827（发行部）（010）68003527（编辑部）

传　　真：（010）68357870

邮　　编：100044

电子邮箱：book@ctph.com.cn

网　　址：http://www.ctph.com.cn

策　　划：北京瀚文锦绣国际文化有限公司

责任编辑：温晓芳

封面设计：末末美书

排　　版：张元元

印　　刷：三河市宏顺兴印刷有限公司

经　　销：全国新华书店

规　　格：870mm×1220mm　1/32

印　　张：36

字　　数：840 千字

版　　次：2020 年 6 月第一版

印　　次：2020 年 6 月第一次

ISBN 978-7-5001-6295-7　　　　　定价：210 元 / 套（全 6 册）

全民直播时代已经到来！直播已经渐渐融入人们的生活之中，直播已成为一条获取信息、娱乐的新途径。

全民直播的氛围不仅为商界大佬们带来了新的商机，更为创业者们带来了无限契机。马云、雷军、马化腾、王健林等大亨已经挺进直播界，并且收获了累累硕果。这些在互联网界、商界玩得游刃有余的大佬们转战直播界，是对视频直播潜力的最好诠释。李佳琦、薇娅、罗永浩……这些直播带货的大IP一次又一次地创造了奇迹。

在这之前，从来没有人能够做到一个人在屏幕上开展推销，在短短几个小时之内卖掉亿元规模的商品。于是，人们惊呼：直播带货将会成为未来的趋势，并且，各大直播平台已经开始着手布局。

如今，一批勇于尝试新事物的人已经在直播中收获了意想不到的硕果，那你还在犹豫什么呢？

网络主播是一个特殊的群体，是因短视频直播快速发展而产生的一个新兴职业，如歌手主播、游戏主播、说唱主播，及专门为各大企业、电商卖货的专业主播。随着直播平台数量的不断增加，以及直播平台的进一步规范，主播需求量也越来越多，这无形中会促使网络主播人才空缺。因而，网络主播也成为时下年轻人最热捧的一个职业。

直播带来的种种商机还刺激了社会的各行各业，比如，直播以其强大的实时互动性为电商的发展注入了新鲜血液；营销界利用网红、直播平台为品牌商做广告宣传，直播已经成为一种新型的营销方式；影视圈的很多明星也开始玩直播，为电影、电视剧、代言产品等做宣传。

直播已经得到了各行各业的青睐，具备无限的发展潜力。如果你去做直播，就会了解许多新兴事物。其实做直播的过程也是一个不断学习的过程，如果你能真正投入这个过程，一定会有意想不到的收获，或许是能力，或许是名誉，或许是金钱，也可能这三者兼备。

通过对权威研究机构的专业数据的分析，我们可以预测直播在未来依旧战斗力十足。

本书的特色在于"图 + 文"的呈现方式，既有真实案例，又有严谨推导，可读性强，针对群体广。相信本书对已从事网络直播的主播、计划从事主播的新人、平台运营人员、电商直播从业者都有很好的指导意义。

目 录

Contents

第一章

全民直播：抓住直播风口

1. 直播是一种全新的传播形式

视频形态的多样性、信息的多元化、所承载情感的丰富性使得视频在人与人交互方面有更多优势。但是受制作方法、信息传播技术的影响，相较图文产业及内容产业，视频产业爆发的时间较晚。

互联网信息的传播也是沿着文字传播、声音传播、图片传播、视频传播的线路而发展的。起初，在门户网站中，图文是信息最主要的传播载体，后来，视频网站兴起，视频以丰富的内容、高效的信息获取速度及传输速度成为信息传播的主要载体。

从目前的发展形势来看，率先关注视频、发展视频的互联网平台依然保持着良好的发展态势。腾讯、搜狐等门户网站在接触视频、发展视频时占尽先机，现如今依然保持着行业领先地位。因此，从某种意义来说，对视频的接纳程度、发展程度与门户网站的发展紧密相关，二者呈正相关关系。

随着视频行业的发展，在 UGC 模式的作用下，用户参与内容生产的积极性被有效地调动了起来，众多视频直播平台崛起。以 YY 为例，该平台率先对互动视频模式进行了探索，将实时直播内容传递给用户，获得用户喜爱，从而汇聚了很多高黏度的粉丝用户，保持了良好的发展势头。

相较传统视频，视频直播具有双重属性：一是内容属性；二是社交属性。随着移动直播的崛起，视频直播的便捷性、互动性、社交性得以有效提升，其社交功能也得以有效发挥。以移动社交软件陌陌为例，在该应用软件中，"直播"功能被放到了主位，该公司也将移动视频直播纳入了公司发展战略，并与一家科技公司达成合作，重磅推出直播功能。

2016年，互联网巨头腾讯也在直播领域发力，先是推出两大直播平台——腾讯直播和企鹅直播，后又投资斗鱼TV和龙珠TV，完成了腾讯直播矩阵的构建，如图1-1所示。由此，在各大移动社交平台的作用下，视频直播社交时代拉开了序幕。

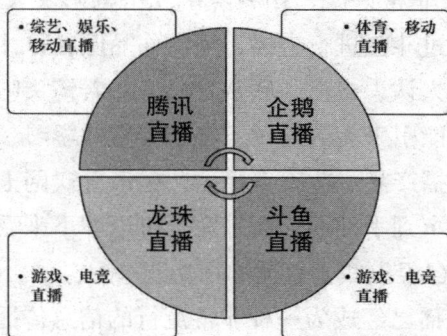

图1-1

2016年，视频直播的移动化与泛娱乐化已全面实现。传统视频直播网站的盈利模式主要以游戏、秀场等为基础，通过互动盈利。现阶段，随着美国Periscope、映客直播、Facebook Live、花椒直播、腾讯直播等直播平台及直播App的发展，社交基因全面融入视频直播，直播已向社会大众全面开放。

移动视频直播的出现使得人与人、人与物的连接方式发生了改变，营造了很多直播场景，这些场景都具有多元化、新鲜化、生活化的特点，非常符合年轻人的娱乐观，备受年轻群体的喜爱。在年轻群体的追逐下，移动视频直播已呈现出爆发之势。

2. 直播是下一个风口

在 2016 年戛纳电影节上，巩俐直播了电影节的现场情况，并说"直播能够让观众用最快的速度了解戛纳现场的情况，我觉得这种形式非常好"；2017 年春节档电影《大闹天竺》上映前，王宝强通过斗鱼进行直播，为新作品圈粉；才艺达人不用再发愁没有更多人认识自己，欣赏自己，对着镜头唱一首歌或跳一段舞，就有可能引来无数粉丝；小学生直播学习、大妈直播广场舞、企业家直播产品、艺人直播才艺……喜欢网上购物的年轻人也不再乱翻网页到手抽筋，而是完全可以静下来看段直播，因为很多购物平台已经上线了直播购物功能。

可见，直播已经成为一种非常流行的信息传播方式，且深受各阶层人群的青睐。根据有关数据显示，截至 2018 年 4 月，我国在线直播平台数量已超过 200 家，市场规模高达 150 亿元人民币，覆盖用户达 3.97 亿人，占网民总数量的 55.3%。在这种大环境下，直播成为一种新的信息表达方式已是必然，无论男女老少，都加入到了直播大军中来。

由于直播极具娱乐性，适合群体广，再加上即时性这一优势，曝光率常常会很高。一条有创意的视频在很短的时间内就会呈现出"病毒"式传播。来势汹汹的直播潮流正在改变着人们的社交方式，从而逐步形成强大的"直播 +"。例如，有人用直播来记录生活、分享生活等，如图 1-2 所示。

在一些大型直播平台上，高峰时段，在线人数突破 400 万人，直播房间数量超过 3000 个。诸多现象表明，视频直播正成为信息传播、社交的下一个爆发口：直播已经无处不在，直播平台疯狂崛起。

图 1-2

直播已经成为移动互联网时代最有发展前景的传播媒介，在不远的将来，势必会取代其他传播媒介，成为新媒体的主流，也会有越来越多的人加入直播行列中来。之所以这么讲，源于两方面的分析：一是客观方面；二是主观方面。

（1）客观方面

①大量直播平台的出现

大量直播社区 / 平台的出现是直播得以快速发展的基础，正是有了这一基础性条件，众多主播才涌现出来。

虽然我国直播业出现"火爆"的发展是在 2016 年、2017 年，但早在 2005 年就已经出现，只不过由于发展缓慢，缺乏一定用户基础，大部分平台长期处在初级阶段，在之后的十年间，陆续涌现出很多直播平台，累计 200 余个。2005—2017 年我国直播平台增长趋势如图 1–3 所示。

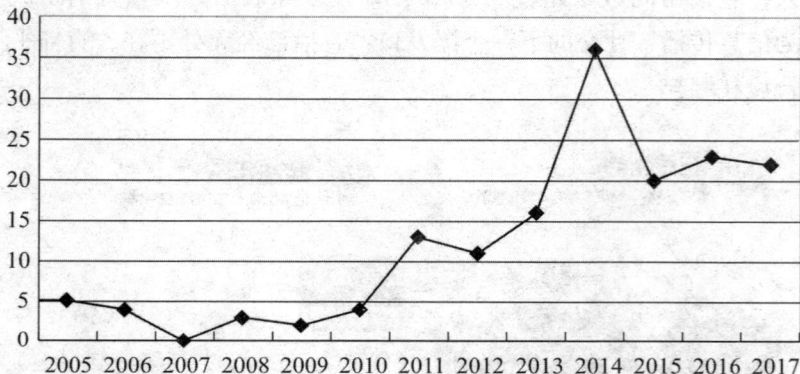

图 1–3

②网络环境的改善

2014 年以来，我国网络环境基础建设速度非常快，4G 很快普及开来，并形成了完善的体系。国内三大运营商相继开始 4G 网络建设和测试，截至 2020 年，5G 用户占比 10% 以上，尤其是移动 4G 的大范围应用给直播在移动端开展给予了更大支持，使越来越多的网民可以体验到互联网带来的红利。

4G 网络、移动设备的出现大大加快了直播发展的进程，为直播的发展提供了技术保证，使直播效果更加流畅。带宽流量的提升无疑会逐步降低用户使用直播的门槛，加之资费水平的下降，大家对流量问题更是少了后顾之忧。另外，现在 Wi–Fi（无线保真）基本普及，Wi–Fi 已成了最基础的设施。更快的连接速度、更好的网络环境将会带来直播的快速发展。同时，随着资费的进一步降低，直播成本大幅下降，这都为直播的快速发展提供了必要条件。

③智能手机、移动设备的大量应用

智能手机、移动设备的应用是直播发展的另一个重要条件。现如今，很多直播都是通过移动设备来完成的。正是得益于智能设备功能的优化和改进，如智能手机、平板电脑像素的提高，CPU、内存等硬件配置的升级，从而给观众带来更好的视觉感受和体验。

④各大直播平台不断优化和创新

直播平台的不断创新和优化，其目的就是降低用户的直播门槛。例如，美拍提供了 MV 特效功能，不仅提升了制作视频的趣味性，还可以使本身没有这方面技术的人制作出效果良好的视频。同时，产品的多样性也满足了各种用户的差异化需求，从而激发用户的自传播。

直播平台的出现使各种直播迅速走红，昔日的门户网站等平台风光不再，而一些平台积极寻求变革，争先布局视频直播领域，如腾讯、网易等门户网站类，今日头条、第一头条等资讯类平台，淘宝、小米、360 等互联网企业都开通了自己的视频直播频道，抢夺视频直播红利资源。

（2）主观方面

①人们的思维习惯在改变

随着移动互联网的发展，传播媒体不断更新，人们接受信息的思维和习惯也在不断改变。在互联网普及之前，人们获取信息的渠道大多是通过报纸、电视等传统的传播媒介。随着 PC 互联网的发展，网站、博客、电子书等逐渐取代了传统的传播媒介。最近几年，移动互联网迅速崛起，人们又开始转向了智能手机、移动设备，看新闻、看电影只要一部智能手机就够了。

②人们碎片化的时间增多，需求增多

与传统的传播媒介相比，直播在表现方式上更有针对性，现在的人们更倾向精简、省时、高效的生活和社交方式，利用上下班、用餐、临时休息、睡前等碎片化的时间看书、看新闻、听广播等，越短、平、快的信息传播渠道，越容易被接受。直播的出现恰好满足了人们的碎片化需求，因此，通过智能设备观看直播已经成为一种潮流。例如有些人很难分秒不落地看完一部长达 90~100 分钟的电影，于是微电影出现了；有些人对移动智能设备的依赖比较大，于是各大移动版直播平台应运而生。

直播充分整合了人们的碎片化时间，满足了碎片化的需求，这无疑改变了人们接受外界信息、向外传播信息的思维和习惯。正是主、客观环境的变化为直播的生存和发展提供了良好的环境，并使这种新的传播方式得以迅速扩张开来。

（3）直播行业的发展历程

直播，顾名思义，就是直接播出，是人与人之间实时交流和互动的一种方式，其根本目的就是满足大众的社交需求。从这个角度来看，直播在任何时代都存在。在古代的戏园、茶园常常有艺人给看客弹琵琶、拉二胡、唱小曲儿，靠客人的打赏、送礼物来获取报酬，报酬高的，还会被当场高声宣布，以显示对方的身份和满足其虚荣心，这就是最原始的"直播"。到了近现代，有不少歌手、艺人通过展示自己的才华来获得观众的打赏，这其实也是一种"直播"。

现代，直播与视频业紧密相连，是视频业不可分割的一部分。在不同时代，直播形式也一直在更新。我国的视频业大致经历了从长视频到短视频、从录播到直播、从 PC 端到移动端等几个阶段。

在走过漫长的"面对面"直播期后，我国迎来了第一代媒体——电视直播。电视直播在 20 世纪 80 年代中期才兴起，是人们感受最深，也是伴随着 70 后、80 后、90 后一大批人成长起来的一种方式。我国首次电视直播事件是 1983 年的春节联欢晚会，首次大规模室外直播是 1984 年中华人民共和国国庆 35 周年大阅兵，出动了 200 多人、5 辆转播车、23 套摄像机、14 套微波设备，并通过卫星向国外直播。

紧接着是 PC 端直播，PC 端的直播门槛较低，这也使越来越多的网民能参与到视频制作和直播当中。移动互联网兴起后，直播又从 PC 端转移至移动端，门槛更低，参与性更强，互动性更好，使直播直接成为大众社交、娱乐、企业产品营销、用户引流的新入口。

在直播强大的影响力之下，直播平台也逐步兴起，我国比较早的直播平台在 2005 年兴起，如 YY、9158 等，而后又有六间房、A 站、bilibili 等。高峰期是在 2013 年和 2014 年，这两年，大量网络直播平台如雨后春笋般崛起，如美拍、秒拍、龙珠、熊猫、花椒、映客、闪咖、抖音等。

2015 年，特别是 2015 年下半年以来，国内网络直播行业进入快速发展时期。到了 2016 年，迎来了一次小爆发。据不完全统计，截至 2018 年 4 月，全国已经有直播平台 200 余个，用户 3.25 亿。2018 年我国排名前十的直播平台如表 1-1 所示。

最开始，视频直播的内容只局限在体育赛事方面，之后有了秀场直播，以唱歌、跳舞、秀技能等为主。随着网络游戏的出现，又有了游戏直播，如今，移动互联网发展得如火如荼，进入了一个全民直播的时代，泛娱乐直播又火热起来。

表 1–1　2018 年我国排名前十的直播平台

排名	名称	累计下载占比
1	YY	24.4%
2	斗鱼	14.9%
3	凤云直播	14.5%
4	虎牙直播	9.4%
5	KK 唱响	5.5%
6	直播吧	4.4%
7	秀色秀场	3.0%
8	战旗	2.5%
9	9158	2.4%
10	映客直播（么么直播）	2.2%

　　直播平台类型与直播内容类型基本保持一致，大致可分为四类：第一类是秀场直播，约占总数的 34%；第二类是游戏直播，占总数的 16%；第三类是泛娱乐直播，占总数的 44%；其他的占 6%，如图 1–4 所示。

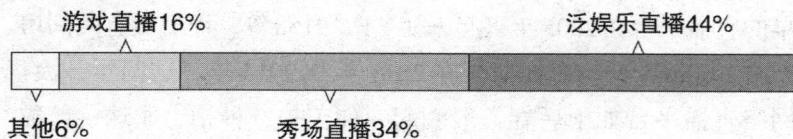

游戏直播16%　　　　　　　　　　　　泛娱乐直播44%

其他6%　　　　　　　秀场直播34%

图 1–4

　　游戏直播以斗鱼、熊猫、虎牙、全民、龙珠、战旗为代表；秀场直播竞争最为激烈，以映客、花椒、一直播、小米、YY、陌陌为代表；泛娱乐直播尤以体育为盛，诞生了诸如直播吧、凤云直播、乐视体育、章鱼 TV 等直播平台。

　　从累计下载量来看，YY 以 24.4% 的占比在众多直播平台中排名第一。YY 成立于 2005 年，2012 年在美国纳斯达克上市，2015 年向虎牙直播注资 7 亿元人民币，坐稳了国内直播行业的第一把交椅。

斗鱼的成长速度最为迅速，以 14.9% 的占比排行第二。斗鱼成立于 2014 年，短短几年内，发展得非常迅速，逐步由单一的游戏性平台向体育、综艺、娱乐、户外等综合性平台转型。

综观直播的发展历程，不难发现，在不同的发展阶段，直播平台、直播内容以及内容的呈现方式一直在不断变化。内容创造需求，正是内容的创新，才刺激新的消费市场。直播通过优秀的内容来引导更多受众观看，受众在观看直播中产生消费。

这也是为什么业界很多人强调直播经济来临，之所以如此讲，主要是因为直播带动了消费模式的升级，让直播为企业、为社会服务，成为新的经济增长点。

3. 直播 4.0 时代的到来

在我国，视频与直播早在 1984 年就出现了。1984 年的国庆大阅兵，电视台首次通过卫星，将现场情况转播给全世界的人们观看，这次大阅兵直播是我国电视史上规模及收看人数均位列第一的一次现场直播。

之后，随着网络的发展，互联网直播才出现。与电视直播相比，互联网直播有诸多优势，如形式多样、实时性强、互动性强、适用于人际传播及大众传播等。

从互联网直播的发展历程来看，互联网直播经历了四个发展阶段，直播 1.0 时代、直播 2.0 时代、直播 3.0 时代的运营模式已经发展得较为成熟，现如今，随着 VR 技术在直播领域的应用，互联网直播即将迈入直播 4.0 时代，如图 1-5 所示。

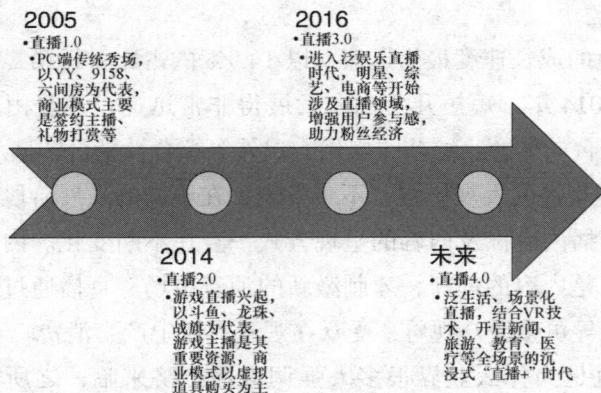

2005
- 直播1.0
- PC端传统秀场，以YY、9158、六间房为代表，商业模式主要是签约主播、礼物打赏等

2016
- 直播3.0
- 进入泛娱乐直播时代，明星、综艺、电商等开始涉及直播领域，增强用户参与感，助力粉丝经济

2014
- 直播2.0
- 游戏直播兴起，以斗鱼、龙珠、战旗为代表，游戏主播是其重要资源，商业模式以虚拟道具购买为主

未来
- 直播4.0
- 泛生活、场景化直播，结合VR技术，开启新闻、旅游、教育、医疗等全场景的沉浸式"直播+"时代

图 1-5

（1）直播 1.0 时代：PC 秀场直播

随着互联网的快速发展，国内各视频网站于 2005 年爆发了流量大战。

9158 聊天室崛起，这个为陌生人提供视频社交的网络平台逐渐演变为众多美女主播的秀场。

与此同时，YY 语音上线直播频道，正式进军秀场直播，并以草根公会生态体系为基础，打造了独特的秀场模式。YY 的公会生态体系采取自管理模式，自主性及纪律性都非常强，引得诸多后来者仿效。

2010 年，六间房成功转型，正式升级为秀场模式。

至此，PC 端的秀场直播格局及盈利体系已基本形成。从直播格局来看，PC 端秀场直播由 9158、YY 和六间房三分天下；从盈利模式来看，PC 秀场直播主要通过打赏等方式盈利。

（2）直播 2.0 时代：游戏直播

YY 成立之后推出的第一款产品就是多玩游戏网，在 2005 至 2008 年，游戏是 YY 的主要业务。2014 年，YY 将游戏直播独立，成立了虎牙直播。同年，斗鱼独立。由此，游戏直播领域的两大领头直播平台诞生。

2015 年，熊猫、龙珠两大直播平台成立，在抢占赛事资源、挖掘主播等一系列策略的帮助下，迅速切入直播市场，在直播市场上占据了较大份额。

受国内游戏市场快速发展的影响，游戏直播领域积聚的人气越来越高，在电竞产业中占据了重要位置，游戏直播也逐渐在视频直播领域站稳脚跟，成为继秀场之后的第二大视频直播产业。

游戏直播所取得的一切成果都深受三大原因的影响：第一，电竞赛事越来越多，规模越来越大，发展极为迅速；第二，游戏用户的数量越来越多，且都有很高的黏性；第三，游戏直播的时效性及观赏性都非常强。

（3）直播 3.0 时代：移动直播 + 泛娱乐直播

随着互联网及移动互联网的发展，2016 年，国内市场上，无数移动直播平台崛起，映客、花椒、一直播等 App 深受年轻群体的喜爱。直播领域形成了两大主题——"分享"与"陪伴"。在这个阶段，直播已呈现出了明显的爆发之势。

现阶段，智能手机普及，无线网络的覆盖范围越来越广，移动直播发展面临的诸多基础设施及技术难题得以有效解决，直播的进入门槛也大幅下降，吸引的粉丝数量越来越多，用户黏性越来越高。这一切现象都表明：视频直播正朝着移动直播时代全面迈进。

自进入移动直播时代以来，视频直播的开展场景越来越自由。在消费热点从衣食住行等领域向文化娱乐领域转移的背景下，视频直播开始进军娱乐产业，表现出了新的发展趋势——泛娱乐直播，视频直播与众多细分产业实现了有效结合。

泛娱乐直播的形态有很多，如体育赛事直播、演唱会直播、综艺节目直播等，应用场景越来越多，使得其商业模式也越来越多。另外，视频直播与细分产业的结合也使得其盈利模式得以有效创新。

（4）直播 4.0 时代：VR 直播

随着 VR 技术的发展，VR 技术开始与各行各业结合，其中，VR 技术与视频直播行业的结合将引领视频直播行业迈进新的发展阶段——直播 4.0，也即 VR 直播时代。

相较普通的视频直播，VR 直播有很多优势。例如，借助 VR 技术，平面图像能实现立体化，将直播场景更加真实地呈现在用户面前，吸引用户沉浸其中，激发用户的互动兴趣，提升视频直播的质量。

VR 直播在体育赛事中应用广泛，2015 年，NBA 首次使用 VR 直播，为观众提供了一场极具体验感的赛场盛宴。在国内，VR 直播也被广泛用于各大足球联赛，如足协杯赛、中超联赛、业余足球联赛等，满足了广大球迷的观赛欲望。

除各种体育赛事外，花椒直播首次将 VR 直播与车展结合，进一步扩展了 VR 直播的应用范围。未来，随着 VR 技术日益成熟，VR 技术与视频直播的结合将更加深入，视频直播行业将得以进一步发展。

现阶段，视频直播的爆发之势已然形成，用户数量激增、大量资本涌入、各大直播平台纷纷崛起，所有现象都表明视频直播行业已进入成熟阶段，直播风口已经形成。对于各直播平台来说，现在最重要的问题是如何站在风口上借势起飞。

目前，各直播平台间的竞争日益激烈，数量不多的优质内容资源逐渐成为各大直播平台抢占的重点。对于广大内容生产者来说，这是一个机遇。因为该情况的出现表明分发渠道及变现渠道开始增加，新一波红利周期即将来临。只要内容生产者能够抓住这个机会，就能实现对巨额红利的分享。

4. 未来直播的发展趋势

网络直播业虽然经历了几十年，但最近这三四年，无论从平台数量、发展速度、参与人群、网络直播内容，还是商业模式和对资本的吸引上，网络直播都开创了以往所没有的新局面。随着网络直播的持续火热，巨额资本也开始进入网络直播行业。

除 YY、斗鱼、花椒直播、熊猫 TV 等主打网络直播业务的企业以外，腾讯、百度、阿里巴巴、360 等互联网企业，以及小米等传统企业都纷纷入局开辟网络直播业务。国内资本市场似乎都看到了网络直播这个大风口，企图从中分得一杯羹。

网络直播平台在获得大量社会资金扶持的同时，自身质量也在不断提升。如在视频的清晰度上大大改进，给观众带来的体验感更加舒服、逼真。

网络直播对网络、宽带的要求非常高，尤其是游戏网络直播，清晰度越高，对宽带的要求也越高。近年来，宽带总量的提升也使网络直播的清晰度大大提高。网络直播宽带的增长将主要取决于秀场网络直播的继续普及和高清拍照手机对清晰度需求的提升。2016 年以来，高清、超清及超清以上的网络直播大量出现，按照网络直播的清晰度，大致可分为标清、流畅、高清、超清、超清以上五个档次。一般来讲，高清以上的视频可以给观众带来比较完美的体验。高清及其以上的视频占到总数的 30% 以上，如图 1-6 所示。

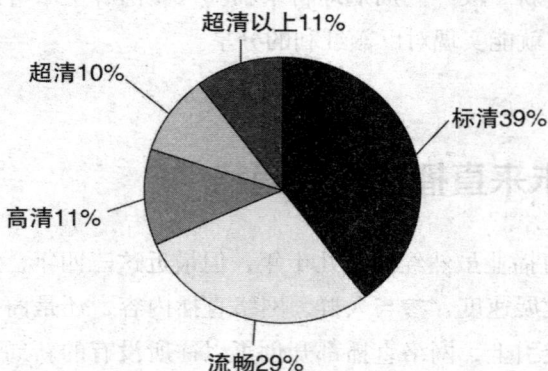

图 1-6

相信在未来，高清及其以上的视频将会越来越多，因为只有良好的观看效果和体验，才能吸引更多用户，并且留住用户。为了自身的发展，各大平台势必会加大投入，引入高频宽带，改善视频质量。

但是，随着网络"直播热"的不断上升，市场上出现了很多不和谐的现象，网络直播内容参差不齐，频频出现挑战底线的问题。政府为了规范网络直播市场，出台了一系列政策，网络直播进入了"最严"监管时期，直播平台或将面临新一轮洗牌，尤其是中小型平台将面临生死考验。至此，网络直播将会呈现出一种新的发展趋势，一方面延续发展的势头；另一方面将会出现很多创新的事物。

这种趋势可以用"并购""互补""垂直细分""超级平台"四个词来概括。

（1）并购

并购包括平台并购与内容并购。一方面，巨头或大平台补足业务线与争夺流量入口；另一方面，中小型网络直播平台获得资源与资金。

（2）互补

网络直播将成为新媒体阵营的重要一员，成为致力构建新媒体管理体系、营销渠道等企业的标配。

（3）垂直细分

在方向上更倾向垂直与细分，每一个垂直领域也许会出现各自的领先者。

（4）超级平台

未来，整个网络直播行业必将两极分化：一部分逐步衰退，直至消亡；另一部分呈现井喷式发展，甚至有可能成为超级巨头。

5. 直播的特点与优势

直播产品所具有的低门槛、易理解、易传播、真实、丰富、互动性强、社群化等特性都使得用户对其异常喜爱。

（1）门槛低、易理解

视频直播内容生产及发布的门槛都比较低，主播可以自由地生产直播内容，用户可以随时随地观看，摆脱了传统视频直播对场景的限制。同时，直播内容的碎片化使得用户只要打开直播平台，就能随意选择自己喜欢的内容进行观看。

另外，视频直播将"去中心化"落到了实处，任何人都能成为内容的生产者，都能在法律允许的范围内，自由地表达自己，将自己的想法及观点传播给他人，实现了人与人之间的有效沟通，增强了交互的丰富性，提升了传播效率。

（2）真实性与丰富性

相较经过层层包装的人与物，人们更希望看到真实的场景。直播将真实的生活场景再现在观众面前，满足了观众对真实性的需求。另外，直播可以与生活全面结合，"直播＋旅游""直播＋音乐""直播＋吃饭""直播＋遛狗"等使得直播内容极大地丰富了，从而提升了直播的观赏性。

（3）互动性与不确定性

在视频直播出现之时，实时互动功能就已存在。对于视频直播来说，实时互动是其天然优势。视频直播实时互动的主要形式有弹幕、评论、打赏等，有效地增强了观众的参与感。直播平台也因实时互动的存在而具备了社交属性，以视频为节点形成了社区。

直播过程中的互动将人与人之间的连接变得更加人性化。当然，视频直播除了具有强大的互动性之外，还有极大的不确定性。

直播没有彩排，呈现出来的是主播及观众的真实反应。因此，在直播过程中经常发生"意外"，尤其是户外直播及生活直播，当然，很多直播也因这些"意外"的出现而备受欢迎，因为这种不确定性使用户的猎奇心理得以有效满足。

（4）直播的社群化

大部分人观看直播都是有目的的，要么是追逐某个人，要么是追逐某种现象。也就是说，观看同一个直播的人大多有相同的兴趣爱好，这些有共同兴趣爱好的人极易集合成社群，而现实生活中将人集合起来的驱动因素非常多，例如，很多人喜爱观看体育赛事，由此形成了体育赛事直播；很多人喜爱打游戏，由此形成了游戏直播，等等。直播生成的社群互动塑造了一种新的社交方式，满足了众多用户的社交需求，使互动的趣味性得以有效提升。

（5）切合用户习惯

直播之所以如此火爆，还有一个重要的内因，就是用户习惯发生了改变。现阶段，各种短视频深受用户喜爱，视频播放数量急剧增长。例如，2016 年第一季度，新浪微博日均播放的视频数量高达 4.7 亿次，比上季度增幅 64%，同比增幅 48.9%。Facebook 亦是如此。据 Facebook 发布的财报显示，截至 2015 年底，Facebook 网站上日均播放的视频量达 80 亿次，增速极快。

由此可见，现阶段，用户的习惯发生了很大改变，他们对将直播包含在内的短视频有极大的兴趣。BuzzFeed 网站对此做过一个试验，在一个西瓜上套橡皮筋来测试西瓜的承受能力。这个试验经由 Facebook 直播，在直播过程中，同时在线观看的人数一度突破 80 万。用户习惯的改变终引得产品形态爆发，将直播推向了火爆的热潮。

6. 颠覆传统的社交模式

如今，直播逐渐蔓延至人们生活的方方面面。国内众多直播平台迅速崛起并呈现迅猛发展的趋势，具有代表性的有虎牙直播、花椒直播、熊猫、YY、斗鱼、映客等。在当下互联网领域，直播行业拥有广阔的发展前景。

由于直播形式的多样性和内容的丰富性，直播一出现，就获得了大批用户的青睐，成为备受关注的核心。此外，直播形式为网红提供了更多发展的机会，降低了网红经济变现的难度，增加了网红变现的渠道。可以说，直播行业的兴起能够为整个互联网市场的发展起到重要的推动作用。

从短视频发展而来的直播形式允许用户使用手机进行直播，人人都可以成为传播者，拉开了全民直播的时代帷幕。采用直播形式，用户可以把自己的所见所闻实时传送到网络平台，以新鲜的内容抢夺人们的眼球。另外，用户还可借助直播形式进行产品推广与宣传，以吸引其他人前来消费，从而完成变现。

在全民直播时代，各个参与者都将 IP 资源作为竞争重点。如今，互联网在越来越多的领域得到应用，其影响范围也逐步拓宽，"互联网 +"行动进一步展开，成为互联网渗透作用的体现。随着社会的发展，无论是投资者，还是经营者，都越来越重视个体的重要性，而不是仅聚焦行业层面。对进军直播领域的企业而言，现阶段，其最关心的就是怎样使自己的直播获得网民的认可与支持，提高用户黏度。因此，直播参与者之间的比拼大都集中在对于 IP 资源的竞争上。

以往，企业间的竞争焦点集中在客户资源的抢夺上，而在互联网时代下，企业间的较量则以 IP 资源的抢夺为主，对企业而言，要想在激烈的市场竞争中获得生存与发展的机会，就要采取有效措施，吸引更多用户的关注。在与 IP 资源相关的竞争中，越来越多的人聚焦于以内容为中心开展运营的直播形式，与此同时，直播对参与者的要求并不高，为很多普通人提供了展示自身才华的平台。近年来，直播形式快速崛起，促使很多经营者将线上渠道作为自己的重要阵地，并将竞争重点放在网红经济与直播领域。

如今，直播形式在社交领域也得到了广泛应用。与QQ、易信代表的社交形式相比，直播具有显著的差异化特点，它能够有效缩短用户之间的距离，使彼此之间的交流更加顺畅。伴随着信息技术，尤其是互联网的高速发展，直播在社交领域的应用受到大批用户的追捧，并迅速推广开来。

随着直播应用范围的扩展，阿里巴巴、腾讯等互联网巨头也认识到该领域的发展潜力，纷纷进军直播行业。腾讯曾向斗鱼TV、NOW直播、龙珠直播等进行投资；而在腾讯之前，阿里巴巴就已涉足直播行业，并在该领域投入了大量资源，阿里巴巴曾对AcFun、陌陌给予投资支持，并在支付宝中添加直播功能，在直播领域展开大范围布局。作为国内互联网企业的先锋代表，阿里巴巴、腾讯进军直播领域，促使更多企业聚焦直播行业的发展。

在移动互联网时代下，微信、微博等各类社交软件涌现在市场上，社交形式由传统模式下的单一走向多元，直播作为不同于传统模式的社交形式，可能颠覆传统的社交模式。

直播形式能够使内容的表现形式更为形象生动。传统模式下，图片与文字是内容传播的主要载体，相比之下，直播的优势十分突出，用户采用直播形式，不但可以实现基本的信息传递与推广，还能及时与对方进行互动，方便对后续的信息补充与说明。

直播工具的持续性改革与升级为用户带来诸多便利，能够使用户从更加全面、直观的角度认识其他人或者对方推荐的产品。

相比传统模式下单一的产品推广形式，直播方式允许互动双方根据现场情况而进行实时问答，彼此之间可通过丰富的语言、手势乃至表情进行信息传递，使社交变得更加立体直观。

目前，包括 B2B 平台及许多科技资讯类企业在内的商家都逐渐认识到直播在内容呈现、用户关系维系中的重要性，并通过直播形式与用户保持沟通互动。立足这个角度来分析，在移动互联网普遍应用的今天，直播正在被越来越多的企业视为吸引用户的重要途径。

第二章

直播经济：
直播背后的商业机遇

1. 直播风口是资本的盛宴

视频直播的火爆不是单一因素促成的，而是在内、外因素的共同作用下实现的：从外部因素来看，国内的宽带速度日益提升、智能手机逐渐普及、电竞产业与直播的结合越发深入、众多资本逐渐涌入都推动视频直播迅速发展；从内部因素来看，越来越低的行业门槛、日渐改变的用户习惯、直播的社群化等都为移动直播的火爆添加了一把助燃剂。

直播产业的快速崛起与发展，究其原因，可以总结为一句话，即技术、娱乐与资本的胜利。

（1）技术驱动

内容产业的发展与技术的发展紧密相关。现阶段，国内宽带的速度日益提升、智能手机的硬件功能逐渐强大、智能手机逐渐普及等都为内容产业的发展提供了良好的技术环境。尤其是无线网络和 4G 网络的普及有效降低了流量成本，不仅为主播随时随地做直播提供了方便，还有效降低了内容生产成本及用户观看成本，为移动视频直播的发展带来了机遇。

另外，美颜摄像头、CDN 技术、云端存储技术等直播相关技术的发展都使得直播画面更加清晰、流畅，满足了用户对视频顺畅直播、实时直播的要求，为用户带来了优质的直播体验。

（2）互娱共生

在游戏产业中，电竞比赛与游戏锦标赛存在已久，却一直没有发展的机会。直到现在，网络直播日渐普及，电竞产业才赢来了等待已久的发展机遇。

直播与电竞产业的结合将电竞游戏拉下了神坛，使其更加亲民。通过直播平台，玩家的游戏实战情况更加透明，使得电竞游戏更加有趣，赢得了无数年轻人的喜爱，不仅吸引了许多资深玩家，还吸引了许多业余爱好者，扩大了观众规模。从这个角度来看，电竞直播的出现极大地增强了电竞游戏的观赏性。

据调查，在直播群体中，电竞游戏的玩家占72%，电竞游戏的看客占88%。由此可见，在娱乐性及观赏性的双重作用下，电竞游戏的用户不仅喜欢玩游戏，还喜欢看游戏。这类用户对直播平台的黏性非常高，很多传统的直播平台都是凭借电竞游戏直播维持生存与发展的，如Twitch、YY等。

（3）资本风口

一场直播消耗的费用非常高。例如，一场游戏直播为了带给用户顺畅、清晰的观看体验，直播平台每月都要支出较高的费用购买相关设备。另外，还需要支付高额的游戏版权费用及主播费用，这些费用相加起来是一笔庞大的支出。

但目前，各大直播平台良好的盈利情况以及直播领域良好的发展态势都吸引了众多资本进入。例如，映客、虎牙、斗鱼等平台都相继获得了多轮融资，百度、腾讯、阿里巴巴等互联网巨头也通过各自的布局抢滩直播风口，关于直播野蛮生长背后的资本驱动，在下面的文章中将进行更加详细的介绍。

根据相关的统计数据，2016年全国共有31家网络直播公司完成36起融资，涉及的融资金额达108.32亿元人民币，如表2-1所示。

表 2-1　2016 年直播平台主要融资事件

时间	融资平台	轮数	融资金额	投资方	类型
2016.1	映客	A+ 轮	8000 万元人民币	昆仑万维	移动直播平台
2016.1	要看直播	天使轮	100 万美元	IDG 资本	移动直播平台
2016.2	美播	天使轮	150 万元人民币	创新工厂	移动直播平台
2016.2	在直播	A 轮	未透露	联创策源	移动直播平台
2016.3	快手	C 轮	数千万美元	百度、华人文化基金、光源资本	移动直播和短视频平台
2016.3	大米直播	天使轮	100 万人民币	德迅投资	移动直播平台
2016.3	果酱直播	Pre-A 轮	数百万元人民币	安美兰创投、梅花天使创投、创新谷	主打美少年偶像类秀场直播平台
2016.3	小圈直播	种子轮	200 万人民币	梅花天使创投	主打私密房间的移动直播平台
2016.3	易直播	A 轮	6000 万元人民币	未透露	移动直播平台
2016.3	斗鱼 TV	B 轮	1 亿元人民币	腾讯、红杉资本	游戏直播平台
2016.4	美播	A 轮	未透露	正时资本	移动直播平台
2016.5	Stage 海外视频直播	天使轮	数百万元人民币	梅花天使创投、大航海基金等	主打海外市场的视频直播平台
2016.5	Bang 直播	A+ 轮	数千万元人民币	未透露	校园直播社区
2016.7	小圈直播	天使轮	500 万元人民币	梅鹤百姿和宏远投资	主打私密房间的移动直播平台
2016.8	目睹直播	A 轮	未透露	阿里巴巴	企业直播平台
2016.9	映客	Pre-B 轮	2.1 亿元人民币	光信资本	移动直播平台
2016.9	全民直播	A 轮	5 亿元人民币	未透露	游戏直播平台
2016.11	果酱直播	A+ 轮	数千万元人民币	微影时代	主打美少年偶像类直播平台
2016.11	一下科技	E 轮	5 亿美元	新浪微博领投	移动直播平台

　　值得一提的是，2016 年 11 月，一直播、秒拍、小咖秀三款产品的母公司一下科技完成由新浪微博领投，上海广播电台、上海文化广播影视集团有限公司旗下产业投资基金等共同投资的 5 亿美元 E 轮融资，创下了国内移动视频行业的单轮融资金额最高纪录。

2. 直播催生新的商业形态

网络直播既是一种新的社交方式，又是一种经济形态，因此，在社交领域走红的同时，也带来了新的经济增长点，直播将会成为经济发展浪潮下的又一个风口，在发展过程中衍生出新的经济形态，并会形成一套独特的赢利模式。直播经济打破了明星对"粉丝经济"的垄断，让普通民众也有机会从中受益，由此掀起全民直播浪潮。

进入 2016 年后，网络直播经济呈井喷式发展，所创造的收视率超过以往任何时代，成为新经济形态蓬勃发展的缩影。2016 年被媒体称为"中国网络直播元年"。

视频直播是网络直播经济的最大引擎，一支话筒、一台电脑、一个摄像头便可创造财富。月收入可达数千元，甚至数万元。目前，在各大直播社区 / 平台上，网络直播已经非常火爆。有人统计，一个大学生主播月收入能达 10 万 ~20 万元，一位业界大佬 2 个小时左右的网络直播收入达到 30 万元，游泳健将傅园慧网络直播 1 个小时，千万人观看，收入也达到了 30 万元。

以上统计表明，越来越多的人群涌入视频网络直播这个行业，"无网络直播不传播"的口号也正渐渐得到企业、商家、各大品牌的认可，几乎所有社交、电商、媒体 App 都打起网络直播的主意，且逐步形成了一种稳固的赢利模式，利用网络直播直接卖产品。

随着移动互联网技术的成熟，农产品销售也发生了翻天覆地的变化，如农村淘宝、聚划算等就是通过视频网络直播来宣传和打开市场的。

2016年5月30日，农村淘宝在重庆市秀山县雅江镇桂坪村通过"淘宝直播频道"直播了一场卖土鸡的促销活动，引来淘宝10万网友围观，网友亲切地称之为"村红"，如图2-1所示。

图 2-1

直播的是抓土鸡的过程。直播中，"村红"一行三人偷偷进入山头的生态养鸡场，时而撒玉米引诱鸡群，时而搞"突然袭击"……经过半小时的围追堵截之后，最终成功抓到几只土鸡。这一"山头抓鸡"的直播画面让观看的网民挪不开眼："这才是正宗的土鸡啊""看着就好吃""这么可爱，让我怎么舍得买来吃"……直播页面上，吃货们不断刷屏。"我家的鸡都是散养，行动敏捷，可以从这个山头飞到那个山头，又叫'土飞鸡'。虽然这些鸡的个头儿比市场上卖的大多数鸡都小，但肉质非常好，口感鲜美、营养均衡。"

　　网络直播卖土鸡这种销售模式的好处在于信息传播的即时性和真实性，直播的画面是真实存在的。能让消费者用眼睛去看，用语言去交流，用心去感受这个产品到底怎么样，看过之后，交流过后，基本可以做出明确判断。

　　与此同时，直播的相关农产品也在农村淘宝、手机淘宝、聚划算平台同步发售，网友一旦在网上下单，现场便称重、打包、装车、发货。另一种是在聚划算通过网络直播卖产品，直播中邀请影视明星担任主播。

　　在直播中，明星主播用1个小时推荐了几种女性日常必需用品，如佰草集新七白美白嫩肤面膜、周大生图兰公主吊坠、艺福堂蜂蜜柠檬片、楼兰蜜语枣夹核桃、威古氏太阳镜、爽健丝柔电动修甲机等。

　　这些产品虽然类目不同、功能不一，看起来也没有什么关联，但通过这场直播，却发生了良好的化学反应。因为它们对很多女性来说都是必需品，购买频率也最高，只不过平时的消费场景不同，无法同时购买，现在通过直播推荐来了一场联合营销。再加上明星主播的明星效应，取得了非常好的效果。直播不到5分钟，直播间就涌进了1万多人，直播结束时，观看直播的人数接近12万。

　　网络直播是时代发展的产物，也许很多人认为这只是一场秀。但即便这是一场秀，那也不是一场简单的秀。"一种新媒介的出现，将导致一种新文明的产生。"这是伊尼斯在《传播的偏向》一书中的话。套用他的话可以得到这样的结论：一个新媒介的出现也将导致一种新商业模式的出现。也正因如此，才有如此多的个人、企业、电商纷纷加入直播大军。

　　2016年8月21日，万众期待的佳澜"网红霜"新品时尚发布会在北京准时赴约。这是一场美的盛会，不仅吸引了百位网红、时尚美妆达人和主流媒体与美同行，而且品牌高层和代理商悉数亮相。

这场发布会是佳澜"网红霜"的第一次正式亮相，而随着会议的进行，天价神秘配方的揭开、现场网红鉴赏团的使用对比、各网络直播平台的现场直播引爆了所有人对该产品的热情。佳澜的经销商美女团更是毫不手软，仅仅半个小时，订单就已爆仓，狂销 30 万盒，而 30 万盒正是佳澜购买天价配方后，出品的第一批网红霜的最大出货量。可以预见，佳澜"网红霜"必将引领全新的爆品潮流。

在发布会上的走红毯环节，百位网红惊艳全场。从 2015 年起，网红大军就成为横跨美妆界、时尚界和微商界的全新势力。他们美丽、自信、独立，也更多地出现在社交媒体，快速赢得关注度，并引领网红经济的兴起。

网络直播能带来经济效益，成为当下最热的创业"风口"。巨大的商机催生了秀场、演艺、体育、电竞、教育、明星等各类网络直播形态，也让网络直播成了当下最火的虚拟产业。据资料显示，与网络直播息息相关的"产业"在 2016 年创造的产值近 580 亿元，超过 2016 年中国电影 457 亿元的票房总额。可见，网络直播经济已经成为社会经济中重要的一部分和社会发展的有力支撑。

值得注意的是，尽管网络直播这种传播方式的优势非常多，如成本低、门槛低，但并不意味着谁都能做好、做出效益。毕竟目前网络直播仍处于发展初期，缺乏完善的制度规范、科学的监管体系，因此也成了混乱之源，光鲜靓丽的背后乱象丛生，一定程度上干扰了网络市场的正常秩序。在此背景下，政府和相关部门正在大力整治，通过严格管理和正确引导，进一步规范网络直播市场，让其真正发挥积极作用。

3. 席卷全球的直播商业革命

（1）国外视频直播注重社交化

在国外发展较早的直播平台有 Ustream、Justin.TV、Mogulus、Blogtv 等，影响力较大、最具代表性的当数 Ustream 和 Justin.TV。2007 年，Ustream.tv 成立于美国，提供流媒体视频服务，通过互联网进行现场或相关节目的直播。Justin.tv 在早期发展阶段的直播功能主要服务群组交流，在后期发展过程中，其直播形式也越来越丰富。

西方发达国家的直播平台起步较早，形式也比较多样，但在后续发展过程中，直播平台逐步明确了自身定位，其发展趋向细分化。Justin.tv 游戏直播就是从 Justin.tv 平台中独立出来的，这也是世界上最早的游戏直播平台之一。

事实上，早在 2011 年，西方发达国家的移动直播行业就蠢蠢欲动了。全球性互联网电话公司 Skype 于当年将手机视频应用程序 Qik 纳入麾下，推出流媒体视频服务，其用户规模在短期内就增加到了 500 万，但受手机硬件技术水平的限制，移动直播也没有发展起来。

后来，互联网企业的进军使移动直播的应用更为普遍。亚马逊于 2014 年以 10 亿美元的价格将游戏直播平台 Twitch 纳入麾下；Twitter、Facebook 也在直播领域有所涉足；2016 年初，IBM 将流媒体视频直播服务商 Ustream 收入囊中，有消息称，谷歌将推出流媒体直播应用 YouTube Connect，由此可见，越来越多的互联网企业正在社交领域中进行直播布局。

互联网企业进军直播领域，会进一步加剧该领域内的竞争，从另一个角度来分析，竞争也会对整个行业的发展起到重要的推动作用，在经过一轮轮市场淘汰之后，部分直播平台会脱颖而出，成为细分领域的霸主。

互联网社交平台不仅在资金方面占据优势，还能利用自己获取的明星资源，为其直播发展起到促进作用，举例来说，Facebook 引导内容生产者与明星参与直播，并在这方面投入资金。社交平台在长期的发展过程中积累了丰富的资源与用户基础，能够给视频直播提供支持。在社交平台的驱动下，视频直播在国外的社交应用正变得越来越普遍。

（2）国内视频直播注重内容

在视频直播发展的早期阶段，分布最多的是秀场与游戏直播平台，其中，知名度较高的秀场直播平台有六间房、9158、百家百秀、YY、酷狗繁星等，知名度较高的游戏直播平台有斗鱼、熊猫、虎牙、龙珠、战旗、火猫等。

伴随着直播领域的发展，直播平台的数量持续增多，继映客之后，花椒、一直播等纷纷涌现，"视频社区""全民直播"等也频繁出现在人们的话题中。我国的直播行业呈现迅猛发展的态势，视频直播内容也更加丰富，除了最早出现的秀场直播、游戏直播外，还出现了财经类、体育类、美妆类等多种形式的直播平台。关于直播平台的详细分类以及直播平台在直播产业链中的地位，将在后文有更加详细的介绍。

根据中国互联网络信息中心（CNNIC）发布的第 39 次《中国互联网络发展状况统计报告》，截至 2016 年 12 月，网络直播用户规模达到 3.44 亿。这时的直播已经不仅仅局限于原生直播,还有很多线上应用添加了直播功能,如美拍、秒拍,还有一部分社交平台也添加了直播功能。

艾媒咨询对我国移动直播平台的发展情况进行了统计,结果发现,2016 年,下载量比较靠前的还是秀场直播、游戏直播,与此同时,泛娱乐型直播平台等也得到部分观众的支持。随着直播形式的普遍应用,直播场景也开始突破传统模式的限制,包涵生活化及娱乐化元素的直播平台开始受到用户的青睐。

在不同移动直播工具的下载量排行中,居于榜首的是 YY,其下载量占比达到 24.4%,虎牙直播居于第四位,它与 YY 都是团队语音提供商欢聚时代开发的应用,两者的下载量总体占比达 33.8%。在当下,移动直播行业掌握很大主动权,但在今后的发展过程中,直播的分布格局很可能产生大幅变动。斗鱼直播于 2014 年推出,到 2016 年时,其下载量已经位居移动直播行业的亚军,仅次 YY。

近年来,无论是国内,还是国外的互联网企业,都纷纷进军直播领域,在 2016 年 4 月,国内的腾讯、小米,国外的 Facebook 等都推出直播应用,直播领域的发展潜力逐渐显露出来,随之而来的是不同企业之间的竞争,那么究竟哪个企业能够从中脱颖而出,还需拭目以待。

4. 直播催生的盈利模式

直播平台的盈利渠道多种多样,最普遍的就是粉丝用户进行打赏或者赠送礼物,与此同时,很多直播平台也在扩大业务范围，与游戏商合作，以广告投放或电商运营的方式实现盈利。而从事主播工作的人也从中获得了较高报酬。

（1）直播平台的盈利模式（如图 2-2 所示）

①增值服务

出售虚拟道具、用户打赏及会员服务都是增值服务的组成部分。不管是什么类型的直播平台，增值服务都是其重要的盈利渠道。

首先，虚拟道具的出售与用户打赏。

秀场直播平台的运营方式是主播作为平台上虚拟包间的承包人，在线上展示自己的才艺来吸引粉丝，并促使粉丝进行打赏或赠送虚拟礼物，平台与主播共享利润获得。虚拟礼物在用户付费中占据着重要地位，具体形式有"鲜花""蛋糕"等，礼物不同，用户需要支付的金额也有所差别。

许多直播平台靠用户打赏获得了超高利润。举例来说，知名韩国女主播 Yang Hanna 曾在 2016 年 3 月 8 日晚收到来自粉丝 40 多万元的打赏。

增值服务也在游戏直播平台的运营中发挥着重要作用。用户打赏、粉丝等级制度的获取及竞猜活动都属于增值服务的范畴。具体而言，用户向主播赠送金豆、银豆、虚拟礼物等与主播进行互动，并通过这种方式提高自己的等级，从而拥有相应的特权。

而知牛财经等垂直类财经直播平台以专业财经内容的输出为主导，粉丝用户会向主播赠送礼物或进行打赏，平台通过这种方式获取利润。

其次，会员服务。

直播平台一般向用户收取会员费用，为其提供相应的特权服务，如装扮特权、功能特权以及专属活动等。

以 YY 平台为例，在该平台开通会员后，能够享受排名靠前、拥有炫酷红名和专属表情，并可加速成长、获得更多积分等。

②广告投放

直播平台围绕品牌宣传进行广告投放，与在线视频服务平台存在许多共同之处，具体的运营方式有 CPM 广告、点击广告等，其形式表现集中为主播植入广告、网页图片广告两种。

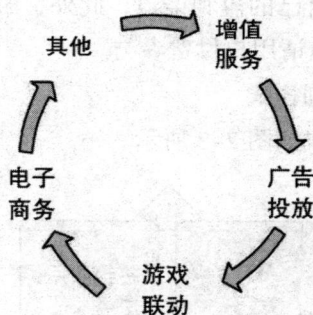

图 2-2

③游戏联运

直播平台与游戏研发厂商进行合作，使用户可以在观看游戏直播过程中，以链接方式参与联运游戏，通过直播平台进行游戏推广。除了游戏直播平台之外，YY、六间房、9158 等其他类型平台也都在这方面有所涉足。

④电子商务

主播发挥自身的号召力，利用粉丝对自己的认可，将其从直播平台转移到电商平台，促使其达成交易。游戏直播平台发挥的导流作用尤为明显，粉丝用户将网购作为支持主播的一种方式，平台也将其作为一种变现方式。

淘宝平台于 2016 年 5 月正式上线"淘宝直播",多数用户选择在 20～22 点观看直播,并在主播的推荐及引导下进行网购。另外,一直播平台也凭借与微博的合作,开通了橱窗展示功能,使得直播与电商成功链接。

⑤其他

部分秀场直播平台也包装艺人、组织线下文娱活动,乃至将票务出售业务作为自己的盈利渠道,此外,游戏直播平台还会举办赛事竞猜活动,邀请用户付费参与。

(2)主播的盈利模式

主播的盈利模式如图 2-3 所示。

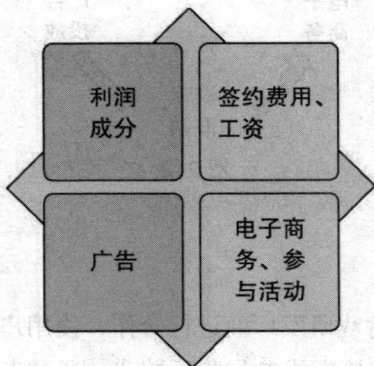

图 2-3

①利润分成

粉丝用户会通过付费或完成任务的方式,向主播赠送虚拟礼物,以表示自己的支持,平台与主播则会共享这部分利润所得,主播按照一定比例从中分成。

②签约费及工资

通常游戏直播平台的主播是职业参赛者，与其他参赛人员共同组成团队，而团队会以签约方式与平台达成合作关系，签约费则由主播与其他团队成员或经纪公司共享。

签约费仅是其中一部分利润所得，另外，主播也会从平台那里获得薪资报酬，而且，主播人气越高，通常其薪资也越高，他们只要能够在规定时间内完成直播任务，就能拿到报酬。某些影响力较高的电竞主播积累了足够的用户基础，其薪资水平也可达千万。

③广告

如果主播本身的号召力比较强，能够获得大批用户的追捧，就会吸引商家通过平台进行广告投放，主播则可将其作为盈利渠道。例如，Twitch直播平台的主播会将商家广告插放到直播过程中，使其成为平台的利润获取方式之一，主播也能够从中获得一定比例的分成。

④电子商务、参与活动

很多秀场直播平台的主播选择经营淘宝店铺，促使粉丝到其店铺下单，从而盈利。另外，主播会通过举办实体活动来吸引用户参与并从中获利。游戏平台会定期推出专题活动，主播可通过与粉丝用户互动来盈利。

5. 有流量才有商业价值

在粉丝经济时代，高质量的粉丝是其生存和发展的生命线。如果没有粉丝，没有流量，销售的产品再好，提供的服务再完美，没有人看到，也就意味着失去了市场。

粉丝对于电商企业而言，同样十分重要。长期以来，各大电商企业都在纷纷布局各种渠道来吸引粉丝。相互之间打价格战也好，创新促销方式也好，目的都是鼓励消费者积极参与、多消费。在电商领域，暂时销量差或没有销量并不可怕，重要的是要把粉丝的量做起来，粉丝基础打好了，流量有了，终有一天会转化成高销量。

以前，微博、微信、QQ 等都是主要的引流渠道，现如今，网络直播也成为各大电商抢夺粉丝的热门工具，代表性企业有淘宝、京东、唯品会、天猫等。网络直播比以往其他吸粉方式更有优势，做好了网络直播这条渠道，将会得到更多潜在用户。

"我们不做第一，谁敢做第一"，这是上海韩束化妆品有限公司（以下简称韩束）的经营宗旨。与国内众多化妆品牌不同的是，韩束是依靠网络、自媒体被大家所熟知的，完全依靠互联网在运作，走的是电商运营的一整套管理机制。从吸引粉丝到产品销售，韩束基本都是依靠自媒体，如公众号、朋友圈以及微博、视频等，其经营模式是代理商制。

韩束从 2014 年 9 月做微商以来，在微商渠道 "40 天销售了1 个亿"，这一销售数据让韩束成为 2013 年度的微商霸主。从此，韩束也有了 "第一微商" 的称号。

在网络直播时代，韩束也迅速布局直播业务，开辟直播市场，依靠直播来吸引粉丝，从而销售产品。2016 年 "双十一"，韩束把直播间搭到了台湾，请到了曾为韩束品牌做代言的艺人林志玲与消费者在线互动，现场亲授韩束美丽秘籍。这场直播得到了众多粉丝的关注，评论数高达 2.4 万条，点赞量 630 万次。

聚美优品在电商领域是个特殊的存在，其不断创造出一个个令业界震惊的营销创举。直播营销兴起之后，聚美优品再次有所动作，利用直播打造"颜值经济"，邀请明星参与，并与粉丝进行红包互动。

2016年6月16日，美妆产品菲诗小铺限量版气垫BB霜刚上线时，就请来魏晨做直播。直播除猜歌送礼、送红包的互动游戏之外，还有一些护肤秘诀。结果，直播刚5分钟，粉丝数量就突破了200万人，短短几分钟后则猛升至500万人。随之，这款产品也很快被抢购一空。

传统的传播手法已经成为现代消费者，尤其是年轻一代的90后、00后的鸿沟，新媒体渠道的覆盖从触媒习惯及话题传播入手，吸引大多数人的眼球，为电商企业的品牌传播带来全新的营销思路。

电商做直播的意义有如下三点：

（1）玩转跨平台，实现客户共享

随着互联网战火烧向视频领域，一些大的互联网公司如阿里巴巴集团旗下网络营销平台阿里妈妈开始携淘宝和天猫商家提前布局视频营销。这是跨平台营销的开始，打破了以往传统模式单一、孤立的平台运作模式。

如早在2014年，阿里妈妈就意识到了这一点，于5月13日启动了"V动全城"15秒直播大赛，百万奖金"悬赏"拥有视频营销创意的商家和服务商。根据规则，商家只要在报名官网上上传15秒直播作品，准确传递品牌价值或宝贝信息，就有机会赢得最高15万元的全场大奖。同时，阿里妈妈还悬赏最具创意的视频服务团队，优秀服务商（TP）成为其"视频合伙人"。

阿里妈妈视频营销平台现已接入优酷、土豆、爱奇艺、PPS、腾讯视频、酷六网等多家主流视频网站，通过平台，对视频流量实时竞价。

（2）开创多样化的营销方式

网络直播作为新兴的社交方式，已引发新一轮媒介革命，迅速成为新媒体营销的新阵地。许多品牌商家也在重构营销策略，"无直播不营销"成为时下最新的品牌营销口号。

"明星＋品牌＋直播"是很多电商采用的一种新的营销方式，以直播为传播介质，以明星为互动内容，打破了当前的电商产品形态，实现了从文字、图片到视频的升级。通过一个个直播小视频，变现的手段越来越多，有直接推荐，有现场使用，甚至有演微情景剧的，相比千篇一律的文字、图片，直播给卖家打开了一扇个性化卖货的窗口。

很多电商虽然触网较早，但大多对其运用仅仅局限于产品展示、买卖方的简单交流等。利用网络去圈粉、进行创意促销还非常有限，尤其是移动互联网的广泛运用对这些电商的传统互联网思维造成了很大冲击。所以，对于电商而言，尽管占有电子商务的优势，但是若想持续保持竞争优势，必须适应新的市场要求，利用好并做好直播营销。

（3）不断满足用户消费新需求

2017年妇女节期间，一直播发起为期5天的"红人直播淘"活动，定向邀请三家MCN机构，联合170余位红人主播试水"内容型"电商直播。活动打破传统导购型电商直播的藩篱，巧妙设置诸如"仿妆梦露挑战赛""三生三世桃花淘之唇釉大比拼"等多个电商直播主题，内容涉及彩妆、香水、洗护、服装搭配等多个方面，以不同于纯导购式的优质内容型直播为用户提供全新的直播购物体验。

最终，活动累积开播1379场，累积观看量突破2.4亿次，累计销售额达 898 万元，"直播＋内容＋电商"的新模式受到用户、红人、品牌的多方认可和推崇。

此次活动中，一直播会对参与其中的网络红人进行资源和流量上的倾斜。一直播与新浪微博深度联合，主播可以将直播信息同步至微博，免去重新构建粉丝社交网络环节，达到最大限度的流量覆盖。同时，一直播还具有"直播＋电商"的功能，为电商直播助力。在直播过程中，用户可以直接点击屏幕上的商品列表进行购买，而不会打断直播，让客户不会在跳转中放弃购买，大大提升了转化率。一直播开启了内容电商 3.0+ 时代，推动直播主播与内容的双进化。

电商行业从传统 1.0 时代 PC 电商到以聚美优品、美丽说等为代表的 2.0 时代分享型电商，再到如今直播电商 3.0 时代。一直播积极试水 3.0+ 内容型电商直播，旨在顺应不断提升的用户消费需求，通过直播，构建新的消费场景，使内容到消费的路径更加顺畅，创造了新的流量入口，通过直播形式的强交互和直播内容的强沟通刺激冲动消费，实现最大程度的变现。

6. 人人都可以做直播

直播行业正处在一个上升期，并且不断产生一些新鲜事物。从最开始的网红月收入过百万到后来的明星加盟，以及企业大佬做直播网红之风盛行。2016 年 5 月 25 日，小米创始人雷军通过小米直播等十多家直播平台，进行了一场小米无人机的直播首秀。这让人们开始意识到，直播不再是网红的专利，人人都可以做直播。

万达集团董事长王健林也不甘落后，在 2016 年 5 月 27 日，和著名主持人鲁豫一起玩起了直播，鲁豫直播了王健林的一天。虽然此次直播槽点满满，但是已经可以很明显地看到，企业大咖对于直播非常关注，并且积极加入直播的行列中来……

Facebook 创始人兼 CEO（首席执行官）扎克伯格 2004 年建立了 Facebook 网站。此网站自建立以来，广受关注，美国总统奥巴马、英国女王伊丽莎白二世等政坛名人都是其用户。扎克伯格也因此一跃成为最年轻的亿万富翁。

自直播开始火热以来，扎克伯格表现出了极大兴趣。在 Facebook 2016 年 F8 开发者大会上，扎克伯格对 Facebook Live 进行了演示。对于直播，扎克伯格还有了一些新想法。2016 年 5 月 31 日，扎克伯格在他的 Facebook 个人首页上发布消息称，将于北京时间 6 月 2 日中午 12 点 55 分，通过 Facebook Live 连线国际空间站，与宇航员进行互动交流。在此次直播中，扎克伯格使得观众可以直观地看到国际空间站的情况，并且能够和宇航员进行面对面交流。这是扎克伯格杀入直播的第一步。

根据外国媒体报道，Facebook 在这个全民直播的时代，开始采用明星战略，它已经于 2016 年斥 5000 万美元邀请明星和权威媒体进驻，其签约的名人明星包括 Kevin Hart、Gordon Ramsay、Deepak Chopra 和 Russell Wilson 等，以及 CNN、《纽约时报》、Vox 传媒、Tastemade、Mashable、《赫芬顿邮报》网站等传统媒体。在科技圈里，扎克伯格无疑是对直播最上心的 CEO 之一。在这之前的一次采访中，他坦言："直播是目前最让我感到激动的事，我被直播迷住了。"

从 2015 年 8 月开始，扎克伯格就已经全力布局直播，通过实名认证测试直播功能，并推广使用 Facebook Mentions 这款

App。随后，他的团队又对 Facebook 中的直播功能进行了一些调整。直播功能已经成为 Facebook 的一个重要功能。扎克伯格曾说过这样一句话："我们正在进入视频直播这一黄金时代！"

（1）用户能自由选择直播主题和内容

用户可以按照自己的喜好来选择自己想要关注的主题，如园艺、科学等，这样，搜索结果就能更符合用户的需求。除此之外，直播内容更具选择性，如果想要在固定人群中进行直播，其直播内容就要满足固定人群的兴趣。

（2）互动性更强，互动形式更活泼

用户可在观看直播时邀请好友一起加入，使得好友之间的互动更加灵活。并且在文字回复中还加入了六种全新的 Reactions 表情包，当用户选择了某个表情之后，它就能在直播画面中实时出现，届时，用户就能看到一个个小的表情在画面底部跳来跳去，不仅看上去更加活泼，而且让用户之间的互动显得更加有趣。另外，Facebook 还推出了 Facebook Live Map 功能，用户可以借此搜索全世界不同的人的直播画面。

（3）提供美图和涂鸦功能

Facebook 直播向用户提供了五种滤镜，分别是 Slumber、Crema、Ludwig、Aden 和 Perpetua。这是 Instagram（一款跨平台的图片社交应用）首次新增滤镜，同时还加入了涂鸦功能，这使得直播交流更加有趣。

（4）利用大数据技术

Facebook 直播的一大特色是采用大数据方式。每次直播结束后，主播会收到一份统计数据，内容包括观看人数、观看群体等，而且直播记录会被保存在时间轴上，以便进行回放。

直播平台越来越火热，小米直播从天而降，腾讯也加入了这股热潮，推出了腾讯直播和企鹅直播，与此同时，腾讯还投资了斗鱼、龙珠直播，与映客、花椒等直播平台相得益彰。阿里巴巴虽然还没有一款专属的移动直播 App，但这并不妨碍它做直播尝试。

在这个初创企业和行业巨头齐飞的时候，我们不得不感叹，直播行业最火爆的时刻已经到来。在直播发展得如火如荼之际，马云、马化腾都在抢着做直播。大佬们的逐渐加入使直播平台的身价与日俱增，这让人不禁去思考：为什么直播平台如此受各行各业的追捧？

直播本身是一个传播信息的工具，需要有一个好的平台来承载，才能更好地传播与利用信息。换句话说，直播 App 必须搭载更好的平台，才能更好地发展。比如腾讯做直播，马化腾肯定不会只是单纯地做一个直播 App，他一定还会考虑如何把自己现有的产品嵌入其中，协同自己原有的软硬件，以丰富自己的产品为出发点。因此，依靠大平台做直播时，必然要与平台原有的业务相关联。

当新兴事物出现的时候，很多资本大亨都会斥巨资投入这个新行业，并使得这个行业的整体格局发生改变。但是如果他们自身不适应这样的发展，结局往往差强人意。腾讯曾自己做过团购，却以失败而告终。不过，腾讯却发展了微信，正如新浪收获了微博、阿里巴巴得到了支付宝。

直播行业的主要特征是娱乐性，并且只有在相应的平台上，才会收获成功。比如，腾讯是做娱乐项目的，但是它主要是发展游戏娱乐，因此马化腾投资了斗鱼、龙珠两个直播平台，这两个直播平台主打游戏，腾讯投资它们也是理所当然的；优酷也是主要做娱乐，但偏重综艺娱乐节目，因此，来疯直播的产生也是顺理成章的。

而对于马云来说，直播的即时互动性刚好弥补了淘宝的平面单一性。因此，马云选择在电商中嵌入直播模式，这无疑是一大改革，也将成为淘宝的又一大亮点。2016 年 6 月 19 日，年度网红 papi 酱在淘宝直播上进行了一次拍卖活动。在拍卖会上，火爆场面自然不言而喻，50 万人同时在线围观就是有力的证明。淘宝直播主打购物，对用户进行精准定位决定了其"消费类直播"的定位目标。淘宝有了直播，用户可以在直播中观看主播实时展示产品，有了疑问也能得到主播的及时回答，这样购买回来的物品更放心。也正是因为如此，淘宝又重新走向了发展的巅峰期。

新兴事物必将带动原有事物，马云、马化腾正是看重了直播的这些优势，才投身直播行业，从而让直播行业带动原有平台的发展。

第三章

账号管理：如何打造自己的直播账号

1. 构建自己的关联账号

想利用网络直播抢占市场，单靠一个账号是行不通的。在这个全网时代，直播所面对的不是某个平台上的用户，而是各个平台所有的用户，再加上每个平台上的用户具有一定交互性。所以，在布局直播账号时，应建立两个以上，并尽可能地与更多用户建立关系，保持黏性，最大限度地挖掘用户价值，力求收益最大化。

粉丝决定销量，谁获得的粉丝多，与粉丝的关系紧密，为粉丝提供的服务好，那么谁获利就大，就能最大限度地打开市场、适应市场，从而获取最大收益。但想要吸引更多粉丝，必须建立多维式的账号群，形成矩阵，依靠团队作战。

多维式是相对一维式而言的，是指要从多个角度、多个层面打造自己的账号矩阵。按照账号所属平台的类型、功能以及性质的不同，打造出不同体系的账号群。事实上，很多企业也是如此做的，在这方面，企业比个人要做得好很多，接下来就以企业的做法为例进行简单的分析，阐释如何通过构建账号群来实现多层面的网络直播活动。

（1）小米关联账号

小米公司的微视账号矩阵是以功能分设的，一个是小米手机，另一个是小米 MIUI。两个不同的账号提供不同的服务，相互推广，让粉丝互通，如图 3-1 所示。

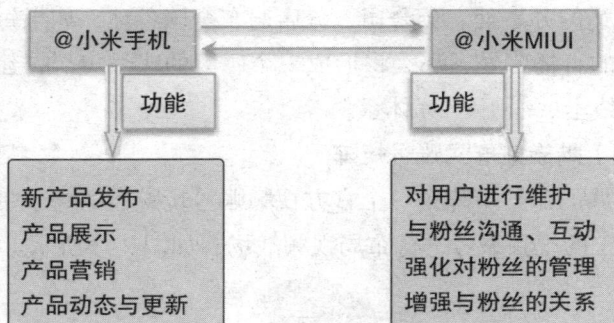

图 3-1

（2）万达影城链条式账号矩阵

万达是国内房产行业、百货行业中的佼佼者，也是第一家开始做视频营销的企业，与此同时，万达也在对账号进行布局。

万达的直播账号是以总公司—分公司—地区—行业依托而建立起来的链条式布局。总公司的账号下设多个区域性账号，由"中央指挥地方，全国联动"，同时，区域性账号又可根据行业的不同而进行细分。例如万达下设万达影院和万达广场，万达影院下设北京万达影院、上海万达影院等；万达广场又下设温州万达广场、济南万达广场、合肥万达广场等，如图 3-2 所示。

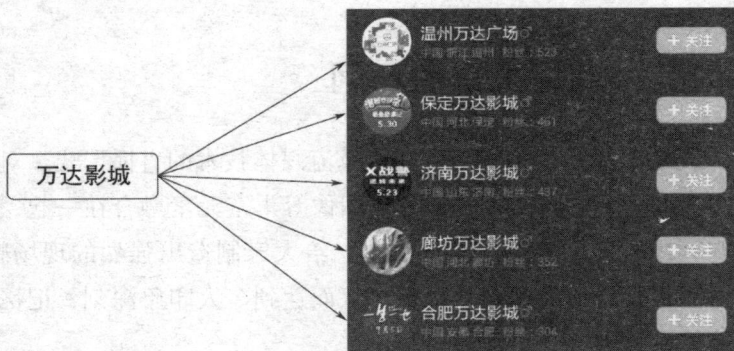

图 3-2

　　万达的办事处、分公司、分店遍布全国各地，如果每个都建立自己的直播账号，那么将形成一个巨大的账号集群，建立一个完美的线上、线下O2O体系。

　　（3）魅族集群式账号矩阵

　　魅族的账号矩阵是一个官方视频账号玩魅族的妹子带领一群魅族员工的视频账号进行布局视频战场，如图3-3所示。

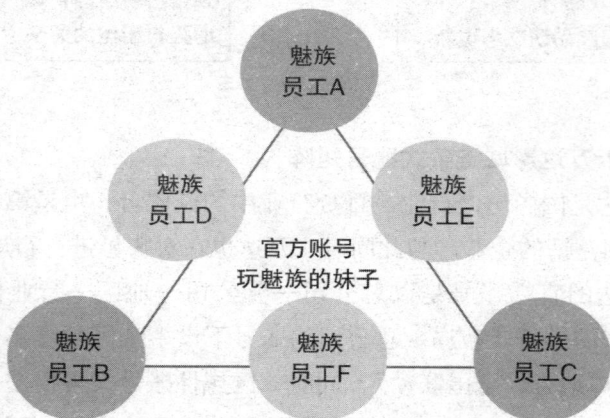

图 3-3

2. 精准定位直播方向

　　视频直播是一种利用互联网及流媒体技术的直播形式。对视频直播而言，它将文字、声音、图像等丰富元素融合在一起，而且它利用真实、生动的真人表演，给大家制造出强烈的现场感，这样能很容易地吸引观众眼球，从而达到令人印象深刻、记忆持久的传播效果。

正是视频直播的这些优势催生了互联网视频直播行业的迅猛发展。各界大佬们纷纷跻身视频直播的行列，或者收购投资，或者打造新颖独特的直播平台。可以说，视频直播已经成为一种新的经济纽带，将原本看似没有联系的各行各业都紧密地联系起来。

在做视频直播之前，首先要做好定位。因为一旦视频直播有了准确的定位，就犹如在茫茫大海上航行的帆船有了灯塔的指引。清晰的目标也是整个直播平台前行的动力。

如果一个直播账号没有明确的定位，观众就无法做出明确的判断，以至于给观众一种可有可无的感觉。当观众无法意识到账号存在的意义时，也就失去了进一步关注的基础。那么，对于一个直播账号来讲，如何才能体现自己的特征呢？

（1）如何选择适合自己的直播方向

对于一个直播平台的运营者来说，选择了适合自己的直播方向，将会如虎添翼，并在直播市场中大有作为，成功分得一杯羹。反之，将会以失败告终。所以，直播定位的重要性也就不言而喻了。

2015年下半年映客的风靡便是很好的证明。映客作为国内外众多直播App中的一款，之所以能够脱颖而出，在很大程度上是因为它的形式更简单，玩法更多样，并且映客真正实现了"让视频直播不再是专业人士的特权"这一目标。另外，映客不仅仅能够让用户实时观看视频，而且它有一个让用户欲罢不能的特性：能挣钱。

只需一个映客App，不论是业余主播，还是专业主播，都能自由开启直播。直播的内容也很随意，没有强制要求。当挣到一定映票时，用户可以对其进行提现，这也就是用户所挣的钱。边玩边挣钱，这是多少人梦寐以求的事情。映客将用户的娱乐需求与经济需求很好地结合了起来，满足了用户的需求，获得了用户的认可。这既是映客直播的方向，也是它的特色所在。

所以，要想在众多视频直播平台中独领风骚，关键在于对直播平台的定位。对于定位，运营者们需要思考的是：我有什么资源？因为这些资源决定了直播平台的发展方向。一般可以从以下三个方面进行考虑：

①资金因素

资金直接决定了一个直播平台是否能够顺利开展。在如今这个以烧钱、圈钱为前提的发展潮流下，资金在很大程度上对平台的发展起着决定性作用。如果你有足够的资金，你就能打赢这场没有硝烟的战争。反之，你就只能黯然退出这场杀人不见血的战争。

BAT 之所以能够在互联网领域独领风骚，且经久不衰，历久弥新，一个很直接的原因就是他们拥有雄厚的资本作为支撑。易租宝起来了，然后又倒了，可支付宝毅然屹立于互联网金融界。为何用户如此信赖支付宝？其实还是因为有阿里这个强大的财力作后盾。做直播平台也是如此，必须要有前期的投入，才能有后期的收益。

平台的运营者在确定直播方向时，应该结合自身的资金情况进行定位，而不应该盲目地规划平台的发展规模，因为错误的方向会让整个直播平台一步错，步步错，最终遭到淘汰。

②技术因素

技术决定了视频直播的质量和功能。随着 IT 技术的发展，视频直播变得越来越容易。一套简易的设备或者一部手机就能完成视频直播的制作。但是，反观这些直播视频，大都存在观看不易、操作烦琐、画质不清晰的问题。这些问题无疑会影响到整个直播平台的发展。

直播平台的运营者在确定平台的发展方向时，应该充分考虑技术因素，根据已有的技术力量选择直播方向。如果运营者选择了一个自身技术水平无法达到的直播方向，那无异于搬起石头砸自己的脚。由此可见技术也是一个不可忽视的因素。

③人力因素

一个直播平台的顺利运作离不开人力因素。而作为人力因素之一的直播主播是整个直播平台直接对接用户的前线人员。所以主播的质量往往直接决定了用户量。在这个看脸的时代，主播颜值的重要性被提到了首要地位。一份网络调查显示，99%的用户是冲着主播的颜值去的。网络上甚至流行着一句这样的话："没有一张网红脸，就别来揽这主播活。"由此可见一群高颜值的主播对于直播平台发展的重要性。

直播平台的运营者在确定直播方向时，应该将人力因素考虑进去。就拿主播来说，毕竟每个主播所擅长的东西各不相同，如果你平台中的主播多数擅长游戏，那么你就应该将游戏直播选作平台的发展方向；如果主播们擅长唱歌和跳舞，那么秀场直播应该是你选择的方向。

当然，人力因素还包括运营者的能力、技术人员的水平、用户群体等。一个优秀的平台运营者在为平台选择方向时，会将所有情况综合起来进行考虑，从而为平台选择一个量身定制的方向。

综合资金、技术、人力这三大因素，基本能够确定一个直播平台的发展方向。对于直播平台的运营者来说，有了方向的指引，直播平台在整个运营与推广过程中将会动力十足。

（2）给你的用户画个像

2016年1月9日，来疯直播举办了首届"来疯STAR超盛典"。活动得到了广大用户、粉丝的支持，业内一些知名人士也参与了此次活动。来疯直播隶属合一集团（优酷土豆）。与优酷旗下大多数产品不同的是，来疯直播主打互动娱乐。来疯直播自成立以来，发展速度一直赶超同行，现已在互动娱乐行业"杀出"了一条血路。

来疯今天的成功在很大程度上要归功于合一集团的准确定位。优酷与土豆本身就是做视频起家，因此在对视频内容的把握方面有着独到的见解。这也就决定了来疯在运营伊始，就将综艺节目的打造作为其主要内容，将用户群体定位在了明星粉丝这一方面。因此，来疯直播成了一个有特色的视频直播平台。

自目标确定以来，来疯不断突破传统模式，朝着精细化方向转变，并且颇有成就。来疯推出了多档综艺直播节目，不仅迎合了已有用户的需求，更吸引了一大批新用户。同时来疯在主播以及直播内容方面严格把关，所以，来疯的节目都以精品化著称，获得了用户的一致好评。通过对主播的严格监控和管理，来疯直播平台打造出了多位时尚新星。

对于来疯来说，优酷土豆本身拥有的众多粉丝是其发展的先天优势。为了充分利用这个先天优势，对于由优酷土豆、SMG 集团、SNH48 联手打造的节目——《国民少女》，来疯提供了多样化的直播互动支持。这不仅为来疯成功圈得一大拨粉丝，也提高了优酷土豆的点击率。

来疯直播准确定位，根据其用户需求，将综艺直播、明星互动、主播管理、内容监控等丰富的内容作为平台的立足点，此举为来疯吸引了更多粉丝关注。而来疯之所以以此为立足点，是因为来疯将用户群体定位在了年轻群体上。换句话说，来疯种种举动的依据是用户群体的需求。

来疯的这种做法不是没有道理的。因为对于一个直播平台来说,用户是平台实现经济变现的对象。没有用户,平台的变现也就无从谈起,直播平台的推广与运营也就没有了意义。所以,对于直播平台的运营者来说,平台的用户群体是哪些、这些用户群体有些什么特点,这些都是必须思考的问题。

2016年4月22日,网易科技第45期五道口沙龙在北京举行。此次沙龙的主题为“直播时代来了”。另外,这次沙龙的一大看点是易直播联合创始人张岚在现场分享经验。

从张岚分享的经验中可以看出,易直播做到了对用户的准确定位。根据用户群体的特征,易直播推出了“密码房间”功能。这个功能的推出正好契合了垂直领域直播者们的刚性需求。此举将推动易直播迎来又一个发展的春天。

因此,找准了直播平台的用户群,也就意味着找准了平台运营的发力点。按照用户的需求创作出的内容,自然能够吸引更多粉丝,提高变现率。

(3)在账号昵称上体现

一个直播账号呈现在用户面前的首先是头像和昵称,如果昵称有特色,在成百上千个直播中脱颖而出就会事半功倍,而体现行业方向是使名称有特色的主要方法。例如,大家最常用的租车软件,它们的直播昵称上基本都有“租车”一词,有些培训网站、培训学校喜欢用的词是“培训”。

然而,为直播起个好昵称却不是嵌入某个关键词这么简单,还需要结合企业的经营范围、性质和产品、业务类型等去更深入地做内容。

一些化妆品、美容美发性的企业通常以自己的产品、品牌直接命名直播昵称,如“××护肤品”“××美容店”“××官方旗舰店"等。直接以产品、品牌名来命名昵称需要很谨慎，毕竟这样做的目的性、功利性太强，会令大多数用户容易产生逆反心理，如果不是有硬性需求，尽量避免这样做。其实，完全可以定位成一个"美容百科全书"性质的直播，为用户提供美容、美颜的方法、技巧等，当获得用户的认可后，再植入一些广告，这样，用户也比较容易接受。

再例如，有些账号直接以企业名为直播昵称，这也是不可取的，除非在大众中已经有较大影响力，以及良好的口碑，否则用户不会买账。这类命名法看似可最大限度地体现自己，其实由于对你不是特别熟悉，等于什么也没说。例如，一个以分享生活、娱乐、美食等资讯的网站，直播叫"余姚生活网"，是宁波一家叫"宁波网联网络有限公司"旗下的，已经成为当地一个潮流生活平台。这样的命名很好，既有了企业特性，又附加了地域属性，可使用户轻而易举地知道这是个什么平台、我能从中得到什么。试想一下，如果直接取名"宁波网联""网联网络"等，结果可能会很惨。

（4）在个性签名上体现

第一次关注某个直播时，我们会看到首页界面上有个"功能介绍"，相信每个人关注直播之前，肯定会细致地阅读一遍。这个介绍就是个性签名，可以很好地定位直播的特性。

个性签名可人为设置，一般在申请时提前设置好，也可不定期修改，不过每修改一次，都需要通过系统的审核。

（5）在内容上直接体现

在内容上直接去体现是最重要，也是最根本的做法，因为只有所推送的内容时刻围绕着本行业去做，并且努力做出特色，不落俗套，才能给用户以崭新的、别致的、眼前一亮的感觉。只要能把内容做好、做精、做出特色，成为行业的头牌，自然会被大众所熟知，吸引更多用户的关注。

3. 精心设置你的账号门面

昵称和头像是直播账号最显著的标志，是主播身份的象征，也是向粉丝进行自我展示和宣传的重要窗口。然而，拟写昵称和选择头像却不那么容易，之所以很多主播不受欢迎、粉丝少，很大一部分原因就是昵称和头像设置得不合理。

现在很多主播的账号昵称、头像可谓五花八门，如用动物名称和形象、游戏名称和截图，以及非主流文化……总之，不一而足。很多时候，他们都是灵机一动，或者随意放上去的，殊不知，这将会无形中影响观看者对账号的错误判断，或对直播内容以偏概全地定位。

其实，账号昵称和头像与人的姓名一样，一个好的昵称和头像不但容易被人们记住，而且能传递有效信息，或美好的心理感受。因此，要想让自己的直播账号脱颖而出，首先需要取一个响亮的昵称并设置一个富有象征性的头像；其次要善于利用一些技巧，按照一定原则，让账号更富有个性，更容易引起所有人的共鸣。

经总结，命名账号昵称可按照以下原则进行：

（1）直接命名

这类账号旨在直接告诉关注的粉丝"我是谁"，通常适合具有一定影响力的明星、大咖，或者在行业有影响力和威望的企业品牌。头像可采用产品、品牌的照片，企业名称，品牌名称，产品的 LOGO 等，例如，账号凯迪拉克、广州日报、小米手机等。

360 股票在花椒上开通的直播账号直接使用了品牌名——360 股票。360 股票是奇虎 360 孵化的一个创新互联网金融证券类服务平台。目前，运营了 PC 版 360 股票、移动端 App、微信公众号 360 股票等多种传播渠道，如图 3-4 所示。

图 3-4

有的则以企业名来直接命名，例如，欣欣旅游网是一个旅游网站，其美拍账号直接使用"欣欣旅游网"。这种命名方法直接将所能提供的产品或服务的功能、用途或能提供的服务体现出来，让用户直接去了解。

（2）公司 + 人名

公司 + 人名的命名方式是为了让用户一眼就知道你是谁、是干什么的，以便能更好地定位目标人群，寻找到目标客户。

（3）以微信、QQ 等名称来命名

有很多直播账号直接沿用了自己的微信、QQ 或微博账号，或者这些账号的简单变形。这样的好处是便于用户加深对你微信、QQ 的记忆，将粉丝引流到微信、QQ、微博等平台上。例如，育儿网就以育儿网官方微博作为美拍直播账号。

　　觅食迹的美拍直播账号沿用了其微信公众号的直译——@mishiji001，后者是前者的汉语拼音，如图3-5所示。

图3-5

　　（4）以职业属性＋职业、行业背景命名

　　将直播中涉及的企业背景、人物、产品、服务等以描述、夸张或拟人的方式间接地表现出来，如王大厨、××学校舞蹈老师、××教练等。

　　（5）以地域＋企业性质命名

　　如果是服务本地的企业，则可以在账号昵称中加上地域特征，这样，既可以让本地用户更有亲切感，如美拍账号北京星舞团、太原同城会、加拿大旅游局等，同时，又可以有针对性地吸引外地用户的关注。当然，如果企业的目标客户没有地域限制，昵称中最好不要加上地域标志。

4. 挖掘用户的潜在兴趣

利用网络直播来吸引粉丝、聚拢人气，最关键的是要有高质量的内容。那么如何提高直播的内容质量呢？最根本的一点是从观众的需求出发，无论直播内容是否是原创，都要坚持需求至上，只有有需求，才有消费。

观看者需要什么，我们就直播什么。在直播之前，先对用户需求进行分析，找到目标群体最大的需求点，并善于发现、挖掘隐形需求。

谁能准确把握市场动向，谁就能成为这个时代的赢家。视频直播作为这个时代的衍生物，自然逃离不了市场性的本质属性。而视频直播的市场就是广大视频直播用户。因此，挖掘用户的兴趣点和兴奋点是视频直播长足发展的关键所在。那么如何去挖掘用户的兴趣点和兴奋点呢？

（1）分析用户的喜好

视频直播面对的是数以亿计的网民。如此庞大的用户群体，对于直播平台的发展而言，既是机遇，也是挑战。之所以说它是机遇，是因为这些网民都是视频直播的潜在用户。一旦将这些潜在用户发展成真正的用户，市场前景可想而知。之所以说它是挑战，是因为每个用户的个性、喜好、思想、受教育程度都存在差异，更别说是这样一个庞大的用户队伍了。所以，要想分析挖掘这个队伍的兴趣点、兴奋点，不是一件易事。但是如今有云计算、大数据的技术支持，分析获得这些群体的喜好需求也不是一件难以望其项背的事情了。

美国在这方面就率先实践并获得了成功。美国有一部电视剧叫《纸牌屋》，它播出后，风靡了全球，其原因就在于这部电视剧在制作过程中充分利用了大数据来分析指导。"3000万观众收视的选择，300万次的主题搜索，400万条评论"，利用这些数据计算出来拍什么、如何拍、由谁演、如何播。这些数据来自所有潜在观众，因此能够体现观众喜好。所以，在这些大数据指导下拍出来的产品，一定能够得到观众的喜欢，被观众津津乐道。

参照这种思想，大家在做直播平台之前，如果也用大数据对潜在用户进行全面分析，那么这个直播平台将会契合用户需求，毫无疑问，这个直播平台的市场一定会很可观。

随着电商平台不断增多，竞争也越来越激烈，于是价格战成为无敌战术。对于电商来说，每一个节日就相当于一次重生，因此，它们不但不会放过任何一个节日，反而会"创造"出各种节日。自从天猫推出了"双十一大促"后，京东也推出了"6·18狂欢节"。而这些电商节无一例外都是在打价格之战。毫无疑问，不管这场价格之战如何展开，消费者们一定是这场战争的"炮灰"。而商家借助这场声势浩大的价格之战，赚得盆满钵满。

然而，这终究不是高明的玩法。在数字化时代的今天，真正高明的玩法是利用大数据的分析指导，在商战中脱颖而出。而将这种高明的玩法运用得炉火纯青的是亚马逊。

全球电子商务的创始者——亚马逊也是网上售书的首创者。亚马逊自1995年开始在网上售书以来，图书行业以及相关行业的市场规则及竞争关系被迅速且彻底地颠覆了。最具有说服力的例子就是，一些像Borders以及Barnes and Noble这样的百年老店，在亚马逊横空出世后的十年间，纷纷面临破产或濒临破产，因为这些传统门店无法与互联网手段竞争。而亚马逊利用互联网获取了大量的用户行为信息，通过对其深度分析与挖掘，自然能够找到用户的兴趣点和兴奋点。

亚马逊利用大数据找到了用户的兴趣点和兴奋点后，为用户制定贴心服务，提供个性化推荐。比如，用户在亚马逊上查看了某一款手机后，亚马逊会通过对该用户浏览的这一款手机的型号和价位等信息做分析，而后为用户推荐同等类型的手机。

这种个性化服务让用户感到满意、舒心，那么自然也就能够让用户信任该平台。作为平台方来说，最终的盈利目的也就得以实现。亚马逊对数据的利用不仅值得各大电商平台学习借鉴，对直播平台的运营也有着启示作用。

因此，要想全面打开市场，就要捕获不同年龄阶层的广大用户的喜好需求。而要实现这一目标，就要通过大数据分析来得到用户的特点，从而准确把握这些用户群体的喜好。把握了用户的喜好后，在之后的直播平台运营与推广过程中，就能够有的放矢，吸引更多用户群体。这样一来，也就获得了市场，从而取得收益。

（2）研究用户的行为

在上一节中已经通过大数据分析得出了用户的喜好需求，接下来所要做的就应该是投其所好。那么，如何投其所好呢？当然是站在用户的角度，以用户的思维研究用户的行为。

①直播内容直奔用户心理

通过大数据分析可以得出结论，视频直播的用户多为 80 后、90 后。也就是说，视频直播的用户群体较年轻。用户群体年轻化这一事实受到了各大平台的关注，包括电视和网络直播，并且视频直播的年轻化势头尤为强劲。所以，对于直播平台来说，抓住年轻人的思维心理，研究年轻人的行为和需求无疑是做好视频直播的关键点。

对于以用户的思维研究用户的行为这一理念，践行得比较好且取得了成效的要数来疯直播了。在众多直播平台中，来疯算是一个"新人"。但是这个"新人"在短短两年时间内就脱颖而出，成为行业领头羊。这其中的原因就在于来疯的用户定位就是年轻人，并且来疯在这一定位的指导下，生产的内容力求契合平台大多数用户的需求。

来疯直播的内容涵盖了好歌劲舞、综艺直播、明星访谈等。这些内容可以说正中年轻人下怀。那么，年轻人能不为其买单吗？为了迎合年轻人的需要，来疯对其主播也严格把关，保证了主播队伍的年轻化，因为年轻主播知道年轻受众喜欢什么样的内容，需要什么形式的表演。

由此看来，来疯的成功不是偶然的，而是因其正确分析了用户需求，做到了以用户的思维研究用户的行为，从而提供了用户喜闻乐见的内容。对于直播平台的运营者们来说，这是值得借鉴和学习的。

②直播形式简单有趣

现在是网络时代，视频直播的发展有其必然性。尤其是现在手机的全民普及，人手一部手机已经成为一种现实情况。而现在的生活节奏过快，人们的生活压力过大。因此，人们需要寻找一条宣泄情绪、释放压力的渠道。而视频直播的风靡与这一现实状况有着直接联系。

网络调查显示，许多在大城市打拼的年轻人都有一种莫名的孤独感。他们由于在经济基础和社会地位上不具优势，从而在现实社交中不被承认。所以他们会转向网络，以寻求心灵上的慰藉。这种情况为视频直播的发展提供了契机。作为直播平台的运营者，应该要把握、利用这一契机来推广自己的直播平台。

针对这类年轻人的思维和心理，直播平台应该在直播内容和操作功能方面下功夫。以丰富有趣的内容和简单易操作的功能特点打动这些年轻人。总之，站在用户的角度，以用户的思维研究用户的行为，根据用户的需求生产直播内容，改进直播功能。平台方所做的这些努力终将会得到用户的认可，促进平台的运营与推广工作。

③实现双向互动

网络视频直播与文字、图片甚至视频相比较而言，它的最大优势在于其具有双向互动功能。这在视频直播中体现为主播与用户之间的实时交流与反馈。在视频直播中，观众不再是单一的受体，而是实时参与到内容的生产与创造过程中。在这种消遣方式中，用户的社交感被弱化，交流感以及参与感得到加强。加之直播几乎没有准入门槛，这使得一些在现实世界感到压抑的年轻人能够在直播中得到精神放松。

游戏直播之所以能够如此火爆，就是因为在直播中，用户与玩家能够实时互动。很多玩过游戏的人都有这样的体验：当你在游戏中胜出的时候，会很想与人分享喜悦；当你在玩游戏过程中遇到困难的时候，会希望有人指导或帮忙。而这一切在游戏直播中都得以实现。可以说，游戏直播平台方就是站在用户的角度，以用户的思维研究用户的行为，从而提供用户所需求的内容。

以用户的思维研究用户的行为，这是一种挖掘用户兴趣点和兴奋点的可行之法。而用户的兴趣点和兴奋点是整个直播平台进行内容策划与创作的立足点。因此，平台的运营者们应该多站在用户的角度考虑问题，这样有利于平台的推广与运营。

（3）持续地让用户兴奋

分析了用户的喜好，研究了用户的行为，接下来要做的也是最重要的一点：让用户持续地兴奋，对你的视频直播平台欲罢不能。

被称为互联网三巨头之一的阿里巴巴集团之所以能够获得持续的发展，并且发展得越来越好，是因为马云总是能够审时度势，根据不同的现实状况作出最直接、最积极的应对措施。面对今天这个快节奏的时代，在时间就是生命的时代背景下，马云在 2016 年 6 月 13 日"全球智慧物流峰会"上提出了一个让所有人兴奋的目标，那就是"将在十年内实现国内快递在任何一个地方能够在 24 小时以内送达，全球快递能够在 72 小时以内送达。"

这个目标的提出体现了马云敏锐的洞察力和前瞻性。试想，要是马云提出的这个物流速度目标实现了，你还会亲自去超市购物吗？毫无疑问，这个目标的提出能够让淘宝、天猫甚至所有网购用户持续兴奋。

对于直播平台的运营与推广来说也是如此。如果不能持续地让用户兴奋，那么很有可能会使用户流失。引进一批用户本就不容易，因此，运营者应该在持续地让用户兴奋方面努力。

①直播内容多元化

对于一个直播平台来说，庞大的用户群体必定导致用户需求的多样性。为了满足所有用户的需求，让所有用户都能够持续地兴奋，要求平台提供多元化的内容。泛娱乐发展模式正是在这种基础上提出来的。

②直播内容具有新意

虽然直播平台有了多元化的内容，但如果这些内容平淡无奇、毫无新意可言，那么也无法让用户持续兴奋。所以，平台方还应该在内容创新上发力。例如带有悬念性的话题通常能够吸引用户的注意，那么主播在准备话题的时候，就应该多考虑这种类型的话题；主播可以连载的直播形式，将一个内容分成几个部分直播，这样能够激起用户的好奇心，保持用户的黏性。

③直播平台的功能不断升级

对于直播平台的运营者来说，在视频直播平台中的竞争犹如一场没有硝烟的战争，而要成为战胜者，关键在于要让你的直播平台有亮点。这不仅要拼内容，还要拼技术。如果用户在别人的直播平台中只能听歌，而在你的直播平台不仅能听歌，还能与主播、与其他志同道合的用户一起唱歌、一起分享的话，那么你还用担心你的用户量吗？所以，始终站在用户的角度考虑问题，优化技术，提升平台的功能，做到"没有平台做不到的，只有用户想不到的"，这样就能够让用户持续地兴奋，对你的直播平台具有忠诚度。

5. 注重趣味性和知识性

用户之所以选择看网络视频直播，是因为网络视频直播具有无可比拟的趣味性。用户在紧张的学习工作之余，打开直播，能够从直播的有趣内容中得到精神上的放松。这也就告诉了广大直播平台的运营者，在做直播内容策划的时候，要重点考虑内容的趣味性。

（1）"搞笑＋真理"模式

2016 年 4 月 21 日，被称为 2016 年"年度网红"的 papi 酱贴片广告资源招标会在北京举行。此次拍卖会以 2200 万元的成交价格圆满落下帷幕。而此次的中标方是上海一家名为"丽人丽妆"的化妆品公司。这家公司获得了 2016 年 5 月 21 日 papi 酱视频结束后彩蛋时间的广告位，时长不限。

这笔不菲的拍卖费使得 papi 酱又一次引起了直播界的广泛关注。中标企业丽人丽妆方面表示，相信 papi 酱的广告不仅仅是一次品牌推广。"papi 酱的背后是有人格力量的。"自称罗辑思维铁粉的丽人丽妆方面称。

"一个集美貌与才华于一身的女子"，这既是 2016 年当红网红 papi 酱对自己的介绍，也是广大粉丝对 papi 酱的评价。这位中央戏剧学院的高才生以一段原创变音短视频迅速走红。

papi 酱快速走红的原因与她短视频内容的原创性分不开。这位奇女子的短视频内容涉及了娱乐、生活、学习、男女关系等多个方面。其实这些内容就来自我们身边，但是 papi 酱将各种情况综合起来，运用夸张的手法，又以十分接地气的方式进行表演，让人们看了之后，产生了深深的共鸣。对于热点事件，papi 酱也会以其独特的草根气质进行叙事，满足了年轻人对娱乐性的需求，也吐露了大多数人的心声。

另外，papi 酱的视频彰显了她明确的价值观，这也是 papi 酱不同于其他网红的一个最大特点。papi 酱的所有视频都具备一个共同的特点：真实、个性、有极强的思辨性。尽管 papi 酱的视频内容都是源自生活小事，但经过 papi 酱的演绎，在带给用户娱乐性的同时，往往也能引发用户思考。可以说，娱乐之余，还有生活指导意义，韵味深长。

在 papi 酱的系列视频中，较为风靡的要数台湾腔说东北话、上海话 + 英语等系列语言混搭版视频。另外，papi 酱的视频内容往往一针见血，可谓是现实的真实写照，直戳一些宅男宅女的内心深处。而这些字字珠玑、深入人心的视频因此也得到了广泛传播，让 papi 酱收获了更多粉丝。

例如 papi 酱有一则视频是讲过年回家遇到各路前来询问个人问题的亲戚该如何应对的。在这个视频中 papi 酱既对亲戚讨厌的行为进行了吐槽，又为广大用户提供了应对亲戚的独门秘诀。这些神一般的金句让网友拍手称好。在此特意摘录几句供大家鉴赏。

"每年看到你们家这几个熊孩子，我就不想生孩子了。"

"哎，您说美国怎么还不控枪呢，关我什么事？那我不结婚，关你什么事啊。"

papi 酱之所以能够做出如此有特点的视频，是因为她在视频录制之前做了大量准备工作。比如关于这则应对亲戚的视频，她在录制视频之前，肯定对有关吐槽亲戚的评论进行了搜集整理，然后凭借自己的专业技术进行加工，才有了视频中能够引得大家共鸣的金句。有人评论她的视频："每次都说出了我们的心声。"的确，papi 酱就犹如一位深谙广大网友心理的心理医生，将广大网友的心声用一种幽默的方式吐露出来。

papi 酱的视频饱含趣味性，又不失真实性。可以说，这些视频将搞笑与真理融合在了一起，网友在观看其视频的同时，还能从中学到许多实用性技巧。这既是 papi 酱的成功之处，也是广大直播运营者该学习的地方。

（2）提高视频直播的趣味性

网络视频直播的活力就体现在趣味性上。所以，尽管应该在视频直播中加入专业技能、科普知识等内容，但加入的这些知识绝不是生硬刻板的说教，而是应与视频直播融为一体，以趣味的方式呈现给广大用户。提高直播趣味性可以通过以下三个方法来进行：

①语言幽默化

幽默利用得当，会使整个视频直播过程轻松愉悦，哪怕直播过程中讲的是专业技能或者科普知识。并且这种轻松愉悦的氛围是用户所需求的，因此能够得到用户的认可。另外，由于用户群体的广泛性，各用户的性格和知识水平存在差异，在直播过程中难免会遇到一些莫名其妙的用户，这个时候如果运用幽默的语言，就能巧妙地化解尴尬。

②内容丰富化

要满足如此庞大的用户群体的需要，视频直播的关键还在于内容必须要丰富，尽量能够涵盖文化、娱乐、体育、旅游、音乐、健身、综艺节目、情景剧等多个领域。

③形式多样化

大家所熟知的视频直播类型主要有秀场直播、电子竞技（游戏）直播、移动直播、体育直播、活动直播、摄像头直播。

目前，国内各大直播平台在这一点上做得都很到位。如战旗TV，其虽是以游戏直播为主体，但内容也涵盖了综艺、娱乐、体育等多个类目。类似的还有斗鱼TV、虎牙直播等。

斗鱼联合创始人兼联席CEO张文明表示："互联网讲究快者为王，竞争实际上是快鱼吃慢鱼。"要想在这个充满竞争的社会中生存，无疑需要立足用户需求，投入大量精力，开发多种形式的直播模式，以吸引更多用户。

正如张文明所说的："斗鱼是一种真实存在的鱼类，生性凶猛。我们想借这个寓意来代表我们在互联网行业拼杀的一种态度，我们最终的目的是希望用户能来到我们这个平台，找到他的快乐，找到他感兴趣的东西。"

另外，自直播平台诞生以来，卖萌就成了各大主播展现直播内容、吸引用户的一个辅助方法，并且主播卖萌被很多用户所接受。有人可能会说卖萌已经过时了，在今天的直播平上，卖萌已经不实用了。其实并非如此，主播依然可以依靠卖萌来吸引用户，但要注意适可而止。

6. 通过热点事件制造话题

借助社会热点事件制造话题是一种事件营销、借势营销，在传统的营销中比比皆是。同样，它也可以用于网络直播中，属于一种借"题"发挥的做法。在全民参与的互联网时代，社会热点总是层出不穷，借助社会热点进行网络直播，更容易取得粉丝的共鸣。

H&M 在推广自己的运动系列服装时，就曾利用大家喜欢的体育事件制造话题，采用定期讲述一个体育故事的形式吸引了一大批消费者。体育运动是大多数年轻人的爱好，尤其是男性，可以说，每个男性都有个体育梦，即使有时候无法完全付诸实践，对某项体育运动也有着特殊情结。例如，很多不会踢球的球迷也可以为了一场足球赛而疯狂。H&M 这个借势可谓是十分巧妙，能充分迎合一部分年轻男性的心理需求。

在电视剧《三生三世十里桃花》热播期间，魅族手机就借用这个良机，发布了一款新品——魅蓝 5S，并在直播上大力推广，大背景是三生三世剧中的经典场景，主播也身穿剧中人物的服饰，着实吸引了不少该剧的粉丝，如图3-6所示。

图3-6

　　寻找社会热点事件的途径有很多，判断一个事件是否可用，标准也不是只看其关注度有多高，关键还要看是否适合自己，尽量以自身所售产品或服务的实际情况为出发点。这需要在具体运用中善于学习和总结，结合多种渠道去搜集、整合材料，尤其是可准确表达出自身独特观点、思想和情感题材的事件。

　　那么，在运用社会热点事件时，如何选择和鉴别呢？一则事件是否有价值，是有鲜明特征的，如相关性、重要性、知名度、趣味性等。具有的特征越多，价值越大，借鉴后造成的晕轮效应也越大。

（1）相关性

　　相关性是指事件与受众群体的相关度。一般是指心理上、利益上和地理上的联系有多少，联系越多，越容易被受众关注。比如，大多数人对自己的出生地、居住地，或曾经给自己留下过美好记忆的地方总是怀有一种特殊的依恋情感。因此，在选择事件营销时，如果结合受众的地域性，就更能引起这部分人的注意。

（2）重要性

重要性是指事件的重要程度。一个事件无论大小，首先要有影响力、有意义，才能称得上是社会热点事件。判断内容重要与否的一个标准主要看其在社会上影响力的大小，一般来说，社会影响力越大，受众越多，价值越大。

（3）知名度

知名度是指事件中涉及的人物、地点和事件的知名程度，越著名，新闻价值越大。国家元首、政府要人、知名人士、历史名城、古迹胜地往往都是出新闻的地方。

（4）趣味性

大多数人对新奇、反常、趣味性较强的事物比较感兴趣。有人认为，人类本身就有天生的好奇心或者乐于探索未知世界的本能。因此，在选择事件时应该坚持一个重要原则，即这个事件一定要有趣味性，是受众喜闻乐见的、愿意付出时间和精力去了解的事件。

任何一个事件只要具备了以上其中一个特征，就可以确定为是热点事件，可以借鉴。如果能够同时具备其余几个特征，则更好，说明这个事件肯定具有相当大的传播价值，自然也会成为大部分人竞相追逐的对象。

第四章

粉丝互动：提升人气的关键

1. 直播前你需要做哪些准备

"工欲善其事，必先利其器"，网络主播在开通直播之前，务必要准备好各种设备，以保证直播顺利开展。

具体来说，移动端直播需要的设备比较简单，一般只需要手机、手机支架、美颜灯等即可，操作起来也极为灵活。而要想进行专业的 PC 端视频直播，需要的设备则有以下几种：电脑、宽带网速、摄像头、电容麦等。

主播要想带给观众良好的观看体验，这些设备都要精心挑选、购置，否则很有可能出现直播画面不清晰、直播过程不顺畅等情况，使观众的观看体验受到影响，造成粉丝流失，因小失大。

专业的 PC 端直播设备应如何选购呢？

（1）电脑配置的选购

现如今，电脑的普及程度堪与电视相较，有的家庭甚至达到人手一台，但很多人不了解的是，电脑选购有很多技巧，用途不同，电脑的配置有很大差异。因此，网络主播要想做好直播，就要精心选择电脑配置。

第一，为直播专门购置的电脑，其主板要高于 i5 系列，尤其以 i7 系列为佳。这个数字越大，说明主板的性能越好，价格也就越高，各主播根据自己的财务状况合理选择即可。

第二，如果主播没有出差需求，尽量购置台式电脑。因为相较笔记本电脑，同是 i5 系列或者 i7 系列，台式电脑的价格更低、性能更高。另外，台式电脑的声卡是内置的，能有效保证直播过程的稳定性。

第三，如果主播购置的是台式电脑，就一定要购置有空置PCI 插槽的大主板，来放置独立声卡。

第四，台式电脑显示器的最佳尺寸应大于 19.5 寸，小于 23寸。为保护眼睛，主播要尽量购买润眼系列的显示器；笔记本电脑的最佳尺寸应在 15 寸以上，以保证直播间的信息能够正常地显示出来。

（2）宽带网速的选择

对直播来说，宽带网速是非常重要的。试想一下，如果某位主播的直播过程非常不顺畅，经常卡顿，不仅会使观众的观看体验受到影响，粉丝流失，还会使主播的直播状态乃至整场直播的效果深受影响。为此，主播要合理选择宽带网速，不要心存侥幸，要切实保证直播过程的顺畅。

在宽带网速的选择方面，如果是南方地区的主播，建议选择电信宽带；如果是北方地区的主播，建议选择联通宽带。另外，相较电话宽带，各地区的主播要尽量选择光纤宽带，且网速要在10 Mbit/s 以上。如果不得不选择电话宽带，其网速也要在 4 Mbit/s以上。对于主播来说，宽带费用的投入是不可避免的，不要吝惜这方面的钱财，以保证直播顺畅。

（3）摄像头的选择

爱美之心，人皆有之。在直播过程中，观众只能通过屏幕看到主播，主播也只能通过摄像头、屏幕，将自己的形象展示出来，因此，对于网络主播来说，选择一款优质的摄像头，使其形象得以美化，在屏幕上显得更加迷人是非常重要的。那么，主播要如何选择摄像头呢？

据统计，当下，直播领域使用较多的摄像头有罗技 C920、不得不爱 6Plus 高清摄像头等，它们因为性能高、美颜效果好，备受主播欢迎。当然，各主播还可以根据自己的经济情况而选择性能更好的摄像头，但无论选择何种摄像头，都要坚持两个原则：一是摄像头呈现出来的画面要清晰；二是摄像头的美颜效果要好。

（4）独立声卡的配套服务

直播所需要的摄像头和耳麦能与所有电脑兼容，但声卡却不能。声卡有两种：一种是内置声卡；另一种是外置声卡。内置声卡只能在台式电脑上使用，并且对电脑主板有很高要求：电脑主板必须大且有空置的 PCI 插槽；外置声卡主要在笔记本电脑上使用，当然在台式电脑上也能使用，只需通过 USB 插口接入即可。

在声卡的选择方面，如果是内置声卡，可以选择创新 5.1 或者创新 7.1；如果是外置声卡，可以选择 ISK、魅声、客所思、艾肯等品牌。如果主播想要网购声卡，最好选择有声卡调试服务的网店购买。

（5）电容麦的选购

电容麦的种类非常多，价格也有高有低，且跨度非常大。价格低的电容麦只需要 100 多元，价格高的电容麦则要上万元。一般情况下，电容麦的选择依据有两个：一是资金预算；二是直播种类。如果直播种类属于表演类，电容麦的主要用途是与观众聊天，对音质的要求不高，主播可以选择一个价格较低的电容麦；如果用电容麦唱歌，对音质要求较高，主播就要根据自己的经济能力而选择一个价格稍高、性能稍好的电容麦。

（6）视频背景的美化

要想保证直播的视频效果，主播形象固然关键，但除了主播形象之外，直播间环境、视频背景也是非常重要的。如果直播间脏乱不堪，视频背景也会深受影响。为了美化视频背景，主播可以买一些背景布，对背景布稍做装饰，为观众呈现一个干净、整洁的直播环境，提升观众对直播间及主播的第一印象。

另外，为了美化视频呈现出来的效果，主播可以安装一些直播视频调节工具，美化主播形象。

总之，为了保证直播效果，在开通直播之前，主播要科学地选购电脑、摄像头、电容麦、独立声卡等设备。在这些设备中，摄像头是主播与观众联系的重要介质，至为关键，主播要在自己的能力范围内选购高性能的摄像头。如果主播的经济能力有限，可以选择套装的电容麦及独立声卡，以控制直播设备的整体投资成本。

直播平台的主播要想提升人气、吸引流量，不仅要增强自身的互动能力，还要学会使用第三方软件来活跃直播间的气氛，带给观众良好的观看体验。

（7）第三方直播工具

目前，国内主播常用的第三方直播工具有三种，分别是 obs、xsplit 和此刻主播助手。

其中，obs 和 xsplit 是从国外引进的直播工具，相较国产软件，其功能比较强大，但在改善用户体验方面的性能较差。尤其是 xsplit 的付费版本，虽然功能好，但是价格很高，很多新主播都难以接受。

此刻主播助手是国产软件，虽然其影响力不足与 obs 和 xsplit 等进口软件相比，却被广泛用于直播平台开发领域，其功能优势在应用领域内展露无遗。

因此，从整体来看，这三款软件可谓是各有优势。不同级别的主播可自由选择合适的软件来应用。但从目前国内这三款软件的实际使用情况来看，国产的此刻主播助手的应用优势更为明显。

①入门上手

一直以来，网络直播都将零门槛视为一大优势。直播工具作为新主播入门的必备工具，必须符合"零门槛"这一特性，必须亲民。

从这个角度来说，obs 和 xsplit 这两个直播软件显然不占优势，一方面，xsplit 付费版本的费用较高；另一方面，这两款直播软件的界面与中国用户的审美不符，难以被中国网友接受。而且，对于新主播来说，软件中的各种英文专业词汇难以理解，难以顺畅使用软件。

在这些方面，此刻主播助手尽显优势。首先，此刻主播助手是国内开发的软件，其界面设计及功能按钮布局与国人的使用习惯相符，容易被新主播接受；其次，此刻主播助手还有一个最大的优势，即一键操作。在直播前，新主播可以按下"一键设置"按钮，该功能启动后，软件会对各项直播参数如码率、帧数、分辨率等内容进行检测，对其进行自动设置。进入直播界面之后，此刻主播助手的"一键导入"功能还能帮助新主播解决背景设置问题，真正落实了网络直播"零门槛"的口号。

对于国内网络主播来说，此刻主播助手的一键操作功能为其带来了极大的方便，但是对于国外的网络主播来说，该直播工具的这种功能难以被认可、接受。

②辅助功能

对于各网络主播来说，要想打造一款独特的直播节目，第三方直播软件附带的辅助功能无疑是最大的助力。在场景编辑制作过程中，相较此刻主播助手，obs 和 xsplit 的功能更加强大，技术运用更加娴熟。唯一令人不满的就是，xsplit 免费版能为使用者提供的素材和第三方插件过少，而付费版的费用太高，令新主播异常苦恼。但该原因并不是国内主播放弃 obs 和 xsplit 而选择此刻主播助手的唯一原因。

现如今，国人为了让自己的照片更漂亮，倾向使用美颜相机来拍照。但直播与拍照不同，obs 和 xsplit 等软件都没有美颜功能，不能满足主播美化形象的需求。在这种情况下，唯一带有美颜、磨皮、瘦身功能的此刻主播助手就成为国内主播的第一选择。不仅如此，此刻主播助手还能在 1080P/60FPS 高画质的情况下，为用户提供多款滤镜选择，还能通过绿幕构建的虚拟场景打造出电影特效，使直播内容更丰富、更有创意。

③资源占用

第三方直播软件的资源占用率对直播画面的清晰度及流畅性有直接影响，对节目直播效果具有决定性作用。据测试，obs、xsplit 和此刻主播助手这三款软件在没有开启直播、没有加载任何直播插件及直播源的情况下，仅开启预览状态，其资源占用率分别为 23%、57% 和 19%。尽管资源占用率数据会随应用设备的不同而改变，但从整体来看，在资源占用率方面，此刻主播助手依然有很大优势。

此外，相较 obs 和 xsplit，此刻主播助手不仅能帮助主播制作各种直播节目，还能为主播提供视频转播功能，让主播可以自由地与观众分享自己喜爱的视频。借助这一功能，主播可以打造一款私人"电视台"，自由地传播、分享优质内容，让个人在直播领域的成就超越网红范畴，获取更广阔的发展空间。

（8）声音处理软件

现阶段，很多主播为了修饰自己的声音，都会下载一些声音处理软件，这些软件在美化声音之外，还有很多功能，如男女声互换、为直播内容增添一些带有情绪的特效声音等。目前市面上的声音处理软件有很多，使用最广泛的主要有以下几种：

① YY 主播 MC 音效

YY 主播 MC 音效所涵盖的音效种类有很多，如主持人音效、MC 喊麦音效、搞笑类音效、物类音效、生活类音效等，能发出的声音多种多样，如笑声、掌声、电话铃声、汽车发动声等。这款声音处理软件的应用范围较广，在我秀、YY、天天秀场、齐齐视频等直播平台都有广泛应用。

②变声宝宝

变声宝宝这款软件的最大功能就是变声，能够将男声变成女声、将女声变成男声、将成人的声音变成童声等。除了变声之外，这款软件还可以对主播与观众的对话进行录音，在主播与观众互动过程中播放背景音乐及歌曲。另外，这款变声软件还有极大的适用性，在 QQ、MSN、UC 等聊天软件中能得以广泛应用。

③音频编辑专家

音频编辑专家是一款音频编辑软件，具有音乐格式转换、音乐分割、音乐截取、音乐合并、手机铃声制作、MP3 音量调节等多种功能，操作简单、功能强大，便于主播对各种音乐进行创意处理，应用广泛。

④豆豆主持人音效盒子

豆豆主持人音效盒子是一款音效辅助工具，能带动现场气氛，丰富音频录制作品的内容，增强其趣味性，在网络 K 歌、MC 喊麦、网络主持、演出活动等场合有着广泛应用。

豆豆主持人音效盒子最新版的效果库非常丰富，有掌声、喝彩、笑声、尖叫、人物音效、武器音效等多种音效，分类清晰，可随时播放、暂停，能对音量进行自由控制，以及能对音效功能进行自定义。另外，这款声音处理软件还自带多套精美皮肤，主播可根据自己的喜好而随意更换。

⑤网络 K 歌音效王

网络 K 歌音效王是一款音效处理软件，不仅能用于网络 K 歌及现场音效处理等场景，还能对独立声卡进行创新，其音效种类非常丰富，有喊麦、女声变男声、双音效果、音乐环绕、魔音处理、指挥效果等多种音效。

网络 K 歌音效王的功能与其他声音处理软件非常相似，该软件中所有的音效，主播都可以自己设定、自己保存、自由更改。借助这款软件，主播可以化身为调音师，开发自己喜爱的音效。

但直播设备的选购不能一味地以便宜为标准，因为设备性能与直播所呈现出来的效果密切相关。所以，主播在选购直播设备的时候，既要控制成本，也要科学地选择性价比高的设备来保证直播效果。

2. 做好直播间的装饰

网络主播要想做好一场直播，打造一个良好的直播环境是非常重要的。直播环境包括灯光、背景、室内环境、玩偶挂饰等内容，要打造一个良好的直播环境，就要合理布置这些内容，让直播间整洁、温暖，光线亮度适中。

具体来说，主播要如何打造一个良好的直播间环境呢？

（1）背景墙纸

在装饰直播间过程中，背景墙纸的选择及装饰是非常重要的。一个杂乱的直播背景会给观众留下非常差的印象，为此，主播要精心挑选背景墙纸，对直播背景进行美化。目前，背景墙纸的类型非常多，主播可以根据自己的内容风格或者性格而挑选合适的墙纸。如果主播比较俏皮，内容比较活泼有趣，可以选择一些卡通背景墙纸，如 Hello Kitty 等。

（2）柔光灯箱

柔光灯箱的主要作用就是补光。如果直播间的光线较暗，所呈现出来的主播形象就会黯淡无光。在这种情况下，主播可以在室内放置两个柔光灯箱来补光。因为这种灯箱放射出来的光线是白色的，不会溢光，也不会出现曝光情况，能打造一个良好的光线环境，衬托主播形象。

（3）顶灯照明

网络直播需要一个明亮的环境，直播间的亮度除了需要柔光灯箱调和之外，还需要顶灯提供主光。顶灯的作用就是为直播间提供一个充足的光源，帮主播打造一个明亮的直播空间，为摄像头调试、直播开播做好充分准备。

总之，直播间是一个集声音、视觉感于一体的场所，为了做好直播环境的布置，主播要科学地选择背景墙纸，合理地布置灯光环境。

3. 多样化的直播方式

网络直播之所以能够在短时间之内迅速超越之前的视频、微博、微信等传播方式，很重要的一个原因就是多样化、个性化的呈现方式能充分调动观众的听觉、视觉、感觉等，大大强化了体验性。

但具体到网络直播中来，这种呈现方式又可以再次细分，如严肃式、幽默式、自嘲式的呈现方式等。因此，对于主播来讲，还需要形成自己的直播风格，结合自身优势和特点，摸索出一条属于自己的路。为了更好地辅助主播形成自己的直播风格，现将最常见的几种直播方式简列如下：

（1）娱乐幽默式直播

前面多次提到，直播的受众群体绝大部分是都市中的年轻一代，以80后、90后、00后为主。而他们正值奋斗的年龄，生活、工作、学习等方面的重重高压接踵而来。"高压时代"更需要一点娱乐精神，能让人在了解更多信息的同时，笑一笑，将紧绷的身心放松下来。

因此，很多主播往往喜欢以娱乐、幽默的形式来直播，也自然更容易迎合年轻人的心理需求，吸引大多数人的关注。采用类似方式直播的有很多，如脱口秀、搞笑连麦等。例如，在YY脱口秀直播板块中，排在前列的基本都是幽默式的直播。

娱乐、幽默的直播方式在给大家带来快乐的同时，也能易于被人接受，而且能带动现场气氛，巧妙地掩盖主播的缺点，放大其闪光点。

（2）新闻式直播

这种方式是指采用新闻报道的形式，通过娱乐化的语言对社会事件、现象进行转述、评论和调侃。这样的形式既不会像新闻那样严肃，又能客观地再现事件本身，传递信息的价值。

如糗事百科有一个栏目——小鸡炖蘑菇就采用了这种直播方

式。它将所有直播内容以盘点的形式，将事件的核心内容说出来，虽然采用的是新闻体，但观点新颖，语言诙谐幽默，非常容易接受，如图 4-1 所示。

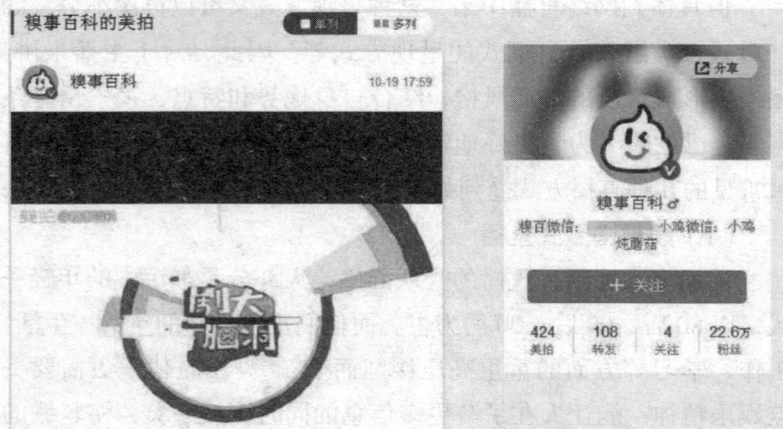

图 4-1

（3）表演式直播

表演式直播是指主要通过非语言形式，或只将语言当作辅助手段的直播方式，如舞蹈、魔术，以及一些主要靠肢体动作、表情来完成的表演等。当然，这种表演不是纯粹的自顾自表演，还要配合互动。由于缺少了语言交流，其他形式的互动就显得更为重要。

看看一面包坊的小伙儿是如何在美拍上直播做面包的。在整个直播过程中，小伙儿很少说话，基本上全是在做面包。同时，他会给粉丝留出互动的余地，与粉丝边看边交流，他还会根据粉丝的发言而做些简单的互动，如展示一下粉丝想吃的面包，时不时地试吃一下，"勾"引粉丝的食欲，这场直播前来围观的粉丝高达 2000 多人，如图 4-2 所示。

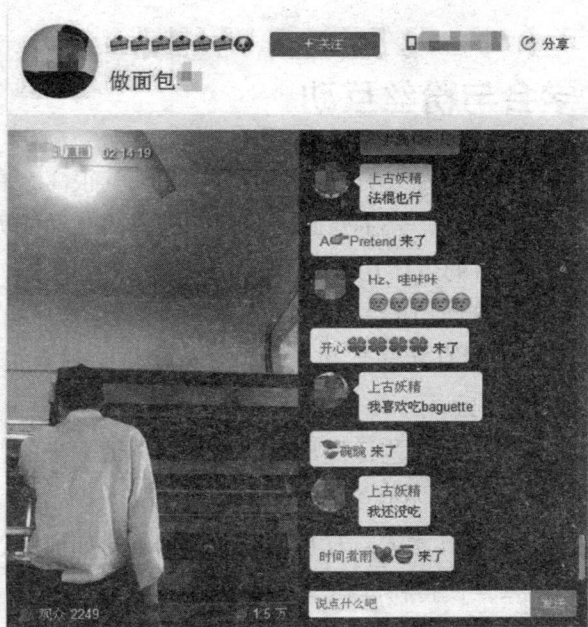

图 4-2

（4）自吹自擂式直播

自吹自擂有点"王婆卖瓜"的意思，但确实容易形成粉丝效应。中国人大多爱看热闹，假如一个游戏主播花钱登上了该游戏的首页，并限期在整个游戏所有服务区重点推荐，那这一时期内，他的粉丝量必然会增多。一些游戏玩家即使对其不太了解，也会在好奇心的促使下，前去看看其所做的直播。毫无疑问，这种自吹自擂式的宣传能让主播快速吸粉，不过，前提条件是，作为主播，一定要有一技之长，才艺绝伦。这里说的"才艺"不是什么唱歌、跳舞，而是能够吸引粉丝的闪光点。

4. 学会与粉丝互动

同是某平台的主播，有的主播的直播间人气很高，有的主播的直播间人气则很低，其主要原因是，有的主播互动能力强，粉丝积聚速度快；有的主播互动能力差，粉丝积聚速度慢。

总体来说，现阶段的主播可以分为三种类型：

第一类，主播有才艺，互动能力强，能带给观众很多欢乐，粉丝积聚速度很快。

第二类，主播有才艺，但是互动能力差，留下来的粉丝都是被主播的才华所吸引，粉丝积聚速度较慢。

第三类，主播有才艺，有互动能力，却不知如何将这种才艺及能力展现出来，使得粉丝积聚速度很慢。

通常来说，第三类主播都是新人，如果能坚持下去，找到合适的方法，就能升级为第二类主播，甚至能成为第一类主播。如果坚持不下去，就不能做主播。通过对前两类主播的对比分析，可以发现，主播粉丝积聚速度快慢的关键在于主播互动能力的强弱。

由此可见，主播要想积聚粉丝、提升人气，就要学会与观众互动。经总结，主播与观众互动的方法主要有以下几种：

（1）主动欢迎游客

经观察发现，新主播的房间也是有一定人流量的。在直播平台上，有的用户喜欢发现新主播，与新主播搭讪。面对用户的搭讪，主播要表示欢迎，在欢迎的同时，还要展示自己的才艺，因为有一类主播的最大特点就是才艺与互动能力并存。如果主播只对游客表示欢迎，而不展示才艺，游客会很快离开的。因此，只有在欢迎游客过程中，以才艺吸引游客，才能将游客转化为粉丝。

（2）挖掘游客的兴趣点

只要游客进入主播的直播间，就代表这里有吸引游客的元素存在。这时候，主播就要充分利用自己的互动技巧与游客聊天，在聊天过程中逐渐了解游客，挖掘共同话题。如果游客是被主播的歌声所吸引，主播就要主动询问游客喜欢听什么类型的歌，为什么喜欢听这种类型的歌，请游客选一首歌来演唱，等等。如果游客想要聊天，主播就要做一名优秀的倾听者，在游客需要的时候发表意见，引导游客倾诉，增强游客的信任，从而将游客转化为忠实粉丝。

（3）尽量顾及所有观众

对主播来说，学会互动非常重要。因为直播环境是公开的，屏幕前有很多观众，而视频直播本身又以互动而著称，为此，主播必须学会互动。

现阶段，主播与游客互动的方法有欢迎游客进入、与观众聊天、应观众的要求展现才艺等。这种方法在观众少的情况下适用，如果观众人数增多，主播采取这些方法难免会顾此失彼，部分被冷落的观众会产生不满情绪。面对这种情况，如果主播处理不当，会使粉丝心生抱怨而离开，使粉丝人数下降。

如何在直播过程中顾及所有观众呢？最好的方法就是使用话术，例如，在直播开始的时候，主播可以说"欢迎大家来到××直播间"；在直播结束的时候可以说"谢谢所有朋友的支持"。

"大家""所有"等词就将直播间所有观众都包含了进去。主播应某位观众的要求演唱歌曲时，可以说"下面这首歌曲送给××及所有的朋友"。以这种方法来照顾直播间中的所有观众，在这种情况下，即便有一两个观众心生不满，其他观众也会对主播进行维护。

对于新主播来说，直播间中的观众数量不多，使用欢迎游客进入、与观众聊天、应观众的要求展现才艺等方法可以照顾到所有观众，但是要留住观众，将其转化为忠实粉丝，依然需要借助高超的互动技巧。因为在人少的情况下，如果主播只和某个观众聊天，只为某位观众展示才艺，更会引起其他观众的不满。在这种情况下，为所有观众表演、带动大家一起聊天就显得非常重要。在互动过程中，为了增强互动效果，直播可以通过"点名"，增加观众的讲话时间等方法提升观众的存在感。

总之，在直播过程中，主播就是连接观众的纽带，主播要充分发挥自己的互动能力及领导力，以热情的态度、卓绝的才华将观众聚集起来形成一个整体，为观众带来欢乐，增强观众的信赖，将观众转化为粉丝。当然，在整个过程中，主播的互动能力是最重要的，为此，主播要学会互动。

曾经有一项关于直播领域的调查显示：在国内知名度最高的直播达人中，有一半为东北主播。而从多家直播平台提供的数据中也不难发现：粉丝最多的前二十名主播中，东北籍主播的比例均接近或超过一半。

之所以会出现这样的结果，与东北主播开朗直率、能说会道、风趣幽默、善于与粉丝互动的性格有较大关系。目前，随着直播领域的竞争不断加剧，直播的模式也越来越多样化，多数主播在唱歌、喊麦等主要直播内容的间隙往往都会跟粉丝进行聊天和互动，而这也就使得很多东北籍主播凭借脱口秀、讲笑话等打造了自己鲜明的个人标签，并吸引了大量忠实粉丝。

一直播平台的主播凯旋（直播称呼：艺人凯旋）就是这样一名东北籍主播，虽然直播的时间不是特别长，但凯旋已经聚拢了一批属于自己的忠实粉丝，目前，他在一直播平台的粉丝数接近 6 万。用凯旋自己的话说，虽然他不是让观众一眼就能喜欢上的主播，但他能够用 5 分钟的时间让"黑粉"变成"真爱粉"。

而要实现这种神奇的转变，凯旋一方面会让粉丝获得存在感，不会因其级别、关注自己的时间长短、送出的礼物多少等而进行区别对待；另一方面，他会用心与粉丝沟通，把粉丝当成亲朋好友来对待。另外，要积累粉丝，必须学会对粉丝进行鉴别。如果你是一名擅长喊麦的主播，而粉丝喜欢的却是唱歌型的主播，那么也很难勉强粉丝喜欢自己。

跟其他很多主播一样，为了维护粉丝、加强与粉丝的互动和交流，凯旋也建立了自己的粉丝群。而且，为了让自己的粉丝更有归属感和成就感，他为粉丝群设置了一定规则，粉丝也有统一的"马甲"。不仅如此，他还会经常在群内通过发红包、发有趣视频、分享自己的生活动态等方式调动粉丝群的活跃度。经历了前期数量增长的发展期后，目前，凯旋的粉丝群质量更是得到了快速提升。

如今的凯旋已经是一名经验丰富的直播达人了，但刚进入直播领域的时候，他也经历了一段摸索期。

之所以会在众多直播平台中选择一直播，是因为凯旋在对比之后发现一直播平台更适合自己，而且一直播完善的平台设置也为自己的发展提供了极大助力。如果说，有潜力的主播就像一匹千里马的话，那么一直播平台就如同伯乐，能够让自己在直播领域绽放光彩。

在选定了一直播平台之后，凯旋就开始着手购买直播需要的设备。由于自己主要是通过手机进行直播，所以只需要购入手机声卡、背景墙、补光灯等就可以了。虽然设备比较简单，但通过精心的布置之后，也可以打造一个整洁、光线适中的直播环境。此外，既然是用手机进行直播，直播时，凯旋便会特别注意手机放置的角度，以保证直播画面的美观。

关于直播时的穿着打扮，由于凯旋对自己的定位是具有亲和力的主播，因此穿着得体、让粉丝看了舒服即可，即便是家居服，如果造型可爱、适合自己，也未尝不可。当然，为了带给粉丝不一样的感觉，凯旋也会注意变换自己的穿着，尝试不同的风格。

作为一名擅长与粉丝互动的主播，凯旋非常善于运用第三方软件来活跃气氛。适时穿插的音效（如笑声、嘘声、弹簧声、乌鸦叫声、汽车发动声等）不仅能够使直播达到更好的效果，而且能够缓解冷场等带来的尴尬。

在一次直播过程中，凯旋唱歌跑调了，此时，他立即加入了一个"大笑"的音效，结果粉丝都以为他是为了幽默而故意为之，反而达到了比不跑调更理想的效果。再例如，凯旋有一句精炼的个人简介"不拼不搏人生白活，不狂不傲不是凯旋性格"，直播时插入这句简介可以让新加入的粉丝更加了解自己，但只说简介可能会造成冷场，因此凯旋往往会在说完后，加入一个"鼓掌"的音效，以避免可能冷场的尴尬。

5. 培养忠实的粉丝

粉丝经济时代，每个人都是别人的粉丝，也希望有自己的粉丝，并忠诚自己。特定的受众，换句话说，就是最忠诚自己的那部分粉丝。

粉丝对树立主播形象、扩大主播品牌影响力有着重要的推动作用。同时，粉丝意味着利益，谁拥有大量的、高质量的粉丝，就意味着找到了一座金矿。哪怕只是一个草根主播，只要拥有了大量粉丝，就可以获得较大的经济收益。

在认识到粉丝的作用后，重点就是如何培养，即如何才能拥有忠诚的粉丝，并充分发挥粉丝的作用。通常来讲，圈粉的方式有四种：一是打造社群，建立在线社区；二是通过微信、微博等社会化媒体，对粉丝实行精细化管理；三是与其他主播进行有效互动；四是要经常关注网红主播、大咖主播们的更新动态，与他们沟通和交流。

（1）打造社群

粉丝经济的核心在于社群，因此做好粉丝营销的前提是运营好社群。那什么是社群呢？简单的理解就是很多人聚集在一起而形成的群体，但社群又不同于普通的群，最根本的区别是社群必须是基于一定社交关系，如图4-3所示。

社群重点在于它的社交性，如果将社群分开，就很容易理解了，社群是社交+群体，或社交平台+社交方式。人人网、微博、微信或者其他任何一种社交工具上的群都是这样的，每个群的背后都承载了一个平台。只有有了这种工具的搭建，并形成某种社交关系，才能称为社群。

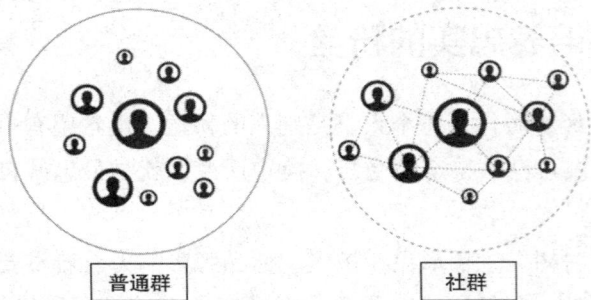

<!-- 普通群   社群 -->

图4-3

建立社群之后，还需要投入专门的人力、物力和财力进行管理和运营。社群就像是企业的一个部门、一个团队，只有在科学、合理的运营基础上，才能正常运转，发挥自身的作用。

于是，越来越多的网络直播开始建立一个属于自己的在线社区或者其他形式的社交群，以吸引活跃粉丝在社区上互动。例如，一位名叫 IR 小潘潘的主播在直播时建立了爱潘团，在线的粉丝可随时加入，成为其中的一员。

有些主播还将社群所聚拢的用户资源开放给外界，当然，这样做的目的是基于粉丝需求、围绕自身所在的领域，吸纳更多人参与进来，从而为用户提供更多、更全面的服务。

从客观上看，资源共享可以为用户提供更多资源和机会，而社区的"特定品牌"标签也会因此得到强化，更容易增加对潜在大众的吸引能力。更为重要的是，这种看似无私的奉献行为不仅有助于形成超强的粉丝黏性，还可以颠覆传统的赢利模式。既不再单纯依靠网络直播赚得收入，还可以吸收诸如企业、社会团体入驻，并收取额外费用。可见，利用社群沉淀的用户优势可以大大提升自己的影响力和价值，拓宽赢利渠道。

（2）精细化管理

随着大量新媒体的兴起，微博、微信、QQ 等已成为社交、企业营销的工具，无论是个人，还是企业，都希望借助这样的工具，与消费者进行沟通，将一些信息精准地传递给对方，或为对方提供更为便捷的服务。

其实，也正因为如此，不少人放大了微博、微信等社交工具的价值，导致有些主播在推广时往往也只关注粉丝的数量，从而出现盲目追求粉丝的浮躁之风，将追求粉丝量的增长当成唯一的目标。

无论微博、微信，还是网络直播平台，之所以能成为新媒体的主要工具，是因为它们可以拉近与粉丝的距离。如果盲目追求粉丝量，而不注重内容、服务的提升，不注重粉丝的真正需求，就会偏离做粉丝营销的初衷。因此，做好粉丝"精细化"管理很重要。

在企业管理中，精细化管理已经大行其道。所谓精细化管理，就是强调在运营过程中进行管理，重在对过程的控制，通过积累过程中的各类数据，指导实践中的运营。对粉丝进行精细化管理，关键是要找准粉丝的兴奋点，粉丝对信息的传播必须基于一些兴奋点，而这些兴奋点彼此之间是有差异的，有的可能单纯对各类优惠活动有兴趣，有的则可能关注产品或者行业的信息，只有在运用中不断记录每个互动粉丝的偏好（也就是对每个互动粉丝进行标签标记），才能"投其所好"，才能通过粉丝的传播实现营销效果的最大化。

（3）加强与其他主播的互动

这里的互动主要是指与别人互粉、互转、互赞，这是有技巧的。先说互粉，需要找到与自己等级类似的主播，而且是经常在线的活跃主播。如果直接找大号，对方可能会无视你；如果盲目找，很有可能会碰到一些"僵尸号"，关注这样的账号更是没有效果。现在，大部分平台都规定每个直播账号每天最多可关注 200 人，上限为 10 天，也就是说，一个账号最多只能关注 2000 人。

如何最大程度地利用好这 2000 个名额，需要掌握一些技巧。例如，只与同等级的账号关注，关注后，再去关注他们排在前 10 名的粉丝，这些可能都是与你互粉意愿最大的人群，回粉率可能高达 40% ~ 50%。

当关注数封顶后，此时就要去粗取精，争取提高粉丝的质量。具体的方法是先查看自己已关注的粉丝里面有没有添加自己为好友的，或者经常与自己互粉的。如果有，就留下，没有的话，很有可能就是"死粉"，可以说价值不会太大，这时可以拉入黑名单，删除他们。这样就可以留出更多名额去关注新的潜在粉丝。反复多做几次，其实一个账号的关注量上限就不止 2000 人，同时还可以保证粉丝的质量。

另外，在互粉的同时，要多与他们互赞、互转，这样也可以大大增加自己视频的曝光率。积极关注热门标签，每天定期关注平台上那些热门标签的变化，按照自己视频的主题关注，并添加相应的标签，如果能得到该板块内容热点主播、网红主播或官方的推荐，被曝光或关注的概率就会大增。

（4）支持大咖，获得关注和转发

在网络直播平台上经常会看到一些拥有几十万、上百万粉丝量的主播，他们一般都是活跃度、被关注度非常高的主播，如果能得到他们的一臂之力，或写一条评论，或转发一下，无疑会吸引更多粉丝关注。

当然，想要获得这些大咖的青睐，首先需要多发高质量的视频，这是最关键的，没有好的内容，一切都是浮云。在保证内容质量的基础上，还要做好沟通。例如，多关注他们的动态，了解他们的上线时间和粉丝的互动时间等。在这期间，也要对他们的视频进行评论，以引起他们对自己的足够重视。为了能充分凸显出自己，评论的字数要尽量多点，刚开始就是单纯评论、赞扬，避免直接要求转发或点赞，要让对方知道自己是最懂他的粉丝。心急吃不了热豆腐，要想达到预期目标，就必须有一个过程的积累，然后才能水到渠成。

（5）打造个人特色

目前，各个直播平台上的主播不计其数，要想在众多主播中脱颖而出，积累一批忠实的粉丝，主播就应该打造鲜明的个人特色。

现今社会，有才华的人越来越多，但是对于观众来说，具有特殊才华的主播仍然具有很强的吸引力。所以，在各种积聚粉丝的方法中，以才华吸引观众、积聚粉丝的方法也是比较常用的，并且通过展示才艺能够得到赏识自己的粉丝的支持。

有些主播擅长幽默和搞笑。大部分网友登录直播平台、观看直播的目的是娱乐。为此，主播可以生产一些娱乐搞笑的内容来吸引流量，积聚人气。在直播过程中，主播娱乐搞笑的方法有很多，如搞笑连麦、脱口秀、冷笑话等。

红于 YY 聊吧时代的老李，其直播方式无外乎两种：一种是脱口秀；另一种是冷笑话。但是其直播有一个很大的特点，就是制造舆论，让自己保持高关注度，积聚粉丝。很多网友认为老李的直播方法非常搞笑，并因此成为老李的粉丝。

当然，打造个人特色并不局限于以上几个方面，如擅长电子竞技、干货分享、情绪表达等，也能使主播打造鲜明的个人特色，并吸引定位精准的粉丝。

（6）利用资金投入

简单来说，就是用钱积聚人气，这是一种简单、粗暴的积聚粉丝的方法。好奇心强、爱看热闹是人之天性，如果某个地方有热闹可看，人们就会蜂拥而至。在直播平台上使用这种方法吸引流量非常有效，但有一个前提：主播必须有才华。

YY 主播阿哲从千人主播成长为公会旗帜，这其中固然有粉丝的作用，但阿哲本身的风趣、幽默也功不可没，否则即便是用金钱、礼物堆砌，也不可能使阿哲以如此之快的速度成长起来。

红于 YY 聊吧时代的毕加索以强大的交际能力聚集了很多粉丝，并受到了迦叶、歪歪鱼的大力支持。在 2014 年的一次直播中，歪歪鱼、纵横在十几分钟之内给毕加索送出了几百万元的礼物，将其推至排行榜第一。

（7）举办粉丝活动

主播要积累粉丝，最直接有效的方式就是增进与粉丝的互动和沟通，而形式多样的粉丝活动能够达到这样的效果，如粉丝见面会、歌友会、生日会等，能够调动粉丝的参与热情。另外，主播也应该善于利用平台推出的各种活动来积累粉丝。

2015 年 8 月 12 日，直播达人 MC 天佑就在南京举办了第一次粉丝见面会，通过泡温泉、唱歌等方式，不仅增进了与粉丝的互动，而且吸引了更多新粉丝。除这次见面会外，MC 天佑还举办过生日会、电影发布会以及养老院送温暖等各种形式的粉丝活动。

总之，没有粉丝，什么新媒体都玩不转，传统经济时代，我们往往看重的是数量和规模，而互联网营销时代看重的却是质量。粉丝不是一般的爱好者，而是最优质的目标消费者，是有些狂热的痴迷者，更是下一个新产品的制造者。

6. 不断给粉丝带来新鲜感

虽然每个主播在直播过程中都形成了一定个人特色，但特色并非意味着一成不变。实际上，直播的过程也就是主播向粉丝展示自我的过程，当粉丝关注某位主播一段时间后，一般都希望对主播有更多的了解，希望主播能够不断带给自己新鲜感。主播要在直播期间带给粉丝新鲜感，需要个人的提升和积累，在具体的实践过程中应该注意以下几点：

（1）造型多变

对网络主播，尤其是女主播而言，多变的造型可以给粉丝带来不同的感觉。主播可以尝试不同的妆容、发型和服装，打造多变造型。在设计造型时，可以参考直播的主题、时下的季节以及节日等因素。

在直播运动主题时，主播可以扎马尾辫，穿运动装，打造一个健康、利落的形象；在直播唱歌主题时，则可以穿着甜美系的裙装，留披肩长发，打造一个甜美的形象；在春日进行户外直播时，主播可以选择草绿色、嫩黄色等明媚的颜色，打造一个充满生机的形象；在圣诞节或新年期间进行直播时，则可以穿着红色服装，与节日的欢乐氛围搭配。

不过，多变的造型虽然可以给粉丝带来新鲜感，但主播也要根据个人的定位来设定，并且尽量不要采用过于夸张的造型。

（2）表情、动作丰富

很多网络主播，尤其是新手主播，难以获得较高人气并且容易让粉丝厌倦的原因之一就是表情、动作过于单一。用户之所以选择直播这样一种沟通方式，而非微博、微信、美拍等，就是因为通过直播，能够看到主播更好地展示自己、和主播更多地交流和沟通。而过于单一的表情和动作使主播无法有效调动现场气氛，给粉丝带去新鲜感。

一般情况下，善于卖萌和搞怪的主播往往更容易受到粉丝的青睐，因此主播在直播时不妨适时地加入一些不同的表情和动作，如手比爱心、做鬼脸等，营造一种更加容易接近的感觉，提升粉丝的好感度。

（3）形式多样

虽然对于不同类型的主播，其采用的直播形式往往比较固定，如游戏解说、喊麦、唱歌、做美食等。但在直播过程中，主播也可以融入多样的形式，从而带给粉丝新鲜感。

例如，进行唱歌表演的主播可以采用与手偶对话的方式来选择要演唱的歌曲，并在演唱过程中和演唱结束后，与手偶进行互动和回应。偶尔采用这种别出心裁的方式，能够给粉丝眼前一亮的感觉，并期待主播能够在以后的直播过程中带来更多惊喜。

（4）注重日常积累

由于网络直播需要主播与粉丝频繁地进行互动和交流，因此，善于表达、具有幽默感的主播更容易受到粉丝的喜欢。而对于性格偏内向、没有幽默潜质的主播而言，为了更好地与粉丝互动、给粉丝带来新鲜感，则应该注重日常积累。

网络上的段子、生活中好笑的事情，主播都可以收集起来，在直播过程中与粉丝分享。而且，以此为契机，也有助于带动粉丝分享类似段子和故事，增进直播过程中的良性互动，提升粉丝的活跃度。

（5）分享生活感受和经历

在不同话题的讨论过程中，主播可能给粉丝带来不一样的感觉。因此，主播可以在直播开始、中间或者结束等不同的时间段选取合适的、适宜与粉丝分享的感受和经历。例如，最近自己准备到哪里玩、在某餐厅吃了什么特别美味的菜肴、平时喜欢玩什么游戏，等等。一方面，通过讨论不同话题展示了自己；另一方面，也调动了粉丝互动的积极性。

90 后女生张梦弘（直播称呼：张梦弘 Mona）是酷狗繁星直播平台的一位直播达人。由于形象甜美、嗓音动人，她在直播平台受到了众多粉丝的欢迎，截至 2017 年初，张梦弘在酷狗繁星平台的粉丝数已经接近 40 万，在微博平台也拥有约 13 万粉丝。

2015 年 5 月，张梦弘在广州举办了业内首场 O2O 歌友会，在线观看人数突破 30 万，当场演出收到的礼物价值更是达到 153 万元，堪比国内著名歌手的演出收入。在个人努力和粉丝的支持下，张梦弘的发展潜力也得到了进一步释放，除了创作歌曲、推出音乐专辑外，近两年，她还录制了多个电视节目，涉足影视圈，参演网剧和电影。

如今，网络主播的竞争激烈异常，而在各种类型的主播之中，以超高颜值和歌唱才艺为标签的主播不胜枚举，而张梦弘之所以能在众多同类主播中脱颖而出，成为酷狗繁星平台的"当家花旦"，原因就在于她非常擅长"圈粉"。

张梦弘每场直播的粉丝数都能达到数万人，除了通过唱歌等才艺吸引粉丝外，开朗活泼又极具亲和力的性格也让她"吸粉"无数。在直播开场以及唱歌的间隙，她经常通过跟粉丝打招呼、讲笑话，用调侃的方式调动直播的气氛；在一些特殊的节日到来时，她也会设置相关话题跟粉丝互动，如冬至的时候，询问粉丝家乡的习俗、会吃哪些约定的食物等，在粉丝看来，她就如同一个邻家妹妹一般让人渴望接近。

很多主播在开通直播一段时间并吸引了一定数量的粉丝之后，往往会担心一个问题：粉丝长时间关注自己之后，会不会产生审美疲劳、容易厌倦？这确实是实际存在的一个问题，观察张梦弘的发展，可以发现其粉丝忠诚度高（一般跟随了三四年），而且数量是稳步增长的，而这主要是由于她不仅打造了鲜明的个人特色，还非常擅长带给粉丝新鲜感。除了会不定期变换自己的服装、发型，她非常喜欢利用一些小饰品（如猫耳朵发夹）给粉丝带去耳目一新的感觉。有时，她还会通过跟公仔对话的方式决定自己要演唱的歌曲，别样的形式让粉丝忍俊不禁。

除了熟练运用这些小技巧外，张梦弘非常注重个人的调节和提升。例如，在一段休假后，重新回归，以更饱满的状态跟粉丝见面；学习新的才艺，向粉丝展示自己不同以往的一面。

当然，无论拥有多少粉丝、受到多少用户喜欢，主播直播不可能总是一切顺利的。有时难免会遇到一些粉丝故意刁难，例如，有些粉丝可能批评主播的外貌或才艺，也可能提出无理的要求，等等。在积累了一定经验后，张梦弘对这样的状况有自己的应对方法，如果粉丝只是开玩笑，这时可以调节自己的心态，不必过于揪住不放，也可以采用自我调侃等轻松的方式处理；如果是恶意的人身攻击或发布不健康的内容，就可以采用管控的方式直接将其屏蔽。

对主播而言，直播过程中的表现是其吸引粉丝、提升人气的不二法宝，但直播外，主播也应该注意开发和维护粉丝。在直播平台外，张梦弘也开通了个人微博、微信、公众号、QQ群等，通过这些社交工具与粉丝互动、分享自己的生活和工作、回答粉丝关心的问题、邀请粉丝参与线下活动等。一般在每次直播时，她都会通过插入字幕的方式告知新粉丝自己的微博、QQ群，对于忠诚度高的粉丝，她也会告知其个人微信账号，以便加深与粉丝的交流。

作为平台的人气主播，张梦弘在平台和公司的支持下，还会不定期进行各种线下粉丝活动，如演出活动、发布会、生日会等，近距离地与粉丝接触，了解粉丝的需求和喜好。另外，她还通过众筹歌友会等方式提升粉丝的参与感，并赠送写真、艺术照，以回馈粉丝。

7. 注重直播答谢礼仪

迎来我们的第一波粉丝之后，千万不要只顾着激动，而忘了感谢粉丝的支持。不论抖音，还是直播，这两个概念都包含着强烈的社交属性。粉丝来观看直播，并不单纯为了获取知识，更重要的是与主播、其他粉丝之间的互动交流。粉丝的礼物打赏不是硬性要求，而是自发行为，在他们受到无视之后，更容易产生心理落差，进而开始抱怨，甚至会导致"脱粉"。

在大多数粉丝看来，对于礼物的念白感谢已经成为主播的基本礼仪。对于主播本身而言，除了体现素养之外，更是对粉丝团体的一种经营。如果把每一个直播间比喻成一家社交公司，那么主播就是董事长兼任 CEO，是当之无愧的领袖，会影响整个团队。粉丝相当于公司的员工，活跃的粉丝同样有着被"领导"赏识和器重的诉求，也同样期望"同事"的认可与崇拜。

对礼物的念白感谢就是满足粉丝诉求最直观的手段，但这并不是一项如我们想象中那么简单的工作。在一些比较老牌的直播平台上都有相应的自动答谢插件，这就是为了解放一些大流量主播而诞生的。既要保持直播的流程性（不会被不停的念白耽搁时间），又要照顾到每个粉丝的感受（时刻盯着礼物特效和弹幕，以及一闪即逝的名字），实在是困难。

可惜的是，抖音暂时没有相应的"直播伴侣"或插件出现，这就意味着主播要更加了解直播间后台规则，"投机取巧"地减轻自己的工作量。我们可以把有必要念白的操作进行分类：来访、关注、聊天、礼物。按照分类快速查看，从而提高自己的职业素养。

其一，来访。所谓来访，指的是直播间有新的"抖友"进入查看，后台对直播间公共聊天频道的文字提醒，如"顽主加入了"白色字样。对于人气不高的直播间，每一个加入的人都是宝贵的资源，新人主播大可以从加入的人开始进行感谢念白。

其二，关注。一旦关注，就意味着这位"抖友"成为我们的粉丝，我们下次开播，他们的手机会出现蓝色字样提醒，人气较低的主播更是需要及时感谢回馈。

其三，聊天。早期人数较少时，尽可能做到有问必回；人数提升后，要着重关注加入了"粉丝团"的有"铭牌"的粉丝，等级越高，越是需要重点进行回复。

其四，礼物。这是最重要的一环，礼物是粉丝通过充值、花钱换来的，是对主播的高度认可。熟悉每件礼物的名称与图标，能帮助主播更快速准确地念出"翻滚"中的赠送礼物，如图 4-4 所示。

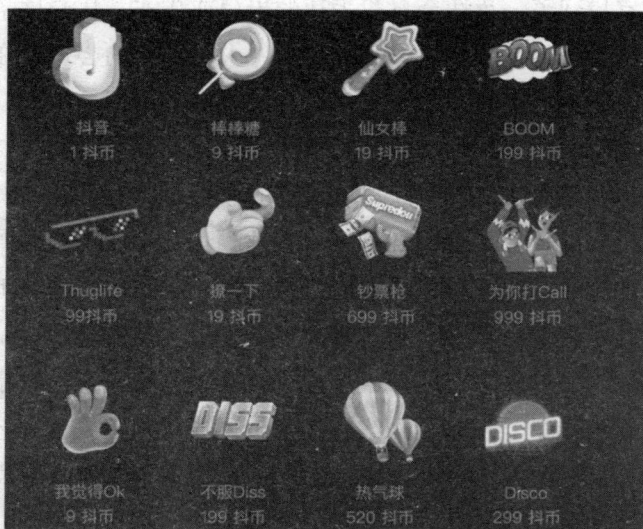

图 4-4

抖音直播中粉丝名称后面出现"管"字样的是直播间的管理员，可协助主播管理直播间，拥有禁言等高级权限。主播只需点击直播界面右上角的关注榜进入粉丝排名，点击想要设置为管理员的粉丝头像，就可以设置和取消权限。增加管理员可以对一些广告、违规、低俗发言进行管控，以保障直播间的风气，还能成为对一部分核心"粉丝"的认可与答谢，可谓一举两得。

8. 有才就要大胆秀出来

为什么网络直播如此火，最重要的一个原因就是通过网络直播，大家找到了一个适合自我表达的出口或方式。从心理学角度来讲，自我表达是一个人的心理需求，人是独立的心理存在，更是思想、情感的存在，每个人都有自我表达的欲望，当人的内心达到一定阶段后，就有展示出来的需求。

综观所有网络直播平台，秀场直播是最火爆、关注度最高、参与性最强的直播平台，各种秀、各种晒也几乎成了整个网络直播行业的主流。很多主播之所以进行直播，就是为了充分地展示自己，展示唱歌、舞蹈、厨艺等才艺。通过才艺的展示，结识相同的爱好者、仰慕者或粉丝，进而进行互动与交流，达到精神上或物质上的满足。于是，网络直播平台便成了很多人秀才艺的主要平台，很多才艺达人也崭露头角。如舞跳得特别棒的舞蹈达人、魔术表演很吸引人的魔术达人、歌唱得特别好的歌曲达人、漫画画得特别好的漫画达人……

擅长鬼舞步的舞蹈达人小可酱、有着甜美歌声的中国好学姐周玥，她们通过网络直播与粉丝分享精彩的才艺，或学习的经验，或与才艺有关的其他经历。据悉，小可酱经常在直播中晒自己练习舞蹈的过程，其艰辛历程打动了很多粉丝，成功吸引了20多万粉丝关注，如图4-5所示。

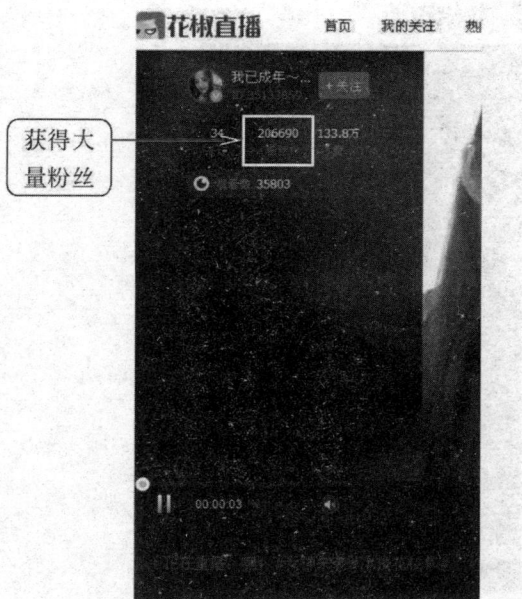

图 4-5

图 4-6 为一草根魔术师的魔术直播截图，他的魔术深受观众欢迎，在花椒直播上获得 28.1 万的点赞。魔术是观赏性非常强的一门艺术，适合现场直播，有时一场直播可重复播放多达百次、千次，可谓百看不厌。

通过网络直播展示自己的才艺，不但能获取大量粉丝和关注，获得情感上的满足，还可以赚钱。只要才艺足够打动人，就可以获得粉丝的打赏和送礼物。

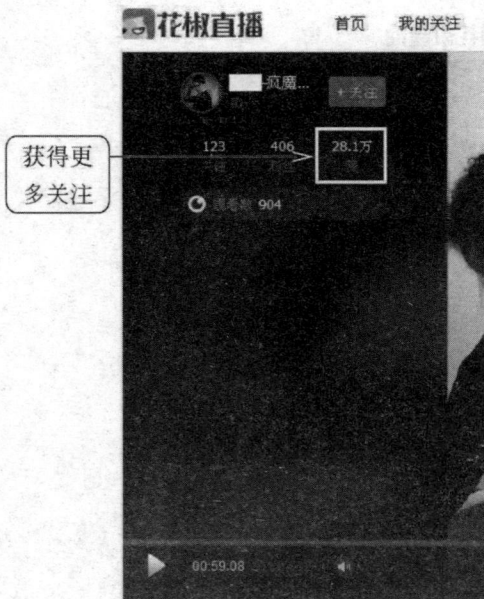

图 4-6

　　图 4-7 是一名手工师傅的直播，五颜六色的毛线在他手中，几分钟就可以编织成手工艺术品。从表面上看，这只是手艺的展示，其实只要仔细观察视频下面的文字，就知道实际上是在收学徒。每个视频都是一段教学教程，不过还真有不少感兴趣的粉丝想学习这门手艺，通过留言等方式与主播取得联系。

　　提到通过网络直播来赚钱，大多数人一定对"表情帝"傅园慧记忆深刻，凭着里约奥运会上几个古怪表情而被大家熟知。奥运会结束后，她在映客上做了一场网络直播，令所有人没想到的是，这场网络直播将她的超高人气表现得淋漓尽致。据悉，这场直播只有1个小时，从8点到9点，1个小时的直播，观看人次竟超过千万，页面获得的礼物数量更为庞大，超过318万（318

万颗钻石）。有人计算过，按一颗钻石 1 毛钱算，就是 318531.2元，按规定可以提现 99541 元，近 10 万元。尽管傅园慧明确表态不会提取这笔钱，但至少说明一个问题，那就是通过网络直播展示自己的才艺完全可以赚钱。

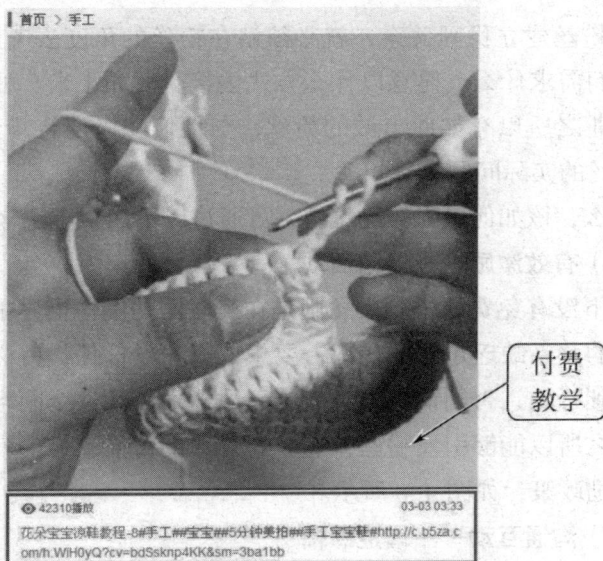

图 4-7

因此，网络直播是一个非常好的展示才艺的平台，无论出于什么目的，由于在视觉、听觉方面有良好的体验，可使一个人的才华得到淋漓尽致的体现。所以说，在网络直播的大舞台上，只要有才，就可以来直播。还是那句话：自媒体时代，每个人表现自我的渠道更多、内容更丰富、回报也更大。

9. 维护好粉丝的利益

与粉丝建立稳固关系，就必须站在粉丝的角度去考虑问题，清楚他们需求什么、愿意以什么方式去接受。如小米、杜蕾斯这样的企业之所以有如此忠诚的粉丝，与他们积极迎合粉丝需求、解决粉丝的实际问题息息相关。

那么，该如何做呢？经总结，可通过以下四个方法来实现。

（1）有效激励——促销活动

天下没有免费的午餐，尤其是在互联网的虚拟世界中，人与人之间的关系缺乏足够的信任。要想取得粉丝信任，就必须先让对方看到好处，否则谁也不会无缘无故地去关注一个陌生人。小米手机之所以能够引发粉丝快速、爆炸式的传播，靠的就是有奖转发激励政策，如图 4-8 所示。

（2）沟通互动——增进感情

互联网改变了人们的沟通方式，让我们拥有了"千里传音"的神功。做网络直播营销，一定要注意与粉丝的情感互动，这样，粉丝会感受到被尊重和重视，对企业的好感会大大增强。但值得注意的是，交流要回归交流的本质——情感交流。

互联网也是有感情的，不能只流于表面，而要付出感情，引起与粉丝的情感共鸣。这点做到位了，即使他们与你所销售的产品没有直接关联，他们也会关注你，记住你，为你间接带来用户。

（3）挖掘需求——做好需求分析

只要能满足用户的需求，用户就会认可你，并成为你的粉丝。有了粉丝，就可以挖掘他们的隐性需求，并根据需求去给他们推荐产品或者服务。

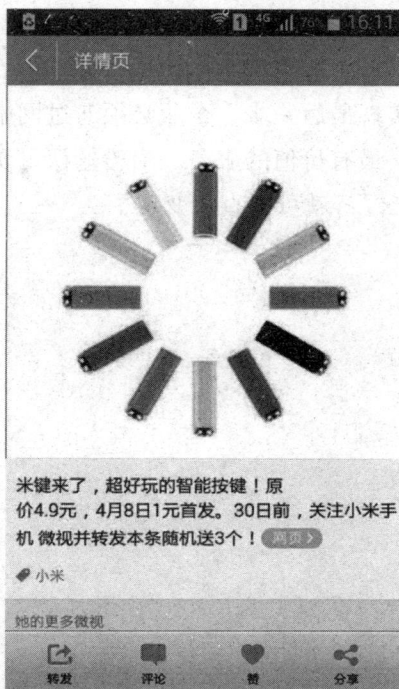

图 4-8

那么作为一名从事美容整形专业的主播，应如何通过网络直播挣钱？肯定是要先满足用户的第一需求，即通过直播进行最真实的展示，让对你的产品或服务仍有质疑的人更多地去了解。要知道，其实每个人都是爱美的，都希望借助外部条件提升自己、装扮自己，让自己变得更漂亮。只不过由于不太了解，对某些化妆产品或美容服务存有恐惧心理，当他们认可你之后，接受起来就会容易很多，这时直播就很好地起到了化解双方误会和隔阂的作用，而且由于音频传播的优势，可产生更深层次的互动，极大地缩短消费者从认知、认同到购买的过程。

（4）提供服务——值得信赖

由陌生到认知，由认知再到感情升温，最后一步就是让粉丝产生信赖。要实现最后一步，企业必须通过网络直播平台，给粉丝提供最真实、最有价值的服务。当粉丝认可卖家所提供的产品和服务时，粉丝经济就可以直接变现了。

第五章

引爆流量：

引流是直播运营的基础

1. 如何利用直播平台引流

为什么直播市场那么火爆？为什么会有那么多人想要削尖了脑袋往直播行业钻？根本原因就在于直播行业巨大的利益诱惑。直播平台的运营者时刻都要想着如何让直播平台盈利最大化。想要盈利，就需要打开市场。那么如何来打开市场呢？

视频直播是一种粉丝经济，换句话说，粉丝即市场。所以直播平台吸引粉丝很关键。这种吸引粉丝的行为，用网络术语来说，叫作"引流"。引流即吸引用户，引来消费者。因为有了消费者，就意味着打开了市场，就能够实现创造经济效益的目的。

（1）微信公众号引流

微信从 2011 年诞生到今天，与人们的生活联系得越来越紧密。究其原因，是因为其具有发布信息非常便捷、交流互动性强、能够实时沟通并且操作简单的优势。

在今天的中国，谁不用微信？几乎没有哪一款社交软件的风靡程度能与微信相媲美。从腾讯公司公布的 2015 年业绩报告中可以看到，截至 2015 年第一季度末，使用微信的活跃用户已达到每月 5.49 亿人次，使用微信的用户遍布全世界 200 多个国家，这些用户使用的语言多达 20 种。

以上种种事实和数据告诉广大直播运营者们一个真相，那就是利用微信引流已经成为网络经济时代的一种必然模式。而微信公众平台的出现更是让广大直播运营者看到了更大希望。微信公众平台为直播平台引流提供了一条便捷且高效的渠道。

　　那么到底该如何使用微信公众平台为直播平台引流呢？使用微信公众平台引流，首先要申请一个微信公众账号。有了这个公众账号后，直播平台的运营者们就能在微信公众平台上与用户群体进行全方位沟通。沟通的方式可以是文字形式、图片形式甚至视频形式的。多元化的沟通方式让直播平台的运营者们能够更高效地向用户传达信息，从而达到高效引流的目的。

　　除此之外，利用微信公众号引流还有一个好处，即直播平台的运营者可以借助微信公众号分析客户数据，并由此写出一些有针对性、有吸引力的文章，然后群发给用户，以此达到引流的目的。

　　①强大的内部资源

　　直播平台利用微信公众号引流，这其实是对微信内部资源的有效利用。因为到目前为止微信已经拥有了上亿级的用户。直播平台借助微信公众号来进行推广、吸引用户就是对微信庞大用户群这一内部资源的有效利用。这何乐而不为？

　　对于直播平台来说，利用微信公众号引流其实是在进行一种一对多的宣传营销活动。而这种方式引流的具体做法就是：直播平台方首先申请一个微信公众服务号，接着利用这个公众号做一系列宣传活动，如软文推送、日志分享、与用户实时互动等。总之，做这一系列活动的目的在于全方位展示平台的特色，从而达到吸引用户、引来流量的目的。

　　值得一提的是，这个宣传活动形式多样，内容也可以多元化。直播平台的运营者可以利用纯文字的文章来介绍平台，也可以采用图文并茂的形式介绍平台的特色，还可以借助一些趣味小故事来介绍平台的与众不同之处。这些宣传方式各有千秋，运营者可根据具体要推广的内容而进行选择。

在微信公众号引流中，利用最多的还是文字形式。如果运营者想要借助字里行间的信息达到引流的目的，那么这些引流文章应具备四个要素。

②具有很好的操作性

微信因具有极高的灵活度，使得其操作尽显优越性。这个灵活度在微信公众号引流中的具体体现是，运营者能够即时接收到用户的反馈信息并给予答复。而这种即时性能够加强用户对直播平台方的信任感。另外，欲夺天下者，先夺人心。作为直播平台方，可以借助微信红包等奖励方式吸引用户查看运营者在微信公众号中分享的内容，并且让用户分享你的分享。

除此之外，微信公众号引流的优越性还体现在其强大的互动性方面。利用微信公众平台引流，使得直播平台方与用户之间能够随时随地互动，并且能够一对一互动。这样一来，直播平台方与用户进行互动时，特别是在平台为用户答疑过程中，更具针对性、更高效。

③直播是趋势

除了各大直播平台，如今，各大商家也纷纷利用微信公众平台引流，并且无一例外地获得了良好的效果。运用微信公众号引流已经成了大势所趋。识时务者为俊杰，顺应趋势也是一种明智之举。作为直播运营者的你还在等什么呢？

④成本投入低

直播平台不是慈善机构，平台在运营过程中必须考虑成本问题。低投入、高产出的经济效益是各大直播平台努力的方向。运用微信公众号引流，相对来说，成本较低，且引流效果非常可观。所以，这是一种值得提倡的引流方式。

总之，微信公众号引流的好处多多，且操作简单、成本低廉，在直播平台引流中值得借鉴。

（2）百度贴吧、百度文库引流

百度贴吧、百度文库引流以其免费的特征而受到绝大多数人的青睐。百度贴吧虽然隶属百度，但其实它是一个独立品牌，是全球最大的中文网络社区，用户绝不在少数。所以，运用百度贴吧引流肯定是一种很好的方法。

利用百度贴吧引流，可以从以下几个方面入手：

①准确定位，找准方向

利用百度贴吧进行引流，首先要分析直播平台的性质。因为只有定位准确了，才能找准引流的方向。而且，利用百度贴吧引流其实就是通过精华帖吸引人，从而将这些人转化为视频直播用户的过程。所以在写帖子之前对贴友的定位就显得尤为重要了。当然，同样可以运用大数据分析的方法或者采用网络调研的方法进行定位。一旦对贴友定位准确了，写帖子的时候就有了正确的方向引导。

形形色色的帖子构成了风格迥异的贴吧。点开任意一个热门贴吧，在首页总会出现那么几篇精华帖。而这些精华帖就是你引流的帖子所要达到的高度。另外，贴吧是不允许发重复帖的，你可以将你所要广而告之的内容以图片形式展现在你的帖子中。

②标题有悬念，结尾有留白

直播平台要利用百度贴吧引流，首先得知道什么样的帖子才能达到引流的目的。从心理学的角度来说，一个富有悬念的标题往往能够吸引人的好奇心。所以，直播平台的引流帖可以从标题的悬念性中入手。另外，从文学写作的角度考虑，结尾处的留白更具有引人入胜的效果。这也就告诉了广大直播运营者，在百度贴吧引流中可以从这两个方面入手写帖子。

对于引流帖的内容，只有一个要求，即围绕你所要推广的平台来写。可以介绍平台的特色，也可以介绍平台的与众不同之处，并且对于同一个话题可以从不同角度切入，因为运营者解读话题的角度新颖并且充满趣味性，同样能给用户耳目一新的感觉。毕竟不是每个人都能做到用旧瓶装新酒的，这样一来，还能够提高用户的黏性。

利用百度贴吧引流需要注意的是，贴吧一楼不能发外链接，因此务必记得在二楼或者回复中加上链接网址，否则，前面所有的努力都将白费。

③挑选合适的贴吧

作为直播平台的运营者，不要认为写好帖子后就万事大吉了，有人看了才算达到了引流的目的。所以选择合适的贴吧发帖也很关键。那么该如何挑选合适的贴吧呢？首先，挑选的贴吧人气不能太低。因为如果将帖子发到人气太低的贴吧，纵使是精华帖，也没几个人看。其次，也不能将帖子发到人气太高的贴吧。人气太高的贴吧活跃分子太多，往往刚发的帖子，立马就看不到第一页了，需要一直更新。所以挑选一个人气适中的贴吧，效果反而更好。

你以为挑选了合适的贴吧发帖后，引流工作就结束了吗？不，发帖之后，还要时常更新维护。如果遇到有人回帖提问题时，还应该热情回答，尽量与吧友营造融洽的人际关系。因为这些人都可能成为你平台的用户，为你带来经济效益。直播平台的运营者们要想让平台发展得更好，前期工作一定要做到位。

另外，与百度贴吧有着异曲同工之妙的百度文库也是视频直播引流的一条途径。在百度文库上引流，主要是通过发布文档的形式进行。因为百度文库本就是一个供用户分享文档的平台。而且百度文库上的资料具有权威性，所以能够得到用户的信任。除此之外，百度文库上的资料可以下载，用户随时随地都能阅读，非常便捷。也正因如此，百度文库的用户量也不容小觑。所以，这自然也是直播引流的一块风水宝地。

在百度文库搜索栏中输入"数码管引脚图"，会弹出相应的文档，仔细一看，你会发现，第一篇文档发布的时间是 2011 年，总浏览量是 99852 次。而这整个数码管栏目的文档浏览量是 20 多万次。也就是说，在 5 年时间内，这个关于数码管的文档创造了 20 多万的浏览量。试想，如果这篇文档是关于视频直播的呢？也就是说，在百度文库中引流效率非常之高。

之所以把百度贴吧和百度文库放到一起说，是因为这两者都是通过撰写文章介绍产品的方式来吸引粉丝的。文档的编辑撰写要求与帖子撰写要求一致，可以参看前面介绍帖子的撰写方法撰写文档。

值得一提的是，文档上传审核的要求比较严格。如果在文档中插入网址或者留下微信号等，审核将无法通过。所以为了达到推广引流的目的，可以在文档的结尾处写上：以上内容由某某收集整理或者由某某原创撰写。这个"某某"当然是与你的视频直播有关的，以此来达到推广的效果。

不论是运用百度贴吧引流，还是运用百度文库引流，直播平台的运营者必须目标清晰，定位准确，这样才能在帖子或者文档的撰写过程中做到有的放矢，最大限度地提高引流效率。

（3）微博、博客、知乎引流

除了以上引流方法，还有其他引流方法或途径吗？当然有！新浪微博就是一条值得一提的引流途径。在直播时代到来之前，微博是粉丝与明星大咖们交流沟通的主要渠道。而现在，直播平台的运营者们可以借助新浪微博来为直播引流。

那么直播平台如何利用新浪微博来引流呢？大概这才是大家最关心的问题。当然，这也是我们在此要讲的重点内容。不要着急，先让我们来了解新浪微博的前世今生。

新浪微博是由新浪网推出的一个社交网站。用户在新浪微博上可以随时随地发布消息，分享心情，而且能关注明星大咖，及时了解他们的动态，以及实现与他们的对话。当然，也可以关注朋友，与朋友分享消息。

因为以上种种特点，新浪微博的日活跃用户曾达到了6000万人之多。也因为这个数据，新浪微博跻身国内最火的社交分享网络。这也就为直播平台引流提供了用户基础。如何做好新浪微博引流呢？可从以下四个方向思考：

①微博取名

直播平台在微博引流中的第一步就是申请账号并取名。而如今，在网络这个虚拟世界中，人们的思维似乎也变得天马行空。这具体体现在各种网络社交工具的取名中。打开微博，可以看到五花八门的微博昵称。如果仅仅将微博作为一个社交工具，取任何昵称都无可厚非。但是要在微博上进行视频直播推广引流，那么这个微博昵称还是大有讲究的。

如果运营者个人在微博中有很多的熟人资源，那么应该直接用自己的真名。这样容易让熟人朋友注意到你并关注你。在简介中自然要放上所要推广的平台信息，因为这样能够让别人一目了然知道你的目的所在。

如果运营者没有那么多的熟人资源，这个时候就应该用一个与自己所要推广的平台内容相关的微博昵称，或者直接用你的视频直播平台的名称。

②热门话题

直播平台在微博引流中可以有效利用热门话题这一资源。因为微博中每天都会有各种各样的热门话题，于是，运营者便可以利用热门话题引流。这些热门话题往往有非常多的参与者，他们都是直播平台的潜在用户。另外，根据这些热门话题，运营者还可以找到视频直播的内容创作方向。

③互动方式

直播平台引流还可以利用微博的互动功能，具体的操作方法是运营者主动关注其他用户。因为一般来说，在微博上，你关注了对方，对方也会礼貌互粉。从长远来看，这种方式也能收获不少粉丝，获得不少用户，从而达到引流的目的。

④有效活动

直播平台方还可以在微博中开展多种活动来提高知名度，从而吸引用户。在此具体谈一谈如何利用有奖转发和有奖竞猜两种活动引流。

有奖转发引流活动。这种有奖转发引流活动目前已经被很多直播平台使用，并且反响较好。因为对于用户来说，动一动手指转发就获得回报，这是一件有百利而无一害的事情，何乐而不为呢？当然，要想达到较好的引流效果，运营者可以适当提高门槛，如除了转发外，还需要评论或@一定数量的好友，才能得到奖励。这个数量可以是五个或十个，但是不能太多。因为如果数量太多，用户会觉得麻烦，不愿意参与，这样，活动也就失去了意义。

有奖竞猜引流活动。这种活动方式通常是给出一个谜语或者一个知识性问题，让广大用户在规定时间内去寻找谜底或答案，最后揭晓谜底或答案，并在猜对的用户中抽奖。这个活动最关键之处在于要将活动环节设计得别具匠心且有趣味性。因为这样能够激发用户的参与愿望，让用户自发转发，从而提高直播平台的知名度，达到推广引流的目的。

其实，类似的活动还有很多，直播平台的运营者可以根据平台的特色而选择和创新活动方式。但是要把握一个原则：活动形式越简单越好，活动过程要具有趣味性，奖品要及时发放。

需要提醒广大运营者的是，切记不要在开展微博引流活动前，提出遥不可及的目标，恨不得把整个引流希望都放到微博中来，盲目设置大量礼品和奖励。这样做虽然可能拉来大量粉丝，但是这些粉丝实际上都是冲着礼品而来，难以转化为视频直播的真正用户。

除微博以外，博客也是直播平台引流的一条途径。一直以来，博客用户有增无减。所以利用博客互访也能带来一定流量。提到博客就得提到一个人，那就是卢松松。因为卢松松的博客评论之无懈可击有目共睹。也正是因为他的博客评论做得无懈可击，他在博客界已经树立了自己的品牌和知名度。这就为直播平台在博客中引流提供了启发，即打造品牌和知名度。

利用博客引流，前期可以在别人的博客评论留言。因为在多数情况下，博主出于礼貌，会进行回复。这样一来，就能够收获一些用户。如果想要利用博客大量引流，那么就要求博客内容具有一定价值。毫无疑问，有价值的文章，回访率才能提高。要是能够在像卢松松博客那样的名博上"占上沙发"，那么也能够达到引流的目的。

既然说到了博客引流，那么就不得不提知乎引流。知乎同样是一个网络社区，不过，知乎的特色在于它是一个问答社区，并且聚集着不同行业的精英，因此，用户在知乎上的提问往往能够得到较为专业的回答。同时有很多大咖在知乎上分享专业知识以及独到的经验和见解，这就使得知乎的用户量不断提升，而知乎越来越多的用户量为视频直播引流提供了用户基础。

知乎引流以创造话题为主。那么如何创造有价值的话题呢？知乎引流创造有价值话题的三个方法如下：

第一，有争议，才好玩。

如果一个直播平台的运营者在知乎上提出一个平淡无奇的话题，甚至话题中就包含答案，这样的话题能够吸引用户吗？能够达到引流的目的吗？估计这样的话题写出来以后，作者自己都不愿意看，更别说引流了。

比如把"视频直播哪家好"改为"视频直播平台的烧钱大战合理吗"，由于后者运用了互联网新词汇，新颖有趣，于是就更能引起用户发言和围观的欲望。

第二，选对平台。

知乎如百度贴吧一样，问题也是分门别类地放置。不同平台上的用户喜好不同，选对平台，才更有可能将这些知乎用户转化为视频直播平台的用户，所以，选对平台很重要。

另外，知乎采取实名认证的管理方式，还一度坚持严格的邀请制度。这种做法一来确保了用户身份的真实性，便于管理；二来也能够避免产生过多的无用信息。所以知乎上聚集了一大批奇客怪咖，他们或是各行业的精英，或是对某一领域有着自己独到的见解。稍有不慎，没有选准平台，你发出去的问题可能就会遭到这些奇客怪咖的抨击，从而影响引流效果。

第三，直接引用有价值的话题。

在知乎上提问的目的是抛砖引玉，是引起大 V 们的评论和回答。如果不能原创高质量的文章，还不如直接引用有价值的话题。而且寻找好的话题比寻找好的文章更容易。

新浪微博、博客、知乎这三条引流途径各有千秋。直播平台的运营者应该广撒网，不放过任何一种引流方式，不落下任何一个潜在用户。如果运营者能够坚持不懈地进行引流工作，那么直播平台收获大量用户也就会水到渠成。

2. 如何利用软文引流

软文推广是一种针对各大营销方式都很实用的方式。在看惯了图片、视频广告之后，很多用户会将注意力集中在那些短短几百字或者上千字的文章上面，特别是那些有较高文化水平、欣赏能力的用户，他们更注重深刻内涵的文字。所以，软文营销就成了一种必要的方式。

在直播营销中，软文推广看似不起眼，但是也离不开它。因为总有很多用户对那些热门微博、朋友圈信息置之不理。这时，软文推广就显得很重要。

掌握软文推广的方法是一个做直播的营销人员必备的技能之一，应该说，软文推广贯穿整个网络推广工作，无论哪种推广方式，都离不开软文。在硬广告不再成为主流的当下，软文开始占据主力位置，而且会一直延续强劲势头。比如，当年的"王老吉"事件、"必胜客""凡客诚品"都是很好地利用软文推广提升了品牌影响力，创造了可观的销量。当然，软文推广也是有技巧的。

（1）如何写个好的标题

在今天这个信息大爆炸时代，人们一边抱怨标题党太不靠谱，另一边还是忍不住被标题吸引，由此可见标题的魅力。做视频直播也是如此，一个有吸引力的标题往往能够吸引不少用户"驻足"围观。

关于如何写好直播平台的标题，还需具体问题具体分析。在此以如何写好游戏直播平台的标题为例进行分析。写游戏直播标题的时候，第一步应该分析用户的具体情况，包括用户的类型和喜好需求。按照用户的类型以及喜好需求写出来的标题自然能吸引用户。如根据游戏玩家的水平，大致能将游戏直播用户分为三个类别。之后再根据这三个类别的用户情况，具体拟定直播平台的标题，这样的标题一定是个好标题。

①大神级

针对大神型用户，直播标题应该霸气侧漏。在游戏直播平台中不乏大神级用户，而这类用户一般都是骨灰级玩家，游戏技术堪称炉火纯青。对于这类用户来说，直播平台中那些号称"各种技能第一"的主播最能吸引这类用户。因为真正的高手都是"独孤求败"。所以要吸引这类用户，直播平台的标题应该设置得霸气且具有挑战性。

"国服第一刀妹，玩得好不好，看了才知道""国服最强路上没有之一，韩服单排""国服第一俄洛依，带你感受海神的艺术"等，这些标题都有一个共同点——霸气侧漏，让大神级用户看了，自然想点进去一探究竟。而这些标题吸引了大神，也就说明它达到了平台引流的目的。

②升级型

对于升级型用户，直播标题重在提供技巧。游戏直播平台中的升级型用户占据多数。这类用户的游戏水平处于中等程度，他们看游戏直播的时候，对于游戏技巧的关注度更高，因为这类用户企图通过观看直播，学到切实可行的游戏技巧，希望在短时间内提升游戏水平。

"飞机直接送你上钻，教你技巧""斗鱼最强维克托，学会一半轻松上钻"等标题在斗鱼直播中屡见不鲜。这类标题的共同特征在于直接表示教授技巧，因此正中升级型用户下怀，所以捕获升级型用户的点击自然是水到渠成的事情。这样一来，直播平台也就引流成功了。

③菜鸟级

面对菜鸟型用户，直播平台的标题应该要设置得低调有内涵。菜鸟型玩家是任何一款游戏中都存在的。当然，任何一个大神级玩家都是由菜鸟成长起来的。这里并没有歧视的意味，只是以此作为案例来分析如何写好直播标题。

菜鸟型用户的共同点在于刚接触这款游戏，是一群入门者。但同时他们热爱游戏，非常渴望向大神级用户靠拢。这类用户自然不愿意看类似吸引大神级用户的直播，那无疑是在找虐。这类用户更愿意看一些关于"入门"的游戏直播，所以，吸引这类用户的直播标题中需要出现"入门技巧""基础玩法"等字眼。

"日常搬砖开始""日常深渊送天台"等标题在战旗中经常出现。这类标题具有接地气的特征，容易被新人接受。如果新人能够接受这类标题，就会愿意进入你的直播平台观看直播。换句话说，标题能够获得认同，在一定程度上就等于引流成功。

不论对于哪一类用户，一个好的标题都可以助你引流成功。当然，不仅仅是游戏直播平台，其他类型的直播平台也是如此，一个好标题在引流过程中往往能收到事半功倍的效果。

（2）软文＋关键词

在软文直播推广中，我们首先需要学会的就是原创。原创的文章往往更能够吸引人们的关注。

原创软文的写作技巧有很多，每个原创作者都有自己的写作特点。但是在直播营销推广中，软文写作要特别注重关键词的选取。通常软文会选择具有实用意义、独特视觉及略带争议的词汇作为关键词。

①原创软文的关键词一定要对用户有用，有实在的内容。那些浮夸或者夸大事实的文章，用户看了，往往没有太大反响，如此一来，这样的软文就不是一篇好软文了。因此，关键词一定要对用户有用。比如"必看""技巧""高效"等关键词要时常出现在原创软文中。

②关键词要略带一些争议的内容。需要特别注意的是，这些争议应是大家日常都比较关注的。

③关键词中要加上作者或者企业、公司独特的思维视角。有了这样的技巧的关键词，用户看了，自然就会被你的软文内容所吸引。尤其在同类产品中，看了你的这篇文章跟其他文章感觉不一样，这样的软文也更容易被关注。

（3）找准热门网站

当你的软文有了好的规划之后，接下来就是发布软文，推广直播信息。很多企业往往会把软文发布到一些关注度较高的网站，并且可能会与更多热门网站的朋友分享自己的经验总结。目前也有一些专业的软文发布平台，比如全民营销软文发布平台，这个平台的价格比同类平台低很多，而且稳定，效果也不错。再比如一些博客论坛等也是软文发表的好去处。

无论哪种软文，在软文的标题中都应该体现出直播的关键信息。另外，在软文正文中还要将直播的内容、主播信息等呈现出来，同时最好将直播发布的网址发送出去，让更多用户可以准确找到你的直播地址，从而准时观看。

你的直播软文到底有没有效果，只有发出去才知道。当一篇篇软文发出去后，要做一下总结：总结哪类软文是用户喜欢关注的；效果不好的软文，其原因是什么；哪个发布平台的效果最好等。多积攒这些经验，企业就可以不断提高软文写作水平和软文推广水平，相应地，直播信息也会被更多人所知道，届时观看的用户也会更多。

（4）高质量的软文才能产生转化率

上一节中讲到了如何进行软文写作的问题。之所以讲这个问题，是因为高质量的软文才能产生转化率，才能达到引流的目的。

早在 2014 年底，阿里巴巴出了一篇让人脑洞大开的软文——《梵高为什么自杀》。这篇软文在当时被称为广告界的神文，引得人们竞相模仿。而这篇软文的标题就设置得极富悬念性。当用户看到这个题目时，情不自禁会继续往下看。因为用户好奇到底梵高为什么自杀，对这个问题，历史学家也一直未能给出准确答案。

而软文正文以"梵高为什么自杀"作为切入点。软文创作者首先将外界认为的梵高因精神错乱而自杀进行了否定，接着结合梵高一生的经历以及作品进行分析梵高自杀的原因，通过分析，将用户带入了理财圈内。这整个分析的过程让人看来有理有据。就在用户已经陷入创作者的分析"圈套"时，创作者突然话锋一转，来了一个 360° 大转弯，道出了这篇软文的目的——"可惜当时没有支付宝"。

这篇软文诞生后，得到了广泛传播。与此同时，支付宝也从一个默默无闻的新生事物一跃成为火爆的理财支付工具。我国第三方支付平台的大哥大非支付宝莫属。同时，支付宝也成为我国实名网络平台的一哥。支付宝的实名用户已经突破 3 亿。

这篇名为《梵高为什么自杀》的软文无疑是一篇高质量的软文，因为它产生了转化率。通过这篇软文，支付宝被公众所熟知，用户量节节攀升。这也给广大直播平台的运营者们为平台引流提供了启发，引流软文要么不写，要写就得写出新意，写出高质量。至于如何写出高质量的软文来，大家可以参看上一节内容。

对于直播平台来说，高转化率意味着引进更多用户。因此，高转化率是运营者孜孜不倦追求的目标。而要达到这个目标，前提得有高质量的软文。可能会有运营者说："我并不擅长写软文，更别说写出高质量的软文了。"没关系，这不是问题。你不会写，可以找专业人员代写。《梵高为什么自杀》也不是马云写的，而是阿里巴巴找专门的软文撰写机构写的。

这就涉及如何寻找专业软文撰写机构的问题。在寻找专业软文撰写机构的时候，要了解、比较接稿机构的网站排名、百度权重。如果接稿机构的网站排名靠前，百度权重高，那么运营者就可以放心地与该机构洽谈了。找到了接稿机构并且写出了高质量的软文还不够，还应该做好推广工作。因为只有将高质量的软文推广开来让更多人知道并阅读，才能实现转化目标。

对于直播平台的运营者来说，生产一篇高质量的软文并不难，有很多可行的办法，并且在互联网时代有很多资源可以利用。所以直播平台引流并不难，关键在于行动。谁先行动起来，谁就能先在直播中收获累累硕果。

3. 重原创内容传播引流

与上述单纯地进行才艺展示不同，还有一部分主播是出于自己的工作、职业所需而进行网络直播，希望通过网络直播来吸引更多消费者、关注者，从而扩大自己在业界的知名度和影响力。这一部分人所发的内容多与自己的工作相关，如记者会直播自己采访的过程，化妆师直播与化妆有关的内容，心理师直播与心理辅导有关的内容等。

现如今，不少化妆师、育儿心理师等通过网络直播来进行自我推广。图 5-1、5-2 分别为某化妆师的直播演示、某育儿心理师通过直播开设的宝宝辅食微课堂。

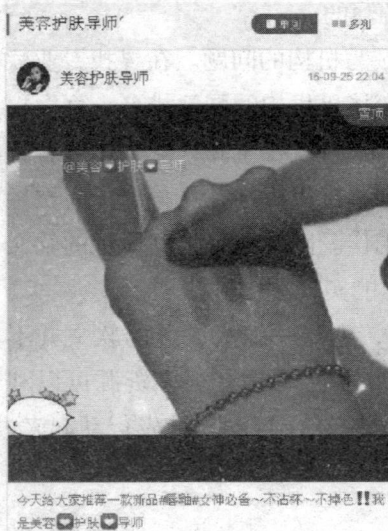

图 5-1

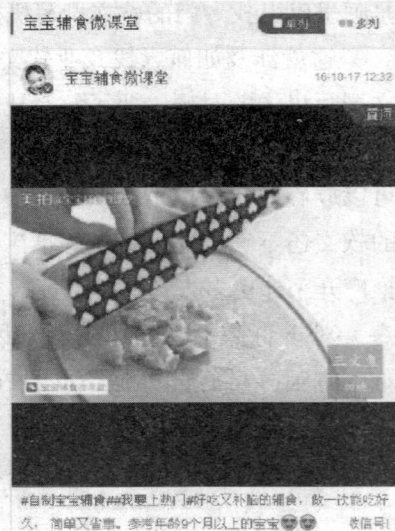

图 5-2

上述图中，化妆师主播通过实操演示，向关注自己的观众、粉丝传授化妆技巧和诀窍；心理师则是以授课的方式来解释某一个心理现象，语言简练且简单易懂，可让粉丝以最快、最简单的方式了解相关知识。

这些都是出于职业所需而发布的直播，暂且把这类人定位为行业精英。对于行业精英来讲，为了更好地开展自己的工作，很多时候，非常有必要开辟一些独特渠道，一方面可以很好地宣传自己，树立自己在业界的影响力；另一方面可以实现引流，将线下消费者转移到线上来，以流量来带动赢利。

典型的例子就是罗辑思维直播卖书。罗辑思维——罗振宇被誉为自媒体"首富"，是互联网时代的一匹黑马。在他创造的众多"奇迹"中有一个典型的事件，那就是卖书，1个半小时进账400万。他是如何做到的呢？其中最重要的一条途径就是直播，他同时在小米、映客、斗鱼、淘宝、优酷等网络直播平台直播卖书。他的方式是每天推送一段60秒的语音，每天可以回复不同的关键词，获取一条链接内容，而这个链接就是在推送所卖的产品。

当时，罗辑思维的粉丝已经几百万，按微信公众号平均打开率5%来算，每天有30万人打开回复的链接阅读，假设按1%的购买率来算的话，每天的交易额都是一个很可观的数字。

其实，对于这件事情，不能看作一种买与卖的行为那么简单。与出版机构传统的卖书方式不同，直播卖书与其说卖的是书，不如说卖的是文化、人气。逻辑思维在卖书的同时，融入了书的一个趣味组合，除了书本身，还有很多附加价值的东西放在里面。

据悉，罗辑思维本身就是最会"读书的人"，历经一年多时间，每天早上6点半风雨无阻的60秒语音和推送文章，76期精品视频节目，其选书品位和眼光，以及评书的角度和口感都已形成强大的信任积淀。这个长期播种的"信用账户"成为购买者选择通行最畅快的绿灯。

最终形成的结果是粉丝得到书后，会心一笑，或者悠长感叹，同时又与社群的气质毫无违和感。

鉴于此，行业精英也可成为网络直播的主体，可以定位为自我形象的塑造和推广。然后以此为中心，创新意识、精选内容，将工作融入社交的乐趣中，既可以提高工作效率，又可以增加额外收入。

做网络直播，归根结底是内容，只有有创意和能为用户带来利益的内容，才容易被接受。具体来说，就是要善于将营销和娱乐进行融合，以极富创意和观赏性的直播内容打动用户，从而引发用户发自内心的认同感，而非强行推送广告。

因此，主播应有一定原创能力，据统计，网络直播平台中的视频 50% 以上的内容系主播原创。

艾媒咨询（iiMedia Research）2016 年的数据调查结果如图 5-3 所示，原创内容占绝对主角，包括原创文章、视频、漫画等；其次是产品导购，产品导购体现了网红作为流量变现入口的价值；整合型内容仅占 7.00%；八卦爆料永远是经久不衰的话题，占 9.00%。

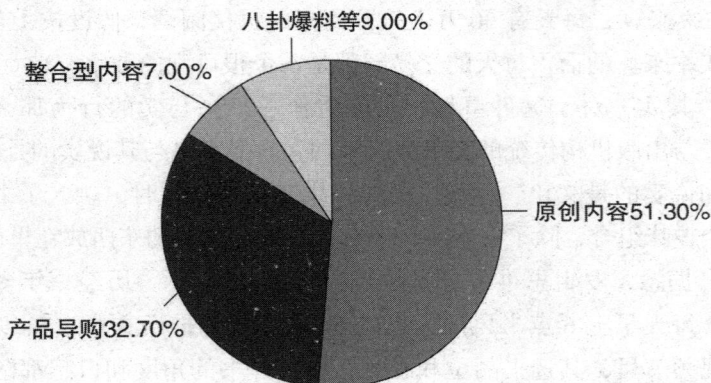

图 5-3

因此，发布的无论是产品信息，还是其他信息，都应该先策划，保持原创。在具体实践中，要善于运用创造性思维，积极创新，不断加强内容制作和创新，提升内容的吸引力。

那么，如何做出高质量的直播原创内容呢？有三点必须做到：第一要规划；第二要定位；第三要筛选。

（1）内容规划

在开设直播账号之前，除了要做好基本的直播形象定位以外，内容规划也是重中之重。"直播营销，内容为王"，这个营销理念将是核心。的确，正如行军打仗中的"兵马未动，粮草先行"的策略，直播的内容规划就好比其中的粮草，没有充足的粮草支撑整个军队，纵使后面的战术布置精彩绝伦，也只能是纸上谈兵。所以，在规划直播过程中，对内容选取的制定上应当细心、用心，在后面运营直播时才能省心、放心。

由于在开设直播之前没有充分地对发布的内容进行规划，有些主播就不知道发布什么，而有些主播则是什么内容都发。其实，这两种极端的做法都是不可取的，不但会影响自己的视频质量，而且会误导粉丝，破坏粉丝黏性。因此，直播前做好内容设计和规划非常有必要，既可以起到事半功倍的作用，有助于自己顺利完成直播，又可以有效提升自己在粉丝心目中的地位。

（2）内容定位

对内容进行定位是主播对内容进行规划最先需要做的一项工作，可以帮助粉丝了解自身情况。例如，计划做一场关于面膜推广的直播，就需要准备以下几个方面的内容：产品的基本介绍、与美容美颜相关的知识介绍、现场销售和促销的活动介绍，最后还可以提一下老客户的使用体验和感受，如图5-4所示。

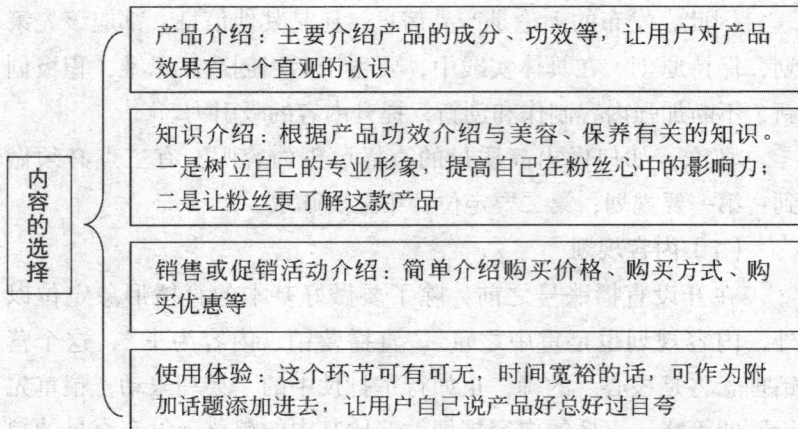

```
        ┌── 产品介绍：主要介绍产品的成分、功效等，让用户对产品
        │    效果有一个直观的认识
        │
        │    知识介绍：根据产品功效介绍与美容、保养有关的知识。
 内      │    一是树立自己的专业形象，提高自己在粉丝心中的影响力；
 容      ┤    二是让粉丝更了解这款产品
 的      │
 选      │    销售或促销活动介绍：简单介绍购买价格、购买方式、购
 择      │    买优惠等
        │
        └──  使用体验：这个环节可有可无，时间宽裕的话，可作为附
              加话题添加进去，让用户自己说产品好总好过自夸
```

图 5-4

在内容定位过程中，还需要结合品牌进行定位，也就是要突出品牌的特点和优势，用几个关键词精简地表达出来。例如，若品牌调性是"年轻无极限，给爱挑战生活、向往自由的你一片属于自己的天空"，那么品牌调性的关键词就是"年轻""刺激""自由"等。直播内容在风格上需要展示一个青春、有活力的形象，而在内容选取上就要适当倾向一些积极向上的内容。

（3）内容筛选

在做好直播内容定位后，结合所设定位，再进行内容筛选，制订范围和标准。通常发布直播是为了吸引用户的注意，以增加用户的黏性和适当体现品牌的价值。不同的直播内容有不同的特性，可以根据具体情况来筛选合适的内容。

就一般意义上的直播而言，可以按照以下四个原则进行筛选，如图 5-5 所示。

做直播对内容要求十分高，尤其是在当下与网络直播有关的规章制度、行为规范、监督体系都不太正规的大环境下，市场上大大小小的网络直播平台鱼龙混杂，主播素质良莠不齐，不少平台及个人频频依靠低级趣味性的内容来博大众眼球。因此，当今的直播行业中，好的内容比较少，优质的内容就更显得弥足珍贵。这就要求主播具备一定的内容生产和运用能力，同时要能充分调动粉丝参与的积极性，并引导他们参与进来，扩大内容的"生产线"。

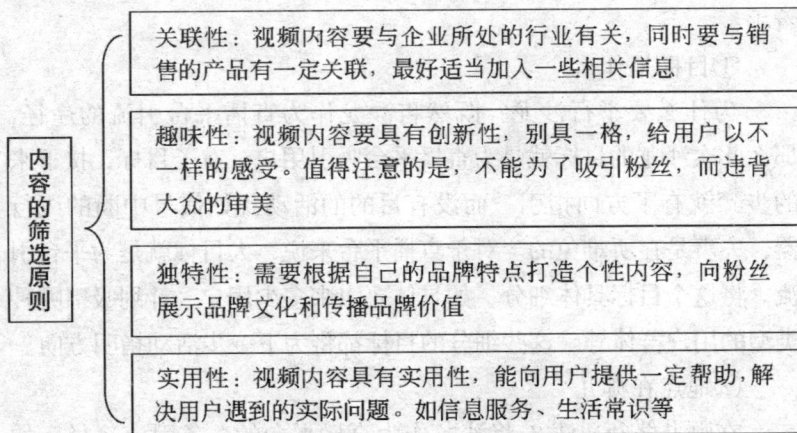

内容的筛选原则

关联性：视频内容要与企业所处的行业有关，同时要与销售的产品有一定关联，最好适当加入一些相关信息

趣味性：视频内容要具有创新性，别具一格，给用户以不一样的感受。值得注意的是，不能为了吸引粉丝，而违背大众的审美

独特性：需要根据自己的品牌特点打造个性内容，向粉丝展示品牌文化和传播品牌价值

实用性：视频内容具有实用性，能向用户提供一定帮助，解决用户遇到的实际问题。如信息服务、生活常识等

图 5-5

4. 通过线下活动引流

除了各种形式的线上引流方式，线下引流也是值得关注和采纳的方式，下面将对这些内容做具体介绍。

（1）通过沙龙引流

对于"沙龙"一词，大家一定不会感到陌生。因为沙龙已经成为今天广泛使用的一种沟通交流方式。其实，早在17世纪的欧洲，就有了早期沙龙形式。"沙龙"这一词语源于意大利语，可以说是一个音译词。沙龙以其活动形式简单、活动内容丰富的特点，越来越受到人们的追捧。通过沙龙、会议为直播平台引流也不失为一个好办法。

如何利用沙龙、会议为直播平台引流？可从以下四个方面着手：

①目标是什么

为什么要举行沙龙？既然将沙龙作为直播平台引流的途径，那么此次沙龙的目标就是为直播平台吸引用户。有了目标，接下来的步骤就有了方向指引。而没有目的的活动犹如信号中断的飞行器，失事是在所难免的。对于直播平台来说，大目标就是为平台引流。将这个目标具体细分，如具体要引来多少用户、计划吸引哪种类型的用户群体等。这些细分的目标都将为下一步活动指明方向。

②地点在哪儿

在哪儿举行沙龙？将沙龙作为直播平台的一条引流途径，如何能使引流效率最高化是平台运营者必须考虑的问题。而沙龙的地点选择事关引流效果，运营者需要着重考虑这一问题。北京是视频直播平台最为集中的地方，所以直播平台引流的沙龙召开地点一般不宜选择其他地方。

③参会对象是谁

邀请哪些人来参加沙龙？沙龙的目的是为直播平台引流，所以参会对象自然是与直播平台有关系的人、有助于实现引流目标的人，比如知名主播、用户或者潜在用户。知名主播的出现有助于实现引流目标。而潜在用户是平台方即将要转化的流量。

④预算资金是多少

举办此次沙龙的资金预算是多少？对于直播平台来说，任何一种引流方式都需要投入成本，因为任何活动的开展都需要资金作为支撑。沙龙引流也是如此。在沙龙引流活动中，有关沙龙的选址、参会对象都会受到资金的制约，而这些因素对直播平台的引流效果有直接影响。因此，需要提前做好资金预算，确保活动的顺利开展以及高效引流目的的实现。

沙龙作为一种线下引流方式，值得广大直播平台的运营者借鉴。如果运营者能够将线上引流与线下引流结合起来使用，可以最大限度地将平台推广开来，引来更多用户。

（2）通过线下扫码引流

2015年8月9日，平时安静的南昌街头异常热闹。原来是街头出现了一群斯巴达勇士模样打扮的外籍男模。这群男模的出现引起了不小的轰动。因为这群男模无一例外地拥有较高的颜值和健硕的身材，并且这群男模还穿着酷炫的皮质战袍。在他们的手臂上印有二维码，只要大家前去扫描男模手臂上的二维码，就能获得帅气外籍男模的拥抱。这瞬间俘获了姑娘们的芳心，前去扫描求拥抱者排起了小长队。

因为互联网的迅速发展，直播平台的运营者把平台引流目光更多地锁定在了线上。其实这种观念不完全正确。因为有人的地方就有流量，线下的队伍也是一股不可忽视的力量。如果直播平台能够充分利用这一批线下队伍，将其转化为平台用户，那么这个直播平台的前景不可限量。线下引流的活动有许多种，比如海报宣传、移动广告车、学习交流会等，不过目前值得一提的是线下扫码引流。

扫码引流的关键在于吸引用户来扫描你的二维码。要想吸引用户，要做到以下几件事，如图 5-6 所示：

首先，要选择一处人流量大的扫码地点，比如学校门口、大型商场门口、火车站门口等。在这些人流量超级大的地点，无疑引流更高效。要是把日期选在节假日，人流量会更大，效果会更佳。

其次，要有一个吸人眼球的"持码者"。线下扫码面对的是真人，是一种面对面的引流方式。要吸引人群的注意力，先得引起他们的好奇心。这就需要在持码人身上下功夫了。可以请一群美女帅哥来持码，也可以通过奇装异服的打扮来吸引路人，还可以是以吆喝的方式达到宣传的目的，当然也可以进行一些别出心裁的表演来吸引路人等。不管方法与过程如何，最终结果就是让路人扫码转粉。

现在还有很多直播平台方是通过有奖扫码的形式来吸引路人。路人扫描并关注平台的二维码，就可以参与一次抽奖活动，并且是百分之百中奖。有些直播平台方规定只要扫码成功，直接赠送小礼品。起初，这种有奖扫码的形式效果良好，但是渐渐地，人们不敢轻易参与这种活动了，原因是担心扫码过后信息遭泄露。所以，要得到用户的信任，直播平台方要做好保密措施，让用户对你的平台的二维码扫得开心，扫得放心，扫得安心。

最后，要选择一个有创意的二维码呈现形态。二维码呈现形态是指二维码以一个什么样的状态出现在人们的视野中——是由帅哥美女手持二维码图标呢？还是直接将二维码印在宣传单页上？还是以其他更新奇的方式？这个没有固定套路，运营者们可以放开思维，大胆创新，只要能吸引更多的人来扫码就行。

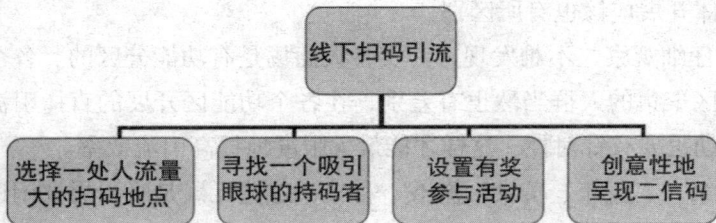

图 5-6

（3）如何在商场引流

2016 年 7 月 15 日是友阿股份上市 7 周年纪念日。友阿利用这一契机并借助"友阿 717 超级年中庆"的名义，联合多方力量，打造了全国首档商场网红游戏直播秀"你要的，我们都友阿"。这场直播秀引得 30 万人围观点赞。在友阿的这场直播中，既有美女网红助阵，又有门店员工参与。另外，各品牌也充分利用这场直播介绍各自的活动和特色商品，真正开启实体店"全民直播+购物"的全新模式。

由此看来，人头攒动的各大商场是直播平台不能忽视的引流场所之一。来商城闲逛的人们往往心情比较愉悦，在商场宣传推广你的直播平台，人们易于接受，也更容易将这些人转化为直播用户。看到商场那络绎不绝的行人，直播平台的运营者就窃喜吧，因为那些人都是你的潜在用户，都是你市场开拓的对象。

具体来说，商城的逛客大致可以分为三类：急需型、闲逛型和陪逛型。当然，运营者们主要把目标锁定在闲逛型和陪逛型这两大类人身上。因为急需型的逛客，其精力都集中在寻找所需商品上，没有工夫理会这些引流宣传活动。而对于闲逛型和陪逛型这两类人来说，他们没有明确的购物目标，因此，有趣的引流活动能够吸引这些人的注意。针对这两大类人，直播平台引流活动的具体开展应该也有所区别。

仔细观察，不难发现，其实各大商场是有功能分区的。各个功能区聚集的人群当然也有差别，在各个功能区开展的直播引流的活动也要有针对性，这样才能最大限度地提高引流效率。

第一，豪车、美女、游戏、科技，这些无疑是吸引男性闲逛者和陪逛者的法宝。在男士集中的区域，可以从这些方面入手引流。豪车造型的宣传牌、手持二维码的美女、巨大的游戏宣传海报、醒目前卫的科技资讯，这些宣传方式与内容总有一样会引得男士驻足观看。

第二，吸引女性闲逛者以及陪逛者的无非是首饰、衣服、包包加护肤品，因此在女士集中的区域，从这些方面入手往往会收到意想不到的引流效果。

例如，可以开展有奖扫码活动。只要扫码，即可免费领取一些小首饰、面膜等护肤品，这种有奖活动总是吸引人的，更何况提供的是有针对性的奖品。

另外，针对很多直播是主播在直播中分享自己护肤经验的情况，这种直播引流活动可以设计为邀请当红护肤直播平台的主播来到活动现场，与广大用户或者潜在用户进行交流互动，当面解答用户的问题。这种直观且真实又高效的宣传方式一定会获得如潮的好评，真正实现引流目标。

5. 借助热点事件引流

直播想要推广得好，除了要注重一些推广工具的使用，更要学会借势推广，尤其是借助一些热点事件。热点事件的传播力度往往犹如病毒一样，迅速传播开来，那么，如何让直播在这些事件发生中实现高效营销和推广呢？

（1）借势推广，让直播火起来

借势推广直播就如同鲜花和巧克力。在超市的货架中，巧克力原本属于糖果类等零食货架，鲜花则在生鲜区域附近。可以说，平时而言，这两种东西几乎见不到面。但是在情人节、母亲节、妇女节等节日，这两种产品却不约而同会面。鲜花和巧克力似乎是绝配，两者搭配在一起销售，用户可以在一个地方买到两种产品。这样一来，就能在很大程度上促进两者的销售。

这就是最简单的借势推广。在直播推广中也应该如此。直播想要被更多人看到，需要借助一些特殊的事件来进行。例如，在2016年里约奥运会期间，很多企业的直播就是依据奥运这个主题来展开的，在推广时，更是从奥运主题出发，借助奥运事件推广直播。

例如，聚美优品上一个化妆品的直播为了吸引人们的关注，就借助奥运进行了推广，其广告语为"三分钟，出门妆挑战赛"。这是一个化妆品的直播3分钟之内化好出门妆的技巧，其借助了奥运比赛的模式，推广挑战赛模式。再比如，一家专卖运动品的店铺，在直播之前，甚至将其代言人游泳选手宁泽涛的头像搬到了直播预告中，吸引了大量用户的关注。

在天猫直播中，很多店家也采取了借势推广的方法。在天猫直播的众多预告推广中有这样一个推广深得人们关注——"宠物运动会总决赛"。人们看到这个直播预告，就很想要观看。进入后，用户不光可以观看直播预告，还可以提前预览该店的产品，也可以抢先购买。这为企业带来了很多流量。该直播于2016年8月20日进行，而这个时间恰恰在2016年里约奥运会举办期间内。

显然，这家宠物用品专卖店是想要借助奥运的火焰气势来打响自己的直播推广。

此外，在借势方面，很多企业还必须要学会另一种十分有效的方式，那就是在用户手机通知栏中推广直播信息。

借助热门事件，然后在装有各种直播平台软件的手机用户的手机通知栏页面推广即将进行的直播，会吸引大量用户。

"借势＋手机通知栏推广"的模式几乎等于完美有效的直播推广，可以获得大量用户的关注。

（2）学会造势

企业不仅要学会借势推广直播，更要学会自己造势推广。换句话说，如果没有热点事件借势，则可以自己造出点事件，以吸引用户关注。

造势是一个过程，需要在你的直播还未开始时，就制造声势，渲染气氛，给互联网直播用户一个深刻的印象，使直播进入充分展开阶段。

企业进行直播造势推广，可根据自己产品的特色和个性及直播策划的主题、主播人物、明星魅力等展开。企业应捕捉可利用的机会，及时推出精心策划的强有力的推广活动，使直播还未露面，就给用户的心理上带去强烈冲击，形成鲜明、富有个性的印象。

直播造势推广的方式多种多样，不同的企业有不同的做法，有些实力强大的企业，其自身的品牌因素、代言人等因素就是一种势。它推出新的直播或者搞一次直播活动时，本身的存在就具有一定的影响力，再加上企业有意去营造一定气氛，渲染带动用户，这样的造势推广就比较容易引人注目。

例如，2016年8月3日晚，雅诗兰黛在小咖秀中有一个推广产品的直播。为了能够提前吸引人们的关注，雅诗兰黛提早就进行了推广。在这个过程中，雅诗兰黛作为一个大企业就顺带造势了一把，其推广中是这样做的："年轻向前的雅诗兰黛 × 当红明星"。这个直播时间是 2016 年 8 月 3 日 19 点 15 分，而在 8 月 1 日，雅诗兰黛就携手小咖秀进行了猛烈的宣传推广。

由于雅诗兰黛本身是一个大品牌，是一种天然的"势"，再加上这个当红明星，对雅诗兰黛来说，这个直播推广的造势就变得很简单，而且小咖秀再将其直播推广页面推送到用户的小咖秀首页中，就很大程度上吸引了用户的关注。

一般的中小企业或者个人想要推广自己的直播，在造势方面就需要一种精心策划的"造"。比如模仿就是一种造势，很多小企业或者个人主播想要推广自己的直播，需要去模仿那些大企业的做法。从标题、关注点等方面都需要模仿和借鉴，然后再加上自己的个人属性特色，就能造出一个非常有吸引力的"势"。

在这方面，淘宝的店家做得很好。淘宝上很多卖化妆品、服装的店家顺应趋势，率先在淘宝直播中加入直播营销。为了推广自己的直播，开启了模仿借鉴的模式造势。在淘宝的直播预告推广中，有很多如"八一八足球现场侃大山送球衣""化个妆，秋装，送福利！"这样的直播造势推广。

这些造势的直播推广模仿的正是一些大企业经常使用的"扒一扒……那些事儿""送福利"等方式。利用这样的造势，中小企业和个人可以给自己的直播渲染氛围，使其能够吸引大家的关注。

6. 利用好口碑引流

一些较大的企业或者已有一定口碑的企业，在推广直播时，可以借助自己的口碑来进行推广。

利用口碑来推广直播的方式多种多样，本节主要介绍两种最常用、也是最有效的方式。

（1）自有平台和自媒体推广

如今，一般的企业都有自己的自平台，甚至淘宝店家都会将自己的店铺主页打造得非常华丽，从而吸引人们光顾。

因此，企业在做直播营销时，就可以借助自有网站进行自我品牌推广。例如，小米的每一次直播都会在自己的官方网站上推广直播信息。2016 年 8 月 15 日晚，小米进行的"小米 5 黑科技"的直播实验除了在其他地方进行推广之外，还在自家的官网做了推广，如图 5-7 所示。

图 5-7

小米官网的浏览量较大，因此小米的每个直播都会在官网中率先推出。接下来才是小米官方微博、官方微信公众号等地方的推广。利用自有的网站平台推广直播，更能借助企业自身的品牌魅力来获得大量用户。

除了自有平台之外，自媒体推广也是一种品牌推广的方式。比如，小米的很多直播，雷军等超级自媒体大咖纷纷进行推广，以吸引更多人的关注。在这里，需要特别注意的是，产品创造人或创始人往往是最好的自媒体。他们可以在自己的微信个人号、朋友圈、公众号、微博、空间中推广直播，这样会更有效果。比如，新晋作家、网络红人沈煜伦在 2016 年 8 月 8 日发布新书，发布过程全程采取直播。为了吸引更多用户的围观，沈煜伦提前一周就开始在自己的微博、微信公众号中发布自己新书发布直播的消息："哥之前承诺的书，有重磅消息，终于坑完了！今天是时候告诉新书具体上市消息啦！对，就是这么不按套路~但是！书名我先不说，要不你们猜猜？猜对有奖！这次新书发布会做全程直播，答案哥会在 8 月 8 日 19：40，新书上市直播的时候告诉你们。直播平台：一直播。ID：52586391 优酷直播。"（如图 5-8 所示）这个微博仅发布不到半天，就吸引了 1 万多粉丝转发，3 万多个点赞和 2 万多条热门评论，为沈煜伦的新书直播发布着实打下了推广基础。

最终，在 2016 年 8 月 8 日的新书发布会中，沈煜伦通过直播与大家见面，并且公布了新书的名字《四世生花》及新书预售的消息。在直播中实现直播预售，通过之前的推广，在直播中，1 分钟内就销售出去了 25683 册，1 小时销售超过 9 万册，同时在线观看人数高达 1636.8 万，其微博阅读话题破 1 亿，这也刷新了直播销售新书的纪录。

图 5-8

凡是企业自有和维护的平台、网站、公众号，都可以用作直播推广。对大企业来说，这是品牌影响力的作用。如果小企业还没有意识到这个推广，可以申请创建一些自平台进行推广。

（2）借助展览、会议引流

借助会议、展览推广也是一种不错的直播推广方式。对于品牌企业而言，举办一些展览或者会议，甚至是发布会都是一种很平常的方式。一般而言，这些展览或者发布会都有大量的媒体参与，可在很大程度上提升企业的品牌曝光度。

在这个过程中，将企业的直播加入其中，就能很好地宣传企业品牌。通过这种方式做直播推广的方法有以下几种：

①发传单。在展览或者会议中给客户发放企业品牌的传单，并在传单中加入企业做直播的信息，让客户发现企业的直播信息。

②做 PPT 展示。在一些大型会议中，企业往往会做很多 PPT 来展示企业的产品等品牌概念性的东西。这时候也会有很多客户在下面观看，同时也有大量媒体拍照、摄影。这个机会也恰恰就是做直播推广的最好时机。将直播在 PPT 中展示，给客户和媒体带去企业直播的消息，更有利于企业直播的广泛性传播。

③宣传册、纪念品。有些企业在举行大型会议展览时，往往会给顾客精心准备企业的宣传册或者纪念品。这些东西比较能够彰显企业的文化、品牌特色，也往往具有收藏价值和意义。在这些东西上加入企业直播的信息，可以让客户有效收到信息，加深其对企业直播的印象。

7. 与直播大咖互推引流

权威性人物的身上总是自带光环，他们就是一块活招牌，他们的话简直可以与广告同日而语，寻求与他们的合作无疑又是一条引流途径。如今在网络上有一群人被称为大 V、意见领袖，他们往往不鸣则已，一鸣惊人。所以，与他们合作成了直播引流的又一可行之举。

但是选择与这些大咖们合作也需要注意以下两点：

第一，所谓术业有专攻，这些大 V、意见领袖们也不是十八般武艺样样精通，通常他们只是在某一领域具有一定权威性。直播平台要想借助他们的话语性，必定要考虑他们的领域性。

例如，说起电子竞技，就不得不提起李晓峰。这位电子竞技职业选手同时也是钛度科技的创始人。作为一名电子竞技职业选手，他无疑是专业的，是当之无愧的。2001 年成为 Home 战队主力之一，2004 年成为 war3 选手，2005 年获得 ESVVC 电子竞技世界冠军，卫冕 WCG 魔兽争霸项目的世界第一人，众多令人艳羡的成绩使得李晓峰被称为魔兽"人皇"。

所以，如果做游戏直播，就可以寻求与李晓峰合作，借助他这一身的光环来宣传引流。相信他的言行一定能在游戏界引起巨大反响，那么为直播平台带来的引流效果自然就不言而喻了。

第二，注意大咖们的言论是否一贯积极正面。大咖们作为公众人物，社会赋予了他们一定责任——引导社会积极向上。所以，在寻求合作之前，应该对大咖们一贯的言行调查了解清楚。

可能有些网络大咖目前言辞慷慨，思想积极正面，起到了很好的舆论导向作用，而被奉为意见领袖。然而在以前，他们却有过消极甚至反面的言辞记录，这样的大咖切不可轻易合作。

网友的眼睛是雪亮的，任何蛛丝马迹在广大网友眼里都会被无限放大。所以，切不可心存侥幸。如果能够注意以上两点，借助网络大 V、意见领袖的光环，何愁不能为直播平台引来流量？

（1）用明星光环引流

"我是陈欧，我为自己代言。"这句曾经轰动一时的陈欧体广告词，在当时的反响极为强烈。也正是因为这句霸气侧漏的广告词，让大多数人认识了陈欧，知道了聚美优品。

2016 年 7 月 12 日，聚美优品又在公众面前火了一把。聚美优品方面的数据显示，2016 年 7 月 12 日当天，聚美优品平台上的一个护肤品品牌——花印，在短短 1 小时内的销量居然达到了原来一周的总销量，其中，光卸妆水就卖出了 4.5 万件。这是一个让人兴奋又羡慕的数字。

而所有的这一切都归功一场直播。没错，因为一场直播，一场有韩国明星参与的直播秀，使得花印在 1 小时内挣到了平时一周挣的钱。据悉，2016 年 7 月 12 日当天，花印携手聚美优品打造了一场直播秀，热播韩剧《任意依恋》男主角金宇彬在直播中闪亮登场。这次直播活动结束后，聚美优品方面还宣布将要启动"品牌直播计划"。

聚美优品方面透露的消息称，理泉肌、欧莱雅、资生堂、菲诗小铺等五十余家品牌将会参与"品牌直播计划"。并且聚美优品将继续邀请明星参与直播活动。届时，华晨宇、杜淳、赵丽颖、黄致列、张天爱、刘昊然等十余名国内外明星代言人将陆续在聚美品牌直播中与广大用户见面。

为什么聚美优品的品牌直播活动要邀请如此多的明星参与？从花印的例子中，我们可以看到，明星宣传的效果非常明显，因此寻求明星代言不失为一种好的引流方法。

不得不承认，有些明星的言行确实能够对社会的发展产生积极影响。另外，明星效应对消费者的导向作用使得明星代言成为现今最普遍、最高效的一种宣传方式。

寻求明星代言不仅要考虑到明星的代言费以及人气等问题，还应该对明星的言行做出甄别，做到万无一失。

①代言费及人气问题

由于明星身份的特殊性以及宣传效果的高效性，所以明星的代言费往往也高得离谱。在寻求明星代言之前，有必要根据自身财力情况而作出理性决定。另外，明星的人气也是不可忽视的一个问题。一个具有高人气的明星，其代言效果自然不言而喻。

被称为女神的范冰冰每分钟的代言费高达6万元。当然，女神的招牌加之超高的人气，其代言效果也确实非同一般。

②政治倾向问题

所选明星的政治倾向是否正确？我们的政治倾向必须十分明确，容不得半点含糊。因为一旦选定代言对象，他们的言论就与我们的直播产品具有了对等性。

③是否有不良行为记录

所谓"欲戴皇冠，必承其重"，明星们享受着普通人难以企及的人气、地位，所以他们的言行也必定会受到更严格的要求与监督。社会给予了他们作为公众人物的权利，他们也应该无条件履行他们作为公众人物的义务。明星们的不良行为往往也会对社会风气起着误导作用。因此，直播平台必须对明星主播严格把关。

2014年，一系列明星吸毒事件接连曝光。消息一经曝出，不仅粉丝们觉得不可思议，一些与这些明星合作的影视公司也不得不停止了工作。这必定会给社会带来不良影响，同样也会给其所在的公司造成经济损失。所以，寻求明星代言的过程中，一定要严格把关。运营者应该根据资金情况，尽量选择人气高且正面积极的明星进行代言。

（2）跨行业资源互换、互推

在竞争日益激烈的今天，跨行业合作不失为一种明智的选择。2016年4月13日，饿了么投入阿里门下，获得阿里巴巴及蚂蚁金服12.5亿美元的投资。此轮融资后，饿了么以33.7%的市场份额成为外卖市场的领头羊，美团外卖以及百度外卖紧随其后。饿了么因为寻求与阿里的合作，保证了资金来源，从而保住了市场份额，保住了在外卖界的地位。

做视频直播也是如此，尤其是前期引流方面。因为在视频直播引流过程中需要投入大量技术、资金、人力。而对于一个处于兴起阶段的企业来说，任何一方面的投入都是巨大的考验和压力。但是，寻求跨行业资源的互换、互推能够有效缓解压力。

花椒直播是目前市面上做得较为成功的一款视频直播平台。它的成功有很多原因，但是明星的入驻不得不说既是其一大创新之处，也是其成功的一大原因。难道这不是一种资源互推的方式吗？

此外，直播平台初期定位借助大数据进行用户喜好分析就是资源互推一种很好的实践。资源互换、互推不仅仅适用于视频直播的引流过程，在视频直播平台的整个运营与推广过程中同样适用。

第六章

直播变现：
直播时代构建多元化盈利模式

1. "直播＋电商"是最快的变现途径

现在，很多网红主播都有自己的网店，网店也几乎是成功主播的标配。有的主播自营网店，有的则是受电商平台的邀请，成为网店主播，利用自己的人气为平台推销商品。

互联网时代是粉丝经济的时代，利润的增长主要依靠粉丝的带动。淘宝销量排名前 10 的女装店铺中，"网红"店铺占了 7 个，也就是说，有网络主播背景的店铺占到 70%。这说明网店也离不开粉丝经济学的营销手法，粉丝就是流量，依靠"流量变现"就是粉丝经济的核心。

如今，许多主播都转型开起了淘宝店，尤其是那些退役的职业主播，一方面，自带大量粉丝，有网络直播经验；另一方面，要有大把的时间来经营和管理。

除了自营网店外，主播还可以与电商平台合作。与自营网店相比，跟电商平台进行合作难度比较大，尽管现在很多电商迅速接轨网络直播卖货这一趋势，阿里巴巴、京东商城、聚美优品、唯品会、蘑菇街、蜜芽等大小电商平台纷纷开辟了专门的直播频道。不过，由于网络直播卖货对主播的综合素质要求较高，再加上目前适宜用网络直播来销售的商品品类毕竟相对较少，很多主播很难有这方面的发展机会。正因为如此，主播开网店卖货才有一个奇怪的现象——跟风。

经常关注电竞直播的粉丝都对"肉松饼"一词十分熟悉。自 2015 年以来，只要随便点开一个电竞解说直播平台，绝大多数都会以该词来开头，以至于许多主播的开场词都不用费力去想，直接一句："各位最亲爱的观众朋友们，又到了大家最喜爱的淘宝推荐环节，视频开始之前，我先给大家介绍一下我家的肉松饼……""大家好，我是成都的肉松王……"有些主播还配以精美的视频，打造"舌尖上的电竞"，视频的开头、中间、结尾全程带有"肉松饼"的香气。

难怪有人开玩笑：是肉松饼拯救了电竞（解说）圈。其实，"肉松饼"只不过代表一种现象。综观时下的电竞直播大环境，"当主播就是为了开网店"似乎已经成了一条理所当然的"潜规则"。许多主播都前仆后继地开起了网店，卖的也清一色都是上面那些产品。与此相似的还有"服装""牛肉粒""牧马人"等。

所以，开淘宝店视频＋淘宝模式是赚外快的主流形式，也是现阶段关注度变现最稳定最可控的手段。

"直播＋电商"是否会造成投入产出比降低而导致利润下滑是商家关注的重点问题。如果直播能为企业创造更多收益，即便直播平台没有邀请，企业也会想尽各种方式参与其中。从商家角度来看，"直播＋电商"具备以下几个方面的优势，如图6-1所示。

（1）帮助用户更加高效地制定消费决策

更为全面地展示产品及服务信息，从而帮助用户更加高效地制定消费决策。和文字、图片相比，视频传递的产品信息更为生动、全面，更受广大网民的喜爱。为了更好地展示产品信息，跨国电商巨头亚马逊就为部分产品制作了360°全景视频。所以，通过直播，可以让消费者全面了解产品信息，更好地进行消费决策。

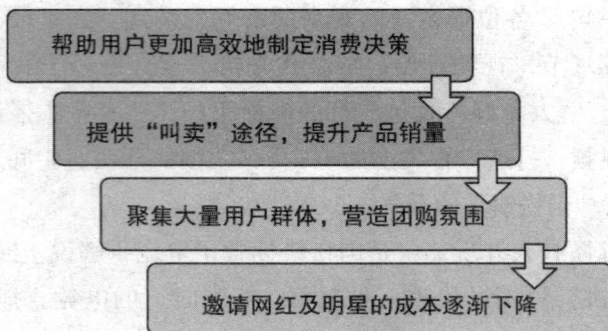

帮助用户更加高效地制定消费决策

提供"叫卖"途径，提升产品销量

聚集大量用户群体，营造团购氛围

邀请网红及明星的成本逐渐下降

图 6-1

（2）提供"叫卖"途径，提升产品销量

"叫卖"能够吸引消费者的关注，产生良好的促销效果。在现实生活中，菜市场、集市、夜市等的商家都会"叫卖"，有的商家甚至直接将促销信息录制下来，然后一遍遍地重复播放。从某种程度上讲，直播可以理解为更高级的"叫卖"，它通过生动有趣的内容，在无形之中影响消费者的消费决策。

（3）聚焦大量用户群体，营造团购氛围

直播不需要通过普通团购采用的降价促销手段，也能产生强大的营销效果。购物环境及氛围会对消费者决策产生直接影响，线下门店中的不同商家根据产品及目标群体的差异，会在产品陈列、灯光、音乐、装饰等方面做出调整。这种逻辑在线上购物过程中同样适用，一群兴趣爱好一致的用户聚集起来，通过互动交流共同了解产品信息、挖掘产品的潜在价值等，这种良好的氛围会极大地提升营销转化率。例如，2015年"双十一"期间，阿里巴巴与湖南卫视携手合作，共同推出"天猫2015双11狂欢夜"，进行了长达

4 小时的互动直播，并邀请国内顶级导演冯小刚担任总导演。

（4）邀请网红及明星的成本逐渐下降

商家在邀请网红及明星方面花费的巨额成本仅是暂时的，未来的"直播＋电商"必将会更加平民化。目前，"直播＋电商"还处于用户习惯培养阶段，为了吸引更多的网民关注，商家自然要找一些自带庞大用户流量的网红及明星，但随着"直播＋电商"逐渐普及后，企业家自己做主播也能吸引大量消费者。

此外，大量网红经纪公司的出现使网红进入批量生产阶段，这些网红不仅在质量方面会获得整体提升，而且其成本相对较低，借助"直播＋电商"的模式红利同样能为商家创造大量价值。

目前，"直播＋电商"确实需要投入巨额资源，但有许多案例证明了这种高投入确实能为商家带来较高的回报。2016 年 5 月，奶粉品牌惠氏启赋邀请明星吴尊在淘宝直播上为其进行品牌传播，仅 1 个小时，就为其创造了 120 万元的成交额，单品转化率更是高达 36%。波罗蜜及网易考拉等也都在积极投入"直播＋电商"领域，并且在提升转化率方面确实取得了不错的效果。

如今，"直播＋电商"变得相对平民化，除了邀请明星、网红的成本外，直播平台大概需要花费每位用户每天 2 元的带宽成本，这比电商平台上百元的引流成本低得多。

2. 直播电商的选品技巧

"直播＋电商"以一种低成本、高效率的方式有效解决了电商产业存在的诸多痛点：通过生动形象的视频，让消费者更为全面地了解产品的相关信息及服务，最为关键的是，直播所展示的相关信息并不像广告商制作的定制广告片一样经过了技术人员的专业美化、处理等，它向消费者展示的是实时的、真实的信息。

通过主播的详细讲解，解决消费者专业知识不足的问题。消费者在购买一些家居、家电、化妆品时，往往需要全面了解产品的相关信息。在线下购买这些产品时，销售人员会耐心细致地为顾客进行一对一讲解，而电商平台通过主播的专业讲解也能达到这种效果。

和传统电视购物过程中消费者被动接受导购人员提供的信息相比，直播具有双向即时传播信息的特征，消费者可以向主播提出自己的疑问，并且和一起观看直播的消费者进行交流互动，从这种角度来看，"直播 + 电商"也满足了消费者的社交体验。

从时间成本上考虑，表面上，"直播 + 电商"增加了用户的购物时间，但如果消费者能够借助直播提供的信息，更好地做出消费决策，那么整体购物效率反而会得到有效提升。而且，家居、电视、冰箱等产品本身就是要"货比三家"，必然会耗费大量时间。

此外，明星、网红的参与赋予了"直播 + 电商"更多的娱乐属性，消费者可以从中获得极强的娱乐体验，时间成本也不再是主要问题，许多人逛街时毫无目的地浏览也会花费大量时间。

具体实践证明，以下四个方面的产品及服务尤其适合发展"直播 + 电商"，如图 6-2 所示。

（1）难以事先体验的产品和服务

跨境电商平台之所以会对直播寄予如此之高的期望，很大程度上就是因为它帮助用户解决了在购买海外商品时，由于语言、文化等方面的差异而无法了解海外商品相关信息的痛点。

图 6-2

旅游也同样如此，人们没有到达现场以前，很难真实地了解产品信息，而直播的方式则能够完美解决信息不对称问题，消费者、旅游公司都将成为受益者；参与众筹项目时，如果不到现场进行详细了解，很多网民心中会存在较大疑虑，通过直播的方式，人们可以对项目进行更为全面的了解，从而做出更为正确的决策。

（2）需要传达生产过程信息的产品

以前，人们对于了解产品的生产过程并无太大兴趣，但随着人们消费需求的提升及各种假冒伪劣产品层出不穷，再加上万物互联的物联网时代的到来，人们想要了解产品生产过程的需求被提升至前所未有的高度，人们想要了解食品的原料种植、加工、配送及烹饪过程，了解艺术品及工艺品的制作过程等。

而直播出现后，人们对了解生产过程相关信息的需求将得到很好的满足，人们可以借助直播了解服装产品原料的种植、采集及加工流程，这也迫使产业链各个环节的个体及组织对产品及服务进行优化。

（3）需要全方位传达相关信息的产品和服务

人们购买化妆品、家电、家居、母婴等产品时，都需要全方位掌握产品及服务的相关信息。通过专业人员向观众讲解产品的相关信息无疑能很好地满足这一消费需求。目前，美妆产品"直播＋电商"模式发展得尤为火热。

（4）适合团购的产品和服务

"直播＋电商"可以看作一种特殊的团购，它将人们聚集起来，由专业的主播向这一消费群体进行营销推广。所以，那些在传统团购中广受青睐的美食、日用百货等产品及服务在"直播＋电商"模式中也有很好的表现。

团购无疑是创造爆款的绝佳手段，对于"直播＋电商"同样如此。聚划算很好地证明了这一点。某女星在聚划算上向消费者推荐佰草集新七白美白嫩肤面膜、周大生图兰公主吊坠、艺福堂蜂蜜柠檬片、楼兰蜜语枣夹核桃、威古氏太阳镜等多款产品。在1个小时的直播过程中，观看人数达到12万，枣夹核桃销量超过2万件，柠檬片超过4000件，面膜和太阳镜超过2000件，单价1000多元的手链卖出52件。

随着互联网化浪潮的不断推进，越来越多的海内外品牌商开始积极触网，并变革传统思维。对于诸多传统企业而言，经过多年的沉淀，在渠道及品牌塑造方面已经积累了一定优势。虽然在互联网的强力冲击下，一些传统企业受到不小影响，但在经历了互联网化的阵痛期后，目前已经有一些传统企业迎来新生。

而广大互联网品牌在乘着风口实现快速增长后，如今已经逐渐进入同质化竞争阶段。以前让消费者感到十分新奇的体验营销、场景营销等方式也逐渐丧失了吸引力，"电商造节运动"也因为消费者的视听疲劳而很难达到预期效果。在这种局面下，传统品牌与互联网品牌之间的斗争进入了一个平衡阶段。

那些善于创新的互联网品牌自然不可能甘心如此，当下，越来越多的品牌商积极进行创新发展，尝试打破僵局，而互联网潮流品牌衣品天成无疑是其中的典型代表。

意欲将自身打造成为全球最大时尚集团的衣品天成集团坚持以全民时尚为使命，通过实时"全明星"战略打造时尚品牌。以前，互联网品牌的最大劣势在于没有线下门店，消费者仅通过线上渠道难以真实、全面地接触产品。而视频直播的崛起打破了这一局面，使得广大用户能够通过实时互动直播来全面了解互联网品牌及其产品。

2016 年 8 月 10 日，衣品天成集团为其"全明星战略——秋装新品发布会"举办了"我有风格，给你好看"的 24 小时试衣间直播活动。

此次衣品天成集团的直播邀请了 50 多名网红、模特，上千名线下观众在广州"小蛮腰"1000 平方米的透明试衣间内进行了 24 小时持续直播。和以前采用的让粉丝产生距离感的"模特走秀"活动所不同的是，衣品天成让 50 多名网红进行现场试衣并同粉丝交流着装经验、搭配技巧等。

直播活动当天，即使在旗下签约代言艺人没有出席活动现场的情况下，衣品天成在淘宝直播、一直播等五大直播平台累积观看数达 3500 万人次，收到评论 177.5 万条，点赞数达到 2000 多万，堪称中国直播史上开播时间最长、网友互动最强的直播。

在这场直播活动中，消费者可以通过 30 台明星同款售卖机来选购自己的商品，而且 1 件旧衣服就能换 1 件秋季新品。那些获得了明星同款服装的消费者们在感到无比幸运的同时，更在风格留影区进行拍照，并上传到朋友圈内进行分享。

　　借助娱乐明星、网红及模特、广大消费者分别对服装进行展示，衣品天成集团向外界传达了"每个人都有自己独特的穿衣风格"的理念，在全民时尚的年代，每个人都可能成为时尚潮流的引领者。

　　衣品天成集团还邀请了老中医王牌栏目"直男门诊"中的两名小护士亲自帮助直播现场的两位男生挑选衣服，从而吸引了大量网民的关注，直播间在线人数高达 30 万人以上。通过帮助粉丝们搭配服装，衣品天成集团强大的时尚潮流设计能力得到了广大网民的认可，对其品牌影响力的提升产生了巨大的推动作用。

　　不难发现，通过此次直播活动，衣品天成颠覆了以往的新品发布会模式，使品牌与消费者之间的距离极大地缩短的同时，更通过其 5 位首席时尚官向广大粉丝传递了衣品天成集团所倡导的"全民时尚"理念。

　　企业界之所以对直播的发展前景给予高度评价，最为关键的就是它能够通过主播展示产品等方式有效提高转化率。虽然此次直播过程中，借助发送电商平台链接的形式将流量转化为了销售额，但在衣品天成集团看来，销量的持续增长不仅需要在线上渠道发力，也要在线下进行营销推广。

　　为衣品天成集团代言的 5 名娱乐明星分别担任其五大核心品牌的首席时尚官，在直播的同时，衣品天成通过印制明星海报等形式对不同子品牌的时尚风格进行营销推广。不但十分契合"我有风格，给你好看"的活动主题，更通过线下与线上的深度融合，实现了对多渠道用户群体的全面覆盖。

　　之所以会邀请明星网红，很大程度是因为他们更加贴近消费者，不会像明星一样给粉丝带来明显的距离感。明星代言人在传递品牌理念的同时，通过网红与粉丝之间的交流互动传递具体的设计风格及产品信息，从而获得广大粉丝对衣品天成品牌的认可及尊重。

　　未来，衣品天成集团将会继续实施全明星战略，在邀请娱乐明星的同时，与更多的国际顶级设计师合作，不断提升企业的品牌影响力以及时尚设计能力，最终实现成为全球最大时尚集团的终极目标。

3. 在直播中如何吸引用户下单

　　想要让用户在观看直播时下单，还有一种方式，那就是在直播中不断给用户发送福利，"诱导"用户下单。

　　有一个叫"潘子PANZ"的淘宝红人店主，其一次直播的标题为：打底衫秒杀［39元包邮］+福利现金。很明显，这是一个特地为这件打底衫开通的直播，目的就是通过直播，最大限度地销售"镇店之宝"——打底衫。

　　在直播中，为了吸引用户现场下单，主播在直播中加大了福利。首先，主播不断在直播中强调"这件打底衫只限直播最后一小时秒杀，39元包邮"。这句话不断重复，让更多观看直播的用户加深印象。其次，在主播背后的墙上也特别加入了这款产品的价格、特性、材质等优势，让观看直播的用户一眼就能看到它。另外，在直播中，主播会通过抽奖给用户发福利。主播从观看直播的用户群中随机抽取幸运用户发放5元现金券，抽到奖的用户现场下单，只需要34元就可以购买这款打底衫。

　　同时，在这个过程中，主播还用多个角度呈现产品，给用户一种购买放心，做好购买保障的感觉。通过这些不断灌输性的福利，很多用户被吸引到了购买页面。而这个直播在短时间内不仅吸引了接近 2 万人观看，更是获得了最大变现。

当然，给用户福利，不仅仅体现在抽奖或者给用户发送包邮等信息，还可以在直播中用另一种方式勾起用户的购买欲望。比如，在直播中表露出新品的特价优惠等信息。一般而言，公司也好，品牌也好，每当出现一个新品时，这个新品往往是非常符合人们希望的，而且这个新品的价格通常都很高。很多人甚至会坐等新品降价，因此，为了吸引用户在直播中下单，很多商家在直播中将新品降价，以吸引用户下单。如"淘宝直播"中有名为"新品拍摄，秋季最流行，超低价秒杀"的直播。这家产品的服装和饰品均通过直播推出了新款。这些新款在直播中进行优惠甩卖，直播之后，恢复原价。

这样的方式也真真正正地吸引了用户围观，获得了大量流量，短时间内就吸粉 4 万多，订单更是持续上升，甚至一度出现系统瘫痪。

想要通过直播获得真正的现金流，不仅需要不断给粉丝送福利，重点还应该是产品。只有你的产品过硬，质量绝佳，款式新颖，才能真正吸引用户购买。

过去，人们网购时，只是通过一些简单的图片和文字来决定是否购买，尤其是会观看一些模特穿着样衣拍摄的照片。可是无论照片怎么修饰，实物拿到手之后，也总是会有差别，甚至很多网友大呼"根本穿不出模特的效果"，更有网友说"色差好大""材质太差了"等。

在直播当道的今天，店家想要获得订单，可以在直播中充分展现产品，可以透过镜头，不断给产品特写，包括细节，让用户

360°无死角地观看产品，做到对产品放心，这样，用户才能毫无顾虑地下单。那么如何在直播中更完美地展现产品，才能让用户当场下单呢？商家需要做到下面几点：

（1）让用户看到产品的优势

直播的最大优势就是可以通过镜头，全方位地展现产品，让用户全面了解产品并痛快下单。

因为，企业必须要在直播中让用户充分看到产品的优势。在这方面，企业需要做到三点。

①远景、近景都要展示。在镜头前直播产品时，主播不仅要手持这件产品（如产品为小物品时），更要近景、远景地给用户不断观看产品。先将产品整体在镜头前呈现，给用户观看整体的效果；再近距离靠近镜头给用户观看近景的特色。只有这样，用户才能充分了解这件产品。

②给用户呈现产品细节。很多主播往往做到了第一条，却没有做到第二条。之所以做不到第二条，大部分原因是主播没有这方面的意识，或产品的细节不够精致。为了更详细地展示产品，商家必须呈现所有有利于销售的细节，甚至给某些死角特写，让用户清晰地看见优势。

③根据用户提出的问题展现产品。有时候，用户不太满意主播主动呈现产品的方式，于是便会通过弹幕信息给主播发送请求。这时候，主播一定要满足用户的需求。用户让你怎样呈现产品，你就要怎样呈现。这样，才能让用户真正放心，进而购买产品。

有这样一家专卖口红、唇彩的店铺，在直播中，主播在镜头前不停地给用户近景、远景地呈现产品。为了吸引人们更好地观看这款产品，主播亲自试验额头、脸颊、嘴唇涂口红的方式，将多款颜色的口红、唇彩分别涂抹在自己的额头、脸颊上，然后将自己的脸对准镜头。这样，用户就可以清晰地分辨每一种颜色。主播还在每一个色彩的唇彩旁边标记了号码，观看直播时，用户可以记住自己喜欢的唇彩、口红色号，单击直播中出现的唇彩小图，加入购物车直接购买。

在直播中详细展现产品优势，能让用户放心选购，进而让商家高效变现。

（2）直播中要"分解"产品

为了让观看直播的用户当场购买产品，还应该充分发挥直播的立体直观优势，将产品呈现出多样的优势，以获得用户百分之百的信任，这时候需要蓄意破坏产品。

淘宝中一家专门从事代购运动品牌的店铺为了吸引用户购买，让用户明确自己店铺代购的产品都是正品，于是在淘宝直播中放大招，玩起了"拆鞋"直播。

这个直播的封面非常有意思：主播手拿一双鞋，很有挑衅意味，在中间有几个字"直播有惊喜，土豪拆鞋"，而且"土豪拆鞋"这四个字非常醒目，旁边还有很大的禁止销售假货的标志。

很显然，这个直播就是给用户呈现"拆鞋"的全过程。店家主播不惜将自己代购的运动鞋放在镜头前，然后用工具将其拆开，呈现给用户，让用户清楚地看到这双鞋子的材质、做工、质地，让用户明确该店铺代购的产品都是正品。

既然主播敢拆鞋，而且清楚地在直播中呈现，那么用户自然就信得过，于是下单购买限量版、特价版品牌运动鞋。

当然，在搞破坏的时候，要特别注意以下几点：

①在破坏过程中，不能离开镜头，否则很可能会让用户怀疑你在作假。

②要清晰直观地表达出破坏性强的特点。只有这样在直播中放大招，才能让用户百分之百相信产品，才有可能下单购买。

（3）在直播中发放优惠券

直播变现的方式有很多，但是有一种方式一定非常有效，那就是在直播中给观看直播的用户发放优惠券。人们对优惠的东西往往没有抵抗力，特别是喜欢的东西。用户进入你的直播间观看直播，就已经说明用户对你的产品有好感，如果这时候，你再送一张优惠券或者福利，那么用户就会加大购买力度。

送优惠券的方式大致有以下几种：

①通过直播链接发放优惠券

很多直播平台没有边看边买的功能，但是由于人气旺盛，所以也被很多商家青睐。这时候，企业需要在这个直播平台链接中加入优惠券。虽然用户不能直接购买，但是可以领取优惠券，然后再去指定的网店购买。这样的方式也有利于提高销量。

在这方面，欧莱雅做得非常好。2016 年 8 月 19 日，巴黎欧莱雅沙龙专属官方微博发布了一条包括直播地址及领取优惠券和购买产品的网址的微博。

从这条微博中，我们可以看出，这是欧莱雅为当天 13 点举行的直播做的推广信息。这次直播邀请了明星尹恩惠。与以往推广不同的是，这次，欧莱雅官方微博中的直播推广不仅发布了直播地址，还发布了欧莱雅优惠券的领取地址。

同时，用户可以直接单击这次直播的三家平台链接地址，直接进入直播。在直播页面链接中，为了吸引用户前往天猫店铺购买产品，欧莱雅还在直播下方加入了优惠券的领取链接，尤其"满 400 立减 100 元"的优惠券更是限量 5000 张发行，这大大吸引了用户的关注。同时，欧莱雅新晋代言人，也是这次直播的主角韩国明星尹恩惠也在自己的个人微博中发送直播和优惠券链接，吸引大量粉丝领取。

这次直播在 IN 直播平台上短短时间内就吸引了几十万用户观看，领取优惠券的概率更是达到 100%，而在天猫旗舰店欧莱雅产品的销售量也实现了较大突破。

这种在直播平台链接中发布优惠券的方式大大提高了变现率。值得一提的是，企业在使用这种变现技巧时，要尽可能地在微博、微信朋友圈等一些社交平台发布直播和优惠券信息。这样更能吸引流量。

②在直播中发放优惠券

像天猫直播、淘宝直播、波罗蜜全球购等直播平台已经实现了边看边买的功能，用户一边观看直播，一边就可以购买。在这种便利的功能下，企业需要借势发放优惠券，激发用户的购买欲望。

利用这种方式在直播中提升销量的淘宝店家数不胜数，如"秋装上新领券送礼物""买 2 领券立减 10 元"等。

用户在观看直播时，可以单击图片进入购买页面，然后领观优惠券用于购买商品，有什么疑问还可以回到直播间询问店家。这样便利的购买和互动通道也为电商企业带来了可观的现金流。

③在直播中抽奖送礼物

直播是一种新型的营销方式，想要在直播中变换花样吸引流量，从而获得变现，还需要有送福利、抽奖等类似活动。在这方面，小米做出了好的典范。

2016 年 8 月 15 日 20 点，小米进行了"小米 5 黑科技"的实验直播。雷军带领小米团队进行了关于小米 5 手机的黑科技实验的直播。这个直播不但突出了小米 5 的各种黑科技和优势，而且为了吸引用户对小米 5 手机的支持和购买，在直播现场，雷军和小米团队进行了实时抽奖。在抽奖中，雷军告诉大家输入"小米5黑科技"的口令，然后从这些用户中随机抽取多位幸运用户，送上小米5手机一部。

这种抽奖的方式不但带动了直播氛围，更为小米5手机带来了大量粉丝，同时也吸引了更多用户去购买这款手机。

在天猫直播和淘宝直播中也有大量店家利用直播抽奖的方式吸引用户购买产品，如"化妆潮搭＋关注抽奖送福利""秒杀抽奖看过来"等。

这些方法都很巧妙地将企业的优惠券和福利信息传送到了直播用户那里，为变现打下了良好的基础。

4. 吸引商家植入品牌

广告植入是指在直播内容中直接或间接穿插广告，以前经常出现在电影、电视剧中，如今在视频直播中也随处可见。从广告传播学的角度来看，这种在电影、电视剧、网络视频中植入的广告是非常好的一种宣传方式，可以大大增强产品曝光度、品牌影响力，甚至直接带动销量提升。

备受大众喜爱的美剧《生活大爆炸》在第17集中就出现了舒化奶的植入广告。当谢耳朵与克莱皮克为争夺新办公室而谈判时，舒化奶就放在了他们面前的茶几上，被镜头扫过数次。尽管这一幕没有特写，也没有提及台词，但中国观众却立刻发现了，因为画面中有我们熟悉的品牌。

谢耳朵与他的《生活大爆炸》（如图6-3所示）是近年来国内美剧迷们热捧的电视剧之一，并且随着《生活大爆炸》的版权被某视频网站引进，现在，中国的美剧迷已经可以与美国观众同步观看最新的剧情，这为本土品牌的广告植入打下了广泛的受众基础。

图6-3

相信舒化奶这一广告的植入也在很多美国观众心中留下了深刻印象，反过来讲，广告对这部美剧的宣传效果也是异常明显的，不少非美剧迷纷纷下载这一集观看，这也使引进《生活大爆炸》版权的视频网站顺带火了一把。

通过广告植入来盈利是主要的盈利方式之一，曾经，影视、微博、微信、App都采用过。随着网络直播的火热，再加上良好的播放效果、超高人气的带动，很容易吸引一批企业、品牌在其中植入广告。据IDC曾经的调查数据显示，超过50%的企业愿意在网络直播中植入广告。

喵大仙最初只是活跃在很多网络直播平台上的一个年轻人，以段子视频而走红。2014年7月，她以"喵大仙带你停药带你菲"为名，在美拍上上传和发布各种视频，时而是英俊呆萌的小伙，时而是算命先生，时而是时尚女神……百变的形象引发了众多粉丝追捧。

通过精心布置的段子内容、巧妙的剪辑手法，喵大仙在美拍上的粉丝已有 200 余万，现在已被美宝莲、唯品会等各大品牌看中，邀其为自己的产品代言。

同时，一些网红的直播中通常也会植入很多广告。例如，大胃王密子君，她在与粉丝分享自己吃的视频中也植入了很多广告，或者直接打出宣传语，或者隐形地植入产品信息，等等。其实，这正是网络直播平台的一种盈利模式，通过植入广告，从而实现盈利。

网络直播通过精准的、庞大的流量导入，可以吸引各类企业、品牌前来投放广告，然后，网络直播便可通过导流收取费用。据一项调查显示，广告收入是网络直播经济中的主流变现模式，占比达 50.6%；其次是开网店，利用电商导流，占到 28.5%；线下活动以及其他方式也可带来一定收益，但占比都比较小。

当一名主播的粉丝数量达到一定规模后，会有大量服装、美妆、硬件等诸多领域的品牌商寻求与之合作。对于品牌商而言，直播能够让用户获得近乎真实的产品体验，与目标群体进行无缝对接，极大地刺激消费者的购买欲望。

2016 年通过分享短视频而走红的 papi 酱的广告拍卖最终以 2200 万元的价格成交，而对此次拍卖进行全程直播的优酷与阿里巴巴，在吸引大量用户的同时，也进一步提升了品牌影响力。电竞明星若风代言了手游《师傅有妖气》，小苍则代言了手游《西游降魔》，等等。

传统体育运动员们也参与了此次的直播浪潮，"洪荒少女"傅园慧在 2016 年里约奥运会上成名之后，目前已经成功代言 4

款手游，而且多次受邀参加直播平台举办的直播活动，其首次直播最高在线人数达到了千万。当然，对于品牌商来说，如何选择适合自己的产品及品牌代言人也是一个不小的问题。

从直播代言的长期发展情况来看，由于优质主播具有海量用户流量，在与品牌商进行合作后，无疑能够创造出巨大的商业价值，这种"直播＋代言"的模式在未来有望成为直播平台完成价值变现的主流渠道。一般来说，主播进行广告代言的方式主要有以下四种，如图6-4所示：

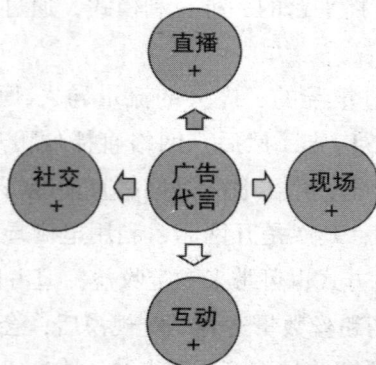

图6-4

（1）"直播＋"

"直播＋"是指利用以网红、明星、意见领袖为代表的自带海量粉丝的群体进行直播，向目标群体传播个性化及定制化内容。由于其对主播的直播地点并没有明确限制，很多主播便会选择直接在自己的家中进行直播。

（2）"现场＋"

"现场＋"是指主播在商业活动现场进行直播，将商家精心准备的内容最为真实地呈现给广大观众，主播还可以对活动进行现场解说，从而增加直播的趣味性与互动性，帮助品牌商提升转化率以及品牌影响力。

（3）"互动 +"

"互动 +"是指主播通过在直播过程中与粉丝进行互动来帮助品牌商进行推广，例如，整点向幸运粉丝赠送商家提供的礼物、向赠送礼物排行榜排名靠前的粉丝赠送商家提供的纪念品，等等。

（4）"社交 +"

经过几年的发展，直播的内容及形式获得了极大的拓展，直播作为一种内容传播媒介，其门槛几乎可以忽略不计，而且以腾讯、阿里巴巴为代表的资本巨头的疯狂涌入更是让直播产业的发展速度获得了极大提升。当红主播们在微博、微信等社交媒体上拥有庞大的粉丝群体，因此，"社交 + 广告"的模式也逐渐成为网红变现的一条主流途径。

社交广告注重对接用户个性化需求，强调内容质量。广大品牌商追求的是提升品牌的知名度与影响力，沉淀大量忠实粉丝，并获得较高的转化率，而微博、微信等社交媒体广告形式的出现，以及网红主播自身强大的引流优势无疑为品牌商完成价值变现提供了一条行之有效的落地途径。

5. 提升知名度参加商业活动

明星主播是行业内的佼佼者，用现在影视界非常流行的一个词来讲，那就是一个"大 IP"。从 IP 它本身的意义来讲，是知识产权的意思，从广义上讲，已经成为一种文化现象，泛指那些有着巨大商业价值和忠诚粉丝量的文学作品、影视作品、人等。现在，很多网红主播也跨入了 IP 行列，具有了 IP 效应，不仅在各自的领域有超高的人气，还可带动相关领域的发展，成为跨界高手。

一个成功的 IP 始终围绕商业价值进行，而且这个价值最好延伸到不同领域，得到最大限度的挖掘和开发。当主播成功晋升网红后，其 IP 效应必然会越来越大，这时可利用这种效应让价值外溢，利用开发和经营衍生品赚钱。

当前，电竞直播有很大的发展潜力，被誉为直播行业的"第二春"。于是，一些电竞主播便利用这种优势做周边产业，如售卖衍生品、提供相关服务，从而为自己的赢利带来了新机会。

LOL 某高级玩家，同时也是 YY 直播上的一名电竞游戏主播，他依靠优秀的表现拥有百万以上的直播订阅量，赢得了不少忠实粉丝。随着其在业界的名声越来越大，身价也大大提升，成为电竞游戏直播界的网红 IP，各大网络直播平台纷纷通过赞助或签约的形式邀请他进行直播解说。为此，他开设了游戏主题的淘宝店，专门向粉丝售卖与游戏有关的装备等衍生品。

随着网络直播平台的兴起，优秀的主播在积累到一定粉丝后，便进入了网红 IP 行列。利用自己的影响力售卖商品、出版图书、受邀参加媒体专访、做相关代言、参加线下活动等。

2016 欧洲杯期间，为了让中国球迷更欢乐地看球，解决球迷们看球的零食、空间、关爱等问题。国内零食领导品牌良品铺子为球迷做了相当完善的筹划，如定制了专属看球零食桶，24 小时不打烊，线下门店与球迷零距离等，最激动人心的是，其还专门从斗鱼直播平台邀请了千位网红现场直播赛事。

欧洲杯期间，良品铺子联合斗鱼直播展开了"全民看球季"人气主播票选活动（如图 6-5 所示），千名人气主播将化身一个个热辣的"足球宝贝"，边吃零食边直播关于欧洲杯的那些事，陪网友吃货们一起看球。决赛当天，斗鱼最高人气主播将亲临良品铺子线下门店直播欧洲杯决赛，为此次热辣法兰西盛宴画上圆满的句号。

图 6-5

　　网络直播经过两年的发展，已经走过了野蛮期，而主播不再是稀缺资源，目前，大型平台主播的数量已达到几十万。因此，对于主播这一职业而言，想要脱颖而出，不再只是要靠天资和运气，还必须要有实力和努力，向明星网络直播发展，向网红 IP 方向发展，在发挥网络直播才能的同时，扩大自己的衍生价值。在主播这个位置上，一旦成为超级 IP，就意味着可以获得更丰厚的利润。正如《2016 直播行业年度报告》显示，以映客、花椒、陌陌、易直播收入前 1 万名的主播作为样本，在2016 年，至少有 2 名主播收入过千万元，捞金能力不输明星，45% 的主播月收入在 5 万 ~ 10 万元间。

6. 为企业做品牌宣传

　　互联网时代，粉丝经济、网红营销等新玩法层出不穷，在互联网的助力下，网红、明星、意见领袖等具备大量粉丝的个体身价水涨船高，企业开始纷纷寻求与之合作。

和广泛撒网式的传统营销相比，网红营销更具针对性，能够让商家精准对接目标群体，有效提升转化率。因此，邀请网红主播为企业代言，来提升企业的产品销量与品牌知名度已经成为一种主流发展趋势。

近两年来，直播成为互联网时代的一大风口，许多网红主播纷纷出席企业举办的一些商业活动、新品发布会等。"无网红不成发布会"似乎已经成为企业品牌宣传中不可或缺的环节，母婴、汽车、手机、互联网等各个行业发布会上的网红成为一道亮丽的风景。

对网红主播来说，为企业代言不仅能够获得相当可观的代言费，而且能够快速提升自己的影响力与知名度。目前在直播市场上，一些顶级主播的企业代言费用绝不亚于演艺明星，类似PDD、Miss、MC 天佑等网红主播的活动出场费都达到了几十万元，他们在直播平台的年度签约费用也都是千万元级别。

以 MC 天佑为例，2016 年 6 月底，MC 天佑与某品牌达成合作，签约费用为 2500 万元，超过了此前 papi 酱的 2200 万元视频贴片广告费，刷新了网红界的广告代言费记录。MC 天佑在 YY 直播平台中拥有数千万忠实粉丝，其直播风格风趣幽默，直播内容主要是唱歌、喊麦、聊天等。

生活节奏的不断加快与人们收入水平的提升使娱乐消费需求迎来爆发式增长，但对于企业而言，要想在信息过载的移动互联网时代吸引目标群体的关注，是一件相当困难的事情，而邀请网红主播进行直播则可以有效解决这一问题。

2016 年 "818 财经网红节" 期间，保险巨头中国平安就邀请了华夏时报总编辑、著名财经评论家水皮及网红女主播对中报业绩发布会进行了直播，而平安集团董事长马明哲在直播过程中，与网友进行交流互动，有效提升了直播的互动性与趣味性。据统计数据显示，此次直播累计观看人次高达 170 万。

2016 年 6 月，国内自主汽车品牌东风小康邀请 100 名网红对其上市过程进行了全程直播，从而吸引了大量媒体及网民的关注。如果没有这些网红的助阵，东风小康的上市恐怕很难吸引足够的眼球。此次直播共有 500 万网友见证了东风小康的上市，使东风小康获得了极大的品牌曝光量。

7. 赢得粉丝的打赏

打赏是各大网络直播平台最主要的赢利模式之一，目前，所有网络直播平台都设有打赏功能，而且取得了巨大成功。例如，主打做秀场业务的 YY 就是通过打赏的方式变现的，并且靠着这部分收入，一路闯进纳斯达克并一度达到市值 40 亿美元，跟在其身后的 9158 和六间房也分别通过类似的方式实现了在港股和中国内地 A 股的上市。

那么，什么是打赏？所谓打赏，即是粉丝（会员）先在网络直播平台上充值，购买虚拟的道具或礼物，然后再赠送给自己喜欢的主播。道具的标价不同，最后，平台再将这些虚拟的道具和礼物折换成现金，而平台和主播通常按照一定比例分成。

被用来打赏的"道具"各式各样，花样百出，因网络直播平台不同而各有差异。道具其实就是走个过场，在屏幕上显示几秒钟而已。设置不同的道具只是为了娱乐性和趣味性。每个平台的道具系统是千人千家，几乎都不重样。

打赏是主播获得收益的最主要来源。主播的粉丝越多，在粉丝中的人气越高，获得的打赏也会越多。

同时，获得打赏的等级越高，收益也越多（主播在收到粉丝的"礼物"后，一般不会折现直接进入主播的个人账户，而是被其所在的网络直播平台抽成，不同等级的主播拿到的底薪和提成比例也不一样），这样一来，就形成了良性循环，人气越高的主播，收入越高，收入越高人，气也越高。

之所以网民愿意打赏主播，主要是因为两个方面的因素：其一是满足自己的表现欲，希望通过打赏主播吸引主播的关注，和自己喜欢的主播进行互动交流，甚至参加主播组织的线下活动，而且直播间内存在大量观众，这些土豪级粉丝通过打赏，能够获得极大的满足感与成就感；其二是主播自身的才能与人格魅力，有的主播风趣幽默，有的主播有着动人的歌喉，能够使关注者心情舒畅、缓解生活及工作过程中所遇到的各种压力。

此前，媒体曾报道，2016年，一位花椒直播的女主播在一次直播过程中获得了一位超级粉丝的极力追捧，后者在短短1分钟内，连续送出了500个"蓝色妖姬"。而一个蓝色妖姬价值人民币将近2000元，500个蓝色妖姬的总价值近100万元。

考虑到广大网民对打赏变现的高度认可，直播平台都相继推出了多种用于打赏主播的虚拟礼物，如"玫瑰""香槟""宝马""游艇"等，而类似端午、中秋、春节等特定节日，直播平台还会为用户上线限定版礼物。

除了少数免费虚拟礼物外，大部分虚拟礼物都要花费金钱购买。以繁星平台为例，赠送20朵"玫瑰"需要花费1元或者100个星币，赠送一辆"劳斯莱斯豪车"需要花费10元，赠送"湾流 G550 飞机"则要花费 200 元等。

从花椒平台公布的数据来看，排名前 100 的主播的月收入都达到了 10 万元以上，而月收入高于 1 万元的主播则有上万人。由于发展阶段的差异，例如，映客直播平台与主播的分成比例为 68∶32；花椒直播为 3∶7，花椒直播平均每年能够为网红群体创造 15 亿元的收益；一直播，若主播未签约公会，则为 65∶35，平台与公会分成从 5∶5 到 3∶7 不等，当然，公会与主播的分成根据双方协商而定。

从直播平台的发展情况来看，粉丝打赏目前是主播与平台方获取收益的关键渠道。通常主播每天的直播时间为 6 ~ 8 个小时，他们通过展示自己的才艺来获得粉丝的关注及打赏。获得打赏后，主播会向粉丝表示感谢，有的主播还会邀请其参加自己组织的线下活动。

当然，火热的视频直播，其变现方式绝不仅限于打赏，电商、代言以及线下活动等变现方式都具有广阔的发展前景，尤其是优质主播在吸引网民关注与提升转化率方面的巨大优势使其成为商业代言的新宠。

超人气主播一场网络直播下来，就能获利几万、几十万，甚至高达百万。某明星试水了一次直播，与粉丝进行了不到一个小时的互动，就被打赏了近 30 万元，这算是粉丝经济通过直播变现的经典案例。

国外某美拍主播以美艳率性、多才多艺而闻名，入驻美拍一年的时间，拥有 30 余万粉丝，号召力极强，被粉丝们称为"美拍中的皇后"。曾经做了一次 3 小时的直播，获得 20 万粉丝的关注，并获数位土豪打赏，最终收获打赏 158 万元。

除此之外，很多影视娱乐明星在各类网络直播平台上引爆的超高人气和打赏金额的情况也屡见不鲜。

巨额打赏的背后还存在着更大的利益链条。例如，有些主播直播一场游戏，就有高达几万甚至几百万的粉丝围观。为了提高围观门槛，主播会设定收费门槛，观众付费成为天价贵族后，才可获得与主播沟通的机会，或者其头像也会得到展示。

总之，对于主播来讲，打赏是不可或缺的赚钱途径之一，有直接的，也有间接的，只要能获得粉丝的认可和支持，就可以轻易实现变现。目前，就关于打赏这一行为，经常出现一些负面新闻，例如主播为获得高额赏金，故意玩套路、设陷阱，采用不正当的手段诱导观众。对此，业界逐渐出现了分歧，一部分人要求进一步规范打赏制度，如明确规定主播的行为和语言，不得直接向粉丝索要礼物，不得在语言上、肢体上有索要的暗示，设定打赏的上限，避免出现一掷千金的豪赌等；另一部分人则认为打赏正在污染网络直播这一片净土，应该干脆取消，不能让金钱成为维持主播和粉丝之间平衡的工具。

总之，打赏这一变现模式所处的形势比较微妙，将来，势必会发生变化，具体如何变化，则要看形势的发展。诚然，一旦主播的才艺和信息被明码标价，粉丝必须通过金钱才能得到虚拟的尊重，那么网络直播就变了"味道"。

8. 电竞主播的变现吸金

现阶段，电竞行业主要包括内容、主播与平台，其中，主播又是电竞内容的主要输出者，所以，主播对于电竞产业的商业价值创造就显得十分关键。这也是为何有业内人士表示"在当下仍处于初级发展阶段的电竞产业中，主播居于核心地位"的重要原因。

在直播解说行业内，"可购买的形式"是体现主播受欢迎程度的重要指标。可购买的形式主要有点击量、订阅量、弹幕数量、粉丝礼物及衍生周边产品等，而点击量则决定了人气主播是否能够进阶成为明星主播。要想成为一个明星主播，不但要具备足够的关注度，更要让粉丝具备较高的忠实度。

游戏主播身价上千万已经成为一个直播行业内公开的秘密。之所以直播平台会选择花费如此高的成本签约明星主播，最为关键的就是这些明星主播拥有着强大的引流能力与商业前景。

事实上，业内广泛流传的明星主播的身价并不能完全代表主播的商业价值。身价更多地反映出一个主播背后的忠实粉丝数量，而平台方对主播进行运营与发掘后，主播体现出的商业价值要远高于其身价。

对于绝大多数主播而言，他们更为关心的是点击量、粉丝礼物与周边衍生品销售，而不是关注度、忠实度等专业术语。表面上看，主播的个人收入通过点击量、粉丝礼物、周边衍生品销售体现，但价值更高的明显是后面的关注度与忠实度等指标，因为当主播具备了较高的关注度与粉丝忠实度后，即便前往新平台，同样能够在短时间内创造巨大的商业价值。

为了吸引优质主播，各大直播平台投入了巨额成本。全民TV 刚创建时，就花费数千万元与 Uzi、小智、小漠签约，随后又花费重金签约秋日、不二、超老板、中华毅力帝四大炉石主播，从而引发了炉石主播身价暴增。虎牙 TV 则先是在 2016 年花费3000 万元签约 Miss，接着又以 3000 万元签约了两大顶级炉石主播安德罗妮夫妇。

电竞主播的收入来源主要由三个部分组成：一是直播平台的签约费，占比一般较高；二是直播时，粉丝赠送的虚拟礼物，每月少则几百元，多则上万元；三是电商收入，部分明星主播在淘宝上开设的淘宝店铺年度成交额可以达到上千万元。

考虑到游戏生命周期较短的问题，很多主播都会选择开设淘宝店铺来获取更高的价值。电竞产业崛起后，电竞解说的身价同样实现快速增长，很多商家会邀请电竞解说代言或者主持活动等。顶级电竞解说的年收入甚至可以高达上千万元，和主播所不同的是，其主要收入来自电商。

在火热的电竞 IP《英雄联盟》官方与各大电竞网站中，知名电竞解说的视频点击量平均可达 10 万以上，而当红女解说小苍制作的《小苍坑爹集锦》与《小苍暴走集锦》每期视频播放量甚至高达百万次。在每期视频中，小苍都会向粉丝推荐其服装、外设等产品，广告时长为整部视频时长的 10%～25%。

9. 优质内容付费学习

在直播领域，除了打赏、受众现场订购等与直播内容和产品有间接关系的盈利变现模式外，还有一种与直播内容有着直接关系的盈利变现模式，那就是优质内容付费模式——粉丝交付一定费用后，才可以观看直播。当然，采用这种盈利模式的直播平台和主播首先应该具备三个前提条件。

①有一定数量的粉丝。

②粉丝的忠诚度较高。

③有优质的直播内容。

在具备上述条件后，直播平台和主播就可以尝试进行优质内容付费的盈利变现模式。它主要出现在有自身公众号的直播内容中，是由微信公众号文章的付费阅读模式发展而来的。如千聊微课、新东方等。

在尽可能吸引受众注意的前提下，优质内容付费的盈利模式主要可以分为三类，具体如下：

（1）先免费，后付费

对于那些有着优质内容，但平台直播业务的开展还处于初创期的主播和平台而言，可以先让受众通过免费的方式来关注直播和主播内容，从而构建起用户关注的兴趣，然后再推出付费的直播内容。微信公众号"手机摄影构图大全"就是利用这一优质内容付费方式来推广直播和实现盈利变现的。

该公众号首先通过同一领域的知名公众号——"玩转手机摄影"在千聊 Live 上的直播间开设了免费微课，以扩大直播内容和主播的影响力，为后续的直播推广和优质内容变现提供了条件。

然后在千聊 Live 上建立直播间，引导自身公众号平台的粉丝和千聊 Live 的粉丝关注直播，在时机成熟的情况下，推出付费关注直播。

（2）限时免费

直播平台和主播除了提供初创期的免费直播课程外，有时还会提供另一种免费方式——限时免费。一般是直播平台设置免费的方式和时间，意在说明该直播课程只在某阶段是免费的，之后会以付费的方式出现，提醒受众注意关注直播节目和主播。千聊Live 上就专门设置了一个接口和专区对直播节目进行了归类。

（3）折扣付费

为了吸引受众关注，直播平台也会采取打折的方式。它能让受众感受直播节目或课程原价与折扣价之间的差异。当原价设置得比较高时，受众一般会产生一种"这个直播节目的内容值得一看"的心理，然而又会因为它的"高价"而退却，那么假如此时打折，就给了那些想关注直播的受众一个观看的契机——"以低价就能看到有价值的直播，真值！"

（4）教育直播的发展前景

2016 年，除了娱乐直播持续火热之外，教育直播这一新兴领域也逐渐受到资本市场和平台机构的青睐。很多直播平台相继推出了教育直播，多家在线教育平台开始发力做教育直播。与此同时，直播中的在线教师也开始走红，很多教师成了"网红"级人物，其收入和知名度也逐渐上升。

然而，在教育生态链和知识共享尚未成熟的大背景下，企业想要通过直播来撬动教育行业还有很长一段路要走。教育直播的火热是符合教育行业的发展趋势的，但想要成功，必须要具备多个条件。

早在 2014 年，多贝网、YY 教育、传课等平台就已将在线教育推向了热潮，然而在线教育和在线学习并不一样。在线教育并不能将传统的线下教师督促学生完成学习任务、检验学习质量及学生反馈学习情况和提出疑问等双向互动方式很好地在线上展开。

众所周知，录播的在线视频让学生的学习即刻变成单向行为。学生无论学，还是不学，甚至学习的方法是什么、什么时间学、检测结果如何，都完全取决于个人。

直播就不一样了。直播的介入打破了在线教育原来的单线行驶，让免费和高质量的学习结合起来。直播与在线教育相结合，会形成在线学习的一种最受欢迎的新兴形式。

在线教育想要取得成功，必须开通双线模式，其中最典型的方式就是"直播开课＋垂直 App"的方式。在这方面，有道学堂给我们做出了典型的示范。

有道学堂（如图 6-6 所示）通过"直播课＋垂直 App"的模式，弥补了纯直播模式个性化学习的缺点，并且将过去单一的 App 应用与线上课程绑定，形成优势双重叠加。四六级、雅思、托福、研究生考试等都有固定的线上直播时间。直播有教育互动，直播后，再通过有道 App 来直接检验学习效果。这样一来，就完成了良性学习闭环。

图 6-6

类似有道学堂的这种做法，事实上，很多本地在线教育平台或一些教育网站都可仿效，以利用在线直播为在线教育行业注入新的活力，增强在线教育的真正魅力。

2015 年，中国在线直播平台数量接近 200 家，市场规模约为 90 亿元，用户数量已经达到 2 亿。进入 2016 年，在互联网直播的大浪潮下，教育直播逐渐成为各大直播平台及背后投资方角逐的新战场。

2016 年 7 月 5 日，"中国第一名师英语对决之夜"在斗鱼直播平台推出，赵建昆和付英东两位英语教师通过双屏互动的直播方式，就英语学习展开讨论。当晚，直播间在线人数一度超过 10万，刷新了英语教育直播板块开播以来的最高纪录。

事实上，这并不是斗鱼第一次涉足教育领域。早在 2016 年4 月，斗鱼直播就率先进军线上教育领域。斗鱼直播教育板块一经推出，瞬间就吸引了全国各大知名高校、教育机构教师和学生的入驻，课程内容也涵盖从中高考辅导、语言类、心理类、艺术类、职业技能培训到兴趣爱好等，涵盖范围非常广泛。

直播在教育方面作为一种全新的实时交互形式，与诸多行业场景融合的可能性很大。可以说，直播在教育上厚积薄发，尤其是以内容驱动型的教育直播更具持续性和商业化空间。

做在线教育的直播相当于再次扩展了直播的应用场景，让直播变得无处不在。直播平台巨头 YY 早在 2014 年就推出了独立教育品牌 100 教育，从在线留学英语培训切入在线教育。100 教育最重要的板块在于托福、雅思领域的在线强化班。

着手在线教育直播市场的企业远非 YY、斗鱼。阿里巴巴推出电商化的在线教育平台"淘宝同学"，现已上线直播功能，同时，阿里巴巴也领投了真人教育在线平台 TutorGroup；百度 350万美元战略投资传课网；腾讯 QQ 群新增视频教育功能等。由此可见，互联网的三大巨头也都在在线教育领域布局。

当然，在线教育想要通过直播获得更多关注，还应该注重互动。学生在观看直播时，会进行提问或者对不理解的地方提出疑问、发表自己的看法。这个时候，在线教育的讲师主播必须要注重与学生的互动，根据学生的要求和课程的进度来进行直播。只有这样，才能保证学生与讲师同步进行，将在线教育直播推向一个更好的场景和境界。

新电商精英系列教程

**SHORT VIDEO
FROM ENTRY TO MASTERY**

短视频
从入门到精通

王 辉◎编著

▶

中国出版集团
中译出版社

图书在版编目（CIP）数据

　　短视频从入门到精通 / 王辉编著． ﹣﹣ 北京：中译
出版社，2020.6

　　新电商精英系列教程

　　ISBN 978-7-5001-6295-7

　　Ⅰ. ①短… 　Ⅱ. ①王… 　Ⅲ. ①网络营销—教材　Ⅳ.
① F713.365.2

　　中国版本图书馆 CIP 数据核字（2020）第 071924 号

出版发行：中译出版社
地　　址：北京市西城区车公庄大街甲 4 号物华大厦六层
电　　话：（010）68359376，68359827（发行部）（010）68003527（编辑部）
传　　真：（010）68357870
邮　　编：100044
电子邮箱：book@ctph.com.cn
网　　址：http://www.ctph.com.cn

策　　划：北京瀚文锦绣国际文化有限公司
责任编辑：温晓芳
封面设计：末末美书

排　　版：张元元
印　　刷：三河市宏顺兴印刷有限公司
经　　销：全国新华书店

规　　格：870mm×1220mm　 1/32
印　　张：36
字　　数：840 千字
版　　次：2020 年 6 月第一版
印　　次：2020 年 6 月第一次

ISBN 978-7-5001-6295-7　　　　　　定价：210 元 / 套（全 6 册）

2015 年国内普及 4G 网络后，短视频就"刮"起了一阵"旋风"。而之后的 papi 酱、一条东北猫等短视频大号的爆红，使短视频领域的热度以直线增长的趋势爆发，将短视频一步一步地推向风口浪尖。

短视频运营已经成为深受广大用户喜爱的一种方式，团队与个人都希望通过短视频的方式做推广。不仅如此，企业与商家也从中看到了商机，于是，短视频运营也就随之被大家更重视了。在这种发展趋势下，短视频运营向着越来越专业化的方向发展。无论是企业还是团队，都需要优秀的短视频人才加入其中。

一次成功的短视频运营可以在最短时间内、在最大限度上吸引到用户的关注。而如果没能把握住用户的"痛点"，也难以产生预期的影响，甚至会适得其反。快手、抖音等短视频平台日益崛起，成了无数用户每日离不开的消遣娱乐方式。而淘宝、京东等电商，更是凭借短视频迅速引发"爆点"，其销售额急速增加。当然，这些成功实例的背后都是巧妙地运用短视频的强传播特性，吸引用户关注，并产生购买行为。

首先，优质的内容是短视频制作中的重头戏。作为短视频未来发展最核心的竞争力,内容的重要性毋庸置疑,企业只有大量获取优质的内容才能在短视频领域中崭露头角,从中突显出来,从而打动粉丝用户和市场。

其次,短视频未来的销售市场规模会不断扩大。这其中就涉及了短视频的变现问题。相较于商业广告的贴片和冠名方式,短视频更适合软性植入广告的模式。除了这几种变现方式,不少视频团队开始涉足短视频与电商结合的变现模式,虽然有成功也有失败,但不可否认这种变现模式正在被越来越多的人接受。

在短视频运营策划当中,运营者由于对不同平台的不同特点了解得不够清楚,往往会选取一些与平台契合度不高的运营手段,这样虽然进行了短视频运营,但是最终达到的效果并不理想,无法完成预期的目标。

本书写作的目的,就是希望通过对大量方法的阐述及实例的分析,来解决读者的上述困惑,期望大家在拍摄和运营短视频时都能获得成功。

Contents

目 录

第一章

短视频时代的『风口』来临

1. 短视频引发的流量红利

随着经济水平的不断提高，越来越多的用户对于文娱有了更高的追求。并且由于消费观念的转变，其中的大部分用户对于文娱领域内消费也越来越认可。用户在追求文娱消费的同时，对于内容的需求也在不断升级。短视频制作者为了满足用户的需求，就必须同样对自身的作品进行升级，这种升级是多维度的（如图 1-1 所示）。

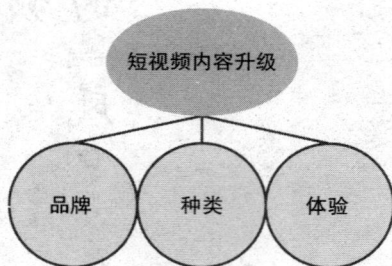

图 1-1

（1）品牌

伴随着短视频这种形式被越来越多的用户喜爱，许多企业也从中看到了商机，纷纷开始以短视频的形式来进行自身品牌的营销。品牌指的是企业向用户所提供的抽象化的、特有的一种含有经济价值的无形资产，是一个企业最具有代表性的标志。品牌所传递的是整个企业的文化内涵，是企业在个性塑造方面的一个鲜明的标志。

企业通过短视频的形式来营销自己的品牌，内容升级是企业将个性化品牌与用户自身相联系的一个过程。每个用户身上都有无数的标签，这些标签来源于家庭、阶级、地域及文化等生活中的方方面面，其常用的品牌自然也是其中之一。企业在进行短视频制作的时候，一方面要对其产品进行运营推广，另一方面也需要将自身的品牌文化传递给用户，从而谋求得到用户的认同。

（2）种类

短视频为用户带来的文娱内容消费方面的升级，还体现在种类这一方面。在传统的视频领域内，由于其制作经费较多以及周期较长，往往平台或团队所选择的内容、方向都是迎合大众的喜好的。于是小众的爱好就很难被照顾到，这些用户的需求也就得不到满足。

短视频的兴起与发展，与其入门简单是分不开的。由于短视频的这一特点，每个人都可以使用这种方法来分享个人的喜好，打造具有独特性的内容。于是短视频的种类就在不断增多，内容也日趋多元化。这样就能保证每一个用户的需求、爱好都能在短视频领域内得到满足，从而推动行业的发展。

（3）体验

用户的体验是其能否享受文娱内容的关键。好的用户体验可以在很大程度上提升用户的满意度。短视频的出现使得用户的文娱生活的形式更加生动化。短视频由于其时长较短，可以提高用户享受文娱生活的效率。

随着科技的发展、智能设备的普及，用户对于智能手机的依赖也日趋加重，于是许多短视频平台都纷纷推出了手机客户端，取代了以往 PC 端的形式。相应地，产出的短视频数量也是最多的。总量巨大的短视频可以为用户提供形式多样的场景、内容，为提高用户的观看体验做出了极大的贡献。

用户对文娱内容的消费取决于两个因素：成本和时间。成本要素体现在现在的用户对于付费以及版权意识有了很大提高。短视频作为一种线上运营模式，内容收费是其变现的一种重要形式。这种内容收费往往是与平台进行合作的，用户向平台支付费用，然后平台再与短视频制作者进行分成。这种模式在以往盗版猖獗的时代是难以想象的，但是由于当下用户的版权意识的提高，为文娱内容付费，已经得到了广泛的认可。

除了成本以外，愿意在文娱上花费更多的时间也是用户对于文娱内容消费的一种升级。每个用户的时间有限，且非常宝贵。用户愿意在短视频方面消耗时间，就体现了其对于短视频内容的一种认可，同时也表现出了用户对于文娱内容愈发重视。

短视频作为文娱内容的一种体现形式，是依靠适应现代人的生活方式，不断进行升级而保持长久的生命力的。短视频内容的升级体现在方方面面，不论是其内在的内容形式，还是其外在的环境平台，都在时刻与社会的发展相适应。只有这样才能长久地留住用户，继而蓬勃发展。

2. 短视频的发展空间

伴随着经济的发展和技术的进步，大数据时代已经悄然来临。对于短视频新媒体运营者来说，大数据并不应该成为谈笑风生时的虚妄谈资，也不应该是停留在纸面上的未来企划，而应是从现在开始就积极把握的战略级技术。因为无论是从用户的层面来看，还是从新媒体经营的层面来看，新媒体运营者必须靠大数据技术提高自己的经营效率。一句话,大数据时代让短视频有了更多的可能。

根据短视频新媒体的社交特征,我们可以分析出大数据应用的必要性源于增加用户、社群黏性的需要。

人作为一种社会性极强的高级动物,自始至终都身处于某种社群之中。在一个小区里,孩子们普遍喜欢在小区的广场上玩耍,而大人则喜欢待在家中休息或是做家务,这便是两种不同的社群。而互联网的兴起让人们从更广泛的时空中建立起了更多、更复杂的社群。对于短视频新媒体来说,其用户就是一个社群。

然而,要想科学地认识自己的用户社群,并提高用户社群与短视频新媒体的黏性,并不是一件容易的事情。一方面,从静态的角度来看,用户社群的人数庞大,社群中不同用户之间对短视频的喜好类型、观看习惯各不相同。即便是有相同志趣的用户,在实际接触短视频新媒体时,在具体行为上也会有些许的不同,而新媒体运营人员也不可能做到实时跟踪。另一方面,从动态的角度来看,同一个社群中的用户对短视频的偏好和欣赏习惯也会时刻发生转变。要想捕捉到这种变化的信息,依靠传统的技术手段根本做不到。

面对内在复杂而又处在时刻变动中的用户社群,只有运用大数据技术,才能对这个去中心化的环境进行抽丝剥茧的剖析,继而根据统计出的数据找到增强用户黏性的方法。

短视频新媒体在日常运营中对大数据技术进行科学而充分的运用,不仅能够在后台分析用户时做到有据可依,还能在前端进行信息投放时做到有的放矢。具体来说,包括以下几点:

(1)数据统计层面

数据统计是大数据技术在各种行业应用时最基本的功能,短视频领域也不例外。就短视频新媒体而言,运用大数据技术进行数据统计,主要是围绕用户这个运营核心进行的(如图1-2所示)。

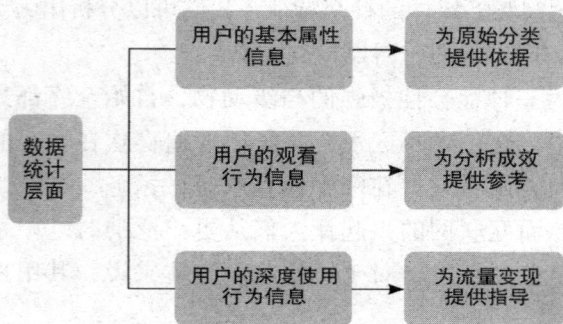

图 1-2

①用户的基本属性信息

用户的性别、年龄、所处地域,以及用户在观看短视频时所采用的终端工具、所处的网络环境类型(是 4G 网络还是 Wi-Fi)等信息都可以通过大数据技术来获得。对于短视频新媒体来说,越早得到用户的基本信息,就能越早对用户进行分类,这能为后期进行更细化、更具针对性的用户分类提供最基本的素材。

②用户的观看行为信息

在掌握了用户的基本信息之后,接下来短视频新媒体运营人员就要对用户在实际观看过程中的行为进行量化统计了。这其中就包括用户从登录账号到退出短视频应用的准确时段,以及用户活跃度的情况。其中,用户活跃度的情况要包含相关用户活跃的天数和每天活跃的时间等。之所以要对用户观看和活跃的时间进行如此细化的统计,主要目的还是便于短视频新媒体高效地安排短视频的播放顺序和新视频的发布时间。

利用大数据技术对用户的观看行为信息进行统计的另外一个方面就是用户观看的内容，这包括用户在一定时间内观看短视频的所有类型，以及这些类型内部之间的比例。对用户观看的短视频内容进行准确的统计，可以让短视频新媒体直接掌握用户的喜好和属性。这不仅有助于运营者有针对性地推送短视频，还能在源头上为短视频的创作提供科学的引导。

③用户的深度使用行为信息

对于短视频新媒体的核心用户，运营人员除了要对其基本信息和日常观看行为信息进行大数据统计外，还必须对其深度使用行为信息进行专门的统计。这其中包括用户搜索短视频的行为，以及在观看短视频中的点赞、转发、评论等行为。当然，对用户通过观看短视频在新媒体平台上直接进行消费的行为更要进行细致的统计。

深度使用行为不仅关系到核心用户的维护工作，更关系到短视频新媒体的流量变现和整体的经营效益。所以，在对这些信息进行大数据统计时，运营人员务必要做到准确、翔实。

值得注意的是，尽管用大数据技术进行数据统计的主要对象是用户，但这并不意味着短视频新媒体把关注点完全放在用户身上即可。事实上，一家短视频新媒体的经营状况不仅直接取决于用户的情况，还会受到整个领域的影响。因此，为了进一步提高自己的运营效率，新媒体在有余力的情况下还应该对自己的合作伙伴甚至竞争对手进行实时的大数据统计。

（2）实际运营层面

在完成了数据统计层面的工作之后，接下来需要短视频新媒体运营人员做的，就是将统计数据结果运用到日常的运营过程中。毕竟数据本身不可能自动转化为效益，运营者要通过各种途径将结论外化为行动。

①智能推荐

根据对用户基本属性信息、观看行为信息的梳理和分析，运营人员可以筛选出最受用户欢迎的短视频类型，继而将这类短视频单独挑选出来，放进新媒体界面上的推荐栏中，这样就实现了内容推荐的智能化。

②智能广告投放

在通过大数据技术全面掌握了用户信息之后，新媒体运营人员可以根据用户的需要和喜好有针对性地安排广告的投放，包括投放时间、投放形式和广告内容的选择等。

③营销开发

凭借对用户深度使用行为信息的分析，新媒体运营者可以科学、高效地策划营销活动。通过大数据技术的统计，运营人员可以将营销活动的主题、形式、时间与用户的习惯、爱好一一对应。这样策划出来的营销活动，不仅能直击用户需求，还能减少不必要的成本。

④营销效果量化

在营销活动结束之后，需要评估营销效果时，新媒体运营者依然可以运用大数据技术。一方面，量化后的统计数据可以直观地反映营销活动的成效，便于运营者比较。另一方面，量化后的数据还可以作为实用的经验，为后续的营销活动提供富有价值的借鉴。

⑤用户互动

不管是微信公众号，还是微博、贴吧，当今的短视频新媒体要想持续地吸粉，就免不了要和用户互动。在互动过程中，如果运营者使用事先通过大数据技术总结出来的有效方法与用户进行交流，不但可以迅速获得用户的认同，还可以更直接地把握住用户的需求。

无论是理论层面还是实际层面，大数据对短视频领域的巨大推动作用都得到了验证。新媒体运营者通过对大数据信息的整理和分析，能够高效地实现信息流和经营之间的连通。只要对潜在的数据资产进行有意识的发掘，其自身就可以转化为显性的收益。因此，在大数据时代，短视频新媒体应当充分认识大数据技术对于自身的价值，并在实践中充分运用。

3. 短视频带来的机遇

短视频的诞生与兴起，改变了许多用户原本的生活习惯。平台及企业看到了其中的商机，如果加以良好利用，就能够得到更多的发展机遇。短视频带来的发展机遇，体现在线上线下的方方面面。

（1）短视频竞争愈加强烈，市场竞争将形成新的格局

随着短视频的火爆，更多的资本开始注入短视频领域。新的短视频软件如雨后春笋般不断涌现，而各大短视频软件必将进行一波"争抢用户"的大战。市场竞争激烈，而老牌的短视频软件如不在内容上进行革新，很有可能被其他软件所取代。

针对短视频创作者来说，也将面临更大的挑战。越来越多的视频制作团队开始加入短视频创作者的行列中，竞争越来越大，这就需要短视频创作者不断学习新的技能，提升团队的创意能力，创作更多优质内容。

（2）短视频变现呈现多元化趋势，内容将越来越垂直化、专业化

综合的短视频平台比如秒拍、西瓜视频、快视频等，采用"频道＋关注"形式分流。如美拍、小红书，主打高颜值，

70% 的用户为女性用户，成为美妆、服装、母婴等品牌无法忽视的流量平台；梨视频主打资讯，聚集一批拍客用镜头讲身边的新鲜事。短视频平台的不断涌现，导致很难形成一家独大的垄断。

（3）改变原有社交方式，实现实时场景社交

在传统的社交模式下，用户往往通过文字或者图片的形式来向自己的亲朋好友传递自己的所见所感，但是这种方法始终存在着许多局限。文字与图片所体现的信息往往是片面的，不够完整，而短视频则不然，短视频可以记录下事件发生时的画面及声音，做到全方位地体现场景，使用户能够完全与他人进行实时的社交分享。

原有的社交往往局限于熟人之间，而短视频则使其扩大到了陌生人的范围。即使是陌生人也可以直观地从短视频当中感受到拍摄者想要表达的意图，从而使社交圈子不断扩大。并且短视频在拍摄后可以与多人共同分享，从一对一的形式转化为一对多的形式，使得社交的模式更加多样，为不同性格的用户量身打造独属于自己的社交模式。

短视频能够成为一种新型社交方式，还要归功于实时通信技术。以微信为例，微信在 2016 年 12 月推出了一个 10 秒短视频功能，打开微信朋友圈界面，点击右上角的相机图标，就可以选择该功能拍摄一段短视频。当用户上传本地短视频超过 10 秒的时候，还可以直接通过微信进行编辑。微信在过去也有短视频功能，只不过拍摄时长局限于 3 秒，这 7 秒的改变所带来的意义却并不仅仅是时长的改变这么简单。

微信将微信朋友圈短视频拍摄时长从 3 秒延长到 10 秒，意味着其对短视频这一新型社交方式的重视。微信是腾讯推出的一个专注于社交的平台，在这个平台上，用户通过聊天和资讯分享，建立了稳固的连接。10 秒的短视频功能可以让用户与自己的好友分享一个完整的场景，快捷高效。

10 秒钟的短视频，使用户免去了花费更多时间使用文字来尽心解释的麻烦，提高了用户之间的社交效率，简化了用户的交流过程，真正做到了运用内容来进行社交。微信正是抓住了短视频社交的这一发展机遇，所以才能够不断提高用户的黏性，截至2017 年年底，微信的活跃用户总数已经超过了 10 亿人。

短视频社交是在短视频发展过程中衍生出的一种新型社交形式，由于其能够多元化地进行场景渗透，为用户的社交带来了极大的便利。短视频社交是当今科技逐渐走进生活的一种体现，其中还有无限的商机等待创业者去挖掘。

（4）引发"视频＋社交＋电商"模式

在互联网逐渐形成规模之后，企业从中看到了机遇，纷纷做起了电商。在短视频日渐火爆的时候，电商企业再度从中看到了机遇，开创了"视频＋社交＋电商"新模式，从而将产品与短视频紧密地连接了起来。下面就来分析一下企业是如何从中抓住机遇的。

①打造品牌文化

在过去，企业销售产品的重点往往都着重于产品本身。产品的相关广告也总是想要通过激烈的声音、画面来刺激用户的感官，从而激发起用户的购买欲望。而随着短视频在电商领域的运用，传统广告形式逐渐被走心的短视频所取代。

电商类短视频在制作的过程中，注重的是对内容的打造，要传递的是品牌的文化。这是营销内容从产品向文化的一个转变。电商所针对的用户更年轻，接受新事物的速度也更快，想让这些用户能够快速认同一个产品，必须在最短的时间内为其展现一个包含品牌文化内核的短视频。

电商类短视频所体现的内容，最重要的就是"真实"两个字。能够在网络上引起巨大关注的相关短视频无一不体现这一特点。短视频内容的真实不仅仅体现在"根据真实故事、人物"改编这一点，更重要的是情感的真实。短视频内容上体现的情感越真实，也就越能够引起用户的认同。

②将选择权交给用户

随着电商的不断发展，越来越多的企业涌入电商这个大市场，逐渐从卖方市场向买方市场进行转化，当今电商领域的选择权已经从企业转移到了用户手中。为了能够从同类的产品中脱颖而出，企业必须要获得用户情感的认同，只有这样才能够赢得用户的青睐。

电商在制作相关短视频的时候，内容不能仅仅体现其产品本身，而是要通过这一形式来与用户建立连接。电商短视频可以成为企业与用户之间进行社交的通道。企业通过短视频向用户传递自身品牌的观点，而用户则在观看过后通过购买或留言的方式进行反馈。企业从而真正做到了与用户成为朋友。

③注重信息传播

一件产品想要被更多的用户注意到，不扩大其传播范围是绝对不行的。企业在拍摄短视频之后想要得到良好的传播效果，主要依靠用户的分享。

淘宝网上聚集了数量相当可观的消费群体，这些用户在该平台购物时，几乎都会用到"分享"这个功能。"分享"功能非常便捷与强大。淘宝网的每个页面里都设有"分享"按钮，方便用户随时与自己的好友进行分享，将产品推送给对方。并且该功能覆盖了全部常用社交平台，使用户可以随意选择，从而取得最好的传播效果。

电商类短视频的分享与传播，是企业在与用户建立社交关系之后，再通过用户的关系网再度与其他用户建立联系的一个过程。这种传播以网状式向外扩散，每一个在社交圈子的用户都是潜在的消费者。电商从短视频领域中抓住的这一机遇，可以为其带来巨大的后续经济回报。

（5）开启短视频自媒体时代

自媒体即"公民媒体"，是一种私人化、普遍化的信息传播者，依托于网络社交平台，向不特定的用户传递信息。自媒体注重打造内容，短视频就是其表现内容的一种方式。随着这种方式被运用得越来越多，现如今已经开启了短视频自媒体时代。不同的自媒体在对这一机遇的把握上有不同的特点。

①个人自媒体

个人自媒体需要进行一定的自我包装。想要成为一个成功的个人自媒体，首先必须要挖掘自身的特点，在找到最与众不同的那一点后，将其融入短视频的内容当中，采用夸张等方法不断放大，从而使用户能够更容易地记住。

如今的个人自媒体犹如雨后春笋一般，层出不穷。想要从中脱颖而出，就需要对内容进行着重打造。个人自媒体要选准目标用户，然后在对该目标用户的数据进行收集与研究后，根据结果来进行内容的筛选。短视频的内容越能够符合其需求，在运营过程中就能够起到越好的效果。

个人自媒体包罗万象，任何专业领域都可以成为其内容。也正是因为这种包容性，个人自媒体的发展机遇也有很多。以Zealer为例，Zealer是互联网领域内的知名科技类短视频自媒体，每天提供大量的科技类短视频供用户观看。Zealer提倡的是一种科技生活的态度，将高新技术这一特点不断放大，给用户留下了深刻的印象。

②新闻自媒体

新闻自媒体是传统新闻媒体的一种延伸。随着网络技术的日益发展，传统的以纸媒为主导的新闻行业，逐渐被网络新闻取代。为了能够抓住这一机遇，搜狐、网易等新闻平台纷纷成立了新闻自媒体，通过这种方式来加强在用户中的影响。

新闻的最重要的两个特点就是快速与真实。新闻是有时效性的，为了能够在新闻行业当中有足够的竞争力，作为新闻自媒体，必须要在事件发生的第一时间进行报道。这就要求新闻自媒体制作短视频的时候，需要一个团队来进行合作，这样才能保证足够的效率。

并且，新闻自媒体对于自身发布的消息必须要保证其真实性。只有真实的新闻才有传播的价值，虚假的新闻会使用户在观看过后产生错误认知。如果新闻自媒体一味地仅仅追求效率而不能保证其真实性，长此以往就会失去用户的信任。这在新闻行业中是大忌。

③企业自媒体

企业自媒体是企业进行自我运营的一种方法。企业自媒体所制作的短视频，凸显的是其品牌文化，其传播的过程就是在进行IP的打造。为了能够与用户更加贴近，企业自媒体在运营过程中往往采用拟人化的方法，将自媒体账号赋予人格化，使得用户对其产生感情，从而拉近与用户之间的关系。

企业自媒体在运营的过程中，首先要分析的就是用户究竟想看什么。在初期，企业自媒体不妨多尝试几个短视频方向，然后从用户的反馈中分析其究竟对哪一种更加感兴趣，为什么会对这种形式感兴趣，从中吸取经验之后再选定道路，正确的自媒体运营道路可以帮助企业取得更好地推广效果。

（6）促进线下场景的线上转移

短视频行业的不断发展，也促进了线下场景的线上转移。在传统行业领域中许多必须要经过实体操作的内容也开始逐渐向虚拟过渡。这其中存在许多发展机遇，不同的行业都受到了冲击，而能否抓住机遇是一个严峻的考验。就以下面几个行业作为例子，来讨论短视频是如何促进线下场景向线上转移的。

①广告业

广告业是受短视频发展冲击最大的行业之一。传统的广告往往由广告公司为企业提供创意设计，然后制作成展板等，在线下进行推广。但是随着企业对线上影响力的不断重视，线下广告逐渐被短视频取代。

短视频的制作可以在体现产品特点的基础上，同时对企业文化、精神加以宣传，能够为企业树立更加正面的形象，从而引起用户的购买欲望。广告业为了满足众多企业的需求，现在就连招聘员工都会要求其具备相应的短视频制作的专业技能。原本单一形式的广告策划案，也逐渐变成了短视频脚本设计。就连城市公共设施，也在各大交通要道都设置了大屏幕，方便企业短视频的播放。

②销售业

虽然随着电商的发展，实体销售业受到了一定程度上的打击。但是由于图片与实物还是存在着一定的差异，许多销售人员还是会选择实体进货的方式，眼见为实，避免出现差错。由于短视频在销售业的广泛运用，通过短视频就能全面地对产品加以展示，有效弥补了信息不对称问题。

以服装行业为例。服装行业开始完全依赖于实体看货，服装的材质以及样式需要通过这种方法才能确定其是否满足需求。但是随着短视频的发展，有许多商家都会雇用一批身材高挑、妆容精致的模特，每天试穿几十套衣服进行短视频拍摄，然后让购买者通过观看该短视频的方式来确定是否满足其需求。

这些短视频模特甚至可以根据观看者的反馈做出反应，改变拍摄角度，进行全方位的服装展示，让购买者更全面地了解服装。通过这种方法就保证了无论购买者在什么地方，只要他从短视频中看到这件衣服觉得喜欢就可以购买，这样就淡化了销售行业过去所受的地域限制。

不仅仅是这种本就与电商有所合作的销售业可以通过短视频的方式进行线上运营，甚至有些过去仅局限于线下销售的产品也同样可以。以"抓娃娃"游戏为例。"抓娃娃"游戏是从国外传进的一种深受年轻人喜爱的娱乐方式，用户在投币后可以使用机器上的按钮，操作其中的铁爪进行移动，从而抓取到玩偶或其他物品。

由于"抓娃娃"游戏对实体机器有所要求，这就使其在过往始终是线下模式。但是在 2017 年各种与"抓娃娃"相关的短视频层出不穷，受到了广大用户的欢迎，一些企业从中看到了商机，开发了线上"抓娃娃"App，来满足用户的需求。这打破了过往线下行业的运营模式，真正将线下场景转移到了线上。

③教育业

教育业是一个有着悠久历史的传统行业，虽然过去也有网络课程等形式，但是由于其需要通过直播或者回看，当用户在学习过程中产生疑问的时候，难以得到及时的回复，所以其主体还是局限于线下。但是随着短视频与教育业的融合，在很大程度上弥补了即时性的不足。讲师可以将知识点以及用户的常见问题录制成短视频，在题目中标注关键字，然后有疑问的用户可以在数据库中进行搜索，得到回答。

步步高是专注于制作教育产品的企业，现在推出的新型号的家教机往往都配备一支扫描笔，用户在使用扫描笔对题目进行扫描之后，家教机会从其数据库中按照关键字检索出相关的短视频，使用户的问题可以即时得到解答，真正将教育业从线下发展到了线上。

在短视频领域，内容不断升级，品质也逐步朝着更有深度的方向发展，未来短视频行业的产业链将逐步成熟。随着人工智能等技术的不断发展，这类技术也将逐步应用到短视频产业链的各个环节，在用户体验上增加更多 AR、VR 特效，在商业变现上实现程序化购买等功能。

经过一段时间的井喷式发展，短视频商业化空间也会逐步被激活并放大，最终将开发成互联网领域中不可或缺的一大金矿！

4. 满足移动时代用户碎片化的需求

随着科技的不断发展，用户的生活工作节奏越来越快，很多人没有足够的时间去阅读完一本书、看完一期综艺、欣赏一部电影，而将一个作品分为几个时间段进行观看，又会降低效率，浪费不必要的时间。短视频的诞生，则可以帮助用户解决这一麻烦，在碎片化的时间里满足其需求。

碎片化信息指的是用户通过网络快速地了解比以往总量更多的知识，但是其内容却更加分散，难以形成完整的系统。短视频正是信息碎片化的一个有力体现。短视频时间往往较短，能够呈现的内容也有限。短视频制作者如何能够利用这短暂的时间满足用户的需求，是一个值得讨论的问题。

（1）时代特征

21 世纪是一个世界趋于融合的时代，越来越多的用户对于知识的需求也变得多样化。本土与外来的文化进行碰撞，用户的注意力也变得分散，想要最广阔地了解这个世界，这为短视频的出现与发展提供了土壤。

这个时代追求高效，无论工作还是生活，都要求用户在最短的时间内达到效果，所以用户即使是在了解知识的时候也同样追求高效率。而短视频的传递速度是最快的。人在接收信息的感知上，是以文字——图片——视频的方式依次递增的，短视频在视频的基础上进一步发展，以其简短的优势，更加便于用户的了解，这使得用户更加容易增长见识，开阔眼界。

（2）科技发展

网络科技的发展为短视频能够满足用户的碎片化需求提供了技术保障。随着 4G 网络以及 Wi-Fi 的普及，用户在任何被基站覆盖的地方都可以拿出手机即时观看短视频。各大平台还针对用户的需求制作了 App，方便用户提前进行缓存。移动端观看已经逐渐取代了过往 PC 端观看的模式，这样使得用户在观看短视频的时间上更加灵活。

除了网络科技的发展以外，交通工具的提速也功不可没。交通工具的提速是导致用户时间碎片化的关键原因之一。高速的交通工具使得用户可以在一天之内赶往多个地点，做不同的事情。在路途上的这段时间，也就成了碎片时间。而短视频则为用户的这些碎片时间提供了信息获取来源及消遣。

中国网民在 2017 年进行内容消费的时间高峰分别是在 6 ~ 8 点、21 点左右，这个时间分布体现了用户往往是在早晨上班时间，以及回家晚饭后对网络文娱的需求最高，而短视频恰好适合在这个时间段上来满足其需求。

短视频想要满足更多用户的需求，必须要依靠快速的传播。而想要传播更高效，则要依赖科技的发展。随着社交软件功能的不断完善，用户也逐渐养成了分享的习惯。当用户看到一个有趣的短视频的时候，很自然地就会将其分享给自己的亲朋好友，这就完成了一次传播，而被分享者也有很大的可能将其分享给其他用户，这就使得传播以网状的形态延伸下去，从而不断扩大其影响力。这种分享方法的快捷性，很适合用户在碎片时间内完成，为用户需求的满足提供了条件。

据权威数据显示，国内移动互联网用户的规模早已超过 8 亿人。从现实的角度看，人们利用手机时刻开展社交、网购、阅读、观影等在线行为早已不再是新鲜事。而这种客观环境的变化，在带给短视频新媒体大量流量及用户的同时，也带来了前所未有的挑战——新碎片时代正在到来。

技术的进步、经济的发展以及信息的极度丰富共同造就了当前中国社会碎片化的发展趋势，并且这种趋势已经渗透到了人们日常工作和生活的方方面面。从客观上讲，碎片化是广大民众适应今天日益紧张的生活节奏的需要。从主观上看，碎片化是广大民众追逐自我、追逐个性的必然结果，而智能手机的大范围普及更从硬件层面加快了碎片化来临的进程。现今，人们每日接收和处理的信息要比过去高出许多倍。基于这种现实，我们把正处的这个时期称为"新碎片化时代"。

互联网进入碎片时代，这并不是耸人听闻，而是客观现实。在当今的网民群体，特别是以"80后""90后"为代表的年轻网民群体中，依托不同载体、不同时间乃至不同地域的无意识活动已经成为互联网体验的主流现象。在这一过程中，用户的注意力已被如巨浪般涌来的信息冲击得七零八落。而仅凭残存下来的注意力，显然不足以支撑他们在日新月异的网络世界中对某一条信息乃至某一个媒体产生长久而稳固的黏性（如图 1-3 所示）。

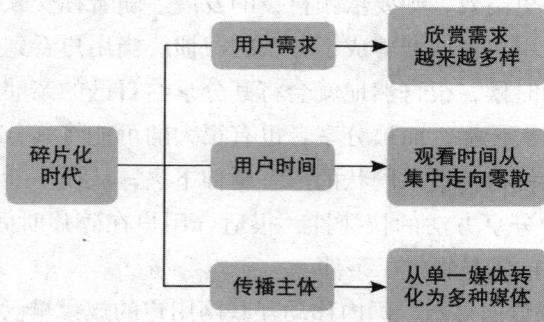

图 1-3

　　在一些初入新媒体领域的从业人员看来，短视频的时长最短不过三五分钟，最长也不过十几分钟，占用用户的时间极少。同时，大多数新媒体均依托于移动互联网，也就是手机端，用户可以随时随地观看和转发。这种在时间与空间上的固有优势，使得很多短视频从业人员认为，自己并不需要刻意去了解新碎片时代下短视频观看者的观看习惯，也不需要为应对新碎片时代专门去探索相关的流量获取模式。事实上，这种认知是非常错误的。

　　短视频在传播方面独到的优势固然能为短视频新媒体带来一时的红利，但是仅凭这种红利显然不能帮助其稳定而持久地吸引粉丝、获取用户。一方面，日渐零散的时间并不允许用户在欣赏短视频之外再和拥有短视频的新媒体平台有长久的沟通，这就断绝了拥有短视频的新媒体平台单纯依靠短视频获得用户黏性的可能。另一方面，用户喜好的变幻莫测也不可能让拥有短视频的新媒体平台凭借自以为很火的短视频主题就牢牢地吸引住流量。

　　所以，对短视频新媒体来说，在短视频制作过程中加入"噱头因素"也好，在短视频发布过程中大造声势也罢，都不过是围绕短视频本身做的一些表面文章罢了。如果短视频新媒体在日常运营中只是一味地埋头创作短视频内容，单纯地追求创作高质量、高品质的内容，全然不顾新碎片时代"山雨欲来"的客观形势，那么必然会导致自己的运营进入"死胡同"。作为新媒体尤其是短视频新媒体来说，其仅仅创作内容还是不够的，还需要运用多种手段吸引碎片化时代的流量。而如何找到新碎片时代的电商流量逻辑才是对一家新媒体真正的考验。

　　（3）短视频适应碎片化时间来获取流量

　　基于多年从事新媒体行业的经验和深刻观察，笔者在这里为大家总结了两种适应新碎片时代获取流量的方法。

　　①打破常规

　　伴随着资本和人员的大量投入，短视频行业内容同质化的现象日益严重，当所有短视频的呈现都千篇一律时，很容易引起用户的无聊感。在新碎片化时代，用户更不可能把有限的时间和精力放在这些平庸的短视频上。反过来说，如果相关新媒体能够制作出打破常规的短视频，那么必然会给用户造成眼前一亮的观感。

　　2017年2月，一段"将工位当作厨房"的美食短视频迅速传遍了整个微博和朋友圈。在这段视频中，主人公将一根蜡烛点燃，当作煮火锅的"灶具"，将电脑的机箱打开，当作摊煎饼果子的"平底锅"。不仅如此，她还用地砖来煎牛排。

　　这段办公室"花式烹饪"的短视频一经播放，迅速引起了很多上班族群体的关注和议论，人们纷纷在该视频的创作者"办公室小野"的微博界面发表评论。短短一周的时间，"办公室小野"的微博界面已经累计超过了1万次的点赞和转发，而该视频的累计播放量更是超过了 1500 万次。

根据事后统计，这段"将工位当作厨房"的短视频凭借惊人的播放量，不仅在绝对数量上打破了同期"第一网红"papi 酱短视频所创造的五连冠纪录，还在综合分数上超过了 papi 酱。一个名不见经传的作者竟然凭借一个情节简单的短视频就能获得如此巨大的成功，其内在原因正是对打破常规的实践。工位在世人眼中就是用来办公的地方，除此之外，别无他用。但"办公室小野"却敢于颠覆这种认识，直接将工位当作厨房，并且还真的做出了美味的食品，这怎能不引发用户的好奇和关注？

②深入发掘热点

时事、娱乐新闻、时尚美妆等题材一向是短视频内容选择的热点，关于这些题材的短视频在网上更是数不胜数，但真正有深刻内涵的短视频却寥寥无几。绝大多数短视频对热点的呈现仅仅停留在外在表现上，根本没有进行深入解读。在注意力越来越碎片化的当下，用户对内容的深度要求肯定会越来越挑剔，内容浅显的短视频不可能吸引用户的关注，而只有能深入挖掘热点、带给用户更多启示的短视频，才能让用户在大呼过瘾的同时为其公众号引流。

papi 酱吐槽式的短视频刚在网络上火起来的时候，一个叫艾克里里的"时尚博主"引起了很多年轻人的关注。艾克里里本身是时尚圈出身的，早已在短视频领域发布了不少作品，但他真正被众人熟知应该是在 2015 年 9 月，他配合小学生化妆大赛的话题，发布了一条用公交卡、马克笔等工具化妆的搞笑短视频。这个短视频发布后，瞬间引来数万人的关注，艾克里里也因此收获了上百万的粉丝。

短视频领域中涉及时尚美妆的内容有很多，但艾克里里却不按套路出牌，发布了一系列奇奇怪怪的妆容短视频。在某种意义上，艾克里里的短视频就是发掘出了时尚美妆题材的一个新的热点。

打开艾克里里的微博账号，可以发现其推送的短视频内容常常使用自黑的口吻，画风奇特、幽默搞笑。每条短视频的播放量都达到上千万次，并且不断刷爆微博平台。

时尚美妆题材作为时下年轻人讨论的话题，一直以来都是一个值得关注的热点，网络上关于时尚穿搭、化妆的短视频更是不胜枚举。然而，在时尚领域能像艾克里里这样有较高播放量的新媒体却不多。其中的原因很简单，就是大部分的时尚美妆短视频都是以"美"为主的，用户对这类短视频的新鲜感在不断降低，加之审美视觉的疲劳，因此不会有太大的触动。而艾克里里却打破常规，深入挖掘时尚美妆的热点，以"丑"为主，颠覆了以往的审美标准，从而刷新了人们的视觉感观。面对这样新鲜奇特的内容，用户自然会被深深吸引。

5. 短视频的特点与优势

（1）短小精悍，内容有趣

短视频是指常在各种新媒体平台上播放、适合在移动状态和休闲状态下观看的视频内容，视频时长一般在 15 秒到 5 分钟之间。相对于文字图片来说，视频能够带给用户更好的视觉体验，在表达时也更加生动形象，能够将创作者希望传达的信息更真实、更生动地传达给受众。因为时间有限，短视频展示出来的内容往往都是精华，符合用户碎片化的阅读习惯，降低人们参与的时间成本。短视频有个核心理念——时间短，视频时长能控制在 15 秒，千万不要 17 秒，如果内容不精湛，不在视频的前 3 秒抓住用户，后面就抓不住了。长视频不是抖音提倡的，靠长视频爆粉的可能性非常小，所以要做短视频来吸粉。

（2）互动性强，社交黏度高

各大短视频应用中，用户可以对视频进行点赞、评论，还可以给视频发布者私信，视频发布者也可以对评论进行回复。这加强了上传者和用户之间的互动，增加了社交黏性。

（3）搞笑娱乐性强

《陈翔六点半》《万万没想到》等节目团队的制作内容大多偏向创意类轻喜剧，该类视频短剧以搞笑创意为主，迅速在网上斩获了大批粉丝。这些带有娱乐性、轻松幽默的短视频很大程度上缓解了人们来自现实生活中的压力，在业余休息时间打开看一看，能给枯燥的生活带来一丝丝乐趣，甚至能让观看者有"上瘾"的感觉，不看就会感觉缺少点儿什么。

（4）创意剪辑手法

短视频常常运用充满个性和创意的剪辑手法，或制作精美震撼，或运用比较动感的转场和节奏，或搞笑诙谐，或加入解说、评论等，让人看完一遍还觉得不过瘾，想再看一遍，如最近比较火的 Vlog（视频博客），在抖音上引起众多人跟风拍摄。

短视频是在长视频的不断发展过程中衍生出来的。虽然短视频与长视频之间存在着许多的共同点，但随着短视频的不断发展，也逐渐形成了自身的特性。这些特性使短视频的运营效果比传统的长视频要好，可以在单位时间内取得更好的效果，带来更大的收益。

（5）时长短，可快速进入、快速离开

短视频由于其主要是对于用户碎片时间的二次利用，所以在时长上必须尽量严格控制，较短的时长可以使用户在有限的时间内观看完全部内容，确保用户能够拥有良好的观看体验。

由于短视频的时长较短，于是就具备了可快速进入快速离开的特点。对于短视频制作者而言，由于它的制作技术较为简单，即使是一个之前不具备相关知识的初学者也可以快速上手，通过短暂的学习就能够完成一个完整的作品，这样制作者能够坚持创作热情，从而促使短视频领域不断向前发展。

短视频所针对的受众群体，大多都没有一段较长的完整时间用来观看短视频，其用户的流动性非常大，用户的这一特性也决定其可快速进入同样也可快速离开的行为方式。想要令用户快速进入，该短视频必须要有足够的吸引人眼球的闪光点，营造足够的新鲜感，只有让用户在看到该短视频的那一刻就有观看的欲望，那才是胜利。

为了使用户能够快速进入，短视频的标题也是关键。视频长度虽然很短，但是可以配有一个较长的标题。长标题可以向用户传递更多的信息，从而帮助其判断是否会对该视频产生兴趣，这就使这一行为变得更加快捷。除此之外，长标题中也能容纳更多的关键字，方便搜索引擎抓取信息，进而提高该短视频被用户观看的可能性。

而为了确保用户可以快速离开，不增加用户的负担，短视频一方面要确保时长较短，另一方面也要避免做成系列短片的效果，最好做到每一个短视频都能独立成篇，在较短的时间内表达一个完整的主题，不将阵线拉得过长，只有这样才能凸显出短视频不同于传统媒体的魅力所在。

短视频与长视频相比，表面上只是时长进行了缩短，但在内容结构的安排上也因此有了许多的不同。短视频为了能够在如此之短的篇幅内表达出完整的一个主题，势必要加快叙事的节奏，为了使用户不会在快节奏的剧情下感到不适，短视频制作者还必须在其中融入更多的创意，这样才能让用户保持兴趣。

（6）拥有大量原创内容的来源

长视频的创作难度不仅仅体现在其时长上。一般长视频都需要具备更完备的剧本，以及大量的前期准备工作，这些工作内容繁杂，有许多还需要具备专业的技能才能够完成。所以在进行长视频制作的时候，往往需要组建一个团队才能确保任务的顺利完成。这对于用户而言门槛过高，不利于其开始。

而短视频则不同，由于短视频制作简单，用户并不需要经过专门的训练就可以上手，这就导致了其能够拥有大量用户的原创内容，是现如今视频网站平台上的一种最受欢迎的内容分享形式。

以往用户在进行日常分享的时候，都是采取文字、图片等形式。这些形式虽然能够达到一定的分享目的，但是由于其体现的信息较为片面，不利于用户表达出自己的全部感受。而短视频则不然，短视频可以即时记录下当时发生的画面以及声音，在用户上传平台后，其他用户可以通过这种形式完整地了解到他／她当时的全部所见所感，是对用户生活的一种最为完全的分享方式，深受用户的推崇与喜爱。

短视频的优势就在于它可以由用户主动上传至平台，基于平台用户总量庞大，最后所得到的短视频作品数量也是数不胜数的。这就将用户的身份从单纯的观看者转化成了参与者，使短视频能够不断增添新的生命力。用户在上传短视频至平台后，也自然会向自己的亲朋进行分享，于是就形成了二次传播，从而扩大了短视频的影响。

（7）快视频消费时代来临

由于短视频的时长较短，制作较为简单，往往更新速度也较快。这对于需要保证高曝光频率来进行营销的产品，有极大地帮助。在长视频中企业软植入、硬植入广告的营销方法也屡见不鲜，但是由于长视频更新周期较久，往往不能像短视频一样达到快速传播的效果。

随着日常生活节奏的不断加快，用户的消费速度也在不断加快，短视频的出现，为用户提供了全新的消费途径。由于短视频的更新速度快，恰好可以满足用户的消费需求。这种消费指的不仅仅是金钱方面的，还有时间方面的。

与长视频相比，短视频在用户的时间消费方面也占有天然的优势。短视频可以利用用户的碎片时间，使用户虽然每一次消耗的时间较短，但是累积起来却能够超过观看一个长视频的时间。这样的化整为零，使用户在无形之间增加了消费时间。

短视频产品就是其内容本身，用户在观看短视频的时候虽然往往没有直接花费金钱，但是实际上还是间接为其增添了价值。短视频的忠实用户越多，每一期的播放量就越高，其价值也就越高。高价值的短视频更容易被平台及企业选中，从而实现合作，以达到变现的目的。并且短视频积累用户的速度更快，盈利的周期要比长视频更短。这对于创业者而言风险更小，获得的回报更大。

（8）平均播放量相对较少

短视频虽然更新频率更快，在网络传播时更占优势，但其平均播放量却少于长视频，这与长视频的运营机制有关。长视频与短视频在运营方面有诸多的不同之处，下面介绍一下长视频与短视频的不同点。

①平台选择不同

长视频由于制作周期较长，并且流程较为复杂，往往都会与某个平台进行合作，独家播出，这就使得其目标用户都会聚集在这一个平台上，最后产生的总播放量也只需统计单一平台的即可，清楚明了。

短视频为了能够得到更多的关注度，快速吸引目标用户的注意，往往需要在多个平台上共同发布，这就导致用户会分散在各个平台，造成分流，播放总量难以统计，从而造成平均播放量相对较少。

②团队构成不同

长视频团队由于需要更多的人员通力合作，并且其中的一些具体事项也需要专业人员来完成，所以往往会组建一个成熟的团队。一个成熟的团队中一般会配备一个专业的运营人员。专业运营人员对视频的运营方法更加了解，也具备充足的经验，并且由于团队的专业性较强，其能够提供的成本预算也就更充足，最后达到的运营效果也就越好。

短视频的制作团队往往只有三四个人，甚至是由个人来完成全部的工作，所以需要一人担任多个工种，其专业性往往较差，在运营短视频的时候难免会出现种种问题，最终的运营效果也会受到一定的影响，于是平均播放量较少。

短视频播放量的暴增往往是因为当期短视频结合当时热点，被用户大量分享转载后所造成的短暂效应。短视频团队构成简单，能够负担的成本往往也较少，这就使其难以邀请明星前来助阵，而是通过高频率更新来逐步累积用户。因此，制作团队的早期作品往往播放量较少，因而平均播放量也就相对较少。

6. 短视频的商业价值

正如滴滴等打车软件，在短短几年内就成了共享出行领域的标杆企业一样，短视频行业从其诞生之日起，就注定了要走共享经济的商业模式。短视频的发布与传播时刻"共享"，短视频内容的变现时刻发生。所有参与短视频生产和推广的成员都有机会在这个方兴未艾的领域分一杯羹。短视频作为一种人人都喜爱的传播形式，不仅会深刻地影响共享经济的整体面貌，还会成为共享经济产业中的重要组成部分。可以预见，在未来的共享经济生态中，短视频必将会绽放出越来越耀眼的光芒。

共享经济作为一种"使用而不占有"的特殊商业模式，其产生和发展并不是"无本之木，无源之水"。而短视频这种新型的媒介要想正式切入共享经济领域，更需要在本行业内形成多种有利的条件。从现实的角度来看，今天的短视频领域之所以能形成比较完整的共享经济链，主要还是源于以下 4 个成熟的条件。

（1）短视频生产过剩

当今的中国经济，早已走出了资源匮乏的时代，且很多领域出现了供大于求的现象。而视频制作就是这方面比较明显的一个领域。一方面，我国现在每年产出的短视频数量数以千万计，而时长更是达到了几十亿小时，这是一个非常惊人的数字；另一方面，创作短视频的主体也从单一化走向了全民化。现在，短视频不仅可以由科班出身的艺术创作人员制作，也可以由非专业的普通人制作。短视频绝对数量的飙升和创作主体的多样化，为短视频内容的共享提供了物质基础。

（2）产生分享的意愿

当内容出现了供大于求的现象时，仅凭某一个用户或是某一个群体显然不足以消化所有的短视频内容，而为了让自己的短视频能够产生更多、更大的价值，同时也是为了提高自己的知名度，向全体民众进行短视频分享也就成了必然。这时，创作者分享的意愿便产生了。

另外，在网络环境中成长起来的"00"后，作为互联网时代的"原住民"，其对待外界的态度往往更加开放。这些短视频的主要参与者无论是在工作中，还是在生活中，都更乐于向外界展示自我，也更乐于在自己和他人之间互通有无。在一个渴望互相了解彼此的环境中，去中心化，就为短视频迈入共享经济创造了心理需求。

（3）技术条件的成熟

一方面，制作和传播短视频的主要载体——手机已经升级到了功能异常强大的地步。今天的手机，无论是运行速度，还是像素配置；无论是便携性，还是电池续航时间，完全可以媲美甚至超过传统的 DV 及相机。另一方面，制作和传播短视频的基础环境——网络也变得越来越优质，无论是宽带速度，还是信号的稳定性都足以胜任短视频的分享需要。可以说，制作和传播条件的成熟，为短视频内容的共享提供了技术保障。

（4）资本的大力投入

得益于巨额资本的强势参与，现在各类新媒体都能将本平台上的各项功能最大限度地简化，这其中就包括短视频分享功能。短视频的创作者只需要先在平台上完成注册，接着将自己的短视频上传，最后直接选择发布即可完成短视频内容的分享，整个过程轻松简单，一气呵成。而这种便捷的分享体验在资金缺乏的情况下，是难以实现的。

同时，投资方为了尽快实现盈利，也为了最大限度地发掘短视频的潜在价值，在对短视频的传播中，也很重视对其进行全民性推广。资本的大力投入，在客观上为短视频行业走共享经济之路提供了产业支持。

常言道：有知更要有行。面对日趋激烈的行业竞争，各个短视频新媒体纷纷使出浑身解数，持续地探索短视频和共享经济相结合的最佳模式。在这一过程中，相关企业不但以自己独特的经营思路丰富了共享经济的内涵，更宣告了短视频全民分享时代的到来。

①内容分享

作为业界应用最普遍的共享经济模式，将短视频的内容直接向广大用户分享受到了很多短视频新媒体平台的青睐。做好内容，然后呈现给用户，不仅能立即起到"吸睛"的效果，还能带动相关短视频内容的传播。

东北猫新媒体作为东北地区极具影响力的新媒体品牌之一，自 2014 年正式创立以来，累计获得的用户数量已经超过了 2000 万人，累计播放量已经突破了 8 亿次。平均每月产出的各品类短视频数量都在 150 部以上，平均每月的播放量都在 2000 万次以上，平均每月的新增粉丝数量都在 5 万人以上。

例如，微博粉丝数量达 450 万的美食自媒体大号"办公室小野"，自 2017 年 2 月开始正式涉足短视频领域。到 2017 年 5 月 20 日，"办公室小野"共发出了 16 条视频，单条视频的播放量超过 3000 万，全网点击量超过 5 亿次。仅仅 3 个月的时间，"办公室小野"用绝佳的创意、高质量的制作和多样的营销手段吸引了大批粉丝，成为近两年来最成功的爆款制造者之一。2018 年 1 月 7 日，"办公室小野"获得了首届"金鲛奖"，2017 年度十佳短视频的荣誉。

"办公室小野"的成功可谓是对内容分享模式的极佳诠释，无论是从其总体的发展表现来看，还是从其具体的案例来看，我们都能看到短视频新媒体分享优质内容获取流量的能力。的确，在"内容为王"的时代，把优质的短视频内容直接分享给用户，并不是简单粗暴地传达，而是适应当今时代扁平化传播趋势的表现。往往内容制作精良的短视频，在分享过程中总会获得良好的效果。

②过程分享

相对于手段直接的内容分享模式来说，过程分享要稍微复杂一些，但理解起来也并不是很难。简单来说，过程分享就是短视频创作者在分享短视频时，不仅把最后的成品展示给用户，还要把制作短视频的前因后果一并展示给用户。相较于内容共享模式，过程分享模式只是增加了制作过程的呈现，却能让用户在观看短视频时对短视频的创作者有更多的了解，继而激发好感，所以过程分享模式往往能迅速拉近短视频新媒体和用户的距离。

2016年2月，短视频社交平台"约定"正式对外宣布它完成了由友田资本和青松基金联合提供的首轮融资。该消息一出，迅速在新媒体领域引发了广泛的关注。而在约定首席执行官蒲长翼看来，"约定"之所以能受到投资方的青睐，主要还是在于其独特的过程分享模式。在"约定"这个平台上，用户可以互相提出请求，并把自己从提出请求到请求获得满足的全过程通过短视频的形式呈现给用户。例如，张三邀请李四表演唱歌，李四答应了请求并演唱了一首歌曲，那么其整个过程都能在"约定"上完整地呈现，其他用户不仅能听到李四的歌声，还能感受到张三和李四之间的交流。

作为一家主打社交的新媒体平台，"约定"在对共享商业模式的探索中，独辟蹊径地采用了过程分享的形式。这不仅丰富了短视频的内涵，还激发了用户对短视频主人公的了解欲望，保证了用户持续地关注，继而保证了短视频新媒体平台的流量。

③特定分享

尽管互联网的发展正在驱使广大新媒体平台向全民化演进，但是对于短视频新媒体来说，有时候"走得远"倒不如"扎得深"，蜻蜓点水式地对所有用户进行短视频分享，并不能为自己创出知名度。垂直领域的短视频制作与分享，则能在极短的时间内吸引自媒体的关注，这不仅是短视频新媒体影响力的保证，更是流量及变现的保证。

国内知名短视频社区"美拍"自上线之日起，就以服务爱美女性作为自身的特色。无论是其界面上醒目的"美妆"这个关键板块，还是张沫凡MOMO、poppy乔小厨、美妆师二言等知名短视频UP主，都在时刻体现着该短视频平台的时尚特色。而通过"美拍"发布的毕业季护肤、明星仿妆等短视频更成了时尚女性时刻关注的特色内容。

据相关资料显示，"美拍"正式上线的时间为2014年5月，但其在上线后的9个月内，一举获得了1亿多名用户，其用户增速远超微博、微信的用户增速。不得不说，这是一个奇迹，但在这个奇迹背后，却隐含着某种必然。那就是"美拍"对于特定分享模式的坚持。对于短视频新媒体运营者而言，如果自己暂时还没有全民普及的能力，或者短视频的内容不需要向全民普及，那倒不如集中力量，在更熟悉的垂直领域中深耕。这样一来，不但能减少不必要的成本，而且还能在特定的细分领域尽早创出名气。

通过短视频的制作和输出，用户的心情得到了放松、眼界得到了开阔，一些具有艺术天分的人才找到了施展才华的途径，渠道运营商发掘出了全新的业务增长点，商家得到了展示自我的平台，而新媒体平台更是通过各种渠道和广告获得了很多的粉丝和收益。所有的参与者都在日趋繁荣的短视频产业中取得了令自己满意的收获。策划过程共同参与，创作成果共同分享，也许这就是共享经济在短视频领域的本质体现。

不难看出，短视频领域经过过去5年的高速发展，已然通过共享经济这一全新的商业模式，对盈利、传播、服务等各个方面进行了重构，让原本只是随性而为的艺术创作逐渐演化为一种完整的经济生态链。在可以预见的未来，短视频领域还会衍生出更多具有颠覆性的共享经济模式。

（5）视觉、流量、转化率

不可否认，在互联网领域中短视频已经成为内容传播的一种重要形式，甚至成了互联网行业乃至整个创业圈的新风口。伴随着来自行业内部的重视，各类企业纷纷加入短视频的创业大潮中，以期分得一块"蛋糕"。然而"蛋糕"虽好，若想得之却不是一件容易的事情，在完成短视频变现的过程中，既需要相关短视频新媒体运营者对平台日常的稳健经营，也需要他们对视觉、流量、转化率三者的细致把握和完美融合。

在阐述视觉、流量、转化率这三个电商要素和短视频之间的关系之前，我们应当首先厘清这三大要素的内部关系。视觉对应的是感官上的享受，是短视频自身品质的直观体现。而流量对于短视频来说则是用户在认可其视觉呈现后带来的一种自然而然的副产品。至于转化率，其本质上就是对流量的变现。因此，在谈论这三者对短视频的影响时，我们应当把视觉放在最前面，再把流量放在中间，而转化率则应放在最后进行阐述。

①视觉之于短视频：对外宣传的"敲门砖"

当用户点开一个短视频时，呈现在其眼前的，首先是短视频的内容，也就是行业内部通常所说的视觉呈现。在拥有短视频的新媒体平台为用户推送短视频时，炫酷而富有美感的视觉呈现不仅能带给用户极大的视觉冲击，更能为新媒体平台本身带来良好的效益。可以说，视觉呈现之于短视频，就好比是后者在对外宣传过程中的"敲门砖"。

一方面，从短期来看，优美的画面能够带给用户视觉上的享受，继而使之沉浸其中。这样就能在极短的时间内迅速引起用户关注，特别是急需"冷启动"的新组建的新媒体，让短视频的画面更有吸引力就好比是战场上的第一仗，首战必胜。另一方面，从长期来看，"画风"独特的视觉呈现，可以使短视频新媒体在用户心中形成特有的印象，这样不仅能够增强用户对新媒体的黏性，还有利于塑造新媒体的品牌个性。

作为新媒体在运营短视频业务中的第一步，运营人员在对视觉呈现进行优化时，必须把握好短视频视觉呈现的两个特点。

②流量之于短视频：促进自身发展的能量来源

互联网行业一直强调"流量为王"，这一点对于短视频新媒体来说同样重要。一方面，充沛的用户流量意味着关注或了解短视频新媒体的用户较多，这可以直接提升短视频新媒体的知名度和影响力。另一方面，足够多的流量也是短视频新媒体进行广告投送、内容电商、企业并购，乃至与其他新媒体同行竞争的物质基础。

无论是从增加名气这个"务虚"的角度，还是实现变现这个"务实"的角度，流量之于短视频，毫无疑问是促进其发展的能量来源。而这种关键作用，也就注定了任何一家短视频新媒体都必须将通过发布短视频来为自己带来流量，当成一项必须做到的基本功。

然而，正如罗振宇在某场演讲上所说的那样，中国国民的总时间到了今天，已经达到了饱和，从今往后很难再有新增的流量了。当今短视频创业领域的实际情况，也印证了这个悲观的说法：短视频领域的流量开始越来越多地向头部聚集，内容深度化、专业化的新媒体得到了用户更多的偏爱。面对严峻的形势，短视频新媒体必须采取更有针对性的措施，以争取有限的流量。

③转化率之于短视频：将关注变成盈利

根据专业机构的统计，早在网页端互联网时代，有视频的网络媒体的流量转化率往往要比没有视频的网络媒体高出两倍还要多。而到了今日这个资讯异常发达、信息极度过剩的移动端互联网时代，短视频更是成了各类新媒体获得流量转化的标配手段。

在此背景下，短视频新媒体运营者应当时刻思考的不应是是否进行转化，而应是怎样加快转化。

和传统的电视媒体、纸质媒体一样，在互联网世界备受欢迎的新媒体从本质上来说，依然是企业。既然是企业，那就必须考虑盈利。作为短视频新媒体核心产品的短视频，更应该起到提升转化率的作用。事实上，短视频存在的最终意义，就是充分地呈现信息，建立和用户之间的黏性，继而刺激变现。

作为互联网行业公认的"离钱最近的媒介形式"，短视频在流量转化、内容变现方面具有不可比拟的优势。一方面，和传统的图片、文字等媒介相比，短视频可以凭借更低的成本和更广维度的用户建立连接。另一方面，和网络中的另一个媒介——直播相比，短视频占用用户的时间较短、重复率更低、灵活性更高，备受有推广需求的企业青睐。

短视频领域的火爆，从侧面反映出移动互联网从早期的工具属性转变为平台属性的趋势，而这个转变过程正好为多样化的变现模式创造了产生和发展的条件，而新的变现模式也在一步步影响传统变现模式的升级换代。从短视频领域目前所处的发展阶段来看，短视频领域还没有形成一套成熟稳定的流量转化体系，不过这并不影响短视频领域的"领头羊"企业对商业变现道路的探索。在这方面，"一条""罐头视频"两家短视频新媒体可以说是率先垂范的典型代表。

2016 年 8 月，"一条"旗下的"一条生活馆"正式上线。"一条生活馆"本质上是个手机购物平台，通过这个平台，"一条"的用户可以购买各种商品。无论是日用百货，还是家具；无论是电子产品，还是护肤用品，甚至是线下的培训课程和旅游产品，用户都能在"一条"的专属卖场上找到。实际上，"一条"已经和线下的 500 多家供应商达成了合作共识。

　　"一条"通过搭建电商平台进行流量变现，可以说，这是当今短视频领域最直接、最常见的变现方法。不过与纯粹的电商不同的是，依托生活美学性短视频建立起来的"一条生活馆"，更像是一种兴趣电商。

　　和"一条"不同的是，另外一家电商平台"罐头视频"在流量变现方面，走的是和短视频内容制作息息相关的商业定制广告之路。

　　在广告定制业务领域，"罐头视频"已经完成了和九阳Onecup咖啡机、京润珍珠面膜等多个品牌的商业定制广告制作播放任务。通过和这些知名品牌的营销合作，不但获得了可观的收益，而且自身的品牌知名度也得到了提高。

　　"罐头视频"为知名企业定制广告，既赚到了钱，又赚到了名，真可谓名利双收。事实上，不管是兴趣电商模式，还是广告定制模式，对于短视频新媒体来说，都是从短视频的角度切入，通过高品质的内容获得用户和流量后，再将其进行变现的标准商业化方式。只要能够高效率地转化，那么任何方式都值得一试。

　　对于短视频新媒体来说，短视频带给用户的首先是视觉上的震撼，在此基础上，用户开始为本平台提供流量，伴随着这个过程，用户的身份从初始用户到核心用户的转化便得以实现，这便是视觉、流量、转化率这三个电商要素完美融合的具体体现。视觉、流量、转化率三者并不是完全孤立的，而是互相促进、互相影响的。我们身处的商业环境正变得越来越"年轻"，对从短视频生产一直到最终转化为收益的商业模式的探索也应该与时俱进、时刻创新。

第二章

众多平台，总有一个适合你

1. 短视频平台

对于理性的短视频创业者来说，要想让自己在创业的道路上行稳致远，就必须踏踏实实地走好每一步。而这其中的第一步就是搭建平台，继而横向扩张超级 IP 孵化"小号"。从目前短视频领域的发展趋势来看，我们将短视频按照平台的作用分为以下几种类型。

（1）内容推荐平台

该类型中具有代表性的当属今日头条、优酷、爱奇艺等视频平台和新闻资讯类平台。它们的主要作用就是对上传到该平台的短视频内容进行推送，只是作为内容的提供者。内容推荐平台的最大特点是平台本身就积累了大量的用户，用户黏性强。

因此，很多短视频栏目都选择在这些平台上发布视频。内容推荐平台虽然有大量的原始流量且用户质量极高，但是有利就有弊，优质的平台对内容的审核要求也是极高的。短视频团队要想获得在这类平台的视频投放，要经过多个环节的筛选，只有符合条件的短视频才能被推荐到平台上进行播放。

在这类平台上发布内容，短视频团队获得的利益主要来自渠道分成、内容贴片、广告等途径。虽然这类平台能给短视频团队提供丰富的资源和福利，但是无法让短视频团队进入社交圈，也就无法让短视频团队突破平台发展的固定模式，进而完善平台模式。这也是很多短视频原创团队无法在该类平台上建立起自己的品牌效应的原因。

（2）社交分享平台

社交分享平台是主要用于日常交流的平台，我们常见的如QQ空间、微信、新浪微博等都属于这类平台。这类平台主要是供用户娱乐、社交、互动的，并非专业的短视频投放平台，但是越来越多的短视频栏目选择在这类平台上发布短视频。其中最大的原因就是，这类平台信息传播速度快，覆盖用户范围广。而且这类平台在用户的日常生活中使用频率高，用户对这类平台中的内容关注度高。因此，社交分享平台成为短视频发布的又一渠道。

虽然都是内容的提供者，但是与内容推荐平台的区别在于：社交分享平台本身不给短视频内容提供流量推荐。当然，这其中不包括新浪微博，我们都知道，在微博上发布任何内容，只要创作者愿意花费一定的金额，平台就会进行不同程度的投放推广。

在大部分的社交分享平台上发布视频内容，主要是依靠用户的转发分享来获得点击量。而且由于这类平台社交性、互动性强，非常有利于短视频形成自己的品牌效应和影响力。最典型的papi酱、日食记等的原创短视频，就在新浪微博上获得了大量粉丝，非常受欢迎。

（3）综合短视频平台

以上两种类型的短视频平台主要是起到"搬运工"的作用。而综合短视频平台，除了具有内容传播分享和社交的作用之外，还包括对短视频内容的制作。可以说，综合短视频平台集合了上述两种平台类型的多种作用。

这类短视频平台是社交与PGC（Professionally-generated Content，专业生产内容）以及UGC（User-generated Content，用户生产内容）模式相结合的多元化形式，用户在这类平台上既是内容的生产者，也是内容的观看者。常见的综合短视频平台有美拍、秒拍、快手等。

用户在这类平台上不仅可以浏览他人的短视频并进行互动、转发，而且还可以利用平台上的工具进行简单的视频制作。这种简单的视频制作，使很多用户都十分感兴趣，也使得这类平台每天都有大量的短视频内容产出。

但是，由于综合短视频平台的侧重点都是围绕短视频的，单一的内容形式让用户对这类平台的黏性并不高，相比之下，用户更依赖于社交平台。除此之外，短视频内容同质化严重也是这类平台所面临的一大问题。

在短视频红利时代，同时应运而生了很多相似的平台，造成综合短视频平台之间竞争激烈。因此，搭建这类平台最关键的任务是提高用户的黏性。短视频创业不是一件容易的事情，要想做好并获得长久的发展，就需要处理好每个阶段的任务。

与做内容相比较，做平台虽然更容易在极短的时间内产生巨大的影响力，但是在竞争如此激烈的环境下，平台未来的发展是不可预测的。

2. 抖音

抖音上线之初，其口号"记录美好生活"和定位"年轻人的音乐短视频社区"就相当明确（如图 2-1 所示）。就功能来讲，抖音可谓集大成者。与小咖秀等相仿，短短 15 秒，"抖友"（抖音用户的昵称）通过选择歌曲、拍摄视频来完成自己的作品。不过，抖音还集成了类似美拍等 App 的镜头、特效、剪辑等功能，来尽量减少因为需要后期而造成的流量转移，可谓"一条龙服务"。

然而最初的抖音仅为一个 8 人的小团队，上线不到半年就获得今日头条的种子投资。得益于今日头条压上的资金与大量的资源，抖音的"野心"不断实现。紧接着，"小岳岳"（相声演员、影视演员岳云鹏）的转发为抖音的知名度带来了第一次飞跃。2017 年初，一段"小岳岳"的粉丝模仿"小岳岳"本人唱歌的视频由于相似度极高而爆红。

图 2-1

被顶上热门的视频很快进入了岳云鹏本人的视野，并获得了其微博转发。千万级粉丝的大 V 转发很快就让抖音的名头被扩散开来，更多人开始关注并下载抖音短视频 App 进行试用。不论这第一拨圈粉是有意为之，还是无心插柳，总而言之，抖音第一次进入了大众的关注范围。

抖音用户数量激增，很快就成为公司的战略重点，签约明星不断，更与众多知名品牌和综艺节目展开合作推广。更难能可贵的是，抖音在运营端的努力并不是用开发与创新的迟滞换来的。据 2018 年初的统计数据显示，抖音仅在 IOS 端就更新了至少 40 个版本，不断调整用户体验，增加新的功能，抓住时下热点，让"抖友"始终保持着新鲜感。

在经历了看似短暂的探索和发展时期后，抖音短视频 App 已经基本锁定了各类手机应用市场排行榜的前三位，这与抖音神奇而独特的体验感也是分不开的。初试抖音的用户或许感觉不太深刻，资深"抖友"每天至少会花 30 分钟在抖音上，不得不让人直呼这软件"有毒"。抖音与其他的 App 不同，没有设置明显的"播放/暂停"按钮，视频默认为自动播放。

一旦打开抖音 App，直接进入首页开始播放视频，以近似刷微博的方式切换和浏览。视频采用滚动的无缝连接切换模式，加之视频本身比较短，体验极为流畅，让我们有一种顺水推舟的感觉。无论是走在路上，还是躺在床上，都能够腾出一只手来滑动手机，这已经成为现当代年轻群体，甚至是部分中老年群体极为喜爱的消遣方式，碎片化的生活需要，碎片化的娱乐体验。

抖音最初的定位是"音乐短视频 App"，内容主要是音乐类视频，还有些其他才艺表演，后来随着用户量的增长，内容也越来越丰富多元。打开抖音 App，可以看到各种"逆天化妆术"、街头跑酷、影视剧片段模仿，以及趣味恶搞等内容，最直观的感受就是有创意、有趣、高颜值和潮流酷炫。所以说，抖音之所以能从众多短视频 App 中脱颖而出，关键之一就是这些好玩又有趣的视频内容。

其实，很多其他 App 也有很多有趣的内容，如小咖秀等。而抖音之所以能超越这些 App，主要归功于用抖音拍摄小视频时，用户可以添加很多玩法和特效，可以通过视频拍摄的速度快慢，以及原创特效（如反复、闪一下以及慢镜头等）、滤镜和场景切换等技术，让视频更具创造性，一秒变大片。再加上抖音的配乐，经常是一些电音和舞曲，使大多数作品节奏感很强、有魔性，给人感觉比较酷、炫、潮。用抖音拍摄短视频，制作难度非常低且易上手，普通用户也可以做出好玩、炫酷的短视频。

以上这些就是抖音平台的特点和优势了。对于用户来说，每天无聊时打开抖音 App 就能看到各种好看、好玩、有意思的视频，可以为平凡枯燥的生活增添很多乐趣。同时，当用户有想法和创意时，又可以快速创作出酷炫的大片作品，秀出自己的高颜值和才艺，满足表现欲和创作欲。另外，抖音的社交属性可以让用户看到并认识很多有趣的朋友，所以说抖音能"火"也是一种必然。

在 2018 年世界杯期间，德国队爆冷出局让球迷们大跌眼镜，而网友发挥娱乐精神竭力"恶搞"各类出局球队和巨星。其中，一只名为"德国队输球小猫咪"的配音神猫走红。网友将自家猫咪偶然间的神情动态拍摄成了视频，然后颇具创意地使用抖音上对口型配音的功能，给配上了"啊！输光""猫粮都输光"等世界杯话题，加以剪辑并上传到"抖友"圈子里。

出人意料的是，一个小小的创意竟然引来了无数的点赞和转发。猫咪看似"绝望"的眼神，配合宠主逗趣的配音，让大家忍俊不禁，甚至掀起一股宠物配音热潮。家有宠物的"抖友"纷纷让"主子"出境，利用连续抓拍，捕捉宠物拟人化的动作和口型瞬间。比较有代表性的就是模仿小品《卖拐》中范伟那标志性的"呀呀呀呀"和给正在打架中的猫咪配上《天龙八部》中的打斗音乐等。

当然，如果家中并无萌宠，又想体验一把给宠物配音的乐趣，抖音也给我们提供了这样的机会。在抖音短视频 App 中，我们可以使用拍同类或者下载模板的方式，把其他"抖友"的资源拿来（当然，视频中会标明是别人的原创），直接玩。甚至可以通过"挑战"等方式，与其他同类视频进行 PK，看看谁的作品更加新奇有趣。这正是抖音的魅力所在。

3. 快手

快手的前身，叫"GIF 快手"，诞生于 2011 年 3 月，最初是一款用来制作、分享 GIF 图片的手机应用。快手清除一批违规账号，全网整顿，增加了一些"正能量"的内容引导。我们称之为快手的 2.0 时代。本来应该是岁月静好，万万没想到，突然杀出个抖音来，一下打得快手措手不及。

以"记录世界，记录你"为口号的快手自 2012 年转型为短视频社区以来，就着重于记录用户生活并进行分享。其后，随着智能手机的普及和流量成本的下降，这一款手机应用也迎来了发展的春天。

记得有一句话："凡有的，还要加倍给他；没有的，连他所有的也要夺过来。"抖音就是一种马太效应，跟微博有点类似。

你是网红或大 V，那就可以获得更多的曝光、流量扶持，强者恒强。如果说快手是关注和推荐两条腿走路，那抖音只有一条腿——推荐。头条系是唯流量论英雄的，而快手追求的是用户公平。

在标签页，每次下拉刷新，快手都会有动态更新推荐的视频。而抖音把最热视频榜单放在前，关注页展现的是你关注的朋友，而且关注者发了什么内容，系统会默认发推送给你。他是瀑布流形式展现，不给你强推内容。你可以选择性地去看，这种设计我认为是比较克制的。其次是你点进去看完一个内容，左滑退出还是会回到发现页，你可以继续看也可以退出，这样让用户有个思考缓冲过渡的时间。

　　抖音内容更偏向于时尚娱乐、新闻热点。而快手则更趋向于乡土、生活百态。抖音上的热门话题，在快手却冷清得要命；而在快手热门的话题，抖音完全没感觉。如果你卖的产品比较高端，还是抖音更适合；如果你是普通用户，没有资源去推，个体创业IP带货，做的是性价比高的产品，快手更容易成功。

图 2-2

截至 2017 年 3 月，快手的用户已达到 4 亿，日活跃用户数也达到了 4000 万。发展到 2018 年 12 月，快手 App 的下载安装已经达到了 43 亿多次。可以说，在各款短视频中，快手的下载安装次数是最多的。

在笔者看来，快手发展得如此迅速，是与其 App 特性和热门综艺认证分不开的。

如图 2-2 中提及的滤镜和魔法表情，就是喜欢拍摄短视频的运营者需要用到的，且在这方面还是有一定优势的，特别是在种类和效果上。

另外，快手区别于其他短视频平台的一个重要特征就是其在功能的开发上，并不着重于多，而是追求简单易用，并积极进行功能的提升。正是这一特征，使得用户乐于使用快手来制作、发布和推广短视频。

以快手的拍摄功能为例，如果运用得好，就能打造需要的优质视频并促进推广了。

首先，可以拍摄具有不同时长限制的视频（如图 2-3 所示）。

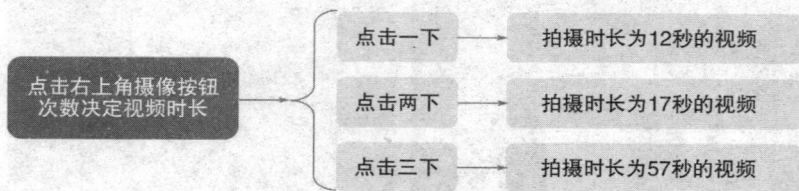

点击右上角摄像按钮次数决定视频时长		
点击一下	→	拍摄时长为12秒的视频
点击两下	→	拍摄时长为17秒的视频
点击三下	→	拍摄时长为57秒的视频

图 2-3

当运营者点击两下或三下时，在拍摄页面会出现"隐藏功能"信息提示框，显示"本模式下可拍摄或截取长达 17 秒的视频"或"本模式下可拍摄或截取长达 57 秒的视频"的字样。

其次，在快手用户推广视频时，为达到上热门的运营目标，可以设置双标题或多标题。其操作为：在视频编辑页面，点击"更多"按钮，展示更多功能；点击"文字"按钮，进入"文字"页面；选择标题背景和形式，输入文字设置第一个标题；完成后，再次选择标题背景和形式，输入文字设置第二个标题。这样设置后的视频就会在播放时在相应位置显示设置好的字幕和标题。

第三，运营者如果想要利用短视频推广产品，同样可以在快手中进行设置。在"发布"页面，可以看到一个"个性化设置"按钮，点击该按钮；进入相应页面，通过点击"添加商品或店铺"按钮即可进行相应设置，在发布视频时接入商品或店铺。

4. 火山

火山小视频隶属今日头条旗下的短视频平台，跟抖音、西瓜视频都是兄弟平台。记得笔者第一次看火山小视频时，感觉这个平台跟抖音、快手是有一定区别的。今天给大家分享一些关于火山的几种玩法，包括平台规则、用户人群定位，以及火山变现的几种套路的详细说明。

（1）火山用户人群分析

在我们做任何短视频平台之前，都需要先了解相关平台的用户人群和消费人群都是哪些，这对于我们接下来去创作短视频，做视频电商变现有大大的帮助。

通过笔者分析，火山小视频粉丝目前在全国都有，粉丝大多以二三线城市居多，重点集中在东三省、山东等北方地区。在火山平台我们可以看到，很多作者其实都是东北人，包括直播的网红们，大多以东北人为主，并且女性粉丝较多。

关于粉丝的年龄段：在 30~55 岁之间。其中男粉占了 40%，60% 则都是女粉。消费层次也多以 30 岁以上的粉丝为居多，大多都是成家人士，当然也有一些 90 后、00 后的粉丝，不过在火山平台里，90 后年轻一族的粉丝是比较少的。不像抖音平台，大多以 90 后粉丝为主，所以当我们了解了火山的用户属性，其实也就了解了火山粉丝是以成年人为主，这类群体，一方面本身有稳定的工作和收入，另一方面就是选择购物也比较理性化，喜欢就买，不喜欢就不会去看，属于稳重型的用户群。

火山粉丝购买力很强，这类群体想法比较单纯，往往不会想太多，不像 90 后、00 后那样喜欢到处去其他平台，比如拼多多、淘宝、天猫等平台里面去货比三家再决定购买。所以对于我们来说，做火山电商相对比较容易。

（2）火山短视频的变现

①火力值

相比抖音、快手而言，火山小视频更适合新手去操作，区别于其他平台的是可以赚直接收入。简单地说在火山小视频里面直接拍一个视频发布就有相应的火力值，10 火力值等于 1 元。要想火力值多，就需要多拍视频，并且垂直去发，关于视频制作后面会讲到。

②火山店铺

火山店铺也叫火山旺铺，在早期主要以邀请制为主，根据火山号整体的质量邀请是否开通火山旺铺，但目前属于开放型，已经没有任何门槛。

火山旺铺其实跟快手小店类似，就是通过在店铺里放入相关的产品，然后持续输出作品，只要作品一热门，一般都会有订单量，这就是商品带货收入。

③橱窗购物车

橱窗购物车就是我们平时所说的视频小黄车，在别人的视频里面带有商品的就是橱窗购物车。这块需要开通电商功能，在火山后台可以直接开通。这个需要视频内容与商品相关，并且拍得有一定的价值，才容易出单。

④直播打赏

直播打赏收入也涉及火力值，不过直播这块，10火力值只有0.30元，跟视频发布获得的火力值不一样。

⑤广告分成

关于火山小视频广告分成，需要开通火山认证号，粉丝达到50万才可以开广告分成。这块的收入跟自媒体发布视频的收入结算方式类似，可以这么理解。

（3）账号注册及养号

关于火山号的注册方法，建议大家别直接用微信去登录，一定要用手机注册再登录。如果是单号操作，可以在Wi-Fi下登录操作，如果是多号注册，那就需要用到注册卡和流量卡。

注册卡目前可以接受短信，但不支持打电话语音等功能，多号运营需要用流量卡操作，做到保证一卡一机一号注册，不切换账号登录，不然即使注册再多的火山号也很难养起来，因为在你注册的时候，机器就能识别出你是同一网络下注册的还是用流量卡注册的。

火山号养号技巧：

①用独立手机号去注册账号，并且不改任何资料信息，包括头像。

②用流量卡或者开移动网络，连续养号7天，热门视频点赞，评论，转发。

③7天后可以去改个人信息，并且定位好接下来要做的领域。

④坚持第一个月，一天发一个原创视频，统一某个时间点发出，让系统记住你。

（4）批量矩阵号玩法

如何建立矩阵号？打造批量矩阵号不是盲目去批量注册火山号，而是前期先测试好一个账号，把平台规则、养号内容这些都做到位，还有后期的变现计划做好再启动批量矩阵号。

做矩阵号不仅要技术到位，同时也要考虑运营成本，批量号不可能一个人能运营起来，而需要招募员工建立一个拍摄团队，前期的成本除了手机，更多的还要考虑人工的工资是否与运营成本效益成正比。

火山小视频 App 是一款主打 15 秒短视频拍摄的手机视频软件。它号称最火爆的短视频社交平台，以视频拍摄和视频分享为主。

火山小视频 App 作为 2017 年热度较高的一款短视频拍摄软件，有其独特性，主要包括 5 个方面（如图 2-4 所示）。

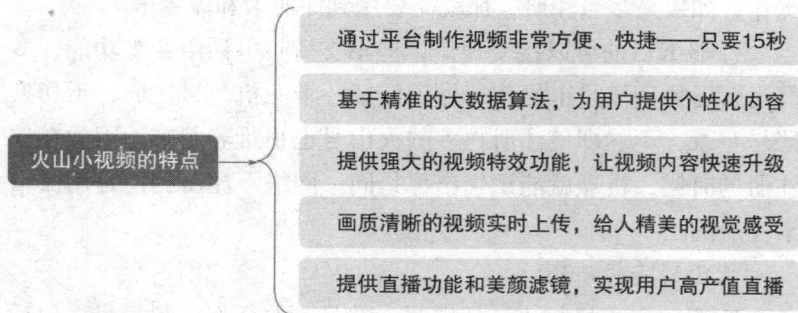

火山小视频的特点

- 通过平台制作视频非常方便、快捷——只要15秒
- 基于精准的大数据算法，为用户提供个性化内容
- 提供强大的视频特效功能，让视频内容快速升级
- 画质清晰的视频实时上传，给人精美的视觉感受
- 提供直播功能和美颜滤镜，实现用户高产值直播

图 2-4

同时，火山小视频为了加快发展，吸引更多人关注和参与，推出了一系列与小视频相关的扶持计划。

火山小视频 App 出生于短视频软件满天飞的时候，与市面上众多的短视频拍摄软件相比，火山小视频 App 并不具太多优势，但是火山小视频 App 在拍摄完视频之后的编辑之中，却有独一无二的"抖动""黑魔法""70 年代""灵魂出窍"以及"幻觉"这 5 款特效处理，让视频充满个性化的同时又别具一格。

因此，在火山小视频 App 上进行推广，一方面可以借助该应用的特点打造个性化视频，另一方面可以借助平台的扶持政策，做到两者兼收。

5. 西瓜

西瓜视频 App 是今日头条旗下的独立短视频应用，同时也可看作是今日头条平台上的一个内容产品，其推荐机制与头条号的图文内容并无太大差别——都是基于机器推荐机制来实现的。通过西瓜视频平台，众多视频创作者可以轻松地向大家推广和分享优质视频内容。

基于西瓜视频与今日头条平台的关联，运营者可以通过今日头条平台后台进行短视频的运营和推广。而通过今日头条平台后台的西瓜视频发表和推广短视频，具有多个方面的优势，具体分析如下。

（1）利用合辑功能

"发表合辑"是为适应视频内容的发展而推出的新功能，指的是视频集合，当然，这种集合并不是简单地把多个视频组合在一起，而是需要运营者对已发表的视频内容进行重新组织和整理之后的集合，是具有自己思想的、有固定主题的视频集合的发表。

因此，运营者可以把有着相同主题的一系列短视频进行整理，再设置一个吸引人的主题名称，就能吸引众多想要获取某一方面知识且想要系统学习的人来关注，最终实现短视频推广的目标。

专家提醒：

在视频"合辑"功能中，所选择的视频既可以是自身发表的视频，也可以是其他人发表的视频。但是无论运营者选择什么样的视频，都必须坚持一个原则和中心，那就是所有选择的视频要有一个中心主题。

（2）设置金秒奖

通过今日头条后台的西瓜视频发布的，还可以参与金秒奖。一般来说，出现在"金秒奖"频道首页中的内容，都有较高的流量，有些更是高达百万播放量，引发了传播裂变。即使参与评选之后，并没有获得相关奖项，也能通过与"金秒奖"这一短视频行业的标杆事件发生关联而增色不少。

因此，运营者可以发表自己制作的优质的短视频内容，参与金秒奖。当然，这里的质量主要包括两个层面的内容：一是所呈现出来的视频内容的质量；二是拍摄、制作的视频在图像、音效和字幕等多个方面的质量。只有这样，才能打造优质短视频，也才能在众多参与作品中获胜，夺得桂冠，为自身短视频内容打上优质标签，从而吸引大量用户阅读。

（3）多样的推广方式

西瓜视频还为了扩大推广范围和提升推广效果，积极进行多方面的营销尝试，如 2017 年 6 月的"找回新鲜感"跨界营销活动就吸引了众多人参与，刷爆朋友圈。

在这一活动中，西瓜视频围绕"西瓜"这一当季水果，与百果园、果多美企业合作，一方面在 30 万个西瓜上贴上创意标语和二维码，并通过扫描二维码为购买者提供与"找回新鲜感的 45

种方式"相关的短视频内容；另一方面还准备了一个 360° 全方位环绕的视频体验馆，带给用户身临其境的观影震撼，成功地让年轻人排起了长队观看。

6. 美拍

美拍 App 是一款由厦门美图网科技有限公司研制发布的一款集直播、手机视频拍摄和手机视频后期于一身的视频软件。

美拍 App 自 2014 年面世以来，就赢得了众多人的狂热参与，可以算得上开启了短视频拍摄的大流行阶段。后经众多明星的使用与倾情推荐，将其真正深入人们的心中，每当人们一想起短视频拍摄，总会想到美拍 App，所以这款软件深入民心的程度可见一斑。

此外，美拍 App 主打"美拍 + 短视频 + 直播 + 社区平台"。这是美拍 App 的第二大特色，从视频开拍到推广和分享，一条完整的生态链，足以使它为用户积蓄粉丝力量，再将其变成一种营销方式。

美拍 App 主打直播和短视频拍摄，以 20 多类不同类型的频道吸引了众多粉丝的加盟与关注。

美拍针对不同领域采取了内容运营、功能定制和变现尝试等措施，并在短视频领域率先完成垂直化搭建。而美拍的垂直化运营恰好解决了泛娱乐类短视频平台的痛点，使得平台资源的调配更灵活，也带来了新的商业化模式。

作为美拍达人与广告主之间桥梁的 M 计划，为达人提供更有竞争力的短视频盈利模式，助力内容生产的变现，将成为短视频行业可借鉴的经验；也为广告主匹配合适的达人，进行精准的内容营销和广告投放。

再加上，美拍开始实践精耕细作的垂直细分化"泛知识"短视频运营的基础，新"M 计划"的推出与运营，将助力美拍更好地耕耘垂类内容蓝海，开拓广阔的商业价值空间。

2018 年，美拍明确了"泛知识短视频社区"的定位（如图 2-5 所示），助力达人形成优质内容与粉丝质量的良性循环，并取得了显著的效果。根据美拍官方数据显示，过去 3 个月，美拍泛知识内容用户的人均停留时长是泛娱乐的 2.3 倍，首页热门短视频点赞率增长了 103%。

图 2-5

目前，美拍已有近百家多元的 MCN 合作伙伴，并投资了自娱自乐、贝壳视频、小题影视等，与他们携手深耕泛知识短视频的新蓝海。其中，美拍在运营上和商业上全力推进美拍的"泛知识"变现，并在商业上推出了新计划——新"M 计划"。

新"M 计划"以走单形式的创新设置提高了广告发布效率，

并改变了平台抽成和加价发布模式，让利给广告主、MCN 机构和达人。同时全面开放达人广告合作，走单权限不再仅限于平台。

在投放价格方面，走单费用制定和达人的商业价值息息相关。其中，新"M 计划"表示，美拍"亲密 MCN 机构"（需要满足 MCN 账号数量、播放数量、增粉数量等多指标评估合格，且其旗下达人要超过半数贴合泛知识内容方向）的全约达人及 20 万粉丝以下的达人免走单费，只需广告报备；20 万以上粉丝达人与非达人的走单服务费最高不超过 1 万元。

这样的平台扶持让达人商业化有更大可能性，促进更多中尾部达人发挥生态价值。另外，中尾部达人变现能力的提高，对于头部达人也会起到刺激作用，使得他们将更大的精力应用到优质内容的生产中。

由此可见，美拍将内容生态考量放在第一位，对互动性更高、粉丝质量更高、内容更优的达人进行价值认可，并推动内容创作者生态的建设。

另外，新"M 计划"还可以把达人推荐给广告主，并制定更有竞争力的价格，更好地保护了美拍达人的商业利益，促进达人的可持续商业发展。

未来，短视频行业最大的盈利一定还是以广告为主的方式完成变现。为了帮助达人赚钱，美拍与多家 MCN 机构达成合作，为他们提供流量扶持，甚至将平台优质达人输送给 MCN 机构，还上线打通了达人的电商营销渠道"边看边买"，大大提高达人的内容变现能力。

例如，美拍达人罗休休通过搞笑视频积累了不少粉丝后，慢慢转型为美妆博主。目前，罗休休已成立了一家内容广告公司，也开了自己的店铺。据悉，罗休休目前的广告收入与电商收入持平，店铺一天的流水高达几百万元，收入不菲，实现了商业化的长期变现。

美拍高级商务总监许志佳表示，近年来美拍在整个美图生态中的商业化占比在不断增加，"M 计划在今年吸引了接近 2000 位美拍达人入驻，并且实现了 65% 的达人商业变现率，这并不是单次变现，而是频繁的复式变现"。喵大仙、刘阳等从美拍成长起来的达人，目前已经成立自己的公司或者 MCN 机构，成了短视频行业更重要的参与者。

可见，新"M 计划"也能激励达人产出更多优质内容，从而吸引更多流量、增强粉丝黏性。这样一来，也将吸引更多不同领域的广告主与平台及达人合作，可以提升广告业务的变现效率。

同时，新"M 计划"直接打通了达人与广告主之间的通路，使广告主简单有效地找到深受目标用户群喜爱的达人合作。而针对性的广告输出促使用户消费，将为达人与广告主带来良好营收，也会激励创作者生产更优质的内容，也利于构建社区生态。以此形成的良性循环，对于用户、短视频平台、广告方、创作者来说，都是受益颇多的。

美拍 App 主打直播与美拍，而且其拍摄视频的时长虽然做出了相应的改变，但用户还是比较受限制，只能选择软件提供的几种时长方式，用户并不能自定义视频拍摄时长，所以在进行美拍 App 视频推广时，要注意视频拍摄时间长度的把握。

第三章

找准内容创业的定位

1. 选择行业：适合的才是最好的

俗话说："男怕入错行，女怕嫁错郎。"可见，行业选择对往后的人生规划和职业规划来说很重要。因此，短视频平台运营者如果想要获得更好的发展，那么，选择一个合适的行业发展方向就非常关键。本节就从短视频运营过程中的行业方向选择出发来进行具体介绍。

（1）从自身出发，选择喜欢的或擅长的

在观看抖音短视频时，看到感兴趣的且发展比较火的短视频或抖音号，特别是那些掌握了一定才艺或手艺的人往往就会想：如果我也会这些，那么是不是也能成为网络红人呢？可见，在选择短视频行业方向前，首先还是需要从自身出发来考虑。

一般来说，运营者需要从三个方面进行考虑（如图 3-1 所示）。

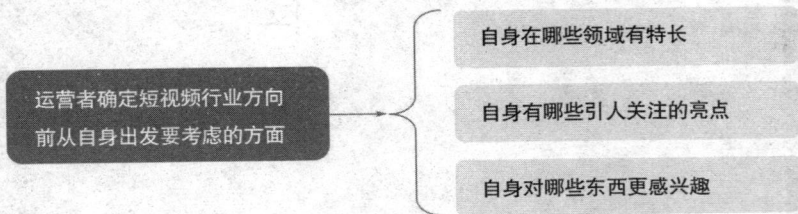

运营者确定短视频行业方向前从自身出发要考虑的方面

- 自身在哪些领域有特长
- 自身有哪些引人关注的亮点
- 自身对哪些东西更感兴趣

图 3-1

特别是特长和兴趣这两方面，更是运营者所必备的。有人不禁会问：一定在这两个方面同时具备吗？在笔者看来，答案是肯定的。只是不同的运营者，自身在这两个方面的比重会有所偏重。

只有在有所偏重的情况下把特长与兴趣二者结合起来，才是短视频运营的正确之道（如图 3-2 所示）。

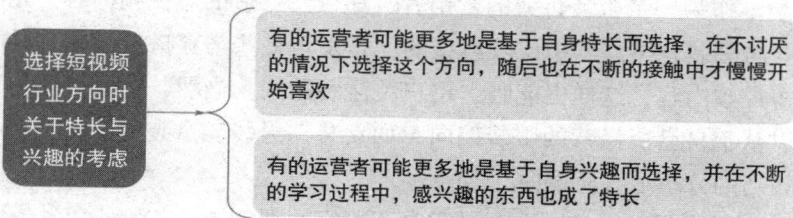

选择短视频行业方向时关于特长与兴趣的考虑	有的运营者可能更多地是基于自身特长而选择，在不讨厌的情况下选择这个方向，随后也在不断的接触中才慢慢开始喜欢
	有的运营者可能更多地是基于自身兴趣而选择，并在不断的学习过程中，感兴趣的东西也成了特长

图 3-2

综上所述，运营者选择行业方向时必须从自身出发，而不能胡乱选择——平台上哪些行业内容做得好并火起来了，自己就选择什么。这样很容易被动，且一般不会获得成功。只有在运营过程中有兴趣或特长的加持，才能长期坚持并发展下去。

（2）从行业出发，选择属性能契合的

在清楚自身实际情况后，运营者还需要考虑要推广的产品的行业属性。因为如果打造的短视频内容与产品行业属性完美契合，那么是能在运营上取得更好效果的（如图 3-3 所示）。

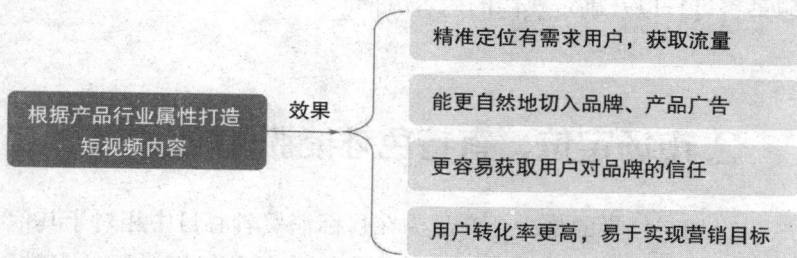

根据产品行业属性打造短视频内容	效果	精准定位有需求用户，获取流量
		能更自然地切入品牌、产品广告
		更容易获取用户对品牌的信任
		用户转化率更高，易于实现营销目标

图 3-3

可见，基于产品的行业属性来打造优质的、专业的短视频内容，可以在积累流量的同时让用户关注品牌和产品，最终实现短视频的营销目的。那么，关于短视频内容的行业方向，在具体运营中我们应该如何选择呢？

作为一个服装行业的营销者，那么其打造的短视频内容一定要与服装相关。其中比较典型的就是发布一些与穿搭技巧相关的短视频内容，这样更能吸引用户关注和购买。当然，运营者还可以基于自己所经营的服装偏向，如女装、男装、童装等，在穿搭技巧的分享上有所偏向。

（3）最终确定方向，基于是否可行的判断

利用上面两种方法初步确定了短视频行业方向后，接下来就需要根据具体的数据来分析和判断，以便运营者了解该行业方向上的用户画像和确定垂直细分领域。那么，运营者应该怎样去了解这些数据和内容呢？笔者在此以抖音短视频为例，为读者提供其在"西瓜短视频助手"平台上的数据。

在此，首先介绍在平台上进行与摄影相关的抖音号的行业领域选择的操作。

进入该页面后，运营者即可选择与穿搭相关的抖音号，通过了解它们的用户情况和运营数据，即可判断自身所选择的行业领域是否可行以及确定热门的内容方向。

2. 市场定位：有特色才能脱颖而出

市场定位指的是一个商品为在目标消费者心目中相对于其他同类竞争产品而言占据清晰、特别和理想的位置而进行的安排。制作者如果想要创作出受观众喜爱的短视频，就必须明确其市场定位，明确其与其他同类短视频相比的独特性，这样制作出的短视频才有足够的竞争力。

（1）选择合适的目标短视频

在真正制作短视频之前，首先要明确自己的制作方向，然后找到之前已经获得成功的同类型短视频加以学习。这种学习自然不是要求制作者照搬别人的制作经验，而是以其作为目标，分析对方为什么能获得成功，以及对方的短视频中还存在哪些相应的不足，就这样建立起一个自己的短视频制作模板，避免走弯路。对于短视频目标的选择，还应该注意到以下两个方面。

①避免大热题材

热门题材虽然受众群体较广，但是其中的竞争也同样激烈。同一个主题的短视频有太多的制作者选取，这就导致了在该主题上创新的难度增大，尤其是在这个热门题材不是由你首先发现而是跟风学习的时候，等你的短视频制作完成，这股热门风潮已经消退了，这样就导致了该短视频的推广困难，难以打开观众市场。

而且大热题材的流行时间往往是非常短暂的，短视频团队在选择目标短视频的时候，还是应该按照其目标用户的需求来进行。经典是永远不会过时的，经典的短视频形式可以有更长久的生命力。短视频团队应该从经典案例中整理出模板，然后再根据实际情况在其中填充上自己原创的内容，从而制作出高水准的短视频，同时还避免了让用户产生审美疲劳的可能。

②避免生搬硬套

每一个短视频制作者在筹划该短视频的时候都会考虑到自身的条件，依照自己的优缺点扬长避短才能制作出一个成功的短视频，这就意味着目标短视频中不是所有的优点都是适合你的。学习目标短视频是一个丰富自己阅历的过程，在这个过程中必须要根据自身条件来进行把控，想让一个完全不懂音乐的人在短时间内就能弹得一手好琴可谓是天方夜谭，想要制作出一个能打动观众的短视频就必须要挖掘出自己真正擅长的方面并予以展示。

学习别人的短视频制作方法并不是走捷径，这需要大量的数据才能整理出其成功的共性，是一个前期积累的漫长过程。目标短视频的选取一定要足够慎重，即使短视频没能一次就大获成功，制作者还有更改调整的机会，但是在调整过程中，制作者又需要再次收集大量的数据给予理论支撑，未免太过于耽误时间。

短视频的类型是多种多样的，团队为了达成不同的目的，在选择目标短视频的时候一定要慎重考虑。目标短视频的选取要与自己最终的目的趋于一致，尤其是在感情色彩方面。例如想要推广产品，最好选择较为轻松的短视频形式，而如果是想要塑造内容本身，短视频团队不妨选取较为严肃的目标短视频形式。目标短视频的选取对于最后成品的质量有很大的影响，短视频制作者在这一方面必须经过前期的调查研究、数据分析之后才能最终做出决定。

（2）确定短视频分析维度

在收集了一定量的同类短视频的相关数据之后，制作者就应该开始对这些数据进行分析。这种分析必须按照自己的短视频制作构想有针对性地进行，想要做到全面的分析，就必须确定短视频分析的维度（如图3-4所示）。

①目标

目标的确立是短视频制作最基本的部分，有了目标才能够对后续的内容进行安排。目标的确立需要思考"你希望短视频达到什么样的效果""为了达到这个效果你愿意做出什么样的努力""在整个筹备阶段你愿意付出多少时间精力乃至金钱"等问题。这些问题都是再实际不过的，如果不能加以确立，那么在后续的实践过程中必然会遇到各种各样的麻烦。

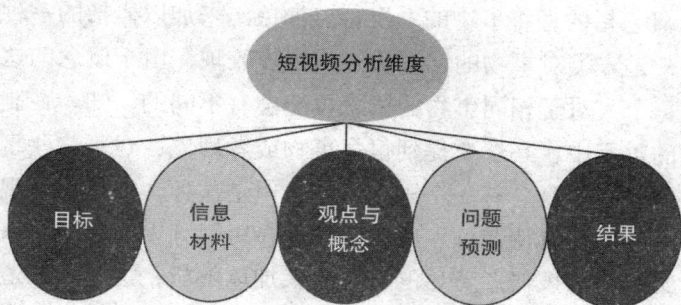

图 3-4

②信息材料

在确立目标之后，制作者所要做的下一步工作就是收集信息材料。信息材料的选取必须要切合制作者所选取的主题，只有切合主题的内容才不会令观看者产生脱节感。在信息材料的收集过程中，首先要注意的就是版权问题，没有版权的信息材料不能乱用，以免发生法律上的纠纷。这些素材最好由制作者进行拍摄录制，或者购买使用权，这样虽然前期投入较大，但是减少了风险，避免产生在短视频投放之后却因为版权问题而被平台强行要求下架的尴尬局面。

③观点与概念

每一个短视频都必然会体现出制作者的观点，很明显，制作者在短视频素材的选取上必然要与这个观点相匹配。观点本身是不存在对错的，但是却存在是否符合大多数观众想法的这一问题。能被大多数观众所认同的观点才能使短视频传播得更广，才能使受众群体的范围最大化，所以短视频观点的选择尤其是在一些持有不同观点的两方冲突较为激烈的话题上，制作者还应该更加谨慎。

概念指的是将事物的本质特点抽象出来加以概括的一种表达方式，是人类对事物的客观认知的主观表现。由于概念的这一特性，每个人对于相同事物的概念可能会有不同的认知。在制作短视频的过程中，必然要提到很多事物或者现象，对于这些事物和现象制作者本身会有一个概念认知，但是这种认知是否与观众所持看法相同还有待商榷。所以制作者在短视频中提起一个概念之前，必须要对该概念背后的深层含义加以解析，这样才能避免令观众的理解产生偏颇。

3. 分析用户：建立短视频人物画像

在讲解如何确定目标人群之前，首先要讲解什么是用户画像。用户画像指的是将一系列真实的用户数据抽象地虚拟成一些用户模型，然后对这些用户模型进行分析，找出其中共同的典型特征，细化分成不同的类型。再根据这些细分出来的用户画像来进行用户需求分析。

用户数据分为静态信息数据与动态信息数据两大类。静态信息数据比较容易掌握，因为其是自产生就不会发生太大变化的。而动态信息数据在收集时较为困难，因为其是实时变化的，根据用户在不同时期的喜好有不同的特点，这也是短视频制作者在前期收集时需要更加关注的。因为动态信息数据真正体现了用户的好恶，是制作者在题材选择问题上最明确的指导方向。

动态信息数据由于其变化较大，所以需要短视频制作者长期进行追踪、收集，并且从其变化中分析出目标用户需求的改变，这样才能根据该变化对短视频未来的发展道路进行调整，保证短视频发展的稳定性。

　　建立用户画像实际上是将用户标签化的一个过程。在经过数据收集、行为建模后就可以构建出用户画像。而在用户画像被建立之后，可以让短视频制作者在制作短视频的时候更好地抛开自己的喜好，精准地按照目标人群的喜好来对短视频进行设计，永远将焦点固定在具象化的用户画像上，避免焦点分散导致短视频成品内容脱节，这样使得制作者在对短视频进行设计的时候更为容易。

　　用户画像的建立有利于短视频制作者通过计算机等科技手段来对目标群体进行筛选，但在产生多个用户画像的时候还是需要制作者根据目标群体的优先性来进行筛选，避免不同的目标群体的需求产生冲突。

　　短视频分析画像可以最直观地体现究竟什么样的短视频才能获得高人气，从而帮助制作者对题材进行选择。

（1）电商

　　电商类短视频是为了向用户展现其商品的，所以在内容的选择上也是以突出商品的特质为根本。电商所针对的用户群体本身是消费者，在短视频内容的安排上就要多考虑用户的消费心理，从而促使其产生消费欲望。现在像淘宝这种大的电商平台已经开始推出自己的短视频渠道了，通过这种方法增加商家与用户之间的互动，从而提高营业额。

（2）媒体

　　媒体类短视频是随着网络科技的发展，从传统的媒体形式发展而来的。媒体是传播信息的媒介，其传播的信息既可以是即时的，也可以是非即时的，这与不同媒体对于自身的不同定位有关。

　　媒体类短视频注重的是对于信息的分享，是一种内容型短视频形式。现在网络中许多自媒体账号都是基于这种形式的。制作者如果想要采取这种形式来进行短视频的创作，就必须要注重内容的打造，只有高质量的原创内容才能够满足目标用户群体的需求，从而获得更好的发展前景。

（3）社交

社交是每个用户在日常生活中都离不开的，想要做好社交类短视频，制作者必须要依托于平台。例如快手、抖音等社交类短视频平台，他们各自有其特色，短视频制作者在进行选择的时候要根据自身内容的特点来选取更为适合的平台。

社交类短视频需要制作者与用户之间进行互动。用户往往对于陌生人的生活存在着一些好奇，制作者通过短视频这一形式分享自己的生活，可以满足用户的这种心理，并且频繁的互动还可以增加用户的黏着性，使其能够快速转化为忠实用户，对于短视频的未来发展有很大的好处。

（4）娱乐

娱乐类短视频是以为用户带来欢乐为基本目的的。制作者在打造此类短视频的时候要注重其幽默性，越幽默、越搞笑的内容也就越容易受到用户的欢迎。用户选择此类短视频本就是为了放松，所以娱乐类短视频要保证其整体基调的轻松性。

在娱乐的基础上，短视频的内容还要做到雅俗共赏。太过低俗的内容虽然在短时间内可以满足用户的猎奇心理，从而受到关注，但是长此以往绝对无法获得更好的发展；而太过高雅的内容则会使得用户难以理解，从而失去兴趣。

（5）教育

教育类短视频由于其形式本身的特点，需要制作者在较短的时间内就必须要讲清楚一个知识或者一个技能。为了做到这一点，制作者在策划阶段必须要抓住重点，然后结合当下的潮流，在短视频中以有趣的方式来传授知识。

教育的范围是非常广阔的，其覆盖的用户人群也是非常大的。科普类短视频也被包含在这个范畴当中。此类短视频适合有明确目的的用户，使其可以充分利用生活中的碎片时间来进行学习。教育虽然本身是严肃的，但是制作者在完成此类短视频时还是应该选择较为有趣的方式，这样才可以使得之前没有接触过此类知识的用户，能够在很短的时间内充分理解，学有所得。

（6）资讯

现在有越来越多的用户开始通过短视频这一媒介来了解每日的资讯。资讯类短视频可以使得用户在单位时间内获取到最多的资讯，这在如今的快节奏生活当中，可以帮助用户节省不少的时间。

资讯类短视频最大的特点就是方便、快捷，为了能够保证这一点，其往往是由一个团队来进行制作的。依靠团队的力量，成员之间进行分工合作，可以最大限度地保证制作的效率，从而可以将资讯第一时间推送给用户。只有这样才能保证其在同类短视频中的竞争力。

想要建立短视频分析画像，必须要在各大平台上收集不同的短视频播放数据量的差别，然后建立模型加以分析。这必然需要漫长的过程来处理庞大的数据，但是对于一个短视频制作者而言，这种前期准备却是必需的。建立短视频分析画像有利于制作者在后期直接选出最适合的题材，同时对于目标人群的定位也有着不可或缺的帮助。

4. 找准需求：定位目标人群

运用短视频进行营销，和其他任何一种营销方式相同，都必须要根据用户的需求来进行定位。目标人群的选择是否准确是短视频营销是否成功的重要因素之一，下面我们就来说明一下如何确定目标人群。

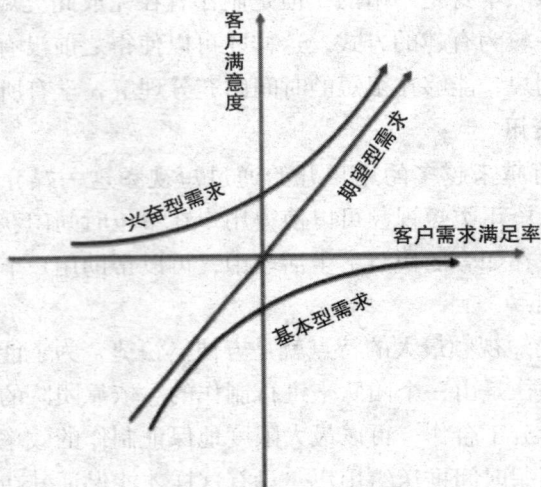

图 3-5

    对于一个短视频而言，由于其观看群体的复杂性，观看者的需求是多种多样的，单独的某个短视频是不可能将所有观众的全部需求都满足的，在这种时候短视频制作者就应该建立用户需求模型，从而更简便地将用户的需求按照重要程度进行排序。Kano 模型就是一个可以帮制作者解决问题的用户需求模型（如图 3-5 所示）。

    Kano 模型是由东京理工大学教授狩野纪昭发明的，其主要作用是在将用户的需求进行分类后按照重要程度再进行排序。短视频制作者如果采用这个模型对所收集到的用户需求的相关数据进行分析，可以高效率地得出短视频内容所要满足需求的轻重缓急，帮助制作者更好地制订计划。

    Kano 模型根据用户不同需求的重要程度，将其分为 5 类：

基本型需求、期望型需求、兴奋型需求、无差异型需求和反向型需求。这5类重要程度依次递减，也就意味着短视频用户的基本型需求是必须要满足的，而反向型需求则是不应该做的，如果出现反而会适得其反，引起用户的不满。

根据图示我们可以看出，纵轴越向上客户的满意度越高，横轴越向右客户需求的满足率也就越大。基本型需求是基础，短视频的内容必须要满足用户的基本型需求才能得到用户的认可，如果没有达到的话就会招致用户的不满。

期望型需求指的是用户在观看短视频之前所预期中想要达到的那部分需求，也就是所谓的"痛点"。期望型需求虽然不是必需的，但是一个短视频作品的内容如果可以满足这部分需求，在与其他同类短视频进行竞争的时候，就会有极大的优势，在用户的心里也会留下无可替代的印象。

兴奋型需求对于客户的需求满足率的提升，是有重大影响的。用户在观看短视频的时候如果兴奋型需求被满足，其需求的总体满足率就会急剧上升。想要满足用户的兴奋型需求就需要短视频制作者给予用户出其不意的惊喜。惊喜的内容就是用户的潜在需求，如果短视频可以满足，则有利于快速提高用户的忠诚度。

所以制作者在制作短视频的过程当中，应该在收集整理分析数据后，根据该模型，确定用户需求的综合的最高点，通过对短视频用户需求的深度分析来对制作内容不断地进行调整，主动对用户的满意度进行升级。只有这样才能保证用户的黏着性，避免用户的流失，保持短视频发展的稳定性。

堪称抖音第一美女的李子柒，她的诗意生活吸引了很多人的关注。网红李子柒是四川人，她曾经是微博知名博主，后在抖音平台上绽放异彩，凭借制作美食的短视频被大家熟知。目前，李子柒全网的粉丝高达2000万人，她发出的短视频播放量高达30

亿次。

在李子柒很小的时候，她的父母就离婚了，她和爷爷奶奶相伴一起长大，后来爷爷也去世了，李子柒就和奶奶相依为命，奶奶是她至亲的亲人。从小缺乏父母的关爱，感受不到家庭的温暖，李子柒14岁时，就因为生活的压力，被迫外出打工，独自在外生活了七八年。她曾做过餐厅服务员，还做过酒吧DJ，正是这段经历，让她更清楚地知道自己未来要走的路，更加明确自己未来的人生方向。

2012年，李子柒的奶奶生了一场大病，此后，她决定花更多的时间来陪伴自己唯一最亲近的亲人，回家陪伴奶奶。同时，中国网购用户规模达2.47亿人，李子柒紧跟时代潮流，开始自己拍摄短视频，宣传自己的淘宝店。就这样，她开始了探索之路。

一开始，李子柒一个人拍摄、一个人剪辑，虽然一个人做这些很辛苦，不过她还是保持更新。2015年，为了活跃淘宝店的生意，李子柒自拍自导古风美食视频，并上传到美拍，没想到视频受到欢迎，淘宝店反而没有多少起色，她干脆关了店专心弄视频。

李子柒会做饭也是因为小时候受爷爷的影响。她的爷爷是一位乡厨，经常会教她一些技巧，所以拍摄做菜类的视频，李子柒信手拈来。

后来的事情大家应该都知道了，当积累了一定数量粉丝后，她签约了MCN微念科技公司。加入微念后，李子柒的粉丝数迅速增长，现如今，她的粉丝数超过了千万，有着非凡的商业价值。

再后来，李子柒天猫旗舰店正式营业（如图3-6所示），店铺上线当天，店铺内的大部分商品销售过万。而李子柒日常发布的视频的转发量也超过10万次，评论量超过8万，点赞数突破30多万。

李子柒的定位：闲云野鹤，田园人家。李子柒的视频，给在都市生活的人们带来了一种全新的感受：青山绿水，悠然自得，每天可以不用为生活奔波，陪伴着自己的亲人，过着世外桃源般的生活。

图 3-6

或许是因为城市里的人们每天生活节奏很快，辛苦工作后回家看看李子柒发的视频，可以让人很放松，忘记一天的疲惫。也许李子柒这样的生活，正是大多数人理想的生活，所以大批人关注了她。

凡是看过李子柒视频的都知道，她把日子过成了诗，她的生活如诗一般美好。有网友说：李子柒的生活才是每个人真正向往的生活，这样的生活谁不想要呢？

5. 内容优化：持续产出优质内容

短视频新媒体的生存和发展的核心在于其内容的品质，提供优秀的短视频资源供用户观看是一家新媒体的根基所在。

对于短视频创业者来说，一窝蜂似的扎堆做重复的内容只能造就短暂的繁荣，内容误导更是万万不可行的饮鸩止渴之举。只有真正了解内容、会做内容的创业者，才能凭借满满的"干货"在短视频平台成立的初期就迅速吸引流量，并在不断优化内容的过程中和用户"共同进化"。

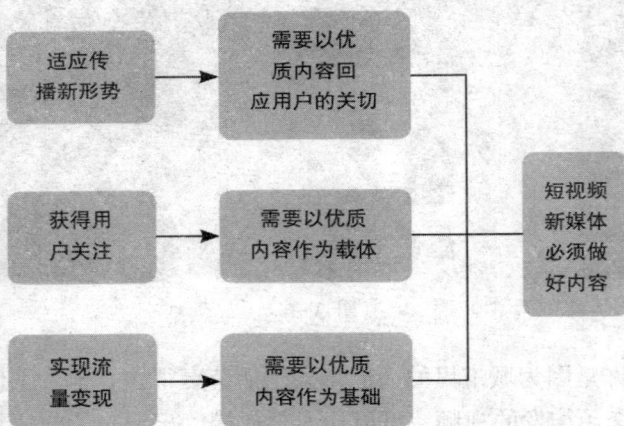

图 3-7

由于专业知识的匮乏和实战经验的欠缺，很多创业者在短视频内容运营的初期总是摸不着头脑。想一心做原创，却找不到切入点；想借鉴他人的创意，却又怕出现"狗尾续貂"的尴尬。其实，这些困惑都源于创业者对短视频内容认知的缺乏。要想真正做好内容，首先要了解内容对于短视频新媒体的意义所在（如图 3-7 所示）。

（1）适应传播新形势

从 2016 年这个短视频新媒体行业爆发的元年开始，短视频的传播形势出现了微妙的变化：短视频的生产者和观看者之间的关系由单向的"制作—播出—观看"模式开始向双向的"制作方—内容—用户"互动转移。视频生产者与观看者之间出现的跨界限的互动现象，已经让传统的"你推我看"形式相形见绌。在这种情况下，如果短视频创业者还是坚持传统的自说自话式的内容生产，显然不能获得用户的首肯。而要想适应双向交流的新传播形式，短视频创业者就必须斟酌用户的需要，将内容做好。顺应用户的呼声优先做好内容，这对急需获得第一批种子用户的短视频创业者来说尤为重要。

（2）获得用户关注

对于新组建的短视频新媒体来说，首先，没有可供利用的人气基础；其次，在传播领域也没有足够的曝光率和知名度；最后，也没有雄厚的资金支持。在外部条件都不具备的情况下，优化用户体验就成了必须要做好的事情。而在缺少话题和名人助阵的情况下，对内容本身进行提高，就成了短视频创业者最现实的选择。

与关注知名短视频新媒体时具有强烈的目的性不同，很多用户在关注新的短视频新媒体时往往都是在不经意间完成的。在观看短视频前，这些用户既没有强烈的目的性，更没有对观看体验的心理预期。在这种前提下，如果新媒体的短视频内容立意足够新颖、内涵足够丰富，就能猝不及防地带给用户"惊喜"，从而迅速引起用户的关注。

（3）实现流量变现

在完成了对用户的积累和维护工作之后，接下来短视频创业者需要做的事情就是对用户所提供的流量进行变现。然而相较于免费观看，让用户为短视频新媒体，尤其是刚刚成立、还没有知名度的短视频新媒体付费是一件颇有难度的事情。这时，内容对于流量变现所发挥的作用依然具有决定性意义。目前较为可行的短视频新媒体流量变现的方式无外乎 3 种：兴趣电商、页面广告和付费观看。而这 3 种流量变现方式，都与内容优化息息相关（如图 3-8 所示）。

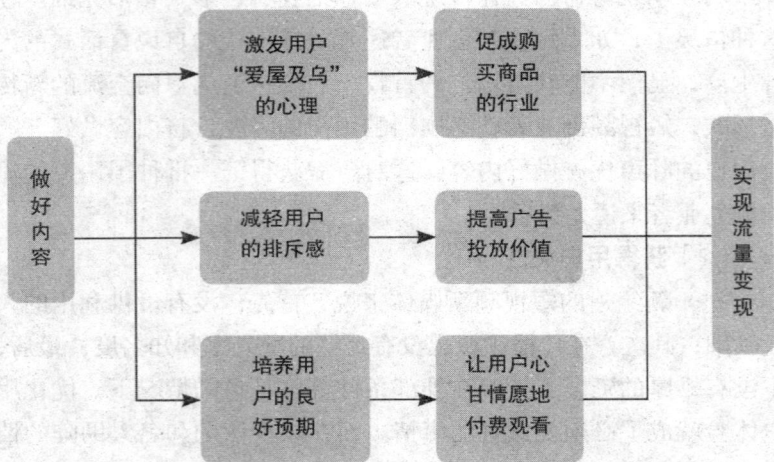

图 3-8

首先，只有内容做得足够好、足够打动人心、足够让用户满意，用户才会对短视频新媒体所销售的商品产生"爱屋及乌"的心理，继而触发购买行为。

其次，用户对页面广告具有天然的排斥感，如果新媒体的内容做得不够好又广告泛滥，那就必然会加剧用户的排斥感，继而导致用户的延误和流失，而一个人气流失的平台是不具有广告投放价值的。反之，如果新媒体的内容始终能保持高品质，那么不但其自身的广告投放价值能得到保障，而且用户也不会对广告产生过激的反应。

最后，短视频创业者只有将前期的内容做好，获得用户的喜爱和赞赏，这些用户才会对后期的内容产生良好的预期。在这种情况下开展付费观看业务，用户才能乐于接受。反之，如果在前期内容质量差、"干货"少的情况下就推出付费观看业务，不仅会在舆论方面引起用户的反感，更无法实现短视频新媒体的盈利。

当我们决定做短视频内容创业后，就需要考虑选择什么样的内容类型才能获得持续的发展。

6. 紧跟热点：引爆流行时尚

巧妙地借用热点话题，可以帮助短视频快速升温。热点话题的选用要根据短视频目标用户的定位来进行选取，运用该部分用户更加感兴趣的热点话题，可以起到更好的效果。而如何寻找到热点话题就是短视频制作者所要面对的关键性问题了。下面就来介绍两个热点话题发掘途径。

（1）百度搜索风云榜

百度是全世界最大的中文搜索引擎和全中国最大的搜索引擎，其上每日有数以亿计的用户进行搜索。百度在收集了这些数据后，会根据关键字进行分析归类，计算出搜索指数形成榜单，供其他用户参考。

百度搜索风云榜分为两个板块：实时热点与七日关注。短视频制作者可以根据这两个板块中的排行来进行话题选取。实时热点的话题往往迅速引爆，发酵速度较快，这就要求短视频的完成也必须保证高效，这样才能得到热点的助力。而七日关注中的话题虽然也是热点，但是得到了用户的长期关注，制作者能够拥有更充足的时间来打磨短视频作品，对内容进行深度挖掘。

（2）微博热搜话题榜

微博是现如今用户在网络中使用最多的社交平台之一。用户在微博上检索信息，互相分享，对热点话题进行讨论。所以微博热搜话题榜的数据对于短视频制作者而言，是十分具有参考价值的。

从微博热搜榜中可以看出，其分为四个部分。其中"微博热搜"与"热搜榜"都是对于实时热点话题的统计，短视频制作者可以根据这个榜单来选取相应的热点话题。值得注意的是"好友搜"这一板块。"好友搜"会将该微博账号互相关注的好友所搜索的话题按照热度进行排列，短视频制作者可以关注一些目标用户，然后收集其每天关注的话题是什么，从而选取到最适合的热点话题。

热点话题的选择必须要有价值，具有传播性，能够快速在用户群体之间造成影响。这样完成的短视频在推广的时候才能得到最好的效果。短视频的内容必须对该热点话题进行深入的挖掘，这样才能做出最具创意的原创作品，从而打动用户（如图 3-9 所示）。

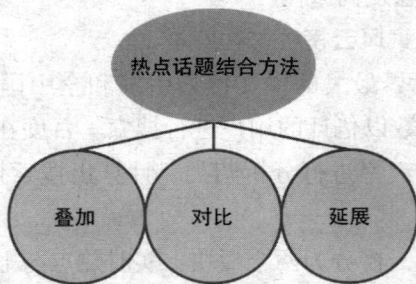

图 3-9

①叠加

一个热点话题能够获得的关注是有限的，为了能够扩大用户受众群体，短视频制作者可以采用热点话题叠加的方法。将两个本没有直接关系的热点，寻找其中的内在连接点，从而使其发生联系。

热点的叠加一方面可以受到更多用户的关注，另一方面也可以使得短视频内容更加富有创意。热点话题爆发的时候，一定会有许多同类短视频在相近的时间发出，制作者想要从中脱颖而出，创意是最重要的。具备创意的内容可以使得用户在观看过后留下更加深刻的印象，从而达到良好的运营效果。

②对比

热点话题虽然往往具有时效性，但是不同时期的热点却可能含有一定的相似度。在这种时候，短视频制作者就可以将这个新兴的热点与过去曾经引起过用户关注讨论的热点进行对比，从而引发用户对于过往的回忆。

相似热点话题的对比还可以使得制作者在内容上能够更加深入地挖掘，通过对比的形式，来体现出为何此类事件频频出现，从而向用户传达更加深刻的观点见解，获得其认同。以现如今被用户重点关注的"医患纠纷"这个热点话题为例。几乎每几个月都会爆发出一个医患矛盾相关的热点，从急救医生被患者家属暴打，再到儿科护士被高跟鞋打伤，这些热点事件虽然发生在不同的时刻，但是其中所蕴含的本质原因却是共通的。短视频制作者可以在对比后进行分析，使得内容做到有理有据。

③延展

一个热点话题的出现，背后所体现的不仅仅是其本身。制作者对一个热点话题进行延展性思考，就是一个深度挖掘的过程。在这个挖掘过程中，可以寻找到更有特色的切入点，从而使得最终完成的短视频与众不同。

7. 内容创新：创新是短视频的生命力

短视频的制作者无疑都会遇到一个瓶颈期，在这个时期播放量达到饱和，老用户也感到了审美疲劳。在这种情况下，必须创新才能保持短视频的生命力。创新应用场景则是更加准确地把握用户的喜好与需求的一种方法。短视频的用户不是一成不变的，制作者应该根据过去已经制作的视频的不同反馈来分析出不同时期用户的不同需求（如图3-10所示）。

短视频的内容场景十分复杂，一个大的场景会由许多小的场景共同构成。大场景起到统领作用，奠定了短视频的主基调，而小场景则是该短视频的闪光点，每一个被细分出来的小场景制作者在制作的时候都可以进行创新设计，越细分的小场景越容易让观众产生共鸣。

短视频在进行内容场景创新的时候，还应该分清主次场景。主要场景在整个短视频中必须处于支配地位，统筹兼顾，统领次要场景。次要场景必须与主要场景统一，这样才能形成连贯的符合逻辑的完整场景体系，让观众在观看短视频的时候不会产生错位感。制作者在对短视频应用场景进行创新的时候必须全面考虑主次场景，全面地把握短视频的各个部分，只有这样才能做成真正令观众满意的短视频作品。

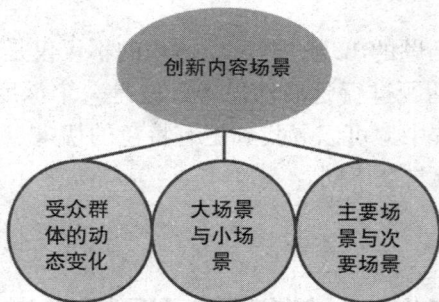

图 3-10

以"大胃王密子君"这一系列短视频为例。密子君是一个知名的美食类短视频制作者,由于其"大胃王"这一特点,每一期短视频当中都会吃下大量的食物,吸引来了许多用户的关注。但是以吃为主题的短视频如果长期仅仅重复相同的流程,迟早会使得用户感到疲劳。为了能够留住用户,密子君采用了内容场景创新的方法。

密子君最初的短视频都是在固定场景录制的,其背景就是大场景,而在这个大场景中其他的构成部分也就是小场景。为了能够不断创新,调动用户的情绪,密子君在后期的短视频当中开始去往各个店铺进行录制,用不同的内容场景构成来保持用户的热情,同时还可以向用户推荐美食,产生经济价值。

"大胃王密子君"系列短视频中的主要场景是密子君吃食物,其他的部分构成都是次要场景。密子君除了每期都会更换不同的服装以外,在拍摄时也会采用不同的构图方法,对主要场景进行调整,使得次要场景与食物搭配得更为自然,从而避免用户产生错位感。

为了能够更好地打动用户,密子君的短视频开始从单纯地吃东西,转化成了有主题地吃东西。比如,他做过高考特辑、母亲节特辑等短视频,借用这一特殊时刻,给短视频赋予了不一样的意义,让内容更有新意。

创新是保证短视频生命力的最有力方法,创新固然重要,但是按照正确的方法进行更加重要。在应用场景创新的过程中,必须要注意这三个问题,只有将这三点考虑全面了,才能构建好一个完整的短视频应用场景。完整的应用场景是该短视频能够得到观众喜爱的最基本的要求。

8. 用户需求：以用户需求为核心

社会经济的不断发展充分解放了人们的消费个性，无论是在有形产品的选择上，还是在无形产品的选择上，越来越多的人开始追求高品质、个性化的消费体验。和消费升级相伴而生的，便是一大批内容创业者。从文字、图片到视频，在移动互联网浪潮的冲击下，内容创业的呈现也变得愈发多样化。

进入2016年后，短视频行业发展迅速。据《华尔街日报》报道，截至2016年年底，YouTube全球用户每天累计观看视频的时间已经超过10亿小时。而在中国，短视频创作团队同样在日益增长，内容质量也有了明显提高，越来越多的投资者开始关注该领域。今日头条的高级副总裁赵添表示，"短视频爆发正当时"。据有关统计显示，截至2019年7月，字节跳动旗下产品日活跃用户超过7亿，月活跃用户超过15亿，其中抖音日活超过4亿。这些数据预示：当前，用户对于短视频内容的关注度正在逐步增加，短视频将成为未来内容创业领域的大趋势。

在内容创业浪潮袭来的今天，短视频也迎来了发展的"春天"。在美拍、快手、秒拍、微信、微博等众多热门平台的支持下，一条内容质量较高的短视频点击量轻松过万。因此，内容创业者选择短视频这个入口是非常明智的，只要内容好，符合用户的需求，就不愁没有流量和用户。

那么，到底什么样的内容可以称得上是好的短视频内容呢？事实上，关于这个问题，就连视频鼻祖——电影大师们也很难给出准确的回答。德国导演沃纳·赫尔佐格曾表示："电影并不是学者的艺术，而是文盲的艺术。"如何理解呢？简单来说，在新媒体时代，每个品牌的形成都有一个属于其自身的独特调性，而这个调性必须符合受众的审美观、价值观。

也就是说，要想做好短视频的传播与营销，其内容和受众的精准定位是必不可少的。短视频内容的好坏并没有一个统一的标准。而所谓的优质内容，一定是建立在满足用户需求的基础之上的。这一点，无论对于以微信公众号、各种形式 App 为代表的新媒体，还是对于以报纸、杂志为代表的传统媒体，都是共通的。

事实上，做短视频创业，有两条线是需要创业者时刻关注的：短线上，要求视频创作者绞尽脑汁地打造一个爆款视频，让自己尽可能地被更多的人所熟知，促进内容消费；长线上，则要求短视频创业者凭借一系列持续的短视频建立与用户之间的联系，在用户中建立起足够的辨识度，以实现用户的沉淀。

后者显然对于品牌的持续性发展更为有利，而要做到这一点，短视频创业者就必须先对自己内容的边界加以明确，为自己的短视频内容打上某种风格化的标签，即找到自己的精准受众，然后根据该受众的需求为其持续提供自己的独特内容。

例如，东北猫新媒体对自己的定位是一个多渠道多产品的互联网新媒体品牌，其主营业务涉及微信公众号平台、微博以及新媒体周边开发代运营业务、网络剧出品 PGC 业务、电视栏目、地方 O2O 等多个方面。一直以来，东北猫在短视频内容的打造上都坚持以用户为中心、以创新为根本，利用分析和评估，对其核心用户的需求进行深入探讨，从而进行视频内容的匹配，打造一系列符合用户群体审美观和价值观的经典短视频，以吸引更多相对精准的人群。根据有效数据统计，在东北猫的用户中，20～39岁的黄金受众群体占比达 85%；19 岁及以下占比 6%；40 岁及以上占比 9%。

从一家专注于互联网文化的团队，稳健成长为影视作品播放量突破 6 亿次、平台粉丝突破千万名的东北最大的新媒体公司，在东北猫的成长历程中，用户需求始终是第一位的。

移动互联网的快速发展给了人们更多的选择权，同时也给了短视频创业者更多的机会，只要你的短视频满足了一部分人的需求，就一定能够得到这部分人的认可，从而带来流量和用户。而要想让自己的品牌能够得到用户的持续关注，并心甘情愿地为自己的内容付费，实现品牌的成功变现，就需要不断对核心用户的需求进行探索。围绕核心用户的本质需求进行短视频内容的创作和创新，是每一个短视频创作团队都必须且要坚持去做的。

如今，短视频创业已经不再是一件新鲜事了。由于前期投资成本低、操作简单等原因，短视频创业的进入门槛较低，但是短视频创业的成功率也并不是一个可观的数字。从当前较为成功的案例来看，短视频创业的根本还是要找到核心用户的本质需求，只有真正满足用户需求的短视频，才是真正合格的产品。

有需求就有供给，这是人类社会进步中一直存在的规律，在这个一切以人为本的互联网社会中，同样应该如此。因此，短视频创业者在对自己的短视频进行定位时，一定不要脱离对用户消费需求的探讨，例如确定用户更喜欢看段子、新闻还是深度分析等，以此来确定短视频的最终"调性"是无厘头的还是走心的，是吐槽的还是魔性的……事实上，所谓短视频创作，就是指以对短视频内容进行生产和重组的方式，来使用户的视频观看需求得到满足。在此基础上，再加以创新，以此来提升用户对于品牌的认可度和忠诚度，实现品牌的成功营销。

和文字、图片、音频不同，视频本身就是一种多维产品，需要创业者具有剧本创作、剪辑、表演等多种能力。在这样的情形下，短视频的创作实际上是非常困难的一件事情，不但要求创作者经验丰富，而且需要多人合作共同完成。而一个真正好的短视频产品一定是有其独特的地方的，一个成功的短视频品牌也一定有其过人之处。任何一个爆款短视频成功的背后都是无数人精心的策划，只有准确抓住用户需求，才能实现短视频的成功扩散。

　　在 2016 年，短视频行业取得了突飞猛进的发展。未来，相信短视频领域将会产生更多富有创意的内容形式。但是有一点是肯定的：短视频内容的创作必须坚持以用户需求为核心。在未来的短视频的创业中，以用户需求为核心，为自己找准"调性"，打造一个具有高辨识度的品牌，是每个短视频创业者的必由之路。

第四章

视频制作：
手把手教你制作爆款短视频

1. 短视频如何快速吸粉

伴随网络的快速发展，如今的社会已经开始向媒体化演变，人们无论是发布信息还是获取信息，无论是个人决策还是商业决策等，几乎都离不开媒体。媒体化是整个商业市场的大势所趋。移动互联网技术使得整个内容工业的生态得到重构，信息传播效率发生了翻天覆地的变化，在这种社会大背景下，即使一个非常小众的受众群体也蕴含着巨大的商业机会。在移动互联网时代，每个人都可以成为媒体人。

随着生活水平的显著提高，人们的消费需求也在潜移默化地改变着，越来越多的人开始关注自己的个性化需求，追求高品质。在这样的社会背景下，传统的短视频平台遇到挑战，特定领域的视频内容增长迅速。短视频生产机构视知传媒创始人兼 CEO（首席执行官）马昌博曾经表示："未来单纯靠娱乐吸引用户的短视频平台会陷入困境，而致力于发布有用信息、提供专门知识、帮助解决问题、最终为用户节省时间的优质短视频平台会异军突起。"

随着短视频行业的快速发展及行业竞争的加剧，短视频产品愈加丰富，只有更精准、更深入的视频内容才能得到大众的青睐。所以，更强调视频内容细分和视频内容专业化的短视频新媒体被认为是网络媒体的未来。

短视频新媒体的制作流程并不复杂，其内容也并不需要像电视台一样包罗万象，这就要求短视频创作者必须专注于自己所做的视频内容，把有限的资源集中在某些特定的领域或某种特定的需求，量身定制的短视频内容更容易开创新领域、抢占消费者。

只要你的视频满足了一部分人的需求，就一定能够得到这部分人的关注和认可，从而带来流量和用户，实现变现。

　　在专注于内容方面，企鹅团的创始人"醉鹅娘"王胜寒的表现无疑是较为鲜明的。王胜寒专注于研究红酒文化，"醉鹅红酒日常"系列视频，讲述了如何醒酒、如何分辨酒的种类、如何做好酒和餐的搭配等关于红酒的知识。目前，这个视频已经成为国内颇具影响力的脱口秀。基于这个视频，王胜寒在新媒体平台也获得了超过 100 万的粉丝，"醉鹅红酒日常"也成为很多葡萄酒学校的准教材，而王胜寒也成为红酒界的启蒙老师。

　　那么，如何才能更好地专注于自己所做的视频内容，成功吸粉呢？（如图 4–1 所示）

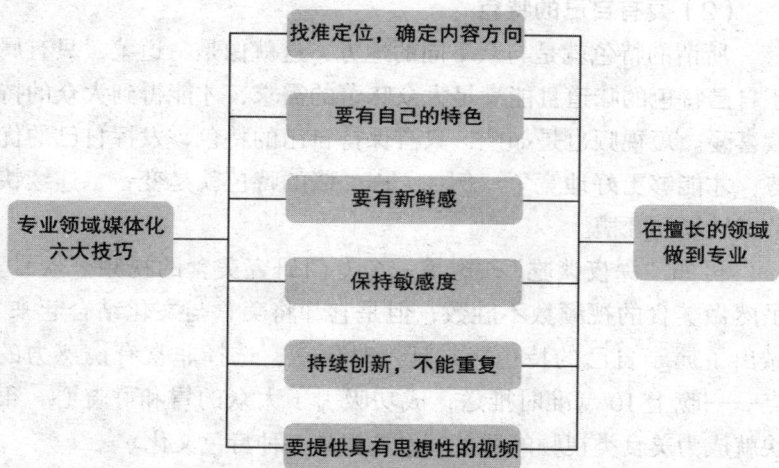

专业领域媒体化六大技巧

- 找准定位，确定内容方向
- 要有自己的特色
- 要有新鲜感
- 保持敏感度
- 持续创新，不能重复
- 要提供具有思想性的视频

在擅长的领域做到专业

图 4–1

（1）找准定位，确定内容方向

　　短视频表现的形式多种多样，覆盖的领域也比较广。对短视频内容创业者来说，定位是一件非常重要的事。一开始就定位好视频内容，认准一个点去深耕细作，不仅容易得到粉丝的认可，而且吸引到的粉丝也会更加精准，后期可以结合的商业模式就更加丰富。

美拍是美图秀秀出品的最火的短视频社区之一。美拍爆红的最大原因之一，就是以拍出优质视频为市场定位，根据爱美是女性最大的天性，针对女性需求，找准市场，打破吉尼斯纪录，成为国内举足轻重的短视频社区。

可以说，精准的定位是美拍取得成功的非常重要的一步。相反，如果没做好视频内容定位，就很难吸引粉丝订阅。即使一开始吸引到了粉丝，后期还是难以转化。例如，你做一个厨艺展示的短视频，却没有做好视频内容定位，每天都发布卖房信息，显然是不合适的。

（2）要有自己的特色

所谓的特色就是与众不同的地方，这就像是一道菜，只有属于自己特色的味道且能满足大众味蕾的需求，才能得到大众的持续喜爱。短视频也是如此，只有保持自己的特色，发挥自己的优势，才能够更好地竞争。例如，papi酱的特色就是变音、连续快节奏转场和吐槽。

再如"深夜谈吃"，这是一个专门研究美食的视频公众号。虽然做美食的视频数不胜数，但是它却将美食与文化结合起来，做出了属于自己的特色，并且及时更新，选择非常有诱惑力的点——晚上10点准时推送，成功吸引了大众的胃和好奇心，很快就成为美食类视频的翘楚。而这就是一种特色文化。

在笔者看来，特色甚至比专业性更重要一些。毕竟大众在短视频内容上并不过多追求知识深度，他们关注的往往是热点与专业结合的东西，从这个角度来说，有意思的视频更具有发展潜力。

（3）要有新鲜感

保证视频内容的新鲜感，是为了让信息更有时效性和新鲜度。在这一点上，短视频的内容一定要做到让人眼前一亮的感觉，因为第一眼的感觉是非常重要的。这不仅需要把握内容的新鲜度，也需要把握拍摄的技巧。同时，也需要讲究内容的包装。当然，新颖的形式包装也是需要的，例如微电影也是非常好的形式。随着短视频的发展，形式上的包装所发挥的作用将不可小觑。

（4）保持敏感度

社会上有着各种各样的热点话题，有热点就有关注，这也是短视频发挥的余地。这需要短视频创作者有敏锐的眼光，及时关注、深度挖掘。对于社会热点，每个人都会有自己的评判标准。但是很多情况下，很多人会越过道德的边缘妄加议论，这是一种不道德的做法。所以对于内容上的热点，短视频企业需要理智地对待社会热点，用更加理性的态度来正确引导，这也是社会责任感的体现。

（5）持续创新，不能重复

短视频的内容要及时更新，要保证每一节视频的内容都不重复。如果重复，大众感觉视频内容不新鲜，不仅没有再看下去的欲望，而且对短视频的印象也会大打折扣，甚至不再关注后期推送的其他视频。

在这方面，"一条"做得很不错，其基本能够保障每天至少推送一条原创生活短视频，内容从来不重复，每天都给用户耳目一新的感觉。

当然，视频内容的创新也有利于吸引大众，稳定粉丝。

（6）要提供具有思想性的视频

这是非常重要的一点，生活需要娱乐，更需要智慧。有思想、有高度的视频能更有效地吸引大众的眼球，增加粉丝黏度。当然，偶尔也需要提供一些服务性的作用，例如帮助大众解决一些实质性的问题等。现在的网民知识水平都很高，知识共享是非常有吸引力的。如果有的粉丝发现自己关注的短视频节目出现了常识性错误，肯定会产生怀疑，降低其忠诚度，也有可能会立刻取消关注。

要做好视频内容的定位，在擅长的领域做到专业，专注于一个领域，把它发挥到极致，从而满足特定用户的需求。有需求就会有供给，从而给短视频创业者更多的机会。只要短视频的内容满足了一部分人的需求，就一定能够得到这部分人的认可，从而带来流量和用户，实现变现，并带动短视频行业的可持续发展。

2.短视频的图文包装

在短视频内容生产方面，我们需要考虑如何让视频画面变得受用户喜爱，这就涉及对短视频的图文内容进行包装的问题。一个短视频栏目要想受到用户的关注，除了需要持续不断地输出优质内容，还需要做好图文包装，让观众有好的观看体验。

精致的图文包装为短视频的内容起到锦上添花的作用，观众可能会被短视频优质的内容所吸引，也可能因为视频的后期包装而增加关注。因此，对短视频的图文包装也是一个不可忽略的环节。

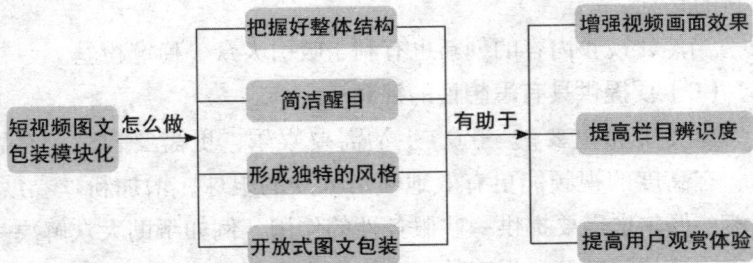

图 4-2

图文包装是很多短视频栏目后期制作的一个过程。为保证视频整体效果的统一，我们在后期对图文进行包装的时候也应该做到合理规范。那么具体应该怎么做呢？（如图 4-2 所示）

（1）把握好整体结构

对图文部分的包装，甚至包括视频片头片尾的包装，我们都需要形成一套方案，要让整个视频内容形成一体。这就需要把握好短视频内容的整体结构。而对视频结构的把握主要包括内容的完整性、流畅性和严谨、新颖。

首先，在内容上要保证完整统一，图文包装一定要符合整个视频的风格。避免出现短视频前后风格不统一、让观众莫名其妙的情况。其次，还应该注意，添加的图文信息一定要和视频内容自然过渡，不要对图文内容进行牵强的包装。

当然，在保证图文包装合理性的基础上，我们也应该突破固有的模式，让包装的形式更加独特、新颖，为观众营造出更优质的视觉效果，从而引起观众的兴趣。

（2）简洁醒目

简洁醒目是做短视频图文包装的最根本的要求。图文在视频中的核心作用在于对内容的辅助性表达，而在动态的视频画面中，图文出现的时间是较为短暂的，同时在画面上的显示面积也是有限的。

因此，在后期对图文进行包装时一定要做到简洁而醒目，要让观众可以快速轻松地获得相关的信息，这也是提高观众观赏体验的一种方式。而过于复杂冗长的图文信息，在很大程度上会降低短视频的视觉效果，从而影响观众观赏。

除此之外，我们在后期对短视频进行图文包装时，一定要注意包装的频次不能太高。短视频本身的播放时间就不长，不要让后期的图文包装掩盖了优质的视频内容，否则容易让观众分不清主次。要适当地包装，不要让短视频看起来花里胡哨，要将后期包装的侧重点更多地放在对视频细节的处理上。

（3）形成独特的风格

图文包装是为了使整个短视频更加完美、美观和更具有吸引力。而所谓的风格，就是我们需要对添加的图文内容有一个整体的构思想法。图文内容体现了我们对视频播放中每一个画面的理解。由于短视频种类繁多，我们在进行图文包装时，一定要形成一套自己的风格。

图文包装风格一定要根据短视频栏目的类型、内容、定位等方面进行考虑，一旦风格确定了，就要保持前后一致性，毕竟图文是需要贯穿整个短视频的。

魔力 TV 旗下的造物集，就一直沿用明亮、日式小清新的风格。风格的选择和栏目的定位，以及视频内容都十分吻合，给观众传递出素雅、安静的画面效果。整个短视频前后风格都趋于一致性，因此视频整体的画面效果不会显得过于突兀，同时还极大地增强了用户的观看体验。

造物集在图文包装上形成了自己特有的风格，并一直延续到每一期节目中的这种做法不仅有利于形成自己的标签，同时还提高了栏目的辨识度，加深了观众的印象。

面对短视频领域不断的专业化和市场化，打造自有品牌的意义变得更重大，而要打造出强势的品牌，就需要以一套独立风格和不可复制的图文包装为基础。

（4）开放式图文包装

我们需要形成一套完整的图文包装，但并不意味着这套包装就是封闭的。面对短视频市场环境的瞬息万变，我们需要一套开放式的，适合短视频持续发展的图文包装。只有开放式的包装才能在短视频栏目不断发展的同时增添更多新鲜的内容。

不要让形成的图文包装体系束缚了短视频栏目的发展，而是要让图文包装设计融入我们的短视频栏目。即使面对栏目新的变化方式，图文包装设计也可以始终贯穿和延续下去。

　　短视频进行图文包装有助于突出栏目的个性和特征，能增加观众对栏目的识别能力。在同质化的环境下，除了在内容上要更加新颖、有创新，在图文包装上也要风格独立，这也是区别于其他栏目的一种方式。因此，我们需要形成一套自己的图文包装风格，让图文包装不断地模块化，使包装形式成为短视频栏目的有机组成部分，这样更有助于我们的可持续发展。需要强调的是，图文包装只能为短视频起到点缀的作用，真正吸引观众的还是短视频的内容，好内容才是留住观众的关键。

3. 确定视频主题与时长

　　短视频的主题会确立其主基调。选择合适的主题，进行精准定位，才能够最大程度上吸引到目标用户的关注。一个短视频的主题不是随随便便就可以确定的，这要经过短视频团队的精心策划，才不会产生定位错误的情况。下面就来讲解一下如何才能明确定位出短视频的主题（如图 4-3 所示）。

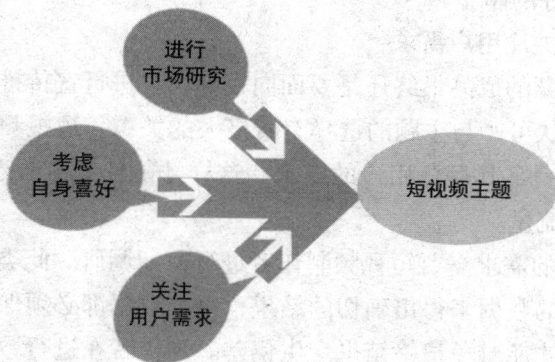

图 4-3

（1）进行市场研究

在确立短视频的主题之前，首先要进行市场研究。能够在网络中受到用户欢迎的短视频，一定有其独特之处，短视频制作者应该对其进行反复观看，找出其亮点并加以记录，从而了解到当下的市场需求，避免选择冷门主题。

不同的平台有不同的特点，短视频制作者应该对各类平台分别加以调查研究，将所得到的数据制成图表，进行对比分类，根据目标用户来选出其中的最优主题，这样才能保证短视频成品可以吸引到用户的注意。

（2）考虑自身喜好

短视频制作者自身的喜好也是需要重点考量的因素之一。当一个人喜爱一件事的时候，就会针对其有更多的了解，于是在自身的知识储备库中就积累了大量的素材，从而在制作主题相关的短视频的时候就能想出更好的内容。制作者如果贸然选择一个之前从未涉猎的主题，最终的成品很可能会因为了解不足而出现漏洞，这样会使得用户在观看之后怀疑短视频制作者的专业度，从而留下不好的印象。

（3）关注用户需求

短视频的成品最终还是要面向目标用户进行宣传推广的，能否得到其认可，与主题的选择有着极大的关系。短视频主题的选择必须要满足其目标用户的需求。这样才能使其有观看的欲望，从而产生流量。

用户的需求需要短视频制作者进行前期调研。此类调研需要较为庞大的数据来得出确切的结果，每个数据都必须保证真实有效，这样才能避免最终结果产生偏差。制作者在进行数据处理的时候要试用科学的方法，从而在保证正确率的基础上提升效率，减少不必要的时间浪费。

在确定了短视频的主题后，还要注意把握其最终成品的时长。短视频之所以能够受到用户的欢迎，是因为其方便用户在生活中的碎片时间里进行观看，这就要求短视频的长度不能太长，否则就会失去其市场竞争力。但是同时也不能太短，过短的成品很难表达出制作者的全部意图，难以真正令用户理解认可。

2017 年 4 月今日头条副总裁赵添在发布会上指出，4 分钟的短视频是最适合的。能够在金秒奖的评选过程中获得百万播放量的短视频，平均时间在 4 分钟左右。这个数据表现出了用户对于短视频时长的取向，制作者可以进行一个参考。但是，4 分钟的时长也不是固定不变的，还是要根据短视频的主题以及最终想要呈现的效果来进行调整。

4. 选好拍摄器材

拍摄器材决定着视频画面的清晰度、色彩和流畅度，因此，要拍摄一部具有吸粉能力的短视频，首先要明白，在拍摄短视频时，究竟什么样的拍摄器材更适合视频的创作。随着社会的不断发展，视频拍摄器材的科技含量越来越高，在选择适合的设备时，操作方式和便捷度是重要的考量方式，同时每个人对于拍摄器材效果的追求又不尽相同。

对于一个视频团队而言，素材内容固然重要，但也不应该忽略对拍摄器材的选择。好的拍摄器材往往可以呈现出更优质的画面，这也是提高用户体验的一种方法。那么对于视频团队而言，究竟该选择哪种类型的设备呢？具体如下：

（1）按照拍摄器材的功能进行选择

众所周知，短视频的拍摄器材可分为手机、单反相机、摄像机这3种设备类型，为了让视频播放效果符合预期，器材的功能尤为重要。下面我们分别对这3种拍摄设备的拍摄效果进行简单的区分和介绍（如图4-4所示）。

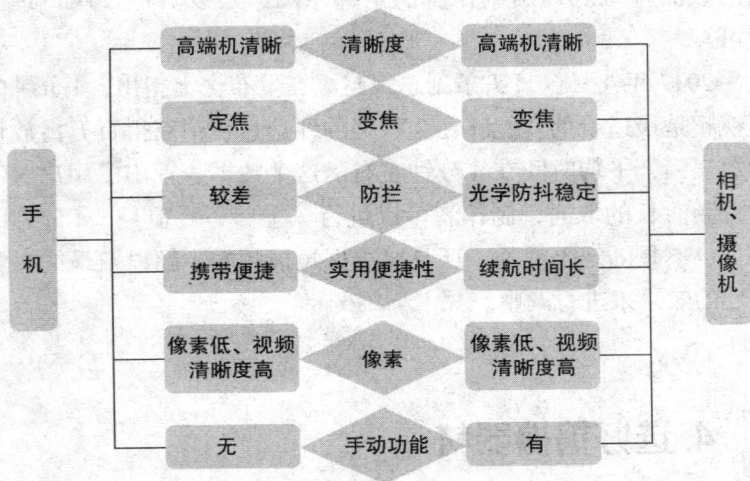

图 4-4

摄像机和前面两种拍摄器材相比其手动功能便更加丰富了，摄像机属于高端且专业的拍摄器材，因此，其手动功能俱全。无论是镜头调节还是灯光调节和光圈调节，摄像机几乎涵盖了手机以及单反相机的所有手动功能，甚至不同品牌的摄像机中，还添加了很多特有功能。总而言之，摄像机几乎可以满足团队拍摄短视频的所有需求。

（2）按照短视频的题材选择拍摄器材

资金预算和器材功能两方面都是短视频团队在选择器材时需

要考虑到的，但器材的选择也需要配合视频内容的需求，因此，不妨根据短视频拍摄题材来选择配置。

①微型电影、情景剧题材

这种类型的短视频都具有故事性，对视频画面的表现和质量要求比较高，因此，对拍摄器材的要求也比较高。该类题材的视频通常拍摄时间较长，所以需要选择更轻便一点的拍摄工具，出于这方面的考虑可以将器材选择锁定在手机和单反相机两者之间。

微电影、情景剧类的短视频，需要根据剧本内容切换多个不同的场景，因此，要配合不同焦距、不同效果的镜头才能突出主题。手机机身较小，使用起来更轻便，但是拍摄功能比较单一，很难适应这种类型题材的需求，因此不建议使用。

此时，很多拍摄微电影或者情景剧的团队都会选择单反相机，因为单反相机拍摄出来的画面质量更清晰，且可以任意更换不同类型的变焦镜头，完全可以胜任这种类型题材的拍摄需求，而比较常用的就是佳能的 5D3、80D 或者索尼 A6300 等。

除此之外，单反相机拍出来的素材方便团队进行简单的后期处理和加工，因此，其成为很多团队的首选器材。

②直播、街头恶搞类题材

这种类型的短视频普遍具有一个共同点就是真实呈现，不需要切换各种镜头，也不需要刻意强调视频画面的质感和美感。视频内容主要以主人公的行为和语言为主，因此，这类题材的短片对拍摄器材的要求并不高。使用手机，就可以满足视频拍摄的需求。

并且，此类短视频不需要复杂的后期加工，有些不需要二次处理的短视频，就可以拍摄完直接用手机上传到网络中，方便快捷。

③采访、教学类题材

拍摄教学类的短视频，最先应该考虑拍摄画面能否直观形象地展示给观众，其次才是画面质量。因此，在选择拍摄器材的时候一定要选择具备较长待机、对焦能力较强、方便控制、音频录入功能强等特点的设备。

出于对这些方面的考虑，拍摄这种题材的短视频通常会选择功能较多一点的摄像机。对于一些预算资金有限的团队，可以选择功能较好的家用型 DV 机。而若团队的资金充足，则可以考虑选择高端一点的摄像机。

（3）麦克风，完美音质的生产者

在拍摄短视频的过程中，如果想要达到比较优质的效果，不仅要在画面效果上花心思，还要在音频质量上下功夫。除了设备本身自带的音频功能，还有没有什么别的方法帮助提升声音质量，让观众从音质中听出高低呢？这个时候辅助工具——麦克风隆重登场了，麦克风的选择关系到短视频的质量的高低，因此在选择的时候要仔细考虑优缺点，同时还要根据自己的具体需求进行筛选。

这里推荐一款实用价值高且具有个性特色的麦克风，即得胜PC-K810。它的外观比较"秀气"，而且附带金属制的防喷罩和制作精良的防震架。除此之外，它在功能方面也是不容小觑的。

短视频团队在选择拍摄器材的时候，一定要从实际的拍摄需求出发，如此才能找到适合的设备，从而完善短视频初期画面的效果。

5. 视频的拍摄技巧

在手机视频的拍摄过程中，想要保持手机视频的拍摄稳定，除了使用必要的手机稳定工具以外，还有很多其他的可以保持手机相对稳定的小技巧。下面笔者就来为大家介绍一下关于使用手机拍摄视频，保证手机稳定，保证视频画面稳定的小技巧。

（1）借助物体的支撑

在使用手机拍摄视频时，如果没有相应的视频拍摄辅助器，而是仅靠双手作为支撑的话，双手很容易因为长时间端举手机而发软发酸，难以平稳地控制手机，一旦出现这种情况，拍摄的视频肯定会晃动，视频画面也会受到影响。

所以，如果拍摄者在没有手机稳定器的情况下，用双手端举手机拍摄视频，就需要利用身边的物体支撑双手，才能保证手机的相对稳定。这一技巧也是利用了三角形稳定的原理，双手端举手机，再以将双手手肘放在物体上做支撑，双手与支撑物平面形成三角，无形之中起到了稳定器的作用。

日常生活中可以用作支撑的物体有很多，只要这一个支撑能够让手臂与其成为一个稳定的三角形就可以。比如在室内拍摄的话，可以利用椅子、桌子等，而在户外进行手机视频拍摄的话，则可以利用较大的石头、户外长椅、大树等可以支撑双手或身体的物体。

（2）采用正确的拍摄姿势

用手机拍摄视频，尤其直接用手拿着手机进行拍摄的话，要想让视频画面稳定，除了手机要稳之外，拍摄视频的姿势也很重要。身体要稳，才能保证手机不动，保证视频拍摄出来是稳定的。

如果视频拍摄时间过长，这样的姿势更会导致身体的不适应，身体长时间倾斜着，不仅脖子容易发酸发僵，就连手臂也会因发酸而抖动，从而导致视频画面晃动，不清晰。正确的姿势应该是重心稳定，且身体觉得舒服的姿势，比如从正面拍摄视频，趴在草地上时，身体重心低，不易倾斜，且拿手机的手也有很好的支撑，从而能确保视频拍摄时手机的稳定性。

（3）寻找稳定的拍摄环境

在视频拍摄中，寻找到稳定的拍摄环境，也会对手机视频画面的稳定起到很重要的作用。一方面，稳定的环境能确保视频拍摄者自身的人身安全；另一方面，稳定的环境能给手机一个较为平稳的环境，让拍摄出来的手机视频也能呈现出一个相对稳定的画面。

相对来说比较不稳定、容易影响视频拍摄的地方有很多，如拥挤的人群、湖边、悬崖处等，这些地方都会给手机视频拍摄带来很大的阻碍。

（4）手部动作必须平缓

手机视频的拍摄，大部分情况下是离不开手的，这也就要求在手上面就要对手机视频拍摄的稳定性打下良好的基础。动作幅度越小，对视频画面稳定性方面的影响肯定也是越小的，所以，手部动作幅度，也要小、慢、轻、匀。

所谓小，就是指手上动作幅度要小；慢，就是指移动速度要慢；轻，就是动作要轻；而匀，也就是指手部移动速度上要均匀。只有做到这几点，才能保证手机拍摄的视频画面相对稳定，视频拍摄的主体也会相对清晰，而不会出现主体模糊看不清楚的状态。如果手机本身就具有防抖功能，一定要开启，也可以在一定程度上使视频画面稳定。

6. 视频的剪辑与制作

短视频的前期拍摄工作固然重要，但是拍摄好的短视频不能一蹴而就，基本上每一条短视频都需要后期剪辑制作。未经剪辑的短视频无法给人们带来视觉冲击，只有通过后期处理的短视频才能吸引观众的眼球。我们可以运用剪辑软件为短视频增加各种特效，让短视频档次实现三级跳。我们在手机或者电脑上都可以利用软件对短视频进行剪辑，可以剪辑出精彩的画面，加入字幕，添加特效。因此，后期处理可以提高短视频的质量，凸显短视频的专业性和艺术性。

电脑端剪辑

电脑端的短视频剪辑软件属于专业级的，功能更强大，剪辑效果非常好，但是操作复杂，我们需要专门学习。下面介绍几款常用的电脑端短视频剪辑软件（如图 4-5 所示）。

（1）Adobe Premiere

Adobe Premiere（Pr）是一款常用的短视频剪辑软件，由 Adobe 公司推出（Photoshop 也是 Adobe 公司推出的）。Pr 的操作与 Photoshop 一样简捷、方便，而且这一系列软件可以融合在一起互相调用。对于制作短视频来说，Pr 最常用的功能如下：

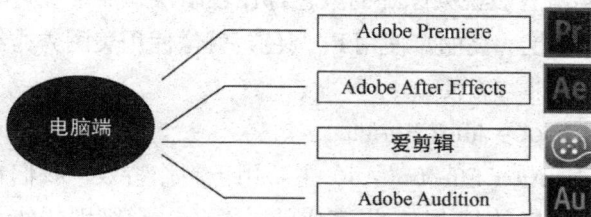

图 4-5

①剪辑

在正常拍摄中，我们或多或少都会拍入一些不需要的画面，如拍摄前后的准备动作、说错台词、动作错误、配合不到位的画面等，这时就要用 Pr 进行剪辑。另外，短视频是由多幅画面组成的，我们可以利用 Pr 的时间轴功能，把需要的画面拼接在一起，组成完整的短视频画面。剪辑的具体操作方法会在后面的短视频案例中呈现。

②添加字幕

对干货分享类、剧情互动类的短视频来说，字幕是非常重要的。字幕一方面可以表达短视频的中心思想，便于观众理解，另一方面可以引导观众为你的短视频点赞、写评论。我们在使用 Pr 添加字幕时，可以将设定好的字幕做成模板，以便多次使用，提高工作效率，节约时间。另外，我们还可以使用 Pr 改变字幕的字体和颜色、调整字幕的出现方式和持续时间等。

③制作画中画

我们可以使用 Pr 在两段短视频中插入图片，还可以在短视频画面中加入一幅或多幅短视频画面，并且插入的图片在短视频中的播放位置、持续时长可以随意调节，让观众有耳目一新的感觉。

④调色

其实所有短视频原片的颜色都比较暗淡，需要经过后期调色才能变得鲜艳、亮丽。使用 Pr 调色，就像使用美图秀秀给照片加滤镜一样，非常方便。

（2）Adobe After Effects

Adobe After Effects（Ae）主要用于制作特效。我们在电影中看到的动作特效是由来 Ae 完成的。对于电影级别的作品，我们需要性能好的电脑完成建模和渲染工作。而对于短视频，我们只用基本特效就能做出让人意想不到的效果，在后面的短视频案例中会做详细讲解。

（3）爱剪辑

爱剪辑具有 Pr 80% 的功能，涵盖了它的所有基础功能，而且操作起来简单、方便、快捷，任何"小白"都能快速上手。新手可以先从爱剪辑开始，逐步掌握使用方法，再转学 Pr，它们的工作原理是一样的。另外，爱剪辑还有两个强大的功能——人物美颜和磨皮，这两个功能非常受女生欢迎。

（4）Adobe Audition

音频处理软件 Adobe Audition（Au）的主要作用是处理声音。例如，在户外拍摄时，环境噪声比较大，有喇叭声、风声、路人的说话声，我们可以用 Au 消噪。具体的操作方法是先用软件对短视频中的环境噪声采样，然后再与原音频对比分析，将相同波形的声音去除，达到消噪的目的。另外，Au 还可以将人说话的声音加速变成娃娃音，或者将人说话的声音减速变成老人音，配合短视频创意能获得不错的节目效果。

手机端剪辑

手机端的短视频剪辑软件（如图 4-6 所示）分别有巧影、快影、小影、微剪辑、InShot 等，这些软件的功能大同小异，都有剪辑类的功能，但是每个软件的侧重点又不太一样。你可以把它们全部下载，安装，试用一下，看看哪个更适合自己。

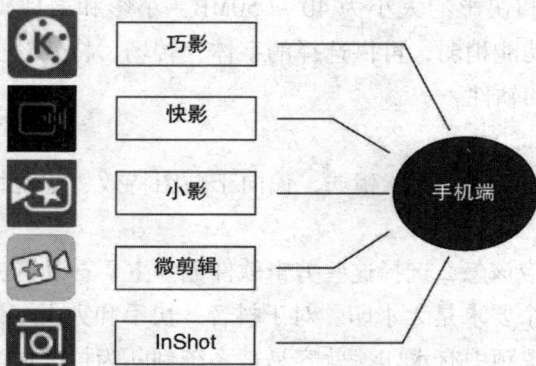

图 4-6

（1）巧影

在手机端的短视频剪辑软件中，巧影的剪辑速度最快。巧影的功能非常强大，基本上可以称为手机版的 Pr，它能实现 Pr 90% 的功能，剪辑、添加字幕、做特效一应俱全。虽然它的功能强大，但是手机屏幕太小，可视操作区也非常小，我们无法看到整段短视频的时间轴，需要来回拖动。现在的智能手机多是触屏操作的，我们在使用巧影的过程中容易出现误触按钮的情况，要反复修改。巧影是收费软件，开通会员需要 50.00 元 / 月或者 300.00 元 / 年。如果我们不开通会员，那么导出的短视频会带有巧影的水印，另外分辨率和帧数等参数会有所限制。前面章节说过，带有水印的短视频是无法通过抖音平台审核的，因此我们要想使用巧影，就要开通会员。

（2）快影

快影是北京快手科技有限公司推出的一款短视频剪辑软件，功能也很强大。

（3）小影、微剪辑

巧影和快影的大小为 40 ~ 50MB，小影和微剪辑更加轻量化，因此功能稍弱，可供选择的字体、转场、特效较少，属于基础入门型的软件。

（4）InShot

InShot 的剪辑功能稍弱，偏向于贴图特效、滤镜特效和字幕特效。

我们应该怎么选择这些剪辑软件呢？主要看以下三个要求。

第一个要求是无水印。对于抖音、快手和火山来说，如果你上传的短视频中有水印，就容易被系统判断为抄袭或者搬运。如果短视频中有图标长时间不动，那么也会被系统误判为水印，这时平台方会对短视频限流，甚至直接下架该短视频。所以，短视频一定不能带有水印。你如果使用巧影而又没有开通会员，那么在完成制作后导出的短视频中会带有"巧影"字样，会降低账号权重。

第二个要求是要操作简单。一个团队发展到后期可能同时运营多个账号，每天需要处理大量的短视频。操作简单的软件可以批量处理这些短视频，节省大量时间。

例如，Pr 有一个很好的功能，就是可以把常用的短视频格式、分辨率、边框、字幕等做成模板。我们在批量制作相近的短视频时，可以先导入模板，再导入短视频，十几分钟就能剪辑出一条短视频。

手机剪辑软件远没有 Pr 的功能强大，每次导入的短视频都要重新设置参数，需要把边框、字幕逐一添加进去，然后还要进行调整位置和大小、描边等操作，费时费力。只要有条件，我们就要尽量使用电脑剪辑，提高短视频的质量和操作效率。

第三个要求是添加字幕方便。字幕对于短视频真的非常重要，在制作干货分享类短视频的时候，你最好给短视频添加字幕，否则观众可能无法理解你想表达的意思，或者因为你的口音、方言等听不清楚。

第五章

视频运营：让自己成为热点的运营策略

1. 自媒体推广

自媒体是伴随现代化科技的不断发展应运而生的。自媒体即私人媒体，指的是私人化及普遍化的信息内容传播者，以现代化的科技手段，向不特定的用户或者特定的某个用户传递某些信息的新媒体的总称。自媒体的产生打破了过往主流媒体的"一言堂"局面，让信息在更加多元化的基础上传播速度也变得更加快捷。

自媒体具有低门槛、易操作的特性，但是也正是由于这一特性，网络中的自媒体数量虽多却良莠不齐。想在这庞大的自媒体群体中脱颖而出，短视频制作者必须要保证短视频的质量。想要完成高质量的短视频作品，就必须对其内容进行深入挖掘。自媒体主要分为企业型自媒体与内容型自媒体。这两种不同的自媒体形式对于内容的要求也有所不同。

企业型自媒体是围绕自身商品来进行运营的，其发布和转载的大部分信息都与其企业本身相关，在用户的选取上也是以企业的目标用户为先。这种类型的自媒体所发布的内容要紧紧围绕企业产品这一中心，在进行产品推广的时候，不能直接以广告的形式出现，必须制作出可以打动用户的作品才能达到好的效果。

以小米科技为例，小米科技企业的自媒体是以其创始人雷军为中心开始的，外围以高管及员工、"米粉"、企业自媒体、外围媒体和自媒体逐层向外延伸（如图 5-1 所示）。从这个模式中可以看出，小米科技不仅仅依靠其自媒体部门来进行企业宣传，而是从其创始人开始全员加入了这种自媒体营销当中。

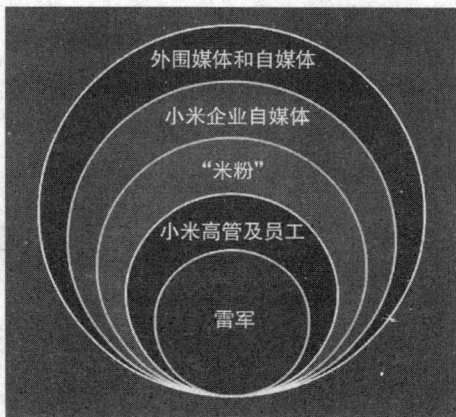

图 5-1

　　小米科技的这种自媒体营销模式，是建立在其目标用户特点之上的。小米科技的用户群体大多是年轻人，他们对于社交网络的依赖性较大，信息获取的主要来源就是通过网络，所以小米科技通过这种自媒体营销模式可以很快地将产品信息传递到用户那里。再加上小米科技由于产品种类较多，其发布新品速度非常快，从而保证了企业的曝光率。

　　小米科技自媒体营销打造了雷军这个自媒体明星，在用户的心中雷军与小米科技已经牢牢地关联到了一起，只要看到雷军就会联想到小米科技。所以无论是发布会还是在网络上投放短视频进行宣传，都会有雷军的身影出现，由他来为用户讲解小米新品的特点，紧抓用户的需求，从而打动用户使其消费。

　　企业在选择通过自媒体的方式进行营销的时候，一定要考虑自身的特点究竟是否适合这种营销手段。企业型自媒体的建立前期投入成本较大，运作周期也较长，对于小微企业而言负担过重，可能会影响到企业的正常运作。企业型自媒体在进行运营的时候一定要以产品作为中心，深挖产品特色与用户需求之间的联系，打造良好的口碑，从而完成营销目标。

内容型自媒体与企业型自媒体有诸多不同，其中最明显的一点是内容型自媒体的中心往往是人，比如，papi酱、咪蒙等知名自媒体，都是打造个人形成品牌这种模式的。内容型自媒体是一个逐渐人格化、场景化的过程，短视频制作者在运营该类自媒体的时候要注意形象的维护。

内容型自媒体根据不同的类别有不同的发展方式，但是相同点是其内容一定要接地气。就算是《人民日报》这种传统主流媒体，在向新闻类自媒体转换的时候，也同样需要一定的摸索时期，要通过不同的尝试来确定什么样的内容才是用户所喜爱的。内容接地气是最好的让用户产生共鸣的方法（如图5-2所示）。

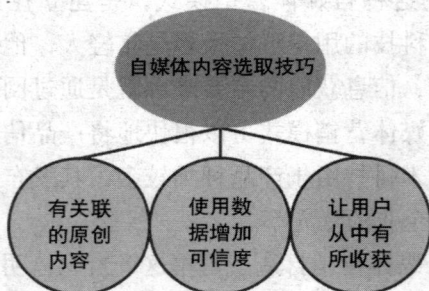

图 5-2

（1）有关联的原创内容

内容型自媒体的内容必须是原创的，只有短视频制作者自己创作出来的东西才是真正属于自己的，抄袭或者盗用虽然在短时间内能够吸引来一些用户，但是一经发现就会永远被拉入黑名单。所以短视频制作者在建立自媒体账号的时候必须要注重原创性。在内容原创的基础上，还应该要相互关联。

　　有些自媒体在内容的选取上可能会认为选取不同种类的内容可以覆盖到更广的用户面，但实际上这种方法并不利于留住用户。内容的选取应该围绕着同一个主题，形成关联，在这样的情况下，吸引而来的用户都是对该主题有所需求的，所以自媒体在后期继续提供相关主题的内容时，这些用户就会选择持续关注，久而久之就形成了忠实用户群体，对于内容型自媒体的发展以及变现都有很大的好处。

（2）使用数据增加可信度

　　自媒体的内容虽然不需要像纪实性文学一样严谨，但是在提到有些专业性内容的时候，加上一些数据可以增加真实性，令用户在看到之后能够更加信服。尤其是与经济、科技等领域相关的内容，数据的添加可以令用户感到更加权威。

　　在数据的选择上，自媒体人一定要注意其真实性。数据的来源必须可靠，这样才能确保数据是真实有效的。数据的选择还应该尽量新，越靠近内容发布时间的数据就越具备参考价值。在找不到合适数据的时候，自媒体人也不能胡乱编造来进行凑数。用户群体的知识层面结构是非常全面的，如果被用户看出该数据是编造的并将其指出，自媒体的可信度就会大幅度下降，从而导致用户大量流失。

（3）让用户从中有所收获

　　一个好的自媒体内容应该让用户在看完之后能够有所收获。这种收获并不意味着自媒体在编排内容的时候要枯燥地说理，而是应该将价值融入内容的方方面面，也就是通过自媒体人自己的观点来对用户产生一定的影响。

　　自媒体人的观点在融入内容的时候要注意角度，好的切入角度可以为用户留下更加深刻的印象。自媒体的内容必须含有让用户在观看后感到有所收获，这样才能给用户带来信服感，让用户对自媒体产生依赖，并且愿意向其他用户进行推荐。

2. 多平台互推

短视频团队进行短视频推广的时候，不应该仅仅局限于短视频发布平台上，可以选择多平台同时推广，以获取最大范围的用户。在社交平台上进行同步推广可以起到更好的效果。以微博与微信为例，这两个平台都有同样的信息传播速度快的特点，在其上进行推广可以在短时间内获得最大的曝光度。当然这两个平台之间也是存在着区别的。

微博的大部分功能是一对多模式的，由博主发布微博，然后他的"粉丝"看到后，其中的一些会进行转发或评论产生互动。短视频团队基于这个特点，可以开设一个自媒体账号，用于日常发布短视频以及与用户互动。团队在账号上发布的短视频被关注该账号的一个用户转载的时候，就很有可能被关注该用户的其他用户所看到，然后再进行二次转载，通过这种方式一层一层向外扩展，不断扩大用户群体的范围。

在微博上与用户互动也比较便利。现在许多短视频平台由于其自身定位的原因，社交功能并不太完善，用户在其上与自己喜欢的短视频团队进行互动存在许多困难，这种情况下很难形成完整的互动体系。如果短视频团队同时建立了微博官方账号，就可以将用户引流到微博处，改善这种不足。

在微博上，短视频团队还可以采取转发抽奖等回馈用户的方式来吸引用户加入互动，从而不断活跃"粉丝"群体，对其进行筛选，最终留下核心的忠实用户，为短视频变现打下基础。转发抽奖是一种很有效果的微博运营活动，当越来越多的普通用户加入进来的时候就会形成长尾效应。

长尾效应指的是用极小的成本，便换来几乎无限大的经济价值的一种效应。在微博上，知名博主及"大V"这种经常登上微博排行榜的用户，由于其"粉丝"数量庞大，是非常有影响力的，其经济价值也是巨大的，但是由于与其合作的成本较高，合作者选择范围广，短视频团队很难与其达成合作。在这种时候，利用转发抽奖的方式引起普通用户的关注，随着加入其中的群体不断扩大，也就形成了长尾效应。虽然前期同样需要耗费一些成本，但是最后获得的经济价值却是近乎无穷的。

除了微博以外，微信也是一个需要短视频团队重视的与"粉丝"进行互动的社交平台。随着智能机的不断普及，微信已经成为广大用户离不开的一个日常联系工具，其用户群体横跨各个年龄各个阶层，无论短视频的目标用户选取的是哪个群体，在微信上都能够找到对应的用户。所以想要起到最好的短视频推广效果，团队必然需要在微信这个平台上与用户加强互动。

在微信上与用户互动的方式有两种，一种是通过已观看用户的分享转发，另一种则是建立微信公众号，通过日常运营来笼络住一批用户。前一种的互动方式与在微博上类似，都是一对多的模式，用户在分享转发后会被自己的朋友圈中的其他用户看到，从而不断地进行扩散，增加影响力。短视频团队在前期的时候也可以拜托自己的好友帮忙分享转发，从而快速积累人气，在短时间内度过新手时期。

建立微信公众号是现在许多短视频团队都使用的一种运营方法。微信公众号是一种一对一的互动方式，这种方式与其他方式相比有着独特的优势，这些优势的存在可以给予用户更好地互动体验（如图 5-3 所示）。

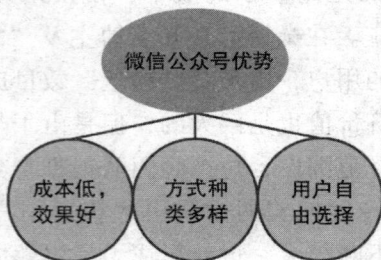

图 5-3

（1）成本低，效果好

微信公众号的建立本身是免费的，短视频团队唯一需要投入的成本只在其日常维护运营上。并且由于关注该微信公众号的用户都是本身对短视频存在了解的、感兴趣的，所以该团队的短视频定位必然是符合其需求的。在日后的微信公众号的运营上也可以依照该寻求量身打造推送文章。

通过这样的方式，与微信公众号进行日常互动的用户往往是有特定种类的，这一部分的"粉丝"由于其需求被高度满足，有极大地被转化成为忠实用户的潜力，对于短视频团队的发展也有极大的推动作用。这种互动方式尤其对于前期资金不足的微小型短视频团队能起到极大地帮助。

（2）方式种类多样

微信公众号由于其植根于平台的本身特点，短视频团队在日常推送消息的时候可以采用文字、图片与语音等形式。团队可以根据需要传递的信息的不同而选择不同的方式来进行发布，这些形式使得互动变得更加灵活，并且由于其方式的多样性，则很容易让用户有新鲜感，可以加强用户与其互动的欲望。

在通过语音这种方式来与用户进行互动的时候，由于声音比文字图片能传达给用户更多的情绪信息，可以快速地拉近短视频团队与用户之间的距离，建立稳固的连接，从而使得该用户不易流失，从而形成稳定的用户群体。

（3）用户自由选择

微信公众号可以由用户自由地选择是否关注，在关注后也可以选择是否接收消息，并且在经过相关的设置之后，还可以由用户发送关键字来选择收取信息的内容。这一方法，提高了用户的自由度，将获取短视频信息从被动转化成为主动，从而提高了用户的积极性，使用户在互动过程中占据了主导地位。

用户在关注微信公众号以后，在获取信息的时间上也变得更加自由。用户可以选择在其有空闲的时候来收取浏览与其相关的短视频信息，这样不仅为用户带来了更好的互动体验，同时也提高了信息传达到用户后被阅读的概率，使得运营能够得到更好的效果。

短视频团队想要通过微信公众号来与用户进行互动，首先要让用户了解与关注该公众号。想要完成这一任务，令用户心甘情愿地进行关注，需要注意一定的方法，选取合适的方法可以令更多的观众主动进行关注，而如果使得观众产生被强迫的感觉则会产生相反的效果。以下以"刘老师说电影"与"阅后即瞎"两个电影类短视频公众号，来举例说明一下微信公众号的正确宣传方法。

微信公众号除了可以通过账号来进行搜索以外，还可以令用户通过扫描二维码来进行关注。这种方式在方便了用户操作的同时，也更加便于团队将二维码融入短视频当中。"刘老师说电影"几乎在其每一期更新的电影解说当中都会以令观众意想不到的方式来将其微信公众号的二维码植入其中。

往往这些植入会与剧情尽量贴近，并且多富有搞笑色彩，这样就使得植入二维码变成了视频中会令用户感到有趣的一部分，也就很难对此产生反感的情绪，甚至于当其某期视频没有植入时还会有用户在评论中进行提醒。"阅后即瞎"团队也是如此，其还会富有创意地放置一些透明度较高或者移动速度较快的二维码来增加用户扫描的难度，从而提高其能够从关注微信公众号这一行为中获得的乐趣，很大程度上增加了公众号的关注度。

除了通过趣味的二维码投放方式来使得用户产生关注欲望以外，还可以通过一些小的利益来吸引用户。这种小利益并不单单指物质上的用户回馈，一些精神上的满足感也可以令用户产生兴趣，例如关注微信公众号可以更快速地得到一手相关资讯等。短视频团队可以根据用户的不同需求来选取不同的方法。

3. 策划线下活动

在一个短视频团队或者个人获得了一定的忠实用户之后，可以选择组织一定的线下活动来加强与用户之间的互动。对于该线下活动，团队或个人还可以对其进行直播，从而进一步扩大影响力，使得没有时间参加线下活动的用户也可以拥有参与感。在组织一场线下活动之前，短视频团队需要考虑的还有许多（如图5-4所示）。

（1）主题

在开始举办一个短视频线下活动之前，该活动的举办者需要确立一个主题，如同短视频拥有固定的主题才能最大限度上维持用户群体的稳定度一样，线下活动也需要设定好一个能够引起用户兴趣的主题，才能吸引其前来参加。

线下活动的主题应该尽量贴近目标用户的需求。目标用户的兴趣爱好往往是有相似性的，选取与其一致的主题可以吸引到更多的用户前来参加。主题的选取上还可以事先进行调研，在了解用户需求的基础上还可以加强用户的参与度。

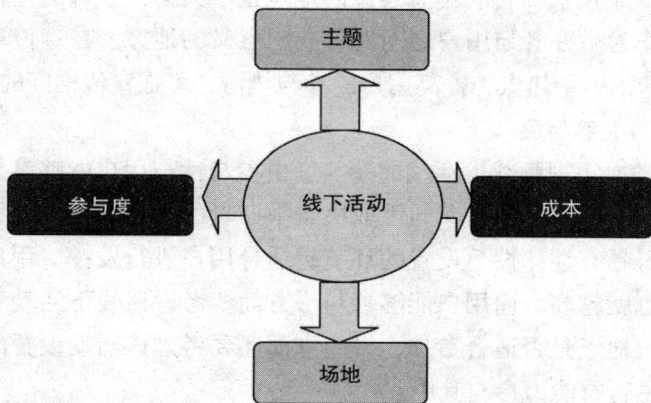

图 5-4

（2）成本

线下活动的成本往往要高于线上活动。线下活动的成本由活动的规模决定，规模越大的活动所需要的成本也就越高。为了能够保证举办者的日常短视频运营不受到影响，在策划阶段必须要对所需成本进行预算。

线下活动的成本往往包括：场地费、装饰费、活动中所需的道具、活动推广以及邀请嘉宾的费用。这些成本的消耗可以根据不同的活动主题进行调整，在可以节省的地方应该尽量节省，但是也不能为了节约成本而将活动举办得过于寒酸，否则不仅起不到推广宣传的作用，还会在用户处留下不好的口碑。

（3）场地

场地的选取要根据前来参加的用户来决定。参加的用户越多，所需的场地也就越大。地点举办者应该尽量选择交通方便的大城市，这样比较方便用户前来参加，避免因为路途不便而导致用户无法参与。

对于用户而言有纪念意义的地点也不失为一个好的选择。该地点作为举办者与用户之间拥有共同意义的地方，在宣传期间可以制造出一个热点，提高用户的参与热情，增强宣传推广的效果。

（4）参与度

一次短视频线下活动的参与度由参与性与用户能够参与两部分构成。线下活动的参与性取决于举办者的策划，举办者将活动策划得越有趣味性、设置的环节越适合用户进行发挥，用户的参与性也就越高。而用户能够参与一方面要考虑该线下活动举办的时间、地点是否适合参加，另一方面还要考虑该活动设置的环节用户是否有能力参与其中。

参与度是衡量一次线下活动是否成功的非常重要的一环，保证用户能够有较高的参与度才会使用户具有满足感，从而与短视频制作者之间的关系更加稳固，成为不易流失的忠实用户。高参与度的保证也有利于塑造举办者的优秀口碑，保证在未来继续举办线下活动的时候可以得到用户的响应。

4. IP 跨界合作

随着短视频运营行业的逐渐成熟，有越来越多的企业看到了其中的利益所在。有些企业在短视频运营中取得良好的宣传效果之后，又逐渐将目光放得更远，看到了 IP 这个市场的潜力，开始进行了跨界的合作。

IP 原意为知识产权，在新媒体领域可以引申解释为一个有超高知名度的作品。这样解释起来或许显得过于抽象，在 QQ、微信中许多用户都使用过阿狸的表情包，其中"阿狸"就可以被称为一个 IP。企业与 IP 进行合作已经不是什么新鲜的事情，但是这种跨界合作存在着一定的风险，如何才能选到一个适合的 IP 是每个打算涉及该领域的企业都应该慎重考虑的。图 5-5 所示是企业如何成功与 IP 进行跨界合作的一些方法。

（1）IP 符合品牌理念

企业在选择合作的 IP 的时候，要注重与其理念相符合，这样在运营宣传的过程中才能给用户带来正确的认知。企业选择与 IP 进行合作，本质上还是为了宣传产品，如何将产品与 IP 自然地相结合，是企业在策划阶段所需考虑的一个重要问题。

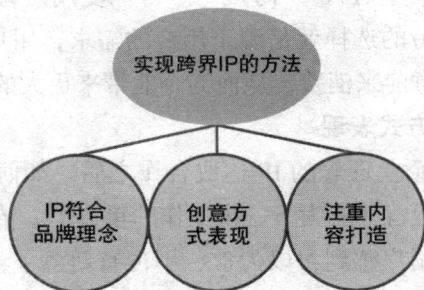

图 5-5

麦当劳作为快餐中的知名品牌，早就开始了与 IP 的合作。麦当劳经常在一定的周期内推出相关的活动，例如买套餐赠送玩具或者消费满多少元可以加钱换购玩具。这些玩具往往都与 IP 相关。以 2017 年底推出的"正义联盟"公仔挂饰为例。"正义联盟"

是有名的漫画世界 DC 中的一个超级英雄组织，深受年轻人与孩子的喜爱。同名电影于 2017 年 11 月上映，麦当劳在同一时间推出了闪电侠、神奇女侠、蝙蝠侠和超人这四个知名超级英雄形象的公仔挂饰作为换购品。

这是麦当劳与"正义联盟"这个全球性超级大 IP 的一次成功合作。麦当劳选择在电影上映后获得用户最大关注的时候开展这次活动，有效地将用户对于电影的喜爱延伸到其产品之上，从而起到了良好的宣传效果。麦当劳选择与"正义联盟"这个 IP 进行合作是考虑到其目标用户。"正义联盟"的"粉丝"大多是年轻人，这与麦当劳对于目标人群的定位是相同的，再加上以换购这种形式来实施这次活动，也同样带动了销售额。

麦当劳的经营理念是"以客为尊，一切为你"，其在选择合作 IP 的时候也始终秉承着这一点。除了"正义联盟"之外，麦当劳还选择过与"小黄人""海贼王"等深受用户喜爱的经典 IP 进行合作，麦当劳的选择就是源于用户的需求，用户在获得满足感之后就会更愿意前来消费，从而为企业带来更大的收益。

（2）创意方式表现

在与适合企业理念的 IP 达成合作之后，如何借助 IP 的力量来进行产品的运营就成为下一步工作的重点了。传统的 IP 代表形象代言已经令用户感到习以为常、不再有新意了，如果继续使用这种方法来进行宣传推广，很难取得好的效果。所以企业在方式的选择上需要更加富有创意。以吉列为例。

吉列在 2017 年 1 月与全球性大 IP"星球大战"进行合作，推出了以其中经典的阵营部队为主题的三套限量礼盒。"星球大战"在以宅男、极客为代表的男性用户群体中有着无可替代的至高地位，吉列作为一个以剃须刀为主打产品的企业，与该 IP 进行合作，是一个建立在目标用户需求上的选择。

在合作方式上，吉列也摒弃了传统的代言模式，先是在2016年末的时候拍摄了以"星球大战"为主题的广告短视频，并且打出了"你准备好做英雄了吗"的宣传标语来进行前期预热。每一个"星球大战"的忠实爱好者心中都有一个英雄梦，这个标语的提出可谓是正中其"痛点"。因此，这些用户必然会对吉列后续推出的运营活动加以关注。

吉列将剃须刀的外观做成"星球大战"武器主题，并且采用中国区仅限500套的饥饿营销模式，来唤起每个"星球大战""粉丝"的渴求。饥饿营销是一种企业常用的营销方法，其旨在以较低的产量来使得用户对其产生求而难得的心理，从而调控供求关系，形成供不应求的市场模式，以达到企业占据市场主导地位的目的。

吉列通过这种饥饿营销的方法所获得的收益不仅仅是售出的这些产品，更多的是由引起目标用户的关注而带来的后续收益。用户的关注可以为企业带来巨大的经济效益，为了使得用户能够持续关注，吉列还与天猫达成了合作，推出了5700款限量"星球大战"定制刀架礼盒。

吉列与天猫的合作是实现跨界IP的又一大创意方式。"星球大战"的"粉丝"群体中男性占大多数，吉列的这种从线下到线上的与电商进行的合作可以将IP效应扩展到经常使用电商平台的女性用户当中，从而扩大了影响力，起到更好的宣传推广效果。

企业在联合IP进行推广宣传的时候，应该根据产品自身的特点以及IP中最能够引起用户注意的方面来进行前期策划，并且依照目标用户的日常习惯来选取最适合的、最富有创意的方式来打造最终的方案，这样才能将IP的力量最大化，在用户群体中引起最轰动的效应，达到最好的结果。

（3）注重内容打造

企业在与IP进行合作，宣传自身产品的同时，还要注重对内容的打造，言之有物的内容才能在用户心目中留下深刻的印象，引发用户的广泛讨论。IP 本身之所以能够成为 IP，也是因为其具有一定的价值观及文化底蕴，依托于 IP 本身打造好的内容，是对企业品牌的一种塑造过程，企业的产品推广只是一种表象，真正能够打动用户的是其过程中所体现出来的价值取向。

乐高是由乐高公司推出的一种深受孩子喜爱的玩具积木品牌，其形状有 1300 多种，每一种形状都有 12 种颜色可供用户进行选择，这种庞大的构成总量可以令用户开动自己的脑筋搭建出各种各样的形态，在欧美、亚洲地区都深受孩子的喜爱。而当乐高与迪士尼这个超级大 IP 合作之后，也将目标用户从孩子扩展到了成人当中。

乐高推出了很多以迪士尼经典动画形象作为原型的玩具积木。除了这些深入人心的童话角色之外，乐高也制作了许多漫威、星球大战等迪士尼旗下经典系列相关的玩具积木。这些新推出的系列在成年人用户群体中也深受好评，在此基础上乐高还推出了以其玩具积木为主要演员的短视频。

乐高在与迪士尼进行合作之后制作的漫威相关的短视频。短视频内容上与电影本身相关联，但是又加入了乐高积木人物的特有动作在其中，在还原的基础上又富有了新意，引起了广大用户的关注与讨论，为乐高产品的销售带来了促进作用。甚至于乐高还就某些题材对内容进行了深入挖掘，在剧本改编后制作成了大电影在影院上映，令乐高这个品牌深入人心。

乐高的成功体现了企业在与 IP 的合作过程当中一定要注重内容的打造。植根于原有 IP 的故事基础之上，佐以企业产品本身的特性完成包含全新内容的短视频，这样才能让用户在观看的时候产生意外感，愿意继续看下去。用优质的短视频内容打动用户才能体现出企业的文化价值，形成良好的口碑。

5. 好的文案一句话就够了

标题的好坏会影响短视频的播放量。好的标题会为短视频的传播起到推波助澜的作用；相反，一个不好的标题甚至会掩埋一个优质内容的短视频。说到用标题带来播放量，我们首先就会想到标题党。

但是我们所说的好标题并不是大家认为的标题党，而是在保证优质内容的前提下根据标题自身的特点和平台运营，去摸索总结出一些起标题的门道和规律特点。在了解取标题的技巧前，我们需要清楚为什么好标题对短视频来说那么重要。

我们都知道用户在选择观看短视频时，所有的内容都会以列表的形式来呈现在同一界面中。

此时，需要通过用户的点击来决定短视频的播放量，无论什么原因只要用户点击一次就相当于视频被播放一次。在这种情况下，影响用户点击的就是短视频标题了。一堆短视频中，在看不到内容的情况下同时呈现，如果能依靠短视频标题和封面图片来吸引观众，那么也就比别人领先一步了。

用户除了直接在视频页面选择观看内容外，也会手动输入一些关键词进行搜索观看。如果我们的标题上有用户搜索的关键词，那么短视频就会被推荐给用户，增加被观看的概率。

当用户在今日头条的搜索栏中输入"美食"，那么所有在该平台上发布的标题上包含"美食"二字的视频内容，就会被推荐给用户（如图 5-6 所示）。

图 5-6

在这种情况下，界定标题好坏的最直接标准，就是看目标用户的点击量。只有先吸引眼球，让用户点击观看短视频，才会有收藏、转发等一系列接下来的活动。那么如何才能取一个可以带来高点击量的标题呢？具体如下。

（1）巧妙利用数字

数字本身就具有强大的力量。当你的短视频被推荐到各大平台上时，用户在界面浏览内容，停留在标题上的时间不会超过 2 秒。那么如何让用户在短时间内可以一眼就看到你的标题呢？

这就需要短视频标题既要简洁明了，又要直观，而数字正好就有这样的特性。

80万，爆改上海闹市400m²独栋小楼

2017年5月8日　（原创）

图 5-7

"80 万，爆改上海闹市 400 m² 独栋小楼"这是一条发布的一个短视频（如图 5-7 所示）。单看标题，数字使用让用户一下子抓住视频内容的关键，上海 400m² 小楼只用 80 万改造。

除了将内容更直观地摆在用户眼前，数字的使用让标题看起来更加精确简洁，会给用户带来一种肯定的感觉。用户看完视频，就能清楚装修 400 m² 用 80 万是怎么做到的。数字的使用让用户的视觉很有冲击感，在某种程度上也是为了引导用户观看短视频。

因此，在标题中巧妙地利用数字，将标题中所有能用数字表达的文字都替换成阿拉伯数字，更能提高用户的视觉敏感度。需要注意的是，阿拉伯数字的"1、2、3"直观程度要高于文字式的"一、二、三"。两种形式哪个更直白、更直观，是显而易见的。

（2）引起用户好奇

用户在好奇心的驱使下，就会不由自主地点开短视频，在用户不知道内容的情况下，通过标题是最容易引起用户好奇的方法。

①标题提出疑问

这个方式主要就是利用人性的特点，让用户产生好奇心。当用户心中产生疑问时就会有想要一探究竟的欲望，这样一来也能够增加短视频的点击量（如图 5-8 所示）。

04:11
辛辛苦苦一辈子，你知道自己最擅长什么吗？
▶ 5690　2016-07-10

04:48
青白，那是天空的颜色吗？
▶ 8835　2016-07-29

05:09
她会在生命的废墟中，和我们告别吗？
▶ 1.2万　2016-01-12

03:30
有了钱之后，你最想做什么？
▶ 4280　2016-10-18

图 5-8

以上几个短视频都是"三顾"发布的，标题都利用了疑问句的形式。以"有了钱之后，你最想做什么？"为例，看到这个标题，部分用户在脑海里就会蹦出"如果有了钱我会做什么？买房？买车？周游世界？视频到底说的是什么？"等类似的疑问。

带着好奇心和内心的疑惑，用户自然而然就会点开短视频。从上图中也可以发现，疑问式标题的短视频播放量都不会太低。

②诘问语

"你敢吗""你一定想不到""你一定不会"等，像这类语句都属于诘问的，用户看到这样的标题会产生较大的刺激感，同样也会好奇，想知道短视频的内容。看看到底是什么样的事情，究竟是不是自己不会的，不敢做的等（如图 5-9 所示）。

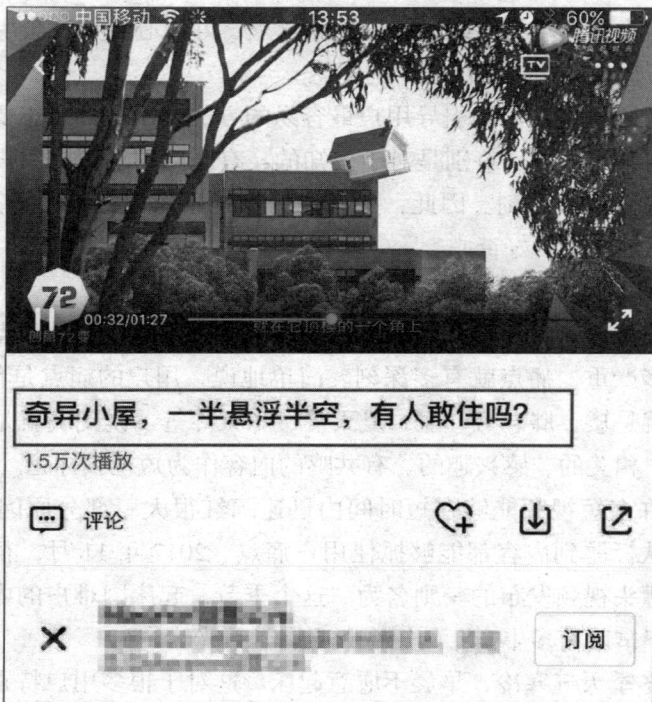

图 5-9

和使用疑问句的目的一样，都是为了引起用户的好奇心，但需要提醒大家的是，使用诘问式标题，在带来高点击量的同时，要保证短视频的内容有足够的深度，能给用户带来意想不到的感觉。否则也只是徒劳，甚至引起用户的不满。

③矛盾体

在标题中使用前后矛盾、冲突的字眼，也会增加用户的好奇心理。例如"我失业了，但是我很快乐""渴了，为什么不想喝水"等。看到这样的标题，用户首先会觉得莫名其妙，不合常理。失业本来是件很难过的事情，怎么还快乐得起来？渴了就要喝水，为什么却不想喝？用户想到这里，好奇心自然就会引导用户打开短视频，去解决心中的疑惑。

总之，好奇心是引导用户最容易的方法，用户都有想要获得某些内容的心理。特别是对于未知的、有疑问的事情，用户想要了解的欲望最深刻。因此，要让你的标题不留痕迹地引导用户，就要抓住用户的好奇心。

（3）利用用户痛点

一般来说，用户在生活工作中碰到的困难问题都是痛点，问题有多严重，痛点就有多深刻。简单地说，用户的痛点是什么？无非就是矮、胖、穷、丑、夏天热、冬天冷等。说到底就是抓住和用户相关的、感兴趣的、有共鸣的内容作为短视频标题。

许多短视频能够在短时间内迅速蹿红很大一部分原因就是：视频从标题到内容都能够抓住用户痛点。2017 年 11 月，很多人都被罐头视频发布的一则名为"这个季节，起床困难户的内心戏要多丰富就有多丰富"的短视频吸引了目光。

冬季天气寒冷，早晨不愿意起床。这对于很多用户特别是年轻人而言，都是痛点。视频标题中带有这样的字样播放量也不会太低。而带有痛点的标题，更贴近用户生活，就更容易引起关注。

（4）添加关键词

这里的关键词是指时下热门词汇，也就是用蹭热度的方法。这类词汇一般都带有高流量，用户搜索或选择的概率会更高。即使我们的短视频内容和这些关键词一点儿都不沾边。我们也可以和关键词"套近乎"。

但是需要注意的是，使用这类热门词汇是个技术活，需要对关键词高度敏感，能够快速在词汇热度不减的情况下尽早使用，否则随着时间的流逝，词汇热度一旦降低，再次使用不但不会给短视频带来较高的点击量，而且会让用户产生反感和视觉疲劳，弄不好会带来消极的影响。

（5）增加代入感

有代入感的标题能拉近和用户之间的距离，而让用户产生代入感的方法有很多，最简单的方法就是加入人称"你"。例如"你应该知道的×××""×××对你有用"等这样的标题就很有代入感，让用户觉得视频是为自己量身定做的。这样一来，更愿意打开看看。

除了添加第二人称外，将标题场景化也是增加代入感的一种方式，让用户看到标题就陷入编织的情境中。

以上就是提高标题效果的几种技巧，方法不是固定的也不是绝对的，在运用的过程中都需要我们根据实际情况，进行不断优化。而只有在这些基础的技巧上反复练习，才能慢慢地提高标题质量。

无论使用哪种方法，起标题一定要根据短视频的内容而来，只有在内容的基础上才能摸索出一些适合自己的门路，这也是我们在给短视频起标题时需要注意的问题。一定不要在标题上故弄玄虚，使其和短视频内容之间落差过大。

6. 提高短视频播放量

今日头条于 2016 年宣布加入短视频分发行列，并投入了大量的资金作为补贴，给予短视频内容原创作者。这无疑给很多短视频新媒体人打了一剂兴奋剂，而今日头条在抓住短视频这一风口后，也逐渐成了中国重要的短视频平台。

相关资料显示，头条视频在过去的某一个月里视频的播放量就达到了 302.7 亿次，而当月上传视频的总量就已经达到了 91.2 万部，其中原创视频就占据了 4.7 万部。从 2015 年开始今日头条试水短视频行业，到了 2016 年短视频被正式作为重点项目进行开发，今日头条逐步利用短视频点燃自己的社交梦。

不仅如此，在 2017 年 2 月 2 日今日头条全资收购了 Flipagram 团队，正式进入了全球范围的短视频市场。

毫无疑问，今日头条在短视频领域已经占据了重要的地位，其拥有的视频内容量也是非常大的。而要想从这个拥有海量短视频的平台中获得高流量，也变得越来越难。但是我们都知道，头条是根据推荐算法来进行短视频推荐的，每一个账号都有机会，只要配合着我们自身的运营能力，还是能够从中间摸索出提高流量的技巧的。

图 5-10

想了解如何才能提高头条短视频播放量，我们需要先弄清楚头条平台的推荐机制是如何运行的。只有充分了解后，才能更深入地探索和发掘提高流量的技巧。我们在分析后，了解到头条视频的推荐机制是这样运作的（如图 5-10 所示）。

　　这个推荐机制相当于一场一场的比赛，而评委就是广大的头条用户。我们在头条中上传短视频后，会经过平台的审核和识别，按照短视频的内容和标题进行标签化分类，紧接着会将短视频试探性地推荐给一部分目标用户。

　　按照第一批用户的反馈情况决定是否要继续推荐，反馈好的短视频将进行再次推荐，而反馈情况差的短视频就会直接停止推荐（如图 5-11 所示）。

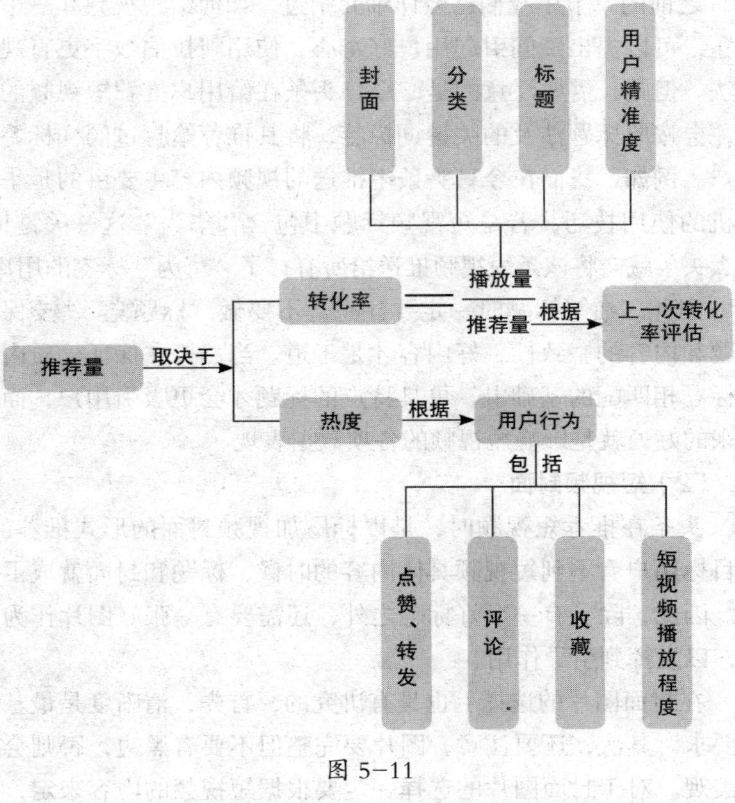

图 5-11

从这个流程上可以看出，影响头条推荐量的因素正是来源于用户的反馈，而用户的反馈可以理解为视频的热度和转化率，其中包含着各种影响因素。

清楚了今日头条的短视频推荐机制，其中存在着很多可控和不可控因素。对于平台自身的机制规则我们是无法进行修改的，而其中存在的可控因素，就可以成为我们提高视频播放量的入手点。

（1）短视频标题

之前的章节中我们已经详细介绍过，如何给短视频起一个好标题，可以提出疑问引起用户好奇心、使用阿拉伯数字更直观等方法。但是，需要注意的是，今日头条在给用户推荐短视频的时候，会按照标题涉及的关键词标签，将其推荐给打过同样标签的用户。例如，我们在今日头条中推送的视频内容主要讲的是华为手机的使用技巧，若是短视频标题中包含"华为"这一关键词，那么头条就会将该条短视频推送给所有打了"华为"标签的用户。

因此，在写标题时一定要注意，不要做"标题党"，要保证标题和内容的一致性，好内容才是王道。当然，在保证优质内容和标题相匹配的基础上，更具特点的标题才会更吸引用户，而这带来的好处就是影响短视频的各项数据表现。

（2）短视频封面

头条在推荐短视频时，是以标题加视频封面的形式推荐的。在目标用户看不到短视频具体内容的时候，标题和封面就成了关键。因此，除了有一个好标题之外，还需要有一张好图片作为封面，以发挥到引导作用。

在封面图片的选择上也是有讲究的，首先，清晰度是最基本的要求。其次，还要注意，图片要完整但不要有黑边，否则会影响美观。对于封面图片的选择一定要根据短视频的内容来定，可以运用一些搞笑夸张的图片，可以自己创意设计，也可以在图片上添加一些文字。

无论添加什么内容，都要保证两者之间的融合度。对于短视频的封面图片，尽量选择全景或接近于远景的图片，这样一来，用户点开短视频就更有冲击力，还能增加新鲜度。

（3）点赞、转发和收藏

从今日头条上我们可以发现收藏、点赞和转发量高的短视频都具有以下的特点。

①实用性

内容实用的短视频更容易被收藏转发，例如生活小技巧、美食制作、手工艺教程等。这类短视频能让用户观看完后学会一种技能，对自己有帮助还会增加有新的认识。

例如，"夏天蚊子最怕它，摆在门口和窗边，不用挂蚊帐，家里一只蚊子看不见"，这个视频的标题很长，从标题就能清楚知道视频的内容。虽然视频仅仅只有 1 分 21 秒，却因为内容的实用性获得了 1404 万次播放量。由此可见，实用性内容的短视频是很受用户喜爱的。

②延续性

来不及或没有时间看完的短视频用户都会先进行收藏或转发，方便下次自己能快速找到该内容。但是这个特点存在一定的偶然性。

③新奇幽默

对一些搞笑幽默、新奇的内容，用户总是保持着较高的兴趣，因此，一些非常炫酷、神奇的短视频内容都能成为用户转发、点赞和收藏的内容。

根据以上的这些特点，在制作短视频的时候可以多运用些用户喜爱的选题，在短视频的内容、时间长短和题材等方面更迎合用户的口味。这样一来，就更能提高短视频的转发量、收藏量和点赞数量。

这 3 个方面数量的提高所带来的必定是短视频热度的提升，那么最终转化成高流量就不成问题了。

（4）头条的评论区

提高短视频热度的另一方面就是增加和用户之间的互动，短视频在被头条推荐后并不是什么都不做就能等来高播放量的。互动程度是直接关系到短视频播放量和推荐量的主要因素，因此，在短视频运营初期，一定要积极回复评论区中的内容。

除了及时回复用户，活跃头条评论区还可以从以下两个方面入手。

①内容

用户一般都是在观看完短视频后才会进行评论的，因此，我们要让用户观看完视频后有想要评论的意愿和冲动，这就涉及短视频内容题材的选择，选择一些用户感兴趣、贴近用户生活的、有共鸣的话题作为内容，这样很容易引起用户的表达欲望。

而对于一些深奥的内容，用户看不懂自然也就没有想要参与评论的意愿了。内容选择是一方面，我们还可以在短视频中多加入一些可以吐槽的点，抛出一些有争议能互动的话题，引导用户在评论区中讨论。

②自己评论

短视频在刚刚被推荐时，参与评论的人很少，我们就可以在评论区中自己发布评论来引导用户参与，从而营造出热闹的氛围，其他用户看到了自然也就想凑一凑热闹了。

提高播放量是很多短视频媒体人最渴望的，但是在提高播放量的同时也要遵循头条发布内容的规则，例如，短视频中添加的广告不宜过长，避免抄袭等。只有在保证内容质量的基础上，运用这些技巧才能达到想要的效果。

头条平台是在不断发展的，随之而来的就是机制的变化。想要在头条中获得高播放量，单凭以上的技巧是不足以完成目标的，因此，就需要我们在日后的运营中多观察、多发现。

7. 提高短视频的流量

以美拍为例，美拍也是一个很受用户喜爱的短视频平台，自从美拍的短视频应用推出后就持续爆红，短时间内用户数量就已破亿。据资料显示，截至 2016 年 6 月，就有 5.3 亿的用户在美拍上进行创作。

如此大的用户基数和活跃度，使得美拍也帮助了很多"平民"用户摇身变成了网络红人。那么问题就来了，如何才能从如此高流量的平台上获得更多的用户关注呢？对于刚进入美拍平台的新手来说，要想获得粉丝高关注数，关键是要先清楚美拍推荐短视频需要通过什么样的过程，也就是平台机制。

对于刚进入平台的栏目，美拍前期都会给予一定量的粉丝，但是要想获得最原始的粉丝量是有前提的，那就需要你的短视频是有特点的、原创的、栏目化的。只有满足这些前提，你的短视频才可能受到美拍平台的青睐。

当我们积累了一定的粉丝数量后，美拍的推荐机制就是这样的。

我们在美拍中发布短视频，最先能够看到的就是已经关注我们的粉丝，根据这些粉丝的播放量、评论量、点赞数量的多少，美拍会决定是否在美拍平台进行推荐。粉丝反馈高的短视频会被推荐到相关频道中，这样一来就能获得频道中的流量了。

而如果这部分自然流量对短视频的反馈也高的话，我们的短视频就会被又一次推荐到热门频道中。若我们的短视频出现在热门频道中，那么粉丝关注数量、视频播放量等就能轻而易举地增多了。

因此，若想要获得更高的粉丝关注量，我们需要做的就是细致化运营短视频，设计好短视频的每一个环节，这才是获得高粉丝关注量的前提。

（1）头像

很多人认为提高粉丝的订阅数量和头像没有太大的关系，但事实上，这其中还是有讲究的。头像出现的地方，包括频道列表、单视频上方等有很多。当短视频被推荐到频道列表时，就需要和其他同样出现在列表中的内容进行比拼。

除了短视频封面的比拼，就是头像之间的较量了。因此，在设计头像时需要考虑到，我们的头像能否在一堆内容中快速进入用户的眼中。在选择头像的时候，尽量选择头像颜色鲜艳一点的颜色或是跳跃色。

要让自己的头像更突出、更有特色，头像一定要吸引人，才能有更多的机会被用户点击。

（2）视频封面

封面图对于每个短视频来说都是重要的因素。在美拍中，每个频道都是以首图视频流的方式进行呈现的，几乎在用户可以看见的界面中，都会出现短视频的封面图。美拍中好的视频封面图能大大增强用户点击的欲望。

那么在选择封面图的时候一定要精挑细选，尽量选择漂亮的、可爱的，也可以选择一些夸张、惊奇的图片，这些都能成为吸引用户的封面图。

在选择封面图的时候还应当注意，封面图要占满整个图片空间，避免出现黑边，使封面看起来更有美感。很多人都觉得封面图并不重要，因此，常常会随意选择一张文字图片作为封面，这一点也是需要避免的。文字图片相对来说较为简单，没有创意也没有新鲜感，有时候很难引起用户的关注。

要让用户从一张封面图开始，就有想要打开短视频的冲动，这样一来粉丝关注数量自然也就不会少了。

（3）打标签

标签是美拍中的一大特点，标签打得好与坏直接影响到的是短视频的推荐和播放量，因此要集合自己短视频的内容，打上一个专属标签。有一个标签是一定要有的，就是"我要上热门"。打上这个标签，才能让美拍的推荐小编注意到你的视频内容，这样就能增加被推荐的机会。

美拍中包括很多频道，涉及吃秀、美妆、搞笑等内容。在给短视频打标签的时候，一定要打上相关的标签，但要谨记不要打和短视频内容不相关的标签，否则很有可能在审批推荐的时候被否决掉。

除了上面说到的，打标签还应该注意，标签的数量不宜过多，否则会收到来自美拍系统的私信警告，三四个标签为最佳。还有就是我们在标题中提到过的，标签一定要打在标题的后面，这样才不会影响到标题发挥的作用。

（4）热门话题

和微博一样，美拍也同样有个热门话题区域，在这个区域中以时下热门的主题标签或者活动标签为主。

有些标签是长期存在的，这样在我们发布短视频的时候，就可以在标题后面打上这类标签，我们的内容就可以经常在这些主题下面出现，加大曝光率。同时，我们在制作短视频时，也可以根据美拍上的热门话题进行选题，既增加了短视频选题范围，又能紧跟热点。

　　在这个娱乐至上的年代里，纯说教的内容是没有什么分享价值的，广大用户更喜欢娱乐性强一点的内容。积极参与美拍的热门话题，散发自己的观点，才能吸引更多的粉丝关注。多参加转发热门话题，才更容易被粉丝发现你的存在，提高被关注的概率。

　　美拍平台是在不断升级更新的，而我们能做的就是更细致化的运营，从头像到标题、从封面到视频内容，都是需要我们精心设计的。要做到让每一个发布的短视频，都发挥出其最大的效果。同时结合各种技巧，才能获得更多的流量和粉丝关注。

8. 提高短视频的更新速度

　　对于每一个短视频团队来说，提高视频的更新速度都会为其带来很多好处。短视频的播放时间一般都在 5 分钟以内，要想吸引用户就必须在短时间内满足用户的需求。而在短视频火爆的时代，每个短视频团队都在争夺同一批用户。

　　因此，只有快速更新作品才能在视频平台上进行大范围的曝光，让用户记住你，否则在短视频产量高的情况下，用户会更容易忘记你。当用户养成固定习惯，在固定的时间看你的短视频，那么这个用户就会成为你的粉丝，积少成多慢慢就会吸引更多的流量。

　　另外，提高更新速度不但能够提高品牌的知名度，激活用户，而且还能带来最直接的好处就是收益的增加。而想要提高更新速度，达到短视频每日更新状态也不是不可能的。

（1）认准团队方向

　　每个短视频团队在建立之后，面临的第一个重要的问题就是确定团队方向。如果用短视频的播放效果来检验团队方向选择的正确与否，是会消耗大量的时间和精力的，而单凭短视频的播放量也无法衡量一个团队方向选择的正确与否。

因此，在运营短视频之初，我们需要低成本、高效率地找到团队方向。确定好我们所在的团队要做什么类型的短视频，是科技类、生活技巧类，还是美食类等。在确定好团队的大方向后，才能寻找到相关的素材资料，然后进行拍摄。

通过团队成员的共同策划制定出每天的短视频选题方向，集思广益，才能达到每日更新的效果。除此之外，还要对已经推送过的短视频进行数据分析，分析观众喜好类型、短视频特点等因素，从而帮助团队找到正确的选题方向，避免由于错误选题带来的不必要的损失。

（2）抓住核心内容

短视频的最核心元素就是内容，内容的质量直接影响着短视频推送后的效果。要想提高短视频更新速度，达到每日更新的状态，前提是需要抓住内容核心。很多短视频团队在制作过程中，往往更加重视短视频最终的呈现效果，而忽略了核心内容。

视觉效果固然重要，但是团队的工作重心始终是要放在内容之上的。因此，就要减少对视频外包装的过分追求，例如，减少在短视频片头片尾的复杂设计等。尤其是对于很多初创团队来说，先做好内容才是最重要的。

所以，一定要先抓住短视频内容最核心的部分，减少一些外包装。这样一来，在保证质量的前提下，才能提高更新速度，达到每日更新状态。

（3）发现问题，找到方法

很多团队的短视频更新速度很慢，而如果想要提高更新速度，就需要从每次短视频的制作过程中找到问题，是视频拍摄时间太长、剪辑流程太复杂，还是在选题上浪费太久的时间？只要发现这些问题，并找到解决方法就能帮助我们提高更新速度。

以选题问题为例，姜老刀的日食记，每次在开拍下一集视频的时候，都会进行团队头脑风暴。大家觉得谁的构想好就会共同把这个选题进行完善，然后再动手拍摄。各个短视频的拍摄过程都最大限度地调动全员的工作效率。

这样一来就减少了决策时间，灵活选题，同时还提高了工作效率。毕竟一个人的想法和视野都是有限的，全员进行头脑风暴，才能打开思路，同时节约时间。

因此，提高短视频更新速度就要善于发现制作过程中存在的问题，找到高效的解决方法，避免在流程上浪费过多的时间，让拍摄环节尽量做到流程化、一体化和规范化，这样一来每次拍摄流程就能被快速复制。

（4）成员构成

要提高短视频的更新速度，我们需要组建一支高效的团队。短视频的更新速度、状态和团队的构建有很大程度上的联系。组建短视频团队大致可以分为 4 个部分，即编导、摄像师、剪辑师和运营人员。

这是一支短视频团队最基本的组成部分。人数不是最重要的，能力才是关键的。就拿摄像师来说，一个优秀的摄像师能完成短视频一半的工作，摄像师是短视频制作的关键，而全能摄像师精通各个拍摄方法，可以减少后期剪辑工作甚至不需要再进行剪辑。

这样一来，我们只需要在前期策划得更细致一些，对后期短视频包装得更突出。因此，短视频制作过程中对团队人员的分配不需要做到分工明确，一人多职这样的分配才能提高视频更新速度。

　　要让团队成员清楚地了解制作流程，甚至学习每个流程的工作，那么在完成自己基本工作后，他们就可以参与到制作流程的其他环节中。一人多职，这样也能减少拍摄的时间成本。所以，团队成员的构成和工作分配与短视频更新速度也有着一定的联系。

　　以上方法，需要结合自身团队的特点进行合理调整。在提高更新速度的同时，切记要优先注重内容的质量。提高更新速度并不是一天两天就能完成的，要想达到像一条、陈翔六点半这类顶级大号的每日更新状态，需要慢慢进行提高，达不到每日更新状态就先达到每周更新，在稳定短视频的产出量后，再慢慢向每日更新的方向靠近。

　　对于用户来说，一个有稳定产量的短视频栏目，更容易占据内心的稳定地位。

9. 掌握短视频的运营技巧

　　新手在做短视频运营的时候，经常会遇到一些问题。比如，短视频的创意非常好，点击率却很低或者账号莫名其妙地就被封了。其实出现这些问题都是因为对短视频平台没有足够的了解，只有熟悉了运营技巧才能事半功倍。下面我介绍一下短视频运营的九大技巧。

（1）内容优质不营销

　　硬广告不仅让观众反感，而且从长期来看广告太多也会影响整个平台的短视频质量。我们在运营账号时要多留意平台的政策动态，短视频内容一定要合法、合规，要不然很容易被封号。

　　如果账号刚注册好就马上发布短视频，即使发布的是日常的普通短视频，账号的权重也会受到影响，更不用说刚注册就发布营销短视频了，账号一旦被官方系统判断为营销账号，各方面权重就都会被降低。

另外，账号的昵称和简介不能带有过多的营销色彩。

很多人会问拍摄什么内容和主题比较好呢？简单来说，多拍美好的事物就不会错。例如，美食、美景、帅哥、美女、欢乐的故事等。我不建议前期拍摄悲伤的故事。虽然悲伤的故事非常容易引起共鸣，但是稍有不慎会使短视频的主基调带有负面情绪，不好把握。

（2）领域固定不乱跳

如果你是做美食的，那么账号的所有内容就要与美食相关。领域要固定，但展示形式可以有很多种，有教学类、生活兴趣类、才艺类等。如果你是做美妆的，那么账号的所有内容就要与美妆相关，展示形式也有很多种，比如化妆教程、化妆品测评、卸妆前后的素颜对比、化妆品真假识别，只要内容都围绕化妆品就可以。你如果只纯粹卖产品，那么在做内容的时候可以围绕产品。比如，对于一个销售健康类产品的账号，短视频的内容就可以围绕健康这个话题，但是不能直接把产品的信息做成短视频，这种短视频属于营销广告，如果发布这种短视频，那么账号很容易被官方降权重。我们不能做硬广告，但是可以做软广告给观众提供价值。在销售健康类产品的账号中，我们可以专门做一个栏目，用于普及健康知识和纠正错误的观念。通过输出干货给用户提供价值，在短视频中巧妙地引入产品信息，这样观众会更好地接受广告而不会反感。如果你发布的短视频的领域不固定（比如，今天发布跳舞短视频，明天发布美妆短视频，后天发布美食短视频），那么系统对你的账号定位就会有偏差。这会导致系统给你推荐的粉丝不精准，从而使得各项数据下降。

（3）发布时间有技巧

在我以往的运营经历中，通常在 12 点到 14 点和 18 点到 22 点这两个时间段发布的短视频的点赞数和播放量比较多，这是为什么呢？其实我们可以结合自身的情况考虑，在中午下班后会有吃饭时间和午休时间，通常会玩手机消遣时间。在晚上刚下班的这段时间，我们可能在乘坐交通工具回家的途中，这时通常也玩手机。一般来说，这两个时间段的在线人数是最多的，而且据某些机构的大数据统计，这时候发布的短视频的点赞数和评论数也是最多的。在这两个时间段发布短视频，曝光量会更大。所以，我们应该在这两个时间段发布短视频，而具体在哪个时间点发布短视频，则要根据账号的粉丝人群来定，如果账号类型是与游戏相关的，粉丝人群上线的时间可能会比较晚，那么在 22 点左右发布短视频的效果会很好。如果账号类型是与宝妈相关的，那么粉丝人群上线的时间可能比较早，午休时间或者 18 点到 20 点发布短视频效果好。我们要研究短视频的数据与用户群体，这样才能更好地判断发布短视频的时间点。另外，发布短视频的时间点要固定，如果习惯在 18 点发布短视频，那么最好所有短视频都在 18 点发布。如果习惯在 22 点发布短视频，那么最好所有短视频都在 22 点发布。这样可以培养粉丝的习惯，每天到了该更新短视频的时间，粉丝就会专门登录平台看新短视频。

（4）光线清晰机拿好

在前面的章节中已经介绍了，如果在拍摄时光线不好，那么无论你是用手机拍摄还是用相机拍摄，拍摄出来的效果都比较差，噪点比较多，而且人脸灰暗、没有立体感。所以，在拍摄时光线一定要清晰，在户外不用开灯，但是在室内必须要开灯。一定要拿稳拍摄的设备，在室内尽量用三脚架，在室外拍摄运动画面时，尽量用稳定器，如果实在没有辅助仪器，那么也一定要手

持稳定。

（5）宏大背景多人照

宏大背景指的是什么？户外漂亮的风景或者视野很宽广的地方就是宏大背景，多人照就是多人拍摄。短视频平台每天新增的内容很多，可以达到三四百万条，系统会优先选择最好的内容推送到观众面前，系统如何判断短视频内容的质量好坏呢？其中的一条判断标准就是户外和多人，为什么呢？因为我们去户外拍摄并且多人拍摄，内容制作门槛会高得多。举个例子，如果我们拍摄脱口秀形式的短视频，那么在室内只要把相机架好，坐在板凳上就可以开始拍摄了，非常简单，但是如果到户外拍摄脱口秀，困难就多得多了，要把机器扛出去，把演员叫出去，在户外拍摄时还要换上适当的服装，并带上道具。在户外拍摄还受到天气因素的影响，如果下雨可能就无法拍摄，如果阳光太强那么拍摄出来的效果不好。在户外单人拍摄和多人拍摄的流程基本一致，但是单人拍摄的拍摄难度比较小，在单人拍摄时只要保证自己不出错，拍摄过程就会比较流畅，但是多人拍摄的难度比较大，如果两个人一起表演，只要有一个人在表演时卡壳，就需要重新拍摄。拍摄的人越多，重新拍摄的次数可能就越多，拍摄就越困难，所以户外多人拍摄基本上都是团队运作的，团队运作出来的肯定要比个人运作得好。系统就用这个方式初步判定你的内容是否优质。我们可以有针对性地做短视频，多去户外拍摄宏大的背景，尽量多找人入镜，可以去商场门口或者公园等人流量比较大的地方，把路人放到背景里。这样，短视频会出现多人画面，就像在进行多人拍摄一样。系统会识别出短视频里有很多人，会判断为多人拍摄，所以会给短视频更多流量，让短视频更容易上热门。

（6）热门音乐契主题

在拍摄短视频的时候，我们经常需要添加与主题相关的音乐。比如，如果拍摄一个搞笑的主题，那么搭配一首有魔性、欢乐的背景音乐会让视频更有感染力。如果我们要拍摄一个情感类的主题，那么搭配一首比较舒缓的轻音乐，渲染出一种适合人情感流露的情景，更能引起观众的共鸣。反过来，我们如果拍摄一个很快乐的主题，但是配了一首哀伤的音乐，那么观众会产生一种奇怪的、不协调的感觉。同样，我们拍摄一个正能量的故事，内容是激情澎湃的，但是配了一首舒缓的轻音乐，也是很不对劲的。所以，音乐要契合主题，并且我们要尽量挑选热门的音乐。

（7）竖屏全屏画质好

因为抖音和快手 App 的设计为在播放短视频的时候全屏播放而不带黑边，所以我们在拍摄的时候也一样，要尽量符合条件。官方网站中有明文写出要倡导竖屏的内容，如果短视频是横屏的并且上下有黑边或者要让观众侧着手机才能看到内容，那么受推荐的概率会小得多，我们不要去冒险拍摄横屏短视频。我们要把短视频拍摄成全屏的，全屏的分辨率是有讲究的，最好拍摄成 1080px×1920px 的分辨率，这样就可以保证全屏显示并且上下没有黑边。如果分辨率不一样，在其他分辨率的情况下拍摄出来的短视频就有可能上下有黑边或者左右有黑边。系统在第一次初审短视频时，一旦发现短视频的上下有黑边就会怀疑是搬运的短视频、抄袭别的平台的短视频，这样对账号的权重和流量是有影响的。短视频要尽量保证是竖屏的、全屏的，而且短视频的画质也要好，画质越细腻，观众自然看得越投入。画质越差，系统给的评分就越低；画质越好，系统给的评分就越高。当账号所有的综合条件都很好、评分都很高的时候，上热门就非常简单了。

（8）每日更新权重高

如果你每天能够在固定的时间更新，系统一般会认为你是优秀的内容作者，能够长时间提供有价值的内容，会给你的账号更多的权重，但是如果你实在做不到每天更新，那么至少一周要更新两条。如果你连一周更新两条都做不到，系统就会判断你为普通的作者，给账号的权重就会低一些。当然，你最好能做到每日更新，而且最好在固定的时间更新。

（9）追逐热点众人笑

如果短视频的内容跟着热点拍摄，就会吸引观众的目光，如果短视频的内容没有跟着热点拍摄，观众可能就会认为你的短视频不流行、不新鲜。所以，我们在做内容时一定要追逐热点，不管是做新媒体、短视频，还是写微博和微信公众号文章都要追逐热点。如果我们不追逐热点，那么流量会比别人少得多，所以我们在拍摄题材上要尽量选择热点题材。

众人笑是什么意思呢？短视频平台都是有价值观的，抖音的价值观是记录美好生活，快手的价值观是展示真实自我。如果我们能在内容里嵌入与平台相关的正能量内容，上热门的概率就会高得多，系统如果能够识别出相符的内容，就会给更多的流量扶持和权重扶持。

10. 提高短视频的点赞率

你所理解的抖音是什么？你所理解的点赞是什么？也许有人会说抖音就是消磨时间的工具，在没事时拿出来刷一刷，忙了就不看。这只是一部分人对抖音的理解。据我了解，很多人已经把抖音当成了心灵的寄托。短视频能给他们的生活带来动力，所以抖音并不单纯是消磨时间的工具了，在很多人的心里已经占据了一个很重要的位置。很多人把这些"网红"当作自己生活中的伴侣和偶像，给他们打赏，甚至一掷千金。

我所理解的抖音，就是像春节联欢晚会一样的大舞台，在舞台上既有开心的故事，又有悲伤的故事，有唱歌、跳舞，有正能量，有很多激情的表演，还有很多运动表演等。试想一下，参加春节联欢晚会的演员为了这场节目花了多长时间排练？有些人可能在春节联欢晚会开始前的三四个月就已经开始排练了，就是为了准备这场节目。短视频作者要把更多的精力和时间花在准备拍摄上。短视频是需要精心策划的，随手一拍发布出去就成为"爆款"是不可能的。对于参加春节联欢晚会的演员，如果他们没有认真地准备，那么是不能得到观众喝彩的。这些想法都是不现实的，所以我们要花时间和精力，认真地准备。

点赞就像在春节联欢晚会上观众对精彩节目的鼓掌、喝彩一样。我们只有理解了点赞，才能知道应该怎么做。要想短视频做出成绩不能只靠想象，如果你对自己的短视频没有持续的投入，那么不可能收获观众的点赞。抖音已经升华为很多人的心灵寄托，对内容要求越来越高。

（1）给观众一个点赞的理由

我们要让观众在看短视频时就像在爬梯子，要让他一个台阶一个台阶地往上爬，要让他在爬的过程中一直想最后能看到什么结局。这样他就会非常期待，在爬到了梯子最高处的时候，也就是到了短视频的结尾，我们要给他点赞的理由，即让他看到他期待看到的结局。

相反，如果观众爬到最高处却发现得不到他们想要的，失落感就会油然而生。根据大数据统计，大多数人是在接近短视频结尾处给短视频点赞的，所以我们一定要在结尾处安插剧情，或者安插反转桥段，创造一个突破点，让观众主动为短视频点赞。

其实这条短视频还有很大的可优化空间，如果我来拍这条短视频，在剧情结构上我会调整成在结尾时让宝宝吃沾满苦瓜汁的手，宝宝露出苦涩的表情，以此作为一个转折点结尾。原来的短视频没有转折点，很容易导致观众对短视频不能产生情绪变化，从而对内容无感。但是我设计的结尾向观众表达了一个观点，宝宝对苦瓜汁厌恶从而不去吃手指，证明了苦瓜汁对宝宝不再吃手指是有用的。这样就会引起观众的注意，而且短视频的意义发生了变化，原来的短视频给观众的感觉就像一个普通的记录短视频，但经过设计后就变成了育儿小妙招的短视频，会给观众留下更加深刻的印象。

（2）用内容赢得赞赏

在现实生活中，你走在街上是不是经常有人给你发传单？如果推销员给你发传单，在你接了传单以后，他可能就会继续向你推销产品，提出优惠条件，想引导你去门店消费。如果你当初连传单都没有接，推销员就不可能再与你有后续的接触，交易也不可能成功。其实这是心理学里的登门槛效应。推销员在销售产品时，不可能让每个顾客都接受，成交是非常困难的，他需要一步一步地"登门槛"，先完成小目标，再完成另外的目标。一开始的目标是先让顾客接传单，然后再发出优惠攻势，最后引导顾客到门店里消费，一步步地实现销售产品的目的。

不管是在抖音、快手、火山还是在其他平台，作者拍摄短视频的目的都是一样的，希望观众给短视频点赞，但是大多数观众是在接近短视频的结尾处点赞的。为了能让观众看到最后，我们首先要让他停留下来，先让他做出小承诺。当然，到了短视频的结尾，在短视频的高潮桥段出来以后，让观众点赞就非常容易了，所以要让观众实现自我承诺的兑现，到了最后，短视频内容引导他点赞就会非常简单。

（3）利用从众心理

在很多人心中，随大流是安全的，可以少惹麻烦、少担风险，所以他们喜欢采取从众行为，以减少内心冲突，寻求心理平衡。这是从众心理产生的心理基础。我曾经做过一个小调查，大多数人在看短视频的过程中，通常先往右边瞄一眼，看看短视频有多少点赞数。如果短视频的点赞数很多，他们就会停留下来持续看，因为他们觉得这可能是好作品。如果他们发现短视频的点赞数非常少，甚至为零，就会觉得这可能不是好作品，不愿意花太多时间看下去。所以，我们在每次发布短视频的时候，都需要自己给自己的短视频先点赞，或者让朋友和粉丝点赞，以确保短视频不是零赞的，这样其他观众看到短视频有点赞数，就会感觉它应该是不错的作品。

（4）用文案、字幕、声音引导点赞

其实这条短视频的内容非常简单，就是老爷爷牵着老奶奶走，作者把这幅画面拍下来了。短视频标题的文案是"最幸福的事莫过于和彼此爱的人一起慢慢变老……路过的一起点赞"，我们可以利用标题直接引导观众点赞。

11. 提高短视频的评论数

短视频的评论不仅能够展示观众对短视频的评价和反馈，还可以在潜意识里引导用户评论，从而提高短视频的热度。

（1）反转的剧情

有一条短视频讲述了这样一个故事：女主角在卫生间的卷纸里发现了几张百元大钞，以为是男主角偷偷藏的私房钱，因此带着"证据"出来质问男主角。男主角被问懵了，准备向老婆求饶。这时，他突然想起自己和老婆正在朋友家串门，卫生间的私房钱并不是自己的，所以强硬地回答："这不是我们家，是李辰家"，还自言自语地说，"吓死我了"。然后，李辰的老婆站起来，盯着李辰，现场气氛十分紧张。当观众都以为李辰要被教训的时候，他的老婆带着哭腔说："我以后再也不藏了。"剧情大反转，出乎所有观众的意料。这时，李辰缓缓地站起来，把他的老婆拽出了门外。当观众都以为故事要结束时，男主角偷偷地溜向大门。女主角问他要去哪儿，他说回家上厕所，边说边跑起来。

这个案例除了剧情的反转，还隐藏了很多信息。比如，李辰夫妻穿着球鞋，而男主角穿着拖鞋，卧室的墙上挂着李辰夫妻的结婚照。因此，很多观众在评论区里讨论这里到底是李辰家还是男主角家。因为剧情比较复杂，而且信息量大，所以带动了用户在评论区中争论，使得评论区非常热闹，也带动了短视频本身的流量。

（2）用文案引导评论

用文案引导评论是指在短视频的评论区里引导观众评论，或者在短视频的描述区里引导观众评论。

有一条短视频讲述的是，车被剐蹭，要对方赔多少钱的故事。一位车主把车停靠在路边。他准备开车送孩子上学，这时来了一位骑三轮车的卖菜大爷。大爷在拐弯时由于骑车技术不佳把汽车的车尾刮了长长的几道痕，其中有一道甚至把底漆全部刮掉了，露出了金属板。大爷从口袋里掏出了几十元要赔给车主，但是这远远不够修车的钱，这时车主的儿子说不要让大爷赔钱。在描述区，车主问观众："我儿子做得对吗？"这句话吸引了很多观众在评论区里回复，有的网友认为"没事儿，买划痕蜡抛光一下就可以"，有的网友却持不同的意见，"大爷给别人造成损失肯定要赔偿"，也有网友回复"孩子的善良要注意好好保护"，还有网友表示"孩子善良是好事，但要学会维护自己的权益，否则会变得容易被别人欺负"。各种不同的观点碰撞在一起，好不热闹。

所以，找到一个有争议的问题能够引导观众评论。

（3）设置初始评论引导评论

短视频在刚发布的时候，很可能没有人评论，这时我们要自己创作评论，用小号评论、好友评论等方式在评论区评论，为短视频制作"爆点"留下可讨论的信息，让观众更好地与作者互动。

（4）参与评论竞争

每条短视频都能体现一定的价值观，大多数粉丝或者观众点赞、评论短视频，基本上是因为他们认同短视频的核心观点，但是也会有少数人持反对的观点，在评论区里抬杠。在短视频的评论区里若正方与反方越势均力敌，评论区就会越热闹，大家的发言就会越多。

例如，这是我发布过一条短视频，短视频的数据很好，有2000多条评论，短视频的主要内容是做手工，利用废塑料瓶做各种各样既好看又好玩的手工作品。大多数人的评论都是对作者心灵手巧行为的赞赏，但是有少数人会来抬杠，觉得作者是穷得没钱了。这时候我们可以适当参与评论，这样对短视频的评论数和评论比都是有好处的。我们在参与评论时发表的评论一定要符合正向价值观。

12. 让平台帮你引流

随着短视频的发展，短视频平台对内容的要求越来越高，平台的机制也在不断地变化。无论我们想要入驻哪个平台，都需要将平台的规则弄清楚，然后再分析平台的用户喜欢看什么内容。只要我们把这些都了解清楚了，就意味着成功了一半。

　　在很多媒体平台上，如果你没有足够多的粉丝，那么发布的内容的阅读量就会比较低。但是在抖音平台上，即使你没有任何名气、没有粉丝，哪怕完全为零流量，也可以在很短的时间内打造出有 100 万个精准粉丝的大号。只要你做出了短视频，抖音平台就会给你的短视频自动分配精准流量，从而让你的短视频得到大量曝光，收获大量粉丝和关注度。我们只需要知道抖音的系统推荐算法，围绕算法制作优质的短视频内容即可。在讲解抖音的推荐算法之前，我们要先了解推荐流程图。在抖音、火山或者快手里发布的短视频，基本上都是用相同的流程运作的（如图 5–12 所示）。

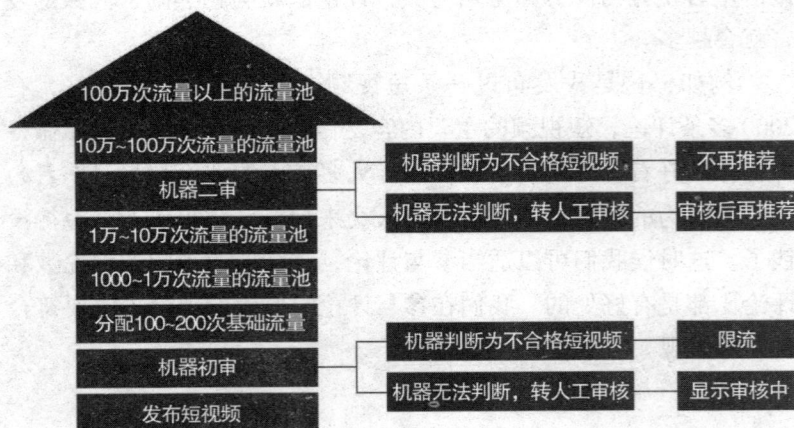

图 5–12

　　首先，机器会初审，每天在这些平台上发布的短视频很多。对于谣言、危害社会的短视频内容，平台需要进行监控、过滤、删除，同时网站自身出于提升用户体验的考虑，也会对带有侮辱、歧视等不文明词汇以及影响用户体验的广告等进行审核。平台上的短视频数量在短时间内上传超过几百万条，只靠人工审核是不现实的，只能通过机器做初审，把大量短视频先筛选一遍，这样可以减少人工的工作量。

在初审阶段，机器会做判断，判断依据是前一章讲过的"运营禁忌"。在机器内部建立数据库，把相关的禁忌内容做成相应的模式，机器按照模式分辨。

机器一旦识别到不良内容，就会把它判断为不合格短视频，直接限流。所以，很多时候短视频在发布以后，如果我们在后台观察流量一直是零，那么就是没有人看这条短视频，播放量一直都是零，这就证明短视频被限流了。有时候对短视频内容的审核也需要人工辅助，因为机器审核是设定好的，如果超出了设置范围就无法判断是否违规，这时通常就会转交到人工审核。

人工审核和机器审核怎么区分呢？机器审核通常很快，因为内容都是设置好的，一旦短视频内容出现问题，机器不能识别是否违规，就会转交人工审核。与机器审核相比，人工审核会慢得多，需要排队等待审核。

当平台的人工审核完后，没有问题的内容就会被放行，进入平台设置的初始基础流量池里，即使账号的粉丝数为零，每条短视频也会被分配 100 ~ 200 次基础流量。如果你的短视频被发布后，播放量只有几十次甚至为个位数或者零，那么你一定要反思你的短视频出现了什么问题。要么可能违规了，要么可能画面有问题，要么可能声音有问题，要么可能标题有问题，被机器判断为不合格短视频了。

平台给我们的基础流量、基础观众的行为决定了后期平台对短视频的流量分配。如果基础观众在看过短视频后都点赞和评论，那么短视频的数据就会得到提升，当数据提升到一定的程度后，短视频就会进入更大的流量池——1000 ~ 10 000 次流量的流量池。同样，如果短视频得到的反响不错，点赞的人和评论的人都很多，短视频就会进入 1 万 ~ 10 万次流量的流量池，这时短视频就离"爆款"很近了。

在短视频数据表现不错的情况下，系统会对内容进行二次审查，在确定没问题后进行大规模推广。因为机器在初审的时候，可能审核得不全面，所以会再次对短视频进行筛选，以免涉嫌暴力、色情等危害社会的信息流出。

在二审阶段，如果短视频的内容没有问题，会继续被放行，进入更大的流量池；但是如果内容被判断为不符合要求，就不再被推荐了，这时短视频的播放量不会再增加。同样，当遇到机器无法判断的时候，将会转交人工审核。这时你看不到任何显示，只是看到了内容没有新增流量。内容在通过人工审核后，会继续被推荐；如果人工审核没有通过，就不会再有新增流量了。在完成二审后，短视频就会进入 10 万 ~ 100 万次流量的流量池，如果短视频数据仍然很不错，就会进入 100 万次流量以上的流量池。

第六章

流量变现：短视频变现的实用技巧

1. 通过渠道分成变现

如今短视频的势头仍然只增不减，而各大渠道平台进行的扶持计划无疑是给势头正旺的短视频行业再添了一把火。这对于很多短视频原创团队来说，绝对是一个大大的福利。而渠道分成，也成为短视频团队创业初期的一个重要环节。

对于短视频原创团队来说，渠道分成是他们初期最直接的收入来源。因此，对于渠道的选择和如何获得最大的分成收益是运营过程中的关键问题。我们常见的短视频渠道平台有今日头条、美拍等。

这些平台分成推荐渠道、视频渠道、粉丝渠道三大类，各个类型渠道所产生的平台分成也是大有不同的。

推荐渠道，顾名思义就是所有在这个渠道中发布的短视频，它们获得的短视频播放量，主要都是通过系统推荐获得的，其中不会掺杂过多的人为因素。推荐渠道中最典型的平台当属今日头条了。

和推荐渠道不同的是，视频渠道中的短视频主要都通过搜索和平台小编推荐来获得播放量，例如搜狐视频等。在视频渠道中，拥有好的推荐位就能获得更高的播放量，那么渠道的收益分成也不会太少。

最后一类就是粉丝渠道了，在该渠道中，粉丝的作用将发挥到极致。影响短视频播放量最直接的因素就是粉丝数量，而美拍就是粉丝渠道的代表。但是需要注意的是，也有一些粉丝渠道会存在小编推荐的方式。

　　面对如此多的短视频渠道平台，我们也需要进行详细的规划和分析后再进行选择。毕竟对于一个团队而言，分成固然重要，但更重要的是要考虑到短视频品牌形象发展和粉丝用户。虽然每个短视频团队所涉及的内容类型有所不同，但是在每个平台上获得的播放效果也存在差异。

　　因此，只有选择合适的渠道进行短视频投放，才能获得预期效果，收获一定的分成。那么，我们如何选择合适的渠道平台呢？（如图 6-1 所示）

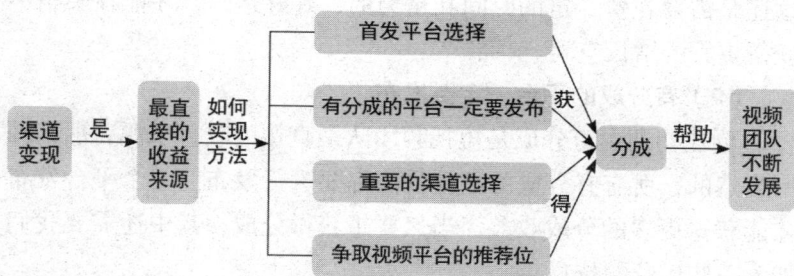

图 6-1

（1）首发平台选择

　　以第一视频为例，第一视频采取的是系统推荐机制。个性化推荐算法会根据用户喜好个性化推荐视频，这样一来就可以帮助我们快速、准确地找到短视频对应的精准用户。同时还能帮助我们测试，短视频的内容是否受用户喜爱。

　　而像搜狐视频、腾讯视频、爱奇艺等这类的视频渠道，大多采用人工推荐机制，平台上好的推荐位都被各大卫视影视剧、综艺节目等频道占据，因此，留给短视频的推荐位可以说是少之又少。

　　相比之下，短视频聚合平台第一视频可以通过查看数据分析用户的反馈，找出最吸引用户的短视频内容。第一视频对于短视频的精确分发对很多短视频创业初期的团队来说，都具有很大的优势。

一条视频除了有较好的推荐机制之外，还具备足够大的用户群，这对获得更多的播放量和平台分成也提供了一个契机。

一条视频对很多初期创业短视频团队而言，冷启动优势大，即使初期没有粉丝也不必担心没有流量。同一个短视频在头条上拥有较高的播放量，那么在其他平台上的播放量也不会太低。但这还是需要花费一定的时间和精力的，好好运营，才能在头条中获得更大的增长空间。

（2）有分成的平台一定要发布

创业初期渠道分成是短视频团队最直接的收益来源，那么理所当然的，所有有分成的平台我们都要进行发布。多个平台发布才能获得更多的分成收益，当然要想获得分成，其中还需要我们加入一些运营的技巧。

每个渠道平台各有各的特点和视频呈现形式，因此，就需要我们根据不同平台的要求，对视频的标题、封面图片、简介、标签等内容精心设计，毕竟这些因素都会影响短视频在各个平台上的播放量和分成收益情况。

而如何好好地运营短视频的各个环节，我们在上面的章节中就已经说过了，分成对于创业初期的短视频团队固然重要，但拥有优质的内容才是真正的赢家。

（3）重要的渠道选择

以美拍为例，该平台是以短视频制作工具的角度进入短视频领域的，不仅在短视频的加工处理上起到一定的作用，同时还是我们短视频发布的一个重要的渠道选择。美拍对短视频的审核工作十分重视，这也为我们短视频内容的优化提供了重要的依据。

和很多视频平台不同的是，美拍不会依靠平台自身提供的优质视频来推动流量，而更为鼓励用户生产内容，这也是我们将美拍列为重要选择的初衷。上面我们说到的，美拍属于粉丝渠道中的一个平台。因此，粉丝对短视频的播放量有很大的影响。美拍更加强调引导粉丝用户进行关注、评论等，且粉丝的评论相对更加客观，因此，关注美拍粉丝用户的反馈情况，对短视频的创作会有很大的帮助。

（4）争取视频平台的推荐位

我们都知道很多视频平台，例如爱奇艺、搜狐、腾讯等，它们的主界面都被各大卫视的电视剧、电影、综艺等频道占据着，短视频团队很难在视频平台中争取到好的资源位。但是对于很多短视频团队来说，通过优质内容来争取到这些视频网站的推荐位，那么视频流量也就有了一定的保证。

渠道分成是短视频最直接、最原始的经济来源，而短视频团队必须从自身的定位和发展出发，寻求适合的平台，才能从中获得更多的收益。

2. 通过电商变现

相比于更加成熟的广告变现，抖音的电商变现模式还处于摸索阶段，目前主要有以下两种方式。

第一，平台电商变现：如果达人有自己的产品和电商店铺的话，可以申请开通抖音购物车功能，拍摄创意"带货"视频，来为店铺产品带动销量。例如，在"苏宁易购"官方抖音号主页，点击官网链接，即可进入苏宁易购的网上商城下单购物。

第二，微商引流变现：达人也可以通过微商变现，主要是把抖音用户导流转化到社交软件中，如用内容引导、个性签名引导、评论引导、直播引导等方式，通过给自己的产品和店铺引流实现变现。

从现有电商变现模式分类来看，交易型电商（淘宝、京东等）主要是"给你想要的商品和服务"，而内容型电商更多的是"告诉你应该买什么来提高生活质量"，即所谓的"种草"。随着算法技术等因素的发展，电商平台对用户的商品推荐也会变得更精准。

作为新崛起的巨型流量池，抖音在 2018 年 3 月底正式试水电商，开始在大号中添加购物车链接。一款能有效占用大量用户时长的内容应用，以平台身份进军电商，给可能带来的行业连锁反应自然引发关注。

对于内容平台来说，电商为它们的商品化、货币化提供了可能途径，那么遵循着零售的思路，品类的拓展、人群的泛化、涉及商品从标准向非标准形态延伸都成了未来可预见的变化。对于这些变化而言，"内容"的作用更像是强力的催化剂，能有效地提升转化的效率。

在抖音平台上，一方面，是大量不同领域企业的入驻带来各自的商品；另一方面，偏向于年轻、城市范围的使用者属性，本身就热衷于记录生活中碰到的新奇商品，或将自己的消费行为展示化，所以品类的拓展和人群泛化趋势已然明显。而在以往被认为是非标准化的服务，也得以借助短视频的表现力，成为"种草"的标的，为未来进一步的服务电商化奠定了可能。

无论是短视频还是直播，在同样的消费时长内都可以记录更多的客观信息，因此在表达所售卖商品的客观属性等信息时，具有图文所不具备的优势。这种客观信息的表达能力，将商品信息尽可能全面地展示在用户面前，消除线上购物时的信息不对称和随之产生的消费疑虑。再进一步，内容通过唤起用户个人体验中的关联记忆或想象，激发用户做出消费决策。

短视频逐渐被推上了创业风口，而内容电商也在短视频这片肥沃的"土地"中，"开垦"出广阔的区域。从以往的数据上看，广告收入是很多短视频团队最主要的收益来源。但是随着短视频的不断发展和行业推动，单一的变现渠道已经不能够满足短视频团队的需求了。而将短视频浪潮推向顶峰的，就是短视频和电商领域的合作。和电商的结合，正在逐步成为短视频领域中最有效、收益最高的变现方式。

说到内容电商，很多人都不太清楚到底什么才是内容电商。和传统电商不同的是内容电商的两大关键因素，一个是内容，另一个是交易。传统电商是在网上搭建一个店铺，再通过各种渠道将流量引到店铺中，从而促进交易。而内容电商不同的是，它的流量并不需要通过其他渠道导流过来。就拿短视频跨境电商来说，其流量来源直接是短视频原有积累的粉丝。

传统的电商模式，是通过单品竞争或者是价格竞争等形式进行交易的。而内容电商形成交易的原因，大多是因为用户对内容本身就具有一定的价值认同。我们早就已经从图文信息消费时代，过渡到了短视频消费时代。

因此，同样是在内容电商领域，也发生着巨大的变革。传统的电商平台以图文宣传推广的形式，获得流量和转化率，早就遭遇瓶颈期。而类似于一条、papi酱、造物集这类依托短视频的形式，逐渐在电商领域崛起。

例如，做美食类短视频的"小羽私厨"也涉足了电商领域，在向用户教授一些美食制作的过程中，就会选择一些有价值的产品进行推荐，例如酸奶机、棉花糖机等一系列产品。对于栏目的女性目标用户来说，很容易激起她们的购买欲望。用户可以直接到他们的网店中购买到视频中的各种用具。

（1）优质内容输出

内容电商最核心的部分就是内容，观众选择了什么样的内容就相当于选择了什么样的商品。因此，抓住内容的关键，就是要让短视频的内容可以对应到用户的画像上。很多短视频团队在做完第一期视频后，就黔驴技穷了，想不出通过什么样的话题撑起第二期的内容。

对于短视频而言，什么样的内容称得上是优质的内容呢？在短视频处于风口的情况下，原创、独创性的视频内容更加容易脱颖而出。内容就是广告，做好电商营销的关键就在于短视频内容的有趣和创意。

内容上要找到短视频内容和电商产品最契合的点，在此基础上进行内容创意，用特别的制作技巧将产品表现出来，除了给观众制造不可思议之外，还能保持短视频原有内容的风格和趣味性。

除此之外，一定要避免在短视频中对用户进行产品的硬性推广，这在很大程度上会影响用户的视觉体验，最终导致过低的播放量和点击量。很多产品本身就具有自身的实用场景，在短视频内容创作时，只需要将该产品还原到对应的使用场景中，就能让短视频播放内容更有代入感。

因此，实现产品和视频内容有效的结合，一定要避免硬性植入。只有保证内容持续优质，才能增加和用户之间的互动和黏性，从而为商家企业提供最稳定、最有价值的宣传。

短视频做好电商变现，虽然使视频内容都带有一定的目的性，但是只要在画面设计、编剧上充满可看性，就更容易吸引用户，并因此带来巨大的播放量。内容的好坏是直接关系到用户流量转化的关键因素。

（2）挖掘用户需求

短视频要想做好电商变现，关键是需要完成和销售的一键转化。优质的短视频能够快速推动信息的传播。无论是图文形式还是短视频内容，能让用户在同一平台上将目光从内容阅读转化到销售，才是最理想的。

从某种意义上来讲，短视频和电商结合，无非就是充当商家销售的载体。因此，在内容创作时，最先需要明确你的内容到底是为谁做的，如此才能找到合适的内容，最终达到一定效果。

无论是短视频还是直播等多媒体形式的内容，这些新兴的体验方式不但可以更近距离地接触用户，而且还能满足观众的娱乐需求。而这些方式最终创造出的唯一价值，都是为了满足用户的需求体验。

那么，在内容创作过程中一定要清楚用户的心理需求和习惯特征。抓住用户的心理需求，归结起来就是要把握并运用好人性的弱点。短视频和电商的结合并不是内容的二次传播，而是二次包装。因此，对内容的包装要想吸引用户眼球，找到视频的卖点，一定要从用户需求出发。满足人性需求，才是为用户创造最佳观看体验。

（3）渠道和粉丝的选择

渠道的选择对于电商来说十分重要，而对于短视频而言，从单一的平台分发，发展成为多平台也要注意不同渠道的选择。短视频选择哪些渠道进行视频分发，所带来的点击量和宣传度是大不同的。

在渠道的选择上主张"哪里能销售产品就去哪里播放"，因此微博、微信、淘宝等允许进行交易的网上平台就成为很多团队的首选。对于渠道的选择，很显然电商性质的短视频并不太适合投放在长视频网站，例如优酷、腾讯视频、爱奇艺等之类的平台。

因此，就需要选择一些流量大且精准的平台，例如，进行某产品的销售宣传的短视频，可以直接投放到淘宝首页进行展示，也可以分享至微博等地方进行宣传。正确的渠道选择才能实现预期的目标，否则只能是徒劳一场。

在做好渠道选择的基础上，一定要注意不断地积累粉丝。虽然很多长视频网站并不适合短视频的发展，但是可以通过这些网站平台来沉淀一部分粉丝。在粉丝经济的时代下，粉丝数量越多，那么创造出来的经济效益就越高。

只要拥有精准的粉丝，无论销售什么样的商品，总会有人来买单，那么短视频通过内容电商变现也就更容易了。

相较于传统的图文形式，短视频无疑是更好的电商营销形式。而对于很多团队来说，"短视频 + 电商"这一变现模式是今后不可抵挡的发展趋势，并且逐渐成为变现渠道中最重要、经济效益最高的方式。

短视频运营无论选择哪种变现方式，都要明确自己的内容是为谁而做的。明确定位的同时保证视频的质量，才是让流量变现的关键。

不仅短视频平台开始瞄准电商领域，电商平台也曾尝试利用短视频天然的强娱乐和话题性，快速吸引流量的特点打开销路。2016 年，淘宝二楼上线并推出短视频节目《一千零一夜》，节目里有温情的故事，还有美食和购买链接。同样，在京东的"发现"频道中，也设有"直播"和"视频"两个栏目。业内专家分析，目前从短视频平台、电商平台和商家多方的需求来看，都寄希望于两端的结合。在多方的刺激下，短视频通过电商变现的市场还会增长。

3. 品牌软植入变现

营销并不是通过单一的技巧就能成功的，往往是一环扣一环的。抓住痛点之后要趁机形成系列，而升华系列又需要寻求改变，只守着自己的一亩三分地，观众迟早会审美疲劳。这种把自己的品牌和产品不经意间注入趣味故事中的手法，就叫软广告。在短视频中植入"软广"不能像文案一样，做大量的铺陈和设疑，要时刻记住，我们只有 15 秒的展示时间。通常会用到的方法有以下两种。

（1）形象植入

不论是实体产品还是虚拟产品，想要被人记住，除了形成系列作品，还需要统一的形象。类似于一些受欢迎的电视节目一般都会有固定的主持人，而如果经常更换主持人则会降低观众的黏度。网易游戏的"小易"就是比较典型的形象植入，通过让这个形象成为"一代网红"来达到营销目的（如图 6-2 所示）。

图 6-2

　　游戏作为虚拟产品，宣传视频的局限性较大，如果一直推游戏难免让人反感，"小易"应运而生。最初"小易"是一个白色大头娃娃的漫画形象，胸前有网易游戏 LOGO。在官方的运营下，这个形象代表网易游戏与玩家频繁互动，因其可爱、幽默而深受玩家喜爱，成为"网红易"。在入驻抖音短视频后，小易逐渐"实体化"，节日营销、话题营销等玩得不亦乐乎。

　　那么，虚拟形象究竟如何成型呢？

　　第一步，形象设计。成功的虚拟形象并不只是一幅画、一张脸，而是真实的"一个人"。他除了需要一张"品牌"脸外，还需要被赋予人格。设计形象时，融入品牌 LOGO 是必须的。LOGO 需要显眼、对比鲜明，让人能清楚分辨出来。而人格赋予分为两个方面：表情和行为（如图 6-3 所示）。

图 6-3

第二步，丰富人格。自"小易"走红后，网易游戏也为其添加了多款新的"造型"来配合不同的场景视频。而这些设计与制作成本并不算高，即便是个人运营也能实现。行为方面则需要一定的策划功力，除了考虑融入品牌文化和产品属性（网易游戏为娱乐属性），还要对网络文化有深入的了解，例如"小易"模仿"tony 老师"和跳"抖音网红舞蹈"的视频，就成功地将一大批"抖友"转化为"易粉"。

（2）幽默故事

或许形象植入并不适合所有的品牌，毕竟网易游戏经常举办线下活动，吉祥物"小易"的展示机会和知名度都比较高，而且游戏本身就与虚拟形象挂钩。如果将天猫的"黑白猫"形象套用在网易游戏的营销方案中，反而会让购物网站稳重的形象过多地娱乐化（如图 6-4 所示）。

图 6-4

天猫官方抖音号并非没有尝试过采用虚拟形象拟人化的手法拍摄短视频，而且是漫画和真人扮演双管齐下，但平均点赞数没有超过 2000，确实不能算是效果显著。而其中也有一个例外，一则解释天猫 LOGO 背后"故事"的短视频走红，点赞数破 6 万。在这个小故事中，"黑白猫"作为 LOGO，其实是在网络"对外窗口"趴着，配合红色屏幕显示而形成的（如图 6-5 所示）。

总结来说，制作幽默故事需求有二：合适的热点与"自黑"的精神。

　　这则视频之所以会走红，故事的幽默"自黑"占了一半，而另一半则要归功于当初天猫 LOGO 设计本身就是征集网友意见而成的，关注度较高，而官方对于最后选择的理由也是"三缄其口"。悬而未决的热门话题加上奇思妙想的解答，更何况是"官方解码"，受欢迎也在情理之中。

　　无论选择何种形式的植入广告，短视频要想通过商业广告达到变现需求的前提是，需要清楚当前面临的挑战是什么，具体如下。

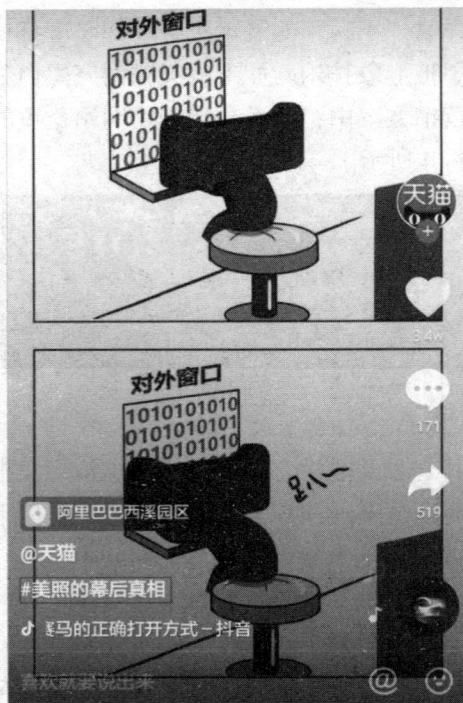

图 6-5

（1）缺少优质内容

对于很多广告主而言，高效率地利用短视频，从而近距离地接触到受众用户，并获得较高的转化率才是他们选择广告投放的关键原因。但是目前短视频行业产量高、同质化严重，供需不平衡的现象也在逐渐显露出来。

现阶段，短视频市场仍然没有足够的优质内容能够满足广告商们的需求，因此，优质内容的稀缺成为很多广告商们面临的一大挑战。

（2）广告与短视频内容的契合度不够

有资料统计，大部分用户停留在广告上的时间不会超过 10秒，而传统媒体播放广告的形式并不需要结合视频内容，因此，在投放和选择上更加随意。短视频则以时间短、内容短为主要特点。

要想让广告的加入更自然，并且不会影响用户的视觉体验，就需要根据短视频的内容来选择广告类型，这在很大程度上就限制了品牌主们的选择。同时，选择哪种方式的广告投入，才不会降低视频呈现的效果和观众的观看体验，这是很多短视频团队最为头疼的问题。

（3）缺乏行业规范

虽然在短视频中插入广告已经是见怪不怪的事情，很多新媒体短视频也都接受越来越多的商业广告，但是由于缺乏行业的具体规则，欺诈用户流量的行为依旧存在，而这需要更透明的行业标准来维护。

因此，短视频与商业广告的结合，通过广告方式实现变现，也就越来越困难了。在这样的行业趋势下，到底应该怎样做才能让短视频通过商业广告变现朝着更好的方向发展呢？具体如下。

①商业广告与短视频内容相结合

短视频和广告结合的方式有贴片冠名、软性植入等方式，虽然各有各的优势，但是从用户的反映来看，软性植入是最佳的选择方式。要想通过商业广告变现，就要尽量避免硬性广告的植入和不存在内容的纯广告。

外在效果上，贴片冠名广告是被强加在短视频片头或片尾的，这在很大程度直接影响了用户的体验。从内容效果上来看，贴片冠名广告和视频内容、情景融入不存在任何关联性，很容易影响到短视频的流量。

因此，将广告更内容化，增加和短视频的关联性，软性植入是最好的选择。就拿美食类短视频新媒体来说，他们选择的广告商大都是和美食相关的。只有存在共同点的两者才能融合在一起，而这也是软性植入广告的特点，让品牌和短视频内容相结合，从而起到潜移默化的作用。

②不要根据广告做短视频选题

除了广告和短视频内容的完美契合，通过广告变现尤其要注意，不能依靠广告商来做视频选题。因此，在策划时，一定要和商家一起讨论选题和策划。在满足广告商对品牌宣传需求的同时，也要满足自身栏目的用户需求。

不能因为广告的介入而忽略自身的定位，尽量根据自己栏目的内容去寻找广告植入的切入点。对于很多短视频团队来说，内容为王，而广告植入也是在做内容。不能因为植入广告而改变短视频整体的风格，降低内容价值。因此，一定要依照短视频自身的定位和用户群去选择内容，这一点是十分重要的。

③用户决定商业价值

短视频新媒体中粉丝才是自己的目标群，不要仅满足商业广告对应的目标用户需求，进而忽略自身栏目定位的粉丝用户需求。

若我们的短视频内容不能满足自己用户群的需求，那么直接会导致播放量的降低，进而参与其中的广告品牌也无法获得理想的宣传效果。因此，短视频要想通过商业广告变现，一定要从目标用户的定位和角度出发，选择适合的主题和广告植入方式。

广告变现是短视频领域常见的变现方式。虽然，随着变现方式的多样化，很多短视频不再选择通过商业广告这一方式变现，而是更愿意选择更加新颖的方式，但是，不得不说广告变现还是最有效的方式之一。

4. 签约平台变现

当今网络上各大短视频平台层出不穷，为了能够获得更强的市场竞争力，平台纷纷开始与短视频制作者进行签约独播。于是与平台签约独播，也成了一种短视频快速变现的模式。不过，这种模式比较适合运营成熟、"粉丝"众多的"视频达人"。对于短视频新人来说，能获得平台青睐、得到签约收益，不是一件容易的事。

签约独播是一个平台与短视频制作者之间互相选择的过程。短视频平台为了能够更好地吸引到制作者，往往会采用高价酬金的方式。比如，2017年9月花椒直播就上线了MV短视频功能，用户可以随心所欲DIY短视频并配上不同的音乐，花椒直播还宣布投入1亿元资金签约短视频达人；而火山短视频也斥资千万，将快手直播的知名"网红"挖来。签约独播目前是短视频平台用来争夺头部玩家的重要筹码。

而作为短视频制作者，想要与平台进行签约独播，必须要达到一定的发展水平，或者可以让平台看到该制作者存在的发展空间。签约独播是短视频直接变现方式中要求较高的一个，需要短视频制作者在前期进行较多的准备。

（1）选择合适的平台

在平台的选择上，短视频制作者的首要考虑就是自己的目标用户。每个短视频平台都有其自身的定位，于是其吸引而来的用户群体也是不同的。制作者完成的短视频本身就是面向某一类特定用户的，只有其目标用户与短视频平台高度符合的时候才能在平台上取得更好的运营效果。

短视频制作者与平台进行签约独播是一个双向选择的过程，不能仅仅因为平台向其抛出了橄榄枝就草率同意。制作者必须根据自己的短视频特性谨慎地考虑，不能轻易打乱原本制订的计划，只有这样才能使自己发展得更加顺利。

（2）保证短视频质量

短视频的质量是一个平台最为看重的。只有高质量的短视频才能最大限度地吸引用户的注意力，从而保证该平台上用户的流量，避免平台出现倒退的情况，这也是短视频平台之所以要与制作者进行签约独播的原因。所以一个短视频制作者在选择了合适的平台后想要与其成功签约，首要任务就是保证短视频的质量。

高质量的短视频内容必须要原创，只有制作者原创的作品才能真正打动用户。如果采取抄袭等不光彩手段，虽然在短时期内可以走捷径获得部分人气，但是这本质是一种欺骗行为，长此以往早晚会暴露，而到那个时候就会给用户留下极坏的印象，得不偿失。在保证短视频的原创性基础上，制作者还应该不断加以创新。创新可以使得短视频焕发新的活力，避免用户产生审美疲劳。

（3）展现发展空间

有许多短视频平台不仅会与已经成名的短视频制作者进行签约独播，还会寻找一些有发展潜力的新人来进行培养。这样培养出来的新人对于平台的感情较深，等到获得知名度后也不易跳槽，不会带走用户，从而可以保证一个平台的长期稳定发展，降低风险。这是一种长线投资的方式，平台可以付出较少的成本而得到较大的回报。

短视频制作者想要成为培养对象就要让平台看到自己的发展空间。可塑性强的短视频制作者会有更好的发展前景。制作者如果有别人替代不了的特点就会更容易被短视频平台看重，从而签约独播。

由于短视频平台日益增多，市场上也出现了良莠不齐的局面，短视频制作者在进行平台选择的时候还是要先对其进行一定的研究调查，确定其资质，避免产生不必要的纠纷，出现不愿见到的损失。

5.观众订阅打赏

订阅打赏是短视频内容变现的形式之一，从长远来看，订阅打赏是未来短视频行业中一种十分可行的盈利模式。然而，在短视频领域中，成功使用付费模式的大都是本身就自带超高流量和人气的团队。

订阅打赏对于很多用户而言并不陌生，这种方式是短视频内容变现最直观的表现，也是直接检验一个短视频内容创作质量的关键标准。和用户点赞、转发、评论相比，订阅打赏是观众对短视频内容直接的肯定和喜爱。

随着打赏活动的出现，越来越多的人开始自愿为自己喜欢的短视频或一些求助信息付费。在目前的发展形势下，用户对打赏活动的参与度越来越高。从长远的利益上看，打赏是短视屏领域中十分可行的一种变现方式，而我们需要如何做才能通过这一方式成功获得变现呢？（如图 6-6 所示）

（1）让订阅打赏变成刚需

通过观察直播行业，我们可以发现主播们生产内容最主要的动力就来源于粉丝观众赠送的礼物。为了能够得到更多的礼物，主播们也会各显神通，使尽各种招数让观众心动，从而让其心甘情愿地掏腰包。

因此，当我们打开任何直播 App 的时候，对于这种打赏方式就不会存在排斥。看直播打赏这种行为活动早就在观众的思维中形成了一种固定模式，并养成了一种习惯。但是在短视频领域，观众对于订阅打赏这种方式一直存在着陌生感。

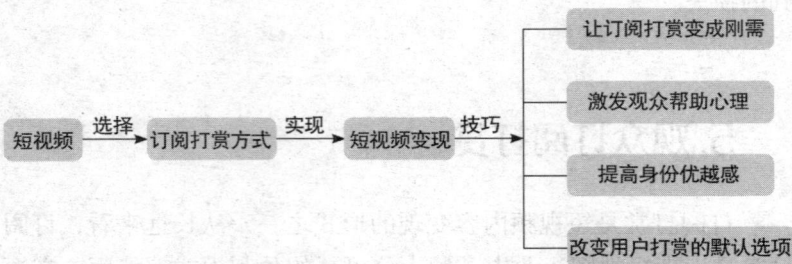

图 6-6

和直播不同的是，短视频播放过程中与观众的互动不够直接，观众对短视频内容的反馈不能及时地反映出来。在没有给用户带来观赏体验提升的情况下，打赏或不打赏，订阅或不订阅反而成为一种很随意的选择。

同时，观众根本无法感受到，订阅打赏对短视频团队的重要性。因此，在短视频内容创作上，要让观众看到我们需要打赏的意愿，只有这样才能让观众对短视频打赏产生一种类似于契约的形式存在。

一定不要想着仅仅凭靠短视频优质的内容去打动观众，让他们主动进行打赏。观众都是被动的，一定要在短视频中直接说明出来，而至于具体要求打赏的话术该怎么说，完全可以根据短视频内容的风格、定位、主题进行思考。

（2）激发观众帮助心理

短视频要想通过订阅打赏方式进行变现，可以参照直播中的方式。很多网络主播在直播的过程中都会想方设法地让观众给他们送礼物，例如，他们会直接在直播的过程中向用户表达自己的需求，需要观众帮助才能实现，以此来博得同情，激发观众的帮助心理。

同样是做内容生产，只是形式不同而已，对于短视频而言，也可以利用直播的这种手段直接求助于观众，也就是激发观众的帮助心理。要让观众知道我们需要他们的帮助，让订阅打赏的这种行为变成一种帮助性活动。要让用户清楚，因为有了他们的订阅打赏，我们才有动力创造出更多优质的内容。当用户认识到这一点后，就不会有负担了。订阅打赏是一个持续的过程，需要让用户看到他们打赏后的反馈效果，才能增加日后打赏的次数。

用户主动打赏，其实也是和短视频创作者之间互动的一种形式，两者之间形成了良性循环，才能平衡两者之间的关系。

（3）提高身份优越感

看过直播的人都很清楚，当主播们受到观众刷礼物打赏的时候，就会在直播中用不同的方式表达感谢。这对于很多同时看直播的用户来说，在感叹打赏金额之大的同时也很容易让部分用户产生攀比的心理。

因此，短视频要想通过订阅打赏这一方式变现，也可以学习直播的这种方式。虽然不能及时地感谢打赏用户，但是可以通过设置专门的等级制、会员制等形式，来提高用户的优越感，打赏金额越高等级越尊贵。

不同等级的用户还能获得不一样的权益福利，虽然这并没有实质性的好处，但是却和普通观众之间产生身份的差别，可以让经常订阅打赏的用户获得心理上的满足感和优越感。

（4）改变用户打赏的默认选项

就用户订阅打赏而言，若是让用户自己选择打赏或者不打赏，那么效果往往不太如意。但是，若让用户选择打赏 5 元还是 10 元，就很容易让用户不由自主地打赏，激发他们的主动性。改变用户打赏的默认选项，即使不改变其他任何内容，也能获得一定的效果。

经过这样长期的引导和熏陶，让打赏成为一种常态行为，当用户养成这样的习惯后，订阅打赏变现也就更容易了。

打赏变现这一方式在短视频领域中，并不是最常用到的一种形式。订阅打赏变现，单单依靠以上几个技巧是无法达到效果的，这些技巧起到作用的前提条件是，短视频栏目自身应该积累大量的粉丝和人气。

由于粉丝数量等条件的限制，很多栏目并不会轻易地选择这种变现方式。订阅打赏这一变现方式虽然是最直接的金钱收入，但是相对于其他变现方式而言，其变现效果确实不太明显。

6.内容付费变现

几大视频网站对于付费会员模式探索的成果让人欣喜；喜马拉雅 FM、得到、知乎的付费问答效果也十分显著，越来越多的创业者和投资人都对内容付费的未来充满期待。用户选择为内容付费的原因主要有以下几点：一是版权，二是需求，三是猎奇，四是崇拜（如图 6-7 所示）。

首先是版权原因。即"这里有其他地方没有的独家内容"。比如，几大视频网站每年砸重金购买大剧和制作优良的独家网剧，就是为了保证自己平台独播版权的丰富，从而拉拢用户付费。

图 6-7

其次是需求原因。这是一种对投资回报的比较心理，就是"我从内容中得到的回报远远大于为内容投入的成本"，这种心理通常表现在知识付费上。比如，某亿万富翁在付费知识平台上的课程标价 10 万元，号称告诉你如何在一个月内赚 1000 万元，这种投入与回报的对比就很容易让用户产生付费浏览内容的欲望。

再次是猎奇心理。人性总是对与自己的平常生活不同或者违背自己三观的内容充满好奇和探索欲望，这也就可以解释为什么越是负面离奇的八卦越能引起轰动。比如，一个长发飘飘的美女突然宣布要直播剃光头，出于好奇和刺激，人们也会愿意为这些内容付费。

最后就是对某些人或事物的崇拜心理，这也可以理解为"粉丝经济"带来的红利。公众对于行业精英、明星似乎自然而然有一种崇拜的心理，比如，某明星开一次付费直播，自然会有他的"粉丝"进行消费。

而短视频领域是否也可以采用纯粹的内容付费模式，目前还没有十分成熟的案例，尚在探索和冷启动阶段。如秒拍、美拍、快手等大型短视频平台上线了"打赏"功能，不过这种功能是"后置"的，用户在看完视频之后自愿选择是否打赏，因此想要以此作为主要盈利方式并不容易。

相比之下 2017 年 4 月才上线的"问视"App，则在短视频付费模式上做着更积极的探索。"问视"可以理解为视频版"知乎"。答主首先在平台上创建自己擅长的领域和回答价格。当有用户向答主提问时，他需要在 3 分钟以内的视频里对问题进行回答。而其他对问题感兴趣的用户则可以付费围观。解答收益属于答主，围观收益可以由提问者和答主平分，"问视"平台则对收益抽成 10%。

"问视"的 CEO 表示，短视频和知识付费都是 2016 年以来的大趋势，但是现阶段，主流短视频平台输出的内容以娱乐为主，对于专业性、知识性的内容关注不够；而在付费知识领域，问答的表现形式还停留在文字和语音上，相比较图文、语音来说，短视频作为承载知识的媒介有它独有的优势。

短视频更加有场景代入感，这使得提问者和答主之间的互动性更强。视频还可以多维度地展现内容，比如，描述一个建筑，用图文来表现，需要运用各种建筑学专业术语对建筑各部分进行大篇幅阐释，而这种方式对提问者和回答者的专业性有一定的要求；而短视频制作简单，答主可以对建筑本身直接进行多角度拍摄，同时用话语进行描述，不需要组织过于晦涩难懂的语言，准入门槛较低。在同等时间内，视频可以承载更多的信息量，在传播过程中效率更高。

此外，对于类似"怎么做"的问题，视频可以更加清楚、直观地展现解决流程。比如，怎么化妆，图文展示就远不如视频表现来得直观。因此，"问视"CEO认为，无论是从短视频领域还是知识问答平台来看，他们都有切入的机会点。不过，短视频领域和付费问答领域都已经出现了较为成熟的巨头，因此"问视"要做的就是一个差异性的平台，避开和巨头们的正面冲突。

首先，知识付费的概念已经逐渐下沉到了中小城市，大平台的头部玩家之外的众多中下层玩家也需要更开放的展现平台，而"问视"这种"问答型视频"的定位能够在内容上和其他UGC视频社区形成区别。

在冷启动阶段的内容运营上，"问视"除了请其他平台各领域的答主和产出内容的KOL（关键意见领袖）入驻以外，也"借势"来获取用户，比如，邀请热播剧主创入驻进行问答。通过这两种手段，"问视"获得了初期的内容和流量。

在"问视"平台上，总共设置了"海外""支持""科普""生活"四个板块，这样的板块构成可以先圈定这个平台的种子用户构成及社区氛围，为日后平台的用户定位奠定基础。每个板块内，平台只对答主进行推荐，而不对话题主题进行运营，这有利于以答主为中心形成答主与"粉丝"的互动关系,从而孵化平台自己的"大V"。

不过,现阶段,尝试短视频付费的风险也是巨大的。首先,用户目前形成的是对长视频付费观看的习惯,这个习惯是否能从长视频领域转移到短视频领域,以实现大规模付费,目前还不得而知。

其次,付费的体量有多大还要进一步探索。每个人都会对所买商品进行估价,比如,一本书的价值在 30 ~ 40 元,一辆普通家用车的价值在 10 万元左右,那么如果实行短视频付费,用户心里对其估价到底如何,怎样才能保证定价和收益的平衡点,这对产品经理来讲也是巨大的考验。

此外,复购率对于平台来说也是一个问题,短视频制作的准入门槛低也意味着放弃很容易,能否一直输出优质内容非常考验短视频生产者的能力和耐心,如果制作者选择放弃,就会给平台运营方带来巨大的压力。但是,从互联网整体趋势及消费升级的角度来看,短视频内容付费模式仍然很值得尝试。

新电商精英系列教程

WORD OF MOUTH
COMMUNITY NEW RETAIL

口碑社群
新零售

王 辉◎编著

中国出版集团
中译出版社

图书在版编目（CIP）数据

口碑社群新零售 / 王辉编著. -- 北京：中译出版社，2020.6

新电商精英系列教程

ISBN 978-7-5001-6295-7

Ⅰ.①口… Ⅱ.①王… Ⅲ.①网络营销—教材 Ⅳ.① F713.365.2

中国版本图书馆 CIP 数据核字（2020）第 071929 号

出版发行： 中译出版社
地　　址： 北京市西城区车公庄大街甲 4 号物华大厦六层
电　　话：（010）68359376，68359827（发行部）（010）68003527（编辑部）
传　　真：（010）68357870
邮　　编： 100044
电子邮箱： book@ctph.com.cn
网　　址： http://www.ctph.com.cn

策　　划： 北京瀚文锦绣国际文化有限公司
责任编辑： 温晓芳
封面设计： 末末美书

排　　版： 张元元
印　　刷： 三河市宏顺兴印刷有限公司
经　　销： 全国新华书店

规　　格： 870mm×1220mm　1/32
印　　张： 36
字　　数： 840 千字
版　　次： 2020 年 6 月第一版
印　　次： 2020 年 6 月第一次

ISBN 978-7-5001-6295-7　　　　定价：210 元 / 套（全 6 册）

　　口碑社群营销，顾名思义就是用产品或服务的好在社群中赢得口碑来拉动销售增长。说白了，就是扩大品牌的正面影响力，使之在消费者心中留下深刻的印象，只要一提到某类产品，就马上联想到你的产品。

　　在移动互联网高度发展的今天，社群营销已经是营销行业的一个热门研究课题。特别是自媒体时代的到来改变了传统的营销模式，颠覆了人们原先的社交方式。社群营销也成为越来越多企业竞争市场的重要利器。

　　相对于传统的广告营销推广模式而言，社群营销算是一种更贴近消费者的营销模式。在社群中产品的口碑很重要，营销将产品和用户放到首位，因此，企业可以获得更精准和更有效的客户。而营销的形式也更为灵活，更接地气，成本更低，但操作起来的变数也更多。

　　美国沃顿商学院教授乔纳·伯杰指出："虽然很容易找到社会传播的例子，但要想让某种事物流行起来却很难。即使在营销和广告上倾注大量金钱，能够流行起来的事物也少之又少。这就导致大多数餐馆以关门告终，大多数企业以惨败收场，大多数社会活动都未能吸引公众的眼球。"

　　社群营销是一个正在不断完善的互联网营销方法论。这种营销手段需要遵循一定的规律与法则，否则就是盲目出击、无的放矢。善于运用社群营销的商家可以引发消费者的情感共鸣，把使用某一品牌的产品或服务视为有品位、有个性的生活方式，也就是把钱花在打造满意度上和赢得用户良好的口碑上。

　　塑造产品品牌的正面形象是社群营销的直接目标。商家通过多种办法来向用户展现产品的特色，让他们感觉物有所值，更愿意把产品介绍给自己的熟人。口口相传的力量扩散了品牌影响力，树立了产品的口碑形象，带动了更多消费者参与。商家与消费者保持频繁而深入的社交互动，逐渐形成一个稳定且消费习惯相同的用户群体。这就是社群营销力量。

　　本书将从多个角度来阐述口碑社群营销的理念与方法，包括口碑营销的基本运用，以及怎样调动消费者的情绪、怎样塑造产品形象、怎样与消费者进行互动等。通过阅读这些内容，读者们就能以全面的眼光看待口碑营销，不迷信其作用，不因此忽略产品本身的品质，但也不忽视这一营销利器。

　　如今的市场竞争越发激烈，消费者需求越来越丰富多变，但产品同质化现象严重，信息过多让消费者的注意力被大量无关信息分散掉。合理运用社群营销手段，可以帮助企业更好地传播自己的品牌形象，提高市场受众的好感度，最终打造一个良性循环的营销机制。

目录

Contents

第一章

社群营销：
口碑是最好的营销模式

1. 传统营销模式的没落

　　传统营销是一个相对的概念，它是相对于微信等自媒体平台新媒体营销而言的。在传统营销模式的运营中，企业通过层级森严的渠道，并同时投入大量的人力、物力和广告宣传等，才能在硕大的市场上分食到一块"奶酪"。但这块"奶酪"是否能吃到嘴里，还要看市场环境的"脸色"，因为此时企业的营销环境依赖于市场环境才能正常进行。

　　对于传统营销这种运行模式，1960 年美国著名营销大师杰罗姆·麦卡锡（Jerome Mccarthy）在前人尼尔·博登（Neil Borden）的基础上提出了后来人所共知的营销"4P理论"（如图 1-1 所示），它是以满足消费者需求为目的的理论，即产品（Product）、价格（Price）、渠道（Place）、促销（Promotion）。

　　产品：能够满足消费者需求的东西，包括产品的效用、外观、包装、售后等。

　　价格：主要是企业通过出售东西所得到的利润，主要包括一般价格、折扣价格、付款时间等。

　　渠道：产品从生产商向消费者转移所要经过的渠道，包括销售渠道、储存设施、存货控制等。

　　促销：企业为销售产品利用媒体与消费者进行沟通的传播活动，包括广告、推销活动、公共关系等。

图 1-1

"4P 理论"模式经历了时间的考验，有着旺盛的生命力，成为营销理论的经典，是现代市场营销理论最具有划时代意义的变革。于是，几乎所有的营销教科书和营销课程都会把 4P 理论作为教学的基本内容，而且几乎每一位营销负责人在策划活动的时候，都会有意无意地往 4P 理论的方向思考。美国著名学者菲利普·科特勒(Philip Kotler)博士对于这种现象曾做过这样的描述：4P 营销是"企业用于在其目标市场达到营销目标的有效营销组合工具"。与此同时，4P 理论也成为传统营销的一个响亮的代名词。

传统营销模式对应的是传统的市场环境。然而随着经济化、信息化、全球一体化时代的来临，传统企业纷纷开始利用互联网为客户提供服务，并且在世界范围内拓展公司的业务。在这种大形势下，传统营销模式的弊端就逐渐暴露了（如图 1-2 所示）。

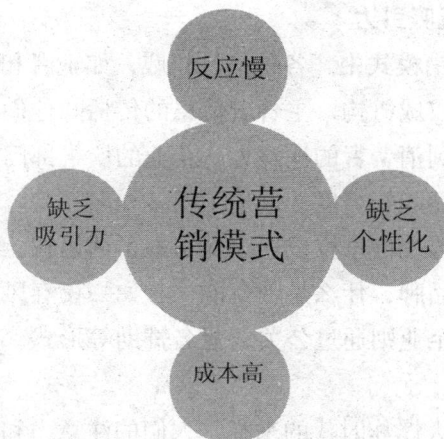

图 1-2

（1）反应慢

传统营销模式下，企业的发展和持续盈利的能力受到市场开发和制造能力的制约。一件商品从问世再到消费者的手里要经过很多步骤，先是开发概念产品，然后制造样品，再是试制产品，再大批量地生产，最后经过市场营销才能到消费者的手里。

较长的反应周期，会大大降低效率，降低产品的时效性。在互联网经济时代，企业的敏感度较低，往往会错失市场机遇，失去竞争力。

（2）成本高

传统营销渠道中，多环节中间商是其重要的组成部分，包括制造商、批发商、零售商……各个渠道层层加价，使产品的流通成本大大增加，当产品从零售商到达消费者手里时，价格就不菲了。在这个信息共享的时代，产品的价格、利润空间已不是什么秘密，太多的中间价消费者是不愿意承受的，所有这种传统的营销模式势必会被淘汰。

（3）缺乏吸引力

在传统营销模式中，各种信息权威，如记者和编辑、各行各业的专家以及权威机构，主管着信息的传播。他们拥有摘选信息并能强制吸引到消费者的注意力。企业的广告部门就搭上了这趟顺风车，扩大品牌知名度，创造了很多知名品牌。同时，由于主导信息传播，传统信息权威还因此掌握了话语权。曾经一度，他们想捧红什么品牌，什么品牌就能"忽如一夜春风来，千树万树梨花开"。而企业则通过公关、冠名赞助等形式，分享传统信息权威的话语权。

随着信息大爆炸时代的来临，人们的注意力和时间被分割成了好多碎片，注意力缺乏症已经成为我们这个时代的通病。传统的这种广告营销模式已经不能再吸引到消费者的注意。

互联网时代的消费者已经不再是被动地接受信息，而是主动检索和搜索一些信息，而且话语权也掌握在了消费者的手中，哪个产品不理想，可以说出来；哪个服务不满意，也可以表达出来。

在新媒体环境下，遵循传统营销观念的企业不仅成本增大，还面临着"顾客不买单"的尴尬境遇，严重缺乏吸引力。

（4）缺乏个性化

传统营销模式在传统的企业生产中应用得如鱼得水，因为传统企业的产品都将是标准化、工业化、大规模生产，在这种生产模式和营销模式下，根本就不会去考虑消费者的个性化和感性化的需求，因为一旦去满足了消费者的这种需求，生产成本就会大大增高。

消费者日渐强烈的个性化需求无法得到满足，是传统营销不得不正视的一个问题。

传统企业在新时代运营举步维艰，如果再应用传统的营销模式只会是雪上加霜，唯有转型，进行网络化、数字化为主要特征的互联网经济融合才是企业营销模式未来该走的道路，可以说，营销也需要与时俱进，传统企业要根据自身情况，找准切入点，整合提炼网络时代的营销策略，完成企业运营和营销工作的双重升级。

2. 这是一个社群崛起的时代

在移动互联网时代，企业营销不断"被迫"转型，在这个过程中社群营销的优势逐渐显露，传统企业也从当初的被迫转型变成了主动迎接。

那么，究竟什么是社群营销呢？

社群营销就是基于相同或相似的兴趣爱好，通过某种载体把这种有相同爱好的人聚集在一起，通过产品或服务满足这个群体需求而产生的商业形态。社群营销的载体不局限于微信、微博、各种平台，线下的平台和社区也可以做社群营销。

社群营销的关键是有一个社群领袖，也就是某一领域的专家或者权威人士，这样比较容易树立信任感和传递价值。通过社群营销可以提供实体的产品满足社群个体的需求，提供的也可以是某种服务。各种自媒体最普遍的是提供信息服务，比如招收会员，得到某种服务，或者进入某个圈子得到某种专家提供的咨询服务等。

社群是任何时代、所有商业都在追求的终极目标，但只有到了移动互联网时代，有了像微信这样的高效率工具以后，社群营销才变为可能。社群也是有着共同关注点的一群人在一起找到了解决痛点的方案。这中间的差别是，一个有社群的品牌和没有社群的品牌，其竞争力是完全不同的。

先来看看以下几个令人瞠目结舌的案例：

My BMW Club（宝马官方车主俱乐部）用不到 5 年的时间，

吸引了近 20 万的忠实粉丝，覆盖全国 34 个省、市、自治区、特别行政区，实现了数倍的销售额。

2013 年，红米手机在 QQ 空间开售，实现了 10 秒卖出 80 万台的惊人销量。

2012 年，罗辑思维公众号正式运营，从书籍到视频脱口秀，都得到了粉丝的热烈追捧。2015 年 10 月，罗辑思维完成 B 轮融资，估值 13.2 亿元。2016 年 3 月，罗辑思维在运营 4 年后，粉丝达到 600 万。2017 年 1 月，罗辑思维粉丝数正式破千万。

2015 年 8 月，Papi 酱发布的短视频《男性生存法则第一弹》在微博上小爆发，获得 2 万多用户转发、3 万多点赞。2016 年，从 1 月到 3 月，3 个月累计粉丝 560 万，并获得真格基金、罗辑思维、光源资本和星图资本投资共计 1200 万元；2016 年 4 月 21 日，Papi 酱卖出一支 2200 万元的天价广告。2016 年 7 月，Papi 酱首次直播，全网在线人数突破 2000 万。

以上几个案例都是社群营销的成功典范，它们都是在很短的时间完成了许多传统企业梦寐以求的一件事——用最小的成本实现了最大的利润。

社群营销的魅力，可以总结为以下 4 点：

（1）成本更低，利润更大

相对于动辄上千万元投入的传统营销方式而言，社群营销低成本、高回报的优势是显而易见的。

在传统的营销人看来，如何让更多的人知道自己的产品并将其转化为购买力是营销的重要工作。而在社群营销中，每一个个体都是购买力与传播力的结合体，不管是"购买"还是"传播"，用户都能为企业带来巨大效益。

（2）最容易实现的精准营销

"广撒网，多敛鱼，择优而从之"代表了传统的营销模式，但"广撒网"的高昂成本是一些小微企业的痛点，高额的营销支出是小微企业或个人难以承受的，因此，它们必须在采取轰炸式营销的大企业中寻找突破口，而这个突破口，就是内容。

在各种夸张的营销手段逐渐退去之后，"内容为王"的时代再度回归。人们开始重新追求"干货"，追求"品质"，追求能触动心灵的内容。因此，直击心灵的精准营销也变得异常重要。

而精准营销也为许多企业找到了营销的新方向，将"硬广"变成"软广"，从"茫茫人海"转向"特定社群"，这不仅节省了成本，更为企业带来了众多的"目标客户"，企业只需用少量的营销成本即可实现最精准的产品信息扩散。

（3）病毒式的传播

口碑对于一个企业的长远发展来说是至关重要的，好的口碑不仅能在短时间内提高产品销量，还能帮助企业铸就品牌、助力企业的长期发展。

而社群营销往往就能为企业带来有效的口碑传播。那么，企业到底如何实现口碑传播呢？在互联网时代，我们获取的许多信息都是筛选过后的信息，有的是互联网自动筛选的，也有的是由熟人进行筛选的。我们对熟人筛选的信息拥有一种天然的好感，这种好感，就是转化为口碑的最初动力。

（4）高效的社群链接

在数学领域有一个猜想，名为 Six Degrees of Separation（六度空间理论）。该理论认为：你和任何一个陌生人之间所间隔的人不会超过 6 个，也就是说，最多通过 5 个中间人你就能够认识任何一个陌生人。这也是社群传播的基础。

可以这样说，我不认识马云，没关系，通过我的朋友，我朋友的朋友……最终我能认识马云（如图 1-3 所示）。在移动互联网时代，六度空间理论实现的可能性更大。

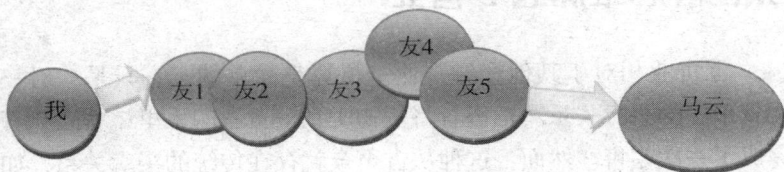

图 1-3

与传统营销相比，社群营销则是一种基于六度空间理论的营销，它更看重其在小圈子中的影响力。

社群的本质是连接，由手机端和 PC 端构筑的新媒体环境彻底突破空间和时间的限制，将人与人之间联系得更加紧密，且这种联系通常是一种基于熟人关系的联系。

熟人间是如何进行传播的？只要我们细心观察身边的事例，就可以发现，传播有用信息是熟人传播的重要手段。例如，在一个吃货看来，美食攻略是有用信息；对于一个手机控来说，手机测评是有用信息；对于一个爱好文学的用户来说，美文分享就是有用信息。

因此，如果能抓住用户的诉求点，在这个基础上包装自己的内容，那么，用户自然也会愿意替我们传播。毕竟，每一个用户都希望在圈子中表现自己的"精通"并与圈子里的人分享有用的信息和知识。

而出于对熟人的相对了解，在咨询信息、购买产品等方面也更为信任。如果能获得一个用户的信任，那么，熟人传播的力量往往会超乎你的想象。

3. 社群思维席卷零售业

　　零售业相对于其他金融行业来说算是简单的，它只是一对一比较单一的买卖关系。销售者将货物卖到消费者的手里，就意味着完成了一次零售。然而，这种从古至今就存在传统的买卖关系，如今却陷入了困境中。要想寻求缘由就不得不从传统零售商的发展模式谈起，通常来讲，零售商想增加销售额最有效并广而用之的便是增加营业时间和扩展营业范围。发展至今，这两种方式已经发展到了极致：24 小时营业、全国连锁，7-Eleven 就是最典型的例子。

　　从时间上来看，一天只有 24 小时，而且人流量比较集中的也就是中午和傍晚前后，即使再怎么延长时间，购买的顾客也不会大幅度地增加。接下来，我们再从空间上看，每个门店承载客人的数量和经营的范围都是有限度的，不管怎么扩大店面、开设分店，也很快就会达到饱和。这两种零售业增额的方法，都是劳心劳力，而且收效甚微的。关于这一点其实从我们自身分析就能得出这个结论：我们一周平均会去实体店购物几次，大概也就有那么一两次吧，而且购物逛街还会选择离家比较近的商店，购物的欲望和行动在时间和空间上都会受到限制。零售行业的这个弊端已经存在很久了，零售商也想了很多办法进行自救。

　　电视、电话出现，零售行业便试图通过这个渠道来进行销售突破，主要方式是虚拟订购和线下送货相结合。这种销售方式在西方国家还存在一定的生存空间，而中国电视购物这种营销模式出现得较晚，而且它们主打的广告又有点过分夸大，人们对它的印象就是一个高嗓门的销售人员在电视中高喊"只要 998"，中国消费者对其并没有什么好感，更可悲的是这种营销方式的最大价值还没有挖掘出来，互联网就悄然兴起了，80后、90后这时候转变为了购物的主力军，他们这一代具有互联网思维，因此这一代人更愿意去接受和使用便利快捷的网络购物。

其实一开始移动互联网下的网络购物对零售业的冲击还不是很明显，零售业还在庆幸自己没有受到大的冲击，但2014年整体的零售业市场惨淡，最早在中国经营时尚百货外资连锁企业之一的百盛百货接连关了6家店。随后国际零售业巨头沃尔玛也关闭了在中国杭州、重庆等地的门店，累计关闭了7家门店。这种异常的状况，才让传统零售业意识到自己就是那只温水锅里的青蛙，被煮熟只是早晚的事。

传统大型零售业的惨淡现状，更加衬托得电子商务朝气蓬勃。根据2013年的电子商务市场数据报告，中国的网络零售额突破万亿元大关，同比增长近50%。在互联网的冲击下，传统的实体店已经成为电商的试衣间和展示柜，线下重要的烟酒零售业和实体书店都受到了互联网的强烈冲击，举步维艰。互联网购物的疯狂发展就让业内人士十分悲观，认为传统零售业的冬天已经来临。面对互联网，拥抱互联网，这已经是传统零售业战略转型的必然。

2016年10月的云栖大会上，阿里巴巴创始人马云提出的新零售概念给传统零售业指明道路。此后"新零售"也成为最时髦词汇之一。

"新零售"的运营模式就是依托互联网，运用大数据力量、人工智能等电子商务的先进技术手段，对商品的生产、流通与销售过程进行升级改造，进而重塑业态结构与生态圈，同时开展线上及线下无缝式客户体验，迎合新形势的发展。

"新零售"可谓势头锐不可当，它的营销模式已不像传统营销模式那样局限在一个固定的地方，它就像一个长满触角的章鱼延伸出多种多样的渠道，而其中最有前景的一条就是社群新零售。社群思维瞬间席卷了整个零售业，社群思维也就是圈子思维，多人的思维模式调动集体的智慧，形成一股强大的力量。可以说不懂社群思维就没有未来，零售业就此紧紧地抓住了这根救命稻草。

对社群研究颇早的英国作家史蒂芬·缪哈尔曾说："互联网正在把人群切成一小块一小块的社群，产品没有社群粉丝的支持是很难运营下去的。在新的商业时代，大大小小的品牌都要学会和社群营销对接，只有这样才有未来。"

短短的一句话道出了互联网时代人们社群化的趋势，人们都有意无意地进入了自己感兴趣的社群，在这个社群中了解自己想了解的商品和人，谈论自己感兴趣的话题。这种情况也给零售业带来的诸多尴尬，比方说，费尽心思在商场举办活动，却只能被动等待回应；线下活动搞得热热闹闹，却发现这群人已然建立起了自己的朋友圈和QQ群，以往的营销手段和传播方法好像就此失灵了。

但当零售商学会去寻找能和自己一拍即合的社群，并通过社群快速、有效地打响自己的知名度。零售业匹配社群最方便、最有效的途径就是会员卡，会员卡在零售业中很是常见，以前这个卡的存在就是兑换个积分或是用于发几条打折或祝福的信息，现在会员卡对于零售商来说不仅可以产生大数据，还可以形成社群如帮助企业积攒人气，从而保证企业利润。乐蜂网就是根据会员卡中的会员消费数据，将自己的美妆客户分为了不同的社群如面膜护肤、彩妆享受、身体洗护、食品保健等。

在当下这个日新月异，竞争激烈的市场环境下，新的商业模式瞬息万变，新零售+社群的销售模式成为最大的机遇和可能，这也是零售商走出寒冬的关键性一步。

4. 裂变式传播的力量

裂变的威力特别大。如果产品信息的传播能裂变扩散，将形成令人惊叹的市场影响力。到那时，企业的销售业绩将取得更多突破。比如，这几年的"双十一"购物狂欢节已经成为企业与消费者共同关注的焦点，各大商家在此期间不断刷新销售纪录，让快递小哥们不得不加班加点地送堆积如山的快件。口碑营销追求的就是这种裂变式传播的效果，用口碑拉动消费，从而迅速提高公司的销售额。

实际上，某些产品的口碑之所以能形成裂变式传播，与顾客的情绪有密切的关系。

西方经济学曾经假设消费者是"理性人"，每个人都追求以最小代价获得最大利益，并以理性的方式进行消费。但实践反复证明，消费者往往是感性的。纵然有货比三家、讨价还价的行为，还是免不了冲动消费的结果。情绪的力量太过强大，会让人在不知不觉中忘却购物的初衷，高估产品的价值。比如，许多在"双十一"期间疯狂填满购物车的顾客，过后可能会后悔自己的冲动消费，并最终退货。

会做生意的人无不善于调动消费者的情绪，在设计产品时切合消费者的实际需求，在宣传、推广产品时寻找能够让他们感同身受的情绪点。

当顾客的某种情绪被营销内容成功调动时，他们通常会因为心理需求的满足而放宽经济利益上的要求。轻则能接受更高的产品价格，重则疯狂地做出冲动消费的决定。

麦克尼尔消费者医疗保健公司是止痛药美林的生产商。为了赢得婴儿母亲这个目标客户群体，麦克尼尔公司在第一个国际抱婴周期间推出了一则广告。广告的内容是妈妈使用背带抱孩子时，后背、颈部、肩膀承受了更大的拉力，从而引发了疼痛。美林止痛药的广告语是"我们能感受到你的疼痛"。显然，麦克尼尔公司想表达的是自己理解婴儿母亲的疼痛，并可以提供美林止痛药来缓解她们的疼痛。

按理说，这则广告应该会引起妈妈们的共鸣。谁知结果恰恰相反，数千名妈妈很快在互联网上发起了抵制该公司的运动，博客与推特上的抗议文章比比皆是。

原来，这则广告在暗示：妈妈抱孩子是一种时尚宣言，不抱孩子的妈妈们沉溺于互联网社交媒体，看起来十分劳累和疯狂。这些潜台词让许多做母亲的消费者大为光火。有位消费者批评道："孩子才不是什么时尚宣言，有这种想法真令人发指。"类似的抨击意见层出不穷。

没过多久，网友们发现用谷歌搜索"头痛"和"美林"两个关键词，在优先展现的 10 个搜索结果中，有 7 个与麦克尼尔消费者医疗保健公司的负面口碑有关。毫不夸张地说，婴儿母亲这个消费群体的不满情绪已经像核裂变一样不断扩张，给麦克尼尔公司造成了很大的舆论压力。过了一段时间后，麦克尼尔公司见负面影响依然无法消除，只好从官方网站上撤销这则广告，并以长篇致歉信的方式安抚那些消费者。

想要实现口碑的裂变式传播，不是一件容易的事。我们都知道"世界 500 强"，但并不会记得所有的"世界 500 强"，平时关注的品牌也很可能未进入"世界 500 强"。不是那些被忽略的公司没有砸钱做营销，而是因为他们在媒体上的影响力被更抢眼球的品牌信息给稀释掉了。

由此可见，在口碑营销竞争日益白热化的今天，实现裂变式传播是一项颇有挑战性的任务。所幸的是，社交媒体放大情绪的能力超过了传统网站或博客。因此，商家可以获得更多的口碑传播机会与社会影响力。

但想要做好口碑营销，就必须重视消费者的情绪。这股能量远比理性算计更强大、更持久，毕竟，人在大多数情况下都是感性动物。

根据科学家的研究成果显示，情绪是不受意识控制的本能反应，而且人类经过数百万年进化出来的大脑，天生就不容易做到用理智控制情绪。当信息通过感官传入大脑时，会分为两个路径输送到不同的脑部区域。这两个路径长短不同。短的那一条通向结构相对简单的脑部区域（即所谓的"情绪脑"），长的那一条则通向更为精密复杂的脑部区域（即所谓的"理智脑"）。

"情绪脑"适合做一些快速、简单的判断，"理智脑"则适合做需要深思熟虑的判断。当你认真思考某个事物的利弊时，就是在用"理智脑"做判断。由于神经传输路径短，"情绪脑"总是比"理智脑"先一步接收到信息，更快做出判断，并将指令传递给我们身体的各个部分。

口碑营销团队应该充分利用大脑的工作机制，先影响消费者的"情绪脑"，让他们迅速接受你暗示的营销信息。当他们冷静下来，开始用"理智脑"计算利弊时，会优先考虑你的产品。这将令你与竞争对手相比，拥有一定的优势。

5.移动互联网带来的海啸

互联网的爆发，让占据人们生活多年的传统媒体变得岌岌可危，大量新闻门户如雨后春笋，如新浪、搜狐、网易、今日头条……历史惊人地重现，移动互联网又开始威胁着传统互联网运营商。

如果说电脑对传统商业的影响，是第一次互联网革命的话，那么移动端（如图1-4所示）对电脑的影响，可以说是第二次巨大的革命。传统互联网是将真实的世界转移到了网络上，移动互联网又让虚拟后的世界来到了我们真实的生活中，而手机则是连接真实生活和虚拟网络的一扇有形的大门。

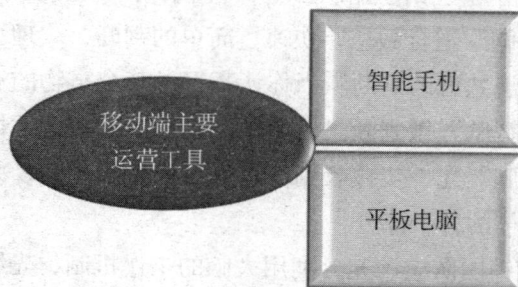

图1-4

这扇"方便"的大门，让人们不再需要刻意抽出时间去购物，只需要动动手指头就可以轻松购物；在商场内看到一件心仪的衣服，拿起手机扫扫二维码就可以马上得到衣服的详情；在实体店铺看中某个商品，拿出手机来比价，马上就可以决定在哪个平台购买；出门旅行玩累了，打开地图，自己周围的餐馆、旅店很快就会显示出来，同时还会有团购价格、优惠券。可以说在以智能手机为主的移动终端将人、机器、时间、地点和支付合为了一体，彻底改变了人们的消费行为方式。

2019年6月，中国移动互联网发展报告指出，2018年中国移动互联网基础设施不断完善，核心技术创新起到有力的牵引作用，"人工智能＋移动互联网"构建智慧生态，推动移动互联网在智能互联、万物互联方向上取得大幅度进展。"下沉""出海""转型"创造移动互联网新增长点，移动互联网向产业互联网转型升级。

移动互联网凭借着成本低、受众范围广、传播速度快的特征，迅速在人们的衣食住行广泛渗透，通过应用的大数据化、终端的全智能化、服务的本地化和个性化，颠覆了原有的社交方式、传播逻辑、营销生态和商业规律，促进社会和商业创新的巨大改变，社会上催生了社群的爆发，商业上开启了社群经济时代。具体体现在下面这两点（如图1-5所示）：

（1）移动社交工具的快速发展

随着移动互联网、移动应用、智能手机、移动支付的发展，网络社群也迅速和移动端融合，如果说第一次互联网革命催生了社群的出现，那么第二次移动互联网革命则让社群大爆发，如雨后春笋、层出不穷，当然这是历史发展的必然趋势。

手机领域的黑马——小米手机，影响力最大的知识社群——罗辑思维，社群营销大咖——星巴克等都是凭借移动互联网开发的社群工具、社群应用快速发展起来的"社群部落"。社群工具

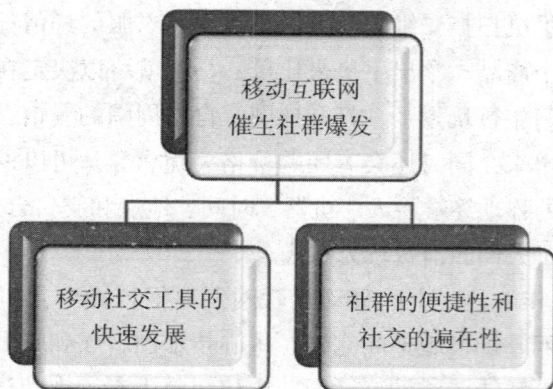

图 1-5

在发展的初期，很大一部分软件是个人电脑端社交网络应用在手机端的延伸，这类软件很多，相信大家也都使用过，例如，飞信、手机版微博、手机版 QQ 等，但随着近几年移动互联网火箭速度的发展，出现了一些专门针对手机端研发的社交应用，其中 2011 年 1 月推出的微信和 2011 年 8 月推出的陌陌都是非常典型的软件。

现微信已经从刚上线时只支持实时对讲的即时通信服务，转型成为多元化的社交应用，比较突出也比较实用的功能就是"朋友圈"分享和支持多人一起聊天的"群功能"，其中还有一些带有趣味性的社交功能，如"扫一扫""摇一摇"、小游戏、小程序、微信支付等。就是这样的服务造就了全民微信的浪潮，2018 年 3 月据英媒《金融时报》报道，微信活跃用户已达 10 亿人。陌陌是一款基于地理位置的移动社交工具，可以通过陌陌认识周边的陌生人，查看对方的个人信息和位置，免费发送短信、语音、照片以及精准的地理位置。陌陌专注于移动互联网，专注于移动社交，专注于社交模式探索并满足人们的社交愿望，将交际范围从熟人圈子拓展到陌生人，从而将线上的虚拟社交和线下的真实社交相融合，截至 2018 年 3 月陌陌用户突破 4.2 亿。

（2）社群的便捷性和社交的遍在性

移动社群的便捷性与社交手段的遍在性，让人们自动自愿地参与到不一样的社群当中，在当中寻找一种满足感和归属感。伴随着人们加入社群的主动性、满足感和归属感的加强，反过来又会进一步加强社群的发展和活跃，这种相互促进的关系很明显。

现代社会的社交模式属于熟人社交模式和陌生人社交模式的交叉地带，移动互联网下社群工具的普及让人们的交际不再仅限于熟人交往，广阔的世界任你挑选你"中意"的人，打开了陌生人圈子，出现了"半熟社交"的新圈子。在这个圈子中，每个人都是那最熟悉的陌生人，因为我们随时随地都能知道对方的信息状态，但却很少见面甚至都没有见过面。这种社交体验，在一定程度上为现代人的社交提供了足够充足的自由，一方面实时在线交流让现实藩篱中的人们能够敞开心扉，建立信任；另一方面人们通过不同形式的社群建立起了相对较弱的关系连接，寻求不同于熟人的归属感，而任何一种情感的体验、兴趣的发现总能产生共鸣。

6. 互联网时代社群的分类

　　"物以类聚，人以群分"的道理自古就有。由此可见，人类和自然界的其他生物都有"集群"的天性。也正是这种与生俱来的天性，我们才会基于相同爱好、价值观等组成一个个不一样的社群。不同的社群，具有不同的定位和性质。最常见的社群类型有下面这 6 种（如图 1-6 所示）。

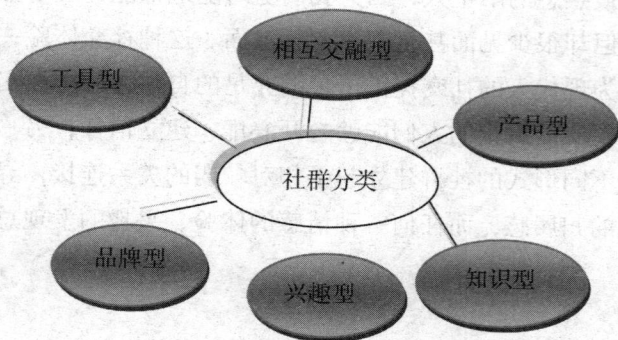

图 1-6

（1）产品型社群

　　产品型社群的概念源于互联网思维，互联网时代最重要的是产品，与工业时代相比，产品不仅承载了能属性，还承载了趣味与情感属性，优秀的产品能直接带来可观的用户和粉丝群体，而产品的本质即连接的中介，人因产品而聚合成为社群。目前产品型社群已经有了一些成功的实践，如黄太吉煎饼、小米手机……

这些产品型社群，盯着实体经营的产品，但又颠覆传统的产品销售方式，充分利用线上社群的影响力和传播力，充分激发粉丝的参与度和活跃度，最终带来线下销售的辉煌奇迹。

（2）兴趣型社群

兴趣型社群，顾名思义就是基于兴趣图谱创建的社群。互联网突破了时间、空间的限制，具有无限延展性，实现了人的自由聚合。人们通过网络很容易找到志同道合、志趣相投的小伙伴，从而很便捷地建立各种基于兴趣相同的社群。因为需求的个性化和兴趣的多元化，兴趣型社群种类繁多，并各具差异化优势，如科技创业类社群36氪、美食分享类社群大众点评、时尚消费类社群美丽说等。在追求自由化、多元化、个性化的社群时代，来自个体成员的非常微小的兴趣、非常精细的需求、非常细腻的情感，都能找到同类的人组成社群，个人的兴趣因为有了社群的互动而得到共鸣和放大。兴趣型社群蕴含着巨大的商业价值，具有非常诱人的商业空间。

（3）品牌型社群

品牌型社群是产品型社群的一种延伸。当产品型社群发展到后期时，消费者群体对产品所归属的品牌产生信任和情感关系，热衷于追逐品牌旗下的产品，并对品牌文化产生很强的认同感，于是品牌型社群开始形成。

品牌型社群是以消费者对品牌的情感体验为联系纽带的，消费者由于认同品牌的价值观而聚合在一起，通过交流、互动产生强烈的心理共鸣。品牌型社群的本质是一种以消费行为中心的关系网，其存在的意义在于为消费者提供与品牌相关的独特消费体验。

品牌型社群兴起初期，以线下社群活动为主，哈雷车友会就是典型的代表。一群热爱哈雷的消费者，因为对哈雷品牌精神的崇尚而凝聚在一起，通过哈雷车友大会、哈雷大奖赛、哈雷故事会等一系列活动，将全球超过150万的车主们联系起来。分享激情和张扬个性。随着互联网的普及，线上品牌型社群迅速发展，比如 Star Trek（星际迷航）、星战迷社群等都是很经典的在线社群。星巴克的品牌型社群运营很成功，通过互动网页、论坛、博客、在线游戏等创意营销，建立了强大的粉丝团，早在 2009 年，星巴克在 Facebook 上粉丝团在规模上就排在企业类的第一名。

（4）知识型社群

知识型社群，狭义上是指企业组织内的员工自动自发组成的知识分享和学习的团体，其凝聚的力量是人与人之间学习的兴趣和交流的需求，而不是正式的工作职责和任务。知识型社群能促进企业组织内部的隐性知识的传递和知识的创新，激发员工的知识经验分享和学习能力提升，形成企业组织最宝贵的人力资产。

知识型社群，不限于企业组织内部，是指个体出于学习兴趣，为了获取和分享知识，而聚合的互联网社群，从本质上说，知识型社群是兴趣型社群的一种。2010 年年底上线的"知乎"也是典型的知识型社群，通过网友问答和知识分享，为社群用户源源不断地提供高质量的知识信息。

（5）工具型社群

各种社群工具和社群应用，为人们进行社群交流提供基础性工具。微博、微信、陌陌都是典型的社群工具。在社群无所不在的今天，社群已经渗透到人们的工作、学习、生活中，成为一种普遍的日常状态。在这一趋势中，社群成了加强实时沟通的一种灵活方便的工具。比如小米以米聊群代替组织架构，实施内部项目管理。越来越多的公司用微信群组织会议、协调项目和处理工作。当一个工作或者学习项目成立时，一个社群就组建好了，整个项目的信息沟通、统筹协调和效果检测，都可以在社群中实时地进行。朋友聚会时，参与者也临时建群，来加强交流感和互动感。工具型社群，具有应用性、灵活性、场景性等特点，完全服务于人们特定场景的沟通需要。

（6）相互交融的社群生态

①社群与社群之间的相互联系

互联网社群是依据兴趣、社会关系、工作学习等多元需求聚合而成的。社群和社群之间有清晰的边界，但并不是封闭的，相反，社群和社群之间具有密切的联系。由于人的多元化需求和选择、多种社会角色和生活场景的切换，一个人能因时因地因需地加入多个社群。一个人能把不相关的两个社群联系起来，无数人就能把无数的社群联系起来！

②社群的性质和类型相互融合

不同的社群虽然具有不同的定位和功能，但在性质和类型上，有一定的交叉性和融合性。很多时候，一个社群，往往既是一个产品型社群，又是一个兴趣型社群，同时也是一个知识型社群，比如"罗辑思维"。社群性质的交叉融合，源于社群的自由性和关联性，社群是人的自由聚合，人的需求具有多元性，社群的性质也就具有复杂的特征混合，这也正是社群的魅力所在。一个成功的社群，既能精准满足社群成员特定的个性化需求，又具有丰富的多元价值来增强其吸引力和黏着度。

③社群之间相互影响

由于社群之间有相互的交叉联系，而每个社群的大小和影响力是不一样的，社群成员又可以自由自主地选择，群里的成员肯定会逐渐被有影响力的社群吸引。大的社群影响小的社群，小的社群会逐渐被大的社群融合兼并。另一方面，大的社群用户也会流失，当社群人数众多，核心成员和活跃成员的影响力经过社群内的层层传递，会逐级削弱，非活跃成员就会寻找更适合自己的群体。社群之间相互影响，此消彼长。

7. 口碑营销，让客户替你做宣传

比起陌生人，人们总是倾向于相信熟人。陌生人提的意见再中肯，你也会下意识地猜疑对方的话是否真实。如果同样的话由你的亲朋好友来说，你可能会毫不犹豫地选择相信，至少不会像对陌生人那样反复验证。因为你内心深处相信亲朋好友不会做对你不利的事情，他们亲身验证过的东西应该是靠谱的，最起码是不离谱的。

很遗憾，许多消费者就是由于这种心态做出了冲动而错误的消费决策，而且他们往往不会吃一堑长一智，而是重复进入轻信熟人的误区。非法的传销活动正是利用人们的这种心理实现了滚雪球式的发展。

不过话说回来，合法的生意同样可以利用消费者的这种心理，口碑营销就是如此。

口碑营销是以口口相传的力量来打动消费者，信息传递链上的各个环节，不是亲友，就是亲友的亲友。信赖公司产品的消费者把好评传给熟人，该产品的美誉度就在熟人的朋友圈里不断扩散。绝大多数的消费者虽然也会货比三家，但一般并不会全面细致地调查同类产品的全部信息。亲朋好友的推荐会减少他们购买产品时的疑虑。

由此可见，与其让营销团队自夸公司产品，不如让客户来自发传播口碑，替公司做宣传。虽然他们对产品的介绍不如你专业，但消费者更愿意相信同为产品用户的他们的话，而不是你的。口碑营销是借力打力，具有事半功倍之效，何乐而不为呢？

潘婷的广告短片"内心强大，外在闪耀——向内心强大的她献赞"用短短的 2 分 12 秒传达了一种对女性消费者很有启迪意义的价值观。女性的一生是否应该按照唯一的标准去生活，这个问题见仁见智。潘婷广告短片讲述了几个背景完全不同的年轻女性的生活，并提出女人应该活得多姿多彩的人生观。正如解说词所说："选择无分对错，强大的内心，让你闪耀更美丽。为内心强大的女生们，赞一个！"

"内心强大，外在闪耀"这个广告短片，是潘婷针对目标用户群体的特点来制作的。潘婷产品的目标用户是年轻女性，她们有着各种各样的出身背景与职业，却都希望能活得漂亮。潘婷对此有着深刻的理解，于是在短片中将目标用户分为白领、年轻妈妈和 90 后这三个群体。每一个角色代表一种不一样的生活态度，从而实现与各个年轻女性群体的精准沟通，并引起广泛的情感共鸣。

在发布这个广告短片时，潘婷还借助了腾讯平台的社交影响力，让目标受众在观看短片之后可在 PC 端或移动端录取指纹制作心意卡，让大家可以向身边的女性好友献赞。这种跨屏互动的营销模式吸引了消费者广泛参与，让潘婷广告短片在朋友圈里形成了传播热潮。

最终，"内心强大，外在闪耀"这个广告短片的播放总量在 3000 万次以上，点赞次数超过了 1000 万，年轻女性购买潘婷产品的意向度提升了 3%。

美国的乔纳·伯杰教授提出了传播力的六项原则。这六项原则指的是六个对信息传播有很大影响的要素，它们分别是"社交货币"、诱因、情绪、公开性、实用价值和故事。

"社交货币"指的是我们谈论的内容会影响别人对我们的看法，并重新评估我们的价值。你的"社交货币"越多，别人就越觉得你在某方面是出色的内行人士。而当你想让别人开口谈论时，可以运用一些技巧让他们感觉自己很有水平，激发其表现欲望，这也是一种促进传播的"社交货币"。

诱因是能促使大家联想起相关事物的信息。比如，提到智能机器人就联想到施瓦辛格扮演的终结者，提到铁榔头就联想到郎平。如果把产品、创意跟某些生活中常见的事物联系起来，人们在该事物的提示下就更容易传播相关产品的信息。

调动谈论者的情绪是促进口碑传播的重要技巧。能触发情绪的信息更容易燃起人们的分享欲望。引发的情绪共鸣越大，传播的力度也就越大。

公开性指的是信息越公开越能广泛而快速地传播。正如越醒目的广告越容易流行，产品与创意要增加曝光率，才能被更多人看到并自觉传播。

实用价值是让你的信息从海量信息中脱颖而出的关键。如果人们觉得一样东西对自己毫无用处，就不会有兴趣去传播。

如果能把想传播的信息编入一个故事当中，那么人们就会乐于传诵这个故事，并在反复的讲述过程中传递植入的信息。

潘婷的广告短片具备了这六个要素。它富含"社交货币"，以白领、年轻妈妈和90后三个社会角色标签为诱因，激发了女性消费者积极向上的情绪，具有公开性与实用价值，并把所有的理念装进了一个娓娓动听的故事中。所以，这部广告短片让潘婷获得了惊人的传播效果与经济回报。

8. 社群营销的本质就是联结粉丝

现今，随着互联网技术的发展使得营销越来越容易，可能性也越来越多，不管是创业型的企业，还是成熟型企业，他们已不像以前一样需要一掷千金，但从另一个角度考量，产品的品牌效应却在不断减弱，吸引见多识广的消费者已经越来越困难。解决这个问题的最好办法就是从社群入手，做社群营销，在社群中联结粉丝，因为社群＋粉丝＝客户，这就是这个时代下各个行业开展互联网营销一直在努力的方向。

企业想要联结到粉丝，首先第一步就要精准地定位自己的目标粉丝，目标粉丝的确认要在社群之前就要确定下来。如果没有明确的目标粉丝，接下来对社群角色的定位就没有办法继续进行。社群如果想吸引粉丝，就必须知道自己的社群针对的目标是谁，眉毛胡子一把抓，最后只会白费力气。不管是哪一种类型的社群都应该有属于自己的目标粉丝群体，圈定了那部分较为固定的群体后，就可以有针对性地对这部分群体进行细致的研究分析，这样做可以让自己的产品有更加精准的定位。毕竟，企业建立社群的目的就是进行推广，不管是企业还是产品，只有这样才能取得好的效果。

很多企业在社群营销方面还存在着误区，保留着"广撒网多捞鱼"的思想，认为把销售的目标群体定得越大越好，其实这么做并不利于自己的营销。因为没有准确的粉丝定位的商品，要么是本身太平庸没有多大优势，要么就是市场竞争激烈，利润微小，最后企业的社群根本就建立不起来。

那么，现在问题就来了，怎么样才能准确定位到自己的目标粉丝呢？主要的有三种方法：兴趣定位、网站定位、关键词定位。（如图 1-7 所示）

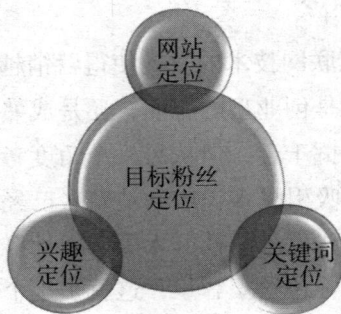

图 1-7

（1）兴趣定位

从兴趣这个角度定位目标粉丝群相对来说是最简单的，也是企业常用的方法。像 QQ 群、陌陌吧、微信群、豆瓣小组等社群内部就有着很清楚的粉丝划分类别，企业通过简单的搜索就可以找到自己想要的社群。同时，企业也可以建立自己的 QQ 群、微信群等，标出这一社群的标签，粉丝对社群标签感兴趣就会自动加入。

（2）网站定位

目标群体一定有自己特别偏爱的网站，妈妈们喜欢浏览婴幼儿论坛，健身爱好者喜欢关注健身类论坛，摄影类、电子爱好者、美食家、驴友等他们一样有自己侧重关注的网站。企业可以在这些网站发布有价值、有见解的帖子或者是观点，然后附加上自己的联系方式、微信公众号、QQ 群、微信群等，这样很轻松就可以找到自己的目标群体。

（3）关键词定位

搜索目标粉丝群的相关关键词，这种寻找方式比较适合运营微博、微信群等。假设你的目标粉丝是减肥者，那你搜"我要瘦"或者"我要减肥"，就可以搜索到大量的目标粉丝，接下来通过关注、评论、转发等方式就可以将这些粉丝吸引到了企业建立的社群之中了。

将目标粉丝拉到了自己社群中，想要粉丝长久地留在自己的社群中，就要给粉丝提供有价值的产品和服务，这样才能提高社群的黏性，让粉丝长期地依赖社群，这一点对任何一家企业都适用。

美丽说是一个致力于为年轻时尚爱美女性提供时尚购物体验的平台，在 QQ 空间里成功联结到自己的粉丝后，并没有觉得万事大吉，而是在自己的产品和服务方面继续下大力气，这样做成功地提高了粉丝对社群的黏性。

针对女性的特征，美丽说在 QQ 空间内做具有针对性的产品推广和营销活动。比如针对冬天需要雪地靴的客户，他们向粉丝推荐了各种款式的雪地靴，并穿插搭配了一些真人图片；夏天针对女性怕晒黑的特点做了遮阳伞的推荐。美丽说在 QQ 空间内做的每一项推广，为粉丝提供的每一种产品和服务，都是有价值的，都是粉丝所需要的。

提供了优质的服务和产品后并不预示着万事大吉，企业还要时刻关注社群内粉丝的诉求。通常来讲，企业产品的研发都是按照粉丝痛点——做出产品——解决痛点（如图 1-8 所示）这个封闭环节来做的。

图1-8

假设粉丝的诉求在短时间内发生了变化，而你又没有发现，那你提供的产品和服务是否就是粉丝的痛点呢？当发生社群里粉丝的诉求和产品属性不匹配时，就必须重新研发自己提供的产品，或是对产品的某些属性进行修改，直到粉丝痛点解除。

享誉全球的饮料品牌可口可乐想进驻我国西部重镇西安时，此地本土品牌冰峰将其打得"找不到方向"，上演了一场狙击国际品牌的战役。冰峰的成功除了西安人自身的情怀外，就是冰峰企业自身特别重视粉丝的感受。

从创立之初到现在，尤其是在1998年产业改革后，冰峰的电话调查、问卷调查等都会定期举行。以此了解用户对于口感和需求方面有怎样的感受，并借此做出相应的调整和改善，冰峰他们直接走进了小饭馆、烧烤摊，和用户进行最直接的沟通。就是这份特别的执着感动着粉丝，让西安人念念不忘这个味，让可口可乐在此地举步维艰。

总而言之，企业做社群营销，一定要善于抓住粉丝，这里不但包括精准地选择属于自己的粉丝，还包括抓住粉丝的痛点，然后将自己优质的产品和服务推荐给粉丝，最后才能获得营销的成功。

第二章

选择产品：产品好才是硬道理

1. 不是所有产品都适合在社群零售

随着社群营销的崛起, 社群平台充斥着各种宣传产品的信息, 如果仔细翻看, 不难发现他们的商品也真是丰富多样, 从吃的零食、奶粉、大闸蟹以及保健品, 到用的护肤品、家纺、家具甚至卫浴设施, 以及穿的衣服等, 真可谓应有尽有, 但如果追问一句, 这些都是适合社群营销的产品吗? 答案恐怕不全是肯定的。

就拿吃的零食、奶粉以及大闸蟹来说, 人们很难通过微信等社交平台来了解这些产品的品质, 也无法对价格相对高昂的产品确定真假。显然, 这些食品并不是社群营销产品的最佳选择。再拿衣服举例, 衣服毕竟不是一次性消耗品, 它们有着较长的更替周期, 天天买衣服、月月买衣服的人毕竟是少数, 另外人们对衣服的质量也存在担忧, 常听一些人抱怨, 本来出于捧场买了社群平台朋友推荐的衣服, 但没想到收到的衣服质量不怎么样, 真是花钱买难受。而床、沙发等大件家具, 因为产品质量不易保障、运输不方便以及不易存放等特点, 也不适宜成为社群营销产品。

赵虎是一个通过微信平台进行社群营销的微商, 他代理的产品是浴室柜, 他虽然每天也很卖力地在朋友圈进行宣传推广, 但也只是偶有进账, 大部分时间几乎毫无收获。赵虎为此很是苦恼, 他不明白为什么自己的产品不错, 推广力度也不小, 但收效却微乎其微, 问题到底出在哪里? 其实, 赵虎忽略了一个重要信息, 那就是浴室柜并不像日常生活用品等必需品, 只有在家里面需要装修的前提下, 人们才可能想到购买浴室柜, 如果客户没有装修的想法，怎么会无端想到要单独买浴室柜呢？另外浴室柜的成本也比较高，动辄几万元的东西，并不是所有人都愿意做这样的消费，很多人压根不需要浴室柜，当然也不会去考虑购买。退一步说，即便社群平台有热心的朋友想要帮赵虎介绍生意，但恐怕也是心有余而力不足，毕竟人们通常很难掌握周围谁需要装修、什么时间装修以及是否需要这种浴室柜等信息。

那么，什么样的产品适合运用社群营销呢？什么样的品牌适合在社群兜售呢？一般来说，高频、高溢价和超预期的商品比较适合在社群兜售。

高频指的是产品使用频率高、消耗快、复购率高。比如类似面膜、化妆品等一般日常消费品就是这样的产品。就以面膜为例，通常女性都会在每天晚上使用面膜，也有很多注重护肤的女士，会在一天早中晚各使用一次面膜。如果以每天1片为标准，那一个月就要消费30片面膜，以一盒面膜包含10片来算，一个女人每月要使用3盒面膜，通常最便宜的面膜大概也要一两百元，那每位女性每月至少需要消耗三四百元，而对于那些每天消耗3片面膜的女士来说，她们在买面膜这一项的花费就高达上千元。正是由于面膜是女性每天都用到的东西，消耗快，重复购买的概率大，因此将面膜作为社群营销品是一个不错的选择。

高溢价顾名思义就是社群兜售产品价格超过其实际价值较高。有些社群平台总是充斥着这样一些广告，广告中是祖传老中医研制的治疗青春痘或者专业减肥的药品，药品本身可能体积并不大，但一堆锦旗证明疗效看起来很不错，文案中还有包治好的字眼，而价格可能就是68元一瓶或者98元一盒。很多人看到这些可能微微一笑，觉得这就是骗子，没有人会上当，但处于青春期或者急于解决自身形象问题的爱美人士可不这样想，一来这些产品比那些大品牌或者大医院的祛痘霜或者减肥药要便宜得多；二来不到 100 块的价格，即便没有任何效果，也算不上什么损失，心理上可以接受；三来这可是老中医研制的产品，纯中药，对身体没有任何副作用，这太值得试一试了。在这种情况下，物美价廉已经不是他们的追求，钱不是重点，只要能治好，他们愿意去尝试。事实上，很多人心里清楚，这种所谓老中医专利产品，很多的成本其实是很低的。

除了类似祛痘产品和减肥药等产品，社群兜售的很大一部分高溢价商品都是奢侈品或者大品牌产品，这些产品的购买者有的是真正需要，有的则是为了通过购买行为来追随社会潮流，从而获得社会认同，赢得他人的羡慕。无论是什么原因，正是由于这部分消费者的存在，使得高溢价商品得以在社群兜售并获利。

除了高频与高溢价产品，超预期产品也是适合在社群销售的。所谓超预期，就是产品超出消费者的预期想象。很多人有买彩票的习惯，如果不中，那是情理之中的事情，毕竟中大奖需要的是非比寻常的好运气，就当是为国家体育做贡献了，所以很大一部分人并没有对中奖抱有很高的期望值，在这种情况下如果中了当然是超预期，用几块钱中个上千甚至上万，简直是美翻了。社群营销产品超预期也是如此，如果卖家的产品具备这样的特点，比如常见的一元钱包邮，就是一种超预期，按常理来讲，一元钱连邮费都不够，何况还有产品呢，这样便宜的东西当然要体验体验。

综上所述，不是所有产品都适合在社群兜售，人们要想通过社群营销获得利润与成功，最首要也最关键的一步，就是要选择合适的产品，而具有高频、高溢价或者超预期特点的产品，往往比较适合成为社群营销产品。卖家只有仔细研判，选出最适合自己同时适合在社群兜售的产品，才能取得较好、较持续的发展。

2. 如何有效地寻找货源

　　社群营销是一种非常好的营销方式，但若想取得社群营销的成功，还需要经营者做很多的尝试与努力，而首先需要解决的，就是货源问题，能够有效地寻找货源，才算迈出社群营销成功的第一步。那么，如何才能寻找到物美价廉的货源呢？一般应遵循以下标准与原则。

　　社群营销产品的选择应遵循五大标准与三大原则。

　　五大标准即"四高一易"标准，四高，指的是高质量、高利润、高重复购买率以及高受众，而一易则指的是产品易于展示。

　　选择货源的五大标准如图 2-1 所示。

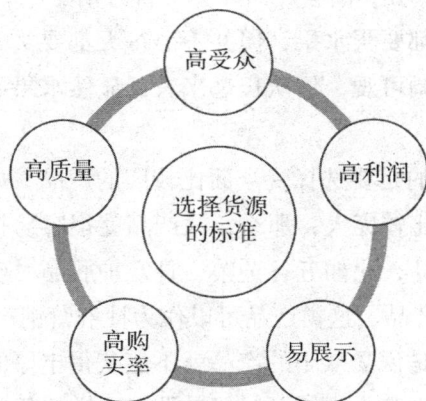

图 2-1

高质量很容易理解与解释，众所周知，口碑是社群营销取得成功的重要因素，如果产品质量不过关，恐怕是卖不出去的，即便侥幸有了买家，也不会形成良好的口碑，这样不但不能招揽到回头客，也不可能有买家向其他朋友推广该产品了。质量高的产品才容易在社群营销时代立足，而质量差的产品很难打开销路，也很难获得持续发展。

高利润的优势也是显而易见，没有一个社群营销的商家会不喜欢商品的高利润的。社群营销的目的是赚钱，如果产品能够带来充足的利润，无论是商家自己还是发展的代理都能够得到丰厚的回报，那么一定会有更多的人参与到销售该产品的社群营销中，而参与的人越多，越容易快速形成销售链，实现该产品社群营销的良性互动。

高重复购买率是商家营销得以持续发展的重要保证，只有产品被人们重复需要，商家产品才会一直有销路。举个简单的例子，人们几乎每天都要买水果，但并不会每天都要买空调，水果的利润虽然没有空调可观，但从长远来看，显然水果更适合做社群营销产品。

高受众指的是要选择受众面比较广的产品，如果身边需要这个产品的人群比较庞大，那么，该产品就很容易打开销路，贴近个人生活的产品，比如五谷杂粮、日常护肤品、生活日用品等，就属于高受众产品。这类产品可以作为社群营销产品的首选。

当然并不是说受众小的产品就不能获得丰厚的收益，但这需要建立在资深的专业背景上，如果没有这样的条件，那么还是选择高受众的产品容易获得营销的成功。

最后一点是易于展示，产品一目了然，也不需要复杂的售后。

社群营销可展示的平台有限，就拿在朋友圈来说，如果销售衣服，就很难通过图片和文字说明来将衣服质量以及裁剪等细节展示出来。显然，选择在社群兜售一些简单的产品才是更好的选择。

社群营销要想寻找到质优物美的产品，还应遵循就源、就地、就熟三大原则。三大原则如图2-2所示。

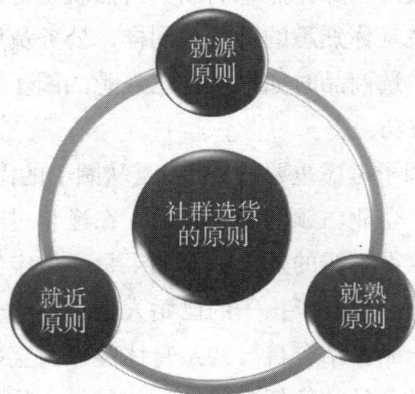

图 2-2

首先，社群挑选货源应遵循就源原则。所谓就源原则，就是要想在社群营销中占有优势，要想将自己的事业做大，最快捷也最有效的方法当然就是发展自己的代理。但要发展代理，就必须保证自己在货源价格方面具备竞争优势，因此，为了获得持续发展，为了保证利润最大化，要尽量从货源上游获取产品，当然最好是得到一手货源，也就是从生产厂家那里直接拿货，如果难以做到，也应尽量从总经销商或者总代理那里拿货。找到比较上游的货源，才能保证自己发出的产品价格最低，才能保证自己招到更多的代理。假如代理的是二手或者三手货源，就说明产品已经被几家甚至更多人代理过了，那所得的利润空间就会比较小，而且定的产品价格也会高于上家，显然这无论是在招收代理还是在销售产品方面，都已经比自己上游卖家差了很多。

其次，社群寻找货源应遵循就熟原则。就熟原则就是选择产品要尽量结合自己熟悉的圈子进行选择。什么是自己熟悉的圈子？假如你是教师，那你熟悉的圈子自然就是老师了；如果你是医生，那医生就是你熟悉的圈子；同样，公务员所熟悉的圈子自然就是公务员。选商品时如果从自己熟悉的圈子特点出发，就容易获得营销的成功。

从熟悉的圈子考虑重要的一点，是从圈子的需求与兴趣入手。举例来说，对于企业白领的圈子来说，在逢年过节时兜售一些高档酒，往往能取得不错的效果；而如果是一位宝妈，那她的圈子里也应该主要是已经有了孩子的已婚人士，在这个圈子中如果兜售小孩玩具等产品，结合自己的亲身体验以及宝妈身份，往往会增强他人对自己产品的信任与好感；如果是一位爱打扮的女士，那周围肯定也有很多爱美的朋友，如果能够结合自己对护肤品和化妆品等产品的熟悉程度以及与周围朋友在注重形象方面的共同特点，选择护肤品等作为自己的社群营销产品，那效果应该也不会错。

从熟悉的圈子考虑的另外一个方面，是从圈子的购买力入手。如果周围人群平均消费水平在两三百元，价值上千元的产品恐怕很难在他们中间打开销路。同样，如果周围人平日都选择高档产品，那么销售低端产品恐怕也不能找到买家。

其次，寻找货源应遵循就近原则。就近原则指选择产品最好能够就地取材。从就地取材来说，做特产的社群营销者无疑是一个成功的案例，众所周知，德州扒鸡、新疆哈密瓜或者葡萄干、南丰蜜橘、南京板鸭等类似产品，已经取得良好的口碑，得到了消费者的认可，位于原产地的卖家，只要保证货真价实，打开销路并不是一件困难的事。需要指出的是，虽然土特产是不错的社群营销产品，但也应该尽量选择自己家乡附近的特色产品，这样人们才会感觉你的产品是正宗的，而假如新疆的朋友售卖南京板鸭，恐怕就难取得买家对产品的信任。

综上所述，社群营销要想取得成功，最重要的步骤，就是要有效地寻找货源，只有找对货源，选择适合自己的产品，才能够迈开营销成功的第一步。而通过五大标准与三大原则，就可以有效地寻找到质优物美的货源，从而为个人社群营销奠定良好的基础。

3. 快消品更适合社群销售

研究发现，社群营销崛起后，有八大行业最适合社群营销，这八大行业包含旅游、娱乐、餐饮、服务等多个方面，其中快消品行业也是其中之一。

快消品的全称是快速消费品，指的是那些使用寿命较短、购买频率较高的消费品。如带有包装的食品、日常生活用品、饮料、烟草以及酒类等，都属于快消品，它们在日常生活中的需求程度较高，而且消耗速度比较快。快消品的价值，就是依靠消费者高频次地购买、使用以及消耗来实现的。快消品的单品价值不一定很高，但重复被需要使得它们得以拥有持续的市场与利润。快消品符合使用频率高、消耗快以及复购率高的社群平台产品特点，因此更适合做社群。

快消品与其他类型消费品在购买决策以及购买过程上有着显著区别，快消品属于冲动购买产品，不太受周围人的影响，但往往个人偏好、产品包装或者外观、广告促销以及价格等因素会影响其购买决策。显然，如果营销过程中给用户以良好的消费体验，对打开销路以及维护客户都有很好的帮助。

快消品更适合做社群，其中一个重要原因就在于通过社群营销，快消品企业与消费者之间可以实现良好的互动，从而带动消费。

营销如果不能引起消费者的共鸣，就成为强制与粗暴的广告推送，这不但不能促进消费者的购买欲，而且很有可能会招致他们的抵触与反感。快消品是常用品，又常常不可或缺，所以在社群时代下，这些产品更应该以一种新体验、新场景来吸引消费者，从而打开销量，维持利润，甚至带来新的传播机会。

在快消品的传统营销中，很多广告，比如百事可乐、高露洁牙膏、潘婷洗发水等都是借助明星代言，借助明星效应来完成推送的。而在社群时代，快消品想要获得推广与传播，想要获得良好的收益，单纯用明星代言的方式是无法实现的，必须借助一个自明星来带动整个社群气氛，从而拉动消费，甚至形成热点话题，引起人们的广泛议论与自发传播。

在快消品诸多社群营销案例中，高洁丝的成功堪称经典。高洁丝是女性卫生用品品牌，在传统营销模式中，该品牌也不过是在电视上做了一些低调的广告，通过明星代言来推广产品。而在社群营销时代，高洁丝则走出了不同寻常的营销路线，早在 2015 年上半年，高洁丝就曾经推出"男神送高洁丝"的活动，该活动挑选一些幸运用户，并邀请一些人气和颜值都比较高的男明星或者男模特亲自送货到这些幸运用户家。女性用户在看到自己喜欢的明星或者模特体贴地带着卫生巾出现在自己家门口，除了开心，还会将这件事通过朋友圈、微博等社交媒体传播开来。高洁丝的这次营销活动不只在微博等社交网站得到了广泛传播，还一度成为当时的热议话题。

在"男神送高洁丝活动"获得圆满成功后，高洁丝趁热打铁，于下半年初推出了高洁丝新品"新一代 AiR"。为了能够使新品获得更好的推广与销售，高洁丝打造了"新一代 AiR，岂止于薄"这一微博话题，并抛出了"薄度仅为 10 张 A4 纸""空气般无感""超精细表面""细腻更显出色"以及"全新蜂窝处理器，处理速度提升 169%""4000 个看得见的散热孔、顺畅呼吸、体验更出众"等神秘而又科技感十足的宣传语。高洁丝这款产品不仅名称与苹果产品完全一样，就连包装也是百分百地模仿，再加上与苹果6几乎相同的广告语，使得"岂止于薄"很快成为微博热搜头条，很多人出于好奇心参与到话题之中，甚至有人做出高洁丝要做手机的猜测。就在话题热度高涨之中，高洁丝官微揭晓答案，正式推出了新款超薄卫生巾。

除了将大众认为的科技产品卖点巧妙衔接到卫生巾，赚足了眼球，高洁丝还分别给著名主持人吴昕和杜海涛送出了新品礼盒，对此，吴昕带着"新 AiR 来了"的话题发微博称"听说身材好的都收到这个礼物了"，杜海涛也用微博与吴昕互动，称自己也收到了，高洁丝官微则与杜海涛互动道"对不起，我发错了"，更有趣的是，著名歌星潘玮柏转发了杜海涛的微博，并晒出了自己的苹果手机包装，幽默风趣地称"我也买了，但是是金的"。吴昕、杜海涛以及潘玮柏等名人关于高洁丝新品的这次互动，槽点满满引来很多粉丝的评论与讨论，在这些名人的带动下，仅仅半天的时间，高洁丝新品微博话题获得了8000多万的阅读量，高洁丝成为当天微博热门话题的重头戏，并且在微信朋友圈出现霸屏的局面，高洁丝新品可以说是一炮而红。

在社交媒体时代，一次成功的营销应当是带动真实的社交网络，用充满趣味性与话题性的主题引来人们的参与与互动。高洁丝正是因为做到了这一点，让全民参与，并乐在其中，从而以低花费达到了高效率以及广泛传播，最终取得了新品投放的巨大成功。

高洁丝的成功营销告诉人们，快消品行业的社群新经济时代已经来了，快消品更适合做社群。社群能够促进消费者与企业之间的互动，特别是大咖人物能够带动社群活跃，从而带动整个社群气氛，拉动消费，甚至引发人们的广泛热议与传播。

4. "小众"产品有更大市场

移动互联网时代，90 后、00 后开始登上消费舞台，消费者的消费观念正在悄悄发生转变。新世代的品牌正在成形，品牌是否有个性、是否符合他们的喜好，正在被消费者越来越看重。

小众化品牌的建立是对消费者市场的细分，通过消费者与品牌理念之间的情感交流和对这一品牌的使用，形成消费者与群体、消费者与消费者之间的关系。互联网时代下，社群中的人们对品牌的认同以及情感诉求已经突破了传统意义的地理区域界限。在过去品牌维系自己的社群，要通过定期或不定期举行围绕品牌的集体活动，以此来加强社群成员之间的沟通，例如哈雷摩托社群、阿迪达斯社群、红牛社群等。但是，在互联网时代，博客、论坛、微博、微信等社交平台的出现使人们的交流更加便捷，社群成员则主要通过社交媒体交流彼此对品牌体验和对品牌的认知，例如 Starbucks 社群、小米社群、苹果社群等，形成了线上的基于某一品牌的社群。

移动互联网社交媒体时代的品牌商们正逐步建立起自己的品牌社群，品牌的小众化和定制化逐渐成为主流。

随着品牌定制化悄然成风，明星们出席活动，不再拼品牌，拼的是定制。走进商场，一些品牌专柜上"个性定制"的字样在告诉人们："除了售卖，我们还可以私人定制呦！"一些以往走大众化路线的奢侈品也放弃了求大，走起了小众路线，专门以个性化商品满足部分消费者需求。小众化，正在成为人们新的消费观念。人们正越来越觉得：品质并不是满身 logo，而是符合自己的个性。国外很多 logo 品牌极富个性，虽然产销量不大，却很受消费者欢迎。品牌小众化，既是人们消费理念的回归，也是新形势下市场发展的必然。小众品牌高效配置了市场资源，以社群化重新定义了市场，也促进了社群经济的繁盛。

小众品牌的发展，就是将有共同的兴趣爱好、共同价值观、共同生活情怀的不同维度的人聚集在一起。聚集的这些人围绕小众品牌形成了一个社群。每个人心目中都有一个情结，而小众品牌就是激发人们心中的这种情结纽带，寄予小众品牌一份独特的情感诉求，将小众品牌当成了自己一个爱好的归属。

世界第二大烟草上市企业英美烟草公司在品牌经营上也走小众线。其旗下具领导地位的国际品牌包括 555、健牌、金边臣、希尔顿、总督、卡地亚、乐富门、登喜路、威豪、黑猫等。这些品牌各自以不同的市场为销售对象。

第一类是国际品牌，主要有 555、健牌、乐富门等，这些品牌在全世界 100 多个国家畅销，是英美烟草的业务核心和利润源泉。

第二类是区域性品牌，如英美烟草在欧洲生产的一些品牌、在巴西生产的一些品牌。

第三类是仅在一个国家或一个地方销售的品牌，如在中国合资厂生产的"黑猫"和"君子竹"品牌。不同的市场针对不同的人群推出不同的产品，让英美烟草公司精准地抓住了客户的需求。目前英国电子烟也发展迅速，有资料统计，在英文网站上，用户可以从 466 个电子香烟品牌和 7764 种口味中进行选择，可见英国的电子烟品牌小众化到了什么程度。

移动互联网时代的到来，为小众品牌的精准化营销提供了更广阔的平台。过去，实体店小众品牌可能只是"锁定"周边的一部分顾客，而这些顾客如果觉得小众品牌的风格太独特，不是自己喜欢的，那么实体店小众品牌的生存经营将出现问题。但在移动互联网时代却为小众品牌提供了更广阔的空间，社群面对的是全国乃至全球的消费者，即使这个品牌大部分人不喜欢，每个地方只要有一小部分人认可某一小众品牌，但每个地方的这一小部分消费者通过互联网聚合起来，该小众品牌就能很好地生存，也能很好地发展下去。

小众品牌的精准化营销特点，在互联网上可以让其迅速聚集认可它的消费者。有句话叫"五色令人目盲，五音令人耳聋，五味令人口爽"，有时候选择多了人们反而会没了选择，不如"弱水三千，只取一瓢"。

如今市场已由卖方市场转变为买方市场，消费者对商品的需求已不再只是满足于名牌，而是关注品牌是否有个性、是否适合自己的品位，消费者的眼光在变得"苛刻"的同时，也对品牌提出了更高的要求。未来，品牌没风格，会让你的客户越来越少；只要有风格，就能找到你的粉丝群。未来品牌的发展就是建立在对这两者的取舍上，品牌"小"时代正在来临，小众品牌追求的是一种社群经济，是品牌在市场高效配置的一种方式。如果说小众品牌出现以前，市场份额由于被一些大众品牌占据，呈集中化发展。那么小众品牌出现后，市场被众多小众品牌占据，呈碎片化和分散化发展，小众品牌正以社群化营销重新定义市场。

5. 迎合粉丝偏好的产品才有利可图

互联网的创业大潮在我国如火如荼地进行着，基于大数据、云计算等新一代信息技术下的创新 2.0 正在改变我们的生产、生活和工作方式。"互联网+"行动计划在 2015 年 3 月 5 日，首次被李克强总理在工作报告中提出，这也意味着互联网将对企业产生更大的影响。

互联网时代催生了粉丝经济、社群经济，这对传统企业是一种极大的挑战。除了那些小门店、小超市、小摊贩可以独立于互联网之外，其余想要有一些大动作的企业，都不可避免地要融入移动互联网经济的浪潮中，为迎合社群经济下的新型商业模式，都要更改企业传统的运营观念。这将不再是一个单纯买卖产品的市场，而是一场情感沟通、心灵共鸣、比拼实力和品牌的心理战，而粉丝经济时代开启的商业模式，也从单纯的销售产品转而向争夺人心转变。

更得人心，才更有销量。粉丝经济催生的是商业模式的转变，更是一种商业理念的转变。不同的粉丝有不同的需求，不同的企业有不同的优势资源，所以企业要对自身进行充分的评估之后，再对粉丝进行细分，根据不同粉丝的不同需求，量身打造出可使其满意的服务和消费模式。

传统企业的消费者从购买态度和行为上被划分为习惯型、理智型、冲动型、经济型、感情型、疑虑型、不定型等多种类型，这与粉丝经济有很大的差别，粉丝的概念就是盲目地喜欢，也许刚开始还拥有理智，但喜欢的那一刻理智则会逐渐消失。所以，这时候的消费基本上不是跟着理智走，而是跟着感觉走，培养粉丝的过程是艰难的，而完成销售的过程却相对容易，因为有了消费者对产品的认可度、信任度和喜爱度，其他事情相对更容易水到渠成。

当粉丝认定了某个企业或某个品牌的产品时，只要你别让他们失望，基本上都会有购买行为发生。同样的产品，既然偶像在卖，那当然是义不容辞的有优先及排后的顺序了。除非粉丝的需要你无法提供和满足。在网络上更容易网到一批志趣相同的人，四面八方、五湖四海的人因为共同的兴趣和爱好而聚到了一起。互联网企业负责提供平台与流量，将人聚到一起，而传统企业通过与互联网企业的合作，完成对粉丝的筛选与培养，这就是一个在大海中捞鱼的过程，只要能网住的就都是鱼，剩下的就看企业该怎么配合这张网去捞了。每个互联网平台，都有与其发展定位相对应的用户与流量，企业根据自身的需要进行选择与匹配，或者单选，或者多选，围绕着有利于粉丝的培养与销售的完成展开。能会聚很多企业与用户便能在这场博弈中获得终极胜利。而企业通过互联网合作，能完成粉丝与销售的对接，产品实现利润，便是双赢之局。

医药行业是我国老牌的传统企业，早在南宋，官府就开办了中药厂。中华人民共和国成立后，我国又陆续成立了很多西药厂。这些药厂很多都经历了从等客户上门到出去找客户的不同阶段，而在网络平台的大攻势下，有些药企选择了自行建站，也有一些选择与大的互联网公司开展合作，但并不是每个企业都看好互联网，看好粉丝经济，有支持的声音就有反对的声音，任何事物都具有两面性。药好网的总裁认为企业的核心竞争力是研发好产品，这种声音也得到了同行的支持；有些企业认为将产品研发好交给别人卖就好了，但终归要有销售产生，否则企业的利润就无法完成；康恩贝集团董事长胡季强却对互联网有一种紧迫感，认为应该加紧进行品牌移民和产品移民，不要让80后、90后、00后将互联网完全占领。老牌药企也要到网上去加大建设力度，同样获得很多支持。可见，每个企业对未来发展的着眼点不同。而思路和格局需要意识的打开和转变，有快有慢，有早有晚，无论线上、线下，竞争和差异无处不在。苦修内功是正确的，争夺人心是正确的，二者结合才能完美，缺一不可。

移动互联网时代，更多的企业选择融入这股洪流，不管收益有多少，大家都在行动。截至2017年年底，阿里健康与5万多家药店开展了合作，百度药直达与中国医药物资协会签订了战略合作协议，湖南老百姓大药房则在加紧电商的布局，公司专门成立了网上药店，并利用大数据进行会员管理，实现了对系统的升级。企业与互联网公司开展合作，看中的就是其拥有较大的流量和粉丝群体，这是对企业最有吸引力的因素，因为企业可以通过培养粉丝购买产品而产生利润。而互联网公司的利润增长就显得委婉很多。借用壹药网负责人的说法：我们的梦想是让羊毛出在猪身上，让熊来埋单。互联网为普通用户提供的都是完全免费的平台，养小鱼、钓大鱼、吞鲸鱼才是互联网企业的运营流程。小鱼成为大鱼的粉丝，大鱼成为鲸鱼的粉丝，最后完成鲸吞效应，一网打尽，每条鱼都是食物链的一环。整个过程全部都是粉丝经济的原理在做支撑，粉丝构成了食物链的每一个环节，完成了一个圆形的转换。谁得到的食物更多，取决于谁拥有的粉丝更多，每个粉丝都会成为食物供应者或潜在供应者。

粉丝经济下的商业模式，将更加人性化，更加魅力十足。也只有那些真正用心，无论在产品研发还是销售上，都能与粉丝互换位置进行思考，并完全满足粉丝欲望的企业，才能赢得终极战场。商场上将不再充斥杀伐决断、刀光剑影，一种更柔和、更温情的销售模式，将取代原有的销售模式，这会致使人们在购买的时候获得更好的体验。不会再有被欺压、坑宰的局面，因为那样的企业会被粉丝自动排斥出局。总之，只有那些能获得粉丝认可的企业，才能基业长青、芳华永驻。

6. 产品审美时代的来临：极致、简约和情怀

互联网时代产品变得简约而不简单。注重用户的感受是用户至上信条的重要原则，而用户的感受很大程度上来源于产品，所以好的产品对于企业来讲是非常重要的。这里所说的产品既包括有形的实物也包括无形的服务。在互联网时代，产品的设计和推出无论是对于企业来讲还是用户来讲都是越来越重要。

互联网正在不断蚕食传统的市场，并改变着传统的商业模式，消费者在市场经济中的地位越来越高，越来越多的人喜欢更简单的东西，比如无脑的娱乐节目、便利的互联网交流平台、更直接的电商平台、更简单的产品说明等。

通过观察消费者的购买行为，可以发现这样的情况，可以供消费者选择的产品非常多，但是消费者没有足够的时间和耐心来一一去进行挑选，而多数在网购的时候不断地换浏览的店铺，这几乎没有什么转移成本，这就要求企业在很短的时间内抓住消费者。这就是简约文化的重要性，简约也是互联网思维的一个特征。这也反映了企业在产品设计上能做出的高度。简约要求企业有三点必须做到，表面上构造简单，使用方便，阐述起来更是几句话把主要功能讲述明白。但是这三点看起来容易，做起来不容易，看起来构造简单，看一眼就知道怎么做的，但是在简单的后面就是不简单。因为要把产品尽量简化，需要做大量的工作，细致的计算，用工用料都要设计，只不过这些都是企业内力的比拼。消费者看到的就是成品。使用便捷，就

是指产品容易操作，所谓的傻瓜机就是这样的例子。描述起来要简单，这说的是，当企业要宣传自己的产品或者服务时，不需要说很多，简短的几句话，就可以把产品或服务介绍得很详细、很明白。

就拿支付宝来举例，支付宝刚推出的时候，页面有 4 个部分，上面的导航，左面的目录，右面的功能链，中间的内容，这样的布局遵守的是互联网的网页标配，当然也做了一些改进那就是能够更换背景。这样的布局，维持了很长的时间，但是效果并不是很好，支付宝后台的数据显示网页中大部分的内容，客户都没有点击过，而且还有客户抱怨，说在页面中都没有找到想要的东西。那么这些现象都是值得思考的。

2013 年，支付宝在不断改版的变化中融入了简约的原则，直接把页面简化为两大部分，一部分为账户现状，另一部分为资产动态，这些动作不仅仅是简约的变化，而是对用户需求的精准把握，并且付诸行动。

支付宝的改进，让支付宝看起来越来越像一个银行账户，反映的就是客户有多少钱，这也是客户最关注的。支付宝在网页最显眼的位置，显示客户的余额，至于其他的数据，就集中放在一边，如果客户有意愿，也可以看到自己账户明细，账户明细的显示也很简单，就是让客户知道，挣了多少，花了多少，欠了多少，省了多少……很清晰，很明白。

互联网时代，人们已经开始依靠网络来解决问题，如果企业还是按照以前的思想，和客户讲这个那个，是没有客户愿意听的，客户没时间，更没耐心，所以企业就必须简化，把客户想要的展示出来就可以了，其他的放在背后。

追求完美是现代产品所必需，在产品设计和研发上的投入，显示一个企业追求创新的力度。在现在的时代，由于环境变化迅速，匠人精神已经变得越来越珍贵，具有这种精神的人的典型就是乔布斯，就是由于他的专注和坚持，创造了苹果的辉煌。

第三章

高效传播的基础

选对平台：

1. 多渠道引流的电商平台

在粉丝经济时代，高质量的粉丝是其生存和发展的生命线。如果没有粉丝，没有流量，销售的产品再好，提供的服务再完美，没有人看到，也就意味着失去了市场。

粉丝对于电商企业而言，同样十分重要。长期以来，各大电商企业都在纷纷布局各种渠道吸引粉丝。相互之间打价格战也好，创新促销方式也好，目的都是鼓励消费者积极参与、多消费。在电商领域，暂时销量差，或没有销量并不可怕，重要的是要把粉丝的量做起来，粉丝基础打好了，流量有了，终有一天会转化成高销量。

以前，微博、微信、QQ 等都是主要的引流渠道，现如今网络直播也成为各大电商抢夺粉丝的热门工具，代表性企业如淘宝、京东、唯品会、天猫等。网络直播比以往其他吸粉方式更有优势，做好了网络直播这个渠道，将会得到更多潜在用户。

"我们不做第一，谁敢做第一"，这是上海韩束化妆品有限公司（以下简称韩束）的经营宗旨。与国内众多化妆品牌不同的是，韩束是依靠网络、自媒体被大家熟知的，完全依靠互联网在运作，走的是电商运营的一整套管理机制。从吸引粉丝到产品销售，韩束基本都是依靠自媒体，如公众号、朋友圈，以及微博、视频等，其经营模式是代理商制。

韩束从 2014 年 9 月做微商以来，在微商渠道 "40 天销售了一个亿"，这一销售数据让韩束成为 2013 年度的微商霸主。从此，韩束也有了"第一微商"的称号。

在网络直播时代，韩束也迅速布局直播业务，开辟直播市场，依靠直播来吸引粉丝，从而销售产品。2016 年"双十一"，韩束把直播间搭到了台湾，请到了曾为韩束品牌做代言的艺人林志玲，与消费者在线互动，现场亲授韩束美丽秘籍。这场直播得到了众多粉丝的关注，评论数高达 2.4 万条，点赞量 630 万次。

聚美优品在电商领域是个特殊的存在，不断创造出一个个令业界震惊的营销创举。直播营销兴起之后，聚美优品再次有所动作，利用直播打造"颜值经济"，邀请明星参与，并与粉丝进行红包互动。

2016 年 6 月 16 日，美妆产品——菲诗小铺限量版气垫 BB 霜刚上线时，就请来魏晨直播。直播除猜歌送礼、送红包的互动游戏之外，还有一些护肤秘诀。结果，直播刚 5 分钟粉丝数量就突破了 200 万人，短短几分钟后则猛升至 500 万人。随之，这款产品也很快被抢购一空。

传统的传播手法已经成为现代消费者，尤其是年轻一代的 90 后、00 后面对的鸿沟，新媒体渠道的覆盖从触媒习惯及话题传播入手，吸引大多数人的眼球，为电商企业的品牌传播带来全新的营销思路。

电商做直播的意义有如下 3 点。

（1）玩转跨平台，实现客户共享

随着互联网战火烧向视频领域，一些大的互联网公司，如阿里巴巴集团旗下网络营销平台阿里妈妈开始携淘宝和天猫商家提前布局视频营销。这是跨平台营销的开始，打破了以往传统模式单一、孤立的平台运作模式。

如早在 2014 年阿里妈妈就意识到了这点，于 5 月 13 日启动了"V动全城"——15秒直播大赛，百万奖金"悬赏"拥有视频营销创意的商家和服务商。根据规则，商家只要在报名官网上上传15秒直播作品，准确传递品牌价值或宝贝信息，就有机会赢得最高15万元的全场大奖。同时，阿里妈妈还悬赏最具创意的视频服务团队、优秀服务商（TP）成为其"视频合伙人"。

阿里妈妈视频营销平台现已接入优酷、土豆、爱奇艺、PPS、腾讯视频、酷六网等多家主流视频网站，通过TANX平台对视频流量实时竞价。

（2）开创多样化的营销方式

网络直播作为新兴的社交方式已引发新一轮媒介革命，迅速成为新媒体营销的新阵地。许多品牌商家也在重构营销策略，"无直播不营销"成为时下最新的品牌营销口号。

"明星＋品牌＋直播"是很多电商采用的一种新的营销方式，以直播为传播介质，以明星为互动内容，打破了当前的电商产品形态，实现了从文字、图片到视频的升级。通过一个个直播小视频，变现的手段越来越多，有直接推荐，有现场使用，甚至有演微情景剧的，相比千篇一律的文字、图片，直播给卖家打开了一扇个性化卖货窗口。

很多电商虽然触网较早，但大多对其运用仅仅局限于产品展示、买卖方的简单交流等。利用网络去圈粉、进行创意促销还非常有限，尤其是移动互联网的广泛运用，对这些电商的传统互联网思维造成了很大的冲击。所以，对于电商而言，尽管占有电子商务的优势，但是若想持续保持竞争优势，必须适应新的市场要求，利用好并做好直播营销。

（3）不断满足用户消费新需求

2017年"妇女节"期间，一直播发起为期5天的"红人直播淘"

活动，定向邀请3家MCN机构，联合170余位红人主播，试水"内容型"电商直播。活动打破传统导购型电商直播的藩篱，巧妙设置诸如"仿妆梦露挑战赛""三生三世桃花淘之唇釉大比拼"等多个电商直播主题，内容涉及彩妆、香水、洗护、服装搭配等多个方面，以不同于纯导购式的优质内容型直播为用户提供全新的直播购物体验。

活动最终累计开播1379场，累计观看量突破2.4亿次，累计销售额达898万元，"直播+内容+电商"的新模式，受到用户、红人、品牌的多方认可和推崇。

此次活动中，一直播会对参与其中的网络红人进行资源和流量上的倾斜。一直播与新浪微博深度联合，主播可以将直播信息同步至微博，免去重新构建粉丝社交网络环节，达到最大限度的流量覆盖。同时，一直播平台搭载"直播加购电商功能"为内容电商直播助力。在直播的过程中，用户可以直接点击屏幕上的商品列表购买，不会打断直播，让客户不会在跳转中放弃购买，大大提升了转化率。一直播开启内容电商3.0+时代，推动直播主播与内容的双进化。

电商行业从传统1.0时代PC电商，到以聚美、美丽说等为代表的2.0时代分享型电商，再到如今直播电商3.0时代。一直播积极试水3.0+内容型电商直播，旨在顺应不断提升的用户消费需求，通过直播构建新的消费场景，使内容到消费的路径更加顺畅，创造了新的流量入口，通过直播形式的强交互和直播内容的强沟通刺激冲动消费，实现最大限度的变现。

2. 线下传播与线上传播

信息传递的效率往往跟传播途径有关，选对合适的宣传平台，才能达到事半功倍的效果。

一般来说，口碑的传播可以分为线上传播与线下传播两大类型。互联网平台上的传播是线上传播，而线下传播指的是生活中的口口相传。在互联网时代，我们大部分的日常交流都发生在互联网上。按照经常的直觉来判断，产品口碑主要来自线上传播，线下传播的效果可以忽略不计。然而，这是一个错觉。

为此，安迪·赛诺维兹教授分析道："80%的口碑传播发生于网下，所以你应该集中关注出现于现实生活中的口碑谈论者和口碑话题，并且参与那里的交谈。互联网是沟通交流的发动机，可以使信息传递得更快更广。请注意，口碑话题可能始于互联网，但并不一定局限于互联网。"

从这段话中不难看出，口碑营销中的"口碑"更多来自现实生活。它并不是消费者凭空发起的聊天话题，而是消费者对产品服务的实际感受。互联网上的一切热议都是对现实生活的投射。况且，网络上讨论得热火朝天的话题往往是八卦娱乐新闻，传统媒体刊登的重要消息可能在互联网上风平浪静。这种信息过滤现象会误导过于依赖线上传播的口碑营销者。

不过换个角度来看，线上传播可以把线下传播的内容扩散到更大的范围，任何企业都不能忽视这个举足轻重的宣传"阵地"。

这些年来，杜蕾斯在新媒体营销领域投入的力量不亚于传统营销渠道，其口碑形象更多是靠各类新媒体平台实现的。例如，小杜杜运营团队经常妙语连珠地回复微博用户的调侃，借此把官方微博打造成了一个富有个性的形象。

比如，有一次，有网友发布微博说："韩寒新书《私》中提及送给未来 18 岁女儿的一句话——套好安全带，带好安全套。韩少真是语不惊人死不休哇！"小杜杜运营团队发现后，立即评论并转发道："所谓安全第一，韩少作为赛车手深谙此道啊！"这个点评巧妙地把杜蕾斯产品的特点与名人话题结合，很快引起了网友的广泛共鸣。很多不是杜蕾斯产品用户的网友也参与了这次话题传播。

80% 的口碑传播发生于网下的现实生活中，但其广泛传播更多是出现在社交媒体上。尽管美国口碑营销研究者认为只有 7% 的口口相传发生在网上，但这是国外几年前的情况，与中国现在的市场环境不同。因为美国研究者的依据是人们每天的上网时间平均只有大约两个小时，而现在你和你身边的朋友每天在 PC 端互联网和移动互联网上花费的时间恐怕不止 8 个小时。

这个差异足以表明，社交媒体平台才是口碑营销的"主要战场"，而线下活动是配合"主要战场"活动的"次要战场"。两个阵地之间要有侧重点，但不可偏废。如果放弃"主要战场"，有关公司的信息将会把微博、微信等社交媒体作为主要消息来源的广大消费者屏蔽在显示屏之外。如果放弃"次要战场"的话，消费者会觉得企业务虚不务实，只会在线上吹牛皮，而舍不得动真格给优惠。

事实证明，口碑营销做得好的公司，无不是线上线下一体化。

以小米公司的口碑营销传播渠道为例，其社会化媒体运营主要有 4 个核心通道：小米论坛、微博、微信、QQ 空间。其中小米论坛负责凝聚核心用户，QQ 和微博拥有较强的社交媒体属性，微信则有较强的服务属性。由于各种互联网媒介的性能特点存在差异，小米口碑营销团队在不同平台采取了不同的经营方针，通过多渠道结合的办法来完成推广信息、凝聚粉丝等目标。此外，小米还在线下建设小米之家服务体验旗舰店，把线上的粉丝拉到线下体验服务，又把线下的顾客转化为线上的粉丝。

　　总之，社群营销的阵地很多，工具也不少，只有将它们组合起来，才能最大限度地促进口碑传播。

3. 微博运营引爆口碑影响力

微博的兴起在互联网发展进程中是一件大事，它大大冲击了论坛、博客、QQ空间、贴吧等传统互联网平台，成为网络社交活动的主战场。这与微博自身的特点有关。

微博最初只能发140个字，可以上传图片和视频。许多网友用智能手机拍照片然后发到微博上，再配上一段话，短短几秒就造出了一条新闻快讯。因此，传统新闻媒体赖以生存的"时效性"被颠覆，新闻记者跑得再快，发出消息的时间也晚于只需动几下手指的现场目击者。这种便捷的产品功能让微博刚问世就带有强烈的媒体属性，让每一位用户变成了一个"自媒体"。

无论你的年龄、性别、学历、身份如何，都可以在微博上简短地表达自己的信息。由于微博字数限制比较严格，只能发出碎片化的信息（长微博工具和头条文章功能是后来添加的，也不是微博的主要功能），但发微博非常方便，随时随地可以记录你身边的点点滴滴。于是，人们制造、阅读和传播信息的方式发生了翻天覆地的变化。

碎片化信息带来了碎片化阅读习惯，而碎片化阅读习惯带来了碎片化的表达方式。在微博这个平台上，人们很难用长篇大论完整地表达自己的理性观点，更多时候是以140字以内的只言片语来表达情绪化观点，这使得微博成了调动大众情绪的最佳平台，任何小事都有可能被微博放大成热议话题。

在已知的互联网平台中，微博的信息传播能力最强，所以企业做口碑营销时，绝对不能忽视这个有力的武器。

《博物》杂志的官方微博@博物杂志，被广大网友亲切地称呼为"博物君"。这个营销号在其粉丝数量不到220万时，仅仅一上午就能收到未读的"5243条评论、3289位新粉丝、5321条@我的微博、241条@我的评论"。现在@博物杂志的粉丝数高达535万，但这并不等同于实际购买《博物》杂志的消费者有500多万。因为大部分关注博物君的互联网用户并不是因为喜欢这个杂志，而是喜欢看博物君每天发送的各种生物知识。@博物杂志就是凭借这一点，让自己在新浪微博的科普领域中占据了一席之地。

@博物杂志的日常运营内容并不是推销《博物》杂志，而是选择网友关于动植物方面的疑问进行解答，通过这种方式来扩大这个营销号的影响力。

比如，网友@紫樱花落三分春意的朋友曾经在海边捞到一条鱼，在微博上询问这是什么鱼。有人将这个问题转发给@博物杂志。@博物杂志讲解道："文鳐鱼，也就是飞鱼。养是养不了，不过可以吃，比如像《舌尖》(指美食系列专题片《舌尖上的中国》)里台湾人的做法：让阳光以最明亮最透彻的方式，与鲜嫩的鱼肉交流，这是人与上天和大海的约定。通俗地说就是晒鱼干。"

@博物杂志的运营者张辰亮感慨道："网上很多人的科学素养和阅读能力都很低，你不但要准备好知识，还要喂到嘴边。"为此，他总结出了3条回复技巧：1. 多用大白话讲解，避免使用专业名词；2. 回复的内容要能让读者在生活中用得上，甚至拿去吹牛；3. 并不刻意喊口号，但要说得能让大家自觉意识到应该怎样去做。

这个运营策略让@博物杂志在新浪微博平台上迅速走红，《博物》杂志的月发行量也从过去的数万册一下子上涨到 22 万册。

有的企业跟风注册了官方微博，但对此并不太重视，只是将其作为推送产品信息的平台，而没把它当成制造口碑的策源地。由于这个认识误区，不少商家对官方微博的使用存在两个盲点：

第一，随便打发一个不重要的人做官方微博运营者。

新媒体的运营，特别是微博的运营，与传统媒体的运作方式有很大区别。许多传统媒体出身的资深媒体人，未必比一个非传媒专业出身的草根玩自媒体玩得熟练。就实而论，微博运营技巧已经有很多人在研究和总结，但还远远没有形成像传统媒体的新闻传播学那么系统而成熟的理论。

换言之，大家都在摸索过程中，只有那些熟悉新媒体又富有营销头脑的复合型人才，才能玩转新媒体营销，为企业打出好口碑。然而，很多企业不重视微博平台，没有配备优秀人才去运营微博，导致一些素质低下的运营者与粉丝发生冲突，甚至给公司带来负面的舆论压力。

第二，采用简单粗暴的 KPI 考核来管理微博运营团队。

销售讲究真刀真枪的实际业绩，卖出多少产品，开发多少客户资源，论功行赏，清清楚楚。但用新媒体做口碑营销不同，粉丝的增长需要一定的主客观条件，不是你想涨就能涨的。而且粉丝转化为真正的买家，也存在很多技术问题。更重要的是，口碑是一种无形资产，不能简单地以粉丝数、评论数、转发数、点赞数来考核，对销售业绩的带动作用也很难精确估量。这就需要企业转变观念，不能以简单的功利主义眼光看待口碑营销，否则会让你欲速则不达。

4. 构建强关系营销的朋友圈

论坛和微博上的网友大多数都是素未谋面的陌生人，他们凭着共同的爱好维持着交流，可能在现实生活中不会见面。微信与这些社交媒体的情况恰好相反，更多的是用来联系现实生活中认识的人。因此，微信朋友圈成员基本上是亲戚、同学、同事之类的熟人，或者是与你有实际利害关系的人。

对于不少用户来说，微信朋友圈是一个尴尬的互联网平台。在其他网络平台上，你可以无所顾忌地表达自己的真实想法，即便得罪了多年的网友，其代价也不过是把一个与自己在现实中毫无瓜葛的人拉入黑名单而已，对线下生活几乎没什么影响。但微信朋友圈里都是低头不见抬头见的熟人，你说话做事不得不小心谨慎，避免与他人交恶。

可是，这也证明了一个事实——微信适合开展强关系社交，让你的生活圈与微信朋友圈合二为一。口碑营销恰恰需要这种感情联络更深入的人际关系。

如今的企业纷纷向微信营销领域进军，但不少公司没能看清楚微信朋友圈的本质是建立强关系，所以用尽办法也没能与用户粉丝建立亲密的关系，未能树立良好的口碑。在这个问题上，杜蕾斯的微信营销做出了自己的特色。

杜蕾斯的微信公众号"小杜杜"在朋友圈迅速走红源于一次免费福利活动。

2012年12月11日，"小杜杜"在微信上发出活动公告说："杜杜已经在后台随机抽中了 10 位幸运儿，每人将获得新上市的魔法装一份。今晚 10 点之前，还会送出 10 份魔法装！如果你是杜杜的老朋友，请回复‘我要福利’，杜杜将会继续选出 10 位幸运儿，敬请期待明天的中奖名单！"

新上市的魔法装奖品只有 10 盒，但仅仅过了两小时，就有数万人在杜蕾斯微信公众号下回复"我要福利"。10 盒套装换来几万粉丝，这就是微信朋友圈转发带来的影响力。

微信朋友圈是一个强关系社交平台，相对于微博的传播效率比较弱，传播范围也不那么广。但微信的强项是精准推送，粉丝转化为产品用户的效率远远超过微博。而且微信的互动主要是熟人之间的互动，而微博的互动主要是陌生人之间的互动。这个差异使得微信营销运营不当时，对老客户的伤害更大。

如今许多网友都在抱怨朋友圈里天天都能看到自己不想看到的内容，退群或拉黑又怕得罪现实中有交集的熟人（以陌生人社交为主的微博则不太担心这一点），只好用信息屏蔽功能屏蔽朋友圈消息。这样一来，无论是谁在朋友圈里发东西，他们都看不见。只要这道精准推送的门一关上，一切都前功尽弃了。

为此，微信营销运营团队要注意避免以下问题：

第一，不要直接用广告轰炸，那样会让对方第一时间把你踢出朋友圈。

对于很多人来说，微信朋友圈是熟人之间说私房话的平台，他们只想在这里轻松地聊一些感兴趣的话题，远离工作生活中遇到的杂事。谁打扰他们清静，他们就屏蔽或拉黑谁。因此，在朋友圈里打广告是微信用户公认的第一反感的事。

第二，不要用大家不感兴趣的陈词滥调刷屏。

很多人喜欢在微信里转发别处看到的心灵鸡汤文或者带有强

烈感情色彩的惊悚消息。对于中老年用户来说，这些内容可能有点意思；但对于上网多年的年轻用户来说，这些内容跟熬过3次汤的汤料一样没有味道，已经看腻了。因此，微信营销运营者应该适当发一些有趣而新颖的内容。

总之，微信朋友圈营销的关键是不要让老朋友对你感到厌烦。尽量搞清楚他们不想看到什么，想看到什么，顺着他们的喜好来实现精准推送，这样才能把口碑做好。

5. 运用微信公众号进行内容营销

新媒体时代催生了消费者的碎片化阅读方式，这对传统的纸质书造成了极大的冲击。也许是受到这种新方式的影响，那种通过阅读大量书籍来增长知识的做法渐渐变得小众化。大多数人有兴趣每天浏览累计 20 万字的碎片化信息，却不愿意静下心来读一本 15 万字的书。他们并非都厌恶学习，只是更喜欢别人直接给出简单明快的答案，省却自己动脑动手之苦。微信公众号的兴起，与这种风气不无关系。

每一天，你打开微信朋友圈，就会看到别人转发的微信公众号上的文章。无论这些文章多么的不靠谱，朋友圈里总有人深信不疑并热情地转发。当你打开微博时又发现，许多来自微信公众号的长篇大论（通常是几千到 1 万字的篇幅）被微博推送到你的首页上。

之所以出现这种局面，主要是因为微信公众号非常适合作为分享内容的平台。无论是原创文字还是转载图文，都会被精准地推送到你的微信朋友圈，然后被感兴趣的人用"分享"按钮一键转发到其他的微信群、朋友圈或者微博上。那些已经养成碎片化阅读习惯的用户，最喜欢这种便于在智能手机或 PC 端浏览的公众号文章。他们能从里面看到很多有趣的故事，并学到一些知识。

因此，把各种各样的知识辦成便于浅阅读的碎片化信息的组合，让广大用户将订阅公众号视为主要知识来源，这便是内容营销的思路。而各个企业的微信公众号就是通过内容营销形成自己的个性品牌形象，扩大其口碑影响力，以便带动其他营销活动。

根据清博指数在 2016 年 11 月 5 日的统计，企业微信公众号中的"手机（生产商排行）榜"的冠军再次被小米科技公司的公众号"小米公司"夺得。两篇文章为公众号轻松获取 20 万以上的阅读量和 963 点赞总量，以 1253 的 WCI 值（即微信传播指数，根据微信原始数据和一系列复杂严谨计算公式推导而得）力压其他手机商公众号。仅仅是一篇名为《手机并不重要，重要的是你爱的人！》的头条文章就赢得了 10 万以上的阅读量。

《手机并不重要，重要的是你爱的人！》是介绍小米 MIX 全面屏概念手机的产品推荐文，里面插播了关于世界著名设计大师法国人菲利普·斯塔克的专访。因为小米 MIX 是菲利普·斯塔克大师设计的第一款手机产品。

菲利普·斯塔克在专访中说："（小米）MIX 代表了我所有的理念。MIX 的美在于它少得不能再少。我们已经接近去物质化最完美的状态，什么都更少，更少重量、更少材料、更少按键，每一样都更少。有趣的是，我们爱的并不是我们的手机，而是与我们通话的人。所以我们努力做出市面上最大的屏幕，没有边框，来显示我所爱的人的最大影像。我们走向一个美丽的'无'，越是'无'，越是美。未来无关设计，无关产品。我们继续努力，去成为真正美的东西。也许有一天，100 年、200 年后，谁知道呢？我们的后代会说：'我们做到了，我们为我们祖辈所做的感到骄傲。'"

这篇营销文借菲利普·斯塔克大师的视频传达产品设计理念，强调产品的艺术美感，然后话锋一转，指出小米的 ID 设计师、工程师围绕大师的设计所付出的努力，讲解小米 MIX 产品怎样通过"干掉"听筒、距离感应器、前置相机来实现全面屏的极致视觉体验。当小米公司在微信公众号发出《手机并不重要，重要的是你爱的人！》一文后，"艺术品般工艺的背后，是对科技了不起的探索"的宣传语很快扩散开来，帮助小米公众号赢得了本周微信营销手机榜的冠军。

信息爆炸的时代，优质内容供应已经成了一门生意。社交媒体上充斥着大量水平参差不齐的公众号文章，吸引着不同类型的读者群体。在各花入各眼的同时，读者群里还存在歧视。文艺小清新看不起主旋律的"假大空"，理中客（指理性、中立、客观）看不起文艺小清新的"傻白甜"，"吃瓜群众"看不惯理中客高高在上地装模作样。抛开谁是谁非的问题，大家都在相互贴标签，都认为自己的"格调"（网上称"逼格"）比对方高。

如今是价值观多元化的时代，人民群众的需求也呈现多元化趋势。只要定位好自己的细分市场，针对特定目标受众群体的喜好来制作内容，总能找到足够多的人为你埋单。这个细分市场下的目标受众群体，是商家的"基本盘"。只要"基本盘"不丢，其他群体对你意见再大，也不会导致你的财源萎缩。

为什么一些营销号经常故意发表有争议的奇谈谬论却能屹立不倒？主要是因为它们的"基本盘"喜欢相关内容，营销号只要极力讨好它们的"衣食父母"，就能活得很滋润。

当然，要赢得自己的"基本盘"的支持，关键是得有"料"。用互联网上的说法，就是得有"干货"。

"干货"指的是实用性、知识性、思想性较强的内容。其实，能做出真正的干货的人还是不多的，但只要看起来有干货的范，就能吸引一大批读者点赞。不过，内容被转发多了，总有真正的行家会挑出毛病来。所以，公众号运营者还是应该不断学习，完善知识结构，提高认识水平，加强把知识打碎并讲透的能力。唯有如此，才能满足其受众不断增长的欣赏水平和挑剔的胃口。

6. 用 App 打造社群营销的闭环

企业做口碑营销时，不应该忽略 App 的力量。普通的抽奖活动对消费者的吸引力一般比较有限。因为大家觉得狼多肉少，自己很难得到奖品，参与了也只是给别人当背景板。假如是带有游戏性质的营销活动，无论企业是否提供物质奖励，产品用户以及非产品用户的消费者可能都会跃跃欲试。原因无他，有趣、好玩，仅此而已。

假如世界上不再有游戏（包括网络游戏、单机游戏和与电子设备无关的户外游戏），人类的生活将是枯燥而单调的。

这是因为：玩游戏可以消遣无聊的时间，让你觉得日子过得很有趣味感；玩游戏可以让你找到自己潜在的才能，哪怕你在现实世界中混得很糟糕，在游戏世界未必不能做个让人羡慕的"大神"；玩游戏还能影响社交，让你找到许多平时遇不到的意气相投的朋友。

游戏的力量很惊人，它能给你带来物质奖励所不具备的精神满足感。简单的游戏，比如"连连看"就有"办公室杀手"之称。规则很简单，说起来也没多少可聊的内容，但就是能吸引很多人在不知不觉中消耗大量时间。其他游戏也是如此，能最大限度地激发人们的兴趣。即使你知道玩游戏不能得到奖金（职业游戏人除外），也会心甘情愿地往里面砸钱，不惜投入大量时间和精力。一切只是为了内心的愉悦。

美国口碑传播学家乔纳·伯杰教授很早就注意到了这一点。

他认为优秀的游戏机制可以从内部激发人们的兴趣，让他们乐此不疲地参与到某个活动中。如果设计一个能量化众人表现的游戏机制，大家就会为了表现自己而踊跃报名，并且在事后还会炫耀自己的成就感。在这个参与和炫耀的过程中，口碑已经在不知不觉中四处扩散，并深入到每一位游戏参与者的内心。

瑞典著名家具卖场宜家（IKEA）推出了一款名为 *IKEA Now* 的 App 应用软件。当你用智能手机下载这款应用后，可以在 App 上"设计自己的家"。消费者可以在该应用上选择卧室、客厅、厨房或者书房，然后按照自己的兴趣爱好在 App 上的虚拟房间中摆放宜家的家具。

尽管只是虚拟的房间布置游戏，但许多手机用户乐此不疲。他们不一定都是宜家家具的消费者，但亲手设计自己的家却是大部分人的兴趣点。在现实中，大家受制于财力、时间、人力等因素，无法把房间完全布置成自己最喜欢的个性化风格。但在宜家的 App 应用中，我们只需轻轻点击、滑动手指，就能轻松创建出五花八门的自定义家具布局。此外，宜家还通过投票的方式鼓励大家支持自己最喜欢的布局，然后对那些创意优秀的布局者进行奖励。

宜家并不是一家互联网公司，做的是以线下发展为主的实体生意。电子商务非其所长，也不是其主攻方向。但很多消费者缺少时间在线下充分体验宜家的家居产品，于是宜家营销团队想到了手机 App 应用这种特殊的营销工具。

消费者可以在手机上通过虚拟的家具布局场景来了解宜家的最新产品，并轻松地完成一部分产品体验。尽管他们还没接触到真正的家具，但在用 App 设计好自己心中理想的家居布局后，消费者也就大致清楚自己需要预订什么样的产品了。这种利用 App

的个性化定制营销来扩大品牌影响力的策略，进一步提升了宜家的口碑，并且一举打通了会员营销、产品体验与服务体系。

为什么游戏对信息传播的影响力那么大呢？这是因为游戏机制正是传播力六要素中"社交货币"的一种体现。

为此，乔纳·伯杰教授指出："游戏机制可以从内部激发人们的兴趣。我们都喜欢有成就感，喜欢能够切实证明我们进步的证据，比如解开了一个很难的个人跳棋游戏，或是数独又升了一级，会让我们感觉良好。所以，游戏制造商会激励我们继续努力，尤其是在我们马上就要攻克难关时。人们关心的不仅仅是自己做得怎么样，还在乎和别人比自己的成绩如何。游戏机制是一种'社交货币'，因为玩得好可以为我们增光。人们谈论游戏，是因为想要炫耀自己的成就，但与此同时他们也谈论了品牌以及他们获得成就的领域。"

大家喜欢用App小游戏来调剂生活，正是因为游戏不仅有趣，还能分出个高低，让人们可以炫耀自己的能力。这会使得游戏参与者更乐于分享关于游戏的一切，包括隐藏在其中的营销信息。

想要利用好游戏机制，关键是量化参与者的表现，让他们很清楚地看到自己的表现如何，以及和其他参与者的差距。产品或创意本身不能反映这个结果，所以才要借助游戏的形式。

商家可以在自己开发的App小游戏中以图表的方式制作排行榜，让参与游戏的消费者对自己的成绩一目了然。最好能以鲜明的字体和图样表明他们为游戏做出的贡献，这样才能更好地激发他们的参与兴趣。

第四章

建立链接：链接决定『销』路

1. 抓住痛点，解决客户需求

社群营销能够取得成功或者说赢得客户的因素有很多，其中很重要的一点，就在于能够抓住痛点，解决客户需求。

所谓痛点，简单地说，就是客户亟待解决的问题，有一种强烈的紧张感与急迫感。这个问题可能是自己客户缺少某种产品或者服务，也或者是对某种产品或者服务产生的抱怨、不满甚至是痛苦。如果这个问题不解决，就会给客户造成生理上的痛苦与心理上的苦恼。

社群营销中抓住痛点，是一种彻底的用户思维，是社群营销人员站在消费者的立场上，从消费者的真实需求，从消费者的不满与苦恼入手，发现他们痛点背后的需求，在此基础上采取针锋相对的营销策略，从而真正触动消费者。

对于企业来说，客户的痛点，就意味着商机，意味着"蓝海"。用户打车难，于是出现了"滴滴打车"；用户想享受喝酒的乐趣又担心酒驾，于是代驾出现了；消费者想吃可口的饭菜又不想做，也不想出去排队，于是外卖盛行起来了……

六膳门的创始人哈楠创业成功，就在于他成功抓住了客户的痛点。六膳门是一家针对大学生的餐饮外卖公司，如今已经在北京高校以及白领社群赢得了比较不错的口碑。哈楠创立六膳门的初衷，是源于他上学点外卖时的不愉快体验——学校附近的外卖口感非常差，而且食品不健康不卫生，就这样送餐速度还非常慢，常常收到的外卖都是凉的；像吉野家等大品牌虽然好吃，但价格偏高……

哈楠遇到的问题其实也是许多外卖用户的痛点：

第一，送餐速度太慢；

第二，来自路边小店的外卖食品不够卫生，而且油腻难吃；

第三，高品质连锁品牌的外卖虽然好吃，但价格通常较贵。

那哈楠创立的六膳门又是如何尝试来解决这些外卖消费痛点，来解决客户需求的呢？

首先，外卖快餐，送餐速度当然是越快越好。市面上的外卖商家送餐时间多在四五十分钟，有些甚至需要一两个小时，这在很大程度上降低了用户的消费体验满意度。六膳门通过建立自有销售渠道，在北京高校以及白领区域设置了许多配送点，配合线上调度系统，变点对点配送为多级配送，从而将平均送餐速度降到了 20 分钟，大大提升了用户对送餐速度的满意程度。

其次，注重解决外卖口感以及质量问题。为了满足用户对外卖的口感要求，六膳门采取了以下多种措施：

聘请五星酒店主厨来研发健康外卖，在确定餐品之前进行了多轮试吃调整；

使用优质食材，设置中央厨房。通过标准化生产确保食品的干净与口味稳定。

再次，为了给用户提供物美价廉的外卖，六膳门通过控制生产成本以及降低物流成本的方法，使外卖在质量得到保证的同时价格又不算太贵。

六膳门正是在确保送餐速度的同时，注重外卖品质与健康，从而为用户提供物美质优的外卖，而由于六膳门很好地解决了外卖用户痛点，因此构筑了优于竞争对手的独特优势，从而很快成为高校市场占有率第一，白领市场知名度很高的外卖品牌。

　　哈楠是看到了人们在吃上的痛点，从而创立了六膳门；而滴滴打车的创始人程维，则是从人们在出行方面的痛点入手。在程维眼中，人们在衣、食、住、行等方面都有无数的痛点，针对前三者痛点的企业与产品数不胜数，而出行问题还属于小众痛点，于是他以此为创业切入点，创建了滴滴出行。

　　出行的痛点的确存在而且不容忽视，大城市虽然有公交与地铁，但远远不能满足用户随时随地用车的需要，出租车虽然比较方便，但太难打而且价格偏高，有些地方更是没有出租车，而那些没有正规手续的黑车又不安全。

　　滴滴出行从用户的角度出发，让用户在出行时少花钱、少花时间就能打到安全的车，那用户一定没有理由拒绝。把握好这一点，就解决了打车软件在乘客中的推广问题。但与此同时，新的痛点又出现了，即如何才能获得司机的认可。出租车司机大都不缺订单，而且很少用智能手机，滴滴出行该如何打动他们呢？

　　程维通过在出租车社群调查发现，出租车司机也存在痛点，他们的痛点就是油价太高、堵车、租价低、份子钱高，而且空载率也面临逐年增高的趋势。司机把用户送到目的地后，返程时不一定能接到单子，油钱浪费在了空载上。于是，滴滴出行针对出租车司机这些痛点，帮助他们降低空载率、降低油钱，又增加订单数目。有了这些优势，出租车司机也认可了滴滴出行。

　　在几年的发展过程中，滴滴出行一直坚持对用户的调查与分析，准确抓住他们在出行中各种痛点，不断尝试解决方案，从而提升用户对出行的体验，提高用户黏性。正因为滴滴出行能够一直抓住用户痛点，解决客户需求，才能够从 2012 年成立最初的几个人发展到如今估值上百亿，覆盖全国多个城市，App 安装高达上亿次的大公司。

无论是哈楠的六膳门还是程维的滴滴出行，他们能够取得社群营销成功的核心，都在于能够准确抓住用户痛点，解决了客户的需求。显然，对企业营销者而言，重要的不是"我认为消费者需要什么"，而是"消费者真正需要什么"，正是通过这样一种从用户角度反观企业的营销思路，抓住痛点，从消费者的需求入手，企业才能更好地找到持续发展的方向。

2. 微商不是"一夜暴富"

销售人员要有耐心，对自己有信心，尽量让客户觉得你很真诚，相信你和你的产品是最好的，你的产品能满足客户的需要，是客户的最佳选择。遭遇挫折不能灰心丧气，沮丧的情绪对任何一个人都是不可饶恕的。

有句话是这样说的："销售成功的秘诀是把勤劳的双脚踏在正确的道路上。"成功是在一步一个台阶地往上爬，一夜暴富的心态不适用于销售人！

黄钦鉴是红牛维生素功能饮料有限公司广州分公司的总经理，他就是从一名普普通通的销售人员干起，最终成为名企的大区经理的。

大学毕业后，黄钦鉴进入了一家外企，开始只是一个普通的物料管理员，经过几年的努力，他成了中方最高级别的员工。在外企干了一段时间，黄钦鉴觉得自己已经不能再有所发展，于是选择了创业。结果创业失败，生意亏损。

重返职场，黄钦鉴成为"红牛饮料"的一员，从销售底层做起，一直干到今天的广州分公司总经理。他的故事告诉我们：顶级销售精英不是一朝一夕就能练成的，财富的累积也不是一蹴而就的，做销售不能存有一夜暴富的心态！

销售这项工作十分有挑战性，不是任何一个刚刚毕业的大学生都能做好的，销售需要很大的韧性和毅力。不能有这样的想法："连着半个多月了，一单生意也没有，看来我不是这块料！"如果你真有这样的想法的话，也许你真的就不是销售的"这块料"！怎样才能做好销售呢？踏踏实实，一步一个脚印，别有一下子就能发财的想法！

做销售，很大程度上是在和客户进行"战争"。在你和客户接触的过程中，不可避免地要听到这样的话："我不需要。""我已经有了。""不要再烦我了。"客户的拒绝很正常，客户往往喜欢质疑你的产品，并且拿同类产品做比较。你怎么办？你能强迫客户买你的东西吗？那不是销售，而是抢劫！

微软总裁史蒂夫·鲍尔默早在宝洁公司做推销助理时就一直坚信着这样一句话："即使只有百分之一的希望，也要付出百分之百的努力。"后来，尽管史蒂夫·鲍尔默早就离开了推销员的行列，但在很多大学的演讲会上，面对那些一心想从销售做起的青年，他总是会告诫他们："销售不是一夜暴富，如果真想立志做一名金牌销售员，那么就一定要先做好'找死'和'早死'的准备。"史蒂夫·鲍尔默这样讲并没有其他的什么意思，而是想告诫那些青年不要总是抱着一种一夜暴富的心态去选择做销售工作，而是要下定不怕死、不怕吃苦的决心，这样才能够在销售岗位上走得更远。

所以，销售人员要有耐心，对自己有信心，尽量让客户觉得你很真诚，相信你和你的产品是最好的，你的产品能满足客户的需要，是客户的最佳选择。遭遇挫折不能灰心丧气，沮丧的情绪对任何一个人都是不可饶恕的！

做销售需要勤奋。不管你多聪明、多有能力，不勤奋，永远也成不了一个优秀的销售员。黄钦鉴说："如果想在销售行业做得出色，销售人员首先要有'找死'和'早死'的准备。"

"找死"的意思是说：销售是一项劳心劳力的活，需要你做好吃苦的准备。如果你想把销售做得有声有色，必须具备吃苦耐劳的精神和良好的心态。黄先生做了很多年销售，他认为坚持是最重要的。

"早死"是说：你要抱着必胜的心态见客户，和客户交谈，但要提前做好最坏的打算。黄钦鉴认为，拥有成熟的心态对一个销售人员是绝对重要的。当然，还要有一颗善于总结的心，认真分析、研究市场，制定适合自己发展的战略。

据美国专业营销人员协会和国家销售执行协会的统计分析，我们来看一组销售工作中的统计数据，也许这份生动直观的销售记录会对你的"一夜暴富"心态有所警觉：

2%的销售是在第一次接洽后完成的；

3%的销售是在第一次跟踪后完成的；

5%的销售是在第二次跟踪后完成的；

10%的销售是在第三次跟踪后完成的；

80%的销售是在第四至第十一次跟踪后完成的。

事实上，有80%的销售人员不能坚持对客户进行跟踪，第一次洽谈后，就不去管了，似乎这是别人的事，以为一次洽谈差不多就能促成交易。这也是对"一夜暴富"心态最好的一个佐证。

跟踪的最终目的是达成销售，绝不是你的那句"您考虑得怎么样？"做销售，你还得学会跟踪。任何事情都不是一下子就能接近完美的，只有经过无数次的打磨，钻石才能散发无比璀璨的光芒！

3. 树立社群形象让客户相信你

当我们提到一个人的时候，人们要么会对他竖起大拇指，表现十分敬佩的样子，要么会对他嗤之以鼻，表现看不起的样子，说到底这就是一个人的口碑，口碑好的人受人尊敬，求人办事也容易；相反，口碑不好的人，会被人看不起，求人办事也难。

我们常说，做事先做人，一个人的人品、口碑得到别人的认可，做事的时候才能得到别人的帮助，事情进展得才会顺风顺水，说得时髦点，这就是个人魅力，做人如此，做生意亦如此，做生意说到底就是在做口碑，所谓的口碑就是品牌。

比如我们要买冰箱，首先想到的是海尔，想买空调，脑子里首先闪过的是格力，想买电视，立马想到创维等，这都是品牌效应在起作用。因为这些产品的口碑好，所以大众喜欢，成了某一个行业的代名词。

那么，对于微商来说，怎样才能树立起好的口碑呢？商业的竞争说到底还是人的竞争，同样一件事，有些人能把它做好，有些人能把它做砸，就是因为人与人之间是存在着差距的，而这种差距在很大程度上体现在人品与口碑上。

做生意的人的人品、口碑真的很重要，人品和口碑好，才能赢得别人的尊重，别人才会相信你，愿意和你一起干。有些社群之所以能够取得好销售成绩，与他们平时的付出是密不可分的。

有了好口碑，追随你的人会很多，生意也会越来越好，相反，没有好的口碑，你的生意就不会好。

品牌这东西也许每个人对它的理解不同，有人说它是一种识别标志、一种精神象征、一种价值理念，是品质优异的核心体现。这样看企业培育和创造品牌的过程其实是不断创新的过程，企业自身有了创新的力量，才能在激烈的竞争中立于不败之地，才能巩固原有品牌资产，多层次、多角度、多领域地参与竞争。褚橙这个中国人耳熟能详的品牌除了它身后的"人文精神"外，留给我们需要认清的理念也有很多，我们不妨从两个方向来剖析褚橙的品牌成功之处。

"褚橙"通过食品电商本来生活网首次进京，受到了北京消费者的"狂热"追捧，褚橙一再脱销。10 天间，单日销售纪录从 4 吨刷新到日销 7.5 吨，仅一天，就会有 15 万枚褚橙摆上北京家庭的果盘。显然，85 岁的褚时健又创造了一个"紧俏"商品。

2012 年 11 月，褚橙首次进京的消息一经媒体报道，立刻引发热议。王石第一个在微博上发出文字："巴顿将军说过，衡量一个人的成功标志，不是看他登到顶峰的高度，而是看他跌到低谷的反弹力。"随后，徐小平、梁冬、杨锦麟、龚文祥、何力、老狼等各界精英人士纷纷表达了自己的感叹。

业界评论认为，"褚橙"的成功恰恰充分说明了，对于现代中国的产业升级来说，优秀的企业家和企业家精神是多么重要。同样是为了追求利润和财富，但是，也只有那些具备企业家精神的人，才会去创新传统农作物的种植方式，去创新传统农产品的生产模式和销售模式。

很多人都想象不到，90 岁高龄的褚时健对互联网的认知完全不逊色于 80 后、90 后，他研究电子商务，研究网络运营。褚橙走上了社群营销的模式，利用电商网络迅速打开销售渠道，果树上的橙子还没落地就已经被预订一空。褚橙的成功不但用"人文精神"激励着所有消费者，它更让许多企业家意识到了品牌运营对企业的重要性，鉴于褚橙的成功，许多企业家也会纷纷效仿，但是不同企业品牌运营方法是不同的，有人会想到"见贤思齐"，但我们要看清自身的条件发挥自身的长处才能获取成功。

4. 遇到客户质疑不回避、不推诿

　　常有消费者抱怨，通过某些社群平台购买商品后，出现问题去找店家理论，他们竟然不是互相推卸责任，就是迟迟不肯回复，这种消费体验让人心情很是不愉快。这也暴露了一些企业或者个人在社群营销中遇到客户质疑时的不恰当态度。遇到客户质疑一味地回避或者推诿的态度，只会激怒消费者，失去消费者的信任，只有端正态度，采取积极的态度回应与解决问题，才会赢得消费者的体谅与信任。

　　企业社群有着庞大的粉丝数，这也就意味着企业不可能满足所有的粉丝，因此出现质疑的声音是不可避免的。企业的精力有限，要一一回应质疑并不现实，因此最好的办法，就是选择影响力较大、具有代表性的质疑进行回应。那么，怎样的质疑是影响力较大、具有代表性的呢？这就需要企业多关注社群平台。比如有些粉丝会选择在企业网站留言，有些会在微博、微信等平台提出质疑。这些人通过直接建立话题或者转发的形式，可能会吸引更多的社群粉丝参与其中，因此有些会造成比较广泛的影响。因此，企业一旦在社交平台发现点赞、转发量比较大的质疑文章，或者发现有些出现在热门搜索或者热门话题的质疑，就一定要及时处理。社群平台的粉丝往往喜欢跟风，如果这些信息不及时处理，很多不明真相的路人就会对企业产生不好的印象，甚至发表不利于企业的言论，从而给企业造成严重的负面影响。

　　微信朋友圈曾经盛传"肯德基使用 6 只翅膀 8 条腿怪鸡"这样一个谣言，2016 年上半年，更有某微信大 V 将一起消费者投诉与怪鸡谣言联系起来，并配发了经过处理的图片与耸动的标题，这位大V通过微信公众号将文章发布到朋友圈并引发了大量转播。截至2016年4月底，微信公众号上与之相关的内容超过4000条，其中超过130个账号的帖子达到超10万的阅读量。这无疑对肯德基的品牌造成很大的负面影响，消费者纷纷质疑肯德基的安全性。2016年6月，深受网络谣言困扰的肯德基终于不再沉默，正式将隶属于3家公司的10个涉嫌造谣的微信账号告上法庭。

肯德基面对网络谣言之所以不再采取不闻不问的态度，就是因为这个谣言已经对肯德基造成了严重的负面影响，如果不对这次爆发性的谣言进行回应，那产生的后果必然更糟糕、给肯德基造成的负面口碑恐怕更是难以消除了。只有坚定地进行反击，回应消费者与社会大众的质疑，才会坚定消费者对肯德基的信任。

一旦产生了较大影响的质疑后，企业只在自己的小社群内做出回应是远远不够的，因为路人不会关注企业的社群。要真正消除质疑带来的恶劣影响，就必须通过有影响力的平台，同时让一些网络意见领袖参与其中，从而让更多的路人以及粉丝了解事情的真相，消除因质疑造成的负面口碑。

联想电脑就曾经很好地处理过粉丝质疑带来恶劣影响的事件。当时，有网友在微博上发表了一篇《国企为什么总是坑自己人》的文章，对以联想为代表的国企提出了强烈的质疑与谴责。该微博一经发布，很快成为热门，引发网友的热议，也赢得众多网友的支持与关注。这条微博对联想等国企带来很大的负面影响，很多人公开表态不会购买联想产品。面对质疑，联想也迅速通过微博平台做出回应，针对微博中提出的"境外的产品比国内的便宜"的质疑，联想将电脑的配置以及功能都罗列出来。懂门道的网友通过这篇回应文章发现国内电脑的这些配置确实较高，性价比甚至优于国外一些知名品牌，一些电脑爱好者也很快支持联想的说法，并给出了合理的解释。联想的回应以及电脑爱好者的支持文章也迅速被转发，这次恶劣事件的负面影响也由于联想的及时回应而迅速消除。

任何企业都不是完美无缺的，因此在成长与发展的过程中难免遭受质疑。遭遇质疑不可怕，可怕的是没有做好正确的回复与反应。面对质疑，企业可以从速度第一、真诚沟通、承担责任以及信息透明公开等原则入手做出回应。

速度通常是决定质疑能否消除甚至成为转机的关键，如果对质疑反应速度迟缓，就会加重人们的猜测与谣言，结果必然是增强了消费者对企业的负面印象。只有迅速反应，才会将质疑可能带来的危机扼杀于摇篮之中，避免事态的扩大或者升级。

面对质疑，企业如果隐瞒实情真相，只会扩大危机的波及面，使事态进一步恶化。而坦诚告知实情真相，勇敢承担责任，积极表明企业的诚意，则会赢得消费者的信任与理解。

面对质疑，企业如果能够做到信息公开透明，有理有据地处理问题，让消费者了解事情的真相与原委，那事情往往也就容易解决了。越是信息公开，问题解决起来越快，也越能够获得消费者的支持与谅解。一味遮掩、隐瞒，只会让简单的问题复杂化，丧失处理问题的最佳时机，最终失去消费者的信任，给企业造成不可挽回的损失。

在市场经济的大潮中，面对粉丝众多的社群，面对众口难调的消费者，任何企业都难免遭遇质疑。在遭遇质疑时，企业既不能采取回避的态度顾左右而言他，又不能采取置之不理的态度，任由事态扩大，而应该积极做出回应。如果是错误的，就及时承认错误并承诺在以后做出改进；如果是子虚乌有，更应该及时做出声明。积极迅速地回应与解决问题，才能赢得消费者的信任，从而降低质疑对企业信誉造成的负面影响，维持粉丝对企业的信任感。

5. 敢于试错，不怕失败

实践是检验真理的唯一标准，发现客户需求，针对客户需求进行营销也必须结合实践。只有通过验证才能检验营销过程中是否找到了客户的真正需求，而这一验证过程就是不断试错的过程。

试错法是20世纪60年代批判理性主义的创始人波普尔在《猜想与反驳》一书中提出来的，也称为"假说－证伪法"。所谓试错法，就是研究者对相关问题先提出自己的假设，然后通过一系列的演绎、预测、实验和观察，来验证自己所提出的假设的真伪的一种方法。

试错需要成本，也需要承担风险，尽管如此，社群营销也需要试错，只要不断尝试、调查、研究、分析、判断，就一定能够发现用户需求，找到营销的正确思路与方向。

有些企业反对试错，认为这种方法有可能出现失误，或者担心这样会发现之前营销过程中出现的错误，给企业带来不好的影响。的确，没有人能够保证试错过程就是完美无缺的，就一定不会存在失误，但如果因此就放弃试错，可能就会招致大规模的失误。通过试错，企业可以在较短的时间内认识到错误，并从中学习到宝贵的经验，并及时制止损失，纠正方向。

日本知名服装企业"优衣库"的发展过程，也是不断试错的过程，正是通过不断试错，它才不断调整方向，逐渐找到了最适合自己的市场定位。"优衣库"在成长的过程中经历过关店，也经历过重新开店。在开店关店的反复折腾中，在不断试错的过程中，"优衣库"不断发现问题，并及时做出调整。正是由于在日本关东地区开店遭遇失败，创始人柳井正才意识到关东人与关西人存在消费差异的问题；正是遭遇了顾客的退货、换货，优衣库才意识到产品的问题与缺陷。

柳井正非常重视在试错中发现客户亟待解决的问题，为了更加准确地把握客户的真正需求，他还经常举办有奖征集"优衣库"差评的调查行动，征集来自用户的投诉与不满，借助试错来快速调整"优衣库"的经营、营销策略，从而有效解决客户的真实痛点，及时化解企业在营销过程中的潜在危机。

试错法能够使企业更能有效地发现用户的真实需求。小米公司作为国内家电领域的后来者，不可避免地犯了不少错误，而这些错误也使小米更为深刻地了解到客户的真实需求。

众所周知，小米常用超低的价格、超高的性价比来赢得消费者。而之所以采取这样的方案并且能够取得不错的营销效果，就在于小米抓住了用户追求高性价比产品、追求极致低价这一核心诉求。但超低价也并不总是奏效，小米曾经推出了一款价格为499元的空气净化器，企图再次以超低价制胜。但这一次，在小米社区论坛，小米非但没有迎来米粉好评如潮的期待局面，反而引来用户以及米粉们对机器使用噪声的纷纷吐槽，不良的使用体验使小米公司遭遇了空气净化器营销的失败。

小米团队不愧为试错高手，他们很快通过收集小米社群的这些反馈认识到不堪噪声的困扰已经成为用户的新诉求，于是迅速研究产品的改良，积极解决噪声问题，终于在几个月后推出改进型的二代产品。尽管小米将改良产品定价提高到699元，比一代产品高出200元，但依然迎来了火爆的市场反应。

小米空气净化器在市场上的试错，不仅使小米认识到产品的问题与用户的真正需求，更使小米认识到用户对产品更高的价格包容度，这对以后产品定价能够起到重要的参考作用，也算是小米试错的额外收获了。

那么，企业如何借助试错法了解客户真正需求呢？主要可以从以下三个步骤入手：

第一步：猜测客户真正需求。

试错法的第一步是猜测用户真正需求是什么。没有猜测，就不会发现错误，也就错失了及时更正错误，调整战略方案的机会。猜测有一定的怀疑意味，有了怀疑就能够通过验证来发现用户的真正需求。

第二步：对发现的客户需求进行反驳与验证。

反驳与验证客户需求的过程是为了确认营销人员眼中的痛点是否为客户真实需求。反驳就是批判，就是对初步调查得出的痛点进行纠错，就是要及时发现与弥补前期结论中的不足或者错误，从而避免在实践中招致大的损失。

第三步：快速纠错。

试错法的目的不是发现错误就完了，通过检验确定错误后，及时找到其中的原因，修正观点，或者根据需要，调整方案，及时启动新一轮的试错，通过反复实践最终确定用户的真正需求。

敢于试错，不怕失败，是社群营销中一种可贵的精神与态度。敢于试错是以效率为前提的解决问题的现实选择。要想优化产品，要想达到理想的营销效果，就必须敢于试错，及时纠错，以最迅捷的方式直逼客户真正需求。一帆风顺、不经历风雨的企业是不存在的，只有敢于试错，不惧失败，及时纠错，在实践中不断跌倒又爬起的企业，才能够始终保持昂扬的斗志，才能不断积极有针对性地优化产品，完善服务，通过产品与服务的升级来不断满足客户需求，从而找到产品在社群营销中的正确方法与方向，进而取得社群营销的成功。那些在试错过程中遇到一点错误就一蹶不振的人，那些遇到困难就选择退缩的人，是无法准确了解到客户的真正需求，也很难取得社群营销成功的。

6. 客户的认可很难用金钱来购买

　　社群营销中，如何才能吸引消费者，并且变新客为老用户呢，一个关键的因素，就在于得到客户的认可。一项关于客户认可的调查结果显示：一个满意的客户会引发 8 笔潜在的生意，并且至少成交 1 笔；而一个不满意的客户则会影响到 25 个人的购买意向。显然，客户认可对企业品牌推广以及成交量的提升有着至关重要的作用。一旦客户认可了产品，就会通过口碑相传的方式，将企业的品牌传播给周围更多的人，这样就会有更多的人来关注这个品牌，购买这个品牌的产品。

　　客户的认可的实质就是口碑营销，通过客户的口将企业的良好口碑传播出去，从而赢得更多的顾客。口碑营销的成本只是媒体的十分之一或者五十分之一，很多更是没有任何成本，但起到的效果却是非常显著的。特别是在信息传播速度高速发展的今天，社群粉丝的好评与肯定，可能瞬息之间就传遍社群，很快就会影响到周围很多人对企业的好感与认可，这无疑是对企业产品质量的免费推广。

　　王晓敏经常通过社群平台购物，有一个夏天远在外地的她通过社群平台购买了一台保健按摩仪寄给了乡下的妈妈。那年春节回家，她在询问妈妈按摩仪效果时，才知道按摩仪已经坏了，当时卖家承诺 3 个月内包退换，但此时距离购买时间已经过去了半年多的时间，虽然东西没花多少钱，但是扔了也是怪可惜的，王晓敏抱着试试看的心情联系了当时的卖家，庆幸的是很快就收到了回复，听她讲了事情经过后，卖家又让售后客服详细了解了按摩仪的使用情况，最终确定是按摩仪的控制器出了问题。王晓敏本来想着可能要花钱买配件了，没想到卖家二话没说，当即记下王晓敏的邮寄地址，表示会很快快递一个新的控制器过来。没几天，王晓敏就收到了卖家的快递，虽然只有一件小东西，但包装严实，试用了一下果然问题解决了。

经过这件小事，王晓敏对卖家很是感激。她不只给卖家写了好评，还特意将这件事发到了朋友圈，这引起很多想送妈妈礼物的朋友的追问，王晓敏自然说了不少好话，没几天就有好几个朋友要走了购物链接。春节是走亲访友的高峰期，很多亲戚来访时看到按摩仪问起，王晓敏也会主动给店家美言一番。好几个亲戚还通过王晓敏发的链接购买了按摩仪。卖家的一个暖心举动，可能只是举手之劳的事，却深深打动了顾客，赢得了顾客的认可，进而赢得了好的口碑，带动了产品的销量。

苹果公司向来以优质的产品以及服务著称，这使得苹果用户对苹果产品具有很高的认可度以及忠诚度。很多消费者以身为果粉为荣，以买到苹果新品为骄傲，苹果产品像包包里的"LV"一样，成为人们身份的象征。对于苹果的优点，果粉们喜欢口口相传，通过社群平台，苹果的优势很快传播开来。果粉们对苹果做的，除了义务相传，还自发建设苹果论坛社区，在其中就使用心得以及技巧问题展开交流。很多苹果论坛已经成为有规模的社区，其中一些更是吸引来不菲的投资。实际上，果粉这些自发宣传苹果的行为，就是源于他们对苹果产品与服务的认可，正是这种信任的驱动，使他们愿意宣传苹果的优势，并且以成为果粉、拥有苹果产品为荣。

更令人惊讶的是，苹果社区中关于苹果产品众多的不足之处，大多被粉丝们巧妙地化解了。这些果粉凭着对苹果产品的信赖与认可，包容了苹果产品的一些不足，在他们心里即便苹果有缺点，也一样值得喜欢。而这种认可，是企业花多少钱、做多少广告也买不来的。

那么，如何才能像苹果公司一样得到客户的高度认可呢？这就要求企业从两个方面入手：

首先，企业一定保证产品的质量。优质的产品不只是企业获得良好口碑的前提，也是社群得以维系的基础。没有好产品的社群即便可以依靠前期的大量宣传推广来吸引一批粉丝，赢得表面的发展壮大，但一旦粉丝发现这个社群存在虚假宣传的情况，一旦发现社群并不能提供自己需要的高质量的产品，就会对社群产生失望与不满情绪，他们会毫不犹豫地离开社群。在这种情况下，不只社群会面临瞬间崩溃的严重局面，就连企业的负面口碑也会很快形成。一个企业要想在信息高速发展的商海站稳脚跟，就必须有质量过硬的产品。没有好的产品，再好的营销手段最后也只能是一句空话。有了优质的产品，客户的满意度自然会大幅度提升。

其次，企业注重客户体验，才能赢得良好的口碑。传统营销模式向社群营销模式转变的过程中，客户选择商品的决策心理也发生了很大的转变，他们不再只是注重商品的功能性，而倾向于体验式消费，换言之，消费者在消费前、消费过程中以及消费后的体验变得尤为重要。企业如果注重与顾客之间的沟通，站在顾客体验的角度去建立体验式服务，提升服务质量，往往更容易赢得消费者的信赖与认可。

苹果公司能够获得良好的口碑，能够赢得大量粉丝，也正是因为做到了这两点。

总之，企业要想在社群营销中获得成功，就一定要重视客户的认可带来的正面作用，通过优质的产品来树立良好的口碑，才能使自己在众多的品牌产品中脱颖而出，才能赢得更多的顾客，也才能为自己的品牌增值。

7.千万注重自己的商业信誉

　　商业信誉，是指某一经营者或者企业在经济能力、信用状况等方面获得的来自社会公众的评价。个人或者企业要想获得社群营销的成功，必须注重自己的商业信誉。

　　经营者要想赢得良好的商业信誉，就必须做到对消费者言而有信、童叟无欺，保证其所售产品或服务质优物美，一个企业要想获得社会公众的认可，除了提供优质的服务或产品，还要做到及时结算供应商的货款，不欺骗，不拖欠。商业信誉良好的经营者，可以赢得公众的信赖，从而获得更广阔的市场与发展空间。而商业信誉良好的企业，则更容易从供应商那里获得优质商品，也更有可能得到延期付款或更大折扣的资格，从而保证企业获得更好的发展。

　　无论是在传统营销模式还是在社群营销中，商业信誉对企业来讲都是非常重要的，如果非要做个比较，那在社群营销中商业信誉对企业的营销的影响更为明显，在这种营销模式下企业更应该注重商业信誉。

　　这是因为在传统营销模式中，信息传播速度比较慢，企业积累的口碑需要更长的时间才能传播出去。这就使得信誉好的商家在短期内也无法获得较快发展，而那些在经营中以次充好、售卖假冒伪劣商品的无良商家却因为信息不对称、利用信息传播时间差实现了短期盈利。

　　但在社群营销时代，这种现象是不可能存在的。因为在社群营销时代互联网高速发展，信息传播速度极快，企业的商业信誉得到广泛传播也就是瞬息之间的事。那些通过优质产品与服务积累起良好商业信誉的企业，一定会靠好的口碑迎来众多回头客，赢得更快更好的发展前景。而那些在社群中不注重信誉的经营者，一旦自己那些不讲信誉的行为在社群传开，就会很快被负面口碑打垮，迎接他们的只能是关门大吉、损失惨重的结局。

那么，社群营销中如何才能积累良好的商业信誉呢？不妨从以下几个方面入手：

第一，重视消费者的利益，抓住消费者的需求，同时诚实守信地为他们提供质优物美的产品与服务，从产品质量与服务方面赢得消费者的信赖与认可，积累企业的良好口碑；

第二，维护企业的良好运转，优质的企业会赢得社会公众的信任，而企业运营状况不善，则容易引起公众的质疑；

第三，经营者要打造良好正面的形象，员工要提升自身素质与修养，增强企业的凝聚力以及核心竞争力，用经营者与企业的自身实力来增强企业正面宣传，同时在遇到问题时以积极负责任的态度解决问题，减少负面影响，维护企业的良好口碑；

第四，经营者与企业要具备社会责任感，在做好企业的同时，积极参与到社会公益活动中，树立企业正面、认真负责、关心国家与集体、热心公益的社会形象，从而赢得公众的信任与支持。

具体我们从孙君庚的身上得到一些启发：

孙君庚是想念食品股份有限公司创始人，总裁，1998年，孙君庚用2000元钱承包了濒临倒闭的河南南阳面条厂，开始了自己的艰难创业路。当时，孙君庚从推三轮做起，在资金短缺、经验不足、市场竞争激烈等严峻形势下，始终以"做事先做人，面品如人品"的经营理念要求自己与员工。

孙君庚始终非常注重消费者的利益，他推行"自己的车间就是别人家的厨房"的管理理念，利用自己所学的专业知识，严把产品质量关，保证产品零缺陷，保证消费者拿到手中的产品都是合格的、健康的。

孙君庚时刻关注消费者的需求，当发现现有挂面不足以满足所有消费者这一问题后，他立即组织专业人员进行产品研发，根据不同人群对挂面的不同需求，他开发了针对婴幼儿的容易消化与吸收的婴幼儿挂面、针对学生成长需要多种不同营养的学生成长挂面、面向老年人的老年挂面以及满足人们杂粮蔬菜需求的杂粮蔬菜挂面，满足人们送礼需求的礼品挂面等。高达317种挂面不只最大限度地满足了消费者的不同需求，也极大地提升了企业的核心竞争力。在孙君庚的带领下，想念公司的想念挂面赢得了很大的消费市场，想念挂面因此不只畅销河南，还在东北三省、内蒙古、北京、甘肃等全国其他26个省份构筑了自己的营销网络体系。

公司的想念牌挂面由于过硬的质量，成为第七届全国农运会指定供应产品，这一殊荣也再一次推动了想念挂面的进一步发展。

除了注重产品质量与产品数量，重视消费者，并始终提升企业的综合实力，孙君庚注重商业信誉的另一个重要事例，是在南阳水灾时主动给经销商换货，就是这个小小的举动，极大地提升了经销商对孙君庚的信任与认可。

孙君庚更为人津津乐道的一件事，是他注重人文关怀，懂得社会责任。在2017年10月28日重阳节，孙君庚请来了99位老人，为他们准备了一根长达3000多米的长寿面。这份特殊的节日礼物不只让受邀老人度过了一个难忘的重阳节，而且还打破了世界吉尼斯世界纪录，成为世界最长的面条。这次事件引发国内外很多权威媒体的广泛报道，在国内外都通过互联网得到了快速的传播，想念挂面品牌又一次赢得了良好的口碑。孙君庚以及想念食品公司的商业信誉再一次得到了很大程度的提升。

商业信誉是经营者或者企业在长期经营中积累起来的无形资产，它从短期看可以给企业带来实际的经济收益，从长远看则能促进企业的可持续发展。真正懂得社群营销的人，一定会非常注重自己的商业信誉，一定会竭力维护自己的良好信誉，从而获得稳定的顾客与长久的利益。

8. 培养一批自己的忠实粉丝

随着互联网的高速发展与社群的崛起，社群营销模式与粉丝经济也迅速发展起来，传统买卖产品的市场已经变为比拼实力和魅力的消费场，要想获得销量，就必须得人心。因此，对企业来说，培养一批自己的忠实"粉丝"变得非常重要。

互联网预言家凯文·凯利在《技术元素》一书中提出了一个"1000 个铁杆粉丝理论"：

"任何从事创作或者搞艺术的人，比如作家、画家、音乐家、摄影师等只要能够获得 1000 位铁杆粉丝，就能够维持生计。"

这里的铁杆粉丝，是指艺术家或者创作者的忠实拥护者，无论他们创作出怎样的作品，这些拥护者都甘愿付费购买。

保守假设，铁杆粉丝每年会拿出一天的工资来购买艺术家或者创作者的作品（这里，一天的工资只是一个平均值，因为铁杆粉丝的花费要远远高于这些），再假设每个铁杆粉丝每年在艺术家身上的花费在 100 美元，那么，这 1000 位铁杆粉丝每年贡献给艺术家的收益就有 10 万美元。而对于大多数人说，10 万美元已经足够养家糊口。

在社交互联网时代，随着社群的崛起，粉丝经济的外延无限扩展。不仅仅是画家、作家、音乐家、摄影师、明星等拥有自己的粉丝，就连一些自媒体人、网络红人甚至企业、商家、农民等都可以拥有自己的粉丝。粉丝经济时代已经来临，人人都可以通过粉丝经济来获利。

正是凭借 1200 万粉丝的支持，网红 papi 酱的一个贴片广告拍出了 2200 万元；正是由于 1.7 亿"米粉"（MIUI 激活用户）

的拥护，小米创造了 5 年销售 1.6 亿部手机的伟大成就；也正是由于 10 亿"果粉"对苹果的狂热支持，苹果公司取得了市值连续 5 年全球第一的光辉业绩……

社群营销的企业＋粉丝模式，是以用户为主导，利用社群平台实现聚集粉丝的功能，定期推送新品信息或者其他优惠信息，与粉丝做好互动，维护好与粉丝的关系。

企业借助粉丝进行社群营销有两个关键点：

（1）培养粉丝对企业的好感

消费者对企业的好感来源于价值与关怀。粉丝营销不是简单地通过社群平台向"粉丝"疯狂推送产品广告以及优惠信息，以此来刺激消费。这是因为社群平台上的关注者或者会员未必是粉丝。真正的粉丝对产品的喜欢是有些盲目的，往往是跟着感觉走。这样的粉丝有着高度的黏性，对品牌有一定的忠诚度，而且能够持续进行消费。

要聚集这种意义上的粉丝，就需要照顾粉丝的需求，能够持续吸引他们的注意力，能够让他们感受到企业对他们的重视与关怀。比如一家日化企业就经常通过社群平台向粉丝推送一些女性日常生活小窍门、时尚着装小建议、健康保养小知识以及皮肤护理小技巧等，为了满足消费者的八卦心理，该平台还不时转发时尚娱乐圈的一些最新热点资讯。

与粉丝有效互动是增强粉丝黏性的有效途径之一。粉丝通过参与与企业的互动，加深了与企业的感情，增强了粉丝对企业的忠诚度，他们愿意参与到企业组织的活动中，也愿意为企业产品买单，这时候粉丝的实用价值就会转化为企业的有形资产。

在与粉丝互动的同时，要时刻关注粉丝的反应，如果他们出现负面评论或者负面情绪，一定要及时予以处理和化解，避免因此出现负面口碑，影响企业形象以及企业与粉丝的关系。

小米手机在与粉丝互动方面的成功就很值得借鉴。小米手机专门设立了小米手机论坛，社区拥有 5800 万成员，每天有上百万的"米粉"通过社区互动交流。小米手机有 20 名专职人员主持论坛，他们不只及时回答粉丝提出的问题，主持粉丝线上活动，还及时收集反馈信息，了解"米粉"的意见。除了线上，小米还组织线下活动，比如"爆米花"活动。另外，社区成员一年内在 120 座城市自发组织了六七百次小活动。在这个过程中，"米粉"越来越多，"米粉"对小米品牌的信赖与忠诚度进一步增强。

（2）激发粉丝的购买欲望

激发粉丝们对企业的好感，只是促进他们转化为企业消费者的前提。要想让他们真正成为企业的客户，就必须在提高他们消费的兴趣以及欲望上下功夫。比如可以通过设计出新颖独特的活动形式和消费方式，调动粉丝的积极性，使他们积极参与其中，从而激发他们的兴趣以及购买欲望，促进消费。有些企业只是琢磨如何把自己最想卖的商品或服务推销给粉丝，甚至采取赤裸裸地降价或者买赠手段，虽然也能起到刺激消费的作用，但这种方式只能是一时的，只有切实做到从粉丝的痛点、情感和需求出发，才能真正赢得一批"忠实"粉丝，才能变粉丝喜爱为购买力。

管理大师彼得·德鲁克将顾客的多寡称为衡量一个企业是否兴旺发达的重要标准。而企业要想加大顾客队伍，无非是要做到两点：维持住原有老顾客与不断变新顾客为老顾客。在互联网与社群营销时代，企业要做到这两点，其实就是培养自己的忠实"粉丝"，通过迎合与取悦粉丝，通过有效与粉丝互动来增强企业与粉丝黏性，在互动的过程中完成对品牌的推广。

社群营销时代，粉丝已经不再只是"被动接受者"，他们已经掌握了传播主导权。他们不但是市场消费的主体，也是引领市场潮流的意见领袖。而企业要想基业长青，就必须重视粉丝的作用，通过与粉丝的有效互动来培养一批自己的忠实"粉丝"，最后变粉丝拥护为企业效益。

第五章

引发关注：关注才是最好的传播

1. 像鱼那样思考才能钓到鱼

萝卜白菜，各有所爱。鱼爱吃蚯蚓，钓鱼者要想钓到鱼，就必须像鱼那样思考，喂给它喜欢吃的蚯蚓或者鱼食，这样才能钓到鱼。如果非要喂鱼吃它不喜欢的食物，那结果只有一个，就是鱼永远不会上钩，钓鱼者永远达不到目的。社群营销也是这个道理，要想将产品销售出去，就必须站在客户的角度进行思考，必须从客户的角度思考产品的卖点与优势在哪里，怎样才能顺利将产品卖出去。

常常听到有些社群营销人员抱怨：世界上最遥远的距离，恐怕就是客户与销售的距离了；我已经把该说的、能说的、该展示的都做到位了，但是客户就是不买我的产品；客户的态度怎么这么差劲，我又没做错什么；这个客户怎么这么难搞定；这个客户买得也太少了吧，还不够我打字浪费的时间呢……他们各式各样的抱怨中却没有一样是客户所关心的重点，而这，恰恰是他们无法找到与客户进行进一步沟通的突破口的症结所在。只站在自己作为营销人员的角度进行思考，不能站在对方的角度考虑，当然就很难得到客户的认同！

像鱼那样思考当然不是说要变成一条鱼，而是要求社群营销人员换个角度，站到客户的角度去思考问题。举个简单的例子，如果客户肚子饿，应该给他的是食物而不应该是水，喝水并不能解决他肚子饿的问题。在确认对方亟待解决的是肚子饿的问题后，再去细分他喜欢吃中餐还是西餐，喜欢吃辣的还是酸的，针对客户喜好为他提供产品，才能成就一位满意的客户。

像鱼那样思考，也不是说要单纯从客户的角度来衡量自己的产品与服务，更不是说要不顾一切地满足客户的要求。毕竟产品与服务都是需要成本的，不可能说客户需要时间了解产品，社群营销人员就免费邮寄一台给他。钓鱼者像鱼那样思考的目的，是要钓到鱼，社群营销人员像鱼那样思考的目的，是找到赢得客户信赖与认可的技巧，从而更好地把产品与服务销售出去。

一般说来，影响客户购买产品与服务的因素有以下几个方面：

（1）能够满足客户基本需求的合适的产品

（2）能够符合客户心理价位的合理的价格

（3）能够使客户方便购买的合适的时间与地点

（4）能够使客户得到额外满足的完善的服务

（5）能够使客户感到精神愉悦的品牌、包装或者其他文化象征

社群营销过程中，很多人喜欢把营销重点放在价格优势上，但从以上几个条件我们可以发现，价格其实只是客户做出购买决策的影响因素之一。另外还有一个不可忽视的事实，就是即便社群营销过程中将几个影响因素都考虑到，也不一定就能说服客户。这是因为客户对以上各种因素的感觉并不完全相同，每个客户有每个客户的需求。

通常来说，客户在购买商品之时，总会预先对产品在质量、功能、外观、价格、花费时间以及精力等成本方面做出估计，只有当客户认定某社群营销人员提供的产品与服务最符合他的预期，他才能真正做出消费决策。这就要求社群营销发现客户需求的差异性，从客户的角度思考，做出符合他预期的判断，有针对性地展开营销，才能有效说服对方购买产品。

一个夏日的上午，北京某五星饭店的网络客服钟慧接待了一位自称某演艺名人助理的预约咨询。钟慧热情有礼地回答完咨询信息后，对方当即决定预定豪华套间。钟慧欣喜之余，又登录社

交网络平台查询该演艺名人的信息，了解到该演艺名人喜欢鲜红色这一重要信息后，她立即向经理提出重新布置那个豪华套间。经理采纳了她的建议并立即安排专人将整个套间的地毯、灯罩、床罩、沙发等全换上那位演艺名人喜欢的那种鲜红色。

晚上，那位演艺人员携助理入住，当发现自己预定的套间的整个色调都是自己钟爱的鲜红色时，她由衷地向经理表达了自己对房间的喜爱。在以后的日子里，那位演艺人员成为该酒店的常客，并且每次她都会预定那间为她量身打造的豪华套间。而钟慧，从客户的角度思考，了解到客户对颜色的需求，从而提出了能给客户带来惊喜的建议，最终变新客为常客，为酒店带来可观利润的同时，也为自己的销售业绩添上了浓墨重彩的一笔。

社群营销过程中像鱼一样思考，还要求社群营销人员用发展的眼光看问题，要注意观察客户需求的变化。客户预期的标准并不是一成不变的，他的客观条件以及他的思想变化都可能影响到他对产品需求的变化，因此，社群营销人员要想始终了解客户所思所想，就必须看到这个变化，仔细研究竞争对手的优势劣势，找出客户在其他几个方面的期望空缺，想尽办法将这种区别透露给客户。这样，通过差异化的竞争优势，社群营销人员就可以掌握销售的主动权。社群营销人员像鱼一样思考的目的，就是要站在客户的角度来揣测客户的预期，寻找客户的真正需求，只有真正掌握客户的预期，才能有的放矢地选择合适的营销策略，从而最大限度地说服对方购买产品。

社群营销人员要想取得良好的业绩，就不能只从自己的角度思考，而要做到像鱼一样思考，在面对客户时真正花心思去了解客户，站在客户角度去了解他的需求，这样才能最大限度地满足客户需求，从而赢得更多的客户。

2. 不要对客户想当然

社群营销过程中，很多人容易犯的错误，就是对客户想当然，自以为自己很了解客户需求，结果要么因为准备不足或者企图走捷径而错失取得成功的良机，要么因为错解客户的心思而功败垂成。

欣欣是某医疗器械公司的网络销售，她入行 3 年，自认有着丰富的社群营销经验。她刚刚与一位老客户完成了一笔大的订单，就在她美滋滋地在电脑这头计算自己的提成时，老客户发来了新的信息："你们新上的辅助设备怎样装到我们的新医疗器械上？"

欣欣的心里咯噔一下，脸色也由晴转阴："您说的是什么器械？"

"我没有跟你提过吗，我们公司上个礼拜刚刚为医院添置了 4 台新器械。"客户回复道。

欣欣大脑高速运转，却始终记不起这位老客户什么时候提过新器械的事情，或许是因为自己和这位老客户聊天时只想着先把手头这笔订单签下，所以忽略了这个重要信息，想到这里，她的额头渗出了汗珠：

"是这样，我本来以为贵公司已经有了一个装备完善的新器械，所以短期不会有购置新设备的需要。我本来计划等贵公司需要更换旧设备的时候，再和您聊聊我们的器械生产线以及新的辅助设备……"

"算了算了，我去别的平台了解一下吧！"

　　欣欣几乎能透过电脑感受到客户的不满。此时，尽管是一个很有经验的社群营销员，欣欣却深深感到无法挽回局面，她清楚地意识到，由于自己对客户需求预判失误，她在不知不觉中错失了一笔更大的订单。

　　社群营销中也有很多像欣欣这样的营销员，他们对自己估计过高，自以为是地认为非常了解客户，结果却因为对客户想当然而与很多机会失之交臂。

　　自以为是，对客户想当然，是社群营销中常见的错误，营销人员对客户想当然通常有两种情况：

　　一种是认为"我对这个客户的情况非常了解，因此在销售演示中可以免去一些环节"。

　　这种自认为了解客户的营销人员其实已经犯了一个不容忽视的错误，那就是他是根据自己对客户的假设来向客户介绍或者推介产品，而忽略了客户的真正需求。

　　更糟糕的情形是，营销人员走捷径也促使客户产生了想"偷工减料"的想法："不要谈论那些细节了，我了解你的产品。你就告诉我最低价格以及其他优惠条件就好了！"很多社群营销人员倾向于将这种反馈理解为客户即将消费的信号，他们会很快结束对产品的推荐，转而介绍产品的价格优势。他们往往忽略了一点，那就是接待客户最重要的原则是客户利益至上。

　　虽然这些捷径不一定每次都会遭遇营销失败，但是社群营销人员本来有以更高价格成交的机会，或者可能得到一个更大的订单，或者可能说服客户购买一种更满足他们需求的产品。就是因为走捷径，虽然可能小有收获，却更有可能错失大单。

　　对客户想当然的另一种情况是"我对客户的业务非常了解。因此，我没有必要对客户业务需求进行再次评审"。

　　这种想当然带来的是社群营销过程中各种各样的走捷径。比如营销人员会将客户需求分析压缩为"业务有无变化"这样一个常规问题。显然，这个问题并不能将客户新的业务计划、预算或者人事变动、新竞争对手等复杂的情况一一显现出来。

　　社群营销人员的这种走捷径的方式会给客户这样的错觉："我没有必要告诉他们我业务的方方面面。如果他需要了解，或者他感兴趣，自然会向我提问。如果他什么都不问，那是他的问题。"

　　社群营销人员在营销过程中常常出现这种情况，即虽然从品位、质量、价格等多方面向客户介绍了产品的优势，但最终却可能并没有赢得客户的认可。他们有时面对客户提出的问题并不明确，比如像"有什么新进展"这样的问题，让客户理解到的是社群营销人员对客户并不是很热情。但如果将问题改成"我想知道自从上次谈过之后，贵方有没有什么需求上的变化"，就能够让客户体会到营销人员对对方业务的浓厚兴趣。

　　如果社群营销人员对客户想当然，那么在营销过程中自然就会按照自己的想法来推介产品，尽管客户可能真正需要这款产品，但由于营销失利，也会影响客户的购买决策。

　　小柳大学毕业后成立了自己的母婴用品网店，虽然现在做得风生水起，但起初的她还真遭遇了不小的困扰，而让她困扰的原因，也正是因为对客户想当然。比如小柳在介绍一款纸尿裤时，将"方便"、随用随扔以及价格低作为宣传卖点，结果却少有人问津，很多人宁可买她网店价格高昂的纯棉尿布，也不买这打了折的纸尿裤。小柳请教了一些年轻母亲后才得知问题的症结所在："生儿育女是一个母亲乃至一个家庭的一件大事，怎么能够贪图方便而让宝宝受委屈呢？用纸尿裤会被认为大人不负责，没有爱心的。"小柳了解这次是自己想当然了，她想当然地以为家长们会图省事购买纸尿裤，却没有了解到家长们这层心理需求。她于是调整思路，将"吸水好，保护婴儿皮肤，避免宝宝红屁屁"作为主打卖点，一下子迎合了客户的心理需求，于是销路打开，她代理的纸尿裤很快掀起了销售热潮。

那么，社群营销人员怎样才能避免走入对客户想当然的误区呢？

首先，一定要了解自己的产品，清楚自己的产品面对的是怎样的客户群，从宏观上了解客户群的整体特征；

其次，一定要尝试去接触客户，深入了解他们的个性以及习惯，了解他们的业务需求以及需求是否有变化，要及时更新与补充老客户在业务以及需求方面的信息；

再次，营销过程中要及时与客户沟通，确认客户真正了解产品，要有耐心，不要产生"这么简单的道理，客户一定都懂"这样的想法，也不要试图走捷径。社群营销过程中如果自以为是，自以为很了解客户的业务，很了解客户的想法，就容易在营销过程中不知不觉地忽略掉重要环节，从而严重影响到营销的最终成果。只有及时了解客户业务以及需求的变化，及时总结客户新需求，不对客户想当然，才能有的放矢，取得社群营销的成功。

3. 口碑传播的影响力

　　想让某个事物在社会上流行起来并不容易，思想、行为以及产品都是如此。一开始，只有几个人或少数组织知道该事物，然后逐渐扩散到更多人群。如果采用快进镜头观看事物的流传过程，该事物传播的路径就呈现开枝散叶的形态。然而，新事物实际上的流传过程可能经历了漫长的岁月，需要很多代人来见证。

　　有的东西能大行其道，有的则日趋式微，这种情况在产品的营销推广方面表现得尤为明显。

　　商家倾注大量时间、金钱、人力来推广的产品往往昙花一现，一些看似不起眼的产品却莫名其妙地流行起来，其中的奥妙，营销专家们至今也无法彻底弄清楚。唯一可以确定的是，那些"黑马"能以较低的投入取得超乎预期的战果，靠的是口碑传播的力量。

　　比如，《博物》杂志的月发行量本来只有几万册，但由于新媒体营销做得用心，官方微博"博物君"树立了科普达人的口碑，所以杂志的月发行量猛增至 22 万册。这是传统广告难以达成的效果。由此可见，口碑传播是最能扩大产品影响力的推广方式。

　　理论上说，商家在广告上投入越多，产品被消费者关注到的可能性就越大。在过去的确是这样，可是在今天，商家在传统传播渠道做的广告再多，也不一定能提高产品的传播力度。即使在新媒体这个口碑营销的主要阵地，企业投入的资源多也不等于能取得好结果。

　　以下是海尔前新媒体总监李强强与记者的一次对话。

记者：很多企业公众号的定位是既要面向 B 端用户，又要面对 C 端用户。其实一个公众号只有一个定位，如果公司要把这两个方向的内容和活动都放到一个公众号里，有什么好的建议吗？

李强强：每一个传播主体，都应当变成一个 IP。没有 B 和 C 的区别，因为你的读者是"人"。

记者：比如说一个美发 O2O 产品，运营发型师的活动和运营女性用户的活动以及内容，放在一个公众号里是有问题的。

李强强：融合在一起。不要分开放头条、二条。编辑的天职就是把狗屎炒出红烧肉的味道来。

记者：我有个问题想请教一下。当一个企业公众号平台粉丝积累到一定数量后，是否有必要组织粉丝微信群、论坛之类的东西，作为粉丝的沉淀？

李强强：我不认为订阅号的关注者是粉丝。粉丝是营销界的术语。我认为他们是读者，或者朋友。不是粉和被粉的关系，而是某个观念认同之下的一个群体。内容是个筛子，漏下来的那些，用互动留住。时间久一些，黏性达到了，再考虑其他的出口。

记者：我看了很多同行的号，感觉他们都不太理想。

李强强：很难用简单的几句话分析出某个订阅号应该怎么做。我觉得，应该具体分析，做情绪测试、社交压力测试，不断调整，最后找到一个路径。注意，这个路径一定不可以是几方妥协的结果。

口碑营销不是今年才提出的概念，但无论这个概念怎么被媒体热炒，真正重视并践行它的商家并不多。

安迪·赛诺维兹教授对此感叹道："口碑对生意的影响，比你认为的要大得多。不幸的是，大多数企业没有对口啤做出恰当的评价，因而在面对口碑时，并不总能认清这就是口碑。事实上，大多数营销报告根本就不提口碑营销。口碑的作用，我认为是'隐藏不露的统计数字'。"

确实，口碑看不见摸不着，难以量化。销售业绩的提升是多种因素综合作用的结果，口碑在其中起到多少作用，实在不容易被准确地评估出来。

为此，安迪·赛诺维兹教授呼吁道："我们要这样定义口碑营销，它是一种最高层面的营销科目（如广告、销售和公共关系），将所有已经在这一科目下独立运作的营销手段结合在一起。主动将这些营销策略手段纳入口碑营销这一概念之下，可以使目标更为清晰，效果更为显著。口碑营销不仅应该在各种主流营销技术之中占有一席之地，而且应该列在首位，因为它最便宜、最有效，与顾客的关系也最好。"

口碑营销活动的回报率无法用数学公式计算，因为它几乎没有正式的费用预算和支出。口碑营销的参与者既包括公司员工，也包括消费者。后者往往才是口碑营销的主力。这导致商家往往低估口碑营销的效果，没能坚持这个有效的策略。对于这一点，我们应该尽力避免。

4. 客户都害怕上当受骗

在商业活动中，有这样一种现象：销售人员越是好言相劝，越是为客户的利益着想，客户越是不买账。他们抱着销售员的话不可听更不可信的态度，甚至以一种逆反的心理应对销售人员，认为销售人员为了达成交易所提供的信息虚假成分高，或者干脆就是诈骗。这些是出自客户的一种不信任心理。所以，懂得如何有效消除客户心中这种怕上当受骗的心理，对于营销人员来说是十分必要的。

客户产生怕上当受骗的心理有多种原因，现将其中较为重要的归纳如下：

第一，以往的受骗经历，让客户心有余悸。不管是以往的亲身经历，还是从身边朋友那里得来的信息，被骗的阴影始终伴随着他们的心理，影响他们的购买欲望。现在社会，很多不明真相的客户无故上当，因此对待营销人员总是心存芥蒂，视其为心里最不受欢迎的人。当他们看到有人向自己介绍产品的时候，立刻就会毫无根据地联想到上次的教训，在潜意识中排斥这种销售行为。

基于客户的这种心理，营销人员首先应该理解他们的这种心理，因为客户并不是针对你，要用耐心和细心换取他们的信任。其次，不要表现得过于热情，即使营销员的热情是发自肺腑的，然而有了以往的阴影，客户就会觉得你的热情就是一个"温柔的陷阱"。再次，让产品为你证明。客户需要的不是你，而是你的产品，因此产品的质量好，价格合理，会让客户内心紧绷的弦松下来。

第二，很多客户由于不了解产品的性能和适用范围，总会担心购买产品时上当。其实这种心理是很正常的，因为人都对自己未知的事物有种不信任感，尤其是这种不是面对面的营销，客户只能通过图片和文字信息了解产品。此时，营销人员应该主动出击，用各种手段化解客户的疑虑，比如，可以为客户提供详尽的产品相关数据，数据的魅力胜于你枯燥的解说；还可以主动说出产品的缺点，客户之所以疑虑，就是担心产品"名不副实"，缺点藏在背后，说出产品存在的一些不足，这样可以有一箭三雕的功效。首先，客户会认为你是个诚实的人，愿意与你做进一步的交流。其次，有了这个基础，客户可以用真心与你交往，这样你可以及时准确地把握客户的需求，因而采取相应的策略。最后，"将丑话说在前面"可以避免与客户发生争执的可能，或者将这个争执降到很低的层次。

客户怕上当受骗的心理在销售活动中是一种共性的问题，如果营销人员不能正确面对，或者是找不到正确的解决办法，都将会给销售工作带来很大的阻碍。所以，销售人员一定要学会运用多种手段打消客户的顾虑，扭转对自己不利的局面，让客户心甘情愿地购买自己需要的产品。

5. 像谈恋爱一样去和客户沟通

　　热恋中的两个人都知道，要获得对方的欢心，建立深厚的感情，必要的献殷勤是必不可少的。但是，仅仅献殷勤还不够，还需要有平等的交流与沟通。因为只是献殷勤，会因为双方的不对等而造成疲倦感，感情就无法长时间持续。要长期维持感情，需要的是平等、友好、畅通而轻松的沟通。对于企业来说也是这个道理。服务就是对客户最好的献殷勤，但是做好服务还只是基本功，只有沟通才能和客户之间建立情感。

　　服务对于一个企业来说无疑是很重要的。这个道理，似乎每个人都明白。认真想一想，真的是每家企业都明白这句话的内涵吗？

　　很多人理解的服务就是在顾客来的时候，笑脸相迎，用早就规定好的说辞去跟客户打个招呼，解答客户的问题，向客户介绍产品。在这个过程中，表现得有礼貌和耐心，就算是不错的服务了。在很多人看来，服务仅仅是为了达成交易的一种手段而已。

　　但是，这种标准而程式化的服务，给人的感觉始终是"你是顾客，我为你服务；你买东西，我赚钱"，这容易和消费者之间产生一种距离感。而真正的感情是建立在平等、友好沟通的基础上的，就如爱情的维护靠的是情感的沟通，而不是谁服务谁。所以，要想让消费者对你的品牌或产品产生难以割舍的情怀，保持这种情感依恋，除了做好服务之外，更需要做好情感的沟通。

　　良好的沟通给公司带来的价值是无限的，不仅仅表现在能够直接带来财富，更为重要的是能够塑造友好的品牌形象。通过和消费者之间的良好沟通所建立起来的品牌形象具备人格化的特质，不再是冷冰冰的厂房、招牌和产品，而是像一个具有温度、活生生的人，在消费者的心中他是朋友。

同时，通过和消费者之间良好的沟通，还可以建立良好的团队氛围。因为企业员工在和顾客沟通时，能够充分展现自己，从而得到比较强烈的认同和尊重。这是一种精神上的荣誉，能够让人感到愉悦与自信。这可以有效增强员工对公司的荣誉感和归属感，进入更好的工作状态，实现员工、顾客、企业三者之间的良性互动。

一说到回馈客户，很多企业会在第一时间选择打折、促销。这当然会受到消费者的欢迎，但是一个企业不能靠打折、促销生存。况且，依靠打折、促销来刺激消费者完全是一种饮鸩止渴的行为。因为一旦打折之后，如果没有更大力度的折扣，就难以再对消费者起到刺激作用。这是一种弱关系。一旦没有更大力度的刺激，消费者就会立马离开。

只有和消费者时刻保持平等、顺畅且友好的沟通，才能在消费者心中持续存在，和消费者维系长久的情感。唯有如此，才能最大限度地增加品牌的附加值。特别是在未来一个阶段内，未来商业营销的主流将是社群营销，沟通更是社群营销的核心要旨，因为社群营销的基础就是要和消费者之间建立这种"情怀"。

我们可以看看海底捞的服务员，他们在面对客户的时候，都会微笑，但不是那种标准的露出几颗牙齿的微笑，而是发自内心的真诚微笑；他们在收拾餐桌的时候是一路小跑的，从他们的一举一动中可以看出他们对这份工作的热情。这源于海底捞的管理理念：要想让员工更好地服务客户，首先要尊重和信任自己的员工。只有这样，员工才会真心地喜欢自己的工作，否则仅仅是一份谋取工资的差事。

做社群营销最成功的案例要数小米公司了。在小米公司中流传着这样一个故事：有一个北京的老太太，已经70多岁了。她的孙子非常喜欢小米手机，她想买一部送给孙子当生日礼物。但是老太太不会上网，没有网银，更不用说去抢购了。于是，她打电话给小米的客服人员，她一定要买一部手机送给自己的孙子做生日礼物，怎么办？最后小米的客服用自己的网银，自己掏钱买了一部手机，寄给了老太太。结果老太太非常感动，专门带着现金，到小米公司给那个客服人员送钱。来的时候还随身带着一个纸条，上面写着："寻找好客服王小姐。"后来有人问这位客服王小姐，如果被骗了，怎么办。王小姐回答说：第一，客户的问题一定要解决；第二，她觉得这个老太太不是个骗子；第三，就算最后真的被骗了，她相信公司不会让她独自承担这份损失的。

这位客服工作人员为什么会这么做？因为她相信她不会因为这件事而承担损失，也不会因此而受到责骂。这就是很多企业家天天呼吁、渴望的员工的主人翁责任感。但是，却很少有人发现，很多时候不是员工没有这份责任感，而是公司将这份责任感给抹杀了。小米的好客服王小姐这份责任感源自哪里？源自对公司的信任，而她信任公司的前提是公司信任她。只有当员工得到公司的信任的时候，他们在和客户进行沟通的时候，才能够最大限度发挥自己的主观能动性，从而表现得像一个活生生的人，而不是冷冰冰的机器。而员工和公司之间的那份信任，不是公司制度或KPI指标能够做得到的。

6. 比起价格，客户更看重的是产品价值

在商业消费中，每个购买者都希望能以满意的价格购买到自己中意的产品，然而是不是价格越低越好呢？答案肯定是否定的。如果你的产品不够好，也就是不能达到顾客的要求，价格再低，哪怕白送给对方，对方也不见得会接受。

那是什么原因让顾客看中了你的产品呢？毫无疑问是你产品的价值。在谈判中不断向对方展示自己产品的价值，可以有效促进谈判的成功。

然而，产品价值当然不仅仅是销售人员不断对顾客说几句我们的产品很好，我们的产品真的很好，我们的产品大家都觉得好之类的话。这样的说法反而会使对方的购买欲望下降。让我们举例子来看看：

顾客购买奔驰车，不在意奔驰车多么值钱，跑得能有多快，这辆车寿命能有多长，顾客看中的是奔驰车的价值，或者更直白地说，就是开奔驰车的感觉，这就是顾客要的价值。

那要怎么才能让对方实实在在感觉到产品的价值，获得对方的认可呢？产品的价值是要你在谈判中呈现给对方的，甚至可以说产品的价值是销售员塑造出来的。

在中国，有一个减肥产品做得很成功，那就是绿瘦减肥茶。无论是在百度上还是在 Google 上都可以看到它的竞价广告，显然是非常成功的。做过竞价的朋友都知道，这样的产品，一盒成本不过 30~40 元，为什么绿瘦能卖到 299 元？其原因就是它成功塑

造了产品的价值。

一种产品能在客户那里产生价值，要么能够帮助对方增加利润，要么能帮对方减少成本，总之，客户跟你的合作能使对方获得好处。这就是实实在在的价值。当然如果能够满足对方的欲望和虚荣心也能够增加产品的价值，促成交易达成。

最近很火的问学堂，推出了很多款针对教育的产品，页面很是精美，每个产品都是经过仔细包装。首先页面就十分舒服，让人感觉很正规，给人信赖感；同时每个产品都进行了再包装，"早教好助手，越学越聪明"，这就是抓住了众多妈妈的心理，谁都想自己的宝宝比别人家的聪明。

接下来，还深挖自己的价值：宝宝需要，妈妈需要，准妈妈需要。下面还阐述了研发背景，显得非常专业：比如"学伴熊"能带来的好处，明显地夸大其作用，很大程度上对其价值进行了再塑造；为了增加信任度，拉出了众多的专家，以及无风险承诺。

还有一个产品，叫普洱茶，普洱茶成功的重要原因就是对产品本身的文化价值进行了深入挖掘：普洱茶有降脂减肥、降压、养胃、提高人体免疫系统功能等很多功效，但是普洱茶除了这些实用功能价值外，还有更高的文化价值，因为它是当年马帮文化的重要体现，茶马古道讲述着当年走马人不畏艰险、风餐露宿、勇敢向前的茶马人生。

由此可见，给产品重新塑造价值，使它们对于客户来说更加有吸引力，这就是问学堂成功的主要原因。

那么，既然在谈判中最重要的并不是产品的价格，又怎么提高产品的价值，使对方心甘情愿地付出代价购买呢？

首先，要清楚对方的需要，使对方产生自己不购买该产品是很大的失误。在谈判中需求的满足是最重要的，如果能够在谈判之前就掌握对方的需求，并且在谈判之前将自己的产品能够满足对方需求的功课做足，谈判期间用明示和暗示的方法告知对方，自己的产品是再合适不过的了。同时最好让对方感觉到，如果不买你的产品，改用别人的产品，不但享受不到这么优质的产品，也享受不到这么优质的服务。错失这次合作的机会将是莫大的损失。

其次，全力解释为什么自己的产品是最好的。很有可能，你们的产品不是价格最低的，但要想尽一切办法让对方相信你们的产品是同行中最好的。要做到这一点不是让你去诋毁同行的产品，而是集中精力夸赞自己的产品，当然也不是一句"我们的产品是最好的"，而是要拿出切实的、有说服力的数据来使对方信服。

再次，不能忘记解释你们的产品为什么会价格贵。要想方设法让对方相信你们的产品贵却贵得有道理，就是消除对方购买后的后悔心理。这也是强化你们的产品价值的一个方法，将产品的功能明细列出来，让对方相信你并不是漫天要价的。

7. 客户明明需要，为什么不买呢

社群营销并不是一件简单的事情，它没有捷径可走，营销人员只有完全熟悉产品，才能赢得客户信任，否则，客户明明需要产品，却不会做出购买决策。但可惜的是，并不是所有人都能够意识到这一点，比如李俊就曾经因为不了解产品而陷入困境。

李俊大学毕业后自己创业，主要通过某社群平台兜售一些商品。刚刚入冬，他就新进了一款叫作爱温士的取暖产品，想着可以趁着天冷多赚些钱。按理说这款产品可以说是冬天取暖佳品，他的小伙伴这款产品卖得也挺火的，但在他这里这款产品的销路却不是很好。李俊为此很是苦恼，既然这款产品质量没有问题，现在又正是寒冷的冬天，客户明明也需要取暖产品，但为什么就是不买呢？

李俊求教了带自己入行的学长，学长详细了解他的社群营销经过后，指出了他存在的几个问题：

（1）缺乏专业精神

虽然李俊购进了爱温士，但是对这款产品并不完全了解，在向客户推销的过程中遇到问题回答不上来，这让客户对产品的质量和使用效果都产生了怀疑。客户的确需要取暖产品，但李俊的表现，让客户心里不舒服，他们难以从心底信任李俊，自然也就不愿意也不敢在他这里买东西。李俊在冬季销售爱温士的思路没有错，但他怀着投机取巧的心态，不注重学习产品知识，对产品没有做到了解透彻，没有了解清楚各种情况，以致在客户提问时支支吾吾，难以赢得客户的信任，自然也无法将产品营销出去。

（2）在社群营销过程中没有抓住核心问题

比如，有位客户问李俊爱温士是否可以制冷，李俊就顺着客户的问题，开始解释爱温士不能制冷，让客户带着偏离了营销方向。爱温士的定位是取暖神器，不是空调，当然没有制冷的效果，李俊看到这个问题，就应该及时引导客户往取暖神器这一话题想，而不应该被客户牵着鼻子走，紧紧围绕取暖功能，凸显产品优势，才能有效说服客户。

李俊的问题也是很多社群营销人员存在的问题，他们将眼光注重于赚钱，却忘了了解产品这个基本环节，自己无法以专业的形象出现于客户面前，自然也无法取得客户对产品以及营销人员的信任。

咨询学长后，李俊向自己提了三点要求：第一，全面了解产品，揣测客户可能提到的问题并作出有效且专业的回答，让客户看到自己专业的一面，从而赢得客户的信赖；第二，说话时抓住重点，理清思路，不能语无伦次，更不能想到什么就说什么；第三，始终掌握谈话主动权，抓住产品优势进行营销，不能让客户牵着鼻子走。

李俊通过调整后，提升了信心。正在这时候，他接收到一条信息，在这条客户信息里，客户主要提到了两点，一是爱温士的价格贵，二是使用时的电费贵。李俊早就私下演练了这种情况，对于产品贵的问题，他的思路是采取同类对比的方法，列举其他同类产品的价格，也对比爱温士与其他产品的功能，从而使顾客相信，爱温士是同类产品中比较便宜的取暖产品。

他对客户解释道："同样是 2000 瓦的取暖器，其他社群平台的售价是 2000 元，我们的价格是在 1299 元，哪个贵哪个便宜您肯定心里有数。另外爱温士采用意大利佐帕斯元器件，品质绝对上乘，做工也毫不亚于国外的那些品牌。这样优质的产品才1000多元，您还觉得这款产品贵吗？"

对于客户提到的电费贵的问题，李俊采取了分解摊开的方法来解释："1000多元钱的东西，您可以使用三十年，一年平均下来也就四十几元钱，四十几元钱买一个舒适温暖的冬天，您觉得还满意吗？"通过这样一番解释，爱温士的价值感就凸显了出来，客户也就认同了爱温士好用且不贵的说法，又通过货比三家，他最终决定购买李俊的产品。就这样一步步地，李俊的取暖器终于打开了销路。

李俊庆幸自己得到学长的指点，如果是以前，自己看到客户提到产品贵的问题，首先从气势上就会认怂了，了解产品后他认识到产品的优势，自己感觉底气十足，因此在营销过程中也能侃侃而谈。他总结经验教训时发现，自己当初就是将社群营销看得太简单了，只想着赚大钱，忽略了最基本的东西，连产品都不了解，介绍产品时吞吞吐吐，恐怕连自己都难以说服，更别说让客户从口袋里掏钱了。李俊牢牢记住这次教训，在以后购进产品后首先将产品研究透，这让他在向客户介绍产品时信心十足，客户感受到李俊的专业与诚恳，也就增加了对他的好感与信任。

很多人像最初的李俊一样，将社群营销看作一件很简单的事情，总想着花少量成本，甚至不花心思，将产品广告一发，就能将产品营销出去，这种想法是万万行不通的。试想社群平台的产品琳琅满目，能够达到某种效果的产品远远不止一家。客户虽然需要，却并不一定非要买其中某一家的产品，他们有广泛的选择空间。营销人员只有全面了解产品，抓住时机将自己的产品优势展示给客户，将自己专业与诚恳的态度展现出来，赢得客户的好感与认可，才有机会将产品营销出去。

8. 社群人员更喜欢有温度的沟通方式

交流是社群存在与发展的基础与前提。社群营销的过程，也是与社群成员进行交流与沟通的过程。而单纯推荐产品的营销思路在社群显然是行不通的，社群成员需要的，是能够打动人心的更有温度的沟通。有温度的沟通就是指营销过程中，抛弃理性的说服，而是站在社群成员的角度从感性出发展开沟通与交流，用温情来打动人心。

科技在发展，时代在进步，但不可否认的一点，是人与人之间的陌生感也与日俱增。特别是在彼此本就不熟识的网络虚拟空间，有些社群甚至呈现自说自话或者自问自答的现象。在这种情况下，社群营销如果还采用传统的推销模式，只能引起人们的反感，社群人员普遍需要的，是更有温度的沟通方式。社群营销如果能够以温情的方式展开，那么一定会起到事半功倍的效果。

社群营销中通过有温度的沟通获得成功的案例屡见不鲜。著名网络平台谷歌就有这样一个关于温情沟通的经典案例。2014年7月，媒体曝光了一位小女孩的来信以及谷歌的回信。来信是一位叫作凯蒂的小女孩用蜡笔写给谷歌公司的，她写道："亲爱的谷歌，你可以在工作日给我爸爸放一天假吗？比如让他在周三休息一天，因为我爸爸通常只能周六休息。写信人凯蒂。备注，周三是爸爸的生日，而且现在是暑假。"谷歌回信是这样的："亲爱的凯蒂，感谢你的热情来信，也感谢你提出的要求。你的父亲在工作上表现一直很出色，他为谷歌以及世界上成千上万的人设计出许多漂亮、令人欣喜的东西。鉴于他的生日马上就要到了，也因为我们意识到暑假休假的重要性，我们决定在 7 月的第一周让他休假一周。祝玩得开心！丹尼尔·席普蓝克夫。"

一个小女孩的请求得到准允，结局又如童话般美好，这个故事虽然简单但温暖而且触动人心，充满正能量。没有人把这个故事当作营销手段，而只是单纯感动于其中的温情。最终这个故事不只获得媒体纷纷报道，也获得 Facebook、Twitter 等社交网络的大量转载。截至 2014 年 7 月 24 日，在 Business Insider 网站上报道这个故事的文章获得了 80 多万次的浏览量，Google 搜索到的相关记录超过 7500 万条。一个打动人心的小故事就能使谷歌实现了一次成功的营销与推广，温情营销的威力可见一斑。

社群人员更喜欢有温度的沟通方式，社群营销中温情沟通是制胜的重要砝码。那么，社群营销怎样进行有温度的沟通呢？

（1）沟通要从客户的个人需求入手

温情沟通的目的，是成功将产品推销出去，但前提，往往是对方需要，因此只有针对个人需求展开的温情沟通，才能让人在感动的同时进行消费。

百度糯米以解决每个人的生活需求为品牌口号，力求将百度糯米打造成一个最懂客户的生活服务平台。本着这一宗旨，百度糯米推出了"九号梦想团"服务，这一举动极大地得到客户的认可与喜爱。"九号梦想团"有很多让人津津乐道的成功营销案例，而风靡网络的"月亮求爱门"无疑是其中之一。事件的主人公黄永鹏从北京航天大学毕业后从事航天研究工作。黄永鹏与女友晴儿相恋 5 年，却因没房没车遭到女方母亲的阻挠。"除非把月亮摘下来，否则别想结婚"的条件让黄永鹏万念俱灰，正在此时，他中了百度糯米"九号梦想团"大奖，百度糯米工作人员帮他制作了一轮又大又圆的"人工 3D 明月"，当这轮"明月"在中秋之际再冉升起在女友家窗前的广场时，突如其来的惊喜不只打动了黄永鹏的女友，也感动了女方家长，最终，双方在家长的祝福下步入婚姻殿堂。女方家长提出的条件，本来是黄永鹏成婚的最大阻力，但在百度糯米"九号梦想团"的努力下，这个条件不只成为整段感情最大的转机，也成为百度糯米的最佳营销时机，还成为百度糯米解决人们生活需求的典型案例。正是因为百度糯米抓住了黄永鹏需要打动未来岳母，需要冲破"除非摘下月亮，否则休想成婚"的阻力的需求，才使得这次温情牌打得漂亮而又反响持久。

（2）要懂得倾听，尊重社群人员的意见

社群营销固然是以销售出产品为最终目的，但如果光靠理性说教，恐怕很难赢得顾客，而如果能够放低姿态，懂得倾听他们的所思所想，聆听他们对产品的意见，让他们看到营销者的认真与诚恳的态度，就容易赢得社群成员的好感。懂得倾听一方面要求社群营销者在互联网交流过程中，不打断、不插话，保持沟通的基本礼貌，另一方面要尊重不同的声音，敢于容忍或者接纳不同意见。对于社群而言，删文是中断对话的典型表现，也是典型的不懂得倾听、不能容忍不同声音的行为。这样做的直接后果，就是激怒客户，引发负面效应。2015 年 10 月天下杂志就曾经出现未与作者沟通直接删文行为，这种粗鲁行为致使几位论坛作家声明退出论坛，为该论坛声誉造成了很不好的影响。

再次，是善于站在社群成员角度，以贴近他们生活的方式与语言进行沟通，尽量避免采用生硬而又冷冰冰的官方回应态度。

达美乐比萨的粉丝曾经在Facebook留言抱怨，却只得到了"对此我们深感抱歉，请提供更多讯息，以便进一步处理"的生硬回复。

这样僵硬而没有温度的回复，只会让粉丝认为被忽略，没有得到重视，只会造成粉丝的不满甚至是流失。社群营销时代，很多营销者为了争取粉丝，都会坚持仔细查看与回复粉丝留言，尽力解答粉丝所提出的问题。而达美乐的案例，无疑是社群营销的反面教材。

成功的社群营销离不开有温度的沟通方式，只有注重懂得客户个性需求，能够倾听社群成员的意见，能够以有温度的语言来打动人心，才能在社群营销中取得良好的效果。

9. 情感是社群营销最有力的武器

当一个消费者做出选购某种产品的决定时，通常会认为是遵从理性的选择，而当他选择拒绝购买该产品时，通常会归因于该产品质量不行。事实果真如此吗？答案是否定的。因为促使用户做出购买行为的因素，除了产品本身，还包括营销方式、客户心理以及情感等因素。换而言之，情感是社群营销最有力的武器，一个能够获得客户情感认同的营销方式，往往更容易使消费者做出购买决定。

既然情感是社群营销最有力的武器，社群营销者当然没有理由放弃使用这个武器。利用好情感这把营销利器，就是要做好情感营销。所谓情感营销，即社群营销者将消费者个人的情感差异以及需求作为营销核心，通过采用借助情感包装、情感促销、情感广告、情感口碑以及情感设计等一系列以情感为主打的营销策略，激发消费者的情感需求，赢得消费者心灵上的共鸣，以情动人，从而取得营销成功。

情感营销之所以有效，首先是因为很多时候，影响消费者做出购买决策的并不是产品数量多少、质量好坏以及价格高低，而是一种情感与心理上的认同感，是一种情绪的满足；其次则是因为情感营销较之各种理性说服、硬性广告甚至催促用户购买的行为更为温柔，更为重情，温情而又细腻的言语表达往往更能打动人，更能激发用户的购买欲。另外，通过情感营销获得的消费用户，往往对企业的认同感比较强，甚至很有可能是忠实粉丝，这样的客户与社群具有较强的黏性，更容易产生重复购买行为，因此更能拉动消费，提升消费量。

情感营销在社群营销中的地位非常重要，社群营销者一定要注重情感营销的作用，利用情感营销提升营销成功率。那么，社群营销者应该怎样进行情感营销呢？

社群营销者要想顺利实现情感营销，首先需要从价值观上获得认同，或者迎合一部分用户的价值观，从文化、个性化、品位、笑点或者痛点等角度入手，寻求社群与用户的感情共性，激发用户对产品的情感依赖，刺激用户产生购买欲望。

（1）从文化角度入手进行情感营销

情感营销离不开文化，而文化又离不开情感。随着消费水平的提高，人们的消费观念也在发生着变化，对现代消费者来说，购买商品的目的已经不单是为了满足生活的基本需求，还需要获得精神上的满足感。消费者此时追求的，是产品的"文化味"，要求产品不仅实用，物美价廉，更能够给人带来美感与遐想，最好是能够集合实用、装饰、艺术、欣赏以及情感等多方面因素于一体。这就要求社群营销者充分挖掘商品的文化底蕴与精神内涵，使商品中的情感因素凸显出来，激发用户的购买欲望。

悠悠五千年华夏史，自然不乏文化的洗礼与熏陶，有些精明的企业就充分利用中国悠久的文化进行情感营销，从而激发消费者对产品的情感认同，进而刺激消费。

比如杜康酒就因"杜康"而闻名于世。杜康是我国古代传说中黄帝的一位大臣，他擅长酿酒，被后世尊称为"酒神"或者"酒祖"，制酒业也奉杜康为祖师爷。杜康的大名对于中国消费者来说很容易产生品牌效应，提到杜康，消费者会很容易产生名不虚传、大品牌的感觉。

另外，历史上也有很多名人诗句中出现"杜康"一词，以杜康借指酒，比如三国时期曹操的《短歌行》中有"何以解忧，唯有杜康"的说法，将杜康定位于解忧良药，唐代诗人白居易《酬梦得比萱草见赠》中"杜康能解闷，萱草解忘忧"的诗句，再一次肯定了杜康解闷解愁的"功效"，再加上我国文化中还有借酒浇愁这样的成语，使得"杜康"产生了丰饶的文化底蕴，也产生了非常丰富的宣传价值，如果抓住中国消费者心中难以丢失的古典情怀进行宣传，就很容易引起消费者的共鸣。

（2）情感营销可以从满足消费者追求个性的需求入手

在物质高度发达的今天，消费者购买产品，注重的已经不单单是满足生理需求的物质利益，还包括满足心理需求的精神利益，而且往往更愿意为了满足心理需求而进行消费。精神利益可以使消费者从心灵上找到归属感，找到精神寄托，也就是所谓的"花钱买感觉"。如今消费者群体的一大特性，就是追求个性，而这也成为促使他们进行消费的重要因素。情感营销如果能够迎合这部分消费者追求个性的诉求，就容易激起他们的购买欲。

著名服装品牌万宝路的成功，便得益于其情感营销迎合了消费者追求个性的诉求。针对人们厌倦紧张忙碌、枯燥无味的都市生活，向往自由的情感需求，万宝路推出了美国西部牛仔这一个性形象，矫健的奔马、粗犷的牛仔在充满原始西部风情的画面衬托下，更显放荡不羁、坚忍不拔的硬汉本色，这一形象无疑容易引起希望远离世俗尘嚣、希望求得某种解脱的人们的情感认同，心灵的归宿感使得他们愿意接受和信赖这个品牌，愿意为此买单。

（3）品位和艺术也可以成为情感营销成功的助力器

品位和艺术，往往让人联想到格调与阶级。对于追求品位和艺术的人来说，消费产品的目的，在于其中所具有的一种品位、艺术和情调，这些东西看似无形，却深深影响着人们的消费观，甚至有时会成为无价之宝。

瑞典"纯粹伏特加"最初的营销之路并不顺畅，因为价格昂贵、造型丑陋、斟酒费劲以及没有品位等原因，它在面世之初便遭遇美国消费者的反感与诟病。后来商家为了扭转局面，开始在品位上做文章，希望通过情感营销来打动消费者。为此，商家不惜重金聘请优秀摄影师、画家在酒瓶上作画，通过一幅富有感染力、诱惑力和审美价值的印刷广告扭转了人们对纯粹伏特加的印象，使其成为自信、自如、高雅的象征，引发消费者的疯狂追捧与热情购买。

情感是人们消费行为的重要影响因素。情感营销，就是从人们的情感入手唤起消费者对产品的好感，使他们产生情感与价值观的共鸣，从而做出购买决策，它是社群营销最有力的武器。社群营销过程中用好这把利器，一定会达到事半功倍的效果。

第六章

参与感：口碑是社群营销的灵魂

1. 口碑营销重在分享

人们推动口碑讨论的三个基本动机，都可以解读为一种分享行为：喜欢你的产品，所以要将这个物有所值的东西分享给其他人；希望在人们面前展示自己，于是通过分享关于商家的情报来体现自己的不俗；希望结识更多有共同语言的人，故而通过分享内容来寻找兴趣相投者。不难看出，口碑之所以被口口相传，就是因为大家怀着不同的目的来分享它。

互联网的一个基本精神就是共享精神。大家彼此交换信息，共享资源，纵然相隔在五湖四海、大洋彼岸，也能为同一个趣味话题捧腹大笑，为同一个悲伤话题相互慰藉。

在沟通中分享，在分享中交流，把你看到的有用信息和我收藏的好东西贡献出来，共同从中受益。互联网的共享精神促使着越来越多的人上传手头的资源，也激励无数人发挥创意来点亮分享者的生活。在不知不觉中，人们获取信息和知识的主要来源从传统媒体变为社交媒体。每一次无心的转发和评论，说不定都在为某个潜在的热门话题造势，为某个人传播美名，为某家企业传颂口碑。

做口碑营销的人应当认清这个形势，并积极贯彻互联网的共享精神。无论是哪个品牌，都要通过不断跟粉丝客户分享信息和资源来加强他们对品牌的向心力。商家唯有舍得分享，才能赢得众人的支持。为此，有远见的企业不仅会经常性地向广大粉丝客户提供最新消息，还会主动构建资源分享平台，与他们打成一片。

　　华为集团以重视技术研发著称，在粉丝营销方面也有自己的特色。小米把自己的产品发烧友称为"米粉"，而华为很早就把自己的铁杆粉丝称为"花粉"，并积极组建与广大用户进行互动的平台——花粉俱乐部。

　　从论坛博客时代到新媒体时代，华为的花粉俱乐部无论怎样更新升级，都一直坚持开展"强关系"社交。花粉俱乐部的官方简介写道："花粉俱乐部是华为官方唯一的以服务花粉为宗旨的综合性网站，提供最新的华为手机产品资讯，最丰富的应用软件主题游戏 EMUI ROM 资源，最丰富的花粉活动信息。"由此可见，花粉俱乐部既是华为向用户展示新产品的重要平台，也是收集无数"花粉"反馈意见的主要渠道。

　　花粉俱乐部从 2016 年 10 月 28 日开始发起了名为"趣味美拍很 nova"的有奖互动，截止时间是 2016 年 11 月 13 日 23：59：59，奖品是全网通版的香槟金（白）的"HUAWEI nova 4GB+64GB"手机。活动方式是在花粉俱乐部相关主题帖子里上传两组自拍美图，一组是未经处理的"No"篇自拍相片，另一组是使用手机自带的"美妆""美肤"等模式拍摄的自拍相片。拍摄工具必须是华为或荣耀的手机。

　　通过这种富有互联网社交媒体色彩的有奖互动，广大"花粉"既享受了晒自拍照的乐趣，也充分展示了各款华为或荣耀手机的拍摄功能。华为集团与消费者打成了一片，口碑也在分享自拍照片与互动交流中自然而然地形成和传播。

　　口碑营销不是单方面宣传就能完成的任务，必须通过不断互动才能完成。这样才能把营销信息传播给更多的人。毫不夸张地说，以"转告朋友"为目的的互动行为是口碑营销的核心。

　　与用户缺乏互动的商家，如同一潭死水。死水找不到汇入大江大河的出口，更别说投入大海的怀抱了，迟早会变得干涸。懒得与用户进行互动的企业，新媒体平台设计得再漂亮，也是毫无生气的花架子。消费者希望与商家进行深入沟通，了解更多的信息，获取更多的价值，这一切唯有通过双方互动才能完成。

互动的目的是增加分享人数，提高传播效率。当消费者在企业新媒体平台上与你互动之后，他们会把你的信息分享到其他平台上，而与他们互动的人又会有样学样地再次分享，这就是口碑传播的实际路径。公司口碑营销团队只有积极参与互动，积极回复任何希望交谈的粉丝的问题，粉丝的分享热情才会被真正触发。

需要注意的是，口碑营销团队在互动过程中不要把自己视为主宰者，而应该放低姿态，与广大粉丝平等地交流。那种盛气凌人的态度不叫互动，而叫欺负人。连平等对话都不会，公司口碑若是能好起来，才是怪事。对于这一点，我们一定要高度重视。

2. 用话题来吸引粉丝

　　全民娱乐化是现代社会的一大特征，娱乐信息在社交媒体上远比严肃新闻更受欢迎。这是因为人们在快节奏、大压力的社会环境中更需要生动有趣的娱乐活动来平衡自己的生活。一张一弛，才能持久。全民娱乐化的风气有利有弊，有争议，但对于企业而言，最重要的是适应这股潮流，在合理的尺度下为目标用户提供更多有趣的娱乐内容。这也是做口碑营销必不可少的手段。

　　口碑营销的主要战场是社交媒体，次要战场是传统媒体。以社交媒体为基础的口碑营销必然要顺应新媒体的玩法。

　　娱乐性是新媒体的一大特征，缺乏趣味的东西很难在社交媒体上传播。比如，你在微博或微信上发一篇像产品说明书一样有用却干巴、枯燥的科普文章，肯定很难吸引读者。新媒体让信息变得更加零碎，既能让用户在任意一段碎片时间里浏览大量信息，但也使他们养成了比较浮躁的碎片化阅读习惯。现在的读者，就算有大把时间，也不愿去自己查阅资料，他们宁可把时间花在浏览网页上。假如不是趣味盎然的"短平快"信息，就根本入不了他们的"法眼"。

　　想要让你发布的内容更受欢迎，就得学会把人们熟悉或不熟悉的东西打碎，重新组装成符合碎片化阅读习惯、具有较强娱乐性的趣味内容。

　　比如，讲解动植物知识的时候，可以加上中国网民最关心的"能好怎"话题（能吃吗？好吃吗？怎么吃？）。通过这种发散思维的趣味话题来传递知识点，是现代科普工作的新趋势。而借助趣味话题来引发广泛讨论、输出产品信息，也是新媒体时代口碑营销的制胜法宝。

2016年年初，网友Helloandy发了一个题为《胖居然也算工伤》的帖子，还晒出了"工伤认证申请表"的照片为证据。原来，某个互联网餐饮企业每次推出新菜品都会让全体员工试吃，一位男程序员因多次加班试吃新菜品而长胖15斤。于是，他煞有介事地填了一份《工伤认定申请表》，说自己"吃肉一时爽，吃完莽起长"，导致3次相亲失败。最令人捧腹的是，他竟然以"胖了应该算工伤"为理由向老板申请工伤补偿。

由于这家企业平时的气氛非常活跃，这位程序员才煞有介事地提交了工伤认定申请，开玩笑地说"请领导为我的体重负责"。老板看了以后哈哈大笑，特批了200元工伤费与一天带薪假期，并且"已为你报好重庆国际马拉松比赛，祝你减肥愉快，瘦了好去相亲"。然后，那位员工真的参加了2016重庆国际马拉松赛。

这个趣闻很快上了微博热门话题榜，许多网友都调侃自己完全符合申请工伤的标准。"胖了也算工伤"这个话题的阅读量没多久就飙升到70万，转发量超过1万，一度排进社会话题排行榜前50。无论这是不是那家互联网餐饮企业精心策划的趣味事件营销，在客观上都起到了非常好的口碑传播效果。

为什么趣味话题能引发疯狂传播呢？乔纳·伯杰教授对此解释道："我们可能会说，这些视频的疯传只是因为它们很搞笑，但其实还有一个更基本的原因。想一想最近一次听到的超级笑话，或是看到的幽默视频，你一定觉得必须分享给朋友。正如那些令人振奋的消息，或是令人发指的消息，搞笑的内容之所以被分享，是因为快乐属于高唤醒情绪。"

按照美国营销专家的研究成果，快乐幽默是一种高唤醒情绪，会刺激人们积极地分享自己的心得。"胖了也算工伤"这个趣味话题正是如此。

上述案例实际上是一次借势营销活动，借助了当时在朋友圈里不断刷屏的热点——重庆国际马拉松赛。当时全城市民的目光都放在这场赛事上，营销者有势可借。老板发工伤补助并替员工报名参加马拉松比赛，而该员工又配上了参赛图片，让这个话题的真实感大大增加，导致热度进一步上升。

当然，不会制造话题是借不了势的。这次事件把"胖"与"工伤"两个没有逻辑关系的词硬拉到一起，顿时产生了喜剧效果。

此外，话题如果不能得到有效传播，就失去了制造笑点的意义。"胖了也算工伤"最初只是在论坛发酵，吸引网友参与讨论并扩散到微博、微信。然后许多超重的网友也跟风调笑说自己的"工伤"很严重。这个趣味话题被炒热后，媒体很快进行了跟踪报道。正式新闻报道又加大了话题的传播力度，反过来推动了社交媒体的传播，最后让"胖了也算工伤"登上微博热门话题榜。

可以说，这个趣味话题是天时、地利、人和"三合一"的结果。通过向大家传递快乐，形成了妙趣横生的口碑。

3. 社群营销的互动对象

分享与互动是口碑营销的左脚和右脚，没有它们，口碑营销就寸步难行。不过，世界上的人那么多，营销团队不可能跟所有人都进行交流，必然要选择合适的互动对象。对于商家而言，最有互动价值的人是那些喜欢讨论你的人。口碑谈论者的发言动机各异，兴趣点大相径庭，与他们进行互动是一件轻松愉快却又不简单的事。想要做好互动，首先得找出那些喜欢谈论你的人。

通常来说，口碑谈论者主要分为以下几类人群：

（1）对产品和服务感到满意的顾客

这是最常见的一种口碑谈论者。就算他们是第一次接触你的产品，也会很快成为老顾客。当然，很多顾客对你满意，但是不怎么爱发言。你需要从他们当中找到那些喜欢高谈阔论的人。

（2）喜欢在热点消息下面发评论的网友

这些人不一定是你的产品用户，而且给出的评价可能有正面的也有负面的。只要社交媒体上出现关于你的话题，他们就会积极参与。如果话题对你有利，他们将是正面口碑的助攻队友；如果话题对你不利，他们将是"墙倒众人推"里的"众人"。

（3）使用有你公司 LOGO 的产品的发烧友

现在的商家喜欢把 LOGO 印在帽子、T 恤、手提袋等物品上。如果某位行人拥有以上的其中一种或几种物件，他就自动成了你的广告宣传帮手。你的品牌 LOGO 将出现在他们经过的所有公共场合，给其他路人留下不同程度的印象。这也是一个口碑传播过程。

（4）公司内部的优秀员工

公司员工最熟悉自家的产品和服务，可以为其他类型的口碑谈论者提供详细的数据和谈资。有些员工的企业使命感很强，不遗余力在网上发起关于本公司品牌的话题，成为口碑营销的组织者。这些人才最适合成为公司口碑营销团队的一员。

（5）喜欢收集各种消息的人

在互联网中有一类网友特别喜欢收集各种冷门知识和八卦信息。他们发起热门话题的概率很大，其他网友也乐于看他们分享的内容。商家的产品信息、管理心得、逸闻趣事，都是这类人比较关注的信息。他们在口碑传播过程中扮演着很重要的角色。

（6）公司品牌的"亲卫队"——忠实粉丝

这群人是公司产品的资深用户，对公司品牌抱有深厚的感情。他们有浓厚的兴趣帮企业传播口碑，活跃度在所有的口碑谈论者中高居榜首。他们不仅喜欢关注公司的各种网络宣传平台，还会自发组建论坛、QQ 群、微信群、微博粉丝团等平台来帮你做宣传。

（7）各类专业人士

这类口碑谈论者包括媒体特约评论家、专栏作家、各行各业的专业人士（通常也是自媒体大 V）等。他们的意见对其他人具有较强的参考价值，特别是对其粉丝具有决定性影响。所以，这类人的意见不可不重视。

小米公司联合创始人黎万强在 2012 年 8 月 3 日的微博中宣布："3 日至 9 日，欢迎发挥创意，以 # 小米盒子兄弟 # 为原型来 PS 及创建话题，前 20 名转发数最多的热门奖励 32G 的 SD 卡，论坛投票前 5 名的无敌作品再奖励手机 1 台。"

"小米盒子兄弟"是小米公司的两位员工，他们因拍摄了一组关于小米 2 代环保包装盒的相片而走红。他们两个人都不算瘦子，吨位加起来超过 300 斤，一人背着另一人站在小米 2 代环保包装盒上做搞笑的动作，包装盒居然没有被踩变形。这从侧面反映了小米 2 代环保包装盒有多么结实、耐用。

令人没想到的是，由于"小米盒子兄弟"的动作非常有喜感，广大"米粉"忍不住玩起了 P 图游戏。这样弄出来的新图片很快在"米粉"中传播开来，又蔓延到了互联网上。很多网友看到这些搞笑图片后也参与互动，在不知不觉中把小米 2 代环保包装盒的名声推广开了。

小米公司见状，索性由官方组织一次 PS 大赛，用"小米盒子兄弟"的图片来做恶搞图片。很快，"小米盒子兄弟之龙口脱险""小米盒子兄弟快跑""小米盒子兄弟是男人就下五百层"等恶搞图片纷纷问世，让大伙乐不可支。

这场活动从"米粉"内部延伸到了各大社交媒体，很多非小米用户也热心参与互动。通过这种方式，小米 2 代环保包装盒把口碑营销的力量发挥到了极致，通过互动活动给目标客户群体留下了深刻的记忆。

上述各类口碑谈论者的作风迥异，公司营销团队与他们互动时应该注意区别对待。这里的区别对待并不是要把互动对象分出三六九等，而是根据不同人群的特点来做互动交流。

比如，对你的产品感到满意的顾客中肯定会有一批特别热情的回头客。他们会记得很多服务人员的情况，对公司的一切喋喋不休。这些顾客很容易成为优秀的口碑传播者，口碑营销团队应该用非同寻常的方式对待他们，主动给他们提供有传播价值的信息。

而那些品牌发烧友更是堪称口碑营销的"精锐义勇军"，他们不仅有热情，往往还有才华，能从公司员工意想不到的角度来做宣传。他们的创意更贴近用户的心声，故而能获得更好的传播效果。对于他们，公司应当重点团结。

专业人士作为特殊的口碑谈论者，对公司品牌在业界的口碑影响非常大。虽然口碑营销更多是借助广大业余口碑谈论者的力量，但对于少数专业人士也不能忽略。因为，他们的观点往往是大众的重要参考意见。为此，商家应该在平时跟专业人士搞好关系，真诚地向他们虚心求教。这种尊敬的态度会让他们感到满足，从而有兴趣正式推荐商家的产品。

4. 社群提升用户的参与感

　　小米科技在口碑营销方面做得非常有特色，其中最有代表性的指导思想就是"参与感"。所谓参与感，就是让产品用户和员工一同参与公司组织的活动，经常保持深度互动。这种互动方式就像是参加朋友开的派对，轻松愉快、团结友爱、没有隔阂，彼此真正地打成一片。

　　这是新媒体时代的新形势，与消费者主权意识上升有很大关系。

　　传统营销模式催生了传统的商家与用户的关系。用户单方面接收商家推送的信息，最多也就是有选择接受或不接受的权利，缺乏一个有效的对话机制。而商家也只是重视单方面向消费者灌输信息，并没有与他们互动交流的意识。那时候的口碑营销是粗放式的，用户给的好评没什么传播力度，更多是靠商家的自夸来推广产品或服务。在这种缺乏话语权的背景下，消费者很难萌发主权意识，对参与感没什么需求。

　　新媒体颠覆了传统营销模式，也改变了消费者与商家的关系。

　　在这个"人人都是自媒体"且任何负面情绪都可能被放大百倍的环境下，消费者给出的差评会很快吸引一大批网友加入讨论，引爆企业的负面口碑，在很短的时间内达到众口铄金的效果。消费者的话语权提升了，与商家的关系也趋于平等。他们的意见对商家的营销状况影响很大。在这个背景下，消费者越来越希望主动影响商家的营销流程，让他们设计出更符合自己个性化需求的产品，让他们提供更加人性化的服务。

小米科技的副总裁黎万强在《参与感：小米口碑营销内部手册》中写道："真正的参与感绝对不仅仅是互动，而是塑造一种友爱的互动，让员工、用户发自内心地热爱你的产品，发自内心地来推荐你的产品。"

要做到这一点，就必须"潜入用户的大脑"，在用户使用产品的过程中，营销者要不断给他们渗透式的用户体验。唯有这样，营销者才能与广大用户打成一片。为了提高用户的参与感，小米从公司最高层开始，带头与"米粉"进行深度互动。

比如，在 2015 年 5 月 5 日 10 时 56 分，小米公司总裁雷军特意发了一条微博："我想请 5 位米粉，去印度和美国，来一场说走就走的旅行，如何？我们付所有旅行费用，但你要用配备骁龙 810 的小米 Note 顶配版在国外完成一系列任务，帮我们测试一下小米 Note 顶配版的各项性能。# 米粉芯旅行 #。"

这个活动的主要目的是推广当时准备上市的新产品——小米 Note 顶配版手机。雷军亲自公开邀请 5 位"米粉"使用配备骁龙 810 的小米 Note 顶配版手机在印度和美国完成一系列任务，所有费用由组织活动的小米公司承担。通过这种富有游戏色彩的互动活动，小米进一步增进了与"米粉"之间的关系，也带动了新产品的销售。

口碑传播是以对话形式扩散信息的，也就是说，没有对话就没有口碑。公司要设法让更多用户参与到交谈中。当然，这也意味着我们需要投入更多的员工去同用户对话，否则光靠一两个人加班加点应付成千上万的粉丝，无异于天方夜谭。有的公司提出了"全员客服"的理念，就是基于这个考虑。让全体员工都参与到交谈当中，提高整体的互动效果。

不过，公司员工的性格和能力是多种多样的，完全一刀切地让他们以同一种模式来跟用户对话，显然不现实也不科学。安迪·赛诺维兹教授建议，公司中任何对交谈有兴趣的员工都可以参与交流，不过，有些人负责倾听，有些人负责回复，有些人则负责从旁观察。

根据不同的性格能力特点来分工，倾听者满足用户的倾诉欲，回复者给用户解答疑问，观察者从中捕捉交谈中的有用信息（比如用户的潜在需求变化等）。这种分工合作式的互动，比让员工一个个跟用户成对交谈的效率要高得多。

说到底，交谈不只是为了聊天，而是通过聊天来传播口碑和了解情况，最终提升销售业绩。通过更多的交谈来获得更多的口碑，像滚雪球一样增加口碑的传播力和影响力。

口碑营销重在发展粉丝的力量。

口碑营销与粉丝经济有着密切联系。凝聚粉丝首先需要产品自身过硬，留下好口碑。而传播口碑又需要大量热心的粉丝自发地替商家做义务宣传。口碑营销的直接目的是吸引粉丝、培养粉丝团，最终的落脚点是粉丝经济。其中，对口碑传播影响最大的群体，是粉丝中的佼佼者——铁杆粉丝。

铁杆粉丝通常有以下几个特征：

首先，他们对产品最为热爱，对品牌的忠诚度最高，非常注意维护公司品牌给众人的印象；

其次，他们对公司的很多事情了如指掌，堪称专业级水平，其他粉丝非常相信他们的意见；

最后，他们往往是粉丝团中的意见领袖和粉丝活动的召集者，在众多粉丝中有着很大的号召力。

一个企业的口碑好坏受到多种因素的影响。但在这个竞争激烈的环境中，粉丝多的一方很容易赢得社交媒体上的话语权，成为主流意见的代表。此外，粉丝团综合素质高的一方，在口碑竞争中也处于有利的位置。其中最关键的是该品牌是否有一定数量的稳定、优质的铁杆粉丝。有些商家的粉丝数量看上去很多，但以"僵尸粉"和"死粉"为主，他们在口碑传播方面的战斗力不会高于那些粉丝数量看起来少，但真粉率却很高的商家的粉丝团。

从某种意义上说，口碑营销的效果可以通过粉丝团的建设情况看出来。如果无法凝聚一批优质的铁杆粉丝，则说明该企业的产品不够好、品牌不够硬，支撑不起良好的口碑。

小米在国内互联网企业中是典型的后起之秀。不过才成立短短几年，小米手机的销量就名列前茅，成了新兴的名牌。这在很大程度上是靠铁杆粉丝的口碑营销。小米刚起步的时候，没有太多广告预算。总裁雷军建议主管营销的黎万强想点特殊的办法来宣传新出炉的小米手机，于是小米营销团队通过培养铁杆粉丝来带动营销。

小米手机发布第一个内测版本时，只是手机市场中的无名小卒，没多少人关注。小米产品的第一批用户只有100人。用户少得可怜，也没多少资源用来搞推广活动。于是小米管理层决定采用精神激励的办法来加强这100名用户的品牌忠诚度。在小米手机的开机页面上，写着最初的100名用户的论坛ID，所有使用小米产品的人都会看到。这就是雷军和黎万强对粉丝表达敬意的方式。

于是最初的100名用户成了传播小米品牌的"火种"。在这些铁杆粉丝的带动下，小米手机的口碑越传越广。根据市场研究公司赛诺（Sino）发布的2016年上半年中国智能手机Top20品牌销量报告显示，小米手机在2016年上半年的销量为2365万台，位居排行榜第 5 位。而在 2015 年的上半年，小米手机曾经在排行榜位列首席。与其他上榜的品牌相比，仅仅成立 6 年的小米发展速度可谓惊人，这与小米团结铁杆粉丝的口碑营销策略是分不开的。

口碑谈论者有多种类型。有的人只跟自己最亲密的少数人推荐商家的产品，有的人则逢人就大谈商家的好处；有的人用严谨的分析来论证商家是多么的优秀，有的人只是凭着感情主观地赞美商家。在各色人群中，铁杆粉丝始终是商家最坚定的支持者，也是对商家的口碑营销贡献最大的人。

站在商家的角度来看，铁杆粉丝无疑是一群优秀的口碑谈论者。

这群"骨灰级爱好者"热情洋溢，爱产品也爱生活，有着经久不衰的旺盛精力。也许，他们不轻易向路人推荐商家的东西，但只要有人问起，他们就会瞬间化身为"专业人士"，大谈关于商家的一切优缺点，知无不言，言无不尽，一步一步引导提问者成为商家的新拥趸者。当他人质疑商家的产品时，铁杆粉丝又会凭借丰富的产品知识反驳对方的意见，竭力维护公司品牌的口碑。

当然，同样是这一群人，对公司"爱之深，责之切"。在公开场合，他们会为了维护公司品牌不惜与他人大打口水战，不愿听到别人说公司产品哪里不好。但在公司内部的交流平台中，他们恐怕是最喜欢挑刺的人。尖锐的批评只在关起门来时才说，这是他们对公司的鞭策和期待。

正因为如此，商家才更应最大限度地团结铁杆粉丝，并借助他们的力量对普通用户进行宣传。随着粉丝队伍不断扩大，铁杆粉丝不断增加，口碑营销才称得上是成功的。

5. 口碑营销中的"意见领袖"

不少商家都设立了自己的新媒体运营团队，试图在社交媒体上制造良好的口碑，推动销售额的增长，但实践效果却乏善可陈。这是多方面原因造成的，其中一个重要因素就是运营团队不能跟粉丝群体中的"意见领袖"组成统一战线。

"意见领袖"并不是真正意义上的粉丝团首脑，但他们对其他粉丝有着很大的影响力。通常而言，意见领袖有以下几个特征：

第一，他们在某方面有一技之长，能力超出其他粉丝，能为大家提供有趣或有用的优质内容。

第二，他们有一套相对完整的价值观，并且经常能在很多话题上说出令人拍案叫绝的犀利意见。

第三，他们普遍擅长与其他粉丝互动，跟大家的关系都比较融洽。

上述三个特征叠加在一起，使得意见领袖成为粉丝团中的无冕之王。在粉丝团这种非正式组织中，意见领袖是舆论风向的引导者，相当于粉丝群体的新闻发言人与形象代表。凡是他们批评的产品，其他粉丝也会跟着嗤之以鼻，最起码也要半信半疑；凡是他们认为出色的产品，其他粉丝往往会接受其推荐，成为该产品的新用户与口碑传播者。

在某种程度上，他们对粉丝群体的影响力（以及煽动能力）大大超过领薪水的公司营销团队员工。粉丝们固然喜爱公司的品牌，但这并不代表他们喜欢营销团队打理的官方微博与微信公众号。只有少数商家能把自己的官方营销号运营成一个比自媒体更有特色的"意见领袖",绝大部分企业的运营团队达不到这个水准,因此,必须考虑怎样与那些粉丝群体中的佼佼者开展合作。

海尔前新媒体总监李强强总结过一些做新媒体口碑营销的经验,包括以下两点。

(1)新媒体运营,到处都缺人

提个不成熟的建议,如果你是老板,把你微信朋友圈里最有个性、让你印象最深的人挖来,错不了。专业和经验根本不重要。

在媒体这个行当里 12 年,最大的感悟就是"新闻无学"。

读了 4 年新闻,参加工作之后才知道,学校教的东西,到实战时作用不到十分之一。

4 年时间里学的东西都忘了,就记住了一个人名:普利策。

但是,这不妨碍我们研究新闻写作,也不妨碍我们做调查报道。我们依然分得清楚那些美好或丑陋的东西。

为什么学校教的通讯写作、纪实文学,到了工作中都不灵了?

其实,传播是心术游戏,跟谈恋爱差不太多。谈恋爱这么重要的事情,也没有变成一门专业课。

传播就是这样。有的话说 100 遍也记不住,有些话,不说,一个眼神,一种语气,就能表达到位。

有时候,不说什么,更重要。

所以,我倾向于得出一个悲观的结论:传播,真的讲究天赋。

(2)人格化,不要职业化

同样的内容,罗振宇就能讲得津津有味,《新闻联播》的主持人就做不到。对外表达的时候,语气比内容更重要。

中国人民的老朋友仇勇(《新媒体革命》作者)以前提过一个概念,叫纪律写作。学过传播的人都知道一些写作的套路,最耳熟能详的，包括华尔街日报体、金字塔结构、倒叙、插叙、背景交代、关联事实，以及不要下结论，不要出现第一人称……这些东西是什么？是上一个年代里人们默认的并流传下来的写作纪律。

我们倾向于认为，这些条条框框是好的。一个选题，只要按照这个来套，错不了。

但是，现在一切都不同了，不仅是载体，而且还有内容的生产方式。

火的是什么？是杜甫很忙，是庞麦郎，是 papi 酱，是一个个让人摸不着头脑的东西，是反智主义。关于讲故事的纪律，他们每一条都违反了。怎么会这样呢？

人们越来越关注面具背后的真实的人，而不是面具本身。这就是为什么人格化越来越受欢迎，而千篇一律、整齐划一变得那么讨厌。

在目标用户人群中寻找意见领袖并不难。他们对口碑话题的热情程度高于其他人，粉丝队伍来来去去换了几批人，他们依然还在。他们在粉丝里的信誉度很高，大多数人都信任他们的才能与人品。如果你在搜索引擎里输入他们的 ID，可能会发现他们在很多不同的平台里都会提到跟你有关的事情。

找出这些人后，公司口碑营销团队应当整理一份意见领袖名单，从名单上选择公司希望与之合作的人，然后建立密切而长久的联系。

当然，意见领袖本身是多种多样的，甚至可能相互之间不服气。这就需要公司将他们分在不同的话题讨论小组，发挥其长处，减少其冲突。为了整合各路意见领袖，口碑营销团队应该为他们建立档案。档案内容应当包含：意见领袖是谁；他们的性格特点和强项、不足是什么；他们现在对公司口碑有哪些影响；他们平时喜欢跟谁交流；他们的联系方式。

根据这些档案，公司重点扶持其中最符合需要的意见领袖，将其列为口碑传播智囊团的外援，共同讨论口碑营销方案，然后再分工合作。

如此一来，很多公司不方便透露的消息可以借助他们的嘴来传达。另外，公司也可以借助他们的创意和舆论煽动能力不断维持粉丝队伍的活跃气氛。这是口碑营销中的双赢格局。

6. 让营销保持热度

口碑营销有三个难题：一是如何传播口碑；二是如何长期维持口碑；三是如何把口碑变现为收益。第一个难题考验的是传播渠道，第二个难题考验的是企业营销团队的话题制造能力，第三个难题考验的是盈利模式。

在信息爆炸的现代市场环境中，公司的口碑可能会在一夜之间变为参与人次上千万的热点话题，第二天又马上被新的热点话题打入"冷宫"。当一连串爆炸性新闻出现时，你的注意力会不由自主地被分散开来，口碑传播的力量随之锐减。

没有谈论就没有口碑，这是一个简单明了的道理。但再劲爆的消息时间久了也会冷却，再有趣的话题说多了也会索然无味。口碑以谈论为生命，口碑谈论者以谈资为生命。如果找不到新的谈资，再热情的口碑谈论者也会像失去燃料的燃气轮机，停下来，冷下去。若是真到了这一步，公司的口碑营销也就可以宣告失败了。

为了克服这个难题，口碑谈论者需要听到更多的最新信息，比其他人更早了解第一手情报。唯有如此，口碑谈论者才能维护其"可靠消息搬运工"的光辉形象，继续对其他口碑接受者产生有效的舆论引导作用。

口碑谈论者自己寻找的谈资有利于增加他们个人的人气，但未必能给公司宣传带来直接收益。所以，公司营销团队要学会主动"搞个大新闻"，为广大口碑谈论者提供新的谈资。

海尔集团官方微博与高德地图官方微博曾经在国庆期间一起搞了件"大事情"。这件"大事情"很快成为看热闹不嫌事大的微博网友们的一个谈资，引发了多达 600 万的微博互动流量。网友们戏称：站定了海尔和高德官微两位的"CP"档。

原来，国庆期间有一辆货车遭遇了交通事故，车与货都滞留在高速公路隔离带外面。货车上装的恰好是海尔的产品。高德地图官微发出了一张现场相片并在微博中揶揄海尔说："熏疼（心疼）……"海尔官微很快转发该微博并回应道："我可是用的你的导航。"高德地图则表示："我们的友情已经到了尽头，我要取消对你的关注。"

两位官博君的互动微博很快引得网友纷纷转发、评论。大家戏称："国庆期间，没想到吃了家电和 GPS 这猝不及防的狗粮！"

当"翻车"话题的热潮退去时，海尔集团旗下的克路德机器人官微又给大家提供了一个谈资。克路德机器人转发高德地图要取关海尔的那条微博时说："海尔爸爸，我就可以给你导航啊！"海尔官微转发该微博并故作惊讶状。众网友又纷纷 @高德地图并评论"海尔爸爸在搞事情""机器人挖墙脚挖得快准狠""海尔君在外面有幺蛾子""演了一出大戏"等。

在大家谈笑之间，海尔旗下的克路德机器人将自身的产品功能特点与热门谈资结合在一起，成功借助海尔、高德两大行业巨头的谈资提升了自己的品牌价值，赚足了消费者的眼球。

现在的企业新媒体的玩法越来越多，组"CP"联姻是其中非常有效的一招。两个或多个企业新媒体良性互动交流，能够在共享用户资源的基础上，通过有趣、有料的互动，来增强用户的黏性，形成用户的叠加聚合。企业新媒体的互动交流，向用户展示的是企业鲜活、有料、趣味的一面，人格化的官微才是受欢迎、跟得上互联网时代的官微。

企业新媒体不应再是企业的上传下达的传声筒，也不应再是企业自娱自乐的宝地，而应是真正面向用户、接轨用户的新媒体。在这一点上，海尔与高德地图则是其中的佼佼者，乘势而入的克路德机器人，也同样值得关注。

在这次互动之后，海尔与高德地图的互动变得更为频繁了。

2016 年 11 月 15 日，海尔官微发了一条附带了蜻蜓 FM 音频的微博："新的一天，海尔君和 @ 高德地图主页君一起向您问好，导航用高德地图，浴室用海尔智慧魔镜，转发抽一支凌美钢笔，结果明天评论中公布。#听完后请告诉我谁才是吴彦祖#（音频附件）K 主页君日常早安：海尔&高德地图。"

这条微博不仅同时推荐了 3 家公司的产品，还组织了有奖转发活动。海尔和高德地图共同制作的音频附件，则大大强化了二者的人格化品牌形象。这种新玩法为粉丝们提供了更多的谈资，为企业联盟的口碑营销建设提供了很好的参考。

7. 做好用户体验是关键

"用户体验"在近几年被热炒的"互联网思维"中是一个重要的关键词。现在的商业评论在点评各大公司最新推出的品牌产品时，都会把用户体验视为一个重要指标。

在市场竞争中，产品的用户体验对消费者有着很大的影响，也在一定程度上决定了公司发展的后劲大小。

也许，著名生产商 A 公司比同行竞争者生产商 B 公司的年终盈利更多、发展历史更悠久、市场占有率更高，但 A 公司的产品在用户体验上不如 B 公司的产品令人感到满意，于是 B 公司很快吸引了一群忠实的发烧友，逐渐成长为业界的黑马。这与其说是口碑的力量，不如说是用户体验的功劳。

用户体验包括产品使用体验与服务使用体验，两者密不可分，分则易出乱子。

无论营销人员在官方微博上多么会卖萌，在微信公众号里分享过多少精品干货，消费者最终要的还是产品和服务。如果这两样最基本的东西不过硬，给消费者带来不舒服的用户体验，那么再巧妙的营销手法都是花架子，口碑营销也就无从谈起了。

所以，我们在做口碑营销时，千万不要本末倒置，用营销推广技巧代替产品和服务本身，那样只会把"口碑营销"从一个好词变成人人唾弃的坏词。只有以加强产品和服务建设为本，以口碑营销手段为用，才能真正玩转这种新媒体时代的商业模式。

良好的用户体验，不仅体现为产品的人性化，还表现在企业服务的人性化。小米的口碑营销就是走群众路线，贯彻"与用户做朋友"的精神。小米新媒体推广营销团队始终把提高用户体验水平作为自己的运营宗旨，从而创造了颇有建树的"9∶100万"的粉丝管理模式。

小米手机的微信公众号后台客服人员只有9个人。这9名员工每天最主要的任务是回复100万粉丝的留言。虽然100万粉丝不可能同时上线，但每一位小米后台客服人员实际上要面对的粉丝也的确是成千上万的。他们每天早上在电脑上打开小米手机的微信账号后台，浏览各种用户的留言，然后选择有代表性的重要留言进行回复。

不少公司的后台服务是通过开发智能程序主动抓取关键字来进行回复。小米公司虽然有这个技术实力，但还是让微信客服人员尽可能地进行一对一的回复。因为真人回复可以表现出机器人所没有的个性特点，让用户感受到更多的尊重与体贴。小米做活动一般会群发短信，100万条短信发出去，便是4万元的成本。9名客服与100万粉丝做朋友，工作量之大可想而知，但小米通过这个办法成功地提升了"米粉"的品牌忠诚度。比起在微信上"开个淘宝店"，小米把微信公众号的重心放在客服上的做法显然更让消费者感到舒服。

用户体验是一种综合性的感受，只有从多方面改善消费者的体验感受，才能获得最好的口碑。通常而言，商家改善用户体验有以下几个方向。

（1）改善用户的感官体验

当代消费者普遍追求更好的感官刺激效果。感官体验不佳的东西很难打动他们，既不能迅速形成口碑，过后也很快会被消费者遗忘。如果公司的产品和购物环境能给顾客带来印象深刻的感官体验，他们就会更喜欢你的一切。

（2）改善用户的初次购物体验

消费者的第一次购物体验是否愉悦，决定了他们对品牌的初始印象。如果初次体验良好就会再次光临，反之则放弃。无论消费者怎样决定，都会跟身边的人谈论对商家的看法，形成正面或负面的口碑。为此，企业应当致力于为每一位新顾客提供更好的初次购物体验。

（3）改善用户的情感体验

做生意也是做人情。现代消费者不喜欢冷冰冰的纯粹交易关系，而希望在消费过程中体验到更多温暖的人文关怀。如果这种体验良好，他们会适当地降低对产品的挑剔程度，用更宽容的眼光看待公司的东西。因为情感体验本身是一种可贵的增值服务，最能打动人心，诞生好口碑。

企业在上述几个方向上持续改进用户体验，口碑营销才算是落到了实处，公司的社会影响力才会变得更强大。

第七章

营销策略：口碑营销的吸引力法则

1. 广告代言是常见的变现方式

如今，流量变现的方式也越来越多，视频广告、品牌代言、直播等许多渠道都可以为网红制造收入。想开店的网红可以选择自己开店，一般网红都会选择开店，有一家自己的店铺，为自己代言，为自己引流；不开店的也可以选择产品代言。同样，作为品牌这一方，如今也越来越倾向于由网红进行代言。

有着日韩血统的莉莎，长着一张标准的东方脸孔。她20岁就创立了自己的网站和公司，在网站上分享自己的时尚大片。那些充满神秘的东方古典气息的照片，再加上充满个人特点的穿搭，迅速在网络上吸引了大批粉丝。

自2018年起，莉莎在 Instagram 上逐渐累积起人气，赢得了500万粉丝的拥护。而且，她还身兼造型师、模特、时尚顾问等多种职务，并与路易威登、华伦天奴等品牌公司过往甚密。

"网红"刚活跃在互联网上时，顶多只能算是个新鲜词。近些年走红的网络达人，多数都有着令人羡慕的颜值和身材，会打扮、懂时尚，生活方式也得到了大众的认同。因此，他们成为"网络明星"的代名词，由他们"代言"的品牌也更具市场渗透力。为此，很多品牌公司都愿意投钱给他们或代卖或代言，终归是要跟网红合作的。

张亮亮是湖北省武汉市人，中国大陆女模特、戏剧演员，2012年毕业于中央戏剧学院表演系本科。2015年，因一组照片，被网友们热捧为"第一民间美女"。随着人气的高涨，她独特的个人风格和多彩的生活，逐渐被越来越多的人关注。而后这位在民间深受欢迎的美女，被网友们推举为封面女郎，从网络跃然高端杂志封面，之后还收到了多家品牌服装和化妆品公司的代言邀请。

2017年，在国内的社交网站一位摄像师上传了一组照片，女主角是一位体重超标的佛系美女。这位摄影师说，自己遇到一位拥有天使般容貌的美女，可是女神一转身，露出了壮硕的身躯，人们都惊呆了。照片一经发出便引起了网友的围观，网友纷纷点赞"最美女胖子！"

在网络走红后，女孩邀约不断，先后接到大码服装公司、减肥产品减肥机构、美体整容医院的代言邀请，广告片约更是接连不断地找门来。

可以说，如今越来越多的企业开始寻求网红做形象代言人了。网红与星之间的界限越来越模糊，以往只有明星们才有的"广告代言人"待遇，现在网红们一样能够享受。同明星相比较而言，虽然网红没有明星那么高大上，但是他们更贴近消费者的生活。

同时，从消费者的角度来说，明星代言在一定程度上可以吸引大家购买化妆品，但是，现代年轻人更在意的是真实感。即使有再多的大牌明星代言，人们还是更愿意自己亲自试一试，这就需要时尚网红为他们进行推荐，可信度高的网红推荐的产品，就会更受欢迎。

网红做代言看似很容易，其实操作起来，还是有一些难度的，其中有很多细节需要我们注意：

第一，不是随便什么代言都可以接。首先要符合自己的定位，寻找与自己形象相匹配的产品，更要考虑受众群体，特别是自己的粉丝接受度。如果你代言的产品，粉丝不接受，就会背离粉丝对你的信任度；如果这样的代言产品过多，会让粉丝减少对你的关注。

第二，代言即是商业活动，首先要对自己有明确的定位，要清楚身为代言人的责任，为一个品牌代言就要维护它的形象。如果你做得好，代言费至少要超过100万。当你值这个价的时候，不仅能迅速扩张市场，还能进一步抬升身价，推动个人的全方位发展。

2. 诚信是口碑社群营销的本质

电子商务诞生之前，消费者可以口口相传某个商家是业界良心，但无法统计该品牌到底受到多少人欢迎。亚马逊、淘宝、天猫、京东、当当等网上购物平台推出的评分功能让买家可以给商品或店铺进行打分，而运营商再根据消费者的打分情况来给各个进驻网站的商家评定信用等级，给予好评率和信用度高的商家更多优惠政策。于是，互联网上出现了一句淘宝体名言："亲，给个好评呗！"

这本来是一个鼓励买卖双方诚信交易的管理机制，但在实际操作中仍然免不了出现一些乱象。

有的淘宝商家为了提高自己的信用等级，故意用注册的小号冒充顾客打好评。许多卖假货、服务态度恶劣的店主就是凭借这种伎俩来伪造好口碑，欺骗不知底细的新顾客。另外，有些消费者的素质低下，明明店主服务周到、发货及时、包装完好，就是故意给差评以满足自己阴暗的恶作剧心理，让商家的信用等级下滑。

所以，有经验的消费者在网购时不光看表面上的好评率或差评率，还会通过多种渠道反复验证该商家是否真有良好的信誉。

安迪·赛诺维兹教授指出："关于口碑的一个真理是，真相总会浮出水面。大规模媒体宣传活动，掩盖不了产品质量低劣的事实。响亮品牌的背后，藏不住劣质的服务。你不能对自己说假话，更不能对客户撒谎。"

这番话值得所有的口碑营销工作人员深思。

2015 年 8 月 20 日, 一位英国消费者发现新买的 iPhone 手机里有 3 张亚洲女孩 (其中有一位是笑容灿烂的中国深圳女工) 的照片。他觉得这个女孩的形象纯真、可爱, 就将照片发到了一个苹果产品爱好者论坛 (www.MacRumors.com)。没想到, 这张照片仅仅用了 6 天就风靡全球社交媒体, "iPhone girl" 迅速上升为 Google 排名第 7 位的热词。这则消息从国外传到国内, 从互联网媒体到纸质媒体, "最美 iPhone 中国女孩" 的话题蹿红, 俨然成了一个网络童话!

然而, 网友们追根溯源, 发现 "iPhone girl" 是那个苹果论坛策划的一起炒作事件, 分享照片的所谓 "英国消费者" 其实是论坛站长用马甲伪装的。网友们得知该网络童话是一场营销骗局后, 感到非常沮丧。有人说: "我实在不愿意相信 'iPhone girl' 是个公关事件。我经常觉得, 世界还是美好的, 不全部都是人造的。"

这则人为制造的网络童话破产了, 消费者感觉自己如同 "吞了一只苍蝇"。苹果论坛本想炮制一次完美的口碑营销, 调动大家对 "最美 iPhone 中国女孩" 的关注度, 结果被热心网友查出了作弊行为。最终, 给予好评的消费者认为自己受到了欺骗, 由喜转怒, 让苹果公司落下了一个坏口碑。苹果公司后来颇费周折才消除这次事件带来的负面影响。

在上述案例中, 营销者大大低估了网友的智商。随着网友们越来越熟悉商家营销的套路, 他们越来越难以被轻易煽动, 反而能在很短时间内完成辟谣工作。

安迪·赛诺维兹教授对此有着深刻的认识。他强调说: "口碑是反馈的循环, 迫使营销人员重视用户的意见。它打破了广告商的孤芳自赏，令他们不得不正视产品和营销对现实中的人产生的客观影响。口碑令客户坐到了董事会会议桌的首席位置上。口碑营销是听取用户的声音，维护用户的利益。在此类营销中，客户拥有强有力的发言平台——营销者必须认真倾听。这样，人们就有能力表达自己的不满，揭露不诚实行为。口碑营销者必须学会倾听，我们别无选择。除非消费者心甘情愿地传播我们的信息，否则我们就不能实现自己的营销目标。"

传统的宣传推广方式既烧钱又低效，已经在走下坡路。新媒体时代的消费者，更相信其他消费者与自己的亲身体验。假如他们觉得产品体验确实令人满意，就会信任营销人员，并主动向其他消费者推荐公司的产品。反之，他们不对公司大加挞伐就算手下留情了。

与此同时，公司口碑营销团队成员要学会珍惜消费者给予的口碑，高标准、严要求地贯彻诚实守信的方针。唯有如此，才能让口碑营销取得更好的经济效益，形成一个商家与消费者相互促进、互惠互利的良性循环。

3. 抓住客户兴趣给出合理的消费模式

用户喜欢什么，你就要抓住什么来做文章，通过这种方式，你就能获得更多粉丝的认可和支持。当然，这并不代表企业要完完全全地了解用户的任何爱好。有关经济学家早前经过调查发现，消费者在一个圈子里最能表达也最容易体现出来的就是他的兴趣。其实我们可以从日常的生活交际就能看出，人与人之间互动交流时，往往会从彼此的兴趣出发。

所以，企业想要从社群粉丝身上盈利，就应该读懂用户的兴趣，针对用户的兴趣来给出合理的消费模式。让兴趣变为拴住粉丝的信仰。

在一个社群中，什么能够吸引用户呢？不是你的产品，也不是你的服务，而是用户的兴趣。例如我们第一次去一个朋友家做客，在他家里发现了你最喜欢玩的桌球，那么下次你可能还想要去。

社群营销也是一个道理，你要抓住用户的兴趣，在社群中发展这项兴趣，并且巧妙地将这个兴趣与企业的盈利结合在一起，拴住用户的同时，还能让他进行消费。

奥利奥抓住了用户的兴趣，用兴趣拴住了用户，拴住了用户的钱包。奥利奥发现，大多数喜欢玩微信的用户，之所以会上微信就是想要获得更多好玩的段子和信息，而且很多用户还会在乘坐地铁或者无聊时，想要玩小游戏来打发时间。因此，玩小游戏和看一些有趣味的新闻，便成为用户上微信的重要理由。于是奥利奥在自己的微信公众号中，利用这些小游戏和信息来强化用户兴趣。

（1）用好玩的互动小游戏来拴住粉丝

打开奥利奥的微信公众号，在底端的菜单中，会看到一个"表情工厂"的板块。在这个板块中，奥利奥为用户送上的不仅是表情互动，更是一种类似小游戏的热情互动。

奥利奥为用户推出了 3D 自制饼干表情图案的互动，这也是一个小游戏。用户可以选择饼干的图案，然后拍摄自己的花样表情。如果用户进入前 100 名，那么用户的自制表情将会被送入奥利奥的工厂，用户留下联系方式，就可以获得奥利奥为你送上的3D 打印表情饼干模型。

用户在体验这个小游戏进行互动时，还可能对奥利奥的"扭一扭""咔嚓""分享"等主题产生兴趣。在体验完这个小游戏时，用户还可以回到奥利奥微信公众号的主页面中，点击下方的"即可购买"，进行购买奥利奥相关的饼干产品。

这种充满互动趣味的小游戏丰富了用户的微信生活，同时，给企业也带来了更多的利润和粉丝。

（2）用奇思妙想拴住用户

奥利奥除了抓住用户爱玩小游戏、喜欢互动的兴趣之外，还发现用户都喜欢一些奇思妙想的东西。事实上，每个人都喜欢探索和求知，每个人脑海中都曾经飘着很多天马行空的奇思妙想。于是奥利奥为了"成全"客户的奇思妙想，就推出了让客户参与奇思妙想的制作过程的活动。2014 年 10 月，奥利奥在微信公众号中为用户推出了"奥利奥心奇音乐卡，奇思妙想送给 TA"的活动。

用户可以发挥自己的才华、奇思妙想，将自己的想法通过奥利奥心奇音乐卡唱出来，送给你的好友、闺密、爱人、家人……

在这里，奥利奥不但将奇思妙想的兴趣带给了用户，而且还让用户因此可以彰显自己的才华和本领，这种"施展才华"的兴趣，非常吸引用户。

可见，兴趣是拴住用户的重要方式，企业在社群营销中，要多注意观察用户的兴趣，推出基于用户兴趣的活动，拴住粉丝的同时，拴住他的钱包。

4. 巧用对比抓住客户的心

小米科技创始人雷军举行了小米手机产品发布会，他将小米手机系统与苹果、华为手机做了详细对比，生动的对比给现场观众、网友留下悬念，小米手机系统到底有什么不同呢？

在产品销售过程中，同类产品之间的竞争不可避免。客户也总是将同类产品放在一起进行比较，有时候销售员稍一疏忽就会让准客户被竞争对手抢走，或许对手的产品及价格也并没有多大的优势。目前的市场环境越来越偏向产品同质化，如何让自己的产品发挥优势，是每一个企业都必须解决的问题。销售员可以利用对比销售法分析产品的优劣情况，赢取客户。对比销售法的实质是利用自己产品的优势方面与其他产品较弱方面之间的比较促成销售。

如今，同类产品趋于相同，产品之间几乎不存在差异性。销售员必须利用最小的差别发挥出最大的作用，找出对客户来说至关重要的差别。

当销售员发现客户青睐对手产品的某种特点时，应该跟其解释说本产品同样具有这种特点，使客户产生两方不相上下甚至本产品略胜一筹的感觉。

一条大街上的一家店生意可能平平，但如果陆续开了很多家，成了集市，客流就会源源不断地增加，生意自然比原先兴隆。所以，竞争有时是必要的，学会对比，甚至进行自身的对比都是一种进步的方法。

苹果公司有一个"Mac 对 PC"的系列广告，将 Mac 电脑与 PC 进行对比，产生了明显的差异化。

在个人电脑领域，苹果的 Mac 与微软 Windows 视窗操作系统有明显不同，苹果 Mac 因为兼容性的问题无法与微软抗衡，在个人和企业市场，PC 占据着统治地位。

"Mac 对 PC"的系列广告中，Mac 和 PC 有如下对话：

"你好，我是 Mac。"牛仔男孩 Mac 说。

"你好，我是 PC。"西装男 PC 说。

"我喜欢把生活变得有趣，例如听音乐、拍照片、看电影。"轻松自然的 Mac 说。

"我也可以啊，比如建电子表格、文档，还有时间表。"PC 严肃、紧张，却不甘示弱地反驳。

通过形象对比，Mac 塑造了轻松、自然、活泼的形象；PC 则刻板、老套、不善交流。这则广告告诉人们 Mac 不仅具备 PC 的各种实用功能，更重要的是 Mac 的创意与生活乐趣。

"Mac 对 PC"的广告系列包含 66 个短片，每段 30 秒，并邀请贾斯汀·朗（Justin Long）扮演 Mac，邀请约翰·霍奇曼（John Hodgman）扮演 PC。Mac 的形象被饰演得轻快有活力，PC 的形象则偏向陈腐愚钝。

这一系列广告得到了大众的喜爱，觉得它非常有意思，轻松好玩。Mac 的优势在对比中逐渐被越来越多的消费者认可。他们愿意接触 Mac 电脑，体验它的优点和特色。最终 Mac 用户有了迅猛的增长，开始购买并使用 Mac 电脑的人越来越多。他们甚至利用业余时间学习 Mac 操作系统的各种复杂功能，这足以说明消费者对 Mac 电脑的满意程度，也证明了苹果公司采用的对比销售策略效果显著。

在苹果电脑销量迅速增长的情况下，微软高管被采访时说道，自己品牌形象的"陈腐"难以否认，但苹果公司如果没有进行这样的对比，电脑市场也许并不会像今天一样。

对比销售可以直观地展示各种产品之间功能和质量上的不同，突出本企业的产品优势，方便消费者判断。在当下市场竞争中，企业之间的产品对比无可避免，巧妙地利用与竞争对手之间的对比进行销售是企业立足的关键，这对于明确企业的市场定位意义深远。

众多公司之所以进行对比销售，就是因为它惊人的力量。在销售过程中，环节是复杂多样的，只要抓住其中一个环节，跟竞争对手叫板，突出自身优势，就可以让消费者在对比中选择自己的产品。

对比销售的策略需要根据自身产品的身份来制定，当这种方法不太奏效时，就要考虑进行的对比是否恰到好处了。如何将对比销售做好呢？一般情况下，销售人员要做到以下两个方面如图7-1所示。

一、自己给自己寻找竞争对手

二、用内部竞争促进消费者选择主打产品

图 7-1

（1）自己给自己寻找竞争对手

或许企业此时比较弱小，但要修炼内功，在某一方面做强做大。最好在与竞争对手对比时令人意会，让消费者在心中自觉对比，这才是对比销售的最高境界。比如，京东商城的最新吉祥物

167

是只小狗，消费者看到后就会自觉地联想到他的竞争对手"天猫"，"猫狗大战"的故事就此传开。事实上，京东在体量上远远不及阿里，但其对比销售策略和方式，让消费者将二者作为竞争对手看待。

（2）用内部竞争促使消费者选择主打产品

如果找不到合适的竞争对手，销售员可以进行内部对比销售，通过内部竞争促使消费者选择主打产品。

威廉姆斯－索诺玛公司（Williams-Sonoma）是一家著名的美国家具公司。它推出一款新型家用面包机，售价289美元，结果销量很不理想。当别人推测面包机即将下架时，他们反而又推出另一款面包机，容量更大，价格更高达489美元。结果，原先滞销的售价289美元的面包机销量翻了一番。

不怕不识货，只怕货比货。消费者面对两款有着明显差异的面包机，自觉进行了比较。而在昂贵的面包机的衬托下，消费者明显更喜欢经济实惠的那一款。

5. 白鸡蛋、红鸡蛋，价格为啥不一样

日常生活中我们可能有这样的经验，市场上的白壳鸡蛋往往比红壳鸡蛋要贵几毛钱。

这是为什么呢？

先听听商家给我们的解释吧。白鸡蛋经常被冠以土鸡蛋、柴鸡蛋的名称，大致意思是农家散养的鸡下的蛋。农家鸡是在自然的环境下生长的，饲料以草籽、虫子、五谷杂粮等为主，绿色天然，鸡蛋的营养价值自然会更丰富一些。红鸡蛋是人工饲养条件下的鸡生的蛋，工业生产条件下的鸡以人工饲料为食物，出于增产的目的会人为地在饲料中添加一些激素，当然鸡蛋的营养价值会大打折扣。事实上消费者也是这么认为的，白鸡蛋卖得贵一些也理所当然。

这里，白鸡蛋的价格高显然是由生产白鸡蛋的成本（比红鸡蛋高）和消费者的购买欲望共同影响形成的。

事实是怎样的呢？国内外专家对此做了研究，发现白鸡蛋和红鸡蛋的营养价值差距不大。两种蛋的营养成分比较如下：

白鸡蛋的蛋白质比红鸡蛋高 0.75% 左右；

白鸡蛋的维生素 A、维生素 Bt、维生素 B 都略高于红鸡蛋；

红鸡蛋的脂肪比白鸡蛋高 1.4% 左右；

红鸡蛋的胆固醇比白鸡蛋高 0.8% 左右。

除此之外，其他的营养成分几乎相等。白鸡蛋和红鸡蛋蛋壳颜色不同主要是鸡的品种不一样。可见，说白鸡蛋价格高是因为

成本高属子虚乌有的，消费者的购买欲才是影响鸡蛋价格的主要因素。

所谓消费者的购买欲，即消费者的偏好。偏好是指消费者按照自己的意愿对可供选择的商品组合进行的排列，它是潜藏在人们内心的一种情感和倾向，是非直观的，引起偏好的感性因素多于理性因素。

习惯是消费偏好的一种常见类型，是由于消费者行为方式的定型化，经常消费某种商品或经常采取某种消费方式，就会使消费者心理产生一种定向的结果。所以，尽管人们已知道两种蛋相差无几，但在习惯的作用下仍会对白鸡蛋有所偏爱。

在市场经济的条件下，价格是由供求关系决定的。"供"指供给，是生产者的行为；"求"指需求，是消费者的行为。价格把生产者和消费者联系在了一起。

消费者的需求即消费者的欲望，人们为什么要消费一件物品呢，所有的回答可以归结为一点：它能给人们提供满足。这种满足被称为效用。早期的经济学家认为，必须找到一种方法来计量效用，就像长度可以用米、时间可以用秒来计量一样。这种努力失败之后，他们甚至宣称，选中效用是一个不幸。后来，人们发现，事情并没有这么糟糕：当一个人选择苹果而不是橘子时，我们只需要知道苹果带给他的效用比橘子高就足够了，至于高多少实际上是无关紧要的。

为了满足人对蛋的消费这种效用，有诸多可供选择的对象，如红鸡蛋、白鸡蛋，甚至鹌鹑蛋。人们会在自己偏好的作用下对各自的效用排个序，显然白鸡蛋会排在第一位，人们认为白鸡蛋的效用是最大的，尽管这并没有科学的根据。但就消费的最终目的是满足欲这一点来说已经足够了！我们知道，物品价格的变动是沿着它的需求曲线上下变动的。由于人们对白鸡蛋的特殊偏好导致了对白鸡蛋的需求上升最终反映在价格上——即比红鸡蛋贵几毛钱。

　　然而，一方面，消费者要尽量满足自己的愿望和需要；另一方面，他又受到购买力的约束，消费者的购买力取决于他的收入水平以及市场的物价水平。如果白鸡蛋定价过于昂贵，人们则会减少对白鸡蛋的消费，从而增加对它的替代品红鸡蛋的消费，毕竟两种蛋相差没多少。所以即使商家会把白鸡蛋价格定得贵一些，但和红鸡蛋比起来总不会贵太多。

6. 关联式营销让社群达到深度互动

《大数据时代》的作者维克托说："大数据时代要放弃对因果关系的渴求，转而关注数据之间的相关关系。"这一句话道出了大数据挖掘的基础，即数据之间的关联性。

企业做大数据营销不可忽略数据之间的联系。因为，在大数据时代，企业掌握的数据信息是杂乱且碎片化的。这些被割裂开来的数据其实是没有价值的，只有彼此联系起来，才具有大的价值，才能为企业的营销服务。比如，企业掌握的用户信息，可能只是停留在用户的年纪、性别、联系方式、购买的物品等方面。虽然，企业可以根据用户的这些基本信息确定其大致的需求。但是，这样的数据分析是片面且浅层的，并不能强化用户的体验。而如果企业把用户的基本信息和零散购买的产品信息联系起来，把单个用户和其他用户联系起来，进行深入分析，便可以得到用户的需求爱好、购物习惯、生活品质，甚至是生活圈，这样的营销才更具有针对性。

因此，企业对大数据的重视，不能只停留在单个的数据上面，要把得到的每一个数据联系起来，串联在一起分析，这样才能在更加深入地了解中实现与用户的深度互动，用户与用户之间的互动，才能把企业同用户之间的关系从商品交易转移到社会化情感上，培养忠诚的用户。

对大数据的深入挖掘与分析使得企业可以进行关联式的营销，这样的营销便具有了深度和广度。

通常情况下，互联网企业挖掘用户的需求喜好，多会通过三种方式。

一种方式是在商品的基础上，通过商品之间的关联性进行推送。比如，你在网上买了一部手机，网站会推送给你配套的手机套。其实，这也就是所谓的捆绑营销，也就是产品之间的关联式营销。通过用户购买的一种产品，捆绑相关产品。

另外一种是在用户的基础上，判断用户之间的相似性。这种在淘宝中很常见。淘宝在你浏览了某一产品信息之后，总会告诉你买这件产品的用户还买了另外一些产品。这就是根据用户之间购物数据的关联性进行的关联式营销。而通常情况下，大部分的淘宝用户在看到推荐之后，会自动地把购买同样物品的其他用户划归到一类。这个时候，淘宝系统的推荐便成了用户推荐。在不迷信品牌，只相信口碑的时代，大多数用户会随手点开浏览推荐的商品。

除了淘宝这种方式外，有的企业在社交网站上会分析每一个用户数据，在找到用户之间的相似性和关联性之后打造社群，利用合适的话题让用户与用户之间进行互动，从而扩大产品和品牌的影响力。

第三种是在用户数据信息的基础上做体验。企业通过分析用户的性别、年龄、职业、购物习惯等，判断出用户的喜好、用户的兴奋点。然后，在感官、行为、情感等多个方面带给用户全方位的体验。这做的就是关联式的体验营销，这种方式能够带给用户超出产品本身价值的体验。

无论是基于产品之间的关联性，还是用户之间的相关性，或是用户自身信息的相关性，都是依据数据的关联性而进行的深度挖掘。数据之间的关联性需要企业的大数据营销做最后的优化，即启动关联式营销，深入挖掘用户信息，分析数据之间的关联性。这样才能更深入地满足用户的需求，甚至引导用户需求，为用户提供更多符合其痛点问题的产品，使企业和用户之间，用户和用户之间达成更有深度的互动。

7. 免费模式在社群内掀起狂欢

在互联网思维中，免费思维永远是最被消费者所接受和认可的，也是消费者最愿意看到的惊喜。比如"免费试用""免费体验""免费设计"等，这些都是很好的免费方式。免费思维能够给企业带来更多新客户，也能为企业的品牌和声誉做良好的推广。

社群营销中也可以利用免费思维来做销售，想要让社群成员消费，首先要吸引他们，而吸引他们的方法就是免费思维。

兰蔻是法国顶级化妆品护肤品牌。随着互联网的发展，兰蔻陆续开通了官方商城、微信商城等各种快捷的线上购物方式。而且凭借兰蔻的知名度和线上购买的便捷，兰蔻也很快取得了用户的认可。

而最值得称赞的是，兰蔻也是较早开启社群营销的化妆品品牌。2006 年，兰蔻玫瑰社区开创，这是一个兰蔻官方的美妆互动平台，这里有众多成员一起对美妆心得进行互动，各种彩妆教程和温馨有爱的交流，都让更多的女性用户喜爱这个社区。经过近10 年的发展，兰蔻玫瑰社区已经聚集了数百万粉丝，粉丝们在这里互相发帖、评论、点赞，俨然一个大家庭。

在这里，不得不提的是，兰蔻玫瑰社区之所以会有如此大的吸引力，更多的是源于兰蔻在这个社区中经常运用免费思维来吸引用户，带动成员消费。

首先，打开兰蔻玫瑰社区，就会有一个诱人的提醒："10 秒快速注册，即得 50 滑板，马上试用兰蔻新品！"

兰蔻玫瑰社区一上来就给用户带来了一个免费的画面，只要注册就能获得优惠券，而且还能够免费试用兰蔻新品。这个免费思维运用得恰到好处，放在了首页，吸引的是更多的新用户，这也为兰蔻带来了潜在的精准用户。

此外，在玫瑰社区中，兰蔻还经常在显著的广告页面给用户发送一些免费试用信息。比如"你和夏天，还差一瓶爽肤水，申请试用"。

兰蔻根据季节推出新品，然后再给用户送上免费试用环节，希望用户在免费试用之后，可以在玫瑰社区中对该产品进行好评。

用户如果试用很好，那么就会给出好评，之后社区中的其他成员也就能看到，这就在无形之中带动了社区成员的消费。

在兰蔻玫瑰社区的上端有一个"口碑"菜单，点击会进入免费试用的评测中心。在这里，玫瑰社区的成员可以畅所欲言，发表自己在免费试用过程中的评价、感受和效果。这些评测对兰蔻产品的改善有很大帮助，更对其他成员的消费是一个引导。

给出好评，之后社区中的其他成员也就能看到，这就在无形之中带动了社区成员的消费。

在兰蔻玫瑰社区的上端有一个"口碑"菜单，点击会进入免费试用的评测中心。在这里，玫瑰社区的成员可以畅所欲言，发表自己在免费试用过程中的评价、感受和效果。这些评测对兰蔻产品的改善有很大帮助，更对其他成员的消费是一个引导。

兰蔻的免费思维为兰蔻成员带来的是双重的刺激和体验，同时也给兰蔻本身带去了更多的利润。因此，企业在社群中一定要充分利用免费思维，把握住社群成员的心理，让他们得以消费。

8.向粉丝兜售参与感，提升人气

　　有一件很奇怪的事情，小米的产品并不是最好的，但买小米产品的用户却不在少数；还有一件更奇怪的事情，很多人明知道小米的产品并不太好，但每当小米产品上市之后却争相购买。2019年小米营收突破2000亿，又一次创造了营销神话。

　　那么，小米凭什么有这样的魔力？对此，雷军说："小米销售的是参与感，这才是小米秘密背后的真正秘密。"

　　当然，想探寻小米秘密的人不在少数，对于不断颠覆人们想象的营销奇迹，雷军自己总结了六个关键因素：一、电子商务的威力；二、社交媒体的威力；三、把手机当电脑做；四、发动群众运动做手机；五、粉丝经济；六、在中国的一个硅谷式创业故事。的确，这六点都是小米成功的必不可少因素，缺了其中一条，小米都很难取得今天这样的成就。但是，在一次访谈当中，雷军却说，这六条仅仅是表象，他说："说得直白一点，小米销售的是参与感。这才是小米秘密背后的真正秘密。"

　　在如今的小米时期，雷军的口头禅是"顺势而为"，但在金山时期，他的座右铭则是"一路上有你，苦一点也愿意"。但不管什么时候，雷军从来没有忘记向用户兜售参与感。小米赶上了智能手机兴起的大势，赶上了微博风起云涌的大势，而雷军做得最正确的决定就是顺应随着大势而来的百万级用户参与的粉丝经济学——这也便成了雷军成功的关键。

　　给用户以深入的参与感，这种参与感制造了很多让人看不懂的扭曲力场，用黎万强的话来说就是"用户扭曲力场"。

"用户扭曲力场"是源于"星际迷航"中的一个术语，指的是外星人通过极致的精神力量建造了新世界。于小米来说，就是"米粉"通过极致的精神力量建造了神奇的小米世界。

实际上，苹果的员工曾用"现实扭曲力场"来形容乔布斯的气场和创造力。不过，"用户扭曲力场"用在小米身上也并不为过，因为在小米内部，不管是产品、技术、营销还是运营的调研，米粉都是第一原动力，这在过去是不曾有过的。

小米的成功之处就在于构建了一个用户扭曲力场的金字塔，最重要的支撑之塔基正是广大的用户，也就是小米最关键的一个群体——"米粉"。在社会化媒体高度发达的今天，小米兜售的参与感驱使粉丝们通过微博、微信、事件营销等全方位跟随小米的活动，这群强悍又忠诚的米粉成就了小米最核心的竞争力。

无独有偶，每次在亚马逊的董事会上，据说总会留出一把空着的椅子。这把椅子是留给谁的？不是别人，正是他们的顾客。在亚马逊看来，顾客也是董事会的成员之一，应该主动邀请他们参与企业的决策。

企业为什么需要如此强调"参与感"？因为，参与感是互联网思维之一——用户思维的重要体现。在这样的参与感面前，粉丝与品牌不再是两个割裂的个体，相反，有了参与感，他们之间就建立起了一种相互依赖的关系。

当一个领域出现某个成功案例的时候，很快就会有跟随者去模仿它。在很多企业看来，小米的成功似乎仅仅是互联网营销的成功，所以，他们想当然地认为传统企业向互联网企业转型无非就是做个电商平台，开了官微，做个微信公众账号，剩下的就是疯狂地向用户推送产品营销的相关信息，坐等用户下单。

但是他们或许从来没有想过，小米电商平台和社会化媒体背后从最初的产品设计到销售最后一环售后服务，整个产业链上其实最关键或者说起决定作用的就是用户最大化的参与度。如今的小米已经基本实现软硬件产业链的高度整合与全程的高度信息化，但是想方设法让粉丝用户参与到每个环节当中，想方设法将用户的存在感最大化，这是小米从诞生之日到今天始终在做，并且永远也做不完的一件事情。

所以，不管是什么企业，如果其仍然停留在过去"我能生产什么""生产什么卖什么"的传统思维模式上，就根本没有办法抓住粉丝的心，更不可能在营销上取得什么真正的突破。要知道，我们所处的已经不再是过去那个传统的社会。在这个互联网时代，再没有垄断企业口中的"'顾客是上帝'，不付钱的都滚一边去"模式，"皇帝的女儿不愁嫁"的营销思想再也不适应当今的环境，而只有如雷军所说"相信米粉、依靠米粉，从米粉中来，到米粉中去"，才能建立粉丝对品牌最忠实的情感。

9. 抽奖、促销、游戏齐上阵，这样的口碑谁能挡

在社群中，想要让用户消费，还需要借助更多的销售方式，比如抽奖环节、促销特惠、游戏有奖等，这些我们常见到的吸引人们的方式，都可以在社群中巧妙运用。

在社群中，用户如果每天都只是看一些文章、图片，时间长了，很容易打消在社群参与活动的积极性。所以，企业要适当给用户打一针"鸡血"。

支付宝钱包是支付宝用户常用的一个 App，同时也是支付宝用户喜欢聚集的社区。在这里，用户可以刷卡付款，也可以缴费充值，还可以购买优惠券等。更能够添加朋友，一起在消费中互相监督，互相转账，让消费更便利。

为了能够让支付宝钱包的用户更加依赖这个软件，支付宝钱包也推出了很多销售手段，如抽奖活动。

支付宝钱包推出了线下支付笔笔抽奖功能。众所周知，支付宝钱包已经与线下的很多商场、便利店合作并开通了刷支付宝钱包付款的方式。为了让更多支付宝钱包用户使用该功能，支付宝钱包推出了"线下支付，笔笔抽奖"活动。

支付宝钱包的黄金会员、铂金会员和钻石会员，在指定的线下场所，如商场、便利店、售货机、餐饮行业中使用支付宝钱包付款一次，即可享受一次抽奖机会。抽到的奖品包括一些抵用券等，可以在下次线下支付时使用。

这种促销的方式也吸引了更多支付宝钱包用户的使用，而且

也为支付宝钱包带来了更多新用户，促使这些新用户线下支付时使用支付宝钱包，以此来升级为黄金会员。

与此很类似的还有奥利奥品牌，在 2015 年 5 月，奥利奥为微信粉丝推出了一个奥利奥创意吃法大挑战的游戏。在此期间，用户可以进入玩转奥利奥创意乐园参与游戏。在这个特殊的游戏中，用户可以参与挑战抽奖赢大礼，奖品包括 iPad 平板电脑、自拍神器、储物罐等。

这个活动也促使更多奥利奥的微信粉丝在线下购买奥利奥，并且扫码参与活动。这样的活动让很多奥利奥的粉丝难以抗拒。

所以，企业在进行社群营销时，想要得到更多利润，就需要在社群中多加入一些趣味、创意的游戏、抽奖等活动，吸引用户参与的同时，还能积极促使用户线下购买商品。

10. 制造亮点内容，去吸引用户

在社群营销中，内容是关键，是吸引用户的重要手段。然而单一的内容肯定不能长久吸引用户，因此需要企业多制造一些有亮点的内容。举个简单的例子，我们去逛商城，柜台上的货物琳琅满目。当大家都在进行促销搞活动时，却有一家店铺门前有一个人形玩偶在唱歌。很显然，人们会纷纷将目光集中在这个人形玩偶身上，因为他是整个商城中的最大亮点。

社群营销也如此，亮点内容永远能够快速吸引人们的目光。

所谓的亮点内容，需要用户从多方面考量而定，如根据企业的优势、用户的需求、企业的文化等来定。但是一定记住一点：你不能和其他企业或者社群讲同一件事，而要从其他角度着手。比如当别的社群都在讲产品或者促销时，你可以多讲一讲社群背后的故事。

茵曼原创服饰在社群营销中，就紧紧地把握住了这一点。茵曼的社群营销有微信和微博两个主要方面。在微信公众号中，茵曼时常会给粉丝发一些关于新品、促销的内容。但是为了更大程度上吸引用户眼光，茵曼还会借助一些背后的故事来营销。

2015 年 7 月 7 日，茵曼在微信公众号中给用户发来了与以往内容很不一样的特色内容："她，为什么选择这样的一种方式去创业？"

从标题上来看，这似乎和茵曼之前的很多促销、搭配、新品特价等信息格格不入。但也正是这样一个突出的标题吸引了人们的注意。

　　而且从标题上便可以快速看出，这是一个有故事的内容，而且是一个非常有吸引力的故事。

　　点击之后，我们会看到茵曼给用户送上的关于这则内容的简单介绍："一个看似普通的女人，为什么她选择这样的一种方式去创业？借用她的原话：一边做生意，一边享受慢生活！"

　　很显然，这短短的几句简介，就已经吸引了人们的注意力。下面是这则故事的开端，这是一个 3 分钟的视频，茵曼还体贴地提醒用户要在 Wi-Fi 条件下观看。

　　在这则视频中，讲述的是茵曼的一个创业者张女士，在汕头开设茵曼线下体验店的故事。张女士原来只是一名普通的职工，也是茵曼的忠实粉丝。为了更好地享受生活，也出于对茵曼的热爱，张女士在汕头开了一家茵曼实体店，开始了不平凡的创业之路。

　　通过张女士自己的口述和她日常在茵曼店中的生活，可以看出，张女士非常满意当前的生活，并很享受茵曼的这种慢生活，它给自己和店员带来更好的工作环境，也给用户带去更好的服装体验，这就是张女士的创业故事。

　　很多粉丝从这个故事中得到了启发，产生了共鸣，他们积极互动和点赞。在这个过程中，粉丝也能对茵曼以及茵曼背后的故事产生向往。而如此一来，茵曼这种独特的社群内容营销就算成功了。

　　所以，无论什么企业，都可以尝试在社群中给用户定期推送一些有意义的故事，企业的背后故事、创业故事、感人事迹等，这样更能引发粉丝的情感共鸣。

　　想要更好吸引用户，还需要给用户抛出一个爆炸性的内容。所谓爆炸性就是非常让人惊讶的，或者给人惊喜的，或者让人想不到的。这类信息往往在抛出之后，会立刻形成热烈的传播。

这就好像做手机的罗永浩，忽然宣布要进军直播带货市场，并想要做抖音"带货一哥"。这个信息震惊了网络乃至科技圈。人们对老罗的这种想法表示怀疑，很多人认为他是在炒作、作秀，也有人认为老罗"疯了"，更有人认为老罗是一时冲动。

其实老罗没有冲动，也不是作秀，他真的在 2020 年 4 月 1 日，开始了抖音直播带货，而且表现不俗，直播 2 个小说，带货 1.1 个亿。在营销上，他的确在"炒作"，因为他用这样的一个爆炸性信息迅速圈粉，吸引了人们的目光，成为很多品牌方追逐的焦点。

所以，适当制造一个爆炸性的内容，可以快速吸引人们的眼球。

企业在社群营销中，想要激发粉丝们的热情，让粉丝们互动起来，参与到活动中，可以在适当的时机制造一个爆炸性内容，吸引用户。值得注意的是，企业在发送爆炸性内容时，需要注意标题的策划和发送的时间。标题要突出惊奇，要选择人们最容易接收和观看信息的时间发送，比如中午休息时间、晚上下班时间和晚上黄金时间等。

把握好了爆炸信息的内容和发送的时间，就一定能够博得人们的眼球，吸引更多新老用户参与。

新电商精英系列教程

CROSS BORDER E-COMMERCE
ACTUAL MARKETING

跨境电商
运营实战营销

王 辉◎编著

中国出版集团
中译出版社
CTPH

图书在版编目（CIP）数据

跨境电商运营实战营销 / 王辉编著. -- 北京：中
译出版社，2020.6

新电商精英系列教程

ISBN 978-7-5001-6295-7

Ⅰ. ①跨… Ⅱ. ①王… Ⅲ. ①电子商务—网络营销—
教材 Ⅳ. ① F713.365.2

中国版本图书馆 CIP 数据核字（2020）第 071921 号

出版发行：中译出版社
地　　址：北京市西城区车公庄大街甲 4 号物华大厦六层
电　　话：（010）68359376，68359827（发行部）（010）68003527（编辑部）
传　　真：（010）68357870
邮　　编：100044
电子邮箱：book@ctph.com.cn
网　　址：http://www.ctph.com.cn

策　　划：北京瀚文锦绣国际文化有限公司
责任编辑：温晓芳
封面设计：末末美书

排　　版：张元元
印　　刷：三河市宏顺兴印刷有限公司
经　　销：全国新华书店

规　　格：870mm×1220mm　　1/32
印　　张：36
字　　数：840 千字
版　　次：2020 年 6 月第一版
印　　次：2020 年 6 月第一次

ISBN 978-7-5001-6295-7　　　　定价：210 元 / 套（全 6 册）

中 译 出 版 社

当前跨境电子商务发展势头强劲，已成为扩大外贸进出口的新增长点。据中国电子商务研究中心统计，2013 年，我国跨境电商交易规模为 3.1 万亿元，增长率为 31.3%，占进出口贸易总额的 11.9%。2014 年，我国跨境电商交易规模约 4.2 万亿元，同比增长 33.3%，大大高于普通外贸的增长速度。据商务部预测，2019 年，我国货物贸易进出口总值 31.54 万亿元，比 2018 年增长 3.4%。未来几年，跨境电商占我国进出口贸易的比例将会提高到 20%，年增长率将超过 30%。这表明跨境电商将成为未来外贸和电子商务行业发展的新态势。

当前，越来越多的公司和个人通过互联网，突破传统外贸销售模式所受到的制约，将产品直接销售给全球消费者。2014 年，跨境电商企业超过 20 万家，平台企业超过 5000 家。

按照亚马逊官方于 2017 年 12 月 6 日在厦门召开的年度卖家峰会上公布的数据，2017 年，亚马逊全球 12 个站点新增的卖家数量约为 100 万个，其中，美国站有 30 多万个新卖家入驻。据亚马逊官方在峰会上公布的数据显示，在所有亚马逊卖家中，约有 14 万个卖家的年销售金额超过 10 万美元。与之对应的是亚马逊平台延续高速增长的趋势，2017 年，亚马逊 FBA 在全球的发货数量达数十亿件，亚马逊市值飙涨，超过 6000 亿美元，而亚马逊创始人兼首席执行官（CEO）杰夫·贝索斯（Jeff Bezos）的身家高达 1090 亿美元……这些数据都在向我们展现着亚马逊平台的蓬勃生机。也正是由于这些因素的刺激，我国的跨境电商创业者们都纷纷把亚马逊作为创业的首选和主营战场，期望能够获得一份满意的答卷。

跨境电商出口行业一片生机，这一商机成为对外贸易的新锐力量，也推动跨境电子商务零售出口成为新的外贸增长点。很多商家抓住这一商机，让更多的"中国制造"走向全球。

目 录

Contents

第一章

跨境电商的崛起

1. 什么是跨境电商

跨境电商是指分属不同国家的交易主体通过电子商务手段，将传统进出口贸易中的展示、洽谈和成交环节电子化，并通过跨境物流及异地仓储送达商品、完成交易的一种国际商业活动。

我国跨境电子商务主要分为跨境零售和跨境 B2B 贸易两种模式。

跨境零售包括 B2C（Business-to-Customer）和 C2C（Consumer-to-Consumer，或 Customer-to-Customer）两种模式。跨境 B2C 电子商务是指分属不同关境的企业直接面向消费个人开展在线销售产品和服务，通过电商平台达成交易、进行支付结算，并通过跨境物流送达商品、完成交易的一种国际商业活动。跨境 C2C 即 Customer（Consumer）to Customer（Consumer），是指分属不同关境的个人卖方对个人买方开展在线销售产品和服务，由个人卖家通过第三方电商平台发布产品和服务售卖产品信息、价格等内容，个人买方进行筛选，最终通过电商平台达成交易、进行支付结算，并通过跨境物流送达商品、完成交易的一种国际商业活动。B2C 模式下，我国企业直接面对国外消费者，以销售个人消费品为主，物流方面主要采用邮政物流、商业快递、专业及海外仓储等方式，其报关主体是邮政或快递公司，目前大多还未纳入海关登记。

跨境 B2B（Business-to-Business）贸易是指分属不同关境的企业对企业，通过电商平台达成交易、进行支付结算，并通过跨境物流送达商品、完成交易的一种国际商业活动，现已纳入海关一般贸易统计。

　　跨境电商本质上能消除国际商品供给不对称，电商口碑化营销方式利于商家塑造品牌，提升商品的国际竞争力。据预测，2020 年，全球跨境 B2C 电商交易额将达到 9940 亿美元，惠及全球 9.43 亿消费者，其中以中国为核心的亚太地区以 53.6% 的新增交易额贡献度位居首位，有望成为全球最大的跨境 B2C 消费市场。从互联网商业模式角度来说，跨境电商共经历了几个发展阶段，实现从信息服务、在线交易、全产业链服务到政策推动的产业转型，这些阶段不是断层的，而是持续交叉的。市场规模进一步扩大，产业链分工进一步细化并取得快速发展，显示出大型工厂上线、平台 B 类买家成规模、外贸服务商加入和移动用户量剧增四个特征，主要平台模式也由 C2C、B2C 向 B2B、M2B 模式转变，批发商买家的中大额交易成为平台的主要订单。

　　在萌芽期，全球跨境网购的需求较弱，消费习惯尚未形成，行业配套服务不完善，消费者体验差，行业发展较缓慢，包括到后来，淘宝网"全球购"等涉足跨境时期，跨境进口电商仍一直不温不火，产品质量参差不齐。直至政策规范化、海淘阳光化，才使得跨境进口电商迅速发展。在探索期，行业各方促进了成熟商业模式的出现，电商高效的信息传播和可视化的商品展示便于吸引海外客户，一大批外贸电商在此期间壮大。在发展期，在市场需求旺盛、政策支持的双重利好下，市场中的主流厂商逐步确立并开始进行市场推广。国家发改委在 2012 年末推出了"1137号文"，由海关总署主导，跨境电商通关服务试点拉开序幕。2014年是跨境电商的起航点，海关总署 56/57 号文确定了跨境电商专属的监管代码，以及对进口"三单对碰"的监管流程。随后，政府多次宣导和政策支持，各行各业对跨境电商领域的关注和投资热潮被唤醒。确切地说，行业各个环节的商业模式被认知，各类玩家纷纷入局，促成 2015 年网购保税模式爆发。国内外电商巨头、传统零售企业、非电商零售企业、外贸商及物流商等都切入了跨境电商行业。2016 年进入政策调整期，一方面国务院决定放开跨境电商综合试验区，继续扩大试点；另一方面，针对税收和监管，出台相应的跨境电商零售进口税及通关新政策。强化出口是国家层面的重要出发点，电商会自发地不断提升用户体验度，继而增强海外客户黏度。跨境电商再出发，形成外贸制高点。

2. 跨境电商的发展历程

1999 年阿里巴巴实现用互联网连接我国供应商与海外买家后，我国对外出口贸易就实现了互联网化。在此之后，共经历了三个阶段，实现了从信息服务到在线交易、全产业链服务的跨境电商产业转型。

（1）跨境电商 1.0 阶段（1999—2003 年）

跨境电商 1.0 时代的主要商业模式是网上展示、线下交易的外贸信息服务模式。跨境电商 1.0 阶段，第三方平台的主要功能是为企业信息以及产品提供网络展示平台，并不在网络上涉及任何交易环节。此时的盈利模式主要是通过向进行信息展示的企业收取会员费（如年服务费）。在跨境电商 1.0 阶段的发展过程中也逐渐衍生出了竞价推广、咨询服务等为供应商提供一条龙的信息流增值服务。

（2）跨境电商 2.0 阶段（2004—2012 年）

2004 年，随着敦煌网的上线，进入了跨境电商 2.0 阶段。在这个阶段，跨境电商平台开始摆脱纯信息黄页的展示行为，将线下交易、支付、物流等流程实现电子化，逐步实现在线交易平台。相比较 1.0 阶段，跨境电商 2.0 更能体现电子商务的本质，借助电子商务平台，通过服务、资源整合，有效地打通了上下游供应链，包括 B2B（平台对企业小额交易）平台模式和 B2C（平台对用户）平台模式两种模式。

（3）跨境电商 3.0 阶段（2013 年至今）

2013 年成为跨境电商重要的转型年，跨境电商全产业链都出现了商业模式的变化。随着跨境电商的转型，跨境电商 3.0 的"大时代"随之到来。

首先，跨境电商 3.0 具有大型工厂上线、B 类买家成规模、中大额订单比例提升、大型服务商加入和移动用户量爆发五个特征。与此同时，跨境电商 3.0 服务全面升级，平台承载能力更强，全产业链服务在线化也是 3.0 时代的重要特征。

其次，在跨境电商 3.0 阶段，用户群体由草根创业向工厂、外贸公司转变，且具有极强的生产设计管理能力。平台销售产品由网商、二手货源向一手货源好产品转变。

最后，3.0 阶段的主要卖家群体正处于从传统外贸业务向跨境电商业务的艰难转型期，生产模式由大生产线向柔性制造转变，对代运营和产业链配套服务的需求较高。

4. 跨境电商与国内电商的区别

（1）业务环节的差异

国内电子商务是国内贸易，而跨境电子商务实际上是国际贸易，因其具有的国际元素而区别于一般的电子商务。

较之国内电子商务，跨境电子商务的业务环节更加复杂，需要经过海关通关、检验检疫、外汇结算、出口退税、进口征税等环节。在货物运输上，跨境电商通过邮政小包、快递方式出境，货物从售出到国外消费者手中的时间更长，因路途遥远、货物容易损坏，且各国邮政派送的能力相对有限，集聚增长的邮包量也容易引起贸易摩擦。国内电子商务发生在国内，以快递方式将货物直接送达消费者，路途近，到货速度快，货物损坏概率低。

（2）交易主体差异

国内电子商务交易主体一般在国内，国内企业对企业、国内企业对个人或者国内个人对个人。而跨境电子商务交易的主体是跨境之间。可能是国内企业对境外企业、国内企业对境外个人或者国内个人对境外个人。交易主体遍及全球，有不同的消费习惯、文化心理、生活习俗，这就要求跨境电商对国际化的流量引入、广告推广营销、国外当地品牌认知，以及国外贸易、互联网、分销体系、消费者行为等有更深入的了解，要有"当地化/本地化"思维，远远超出日常国内的电商思维。

（3）交易风险差异

国内生产企业知识产权意识比较薄弱，再加上 B2C 电子商务市场上的产品多为不需要高科技和大规模生产的日用消费品，很多企业缺乏产品定位，什么热卖，就上什么产品，大量低附加值、无品牌、质量不高的商品和假货仿品充斥着跨境电子商务市场，使侵犯知识产权等现象时有发生。在商业环境和法律体系较为完善的国家，很容易引起知识产权纠纷，后续的司法诉讼和赔偿十分烦琐。而国内电子商务行为发生在同一个国家，交易双方对商标、品牌等知识产权的认识比较一致，侵权引起的纠纷较少，即使产生纠纷，处理时间较短，处理方式也较为简单。

（4）适用规则差异

跨境电商比一般国内电子商务所需要适应的规则更多、更细、更复杂。首先是平台规则。跨境电商经营借助的平台除了国内的平台，还可能在国外平台上开展交易。国内的 B2B 以及 B2C 平台已经很多，各个平台均有不同的操作规则，海外各国的平台及其规则更是令人眼花缭乱。跨境电商需要熟悉不同海内外平台的操作规则，具有针对不同需求和业务模式进行多平台运营的技能。

国内电子商务只需遵循一般电子商务的规则，但是跨境电商则要以国际通用的系列贸易协定为基础，或者是双边的贸易协定为基础。跨境电商需要有很强的政策、规则敏感性，要及时了解国际贸易体系、规则，以及进出口管制、关税细则、政策的变化，对进出口形势也要有更深入的了解和分析能力。

5. 跨境电商的发展规模和趋势

（1）跨境电商的发展规模

中国电子商务研究中心发布的《2019 年度中国电子商务市场数据监测报告》显示，2019 年中国跨境电商交易规模约为 10 万亿元人民币，比 2018 年增长 11.4%，我国跨境电子商务平台已超过 6000 家，企业超过 20 万家。

据商务部预测，2020 年中国跨境电商进出口贸易额将达 12.7 万亿元，未来几年跨境电商占中国进出口贸易比例将会提高到 20%，年增长率将超过 10%，大大超过贸易总体增速（年 8% 左右）。目前跨境电商交易额已占我国进出口贸易额的 8.3% 左右，已经开始改变我国对外贸易的格局。

从 2013 年我国跨境电商的进出口的结构看，2013 年我国跨境电商中出口占比达到 88.2%，进口占比在 11.8%。目前我国跨境电商进口还处于发展阶段，随着国内市场对海外商品的需求高涨，预计未来几年，跨境电商进口的份额占比将不断提升，但由于跨境电商进口受国家政策影响较大，所以跨境电商进口的份额占比将会保持相对平稳缓慢的提升。

随着国家跨境电商利好政策的先后出台、行业参与者的积极推动及行业产业链的逐渐完善，预计未来几年跨境电商将继续保持平稳快速发展，预计在 2022 年跨境电商在进出口贸易总额 23.3 万亿左右。

从分国别的消费需求来看，eBay 发布的《2014 年大中华区跨境电商零售出口产业发展趋势报告》指出，eBay 平台数据显示 2013 年我国跨境电商零售出口增长最快的市场为新兴市场国家，其中，增长最快的是阿根廷和以色列，增速分别达到 130% 和 78%。另外，销售额增速最快的为家居园艺、汽配和时尚类产品。报告显示，2013 年我国跨境电商零售出口总交易额最高的 15 大目的地市场依次为：美国、英国、澳大利亚、德国、加拿大、俄罗斯、法国、巴西、以色列、西班牙、挪威、阿根廷、意大利、希腊和瑞典。显然，凭借跨境网购观念普及、消费习惯成熟、整体商业文明规范程度较高、物流配套设施完善等优势，美国、英国、澳大利亚、德国等成熟市场依然是我国跨境电商卖家的业务重点。

跨境电商的业务模式从海淘到跨境电商进口，再到跨境电商出口，从 B2C 到 B2B，再到 B2B2C，新的业务模式层出不穷。跨境电商出口使我国商家直接面对外国消费者，这种结构的改变将有效提升我国相关行业的制造与服务水平。跨境电商进口让我国消费者购买到更多物美价廉的商品。随着我国与韩国、澳大利亚等国纷纷签订自由贸易协定，大批产品都将实现零关税，未来的跨境电商商品流动数量恐怕远超人们的想象，将创造出更多需求。

（2）当前跨境电商发展出现的新特点

跨境电商经过十多年的发展，整个行业经历了早期信息发布平台的探索阶段、交易平台运营阶段及近期 B2C 兴起及快速发展阶段，每个阶段的跨境电商行业呈现出不同的特点。近两年来，随着整个社会对跨境电商的关注度不断提高，以及跨境电商各参与主体对行业发展的共同推动，整个跨境电商行业开始出现了一些新的特点，具体包括以下几个方面：

①参与主体多样化

2012 年以前，跨境电商的参与者主要以小微的草根企业、个体商户及网商为主，2013 年以来，传统贸易中的主流参与者如外贸企业、工厂和品牌商家开始进入这个领域，并逐渐走向规模化运作。

②产业链逐渐完善

针对影响跨境电商发展的营销、通关商检、物流、支付等环节的问题，跨境电商企业及服务企业不断向产业链其他环节延伸，整合多方资源提供一体化服务，新的服务商也在不断涌现，整条产业链和生态系统的服务链条越来越清晰和完善。

③运营方式品牌化

早期跨境电商借助我国制造大国的优势，以销售物美价廉的产品及 OEM 代工为主。近两年来，大量企业开始考虑走品牌化运营之路，特别是一些较大的企业开始考虑规模化，建立自己的平台，把品牌引向海外市场，通过品牌来提升自己在跨境电商中的价值。

（3）当前跨境电商发展存在的问题

跨境电商中不同的贸易方式存在的问题有一定差异，按一般贸易方式进出口的大额交易，目前尚未完全实现贸易的无纸化，这在一定程度上影响了贸易的便利化及电子商务在贸易中的应用。从小额碎片化的贸易来看，除了受到未实现的贸易无纸化影响外，在产品、物流、通关等方面也存在一些行业性的难题，这些成为制约跨境电商发展的重要因素。

①产品同质化严重

近两年，跨境电商发展迅速，吸引了大量商家的涌入，行业竞争加剧。对于一些热销且利润空间较大的产品如 3C 产品及附件等，众多跨境电商公司都在销售，产品同质化现象严重，行业内甚至出现恶性的价格战。

②品牌化尚未建立

跨境电商的发展在很大程度上源于我国制造大国的优势，以价格低廉的产品吸引消费者。目前跨境电商行业的很多产品是从一些小工厂出货，包括一些 3C、服装等，整个产品质量控制，相对来说还有一定问题，大部分跨境电商企业还未进入品牌化建设阶段。

③物流时间长且浮动范围大

跨境电商由于涉及跨境，较复杂且各国间政策差异较大，很难像内贸电商一样通过自建物流的方式来解决跨境电商的物流问题。跨境电商的物流周期是非常长的，到美国和欧洲一般要 7～15 天，到南美、巴西、俄罗斯则需要更长（25～35 天）时间。除了物流时间长之外，物流还存在时效投递不稳定的问题，收货时间波动很大，有时 7 天收到，有时 20 天才收到。

④通关结汇难

随着跨境贸易逐渐向小批量碎片化发展，除了 B2C 外，小额贸易 B2B 企业同样面临通关的问题。由于小额 B2B 和 B2C 跨境贸易电子商务与一般出口贸易不一样，所以在出口过程中存在难以快速通关、规范结汇、享受退税等问题。虽然目前国家针对跨境电商零售出口提出可"清单核放、汇总申报"的通关模式，但该政策仅针对 B2C 企业，大量从事小额 B2B 的外贸中小企业仍存在通关困难的问题。在进口过程中，存在以非法进口渠道逃避海关监管、进口商品品质难以鉴别，以及消费者权益得不到保障等问题。

⑤跨境电商人才缺口大

跨境电子商务贸易在快速发展的同时，逐渐暴露出综合型外贸人才缺口严重等问题。主要原因：一是语种限制。目前做跨境电商的人才主要还是来自外贸行业，且英语专业居多，一些小语种电商人才缺乏。但事实上，像巴西、印度、俄罗斯、阿拉伯、蒙古等国家，跨境电商具有很大的发展潜力，也是跨境电商企业关注的重点。二是能力要求高。从事跨境电商业务的人才除了语种的限制外，还要能了解国外的市场、交易方式、消费习惯，等等。此外，还要了解各大平台的交易规则和交易特征。基于这两个特点，符合跨境电商要求的人才很少，跨境电商人才缺乏已经成为业内常态。

（4）未来跨境电商的发展趋势

①产品品类和销售市场更加多元化

随着跨境电商的发展，跨境电商交易产品向多品类延伸、交易对象向多区域拓展。

从销售产品品类来看，跨境电商企业销售的产品品类从服装服饰、3C电子、计算机及配件、家居园艺、珠宝、汽车配件、食品药品等便捷运输产品向家居、汽车等大型产品扩展。eBay数据显示，eBay平台上增速最快的三大品类依次为：家居园艺、汽配和时尚，且71%的大卖家计划扩充现有产品品类，64%的大卖家计划延伸到其他产品线。不断拓展销售品类已成为跨境电商企业业务扩张的重要手段，品类的不断拓展不仅使得"中国产品"和全球消费者的日常生活联系得更加紧密，而且有助于跨境电商企业抓住最具消费力的全球跨境网购群体。

从销售目标市场来看，以美国、英国、德国、澳大利亚为代表的成熟市场，由于跨境网购观念普及、消费习惯成熟、整体商业文明规范程度较高、物流配套设施完善等优势，在未来仍是跨境电商零售出口产业的主要目标市场，且将持续保持快速增长。与此同时，不断崛起的新兴市场正成为跨境电商零售出口产业的新动力：俄罗斯、巴西、印度等国家的本土电商企业并不发达，消费需求旺盛，中国制造的产品物美价廉，在这些国家的市场上优势巨大。

大量企业也在拓展东南亚市场，印尼则是东南亚人口最多的国家，全球人口排名位居第四，具有巨大的消费潜力。目前，eBay、亚马逊、日本乐天等电商平台巨头都开始进入印尼市场。在中东欧、拉丁美洲、中东和非洲等地区，电子商务的渗透率依然较低，有望在未来获得较大突破。

②交易结构方面，B2C占比提升，B2B和B2C协同发展

跨境电商B2C这种业务模式现已逐渐受到企业的重视，近两年出现了爆发式增长，究其原因，主要是因为跨境电商B2C具有一些明显的优势。相较传统的跨境模式，B2C模式可以跳过传统贸易的所有中间环节，打造从工厂到产品的最短路径，从而赚

取高额利润。目前，国内不再满足做代工的工贸型企业和中国品牌，而是可以利用跨境电商试水"走出去"战略，熟悉和适应海外市场，将中国制造、中国设计的产品带向全球开辟新的战线。在 B2C 模式下，企业直接面对终端消费者，有利于更好地把握市场需求，为客户提供个性化的定制服务。与传统产品和市场单一的大额贸易相比，小额的 B2C 贸易更为灵活，产品销售不受地域限制，可以面向全球 200 多个国家和地区，可以有效降低单一市场竞争压力，市场空间巨大。

③交易渠道方面，移动端成为跨境电商发展的重要推动力

移动技术的进步使线上与线下商务之间的界限逐渐模糊，以互联、无缝、多屏为核心的"全渠道"购物方式将快速发展。从 B2C 方面来看，移动购物使消费者能够随时、随地、随心购物，极大地拉动了市场需求，增加了跨境零售出口电商企业的机会。从 B2B 方面来看，全球贸易小额、碎片化发展的趋势明显，移动可以让跨国交易无缝完成，卖家随时随地做生意，白天，卖家可以在仓库或工厂用手机上传产品图片，实现立时销售；晚上，卖家可以回复询盘、接收订单。基于移动端做媒介，买卖双方的沟通变得非常便捷。

④产业生态更为完善，各环节协同发展

跨境电子商务涵盖实物流、信息流、资金流、单证流，随着跨境电子商务经济的不断发展，软件公司、代运营公司、在线支付、物流公司等配套企业都开始围绕跨境电商企业进行集聚，服务内容涵盖网店装修、图片翻译描述、网站运营、营销、物流、退换货、金融服务、质检、保险等，整个行业的生态体系越来越健全，分工越来越清晰，并逐渐呈现出生态化的特征。目前，我国跨境电商服务业已经初具规模，有力地推动了跨境电商行业的快速发展。

6.跨境电商带来的机遇

（1）跨境电商给传统外贸业务带来的机会

①跨境电商缩短了对外贸易的中间环节，提高了进出口贸易的效率，为小微企业提供了新的机会

跨境电商作为基于互联网的运营模式，正在重塑中小企业国际贸易链条。跨境电商打破了传统外贸模式下国外渠道如进口商、批发商、分销商甚至零售商的垄断，使得企业可以直接面对个体批发商、零售商，甚至是直接的消费者，有效地减少了贸易中间环节和商品流转成本，且节省的中间环节成本为企业获利能力的提升及消费者获得实惠提供了可能。

②跨境电商有利于实现外贸客户资源管理

外贸企业原有的经营方式多是业务员包揽从客户选择、签订合同、组织货源、验货报关到货款支付的全过程，掌握着客户资源。这会使得企业无法掌握客户的状况，业务员在很大程度上影响着企业的生存和发展，一旦人才流失，企业的竞争力会急剧下降。而在电子商务模式下，外贸企业的信息化建设使每人每天的工作日程与行动记录都有据可查，所有细节一目了然，使信息主动权更多地掌握在外贸企业手中。

③跨境电商降低了交易成本和采购成本，交易透明度高

外贸企业在传统的国际贸易采购中，需要耗费大量的人力和物力，买卖双方需要经过多次的询盘、还盘，大量地来往传真、电函才能成交，并且在这些询盘、还盘过程中还非常容易出现人为操作失误。资料表明，采用 EDI（电子数据交换），商业文

件的传递速度提高了 81%，由差错造成的商业损失减少了 40%，文件处理成本降低了 38%。使用电子数据交换的公司通常可以节省 5% ~ 10% 的进货费，同时可以使企业将工作重心集中在研发新产品、开拓新客户市场、巩固与供应商的合作关系以及企业的长远发展上。

企业在互联网上进行采购，还可以更广泛地选择供货商、压低进货成本、保证进货质量。开展电子商务，企业可以随时在网上查找信息，营销和采购部门对市场的反应大大加快，可明显缩短贸易双方的订货周期，从而减少库存天数，显著降低存货，甚至做到无存货，存储费用也会相应减少。另外，电子商务还可缩短交单结汇时间，加快资金周转，节省利息支出等费用。

此外，由于电子商务以网络信息和商务数据交换为媒介达成交易，网络的开放性使一些大宗商品，如煤炭、钢铁、矿砂等原来只是供货商与用户直接交易的标的，也可以采用公开和透明的贸易方式。

④跨境电商有利于外贸企业越过贸易壁垒，扩大贸易机会

跨境电子商务的发展进一步推动了生产和服务的全球化，加速了全球市场一体化和生产国际化的进程，促进供应商和用户建立更紧密的联系。外贸企业可以向用户提供全天候的产品信息和服务，从而大大增加贸易机会，用户也可以在全球范围内选择最佳供应商。这有利于打破国际和地区之间有形和无形的壁垒，对世界经济产生巨大影响。

⑤跨境电商有利于减轻外贸企业对实物基础设施的依赖

传统企业开展国内贸易业务都必须拥有相应的基础设施，与开展国内贸易相比，进行国际贸易对实物基础设施的依赖程度要高很多。如果企业利用电子商务开展国际贸易业务，则在这方面

的投入要小很多。如美国亚马逊网上书店几乎找不到豪华的办公室、宽敞的营业大厅，甚至除了少量畅销书有部分库存外，其他绝大多数图书品种都是在接到客户订单后，再向各出版社订购的，几乎不占库存。因此，利用电子商务开展国际贸易可以显著减少企业在基础设施方面的投入。对信息产品而言，如电子版的报刊杂志、视听娱乐和计算机软件及信息咨询提供等，如果产品本身可以在线成交和在线支付的话，则销售柜台、仓储设施等完全是多余的，整个销售环节从研制开发、订货、付款到产品交付都可以在网上实现。由于电子商务减轻或消除了对实物基础设施的依赖，外贸企业可以将节省的大部分开支让利给客户。

（2）传统外贸业务在跨境电商中面临的挑战

尽管跨境电子商务为我国的外贸企业带来了巨大的商机，但同时也使其面临很大的挑战。

①外贸企业信息化程度低

电子商务的实施要以信息化为基础。与西方发达国家相比，我国企业信息化起步晚，信息化基础薄弱。中小外贸企业因为资金、人才缺陷，信息化水平仍然很低，具体表现为网站功能单一、管理不到位、营销推广效果不明显。许多外贸企业的网站停留在提供信息和查询的初级阶段。很少企业的网站能实现在线洽谈、签订购货合同等功能，更遑论顺利完成整个对外贸易流程了。

②信息网络安全体系存在缺陷

电子商务的运作涉及多方面的安全问题，如资金安全、信息安全、货物安全、商业机密等，特别是有关网上支付结算的信息安全性和可靠性将一直是电子商务的核心研究领域。因为电子商务必须依靠互联网，所以，作为开展电子商务基础的网络必须安全可靠，网络传输的误码以及网络连接的故障率都应尽可能低。

而目前我国一些电子商务网站在安全体系上没有设防，很容易受到计算机病毒和网络黑客的攻击，为电子商务的发展带来很多安全隐患。

此外，跨境电商还面临交易安全的挑战。在跨境电子商务活动中，合约、价格等信息事关商业机密，而网络病毒和黑客侵袭会导致商务诈骗、单据伪造等行为。许多外贸公司不敢上网签约或交易结算，严重影响跨境电子商务的发展。

③电子商务法律制度不完善

电子商务是一项复杂的系统工程，它不仅涉及参加贸易的双方，而且涉及不同地区、不同国家的工商管理、海关、保险、税收、银行等部门。跨境物流存在运费高、关税高且安全性低等问题，支付环节则涉及外汇兑换和资金风险，如何公平仲裁、保障贸易纠纷双方利益，需要有统一的法律和政策框架以及强有力的跨地区、跨部门的综合协调机制。但是，目前我国有关电子商务的法律并不健全，如知识产权保护问题、信息资源与网络安全问题、电子合同的效力和执行问题等都需要法律方面的进一步完善。此外，在跨国家、跨地区、跨部门协调方面也存在一些问题，需要不断完善。

④缺乏高级复合型人才

电子商务涉及的领域众多，包括技术、经济、管理、法律等。对外贸企业而言，只有既懂得计算机网络知识，又熟悉外贸业务的操作流程，同时还具备一定外贸和电子商务法律知识的复合型人才才是企业最宝贵的资源。但是目前一些高等院校开设的电子商务专业过于侧重技术层面的培养，而没有考虑电子商务的整体性，这与外贸企业的实际需求存在着很大差距，电子商务人才的短缺与不足将直接影响外贸企业电子商务的竞争能力。

7. 跨境电商的政策红利

做生意讲究因势利导、顺势而为，对政策的嗅觉越灵敏的商人越容易成功，这一点在我国体现得更加突出。政府的倡导往往会成为新行业"风口"，跨境电商的飞速发展颇有中国特色。国内电商的蓬勃发展离不开相当一段时间的宽松监管，而跨境电商对政策依赖度更高，尤其是进口，可以说是政府主动"搭台"的助推。针对制约跨境电商发展的问题，自 2013 年起，各级政府下发的促进外贸发展的相关文件中均涉及跨境电商便利化措施，并作为一个常态事项，列入国务院对国际贸易的例行指导文件中。

重磅政策文件的接连出台也刺激了配套措施的快速落地。在市场自由化下，基于"胡萝卜 + 大棒"的政策安排可以成为政府监管制度创新的权衡方案，在有限垄断与竞争、激励与税收、权威与市场中实现动态平衡有序。各级政府迅速出台相关产业扶持政策，包括建立适应电子商务进出口的新型海关监管、检验监管模式，实施相适应的税收政策。2015 年以来，政策导向开始有所侧重，如 B2B 模式成为主流、降低出口查验率、推动扶持企业走出去建"海外仓"。李克强总理要求"部署促进跨境电子商务健康快速发展，推动开放型经济发展升级"：一是优化通关流程，对跨境电商出口商品简化归类，实施经营主体和商品备案管理，对进出口商品采取集中申报、查验、放行和 24 小时收单等便利措施；二是落实跨境电商零售出口货物退免税政策，鼓励开展跨境电子支付，推进跨境外汇支付试点，支持境内银行卡清算机构拓展境外业务；三是鼓励外贸综合服务企业为跨境电商提供通关、仓储、融资等服务，引导企业规范经营；四是鼓励跨境电子商务零售出口企业通过海外仓、体验店等拓展营销渠道，培育自有品牌和自建平台，促进外贸提速放量增效。

2009 年以来，国务院及多部委联合分批确定了北、上、广、深、杭等 53 个城市为"国家电子商务示范城市"，2012 年底又确定上海、重庆、宁波、郑州、杭州 5 个城市开展跨境电子商务试点，后逐步推广至深圳等十余个城市。2015 年 3 月，杭州跨境电商综合试验区获批，标志着跨境电商政策红利释放和运作模式的成熟，2016 年国务院又批复天津等 12 个城市综合试验区。2013—2016 年政策红利"窗口期"，政府层面一直在释放跨境贸易利好，针对以快件或邮件方式通关的跨境贸易电子商务存在的问题，由海关总署组织服务试点，至 2015 年底验收及 2016 年 4 月新政推出，总结出几个方面创新及经验。

一是探索适应跨境电商发展的管理制度，建立进口阳光跨境网购渠道，从产业中长期布局，清理"灰色"入境，平衡进口税，产品追溯与监管规范，消费者权益保障，引导境外消费回流，倒逼国内产业发展升级，给予跨境电商税收上的优惠政策，通过企业和商品备案认证企业资质，对商品范围进行限定；二是通关模式创新，通过三单自动比对，实现分类通关、快速验放，降低海关通关压力成本，广州率先推出了"清单核放、汇总申报"的通关政策；三是技术手段创新，依托电子口岸协调优势，实现与电商、支付、物流等企业的业务协同及数据共享，通过多方系统对接，实现信息及时共享，通过无纸化申报和随附单据电子化，对交易、支付、物流和申报数据的交叉核对，提升监管效率和严密性。

产业政策往往都存在自上而下又自下而上反复修正的过程，不同时期的政策有明显的层级性。通常是某个市场先于政策，表现出独特的成长前景，政府希望培育这样的产业机遇。例如跨境，国务院确定总体方向，商务部和发改委等做计划指引，财、税、汇及海关总署等部委做顶层设计，各省商务厅、经贸委及属地海关等推进模式落地，实际执行过程要接触到城市级的商贸主管部门、口岸或监管区的管委会、区内海关及商检、保税区经营者等。因此，产业早期方向性的政策往往会被解读成千人千面，操作层面不甚规范统一。如"外贸国六条"曾明确积极扩大商品进口，增加进口贴息资金规模，但在市场草莽成长和"浑水摸鱼"一段时间后，政府势必要再出新规以"校正"。市场赖以运作的规则基础一旦随政策发生变化，连锁反应将远超预期。显然，不仅跨境电商，很多新兴行业都有这样的经历。经验证明，在市场经济及全球化趋势下，国家层面制定具有可持续的、制度性的产业政策要好过短期倾向性扶持，而地方政府抛出的实惠对于招商引资而言，效果却立等可见。目前，政策的操作层面还有要细化的，出口无票免征还未大范围试行，退税门槛高，出口后免于征税，国税和外管有待突破，出口报关的商品编码没有简化归类、工作量大；各试点城市监管不统一，不仅造成"窗口"重复建设，而且增加企业对接成本；快件、邮件方式通关的跨境电商还未很好地纳入贸易统计；跨境进口的达摩克利斯之剑"正面清单"仍悬而未决。

除了外部因素，跨境电商起步这些年也遇到了一些"成长的烦恼"，简单来说，就是进出两旺、内外"双拥"：需求拥戴、通道拥挤。主要是结汇退税、海关监管、查验征税等政策导向，以及商品侵权、交易纠纷、国际物流与通关等方面的问题。一方面，主要靠商业力量去布局和推进，例如支付收款、侵权纠纷、海外仓、跨境配送等，这些影响市场发展的"运作瓶颈"，只要行业保持稳步增长，越来越多的资本和参与者加入，资源投入、模式创新、跨国合作等方式都会从不同角度逐步改善每个环节。另一方面，更大的不确定性则依赖政府和法规政策。解决小包货物和零散订单的监管是一个全球性难题，观察旺季各国海关及邮政的积压就知道了。传统少量的 2C 类到个人的包裹或快件，各国进出监管大同小异，电子化程度不高，几乎很少针对自然人的报关和贸易监管，对大宗贸易也没有什么影响，国际贸易规则历经漫长演变也已成熟，一切相安无事。但跨境电商爆发后，全球小件包裹一路飙升，可谓量变引起质变，B2B 贸易曾扮演的全球供应链中间角色被 B2C 侵蚀，个人物品和贸易货物的差异在缩小甚至难以辨别，如果简单地让电子商务绕过传统贸易规则，必然引发外汇、税收、许可、知识产权等一系列问题。当政府试图新旧手段并用或是去探索新政时，行业发展过速，"政策跟不上市场、市场跟不上需求"，消费者一端已怨声连连。从通关方式来看，一般贸易由于海关采取信用分级、分类通关、无纸化通关等便利措施，各项政策完善，通关效率比较高；而跨境电商 B2C 模式成交的商品以快件或邮件方式通关，按现行针对个人物品的非贸易性质管理，实际已经突破了传统非贸物品的范畴。说到底，跨境电商还没有绕开贸易壁垒，如果世界真的"天下大同"，那么做跨境电商岂不是跟国内做电商一样容易了？

出口方面，B2C 直邮销往国外个人的出口商品，电商成交和结汇、报关、商检、退税等环节无法连通，影响效率。例如，由于产品订单零星，单笔交易金额较小，且通过跨国快递或航空邮件递送，达不到海关报关价值，或很难拿到海关正式报关单，所以出口时大多不报关，海关仅对其进行上机检验和随机抽检，无法按照经常项目联网核查，且交易物品从全国各地海关属地出境，无法实现单货相符。而没有海关的出关数据记录，外汇管理部门就无法验证货物真实出口，也就无法实现外贸核销和结汇，政府少了一块贸易统计，而卖家也就无法按常规途径结汇退税。到了境外，各国海关对小额贸易监管也很复杂且困难，小件征税、侵权抽检、走私查验等工作量加重，通关效率低。

进口方面，国内居民对于跨境网购涉及的热点商品的需求强烈，而 B2B 和 B2C 适用于不同税率，但终端的小商户和个人难以区分，在不同交易模式下，国内市场"境外化"，传统监管方式难以满足税费认定，部分电商存在逃漏税问题。脱离贸易税，大规模行邮进口影响贸易公平，冲击国内市场，政府在税收收入方面获利甚少。如海外购中，一些企业或个人伪报物品品名，夹藏、伪造购物小票，利用晚间进行通关，试图逃避关税，还有的利用分散到各地邮寄的方法，防止批量邮寄产生联号而招致海关怀疑，以此避税。同样，跨境贸易的双方分属两国，小包裹给商检工作也带来了极大挑战，检验检疫机构难以全面获取商品和交易等数据，监管查验不足便会直接到达消费者手中，查验侵权行为的难度加大，用户退换货权益难以保证。这些都还需要管理部门权衡考虑，研究建立配套制度和高效手段。

此外，由于跨国交易没有地域限制，出现售后服务质量差、交易欺诈和网络隐私权等问题，有些消费者很难进行维权，卖家也可能因为买家的收货欺诈而遭受退款或重发的损失。这涉及了跨境电商的法律管辖问题，面对不同国家的客户、商家和平台，网购纠纷的责任界定对于卖家或买家权益保护方面还有争议。这些年，互联网创业最流行的说法是"哪里有问题，哪里就有机会"，监管的模糊阶段正是市场野蛮生长的初级阶段，政策时不时来点利好之风。随着政策日益明朗、平台扮演强势规则管理者、物流业提供全程追溯等措施的到位，上述问题确实在渐渐消融。

第二章

跨境电商平台

1. 国内领头羊：阿里巴巴

阿里巴巴的跨境电商业务分为国际站和速卖通两部分。阿里巴巴国际站是全球最大的 B2B 贸易市场，其注册企业会员超过 230 多万人，覆盖超过 200 多个国家和地区，覆盖超过 34 个进出口行业。它曾连续七年被美国《福布斯》杂志评为全球最佳 B2B 网站，主要从事帮助中小企业拓展国际贸易的出口营销推广服务。它基于全球领先的企业间电子商务网站——阿里巴巴国际站贸易平台，通过向海外买家展示、推广供应商的企业和产品，进而获得贸易商机和订单，是出口企业拓展国际贸易的首选网络平台。

阿里巴巴国际站提供一站式的店铺装修、产品展示、营销推广、生意洽谈及店铺管理等全系列线上服务和工具，帮助企业降低成本，高效率地开拓外贸大市场。在阿里巴巴国际站，海外买家可以寻找搜索卖家并发布采购信息，卖家可以寻找搜索卖家并发布公司产品及产品信息。阿里巴巴国际站作为 B2B 交易平台，为买家、卖家提供了沟通工具、账号管理工具，为双方的网络交易提供了诸多便利。

速卖通也是阿里巴巴旗下面向全球市场打造的在线交易平台，被广大卖家称为国际版"淘宝"。其自 2010 年 4 月上线以来，经过四年多的迅猛发展，目前已经覆盖 220 多个国家和地区的海外买家，每天海外买家的流量已经超过 5000 万。速卖通采用对成功交易收取 5% 手续费、不成功不收费的模式，现正逐步向不同品类、不同支付方式、不同交易金额收取不同手续费比例的商业模式发展。

速卖通的优势在于平台交易手续费率低，和其他竞争对手相比有明显的优势。丰富的淘宝商品资源，其淘代销的功能使卖家可非常方便地将淘宝商品一键卖向全球，速卖通还为卖家提供一站式商品翻译、上架、支付、物流等服务。另外，凭借其阿里巴巴国际站的知名度，再加上各大洲相关联盟站点、谷歌线上推广等渠道也为速卖通引入了源源不断的优质流量。

通过重点国家的精细化运作，速卖通在俄罗斯、巴西、西班牙、美国等国家取得快速发展。以前，速卖通是一个 C2C 的平台，低价低质、鱼龙混杂，在 2015 年底升级转型做 B2C。阿里巴巴集团还是看准了国内产业升级、制造提质的趋势，通过打击假货、炒信、欺诈、劣质的措施，淘汰了重复开店、重复铺货及"玩票"的商家群体。提高平台门槛，企业和品牌才能够入驻，剔除了一些个人卖家和铺货的卖家，也希望像亚马逊一样做精品。根据阿里集团公告，速卖通 2014 年成效总额约为 230 亿元，营收为 9.8 亿元，其交易中大约 65% 通过国际支付宝交易，据此推算，平台佣金比率约为 4%，当年首次启动跨境"双十一"购物狂欢，到 2016 年"双十一"，出口共产生 3600 万笔订单，增长 5 倍，50% 的交易量均来自移动端。速卖通海外独立买家数已达 1 亿，交易量排名前 5 的国家为：俄罗斯、美国、西班牙、法国和英国。

阿里巴巴集团要实现"全球买"和"全球卖"的国际化目标，将速卖通打造成面向全球市场的在线零售交易平台是关键，曾经在美国打造的 11Main 跨境电商平台已经放弃。除了当前的国内零售出口，速卖通下一步是扩大到当地卖家来服务当地买家，最后是从"货卖全球"转化到"货通全球"，所有卖家都可以把货卖到全球，而提出的"大数据赋能"中小企业与 B2B 平台战略并无二致。速卖通转型 B2C，似乎是重走天猫之路，抛弃小卖家、卸磨杀驴，但在行业大背景下，要帮助我国的中小品牌在全球市场完成转型升级，首先要完成平台自身的转型升级。第一是产品升级，所有商家必须以企业身份入驻，不再允许个体商家入驻，产品要有品牌，在这个政策下，至少原 1/3 的商品被下架。速卖通分为 8 大经营范围，下设 18 个经营大类，按照经营大类对入驻商家收取年费，提高准入门槛；同时，通过"年费返还"措施，鼓励优质商家，如年交易额 6 万美元以上，服务指标达标，返还 100% 年费。第二，通过多项动态指标考核，持续优胜劣汰，打击假货、炒信、欺诈、劣质等过度无序的平台竞争乱象。第三，全球化布局离不开物流，提升物流保障，取消不可追踪包裹运输。速卖通背后的物流支持主要依托菜鸟平台，菜鸟提出跨境第四方物流"无忧物流"，代表商家和消费者跟物流商谈判，获得更加优惠的价格和服务，并基于物流数据的分析和预测，为商家选择更好的物流渠道。例如，提供交易商品进入菜鸟合作仓库，加入线下实物开箱检验，实现线上线下双重管控。同时，开辟更多跨境物流合作渠道，菜鸟平台通过与中国邮政建立战略合作，从而步入万国邮联网络；大量集货后商业专线直运到俄罗斯，配合电子清关技术，提升了通关效率；在莫斯科火车站开速卖通展示店，现场扫码预定；联合香港邮政、新加坡邮政、7–11、全家、CircleK 等，为港台及新加坡等地的消费者提供自提点。

2. 国际巨头：易贝（eBay）

eBay 是在线交易平台的全球领先者，利用其强大的平台优势和旗下全球市场占有第一的支付工具 Paypal 为全球商家提供网上零售服务。eBay 被淘宝网击退后，eBay 跨境电商领域卷土重来，瞄准的是中国跨境电商零售出口业务，率先帮助中国卖家建立一个直接面向国外终端消费者的网上销售渠道。通过 eBay 的全球平台，中国卖家的支付、语言、政策、品牌、物流等问题得到了很好的解决，同时在出口电商网络零售领域发挥了自身优势，可将产品销售到世界各国，直接面对亿万消费者。中国卖家还可通过 eBay 推广自有品牌，提升世界地位认可度。eBay 也帮助买卖双方削减中间环节，创造价格优势，降低运营成本。

eBay 对入驻其平台进行跨境电子商务交易的商家收取两项费用：一项是刊登费，即商家在 eBay 上刊登商品所收取的费用；另一项是成交费，即当交易成功时，会收取一定比例的佣金。

eBay 的优势在于品牌的国际影响力和全球市场覆盖率、健全的买家保障体系和 Paypal 支付的紧密合作。在物流方面，eBay 联合第三方合作伙伴——中国邮政速递，为中国卖家提供便捷快速经济的国际 e 邮宝货运服务，并逐渐从美国、澳大利亚、德国等发达国家向俄罗斯等新兴市场延伸。eBay 推出卖家保护政策，通过大数据技术及买家质量评估，强化对卖家的支持和保护，助力卖家业务的快速发展。

2010 年，速卖通 AliExpress 横空出世，又瞄准了 eBay 这块"饼"，这些过往桥段值得回味。开始，双方的交集并不多，eBay 主要面向欧美海外成熟市场，而速卖通起家并流行于像俄罗斯、巴西等新型经济体，可谓相安无事。作为全球商务的领军者，eBay 帮助全球消费者随时、随地、随心地购买他们所爱、所需的产品，因此，eBay 平台上的产品多样化、种类繁多。eBay 财务报告显示，2015 年成效总额约 820 亿美元，其中 59% 的交易在美国以外的国家完成，而跨境交易占比超过 20%，库存保有超过 8 亿美元，卖家数超过 2500 万美元，全年活跃用户 1.62 亿美元。可以说，消费者需要和喜爱的任何产品，在 eBay 上都可以找得到。全球旺盛的贸易需求是 eBay 二次大发展的根本原因，在 eBay 上跨境贸易比例一度超过 20%。而 eBay 作为一个 2C 的电子商务平台，平台服务佣金、广告是主要的营收手段，将近一半的盈利来自 PayPal，另外超过一半的盈利来自其本身。近来，由于购物体验弱化致增速放缓，风头完全被亚马逊盖住。eBay 真正强势和盈利多的地区是美、德、英、澳、加、法等欧美国家。在中国卖家眼中，这些国家都是买家，而实际上，这些地区贡献了众多的卖家，是 eBay 重要的利润源。2015 年的前 1000 名卖家中，中国位居榜首，最热门的 15 种品类目录，1/3 是出口欧美。eBay 平台上既有成本较低的产品，也有高附加值的产品，而产品销售趋势主要受市场趋势、买家需求的影响，但总体而言，产品本身的特性及性价比受到更多消费者的关注。

按覆盖面来说，eBay 仍是全球最大的电商平台，在俄罗斯、巴西、以色列、西班牙、挪威、阿根廷、意大利、希腊、瑞典等国家也有不俗的表现。欧美成熟市场具有人均购买力强、网购观念普及、消费习惯成熟、物流等配套设施完善等特点，消费者对于产品质量、买家体验都有比较高的要求，卖家除了要选择高性价比的产品之外，还要提供堪比"零售标准"的服务。新兴市场发展潜力巨大，但语言文化、物流通关、市场规范、法律法规等跟成熟市场有很大不同，卖家为单笔交易付出的时间和人力成本相对较高。卖家进入市场前，需要先熟悉市场状况，从自己熟悉的产品品类开始销售。

此外，eBay 上 B2B 商品销售总额每年达 40 亿美元，产品库存保有超过 700 万。eBay 还为卖家推出很多便利化措施，如 Seller Hub 卖家营销工具服务；综合物流项目 GSP 全球运送计划：卖家只需要将产品发到英国配送中心，eBay 负责后续履行；与万邑通 Winit 合作的全球海外仓服务。

3. 体量最大：亚马逊（Amazon）

亚马逊成立于 1995 年，在二十多年间，股价翻了 700 多倍。目前亚马逊是跨境电商中实力最强、人气最高的平台，全世界有 14 大站点、125 个运营中心，可以覆盖 185 个国家和地区的运输和消费者。在亚马逊在华业务低迷的背景下，做跨境电商成为正确的选择。2012 年底，亚马逊推出"全球开店"业务，我国卖家可以直接将商品销售给全球 3 亿活跃用户，截至目前，已开放了美国、德国、英国、法国、意大利、西班牙、加拿大、印度、日本与墨西哥等 10 大站点，覆盖了当今全球热门、成熟的电商市场，全球亚马逊上的第三方卖家已多达 300 万家，占据其全年销量近一半。

亚马逊以优质的仓储物流系统和售后服务体系闻名于世，除了自营业务外，并对第三方卖家开放。根据卖家选择的服务不同，亚马逊采用不同的收费模式。卖家在亚马逊全球网站开店，亚马逊将收取平台月费和交易佣金，无交易则不收取交易佣金。选择亚马逊物流的卖家加收仓储和物流费用。自主配送的卖家选择的配送服务必须符合亚马逊对服务质量的相关要求。

亚马逊的优势在于品牌国际影响力和优质的买家服务体系，以及领先的国际物流仓储服务。亚马逊在北美市场提供物流服务，能实现 2～3 天到货，最快次日送货；在欧洲市场，可以帮助卖家实现欧洲五国（英国、法国、德国、意大利、西班牙）的统一仓储和物流服务，并可配送欧盟其他国家，方便卖家向亚马逊欧洲网站的顾客提供本地化客户服务以及快捷的送货服务。亚马逊平台提供免费的站内推广服务，以及向消费者精准的商品推荐服务。

亚马逊的运营哲学是以极致的用户体验拉升流量而驱动营收，高品质、服务好的店铺能够获得更多的流量倾斜，其店铺推荐系统中用户评分权重更高。在这样的机制下，全球开店增速一直行业领先。因为其鼓励卖家做自己的品牌，以及商品质量和物流仓配服务，用户体验佳，欧美客户最愿意消费，所以客单价高，反过来促进更多优质中国卖家的加入，生态圈形成良性循环。三年间，截至 2015 年，借助亚马逊"全球开店"走向国际市场的中国卖家数量增长了 13 倍，中国卖家在北美地区的销售额增长超过 10 倍，亚马逊中国区团队更是扩大 3 倍，大力培育中国卖家。知之有限，亚马逊可研究的东西太多，下面简要介绍几个方面：

（1）亚马逊平台体量最大

正如前文所讲到的，亚马逊平台覆盖的市场是跨境卖家所面向的最核心市场，如美国、加拿大、英国、法国、德国、意大利、西班牙和日本等，在这些体量大、消费层次高的主流市场上，亚马逊都是最大的网上购物平台。

健忘的消费者永远只记得第一，而不顾其他，亚马逊凭借在这些市场的绝对垄断地位占领了消费者网上购物心智中最核心的部分。可以这么说，在这些国家，"购物就上亚马逊"几乎是每个消费者的共识。

消费者的认知如此，作为跨境电商卖家，要想在这些全球最发达的市场抢得市场份额，选择在亚马逊上运营自然是不二之选。

（2）亚马逊平台客户最优

成立二十多年来，亚马逊一直坚持深耕细作，每一步的发展都紧紧围绕着"以用户为中心"的理念。虽然许多公司都以类似这样的语言作为公司的核心经营理念，但纵观全球，能够真正把这句标语落到实处并且做得踏实的，亚马逊当属翘首。

用户都是理性的，在享受亚马逊高品质服务的同时，用户对亚马逊平台产生了信任和依赖。当前，亚马逊针对重度用户推出的 Prime（Prime 是亚马逊会员的称谓，一般理解为亚马逊的高级会员）吸纳了约 8500 万个会员（会员数量非亚马逊官方公布，而是来自外媒评估）。

以亚马逊美国站为例，当前，用户只需支付 99 美元的年费，就可以成为亚马逊 Prime。在一年的会员期内，可以享受在亚马逊网站购物时免派送费和 2 天到货的服务。除此之外，亚马逊还为 Prime 提供多项福利政策，比如免费的音乐、电子书和电影等，这些服务再加上免费派送，成为可以高度黏合用户的利器。

这些 Prime 是各个国家的中产阶级核心力量，他们有消费需求，同时又具有消费能力，是网购人群中非常重要的群体，他们网购消费频率高、对价格敏感度低，正是这样一个群体促成了亚马逊人均 1200 美元的年消费值。庞大的高黏度用户群体和如此高的单客消费值都是其他电商平台望尘莫及的。

（3）亚马逊平台规则最规范

亚马逊平台规则规范，这是几乎所有从事过亚马逊运营的卖家都认可的观点。

我们历来讲"不患寡而患不均"，亚马逊以平等、公平和规范的卖家管理原则，对所有卖家一视同仁，大家站在同样的起跑线上，只要你用心，你就可以跑得快，只要你足够用心，你就可以超越其他卖家，而从另一层面来看，也只有你足够用心经营，才能够在亚马逊上生存下来。在卖家公平这一原则上，亚马逊深谙西方的哲理："人人生而平等"，给予每个卖家同样的机会，自己努力创造结果。

除此之外，在日常运营中，亚马逊虽然也经常会对平台规则小幅调整，但都是基于原有框架对漏洞的修复而已。相比有些跨境电商平台每年（甚至每月）政策不断变化且自相矛盾的情况来说，亚马逊平台一直秉持的公平规则让卖家放心，更坚定了他们在平台上的运营。

亚马逊规范的平台规则让买家放心，让卖家安心。平台给出尺度量衡，卖家依照规则经营，所有卖家在公平透明的规则下竞争，深得卖家的认可。

从这一点上，亚马逊和 Google（谷歌）"Do No Evil（不作恶）"的公司理念有异曲同工之妙。

（4）亚马逊平台平均利润率最高

跨境电商行业的市场竞争激烈已是不争的事实，而且不会停止，必将越来越激烈。原本的蓝海市场变成了一片红海，一路奔着血海而去。

竞争激烈，运营成本上涨，利润空间被稀薄，利润率越来越低，很多产品都成了鸡肋，"食之无味，弃之可惜"。在这样的大背景下，亚马逊平台上较高的利润率犹如一泓清泉，成为跨境电商卖家优先关注的平台。

基于亚马逊独特的平台属性和消费群体较高的消费能力，用户在亚马逊平台上购物过程中对商品价格敏感度低、缺少比价的动力，大部分消费者更在意商品本身的评价。一个商品拥有好的评价更容易得到系统的推荐，也更容易获得用户的青睐，而在系统推荐的权重核算中，价格并非首要因素。与此同时，习惯了亚马逊购物的消费者同样也不会把价格作为最重要的衡量因素，所以，对亚马逊平台的卖家来说，只要产品品质足够好，就可以以较高的价格销售，获取较高的利润率，这是其他跨境电商平台不可比拟的。

从笔者日常接触的亚马逊卖家群体来看，对于一个好产品，卖家通常可以很轻易地达到 30% 以上的利润率，如果产品独特，利润率甚至可以达到 100% 以上。

通过以上的对比分析，我们不难发现，跨境电商作为一个正处在风口的行业，市场潜力巨大、发展空间无限，是正在寻找业务新通道的实体工厂和正在寻求转型的传统外贸企业理应考虑的一个方向，同时跨境电商行业由于门槛低、发展快，也适合正在寻求机会的创业者们考虑。

我们一直说"站在风口，才能飞得更高"，大家又说"选择大于努力"，在对跨境电商平台的选择上，无论从市场规模、平台规范、发展空间，还是从卖家所追求的利润率和利润空间来看，亚马逊都是值得跨境电商卖家优先关注的平台。

4. 新晋黑马：Wish

作为较新的电商平台 Wish，不得不说，它是跨境电商移动端平台的一匹黑马，从下面几个数据我们就可以看出它到底有多"黑"：凭借仅 50 个人的团队，它只用了三年时间，就成为北美最大的移动购物平台，95% 的订单量来自移动端，89% 的卖家来自中国，App 日均下载量稳定在 10 万左右，注册用户数超过

3300 万，日活跃用户 100 万，重复购买率超过 50%，向卖家收取高达 15% 的佣金费率……—组组令人尖叫的数据亮瞎了许多人的眼，也让 Wish 在我国跨境电商中迅速蹿红。

Wish 平台起步最晚，成立于 2011 年，转型为购物平台并为中国卖家关注是在 2014 年。

虽然起步晚，但自从开始转型为购物平台，Wish 就以把自己打造成移动端购物门户 App 为目标，和其他平台的发展套路、流量来源以及客户购物方式都有明显的区别。这个改变使得 Wish 成为跨境电商移动端的一匹黑马，当年交易额达 1 亿美元，如今更是飙到 30 亿美元，盈利模式是按交易额收取 15% 的固定佣金。在廉价商品方面，Wish 与速卖通有类似的目标消费群，关键词和页面是按照亚马逊的模式做的，在用户界面按移动端的性别和爱好进行推荐，类似 eBay 的 "Collections" 喜好收藏模式，当用户搜索产品时，主要以销量和收藏度来做权重排序。除了师法多派，Wish 出奇制胜必有独门绝技，最大的特点就是移动端，即便打开其 PC 端网页版，也异常简洁，只提供搜索栏供你选择，连品类目录表都没有。由于移动设备显示屏展示有限，因此用户无法进行价格比较。想在 Wish 平台上通过低价产品博得更多关注的概率相比其他平台小很多，所以卖家在选品方面不能一味地选择低价产品，要建立适合移动端的产品线。

虽然移动端购物为大势所趋，Wish 也正好抢得先机，但因为发展太快，后续服务跟不上，Wish 平台缺少主动营销的空间。

当前，Wish 平台正在通过不断优化自己的物流系统等措施寻求对卖家公平和让消费者满意之间的平衡点。

争夺跨境电商的主导权，eBay 垂暮壮心不已，阿里巴巴正决心与亚马逊一决高下，新晋少壮 Wish 悄然崛起。

Wish 另一个旗帜鲜明的特点是其精准的营销模式，通过用户的注册信息，对过往浏览信息进行分析，推测用户的喜好（如图 2-1 所示）。使用 Wish 的移动 App 就会发现，它会自动推送某个类目下的热门收藏，同时还会根据用户之前的搜索和阅览习惯推荐产品。其中，热门收藏的产品就是卖家选品的参考。正由于 Wish 通过自身系统算法给用户推荐精准的商品，不同于其他平台的卖家需要买广告位、买流量，因此 Wish 的流量分配更加公平。Wish 成功后，又接连推出了 5 个细分市场 App，即电子 3C 产品 Geek、母婴产品 Mama、化妆品 Cute、家居类产品 Home 和质优价平产品 ScreamPrice。购买目的不明确的碎片化浏览，消费冲动性和欲望性会很高，视觉范围又很聚焦，无法更多地依靠记忆比较是移动端转化率高的主因。

图 2-1

　　然而，新平台的成熟度还有几道坎要迈。首先，移动化已成为各大平台甚至品牌商的标配，如 BellaBuy、StyleWe、Chic Me 等专注移动端跨境 App 或多或少都模仿了 Wish 的路线，如何保持这个独特优势，必然需要持久的技术跟进。其次，用户体验与低价产品之间的博弈，客单价太低导致产品质量得不到保障、所选物流效率低下，为此，Wish 增强了知识产权保护及严厉的惩戒制度，"Wish 邮"在强化物流方面，增加延误保险及海外仓补贴等政策。最后，高额引流的用户很难产生二次消费，Wish 是从 Facebook 广告中诞生的，用户因为拿到了 5 美金的礼品卡，就去 Wish 上买东西。因此，新平台对社交平台的流量依赖性很强，依赖不断的活动、促销及广告投入。随着社交媒体的商业化，纷纷推出自己的电商平台或购物选项，Facebook 与电商平台 Shopify 合作推出购物功能、投资 Farfetch，亚马逊下 Quidsi 进军 Facebook，竞争关系日渐显现，Wish 地位失宠。在 2015 年，为了增进互补性，Wish 获得了来自京东的投资。

5. 国内首个在线交易平台：敦煌网

　　敦煌网于 2004 年正式上线，是国内首个实现在线交易的跨境电商 B2B 平台，以中小额外贸批发业务为主，开创了"成功付费"的在线交易佣金模式，免卖家注册费，只有在买卖双方交易成功后，才收取相应的手续费，将传统的外贸电子商务信息平台升级为真正的在线交易平台。

　　截止 2020 年，敦煌网拥有 200 万累计注册供应商，注册买家超过 2100 万，拥有线上产品数 2200 万，产品及服务覆盖全球

222个国家和地区，拥有50多个国家的清关能力、200多条物流专线以及17个海外仓。

敦煌网提供第三方网络交易平台，中国卖家通过商铺建设、商品展示等方式吸引海外买家，并在平台上达成交易意向，生成订单，可以选择直接批量采购，也可以选择先小量购买样品，再大量采购。并且提供集货源、海外营销、在线支付和国际物流、保险、金融、培训为一体的供应链整合服务体系，实现一站式外贸购物体验。

敦煌网先前于2013年上半年推出的"在线发货"物流服务，通过线上申请、线下发货的方式，简化了发货流程，为外贸商家提供更为便捷的快递服务。妥投时间为5~7天，覆盖了全球107个国家及地区。而敦煌网的综合物流平台DHLink已与全球四大物流公司签约，目前可覆盖超过200个国家和地区，DHLink在物流渠道、价格等方面均具有明显优势。

敦煌网的优势在于较早推出增值金融服务，根据自身交易平台的数据，为敦煌网商户提供无须实物抵押、无须第三方担保的网络融资服务。虽然速卖通后续也推出过类似产品，但时间上晚于敦煌网。敦煌网在行业内率先推出App应用，不仅解决了跨境电商交易中的沟通问题和时差问题，而且打通了订单交易的整个购物流程。

敦煌网在创立伊始就确立了"促进全球通商、成就创业梦想"的使命，致力打造一条网上丝绸之路，立意之高、颇具远见。作为我国首家整合在线交易和供应链服务的B2B跨境电商出口交易平台，敦煌网率先开启了跨境电商交易的创新模式和"为成功付费"的盈利模式。经过十余年的积累，目前敦煌网同时在线商家10万多家，每3秒产生一张订单。

企业级采购商比个人采购商更具有价值，企业级采购订单客单价、数量级和交易额都是个人用户无法比的。敦煌网海外买家中，批发客户多，采购量大。比如，玩具行业批发类商品占66%，在消费电子行业中，平均订单金额可达到296美元，手机屏幕2014年的平均采购额在890美元以上，VIP大买家平均每月采购额超过6万美元。买家重复购买率高，纠纷率、退款率低。敦煌网服务对象定位主要是全国B类供应商，基于平台化运营，提供卖家一体化服务。支付DHpay对接全球30多种支付方式；物流DHlink在线发货，支持EMS、UPS、DHL等20多种物流方式，也可提供仓库及集运服务；信贷DHCredit与金融机构合作，提供融资保险等增值服务。当2C类跨境电商火爆时，经销商批发环节也出现了碎片化小额买卖的B类商家，成为敦煌网可以促使双方在网上达成交易的最初条件。如今，敦煌网加速向大贸B2B转型，如划分行业经营类目、调整平台佣金体系、设立批发通道和建立线下支付通道等。敦煌网主要有两种盈利模式：一是佣金收入，交易成功之后，向买家收取一定比例的交易佣金；二是服务费收入，向企业提供集约化外贸综合服务，同时继续发力移动端和多语言市场，开拓了新渠道、新流量，增加多语言站及海外仓功能，力争本土发货。是否向B2C兼顾，作为一个交易平台，取决于平台定位和商家诉求两方面。

6.跨境新势力：独立网店

外贸跨境B2C有两大线上渠道，即第三方平台和独立商城（含移动端）。知名的独立网店基本都来自超级大卖家，为了品牌建设和缓解平台束缚，塑造精品门店。大部分有一定垂直性，典型的有以 DX 为代表的 3C 派和以兰亭集势为代表的婚纱派。当初，大卖家往往是从一些特定产品领域或擅长的国家做起，例如有棵树开始于航模零配件，之后又根据市场的变化拓展到无人机零配件及机器人零配件等领域，有独立站容易体现专业性。少数大站品类扩充成为综合网店，个别有能力的又开放成集市平台，所谓店中店。在美国，中产阶级与市场信用度双高，个性化消费催生了垂直独立站的需求，美国独立网络零售商高达 60% 以上，而我国只有 10% 左右，大部分通过第三方集市，中小微流通及制造企业涌入开放平台提升信息获取能力和交易效率。这就是阿里巴巴所谓基于"信息经济基础设施"的跨越式机遇，基于平台，摆脱"大生产、大品牌、大流通、大物流"。对卖家而言，第三方平台的好处就是流量便宜，坏处是你做得越大，战略隐患越大。第三方平台有成熟的规则，首要是保护买家利益，最大程度保持公平竞争。

自建站的意义不能简单理解成销售，因为在线就意味着处于在推广和信息传播的状态，因此第一功能是信息传播，其次才是成交，而且独立站利润稍大。第三方平台资金结算较慢，单个账户能做到的业务规模有限，且旺季上量难度高于独立站。从畅路销数据来看，年底旺季独立站同店增速达到 60% ~ 80%，远高于平台商铺，主要原因在于平台会有意平衡不同卖家的流量分配，防止一家独大。

（1）兰亭集势

作为"中国跨境电商第一股"，兰亭集势是我国外贸电商的缩影，成立于 2007 年，2013 年 6 月 6 日，兰亭集势在美国纽约证券交易所挂牌上市。2009 年，郭去疾从 Google 中国辞职，去苏州虎丘考察婚纱市场后，发现便宜的国内婚纱在国外量价双高，遂决定深入跨境电商这一行当，后来进行品类扩张，目前销售品类涵盖服装、电子产品、玩具、饰品、家居用品等 14 大类，库存保有近 70 万，并拓展了不同品类的细分网站，拥有 27 种语言版本网站。据其年报，服装品类销售额占比 36.2%，电子及其他一般商品占比 63.8%，以欧美为主要市场，南美洲新兴市场占比日益提升。目前，兰亭集势主要靠产品采购及销售产品中间的差价来盈利，由于主营品类竞争大、低价及运营成本高，最近几年表现得增量不增利。在产品采购方面，兰亭 70% 的商品直接从工厂进货，实现了从工厂到网站，再到消费者的最短销售链条，达到较高的毛利率水平。品牌化方面，推出自有品牌 TS（Three Seasons），专注女性时尚服饰；移动化方面，推出移动应用 App 及移动社交类的婚礼策划应用 InTime，上线 Sale Clock 的闪购 App 等；国际化方面，引入奥康国际参股，打造传统行业"互联网 +"战略新优势，建立两个海外采购中心，推出全球时尚开放平台战略，外部商家无须缴纳年费，以佣金模式销售额的 15% 作为分成。

（2）跨境通

真正在国内上市的第一家跨境电商是百圆裤业并购的环球易购。在更名跨境通后，又连续投资了前海帕拓逊（出口跨境孵化了多个 3C 品牌）、广州百伦（出口综合服务）、深圳通拓（大卖家）、跨境易（进口通关物流和分销）、易极云商（进口供应链）等多家跨境电商企业，势头直盖兰亭集势，问鼎行业第一。其销售额的 20% 在第三方平台产生，80% 来自旗下名目繁多的独立站，多个站的同店销售额都在业内领先。例如，Gearbest（最大的 3C 站）、Sammydress（最大的服装站）等多个垂直型电商平台，单站日浏览 IP 已超过百万，合计库存保有大于 25 万，服装品类占比约 70%，商品单价约 10 美元，海外仓有 9 个左右，约 5 万平米，库存周转 2.5 ~ 3 个月，注册用户约有 4000 万，客单价 50 ~ 60 美元，转化率在 1.5% 左右，重复购买率在 30% ~ 40% 之间，2015 年已成为国内最大的出口 B2C 跨境电商。进口电商方面，跨境通搭建覆盖自有平台（五洲会海购）及第三方平台、移动端、微商、O2O 线下体验店（20 家）的跨境进口电商体系，布局甚广。

除了专注 3C 的 GearBest，环球易购站 Everbuying 规模也很大，其销售覆盖全球 200 多个国家和地区，单站超过 600 万注册用户，实际购买用户超过 200 万。另外，还有服装服饰类 8 家网站，以及多个小语种分站，如西班牙语 igogo.es 等。跨境通足够大，精准地定位于渠道卖家，目前仅需开拓产品品类，用户或流量增长就足够保障规模增长，继而开展供应链金融、跨境物流及配套运输等建设。

（3）其他

"北有兰亭、南有 DX。"DX 在香港上市，主营标准化低价 3C 电子小件产品，是这个领域当仁不让的"老大"，最高峰期一天 12 万单。DX 是国内第一家真正意义上的外贸 B2C，创始人陈灵健早在 2007 年初就从 eBay 平台上撤出来做全网生意，以超前的技术架构、强悍的价格战能力、超低的人力成本和四两拨千斤的网络营销技术迅速崛起，2010 年销售额即达到 2 亿美元。

大龙网（DinoDirect）是重庆外贸 B2C "大哥"，成立于 2009 年，做虚拟游戏币起家，自卖的同时也给别人做代运营，获多轮投资，擅做电子邮件营销，多开发非英语市场，覆盖俄罗斯、巴西、印度及欧、美、澳等六大国家和地区，销售的主要产品是电子类、服装类及园艺类。大龙网自称，目前采用的是跨境O2O模式，从B2C转向B2B，在全球拥有10余家分公司、20多个海外仓，自有支付"大龙钱包"（Dino Wallet）。从产品供销来看，除了自营自采B2C外，还通过OSell跨境O2O网贸会进行B2B招商，各大跨境试点城市多有大龙网的影子，尝试物流集货及联盟海外零售体系，解决跨境销售"最后一公里"服务的问题。

福州纵腾是一个超级大卖家，业内盛传的eBay第一，运作沉稳，搭建了很强的海外供应链体系及跨国物流解决方案，在海外仓运营行业首屈一指。米兰网是成都外贸B2C"一哥"，定位为服装全球行销平台，获有红杉投资。PatPat专注跨境母婴玩具类。深圳通拓主营3C，多平台大卖家，采取低价战术迅速占领市场。

品牌认知度低、缺乏固定用户群、营销引流成本高是所有独立站面临的通性问题。吸引客户并建立信任，核心是看起来像"本地化"，复购率则基于完美的用户体验。多国销售时，产品详情、网站内容和服务条款等要体现当地的语言风格；用本币显示价格并用本地支付方式；海报文案内容能够反映当地的文化，去中国风格，从字体、设计、颜色、排版上符合海外用户的审美；按照目标市场的规定制定条款、隐私政策、保障条例和退货政策等。总之，围绕着一个真正合格的外文电商网站来展开。

第三章

跨境电商的运营模式

1. 跨境电商的运营模式

贸易按商品流向，可划分为出口、进口、过境、转口、复出口、复进口。然而，平时热议的跨境电商运作模式的概念颇为混淆，因为提及模式，便可从销售主体、通关渠道、供应链、物流方式等不同维度来划分。确切地说，跨境电商官方认定的就是四种新型海关通关监管模式，以助推传统外贸线上化。事实上，在传统已经存在的三类监管形式下，部分小额贸易类及以小件形式进出境的邮件包裹和商业快件，只要是跨境线上交易或服务外贸零售，也被广泛地认为是跨境电商的运作组成（如图3-1所示）。

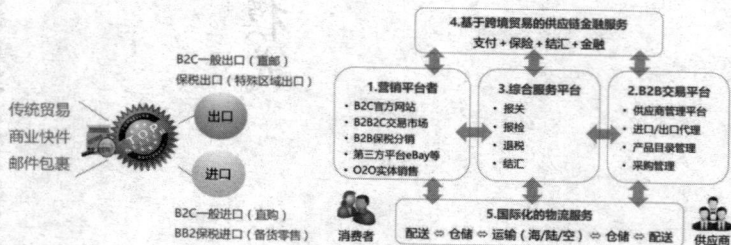

图 3-1

跨境电商出现之前，有三种货物进出境方式没有与线上交易深度绑定。目前所谓的跨境模式主要是新增的四种监管方式。B2C 一般出口，交易主体是国内商家 B 和境外消费者 C，多以个人物品、邮包、快递等形式出口，具有一定的贸易政策风险，在跨国纠纷处理、本地化支付和物流方面也面临挑战。随着跨境电商清关的规范化，解决了这类电商出口退税及结汇等问题。特殊区域出口，出口卖家采用境内关外的备货模式，先将货品整批运送到海关监管区，及时获得退税，接到订单后，再进行发运配送。如果将这个备货直接发至目的国的仓库，这就是海外仓。在前端的跨国 B2B 清关过程中，既可以是贸易形势，也可以是跨境新监管通道。线上化 B2B 出口，国内外两端都是商家，大部分交易仍在线下完成、自行交付，相对于消费，这种商家间的交付环节更复杂、链条更长，双方签约后，涉及银行、税务、关务、商检等环节服务，要自行安排结算及物流，通常不算作跨境电商。进口方面，各试点城市充分发挥海关特殊监管区域的功能和优势，拓展网购保税进口和直购进口两种新监管通道。保税备货是海外商家将货物运送到国内试点城市的保税区仓库，然后通过进口平台实现向消费者的交易，再从保税区出关寄送。直购直邮则是货物直接从境外以包裹形式通关入境，但这不同于过去的邮件或快件，监管条件完全不同。海淘转运，包括代购，通过个人行邮或携带的方式发到国内消费者手中，都可以看作一种 C2C 模式，是传统的个人物流"擦边球"通关，无法逾越规模化困境。在跨境进口发展早期具有很强的灵活性，不同监管渠道交叉运作有较多灰色地带，如今模式日趋规范。

　　零售盈利的本质是以其创造的增加值换取价差。跨境电商也是一种零售渠道，渠道只是表象与手段，只有不断为顾客创造增加值，如选品、履单、售后，才可能持续换取收益。全渠道的核心是零售商能够在所有销售平台提供无差别的购物体验，实现利润最大化：为满足消费者任何时候、任何地点、任何方式购买的需求，采取实体门店、网店、移动应用及第三方平台等渠道整合的方式销售商品或服务。零售、电商及物流业共性的一面是追求规模经济性。贝索斯的飞轮理论中再三强调追求用户体验，但是追求极致用户体验及这三个正反馈模式飞轮的本质核心又是什么？是一段时间内的交易额。使用低价运营策略，大幅拉高业务增长，极致的物流体验增加用户流量，客户量引来卖家入驻，从而提升广告收入及服务收费，庞大的收入保障了其持续的低价销售和品类扩张。阿里巴巴不卖实物，卖的是流量，殊途同归。对跨境电商全渠道商业零售转型的几点启示是：关注新世代消费群、占领品类和场景制高点、多渠道融合拓展、客户获取与互动、全渠道品类规划、新产品快速引进、供应商合作管理、供应链精益运营、物流及配送服务等。

2. 跨境电商的五大推动力

跨境电商具有开放、高效、便利、进入门槛低等优势，它借助互联网技术实现商品和服务的跨境交易，冲破了各国进口许可的障碍，使国际贸易走向无国界贸易。我国跨境电商增长的动力将保持强劲，跨境出口是贸易的扁平化，处于全球价值链下游的定点生产工厂和处于贸易弱势的小微企业聚集起来，拓宽了进入国际市场的路径，围绕品牌化、本地化、供应链等趋势，加快全球运营进程；当地方试点政策及口岸流程趋于统一完善，进出口跨境电商通道将更为顺畅，带动产业和就业发展，满足居民需求。

（1）消费全球化

经济学里强调需求决定市场，跨境电商的产生就是跟全球大众的需求有关，网购已经成为全球性的消费习惯。我国传统中低端消费品制造能力非常大，供给严重过剩，但同类高品质消费品却供给不足，跨境电商为这部分需求涌向海外提供了渠道。我国外贸政策一直是"奖出限入"，多关注出口，出口可以带动投资、就业，拉动国内生产总值。在消费带动的经济增长新结构中，进口市场将不被忽略，以进带出，通过大量引进高端产品，来倒逼中国制造产业升级。我国中产阶级的人数在未来二十年将从2.3亿人增加到6.3亿人，在历史上出现一个庞大的消费者人群，他们愿意购买物美且价格适中的商品，青睐国际品牌的产品价值，出于对产品质量安全性的担忧，避开选择本土品牌。

需求驱动市场，传统外贸业态下滑。订单碎片化、去渠道化、消费者对产品种类的需求，以及随着互联网的发展，国与国之间的商品价格进一步透明。通过跨境网购，消费者发现，在国外平台购买的商品即使加上运费和关税，也比海外品牌在国内直销的价格便宜，平台售卖的商品种类齐全，商品品质普遍优良。互联网的应用及其交易的自动化可以使企业用更低的成本满足更多元小众市场和定制产品的需求。例如，亚马逊正在全世界范围内进行翻译工作，这意味着也许再过一段时间，当消费者进入亚马逊网站，就可以通过普通的搜索界面看到美国、日本、韩国亚马逊的价格。那么，全球品牌的价格策略就会被这样一个翻译工作全盘打破，国与国之间的汇率差会在一个互联网页面上全盘衡量比较，消费者能够在全世界范围内用同一种语言去比较商品价格。简单的一个翻译工作，未来给行业带来的革命可能是致命性的。

（2）产业升级转型

在十多年的发展历程中，网商从整个社会边缘逐渐迈向主流，网商的主体逐渐转变为主流行业的主流厂商，网商创造财富的能力不断得到增强并通过各种渠道为大众所认可，网上经商的企业和个人取得了不平凡的业绩。当汇率、劳动力、环境优势都不再具备时，我国外贸过去低质量、低价格的道路走不下去了，与此同时，大部分跨境电商企业还未涉及品牌化建设。如果把产品做好，让好的产品在各渠道出售，就会发现可以不用去做渠道了，专注做上游产品和供应链即可。出口卖家基于网络虚拟货架，将产品推向全球市场，直接获得消费者的需求，更加精准决策其全球化的供应链策略，升级产品设计制造。同时，线下交付的物流和售后服务的生态合作网络伴随着跨境业务流程实现全球布局。跨境进口形式更加灵活和阳光化，在资本推动、商品品质、消费观念、商家推广等因素的作用下，在创造就业机会、提高商业效率、消费者实惠、以进带出等方面，对消费经济的影响也非常显著。

（3）跨境运营全球化

跨境电商契合了多个国家战略的行动方向，借助互联网这个行之有效的"无边界"交流、合作及交易平台，为中国制造和出口贸易建立更大范围的宽松环境和国际舞台，助推了我国的全球化进程。互联网带来的商业模式、产品及市场结构的变化，使得国际贸易出现了新机遇和转型。但在新模式下，跨境电商还面临很多成长障碍，例如清关报税体系不成熟、全程物流时效体验差、售后服务和退换货不保障、供应链不稳定等问题。同时，消费者可以直接与全球的商户进行沟通，参与到国际贸易中来，并且获得更加多样化的产品和服务，实现全球性的消费。但是在线交易容易，产品交付难，而全程服务更难。跨境电商所涉及的三个核心即产品、运营、渠道，都需要企业运作得更加全球化、本地化，境外直采、海外仓出口都是基于更加贴近消费者的。跨境电商是全球消费市场的渠道和未来：消费需求潜力巨大，海外商品认知提升，海外品牌认知度提高，既是消费者的福利，也是企业品牌建立与全球化运作的契机，并对国家的国际收支平衡、维护汇率与经济稳定大有裨益。

（4）资本驱动市场

电商大佬都将与跨境电商相关的国际板块提升至战略位置，奔赴海外或全球布点；创业公司纷纷加紧融资步伐屯粮备战，一线公司仍争相融资扩张，迅速崛起；海外电商试水国内市场，利用国际化品牌优势试图也来分一杯羹；物流及供应链服务商纷纷发挥自身行业优势，不断畅通流程，为行业发展保驾护航。在资本支持下，各路"玩家"棋逢对手，大佬小弟面对新兴市场，都要从头摸索，竞争又共生，共同培育市场，向无量前途进军。各地政府扶持政策出台的节奏更加频繁，跨境电商所面临的支付、物流、报关报检等障碍正在逐步消除，国内外需求不断增加，市场正进入加速通道。在跨境网络交易及服务生态中，平台提供商居于核心位置，形成了自身对整个生态系统的巨大影响力，而各类基于平台的服务商同样迎来资本的热捧，他们对于交易的高效和顺利实现具有重要作用，持续不断的服务质量提升与运营优化，将增加平台对于买卖双方的黏性，产业生态更为完善，各环节协同发展。

（5）泛红的蓝海

世界是蓝海，中国总是红海。跨境电商早期的蓝海市场让不少人在其中捞了一桶金，但再好的蓝海也经不起船多，中国人多、做电商的多、做外贸的多、做跨境电商的也多，如今已不如当初那般轻松，行业洗牌总不绝于耳，一些领域翻为红海。

如今的淘宝网,人人都可以开店,但不见得人人都能卖出去东西,每个分类都存在几个寡头,大品牌获得大部分流量,具有个人特色的小品牌或者个性化品牌或特殊品牌占据一席之地,小杂货卖家奄奄一息,可以说开店容易,其他免谈。跨境电商曾火爆到"商必言跨境"的程度,从政策到市场、从商家到消费者、从电商巨头到创业公司都想在跨境电商领域有所作为。但最火热的跨境电商也快要成为围城,进口交易已经沦落成跟国内电商几乎无二;出口的一些热销且利润空间较大的产品,众多跨境商家都在销售,行业内甚至出现恶劣的价格战;进口试点城市在没有放开前,保税仓常常处于爆仓状态,放开后,各地必将涌现众多的保税仓和供应链服务企业,保税物流服务市场将趋于平淡。追根究底,电商还是零售,抛开供应链能力来讲,零售的根本在于驾驭商品的组合,需要销售基因和运营技巧,线上电商看似模式很轻,但其对 IT 能力、供应链资源、营销手段等要求颇高。

3. 重组全球供应链

跨境电商推动了全球价值创造要素重组,帮助传统外贸企业实现转型升级。一方面,缩短中间供应链,将节省下来的成本用于增加企业的研发投入、创建品牌、提升质量、完善营销和售后;另一方面,在当前全球贸易"小批量、高频次、碎片化"的背景下,推动生产制造企业实现"数据化、在线化",直接掌握大量真实的国外消费者数据和国际市场需求,通过"产销消"(生产—销售—消费)对接,运用 C2B 定制模式和建立柔性化的生产供应链，实现智能化生产和产业转型升级，优化供应链，省去中间商，降低成本。当然，转型并不是指工厂都直接转型做电商，这并不适合所有的企业，把产品交给电商与传统分销没有太大差异。传统生产型转型更多的是设备升级、产品设计的演进，可以更多地采取工厂和跨境电商合作的方式，毕竟跨境企业有更多的经验和资源，可以帮助工厂更快地把产品推销出去，跨境电商也是一种线上贸易分销。

　　在传统的国际贸易中，中小微企业抵抗国际市场风险的能力较差，在供应商选择范围、贸易渠道、贸易谈判上都难以与大企业抗衡，在竞争中往往处于劣势。互联网的出现及其带来的商业模式的创新，如平台的出现、平台信用体系的建立，使得中小企业可以通过网络与全球的贸易商联系，与大企业站在相同的平台上进行竞争，甚至个体商户也可以参与到国际贸易中来，人们可以直接通过网络购买所需要的国外产品，国际贸易的覆盖面更加广泛，贸易秩序也更加公平。在传统外贸条件下，出口商品需要通过层层供应链，才能到达消费者手上，制造商的利润被多重环节稀释；而在跨境电商模式下，国际贸易供应链更加扁平，一些中间环节被弱化甚至被替代，这部分转移出来的成本变为运营、平台费用及消费者优惠。尤其是中小微企业，其借助跨境电商平台参与全球贸易，直接面对客户，构建自己的贸易网。但客观地说，当所有中间商让位于信息服务商时，交易成本攀升，基于信息资源的垄断也不容忽视，信息的成本并不比传统生产要素的成本低，很多跨境卖家何尝不是中间商？

　　当前，跨境电商正在引发全球经济贸易的巨大变革，大幅减少和消除国与国之间的贸易成本和障碍，使国际贸易逐步走向无国界贸易，同时催生出符合未来互联网时代发展要求的国际经贸新规则。一些主要国家更是在世界贸易组织、区域经贸合作和自贸区等机制谈判中，意图影响和主导国际电子商务规则的制定和发展。例如，欧盟提出要实施"单一数字市场战略"，跨太平洋伙伴关系协定中设定了单独而详细的《电子商务》章节。在巩固"中国制造"地位的同时，提升处于"微笑曲线"两端的设计、研发、营销等能力，加快技术、品牌、服务出口，实现向"中国创造"的转型升级。

回到 2013 年跨境电商"元年"，推动区域中各国的自贸协定谈判，有利于我国建设国际经济、金融、贸易、航运中心，掌控国际贸易主导权、定价权和资源配置权。"一带一路"主要包括新亚欧陆桥经济带、中蒙俄经济带、中国—南亚—西亚经济带、海上丝绸之路经济带，沿线总人口约 44 亿，经济总量约 21 万亿美元，分别约占全球的 63% 和 29%。从国外需求来看看，相关国家和我国经济互补性强，各沿线发展呈现较大的差异，洲际铁路运输线建成，运输时间和成本大降，有利于突破跨境电商发展的物流瓶颈。

从产业发展来看，跨境电商涵盖营销、支付、物流和金融服务的完整产业链，把投资和贸易有机结合起来，以投资带动贸易发展，积极同沿线国家和地区共同商建自贸区，加强信息互换、监管互认、执法互助的海关合作，降低非关税壁垒，共同提高技术性贸易措施透明度，提高贸易自由化和便利化水平。

（1）北线，中国—蒙古国—俄罗斯—北欧

蒙古国人口约 300 万，人口少、电商体量小，网民约占总人口 70%，年轻人是网购主要群体，性价比高的日用品是网购的重点商品。蒙古国物流配送体系尚可，其自 2011 年起实行户户通邮政，乌兰巴托等市内递送服务开始发展，基本能够满足网购配送需求，目前"中俄蒙跨境经济合作区"三方已签约。俄罗斯是跨境必争之地，规模可观、增速很快，我国网店在俄罗斯跨境电商中的份额超过 2/3，占据主导，后文有详述。在北欧，电商在瑞典、芬兰、挪威、丹麦四国稳步增长，近年保持两位数增长，例如，跨境电商占瑞典网购额的 30%，速卖通曾称，其在瑞典的在线购物应用中已经排到了第一。

（2）中线，中国—中亚—西亚及中东—中欧—西欧

中亚五个"斯坦"国发展相对落后，生活所需品严重依赖进口，网购算是刚刚萌芽，由于信息不透明和贸易水平落后，市场上存在严重的价差，电子商务的发展和渗透可以有效解决这个问题。网络能够触及传统进口市场无法满足的人群，包括女性（穆斯林禁忌）、小企业和乡村。据悉，哈萨克斯坦的 B2C 网站 chocolife.me 和吉尔吉斯斯坦 B2B 网站 prodsklad.kg 比较活跃，但还没有像样的纯电商网店。由于信用卡使用限制，网络支付存在很大风险，货到付款是目前主要的支付方式。但借助移动互联和对外开放政策，跨境电商必将有重大改变。

西亚及中东，跨境电商正在爆发。中东电商市场从 2011 年的 70 亿美元到 2015 年突破 150 亿美元，年均增幅近 20%。中东地区各国电商渗透率较高，阿联酋为 46%，沙特为 25%，科威特为 35%，阿联酋是该地区最大的 B2C 电商市场。物流主要是汽运，支付约 80% 是货到付款。而以土耳其为首的西亚国家在电子商务方面的发展也值得关注，据悉，土耳其 7700 万的人口中，网民比重超一半。

中欧包括德国、波兰、捷克及瑞士等 8 个国家，德国是龙头，也是欧洲电商市场增长的强大引擎，目前电商行业规模在

500 亿欧元。西欧，做跨境电商绝不可错过英国，2016 年，网络零售占英国总零售额的比例将从 2010 年的 13.5% 上升至 23%，总值超过 2000 亿欧元。法国的电商发展也不逊色，势头要赶超德国。

（3）南线，中国—东南亚—南亚—东非—南欧

东南亚是全球 B2C 电商发展第二快的市场，印尼、菲律宾、新加坡、马来西亚等国家的电商发展势头强劲，紧随中美脚步，这里将迎来电子商务的黄金时代。目前，这里网购仅占全部零售的 2%，阿里巴巴、京东等中国电商巨头也潜入了东南亚，印尼电商网站林立，竞争愈发激烈。物流体系相对健全，邮政和快递公司提供送货上门，马来西亚、新加坡及越南等国的邮政小包在国际上还名噪一时。南亚，就看印度。纵观"金砖四国"，印度网民数仅次我国，随着无线网络的接入及智能手机的普及，印度电商市场到 2025 年，可以达到 2220 亿美元的规模。各大电商抢占市场，投资、融资、并购、扩大规模的步伐，并不是因为印度的电商发展水平很高，而是因为其具有发展潜力。

非洲，由于线下零售商店非常分散，没有大型商场，且生产资源的匮乏，目前正处于一个经济高速发展的阶段，2015 年，17 个非洲国家国内生产总值增长 5% 以上。到 2020 年，52% 以上的非洲人将有自由购买的能力，而这些群体会成为国际商品的主力消费群体，这是一个年轻的电商市场。2016 年，非洲移动用户数将突破 10 亿大关，智能手机和新一代网络的普及，将驱动非洲移动电商的快速发展。其中，很多中资外贸企业在肯尼亚。

南欧，大多数国家为发达国家，对 3C、服装、家居及户外用品的需求量较大。意大利拥有 4000 多万网民，电商规模约为 300 亿欧元，增长率在 10% 左右，网购很普遍。而在西班牙，互联网及智能手机的普及率达到 70%，网络消费者超过 1500 万，电商市场的年增长率达 20%，超过 50% 的网购消费者进行跨境消费，占商务交易总额的 44.2%。西语系市场不容小觑，我国很多外贸电商都专门针对这个市场。

　　跨境电商成为新时期我国深化国内改革和对外开放的新窗口，通过打造一条"网上丝绸之路"，促进我国与"一带一路"沿线国家的贸易往来和中小企业发展，增进各国企业和人民之间的互信合作和共同发展。而国家层面的协调，通过与相关国家推进跨境电子商务规则、条约的研究和制定工作，包括跨境电商通关服务相关的配套管理制度和标准规范、邮件快件通关商检的监管模式、产品质量的安全监管和溯源机制等，健全跨境电商国际合作机制，进一步促进跨境电商的国际拓展。在各种双边、多边谈判中，也考虑了我国跨境电商发展的实际问题，帮助国内企业处理跨境电商贸易纠纷。

4. 全球贸易便利化

　　互联网与数据是跨境电商发展的技术支撑，并给传统企业和贸易体系带来了系统性变化。贸易便利化（Trade Facilitation）是指使用新技术和其他措施，简化和协调与贸易有关的程序和行政障碍，降低成本，推动货物和服务更好地流通。通俗地讲，"电子化"即以电子形式进行贸易数据交换，无纸化贸易、单一窗口是实现贸易便利化的重要手段。"单一窗口"是政府贸易监管机构在进出口流程中要建立基于网络的一站式服务系统，以便让进出口商可以方便地一次提交所有贸易数据。马云倡导建立 e-WTP

（Electronic World Trade Platform，世界电子商务贸易平台），既是惠及发展中国家和中小企业，更是看重全球互联和数据沉淀。阿里巴巴集团已经正式成为全球最大的零售体，实现了电子商务"弯道超车"，证明了新商业模式的成功。电子商务贸易规则的制定并不困难，难点在于零散的操作层面，全球面对电子商务带来的诸如关税与税收、统一商业代码、知识产权保护等一系列新问题，唯有数据共享，实现全程电子数据的监管。近年来，我国各个试点城市在海关程序、检验检疫、外汇税收、负面清单制度等领域积极探索，通过"先行先试"和"由点及面"的方式，积极引领制定跨境电商国际规则，抢占全球互联网经济发展的制高点。

在过去几十年中，全球化在一定程度上促进了全球经济的发展，但是更多地帮助了发达国家，体现了大公司的利益，众多发展中国家和广大小企业的利益和诉求没有得到充分的体现。如今，国际组织不再讲跨国企业了，中小企业已经成为全球贸易的主力军。

国际贸易的主力军 95% 以上都是中小企业，是普惠贸易的发展趋势。首先，跨境电商帮助发展中国家弥合数字鸿沟，特别是对于一些发展中国家的中小企业，可以有与发达国家相同的机会参与全球价值链，通过提高自身在全球价值链的参与水平，提高国内增加值在全球价值链中的比重，增加了高附加值产品和服务的出口。其次，跨境电商助推全球企业网上信用体系。因各种贸易因素制约，"信用"始终是海外买家下单时最关键的考虑因素。长期以来，信用积累和展示是全球中小企业实现"卖全球"的瓶颈，也是实现跨境 B2B 在线交易的巨大障碍。

特别是小微企业很难向国际客户展示自己的诚信状况，无法获得国际订单。

　　基于跨境电商的闭环式交易，以跨境电商平台为中心整合上下游产业链，形成生态圈，打通供应链和交易场景，为平台提供数据积累，根据贸易企业基本资信和历史交易数据等综合信息，逐步建立起全球企业网上交易信用体系。基于此，跨境电商不仅可以促进包括货物和服务在内的国际贸易发展，还可以带动物流、金融、仓储、信息服务等相关产业，从而构建一个完整、丰富的跨境电商贸易服务生态，创造出新的税源和就业，推动人民币的国际化（如图 3-2 所示）。

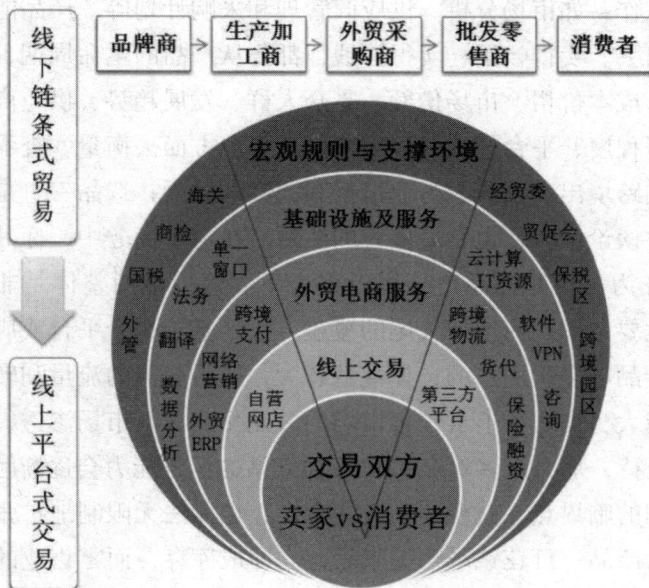

图 3-2

　　事实上，当前的国际经贸规则已经滞后全球互联网经济和电子商务的快速迭代，电子商务时代的国际贸易新规则要让自由贸易和公平贸易成为全世界每一家企业和个人享有的基本权利，帮助促进全球范围内的创新、创造、创意，保障自由开放、普惠利他的全球数字经济和电子商务市场。

5. 跨境电商产品是关键

　　选择要卖的产品，俗称选品，对于大多数自己不设计、不生产的经销型中小卖家，选品可谓攸关成败。这里其实涉及了很多方面的工作，如市场分析、供应商管理和采购计划等。产品能不能卖得出去、卖得畅销、卖得挣钱，都要从产品的生命周期、利润空间、成本价格、市场份额、受众人群、发展趋势、供应商资源、竞争程度、平台规则、地理节气等多个方面去衡量。查看各大平台的跨境出口报告、行业情报和关键词分析，选品一直是跨境电商中谈论最多，也是最核心的话题。在电子商务中，标品是质量服务为王，非标品得长尾者得天下。跨境电商整体是非标品，因此要考虑如何增加长尾的覆盖。正是基于哪个平台或店铺支持的产品越多，用户的选择性就越大，最后获得的流量和转化可能就越大。加之再追求销售市场的多元化，向新市场渗透、区别供应对待，那么众多卖家和 B2C 独立站的运营能力会逐渐触及产品管理的临界点，就算亚马逊和京东，也无法无限制地扩张自营产品。产品一旦花钱采购进来后，立即成库存，而零售业的核心指标就是低库存、售罄率、周转速度。根据《2016 年 Amazon 卖家痛点调查报告》，大部分卖家还没有开展在亚马逊销售的原因是，近一半的卖家因没有合适的产品而停止开展销售。

由于线上竞争白热化，行业已进入依赖数据分析的精细化、专业化、垂直化选品阶段。选品分三级：行业、类目及单品。大部分卖家还是专注具体类目或不同店铺的侧重，即便同一类产品，也有不同平台营销的方法。选品的方法有很多种，平台本身提供很多信息，例如 eBay 每月发布全球热卖商品月刊，总结销量高、需求大的商品及各地潮流趋势。通过浏览平台在售热销的产品，了解不同目的地市场的消费者偏好，也可直接进店评估竞争对手的销售情况，还可利用各种调研工具，如 Terapeak、Trends Amazon、数字酋长等。

产品结构还决定了物流产品的选择和管理，按照长尾理论和其他营销理念，20% 的产品可带来 80% 的销售额，剩下 20% 的产品实际上是长尾产品，产品的销售具有随机性；产品结构的划分直接影响到库存的配比，后面在"海外仓管理"环节中将略做介绍。务必注意禁售清单，除了侵犯版权、商标或其他权力的物品被禁止出售外，各大平台对仿货、复制品、赝品、未获销售许可及我国与目标市场法律所规定的禁运或限制进出口的商品或服务也在禁售之列。

我国很多工厂是集生产、研发、制造和设计一体的，但是他们在欧美市场没有渠道，只能做代工。而卖家什么都懂，也有渠道资源，但就是没有产品。选品的核心要求是能够卖出去。如何快速产生订单？招商经理会赤裸裸地告诉新手，在亚马逊上就是跟卖。跟卖就是模仿，即"中国式采购思维"，这种方式成就了很多知名的公司，比如 QQ、ZARA、韩都衣舍、小米等。每个领域都存在一些靠"跟卖"完成创新的公司。对于小卖家来说，什么好卖就卖什么，靠高速周转来卖货，靠眼力来选货，资金要求小、运营成本低，在第三方平台操作比较多。"跟卖"没有明确的品类和品牌的要求，只为卖货。这种跟卖就是完全跟着市场的热度来完成销售，打爆款、只卖热品，品类上以大品类为主，卖家手里一般有多个店铺，各个品类都有。爆款是卖得非常火爆的商品，高流量、高曝光量、高订单量就是它的具体表现。跟卖看似容易，其实周转要求颇高，反应要快，一旦发现爆款，马上就要抢货、抢上架、抢推广，而这样的操作方式在大一点的公司是做不到的。大公司从发现爆款到上架开始卖的时间可能是 1 ~ 3 天，这就是小卖家的"点"，通常他们不备货，直接去市场抢现货。市场上刚推出的新品，供应链暂时缺货，大公司的慢反应就是这些小卖家存在的空间。跟卖最大的好处是减少对市场的预热，利用别的品牌知名度，快速让用户认知商品。

跟卖不等于做仿品，是业内比较默认的竞争策略，无论是服装行业，还是 3C 行业，都有模仿，有的进行微创新或改进升级。比如中低端婚纱是非标品中的战斗机，商品重量轻，设计感和时尚感强，而且起订量低，使其成为外贸市场一个长久不衰的吸金品类。盲目跟卖的热销产品，在功能和造型上模仿甚至抄袭爆款，只在外观设计上略作改动。但这种做法风险很大，国外成熟的电商平台对产品的知识产权、盗版侵权都有严格规定，企业可能会因侵权受到被仿企业的投诉而令产品下架甚至深陷诉讼责罚的泥潭，教训不胜枚举，大卖家尤其承受不起。

跟卖还有一个动机，就是拼价格，雷同越多，互"杀"越狠，越是期望走量，越要"杀"低价，造成很多跟卖产品赔本赚吆喝。越是标准化的产品，如电子类、汽配、家居和运动器材类等，越是跟卖的重灾区。尤其当前各项营销和运营成本的高企，卖家围绕着市场的销售价格区间反复测试，在标题、关键词、页面、图片、本地派送等相同的条件下，除了每个跟卖竞争账号绩效表现不同之外，大家唯一能做的就是看谁的运营费用低。想做好跟卖，需要对品牌、供应链、知识产权商品进行全方位理解，根据要跟卖对象是否有品牌保护，对商品进行改动设计和推广，在各个环节规避品牌商家的侵权问题，确保法律风险可控。客观地说，跟卖好似长跑里的跟跑，无关对错，市场就是这样，只是要谨慎对待这样的策略。如果只是一味盲目跟卖、不顾销售容量，很可能跟到沟里去。若不关注产品，把主要精力都放在营销上，本末倒置，那么对行业发展也是不利的。

6. 选品时应注意的问题

经过前一阶段的海量选品评估后，虽然我们确定了经营的类目，也初步选定了几款产品，但选品工作是贯穿运营始终的重要模块，笔者和两名助理，在后续的运营中从来没有停止过。

关于选品，对中小卖家来说，建议最好以结果为导向进行选品。这里说的"结果"是指亚马逊平台上现有的销量状况。如果一个产品当前在平台上销量好，可以优先纳入你的选品范围，而如果别的卖家销量都不太好，那就直接过滤掉吧。笔者不建议卖家用所谓的"听说张三卖某产品赚了很多钱，所以我也打算卖"的思路，相对于道听途说，平台的销量数据更有说服力。

有些卖家担心所谓的竞争，这个产品竞争激烈，所以我不选，我要找一个竞争热度低的产品，如此等等。说实话，每个人都想找冷门产品，每个卖家都想开发蓝海市场，可是在当前如此开放的平台上，信息几乎零障碍传播，任何一个卖得好的产品可能瞬间就传遍了卖家圈，想找到冷门爆款产品，谈何容易？！

初步确定产品只是运营的第一步，作为卖家，你必须明白，亚马逊平台对产品品质的要求非常严格，如果一个订单被客户投诉品质不好，很容易就会被下架，甚至被删除，那就意味着你前期投入的精力和资金都白白浪费了，已经发到库房的库存也不能再继续为你带来利润，反而成了硬生生的滞销成本和无穷无尽的麻烦事。所以，产品品质是选品后要重点把关的第一要务。

为了做好品质把控，结合产品的实际，对品质做了一个初步评估，对于无法亲自参观工厂的，我们分别下了样品订单，需要看到样品之后，再做决定。

在整个店铺中，我们计划打造十款不同的产品，产品之间会有相关，但彼此也截然不同。同时，基于资金量方面的考虑，也尽量避免选择多属性产品，如果产品有多色可供选择，我们只会选择最热卖的颜色销售。任何事物的发展都具有"二八定律"效应，抓住关键的 20% 很重要。有多色可选的产品，一般只是其中某一两个颜色销量较好，即便 Anker 最热销的唇膏款式的移动电源都是如此，我们又何必要面面俱到为不热卖的颜色占压更多的资金成本呢？

"百鸟在林，不如一鸟在手"，对小卖家来说，必须集中资金于一点，打造出自己独特的优势，这才是一个小卖家该有的选品思路。

几乎每一款产品的确定都要进行研究，包括竞品的订单详情、店铺规模、卖家体量、产品好评率，通过最近两个月的产品审查评估了该产品近期的销量，还通过添加购物车的方式进一步评估了竞品的日均销量等。这些内容写下来就这么几句话，但要想在实际运营中确认清楚，却是既烦琐，又耗时的，需要做大量的工作。

任何细节评估不到位都可能造成评估数据与实际市场状况的巨大偏差，大的偏差会导致运营失败，所以在选品过程中，要尽一切可能还原接近准确的数据。选品的实际就是这样，不到最后一刻，没有定数。

7. 企业加强品牌建设

从淘宝网到天猫，对于跨境零售出口，我国供应商一定要有做品牌的理念。有些卖家很烦"被跟卖"，有很多传统外贸企业、工厂、国内电商企业都涌入到跨境电商，简单在平台上开个店，却发现卖家太多，大品类产品红海一片。随着平台主体竞争的加剧，更多新的平台出来，导致流量成本高涨，生存环境开始恶化，从"三无"产品转向有性价比的品牌产品，接下来平台的规则也会越来越严，粗放式增长将转入精细化经营。要么是从品牌商、厂商等处获得授权和商品，以自营卖家的身份在平台上售卖，即授权经销；要么创建自有品牌（Private Label）获取更高利润。在亚马逊百万级卖家中，90%都有两条以上的销售渠道，有56%的卖家有自有品牌，其中贩售自有品牌占其整体销售量低于30%的卖家为最多，达27%；另外，自有品牌占整体销量的30%~70%、70%~100%的卖家分别是9%和10%；而全部销量都来自自有品牌的卖家则占9%。耳熟能详的案例有跨境起家的 Anker 电源上市、号称中国最大跨境快时尚 SheIn 融资，品牌的建立过程不是一朝一夕的，更多靠用户口碑的积累，最终靠品牌取胜。然而，这是一个品牌过剩的时代，面对强势的欧美同类品牌，我国跨境电商创牌之路将会异常艰辛，大部分品牌行为仅仅是补充产品范围。至少，注册商标有备无患，建品牌（哪怕伪品牌）反跟卖，保护好自己的品牌，是在亚马逊平台上最官方的防御性措施，可以避免被投诉侵权或者卖假货，减少他人跟卖，避免被拉到价格战中。在亚马逊品牌备案后，会得到品牌识别码，可用来取代商品统一代码及 EAN 国际物品编码。

品牌在溢价、复购率、可持续经营等方面优势明显。有品牌的选品，要打造主营产品线和爆品，就是当前卖家手头上有什么资源，就把它作为主营产品线，集中精力打造，而不是打一枪换一个地方。通过分析毛利的产品构成，研究哪些产品占到总毛利的 80%，那么这些产品就是你需要打造的爆款方向。不惜代价打造爆款，尤其是在亚马逊。除了靠品牌自有的号召力之外，此类产品可以是非标准化和主观性产品，且是高毛利、竞争对手相对少的小众市场产品，在特定的用户群的市场缝隙中获得发展。选择好爆款后，应该全力以赴去做好推广，分析出产品的赢利能力、点击率和转化能力、单品的客户价值，最终通过爆款给店铺带来持续盈利能力。有资源能力的，还要走设计品质路线，深入供应链前端。比如，同样是卖衣服，由于肥胖体型增多，欧美对加大号需求持续增加，款式设计更是供不应求，美国东部地区更为集中。因此，选品、定价、营销、配送等各方面是关联的，与多元化的世界做生意，地域、文化、季节、人种、习俗等各方面因素都要了解。

如今，服装类产品强势崛起，3C 类产品沦为跑量产品，利润了了；电子烟、假发曾经之暴利俯拾皆是，大量卖家蜂拥而至，现在风光不再；家居产品将成为下一个红海。与 2012 年相比，2015 年中国卖家所售品类数增加了 87 倍，海外热销的中国商品也在不断变化，目前很多畅销单品集中在平板电脑、智能手机、扫地机器人、蓝牙耳机、无人机等更具科技含量的高端优质商品。行业的前行者已经证明，要做好跨境电商，必须先做好产品。平台不是唯一的，而品牌却可以让事业长久。

另外一点是产品的价格，产品的定价是考虑客户群、限货、库存周转、处理滞销等实现利润最大化的过程。各大平台排名的参考指标不尽相同，销量、价格及关键词这"三板斧"始终是硬招，而影响销量的最关键因素是价格。我国深圳和义乌的货源很多，都在同一个地方拿货，同质化严重，价格战司空见惯，定价几乎变得很粗暴。在实际电商运营中，首先要弄清几个价格的关系，有针对性地对不同定位的产品采取不一样的定价策略。上架价格（List Price）即销售价格，折后价（Discount Price）等于上架价格乘以折扣，成交价格（Order Price）等于销售价格减去营销优惠（满立减、优惠券、议价优惠等），即用户在最终下单后所支付的价格。其次，考虑标价率（Mark-up Ratio），它等于销售收入与销售成本的差再除以销售成本。亚马逊上的百万级卖家，有 45% 的标价率落在 10% ~ 25%，另外 25% ~ 50% 占 23%，而标价率 50% 以上都是个位数，大概反映了大卖家的盈利水平。而成本至少包括产品进价、国际运费和平台佣金，跨境物流成本最高达 40%，对定价影响非常敏感，而物流又与产品有关。为此，市面上出现了智能定价工具，提供动态、实时自动监控产品调价及低价保护。

例如，大货跟小件对商家的能力要求完全不同。做小件出口零售的卖家可以直接从国内发货；大货产品因为质量和体积限制，只能采取海外仓模式当地发货，逼着卖家在海外建点。这要求大货卖家在生产、运输、目标市场海关税务、产品认证、售后服务、目标市场财务等链条上进行全盘操控，难度和复杂度都非常高，做大货的卖家数量比小件卖家少得多。小件对于卖家而言，最重要的能力是控制库存数量，很多小件卖家库存有上万之多，做大货的卖家库存则少得多，其更注重备货、物流及库存等供应链能力。在品牌建立上，大货比小件来得简单，品牌影响会比小件更加持久。定价还取决于边际需求，《小众行为学》里说："基本的便宜货满足了人们日常需求后，人们愿意去搜索更独特、更与众不同、精心设计的商品。"标品是标准化或规格化的消费品类，该类产品有明确的规格、型号，不同的销售渠道不会影响其用途及价值，常用低价策略；非标品与标品含义相对，没有统一的衡量标准和固定的输出渠道，产品特性和服务形式相对个性化，溢价会更多。但随着消费者需求的变化，标品与非标品的区分将变得较为模糊。对比亚马逊和沃尔玛，线下零售霸主和在线零售巨头，这两家企业都位列 Gartner 全球供应链排名前列，已经在零售市场"互相伤害"。

然而其各自所专注的领域却不同，在同一条需求曲线上，沃尔玛所关注的是"流行产品"，而亚马逊的成功则更多地来自其覆盖的"长尾小众市场"；不同之处还体现在他们各自的供应链运营重点上，前者倡导"天天平价"，通过其卓越的供应商管理和高效运营，达到成本领先优势，而后者宣扬"购物便利"，通过提供丰富齐全的商品，以及便捷可靠的物流配送，在客户体验上占据优势，显然，网购所获得的价格可能未必是最好的。线上线下，两者都在努力缩小彼此之间的差距。另外，定价太便宜的东西包邮是"包"不住的，何况各大平台都要求物流可追踪。产品要做盈利规划，不做无规划的定价与促销，价格战没有最低，只有更低。

第四章

跨境电商的营销方法

1. 产品发布和优化

曾经听一个网友讲述自己的日常工作安排，老板要求他每天开发并发布不少于 10 款产品。此话真让我瞠目结舌，但细想一想之后，似乎能理解该老板的用心良苦。

在亚马逊平台上，有不少卖家，尤其是从其他电商平台转型到亚马逊的贸易商卖家，经常会选择多库存铺货的方式运营，在这部分卖家的认知中，只要发布的产品足够多，东边不亮西边亮，总有卖得好的产品，即便每个库存销量不多，但是全部加起来，店铺的销量就应该很可观了。

但亚马逊平台还真不同于其他平台，多库存铺货且能够做得好的店铺是非常少见的，亚马逊的运营更倾向少库存的精品化打造，我们经常可以看到一些专精一个品类进行专卖运营的店铺，凭借其"小而美，专而精"，反而做出了不错的业绩。

开头提到的那位老板应该代表着转型中的企业主，自己可能并不懂跨境电商，至少是不懂亚马逊平台。那么，对员工的指导和引导就会有限，为了追求业绩，就按照固有的思维要求员工大量铺货，但这恰恰步入了误区，员工辛苦劳累，业绩却未必会有太大起色。

与之对应的是，在亚马逊平台上还有另外一些卖家，他们从制造商转型过来做跨境业务，他们拥有品质优良的产品。同时，由于生产转型不便，成本高，干脆就专注自己的产品，反而能够运营得很好。

有实体工厂的朋友展示他们的销售业绩报表，参加完课程后，才开始注册账号做亚马逊，从零基础开始运营，中间也遭遇过各种烦琐事情的困扰，但一步步向前，经过短短几个月的运营，销售额已经达到了日均 1 万美元以上，而他们经营的正是自己工厂生产的产品。因为没有其他选择，只能铁了心地往前做，心无旁骛，反而更容易取得成绩。

很多成功的卖家都非常认可一种观点：选品制胜。

选品的好坏在很大程度上会影响一个店铺运营得好坏，而选品确定后，产品发布前的细节准备则成了至关重要的工作。

在亚马逊运营中，相信很多卖家都会为产品发布一段时间后无法再优化编辑而苦恼，也会为某次产品页面调整后产品的流量、销量和排名纷纷下降而懊恼。是的，亚马逊平台会对产品编辑权限锁定，所以你无法做到随时都可以进行产品页面编辑调整，而已经上架的产品，每次调整都还可能因为产品页面权重下降而导致排名下滑，所以卖家也不应该高频次地调整。既然如此，何不在产品发布前，把优化工作做得尽可能完善呢？

对很多经验丰富的亚马逊运营者来说，在新品开发阶段所花费的时间和精力都非常大，一个月只能够开发一两款产品，从产品选择到产品页面内容的编辑，每一步都进行得非常慢，因为他们深知：慢工出细活！

在选品和上架阶段，几乎每天都会针对一款产品，查阅不少于 10 家竞品的产品页面，对所有卖家的产品图片进行比较，然后向美工反馈各种诉求，对产品页面标题反复筛选，对产品特性做出核对，对产品描述梳理规划，对关键词也要归纳整理，不一而足。

可以这么说，产品没有发布之前，我们已经对产品做了不下几十次的优化，有时候看一遍下来，修改的仅仅是一个标点符号，有时候读一遍下来，调整的仅仅是一个单词的顺序，即便如此，也未必能达到完美，但所有的付出都是为了在能力范围内做到最好。

亚马逊上的产品发布通常有两种方式：后台单个上架和表格批量发布。

后台单个上架的发布方式虽然简单直接、易于操作，但缺点是某些产品不能找到精准匹配的类目路径，这样会造成产品页面分类不够准确，可能影响后期的流量和排名。后台单个发布的产品，因为无法将产品页面信息下载下来，也会给后期的工作造成不便。

表格批量发布可以解决后台单个产品上架中类目路径不精准的问题，能够匹配到你的产品所对应的精准细分类目，从而确保产品可以获得更多的曝光和流量，便于产品信息保存，后期想批量编辑或者下载都比较方便。

当然，对新卖家来说，由于库存表格模板的内容看起来很复杂，表单填写过于琐碎，多多少少还是蛮让人不爽的。但不管怎么说，为了后期的便利，笔者建议卖家还是应该尽量采用表格的方式发布产品。

两种产品的上架方式各有优劣，新的亚马逊卖家不妨用两种方式分别发布几条，自己对比一下，同时也熟悉一下两种上架方式的差别，毕竟这也是作为一个亚马逊运营者应该具备的基本功。

产品发布的过程并不复杂，表格编辑完成，在卖家中心后台上传，根据一次发布产品页面数量的多少，十分钟左右就可以知道上传结果了。上传成功的，在库存管理页面可以看到产品信息；上传不成功的，可以下载报表，对错误之处做出修改后，重新上传。

当然，如果发布完成之后又发现产品信息填写失误或者页面不美观，那就重新回到编辑和优化的环节吧。

2. 搜索引擎营销

网络广告传播性好，网络技术可以帮助广告主选择用户、跟踪用户，多方面掌握用户资料，然后有的放矢。网络广告是否能引起人们的直接在线购买是评价网络广告的核心指标。网络这种全天候、全球性的市场交流媒介，不仅能帮助企业建立品牌认知度，还能吸引人们来仔细打量一种产品，从而促成购买。信息只有引起消费者的兴趣或满足消费者的某种现实需要，才能一步步吸引消费者深入点击。因此，引起消费者的兴趣、满足消费者的需要是广告成功的一个重要因素：吸引人们注意它、点击它。吸引消费者有意注意的程度是评价一则网络广告心理效果的重要指标。网络广告的投入相对来说成本较大，但效果也是立竿见影的。网络广告的收费方式有几种，如按效果付费（CPM）、按点击付费（CPC）、按每行动成本（CPA）等。

表4-1 网络平台如何引流

网店优化及流量监控付费广告	付费流量，新闻网站、关键词搜索引擎等广告及广告联盟
SEO 流量	关键词、优化网页、网页内容、增加相外部链接广告
博客流量	制造更多的关键词及收录页面，发布、及时更新和互动
社交网络	行业社区和社交网站，问答互动，积累社交网站的粉丝和圈子
站内广告	平台内付费广告、亚马逊秒杀

　　网站有了流量，下一步就是如何把流量变成交易，提高询盘转化率。首先是店铺内容，网店设计得不好，客户"跳出"肯定是瞬间的。买家都希望看到有设计感的网站布局、高品质的产品照片，以及清晰的使用功能展示，因为买家并不能拿到实物来检测，所以更关注其他购买者的评论和准确的产品说明。因此，优化图片及标签、优化列表和提高评论内容的质量非常关键，移动用户体验也一样。其次，需要对流量用户进行细分，毕竟每个进入网站的用户的需求不同。收集必要的用户信息，针对不同需求的用户有相应的登录页面，对于有客户关系管理的公司，每个环节都可以列出客户相应的数据，进而深入挖掘。最后，要不断总结营销的重点应该放在哪里、预算应该放在哪里、获得的回报大概有多少。

　　搜索引擎是二十余年来，互联网内发展最为迅速的领域之一。互联网就好像一个巨型的图书馆，在这个网络图书馆里存在着并且时时刻刻都在产生着大量信息。数以万计的信息远超出了我们的想象与掌控，如果没有搜索引擎的出现，也许我们根本无法找到我们想要的目标信息。

　　我们知道，我们之所以能够在百度、谷歌中很快地找到我们需要的信息，就是因为在百度和谷歌这样的搜索引擎中已经预先为我们收录了大量信息。不管是哪方面的信息，不管是很早以前的，还是最近更新的，都能够在搜索引擎中找到。

　　那么，既然搜索引擎需要预先收录这些信息，那么它就必须到这个浩瀚的互联网世界抓取这些信息。据报道，全球网民已经达到十几亿的规模了，那么这十几亿网民中，每天能够产生多少信息？搜索引擎又有何能耐把这么多信息收录在自己的信息库中？它又如何做到以最快的速度取得这些信息的呢？

　　首先，了解什么是爬行器（Crawler），或叫爬行蜘蛛（Spider）。

称谓很多，但指的都是同一种东西，都是描述搜索引擎派出的蜘蛛机器人在互联网上探测新信息。而各个搜索引擎对自己的爬行器都有不同的称谓：百度的叫 Baiduspider、谷歌的叫 Googlebot，MSN 的叫 MSNbot，雅虎的则称为 Slurp。这些爬行器其实是用计算机语言编制的程序，用以在互联网中不分昼夜地访问各个网站，并将访问的每个网页信息以最快速度带回自己的大本营。

要想这些爬行蜘蛛每次能够最大最多地带回信息，仅仅依靠一个爬行蜘蛛在互联网上不停地抓取网页肯定是不够的。所以，搜索引擎会派出很多个爬行蜘蛛，让它们通过浏览器上安装的搜索工具栏，或网站主从搜索引擎提交页面提交而来的网站为入口开始爬行，爬行到各个网页，然后通过每个网页的超级链接进入下一个页面，这样不断地继续下去……

搜索引擎并不会将整个网页的信息全部都取回来，有些网页信息量很大，搜索引擎只会取得每个网页最有价值的信息，一般如标题、描述、关键词等。所以，通常只会取得一个页面的头部信息，而且只会跟着少量的链接走。百度一次最多能抓走 120KB 的信息，谷歌大约能带走 100KB 左右的信息。因此，如果想将你网站的大部分网页信息都被搜索引擎带走的话，那么就不要把网页设计得太长，内容太多。这样，对于搜索引擎来说，既能够快速阅读，又能够带走所有信息。

所有蜘蛛的工作原理都是首先从网络中抓取各种信息回来，然后放置于数据仓库里。为什么称为数据仓库？因为此时的数据是杂乱无章的，还是胡乱地堆放在一起的。因此，此时的信息也是不会出现在搜索结果中的，这就是为什么有些网页明明有蜘蛛来访问过，但是在网页中还不能找到搜索结果的原因。

搜索引擎将从网络中抓取回来的所有资料通过关键字描述

等相关信息进行分门别类整理、压缩后，再编辑到索引里，还有一部分抓取回来经过分析发现无效的信息则会被丢弃。只有经过编辑在索引下的信息，才能够在搜索结果中出现。最后，搜索引擎则经过用户输入的关键字进行分析，为用户找出最为接近的结果，再通过关联度由近及远地排列下来，最终呈现在用户眼前。

简单地说，搜索引擎的工作原理就是：搜索引擎蜘蛛发现连接——根据蜘蛛的抓取策略抓取网页——然后交到分析系统的手中——分析网页——建立索引库。

（1）发现链接

什么是搜索引擎蜘蛛，什么是爬虫程序？

搜索引擎蜘蛛程序其实就是搜索引擎的一个自动应用程序，它的作用是什么呢？其实很简单，就是在互联网中浏览信息，然后把这些信息都抓取到搜索引擎的服务器上，建立索引库，等等。我们可以把搜索引擎蜘蛛当作一个用户，这个用户来访问我们的网站，然后再把我们网站的内容保存到自己的电脑上。首先搜索引擎蜘蛛需要去发现链接，至于怎么发现，就是通过链接。搜索引擎蜘蛛在发现了这个链接后，会把这个网页下载下来并且存入到临时的库中，当然同时会提取这个页面所有的链接，然后就是循环、反复进行搜索。

（2）抓取网页

搜索引擎蜘蛛抓取网页有规律吗？如果蜘蛛胡乱地去抓取网页，那么就费劲了，互联网上的网页每天都增加非常多，蜘蛛怎么可以抓取得过来呢？所以说，蜘蛛抓取网页也是有规律的。

蜘蛛抓取网页策略1：深度优先

什么是深度优先？简单地说，就是搜索引擎蜘蛛在一个页面发现一个链接，然后顺着这个链接爬下去，然后在下一个页面又发现一个链接，然后就又爬下去并且全部抓取，这就是深度优先抓取策略。

蜘蛛抓取网页策略2：宽度优先

宽度优先比较好理解，就是搜索引擎蜘蛛先把整个页面的链接全部抓取一次，然后再抓取下一个页面的全部链接。

宽度优先其实也就是大家平时所说的扁平化结构，大家或许在某个神秘的角落看到一篇文章，告诫大家，网页的层度不能太多，如果太多，会导致收录很难，所以搜索引擎蜘蛛的宽度优先策略其实就是这个原因。

蜘蛛抓取网页策略3：权重优先

搜索引擎蜘蛛一般都是上述两种抓取策略一起使用，也就是深度优先＋宽度优先，并且在使用这两种策略抓取的时候，要参照这条链接的权重，如果这条链接的权重还不错，那么就采用深度优先；如果这条链接的权重很低，那么就采用宽度优先。

那么搜索引擎蜘蛛怎样知道这条链接的权重呢？这里有两个因素：第一，层次的多与少；第二，这个链接的外链多少与质量。那么如果层级太多的链接是不是就不会被抓取呢？这也不是绝对的，这里边要考虑许多因素。

蜘蛛抓取网页策略4：重访抓取

昨天，搜索引擎蜘蛛来抓取了我们的网页，而今天，我们在这个网页又加了新的内容，那么今天搜索引擎蜘蛛又来抓取新的内容，这就是重访抓取。重访抓取分为全部重访和单个重访。所谓全部重访，指的是蜘蛛上次抓取的链接，然后在这一个月的某一天全部重新去访问抓取一次。单个重访一般都是针对某个更新频率比较快比较稳定的页面，如果我们有一个页面，1个月也不更新一次。那么搜索引擎蜘蛛第一天来了你是这个样子，第二天还是这个样子，那么第三天，搜索引擎蜘蛛就不会来了，而是会隔一段时间再来一次，比如隔 1 个月再来一次，或者等全部重访的时候再更新一次。

以上就是搜索引擎蜘蛛抓取网页的一些策略。搜索引擎蜘蛛把网页抓取回来后，就开始进行数据分析。

（3）数据分析

数据分析系统用来处理搜索引擎蜘蛛抓取回来的网页，包括以下几个步骤：

①网页结构化。简单地说，就是把那些 html 代码全部删掉，提取出内容。

②消噪。消噪是什么意思呢？在网页结构化中，已经删掉了 html 代码，剩下了文字，那么消噪指的就是留下网页的主题内容，删掉没用的内容。

③查重。查重比较好理解，就是搜索引擎查找重复的网页与内容，如果找到重复的页面，就删除。

④分词。搜索引擎蜘蛛在进行了前面的步骤后，提取出正文的内容，把内容分成 N 个词语并排列出来，然后存入索引库。同时，也会计算这一个词在这个页面出现了多少次。

⑤链接分析。搜索引擎会查询这个页面的反向链接有多少、导出链接有多少，以及内链，然后赋予该页面相应的权重。

（4）建立索引库

进行了上面的步骤之后，搜索引擎就会把这些处理好的信息放到搜索引擎的索引库中。

下面重点介绍谷歌搜索引擎。

谷歌搜索引擎使用两个爬行器来抓取网页内容，分别是：深度爬行器（Deepbot）和刷新爬行器（Freshbot）。深度爬行器每月执行一次，其受访的内容在谷歌的主要索引中，而刷新爬行器则是昼夜不停地在网络上发现新的信息和资源，之后再频繁地进行访问和更新。因为，一般谷歌第一次发现的或比较新的网站就在刷新爬行器的名单中进行访问了。

刷新爬行器的结果是保存在另一个单独的数据库中的，由于刷新爬行器是不停地工作，不停地刷新访问内容，因此，被它发现或更新的网页在其执行的时候都会被重写。而且这些内容是和谷歌主要索引器一同提供搜索结果的。而之前某些网站在一开始被谷歌收录，但是没过几天，这些信息就在谷歌的搜索结果中消失了，直到一两个月过去了，结果又重新出现在谷歌的主索引中。这就是由于刷新爬行器在不停地更新和刷新内容，而深度爬行器要每月才出击一次，所以这些在刷新爬行器里的结果还没有来得及更新到主索引中，就又被新的内容代替掉了。直到深度爬行器重新来访问这一页，进行收录，才真正进入谷歌的主索引数据库中。

3. 电子邮件营销

邮件营销是电商最常用的推广方式，投入也最小。构架好且完善的系统邮件是提升用户体验及增强用户信任度的最佳窗口，可以带来更多的交叉销售机会。要强调的是，一是特别注意用户收到邮件后的感受，从用户的审美和视角出发制作邮件，例如邮件标题的吸引力、内容设计的美观度等。邮件标题中明确表明身份或添加品牌标识能让收件人放心打开，邮件内容应当展示清晰，包括产品信息、优惠活动、活动截止时间等，这些都直接影响邮件转化率。二是基于会员生命周期管理，推送每个周期相应的智能个性化的邮件，促进新用户的转化，并实现老用户的再营销。三是欧美多国都有十分严格的隐私保护条例，避免企业投递垃圾信息或侵害用户隐私。跨境电商企业开展海外邮件营销时，务必要了解并遵守相关国家的法规制度，发送许可式邮件并在邮件中添加退订链接，以减少投诉发生。邮件营销比较成熟，市面上邮件营销外包的解决方案有很多。

（1）电子邮件营销的特点

电子邮件营销是网络营销手法中最古老的一种，可以说，电子邮件营销比绝大部分网站推广和网络营销手法都要老。说到电子邮件营销，就必须有电子邮件软件对电子邮件内容进行发送，企业可以通过使用电子邮件软件，向目标客户发送电子邮件，建立同目标顾客的沟通渠道，向其直接传达相关信息，用来促进销售。电子邮件软件有多种用途，可以发送电子广告、产品信息、销售信息、市场调查、市场推广活动信息等。

电子邮件营销的特点在于：

①精准直效。可以精确筛选发送对象，将特定的推广信息投递到特定的目标社群。

②个性化定制。根据社群的差异，制定个性化内容，让客户根据用户的需要而提供最有价值的信息。

③信息丰富、全面。文本、图片、动画、音频、视频、超级链接都可以在 EDM 中体现。

④具备追踪分析能力。根据用户的行为、统计打开邮件、点击数加以分析，获取销售线索。

（2）电子邮件营销的功能

①打开率

打开率是指有多少人（以百分比的形式）打开了你发送的邮

件。目前，这个参数变得越来越不重要了。这是因为电子邮件的打开率是通过在邮件中放置一个微型图片来追踪的，但是许多邮件服务商都会拦截图片，使图片无法显示。因此客户可能打开了你的邮件，但系统会记录他没有打开，除非他主动使邮件中的图片显示出来。有报告称，标准的打开率报告根据收件人列表质量的不同，最多可能要降低35%。

②点击率

点击率是指点击数除以邮件打开数（注意：不是发信总数）得到的百分比。不同的公司以不同的方式来衡量点击率。那么，每打开一次邮件，是所有的点击都计算，还是只计算一次呢？对于这个问题，还没有统一的答案。这个参数非常重要，因为邮件营销的全部目的就是吸引客户访问你的着陆页或网站。

③送达率

送达率是指到达客户收件箱（相对于进入垃圾邮件箱或是"收件人不详"的黑洞）的邮件数除以邮件发送总数得到的百分比。如何使邮件成功进入收件箱是一个相当复杂的过程。

④个性化

个性化是指在你发送的邮件中包含收件人的用户名、姓名、公司等个性化内容。为此，你的数据库需要捕获这些信息，你的邮件服务商需要接受和包括相应的数据字段。个性化邮件并不适用于每个行业，使用的时候要谨慎。不过，在适当的情况下，个性化可以大幅度提高邮件的转换率。

⑤列表清理／列表优化

列表清理／列表优化能使你的收件人列表保持"优质"，这非常重要。列表中无效的电子邮件地址（拼写错误、过期账户等）越多，被标记为潜在垃圾邮件的概率就越大。同时，你的数据报告也不能真实地反映出邮件发送的效果。

⑥ CAN-SPAM

CAN-SPAM 是美国于 2003 年通过的一部联邦法律。它规定了发送邮件时必须遵守的一系列条款，如果你违反了这些条款，你就会被纳入"垃圾邮件发送者"的行列，并面临罚款的潜在处罚。

⑦许可 / 双重许可

收件人列表有三种："许可式"是指收件人选择加入你的列表并允许你给他们发信；"双重许可"是指收件人给了你两次许可（通常通过电子邮件中的确认链接）；除此以外所有的列表都被认为是潜在客户列表（通常通过购买和租借得到）。这三种列表中，每一种都有各自的价值。

⑧退订 / 反订阅

退订 / 反订阅是指收件人从你的收件人列表中自行退出的能力，有两种方式：完全退订和针对某一列表的退订。完全退订是指收件人要求退出你所有的收件人列表，不再收到由你发出的任何邮件；针对某一列表的退订是指收件人要求退出你的某一收件人列表，不再收到由你发送给这个列表的任何邮件。比如说，他们不愿意收到特惠信息，但是又想收到每周新闻。

⑨ HTML 格式邮件 / 纯文本邮件

这是电子邮件的两种格式。HTML 格式的邮件可以包含色彩、表格和图片；而纯文本格式的邮件只能包含文字。事实上，两种格式的邮件你都要发送，因为并不是所有邮件的客户端（尤其是一些手机版的）都支持 HTML 格式的邮件。不过，要经过反复测试才能知道哪一种格式的邮件更适合你。

⑩退信数

退信数是指因"无法送达"而退还给你的邮件数。造成退信的原因有：邮件地址拼写错误、邮件收件箱已满，以及其他很多原因。如果你的收件人列表是通过购买、租借得到的，那么这个参数是非常重要的，因为它能告诉你，你购买的邮件地址中有多少个是无效的。

（3）电子邮件营销实用技巧

首先是设计电子邮件。

根据统计，文本邮件比带图邮件召回率高，这可能就和邮件服务器屏蔽图片有关，我们的图片要加 Alt，并且尽量少用大图片。另外，使用 UTF8 编码可以避免乱码。

1）邮件格式编码技巧

①页面宽度请设定在 600 ～ 800px（像素）以内，长度在 1024px 以内。

② HTML 编码请使用 UTF8。你无法知道所有用户的系统环境，因此使用 UTF8 来避免乱码是非常重要的。HTML 代码在 15KB 以内，各个邮箱的收件标准不一样，如果超出 15KB，您的邮件很有可能会进入垃圾邮件箱。

③所有的图片都要定义高和宽。同一段文字放在邮件里。如果需要邮件居中显示，请在 Table 里设定 align ＝ "center"。不可将 Word 类文件直接转换为 HTML 格式，否则会造成编码不规范。

④不要使用外链的 CSS 样式定义文字和图片。外链的 CSS 样式在邮件里将不能被读取，所以发送出去的邮件因为没有链接到样式，将会使你的邮件内容样式丢失。

⑤图片 Alt 属性。大多数邮件服务器都屏蔽图片，所以在一片红叉的时候，你能够让用户看到图片原本的意义是很重要的。将图片压缩处理，图片打开的时间越短，用户看到得越快，从服务器的压力来说，对于图片的压缩也是必要的。

2）邮件文字写作技巧

①邮件主题控制在 18 个字以内，避免使用破折号、感叹号、省略号等符号，容易产生乱码。

②邮件主题不要加入带有网站地址的信息，比如"×××.com 某公司祝您新年好"。如果客户的品牌知名度比较高，主题上可加入公司的名称。

③文字内容、版面尽量简洁，突出主题，以达到更高的点击率。

④如果发送超过 20 万封，主题内容要更换，发送超过 200 万封，要考虑重新设计。

3）图片设计技巧

①尽量使用图片，以避免文字在各个主流邮箱中的显示有所不同。例如 QQ 邮箱，如果未在代码中设置，邮件中的文字不能自动换行，Gmail 邮箱邮件内容的字体会自动放大，与原来设定的字符大小不一致。

②整页图片控制在 8 张以内，每张图片最大不能超过 15KB。

③图片名称不能含有 ad 字符，否则图片上传后，会显示成"被过滤广告"。

④如果整个邮件模板只有一张图，一定要裁成 2～3 张小图，并适当保留一些文字。

4）内容规划

邮件内容必须分区域划分如下：

①用户自己关注的内容。哪些用户在社区回复了你的留言或者帖子之类的，你的帖子被分享或者评论等。

②网站热卖商品或者电视节目播出商品等。

③节假日、季节类内容预告推送等。

④推送频率为每周 3 封（可以协商）。

5）主题设计

对于很多小企业来说，因为资源有限，要使有限的资源达到最佳的优势是比较难的。邮件营销亦是如此，往往大家收到邮件，一扫而去，邮件标题无亮点，主题混乱、不吸引人、众人弃之。一个优秀的主题往往是收件人欣然打开邮件的关键。

然后是发送电子邮件。

请不要忽视这个最简单又最困难的环节，因为这关系到精心制作的电子邮件是准确地送到用户手中，还是白白地被扔到"垃圾邮件"文件夹中。还有，选择合适的发送时间也是一个吸引用户查看电子邮件的好方法。

①好的邮件标题：在打开邮件前，最先入眼的就是邮件标题，一个标题的好坏可以决定用户是否会打开这个邮件。在取名字的时候，重点＋简洁有力的文字会是个不错的选择。

②细分顾客：发送前，一定要好好定位您的客户，哪怕是老客户，针对不同类型的客户发送的电子邮件要有所区别，不要一股脑儿地群发。

③使用专用的邮箱发送邮件：邮箱要专业，用户若看到了发件人是"tom02191@gmail.com"，绝对会降低对您的第一印象，所以，请选择一个专业的邮箱。

④选择合适的发送时间：各大知名电子商务邮件大部分集中在 11～13 点（京东、MasaMaso、Apple、Vancl 等），和晚上 7～9 点（新蛋、团购站等）两个时间段，这两个时间段恰恰是上班族打开电脑，或者疲倦想要休闲一下的时间，这样的话，打开电子邮件和单击电子邮件的可能性就大大增加了。这样是不是比滥发电子邮件好呢？

最后是数据监测。

邮件发送后，对邮件的后续的数据监测也是至关重要的，我们要知道邮件的到达率、打开率、点击率等各方面的数据，来判断这份电子邮件设计的好坏，也可以帮助到我们下次的设计。

4. 通过 Facebook 做推广

Facebook 是当今唯一在流量上可以和谷歌并驾齐驱的站点，作为外贸从业者，我们不仅要抓住谷歌的流量，同时要懂得如何在 Facebook 上做推广营销。

（1）如何从 Facebook 为网站带来流量

①完善个人信息资料。Facebook 是交流式社区，人们都喜欢找寻自己感兴趣的人或者事，此时如何写出一个让人们眼前一亮的个性化资料就是大家所必须去研究的。

②在涂鸦墙和照片夹中放置一些比较有意思的、有价值的信息。

不建议大家在 Facebook 的涂鸦墙上全部放产品广告，而是发一些和自己产品贴近的比较有意思的东西，以此来引导你的粉丝来关注你的网站。

③建立起你自己的网络。Facebook 是一个交友式的互动平台。要学会建立起自己的朋友圈子，发掘对你的网站感兴趣的人群。

④经常保持更新。必须时常保持你的 Facebook 的各类信息，包括博客的文章更新，这样才能持续引来流量。

⑤活跃起来。多去参与别人的博客分享，多参加各类的圈子，才能让你的 Facebook 主页受到更多人的关注，或者给人留下

深刻的印象。

⑥安排好你的个人主页。Facebook 的应用很灵活，安排好自己需要的应用，充分利用 RSS 的提交功能。

⑦确定哪些是你需要的应用。在 Facebook 的众多应用中挑选出你最擅长和最需要的应用放在首页，例如链接的发布和博客。

⑧使用 Facebook 的广告联盟。Facebook 提供网站的内部广告联盟，此项功能属于付费功能。

⑨建立一个自己的圈子。

首先，建立自己的专页，以便推荐给你的好友及关心你以及你产品的人，同时，你的朋友也可以将你的专页分享给他们的朋友。

其次，加入群组。Facebook 是目前全球最活跃的社区平台，无论你想加入什么样的群组，搜索一下，Facebook 里都有。

最后，增加好友。好友不能盲目地增加，要有针对性和目的性地去增加。比如你做的是宠物网站，你就应该先加入一堆关于宠物的群组，然后再添加里面的成员作为朋友，因为他们都是对宠物有兴趣的人，这些人才是你应该加的。再比如你是卖包包的站点，你就应该加入手提包、时尚、年轻女性的群组里，因为这里的主体是我们的目标客户群，进去相关群组后，在我们自己的主页上、照片里多放一些大家感兴趣的照片和内容，很快，你将会拥有成百上千的好友，有了这些好友，要获取一些有价值的流量并不是一个问题。

（2）如何在 Facebook 上做企业的推广

对一个企业来说，Facebook 上针对企业的专页（以下简称"FB"）意味着属于你的在线社区，也是你企业文化的宣传栏。理想状态是，访客经过这里，很快地了解你、欣赏你、一段时间以后信任了你。

在 FB 上推广自己的企业要注意以下几点：

①增加粉丝。增加 FB 上的粉丝没有捷径可走，在一切需要填写资料的地方留下链接，同时附加上一个让别人关注你的一个理由（比如新品、折扣、活动）。粉丝的质量比数量更重要。200 个购买意愿强的粉丝，其效果好于 2 万个购买意愿不强的关注。

②企业信息的描述尽量使用图片，因为人们喜欢图片胜过其他。

③展示的重要性大于叙述，不要在 FB 上面直接发布产品信息、服务内容这些硬性推销的东西，而是要尝试着讲一下你品牌和企业背后的人和故事。当你不太玩 FB，而是专注把线下活动搞得风生水起的时候，人们反而会跑去 FB 上查找你的信息。

④发布更新的时候要注意多样性。链接、优质文章、能带动情感的图片、短小精悍的视频、平白的纯文字，甚至名人名言都用一些，页面内容要多样化一点。推文结尾处留个问题，带动讨论、议论、争吵、掐架……

⑤纯文字信息。每周发一条原创的纯文字信息，要看看最近同行在谈论什么话题，参与讨论。

⑥好文章转载。每周转载两篇，发布时间控制在当地中午 12 点半 ~ 14 点之间，效果最好。原创文章发布时间放在上午 10 点以后。当地时间下午 15 ~ 18 点适合发布一些有趣的、有话题感的内容，这段时间，外国女性比较有空，写评论参与的概率较大。

⑦删除一切价值不高的，只是你网站的链接分享的垃圾更新，否则这可能会让你的活跃粉丝跑光。

⑧FB 运营人员需了解企业，把企业的在线风格定位好，并保持一致，而 90% 的人可能忽略了这一点。

⑨文章用短句写，因为人人都很忙。

怎样提高你的专页用户参与度，降低你的广告费？如果你利用好 Facebook insight（受众分析）这个工具，你就可以找到很多方法。Facebook insights 不仅可以帮助营销人员精准投放自己的广告，而且可以帮助营销人员了解自己的用户、目标市场的用户习惯甚至是分析竞争对手的用户情况。具体的操作是，首先，进入你的 FB 广告管理后台，在"工具"里面找到"受众分析"，在位置中把"美国"移除，然后在"感兴趣的更多关键词中"输入"Anker"，你就可以看到"Anker Official"的选项，选择"Anker Official"，这时候，Anker 粉丝的情况就出现在你的眼前了（这里也可以输入你自己的粉丝专页或者其他的粉丝专页）。然后我们就可以从不同的维度分析粉丝的情况了。

例如，沃尔玛在 FB 上共有 1500 多万粉丝。沃尔玛常规的促销活动都能吸引成千上万的消费者，而最近的复活节填空题更是带来了 1.1 万多条评论。不仅如此，沃尔玛的公司页面在产品宣传以及与粉丝互动之间实现了良好的平衡，其中大部分内容均绑定节假日，如"全国宠物狗节"。

百事可乐为其 800 万 FB 粉丝提供"百事大酬宾"的优惠，但是其页面更多的是一种用户驱动型营销的有效载体，比如照片上那些用百事易拉罐或百事可乐瓶摆成的逗趣造型或场景。此外，其页面还包括近期百事可乐的广告单元和幕后花絮。

5. 通过 LinkedIn 做推广

LinkedIn 是一家面向商业客户的社交网络（SNS）服务网站，成立于 2003 年。网站的目的是让注册用户维护他们在商业交往中认识并信任的联系人，俗称"人脉"（Connections）。用户可以邀请他认识的人成为"关系"（Connections）圈的人。LinkedIn 是商务人士使用较多的一款 SNS 工具，尤其是有国际业务的企业员工或者自由职业者。

通过在 Linkedin 上输入一家公司的名字，就可以得到在这个平台上注册过的所有跟这家公司相关的一些人员的简历。当我们拥有这些资料后，就可以先了解这些人的基本情况，比如哪年毕业、曾做过什么工作、在哪些公司做过、担任的职位、工作的年限，等等。这些信息能够帮助我们了解客户及客户公司的背景知识，他们的兴趣、爱好、喜欢的运动、品牌，等等，甚至还可以帮助我们了解大的买家的公司结构。

Linkedin 还可能帮我们找到潜在的合作伙伴。这对做外贸B2B 批发的人来说是一种非常好的方法。

在这个平台上用公司所销售的外贸 B2B 产品进行搜索，我们就会找到有关的业务公司，以及有关的产品爱好者等，尝试添加他们，也许他们看到我们的信息介绍和联系方式，对我们的产品感兴趣的就会主动来找我们。但是需要注意的是，不要一上来就说自己的东西是什么什么产品的供应商，这种很生硬的沟通方式基本上不会带来什么好的效果，甚至会起到相反的作用，所以在这一点上还是需要大家注意的。

我们注册 Linkedin 的时候，首先注册信息最好写得比较完整，这对我们的帮助会大一些。其次我们主动搜索、加别人，可以用产品的名字、公司的名字或者专业的术语等组成自己的人际关系网络，可以链接到相关的商业合作伙伴（包括想卖我们东西的人）。

当然，在这里面我们还可以参与或者组织一些讨论会。在这样的一个平台上我们可以建立自己的国际人脉网络关系，让我们外贸 B2B 卖家有更多的机会可以了解买家信息，找到一些客户信息的背景。把背景信息用在跟这些客户的沟通上，可以得到客户的认可，一年下来，就会跟很多全球排名靠前的人建立关系，这样，我们的客户资源会更加丰富。

在这里，你可以把自己的兴趣爱好写在上面，主要是在工作或者外贸 B2B 产品上的一些爱好，这样一来，大家的交流就会显得比较自然，在交谈的过程中以软方式宣传自己的产品，大家更能接受。

尝试在 Linkedin 上建立自己的品牌。如果你有长期的打算，计划把你的外贸 B2B 事业当作人生事业来做的话，那么品牌的树立就非常重要。要为自己定好位，深入全面地了解自己所做的外贸 B2B 产品各个方面的知识，那么在和客户交流的时候，你就会显得非常专业，这也是客户需要的。那么如何在 Linkedin 上做好推广呢？

（1）优化个人资料

LinkedIn 上有很多种方式引导流量，优化关键词就是其中之一。将个人资料与热词、媒体内容，演示文稿，文档、书籍挂钩（不是推销），可以让你更容易被发现。个人资料内容侧重展现专业素养，表现出乐意交往的意愿。

（2）让个人资料更"养眼"

很多企业在招聘时会查看应聘者的 LinkedIn 个人资料页，个人资料页的重要性不言而喻。在个人资料中，一般的文字信息是基本项，视觉性元素是加分项。比如照片、视演讲频、带有文章链接的图片，甚至信息图、PPT 幻灯片，这些视觉化元素可以让人眼前一亮，给人很好的第一印象。

Todds 用新书封面、PPT 幻灯片、文章链接、个人演讲视频这些视觉元素美化自己的个人资料，看起来富有创造力，很容易获得好的第一印象。视觉内容最好保持定期更新，展现自己的一种积极态度，一方面能够获得更好的视觉元素；另一方面也避免了给人留下一种做作的感觉。特别是一些获奖或者表彰类的视觉性资料，能让你的资料更充实，个人形象更生动。

（3）构建有价值的关系网

即便你的 LinkedIn 主页有很多关注者，那也不一定意味着真正的人际交往，可能没有什么实际价值。有价值的关系网意味着要把一般的连接转化成实际的交往关系，同时在社交圈中得到别人的认可、受到重视。

一般社交媒体普遍存在内容泛滥、内容同质化现象。要想脱颖而出，就必须创造一些对别人有价值的内容，即便是随手转发，也要简单表达自己的见解，观点不要求很独到，但至少有态度。

如何在 LinkedIn 中建立交际关系呢？方法和现实中的类似。找出你的 LinkedIn 关系网中 MVPs（最有价值不是指财富和地位方面，而是对你的帮助方面），通过资料去了解他们的目标、需要、价值取向、喜好，在日常的接触中彼此认识，留下好的第一印象。然后，你可以利用一些技巧，在个人层面进行更深入的交流，例如讨论相关问题，给予他们帮助，对受到的帮助致谢，祝贺他们的成就等多种互动。利用 LinkedIn 的站内私信功能、@功能、打招呼功能等，帮助 MVPs 传播一些优秀内容。

（4）如何玩转 @ 功能

玩微博的人对 @ 功能最熟悉不过了，"转发微博并 @ 三个好友就有机会得到一台 iPhone 5S"，在这种情况下，我们 @ 的人一般都是好朋友或者僵尸粉，很少去打扰陌生人。在 LinkedIn，如果想和陌生人建立起稳定的连接关系，那就要学会正确使用 @ 功能，一方面表示关心和在意；另一方面，如果对方长期不登录，系统会发一封邮件告诉对方有人 @ta，保持连接。

如何用好 @ 功能呢？自然是建立在了解对方的基础上，比如他喜欢什么内容、不想错过什么内容、浏览和发布内容有没有一定规律。当然，@ 功能是带有策略性的，要灵活地根据对方的反应做出调整，不能过分使用，否则就会被认为是恶意骚扰。

（5）专注小团体，切忌遍地撒网

要获得积极关注的最好方式是提供有价值的内容，这点道理大家都懂。问题在于大家都竭力去提供有价值的内容，想办法脱颖而出，于是即便最好的内容，也可能被埋没，可能得不到关注（明星除外）。在 LinkedIn 的小组讨论中也是如此，如果你是一般人，还没有什么网络影响力，那更应该专注所属的行业，在擅长的、想学习的领域慢慢积累，加强自己在某些话题上的优势和威信，也方便和讨论小组中的一些人建立稳定关系。

无论是哪个社交媒体，能亲密交流的人来来去去就那么几个，有时候专注于和一小撮人搞好关系比遍地撒网要有效得多。特别是在 LinkedIn 小组讨论中，越专注，个人在小组 TOP 榜中停留时间越久，当别人搜索到你所在的小组时就会发现你，认可你的权威。

（6）用好 LinkedIn 推广功能

LinkedIn 的推广功能类似新浪微博的推广功能。LinkedIn 聚焦职场社交，聚集的多是高端白领人群，甚至企业中的高层管理人员。社交媒体的强关系性质又进一步细分了用户群体，推广内容很容易在社交网中传播，形成较大的影响力。尤其是对于 B2B 企业来说，通过 LinkedIn 甚至有机会接触到企业的决策层人员，这是 LinkedIn 的核心竞争力。LinkedIn 的推广功能完善，方便定位用户群体。可以通过毕业学校、企业名称、职业类别、职称、地理位置等多种条件的组合，实现最大化内容投放的精准程度，而不需要使用第三方工具。LinkedIn 提供了营销度量工具（Metrics）来度量推广效果，提供的指标包括：受众数量、印象、引起的活动、点击率、粉丝、订阅数、CTR、CPC、费用等。同时还可以将不推广的内容和推广的内容进行对比，多维度地分析推广的效果。

LinkedIn 的高端特性决定推广内容必须是干货，是所有内容里最好的、最有价值的。职场人士的闲暇时间本来就少，如果用一些空洞烂俗的内容进行轰炸，很容易产生反感，用户没有理由停留。这么做确实需要一定时间和精力，但是回报是值得的，企业可以在所属行业中获得较好的印象和较高的威信，品牌更容易得到人们的青睐。

（7）建立关系比建立连接更重要

对于企业而言，建立关系至关重要，因为企业面对的不仅仅是一般的个人用户，可能还有一些潜在的合作伙伴，以及供应商的管理人员。关系主要体现在对客户的情感化管理上，比如哪些人访问了你的主页、分享了什么内容、对内容有什么反馈，这些是企业和用户建立关系的基础（即了解用户）。然后就是做问题的解决者，而不是产品的推销者，多提建议，少打广告，彰显价值。

6. 通过 Pinterest 做推广

Pinterest 是一个国内外流行的图片分享网站，每天都有上千万图片被分享，曾获得过无数品牌及用户的一致好评。Pinterest 采用瀑布流的形式展现图片内容，无须用户翻页，新的图片不断自动加载在页面底端，让用户不断发现新的图片。Pinterest 堪称图片版的 Instagram 和 Twitter。人们可以将感兴趣的图片保存在

Pinterest 中，其他网友可以关注，也可以转发图片。索尼等许多公司也在 Pinterest 建立了主页，用图片营销旗下的产品和服务。有多家机构称，在移动互联网时代，网民在移动设备上更喜欢观看图片，Pinterest、Snapchat、Instagram 等图片社交平台受到用户的热捧，目前 Pinterest 市场估值也明显高于其他"文本"社交网络。截至 2013 年 9 月，该网站已进入全球最热门社交网站前 10 名，一些大的企业机构选择以 Pinterest 作为商业杠杆。

（1）产品图片引人注目

Pinterest 主要是追求美，享受美。所以你要建立美丽而有价值的形象。产品图片要抓住用户的情感，引起共鸣，了解他们的需求，并将此融入你的产品图片中。使他们看到你的产品图片时，会有一种愉悦、丰富、健康的感觉。需要注意的是，引人注目的产品图片很简单，通常是白色背景。所以你的产品图片要与季节、天气趋势相符，这样会使图片更容易受到人们的关注。

（2）对图片进行号召性动作的说明

仅仅把图片放上去是不够的，你要让用户知道你放图的目的，在看完图之后，他们要有什么举动，也就是说，你要让他们干什么。而这个就显示在你图片的描述当中。要知道，用户往往关注的不仅仅是图片，还有图片的描述。在图片描述中增加一个号召性动作说明，去吸引用户点击你的图片，这是很重要的。这些号召性动作的说明包括："你不得不看的……""点击图片看怎么……""看看这几种方式……"，等等。但是在此之前，你要确认这张图片拥有足够引人注目的魅力，有非看不可的冲动，并且要满足人们的消费需求。

（3）知道放图的最佳时机

我们把图放上去的目的就是要让用户看到，吸引更多的关注。但是我们往往会忽略了一个问题：放图的时机不对。其实我们放图的时间是非常重要的。要知道，每个平台的活跃用户都有自己的浏览生物钟。如果不注意这个问题，就会导致我们放上去的东西很少人看，没有效果。Pinterest 的最佳放图时间到底是什么时候呢？我们发现，最佳放图时间是美国东部时间下午14 ~ 16 点和美国东部时间晚 20 点至凌晨 1 点（即北京时间凌晨3 ~ 5 点和早上 9 点到下午 14 点）。把握住这个时机，你就会发现效果会有明显的改善。

（4）如何才能通过个人身份来增加自己网站的流量呢？

①完善你的头像简介，确认你的网站。资料很完善又很确定的网站会让人心里有安全感。

②在你的网站上添加"固定"的按钮。可以是一个按钮，也可以是当鼠标经过图片的时候出现一个固定按钮。如有人对你的网站感兴趣，他们就会放你的产品到他的网站上去，直接把你的图片的描述关键字放到自己的页面里面，这个动作能增加你的图片权重，进而增加你账号的权重。

③一定要做一个特殊标记。特殊标记使图片信息更丰富。特殊标记有六种形式，分别是 App 类型、电影类型、美食类型、文章类型、产品类型和地点类型。那么怎样制作特殊标记呢？首先要决定你要用哪一个类型的特殊标记；结合你的网站对所选择的特殊标记进行标签设置（Meta Tag）；从网站中申请一条单链接，设置好网站产品的正确的标签设置，然后在转换器里面申请这条链接，使之有效；照片分享团队会通过电子 邮件通知你申请的状态，这需要几周的时间来审核；一旦申请成功，你在 Pinterest 上面的标记都会变成特殊标记。

④你的标记的链接一定要有相关性。一张婚纱的图片链接到一个买衣服的产品页面上会怎样？

⑤每个页面的名字及里面的简介都需要添加关键字。Pinterest就像一个小型的谷歌网站，不仅账号的名称、简介、页面的名字和简介、图片里面的描述需要注意关键字的布局，甚至图片的关键字也需要注意关键字的布局。一个图片里面的关键字不要放得太多，2～3个就够了。多了给人的感觉就是垃圾账号，网站也会评判你的账号是否为垃圾账号，我们为什么要给它评判的机会呢?

⑥想方设法让这个账号活跃起来，增加互动性。争取把你自己的账号搞得很活跃，让大家去参与。账号的活跃度对账号的权重有很大作用。

⑦每天都要更新，尽量保证每天花一点时间来更新内容。没事的时候多登登主账号，在网页上登录，在手机上登录，这样过两三个月就会变成老账号的。老账号的概念就是，不管你换什么IP登录账号，你的账号都不会进入禁用模式。

⑧产品最好要符合搜索习惯，有一定搜索性，但是竞争又不是太激烈，这样的产品都是比较好的。

7. 通过平台进行营销

通常站内引流的付费广告，引进流量多而且精准，点击成本不高，转化率相对较高。例如，很多美国人在线购物时，会直接去亚马逊搜索，而不是用谷歌，以78%百万级卖家使用比例获得压倒性的差距，第二、第三名分别是：Google Adwords 搜寻广告为37%、Google Shopping 为31%。依靠数据和技术，亚马逊已是名副其实的互联网广告帝国。

亚马逊站内广告系统提供关键词竞价及品牌认知宣传，凭借多年积累的消费者购物行为数据，卖家靠这样的生意规则刷关注、刷交易，大品牌刷影响力、刷传播。速卖通与 eBay 等也提供类似营销联盟、店铺首页、橱窗、直通车等付费广告。至于站内搜索排名，又回到了老话题，标题优化、店铺装修、视觉美工、文案设计等，每个平台都有自己的独门算法，但无外乎是若干权重因素的组合计算，违规率、有效跟踪率、签收率、订单缺陷率、退款率（拒付率）、反馈及时率等指标更为关键。以进销差价盈利模式为例：

营业利润 =（售价－成本）× 数量－引流成本－管理费用

如今引流成本已经很高。卖家引流能力越强，客户基数越大，精准营销能力越强，引流效率越高、成本越低。

社交关系营销实现了营销的精准化、个性化和场景化。如今，对于社交媒体的影响力，大家心知肚明，连美国总统选举都要得益于社交网络。国外的社交网站用户活跃度很高，人们会借助社交平台来晒自己的产品收藏或购物记录。商家会借助社交网站的分享和互动特点来推广品牌，从而形成很好的口碑传播。社交媒体优化 SMO，微博、视频、问答社区、图片、街拍、兴趣讨论组、专业人群等，富有创意并即时互动。社交互动、优惠导购网站及站外促销造势，抓关键意见领袖（KOL，Key Opinion Leader）是一个不可缺少的元素。除了单纯吸引用户点击，社交媒体营销可以根据用户的性别、身份、学历、消费习惯、爱好等信息推送目标商品。为何当用户打开 Wish 客户端时呈现的内容会因人而异？因为在用户注册时，这些信息都会通过 Facebook 关联过来，这些引流过来的用户，Wish 会抓取有价值的数据做记录，之后给潜在的消费者"打"上标签。当用户登录 Wish 时，用户可能会购买的商品就呈现在他的面前了。Facebook 于 2016 年 10 月在其 App 上推出了 Marketplace，但仅限英、美等几个国家，模式与 eBay 相近，可分类搜寻商品，也可以自行拍照、上传、发送自己想出售的二手物品，可私信卖家砍价，还能看到卖家的资料以评估信誉。Pinterest 已经超越 Facebook，成为电商网站的头号社交流量来源，图片社交平台以瀑布流的形式展示图片内容，获得超高关注度。另一家作为以图片分享为主的社交巨头 Instagram，互动性更强，很多世界 500 强公司也会使用其发布照片和视频来进行宣传。LinkedIn 作为全球最大的职业社交网站，主要是由公司对公司的用户组成，它致力向全球职场人士提供沟通的平台，更具专业性，可以提升企业知名度及品牌度。俄罗斯社交网站及校园社交网站在当地占主流地位。轻博客 Tumblr 相比 Twitter 能够呈现的内容更丰富多样，可以建立营销博客或企业自己的官方博客。

　　社交媒体平台有一定相似性，但 Facebook 跟 Twitter、Pinterest 跟 Instagram 也各有所不同，区别就是目标受众的不同。例如，Pinterest 有 1 亿的日活跃用户，80% 为女性，图片量达到了 5000 亿张，90% 的图片都是女性创建或分享的。视频营销适合中型以上的企业，知名产品的广告一旦成功，口碑的影响力不可估量。视频广告一定要有创意，这样才能"病毒"式传播，吸引眼球。问答形式多样，文字图片和视频都有。至于软文营销，很多商家在利用行业社区做产品推广时会随意打软文广告，其实软文在质不在量，这种零成本、长期收益的软文营销非常适合中小型电商企业。

8. 学习超级大卖家

　　早期有出口电商经验的一批卖家建立了自己独立的 B2C 外贸电商网站，这批网站多以 3C 电子产品或服装起家，凭借我国制造红利及初期低成本流量，后成长为超级卖家，是行业的领航者。如果说，大部分中小卖家"寄生"平台已身不由己，那么有些超级大卖家已经成长为"铁帽子王"。老牌跨境电商 B2C 玩家集中在十年前起步，可以说踩准了点、把握了时机，也经历了一番拼搏，成为行业佼佼者。如不是这两年集中亮相上市、并购或拓展进口，很多真的是游龙深潜，多站、多店、多平台，浏览他们独立的多语言外贸零售网站如临异国，在各大平台"排物布店"，驰骋无度，前端市场了如指掌，后端供应链不动声色，这种近乎隐蔽式经营厚积之后，方渐露峥嵘。之所以有些卖家倒下或被并购，多半是实施了错误的战略或重大政策，否则，先入者的优势很难被突破。

最近三年来，出口跨境电商市场份额日趋稳固，超级大卖家有兰亭集势、DX、环球易购、有棵树、百事泰、三态、傲基、价之链、大龙网、米兰网、赛维、纵腾、数码时代、浩方、丹宏昊天、深圳联科、Anker 海翼、易唐网、四海商周等，其中前 8 家已上市。但跨境 B2C 市场变化太快，很难说各家处于哪个梯度。行业中，收入规模 20 亿元以上的公司有 5 家左右，10 亿元收入规模的公司约有 10 家左右，1 ~ 5 亿元规模的公司有几十家。在控制货源的大卖家中，环球易购 2015 年以 37 亿元收入位列第一，市场占有率也只有 1.23%。他们都在卖什么？可以说什么都卖，3C、服装、家居、玩具、汽配、成人用品等。从年报上看，在盈利指标上体现出营收增长快、毛利率高的特点，毛利率均位于 40% 以上。公司卖家非电商平台，本质上是自营赚进销差价，考验的是对效率和成本的把控。目前，行业相对分散，市场红利仍在，供应链管理能力较高的公司有望借助资本控制更多的上游资源，通过规模效应不断发展壮大，最终围绕"品牌与供应链"竞争。

由于大格局并没有改变，目前大卖家都处于比较稳定的增长态势，基本上是每年翻倍或 50% 以上增长，基于价格、流量、服务等要素占尽优势，加之更多卖家的加入，这个需求敞口已非常拥挤，所以中小卖家急需寻找细分和差异化。在很多小卖家还被平台的重复开店惩罚得焦头烂额时，大卖家的"多平台、多店铺"就没有停止过。以最新上市的深圳赛维网络为例（如图 4-1 所示），根据其财报，自营独立商城 DressLink、NewDress、DressGal 等占总销售额不足 10%，而在亚马逊上的销售额占 30%，各大平台开通多达 252 个子店铺，还拥有女装服饰类品牌、内衣品牌、家居服品牌、情趣用品品牌、男装品牌、家居品牌、电子品牌等，如 Zeagoo、Finejo、Acevog 等。独立站多是这些大卖家的，可以说，这些大卖家就是线上经销商和零售商。虽然业内疾呼没有产品技术积累和品牌的外贸 B2C 前景是暗淡的，但这种低买高卖的销售亘古未变。

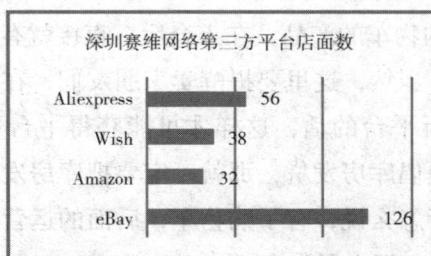

图 4-1

猛虎架不住群狼，某些领域平台未必占优。其实，专业大卖家已不满足原来的闷声发财，逐渐开始了资本市场的布局，在目前所谓的"创业资本寒冬"背景下，跨境电商行业仍然大受资本的青睐，未来的变化必将更加迅速，行业相应的商业模式也将向更加专业化和多元化的方向发展，进出口通吃，小型卖家的生存空间进一步被挤压。因此，看跨境行业的发展，一看平台，二看龙头卖家，他们基本代表了趋势。

9. 如何投放站内广告

运营本来就是一个错综复杂的过程，在开发产品的各个环节中会有很多意想不到的状况，当问题出现时，你必须想办法应对，要么解决，要么放弃。整个选品的过程要经历市场评估、初步挑选、下样品单、实物对比筛选、定款、美工拍图、产品发布、批量采购、入库质检、产品贴标等一系列工作，如果再往上延伸，涉及产品研发或者改款升级，那就更是遥遥无期了。从选品开始，能够45天发货到仓库，已经算是比较快的节奏了。

本来没有购物车的产品，在入仓后，直接就有购物车了，也算是一份惊喜。当然，这里要提醒卖家朋友们，在亚马逊平台上运营，一定要听平台的话，这样才可能获得平台更多的资源支持。既然平台提倡库房发货，那就一定要把库房发货作为自己的运营首选。不管怎么说，有了购物车，后面的运营主动权会多了不少，可操作的空间大了许多。

初期，我们挑选的这些产品都是细分类目竞争不太激烈的产品，销量未必有多么大，但也希望能够打造出一些有稳定销量的小爆款，所以产品入库后，我们首先考虑的就是站内付费广告。

很多卖家都对站内付费广告有误解，认为付费广告单次点击价格高、成本高、转化不理想，所以内心抵触，不愿意尝试。笔者倒是觉得卖家应该正确理解亚马逊站内广告，站内广告实际上是一种投资。

站内广告可以直接高效地把你的产品推到搜索结果靠前的页面，原本排名几千、几万名的，消费者几乎看不到，可如果投放站内广告，瞬间就可以展示在众多消费者面前，而亚马逊有意淡化广告竞价排名和自然搜索排名的区别，减少客户对广告的排斥感，大大提高广告的点击率，客户点击了你的产品，只要商品详情页面优化到位、产品价格适中，是可以有不错的转化率的。

当然，与站内广告对应的自然是站外引流了，很多人言必及站外引流，总以为站外引流成本低。其实，与其投入大量精力引来一堆不精准的流量，倒不如投入站内广告来得实际有效。

每个产品我们都同时投放了自动广告和手动广告两种方式。自动广告设置简单，主要是广告的出价，出价要参考产品利润，初期是以产品毛利润的 1/10 做参考，后期根据转化率优化；手动广告的设置主要集中在关键词的设置上，我们参考系统推荐的一些关键词，又根据对产品的理解，自己添加了一些精准关键词和长尾关键词，单个产品设置的关键词在 20 个左右，其中一款产品因为关键词太少，干脆就只设置了一个关键词。有些卖家每每投放广告，都会选择成百上千的关键词，这样的设置方式既不精准，也不可能有精力顾及全部，肯定会造成不小的广告浪费，与其粗放，不如精准。

在初期的广告设置中，因为没有太多可参考的信息，关键词单次点击出价设置在 0.6 美元（毛利润的 1/10 左右）。经过一周的运行，根据数据报表，把曝光量少、无点击的关键词直接删除，同时补充了新的关键词进去，单次点击价格也根据广告报表做了调整，有的关键词出价提升，有的则降低。

关于广告中关键词的单次出价和坑位排序，影响因素很多，不能一概而论，必须在实际操作中观察总结后进行调整。也许刚起步的卖家可能会觉得单次点击价格 0.6 美元左右挺高，但正如笔者一直讲的，站内广告是投资，不要单纯地把它当作成本。既然是投资，就一定会给你带来产出的，如果产出不理想，找到原因优化调整就是了。有卖家反馈说自己的广告单次点击出价在 1.7 美元，但依然有着不错的利润，所以，只要能带来较高的转化率，产生足够多的订单，那么广告就是划算的。有人曾把亚马逊站内广告称为合法刷单——在平台认可的基础上，人工干预产品展示位，吸引用户点击，进而带来更多的订单，广告的意义可见一斑。

关于广告中的关键词设置，笔者想说的是，因为广告系统和竞价排名优化是两项不同的工作，互相补充，但又彼此独立。所以，站内广告投放时，广告关键词的选取一定不要错过你在竞价排名优化过程中筛选出来的精准关键词。只有关键词精准，引入的流量才更精准，转化率才会高。

有读者询问，能否把宽泛关键词、精准关键词和长尾关键词都用在广告中。对此，笔者的建议是，广告中的关键词最好以精准关键词为主，适当搭配长尾关键词。宽泛关键词虽然可以带来更多的曝光，但因为转化率较低，反而会拉低整体转化率，影响广告的表现，建议卖家还是酌情把握吧。

举个例子，你打算买一件衣服，此时，"衣服"是一个宽泛关键词，在你搜索购买过程中，你往往不会以"衣服"作为搜索词，因为能够搜索到的结果太多了，千万个结果并不能给你带来有效的需求匹配，消费者往往会使用"男士夹克""男士西装""女式风衣"等相对精准的词语搜索。所以，这些词才是你应该考虑用于广告中的词语。当然，考虑到会有人使用诸如"李孝利同款卫衣"等类似的长尾词语搜索，你也可以考虑把一些具有受众基础的长尾关键词添加在广告关键词列表中。归根结底，关键词的设置因产品而异。

在广告投放过程中，当你要判断是否使用一个词语时，先问自己一句：如果我购买该产品，会用这个词搜索吗？把你会用到的词语整理出来，这就是你需要重视的关键词。如果你说不知道使用什么词语搜索自己的产品，那就是基本功的问题了，先回去把产品弄熟了，想卖好一款产品，先试着让自己成为产品专家吧！

10. 做好产品的促销活动

在亚马逊运营中，往往会用到两个工具：站内广告（Campaign）和促销（Promotion）。站内广告可以为店铺引入站内的精准流量（前边的章节中已经讲过，在此不做赘述），而促销则可以鼓励客户购买更多数量或种类的产品，拉升销售额，如果运用得当，还可以形成关联流量，带动店铺里面其他相关产品的销量。

常规的促销方式有四种：包邮（Free Shipping）、满立减（Percentage Off）、买一送一（Buy One Get One）、免费样品（Giveaway）。不同的促销方式可以带来不一样的效果，但有一点是相同的，那就是都可以在一定程度上提高店铺的销量。

常规的促销设置比较简单，这里要讲的设置技巧，是指当卖家想设置高折扣促销给特定人群时的注意事项。在实际运营中，经常听到卖家说因为促销设置失误而造成巨额损失，我们自己的业务团队也曾发生过因为促销设置错误，而被买家白白捡了便宜的情况。

这里把高折扣促销的详细步骤归纳如下，供读者参考：

进入促销页面，如果想设置一个高折扣比例的促销，满立减的方式是最合适的。在设置满立减之前，需要首先创建一个促销产品组，点击 Creat a new product selection（创建促销产品组）。可以根据自己的偏好创建促销产品组，选择库存商品等，而促销产品组中的 Product Selection Name（产品组名称）和 Internal Description（内部描述）都是可以任意设置的，以方便自己查看。

促销产品组设置完成，回到满立减设置页面，做出对应的设置，比如客户购买促销产品组的 10 个产品可以给予 90% 的折扣等，折扣比例由自己根据促销目的而定，在此不详细讲述。

在促销设置的第二步——关于促销时间的设置处，由于系统默认的时间周期只有一天，这就需要我们根据实际需要的时间周期做一个较长时间的设置了。

关键的设置在于第三步的 Additional Options（额外选项）处：在"Claim Code"（促销码）栏勾选"Single-use"（单独使用），勾选"One redemption per customer"（单个客户只能使用一次促销优惠码）；在"Claim Code Combinability"（优惠码类型）栏勾选"Exclusive"（排他型）；然后，点击"Review"（预览），点击"Submit"（提交）。

正常的促销设置到此就算完成了，可是当你要设置给一个特定人群的高折扣促销时，后面一步的设置非常重要。

进入促销活动，点击"All"查看所有促销，或点击"Pending"查看尚未开始的促销计划，找到你刚刚设置的促销计划，点击促销计划名称，进入促销详情页面。

在促销详情页面，可以看到"Manage claim code"（管理促销码）按钮，在搜索栏中输入便于自己识别的名称，在商品中输入你计划送出用来做测评的产品数量。然后，点击生成按钮。

到此时，页面下边会出现你刚刚设置的内容，点击右边的下载，打开下载的文件，里面会有对应于刚刚设置的数量的一个长串促销码，此时所生成的就是一次性的促销码。你可以把这些促销码发送给接受邀请的顾客，而不用担心设置错误造成巨额损失的情况。

11. 打造明星店铺和爆品

很多卖家谈及选品，谈及优化，谈及亚马逊运营，以及谈及爆款打造时，总觉得满眼信息，却漫无头绪，就像有读者反馈：我读了无数关于亚马逊选品的文章，可还是不知道该如何选品！

马云曾把自己取得的成功比作爬到了珠峰山腰处，他说站在5000米海拔的高度和站在山脚下的人们看到的东西是不一样的。对于亚马逊的选品和运营来说也是如此。

很多人之所以读了很多干货文章，但依然不知道该如何运营，要么是惰性使然，要么是所站高度不够。前一种是病，得治，但解药需要你自己调配；而对于后一种情况，我倒是希望借助下面这个案例的分析，能够引导你站得稍微高一点。

对很多卖家来说，店铺里面有三五条爆品就可以运营得很不错了，而有的店铺却长期稳定地保持着 30 条左右的 Best Sellers。我们再评估它的销量，根据亚马逊消费者留评价的习惯和比例，对一个平稳运行的亚马逊店铺来说，30 天 Feedback 数量的 4 倍大概相当于该店铺的日均订单数量，店铺最近 30 天的 Feedback

数量是 3809 个，以此可以得出，该店铺日均销售大概在 15000 单左右。这是足以让很多卖家垂涎的数字。正是如此大的销量支撑，让店铺成为亚马逊官方重点推荐的标杆卖家。

如果运营技巧的讲解脱离了具体的案例便只是空洞的理论，我们以 KastKing 店铺为例，看看亚马逊运营的各个细节是如何被这家优秀的店铺应用于实践中的。

在运营中，站内广告引入的流量相对精准，是亚马逊卖家运营中不可缺少的运营手段，这也是快速打造一款产品的重要利器，关于站内广告的玩法和技巧，读者可以查阅本书关于广告章节的内容。

当我们循着上述的搜索结果查看各个订单所归属的店铺时，会发现，KastKing 品牌下有多个店铺在交叉运营。虽然亚马逊平台一般不允许同一卖家经营多个店铺，但从降低运营风险的角度来看，大部分卖家都拥有多个账号，或使用不同品牌独立运营，或使用同一品牌交叉运营。只要确保彼此账号不关联，同一品牌是可以由多个账号分别运营的。这样运营的好处是卖家不用把鸡蛋放在同一个篮子里，便于彼此账号之间相互协作，当一个店铺的库存断货时，其他店铺还可以快速跟进，以免肥水流了外人田。进入 KastKing 的产品详情页面，我们不禁对 KastKing 在商品页面细节上的用心而心生钦佩之情。大卖家之所以能够快速成长为行业领头羊，和他们在每个细节上严格把控和精益求精是密不可分的。

亚马逊的运营玩法很多，但如果能够在店铺里面打造出来几个爆款，以"精品＋爆款"的模式运营，无疑是最吸引人的。但现在，亚马逊上卖家众多，竞争激烈，如何才能够高效快速地把一个产品打造成热卖爆款呢？

在对运营实践的总结中，采用螺旋式爆款打造模型打造爆款，进而推动整个运营的发展，是成本最低、效果最好、速度最快的方法，在亚马逊的运营中，我们想要打造一个爆款出来，同样可以采用螺旋式的打造方法。

在日常运营中，我们的运营团队在对一款产品打造的过程中，通常是这样做的。

①激活销量：仓储新品上架，把出单作为第一要务。

很多卖家选出一款产品，因为缺少运营思路和方法，库房发货之后，基本上就进入了"上架即滞销"的状态，产品上架很久都没有订单，很迷茫也很无措，一番折腾下来，既对产品没了信心，也对运营没了信心。

为了防止发生类似的情况，我们的运营是这样的：当一款产品到达仓库，入仓上架后，我们会直接将产品售价设置为超低价销售，以超低价激活销量，快速实现该产品在销量上零的突破。在笔者看来，对一条新上架的商品来说，出单的意义大于利润。

我们知道，对于新上架的产品，亚马逊系统会给予一定流量倾斜。当然，流量倾斜是有期限的，同时，系统会根据商品的转化情况做后续的流量分配。亚马逊之所以给新的商品流量倾斜，某种程度上是为了让卖家们"先甜后苦"，通过前期流量倾斜，让卖家更容易接到订单，然后留下来，当你对平台产生依赖，剩下的就要看你自己的实力了。

作为卖家，我们应该充分利用这个流量倾斜期。但流量倾斜不是倾倒，对新上架的商品来说，流量终究还是有限的，要想利用好这个窗口期，卖家就应该想办法把有限的流量效果发挥到最大，即让流量转化为订单，并且要确保自己的订单转化率高于同行。那么具体该怎么办呢？

新上架的商品，产品没有评价，客户购买时会有疑虑，要想化解这种疑虑，低价是最有效的方式。举例来说，面对类似的两个产品，一个 100 元，另一个 98 元，那消费者肯定会考虑选择口碑好的那个，但如果一个 100 元，另一个只卖 50 元，这时消费者的选择则极有可能是低价的那个了，即便低价的那个还没有口碑积累（在亚马逊上体现为评价）也没关系，因为巨大的价格差促使消费者愿意尝试。基于消费者的这种心理，一件刚上架的产品可以通过低价获取订单，把流量转化为销量。

卖家眼中看到的是订单，系统记录下来的却是转化率。新品流量不多，凭借低价却成功转化出订单，如果其订单转化率高于同行，系统就会分配给你更多的流量，流量越多，订单自然也就越多。

在这个过程中，螺旋上升通道被打开，流量上升，订单增长。订单从无到有，从少到多，同时还带动了排名上升。我们知道，新品上架是没有排名的，但随着产生订单，随着订单数量增多，排名也开始突飞猛进地上升。

从这个意义上说，低价接单对于打造一款产品意味着流量、订单和排名。

②主动增评：配合订单的增长，主动增评，为商品补充口碑要素。

新品上架时，产品没有评价，而对一条光秃秃的商品来说，消费者在购买时，心理上还是会有不少纠结的，虽然我们用较低的价格对消费者起到了心理破冰的作用，但毕竟低价只是手段，产品评价对一条爆款商品来说显得非常必要。

针对亚马逊平台上客户留评率不足 1% 的现状，想要让一件新品自然地产生产品评价，就显得有点漫长。在这种情况下，卖家非常有必要采取主动的方式为商品增加一定量的评论。这里说的"一定量"不是指很大量，评论要适可而止。笔者的建议是对新品来说，能够上 3 ~ 5 个带 VP（Verified Purchase）的产品评价即可。而对于安全增评的方式和方法，笔者在其他章节里有具体介绍，读者可以查阅参考。

拥有了产品评价的商品看起来会完美很多，弥补了没有口碑的缺陷，消除了消费者下单时的疑虑，订单转化率会有所提升。但仅此还不够，卖家需要按照订单量的增长，保持产品评价按比例增长，整体产品留评率不需要太高，能够达到总订单数量的 3% 左右即可。所以，在整个运营过程中，如果收到客户的评价，那最好；如果没有，还要适当地增评。

随着销量增加，客户评价来了，但评价有两种：好评与差评。作为卖家，虽然我们会努力为客户提供好的产品和服务，但总免不了会发生意外。当一个差评突然来袭，商品的销量和排名都会大幅下降，这时候，我们该怎么办呢？卖家要对评价内容进行分析，联系客户和平台客服，尽量能够将差评修改或者移除。

在这个阶段，形成了新的螺旋上升：评价数量随着销量的增加而增多。

③站内付款广告：通过站内广告导入更多精准流量，付费流量和自然流量汇总，产生更多订单，切分更多份额的市场蛋糕。

我们必须承认，在当前的亚马逊平台中，卖家多，竞争非常激烈。在激烈的竞争下，自然流量就显得不够用，卖家要想获得更多市场份额，通过站内付款广告的方式获取付费流量就成了运营中必不可少的手法。

站内广告的玩法和技巧很多，读者可参阅第六章，在此不再赘述。

需要强调的是，即便站内广告前期的转化不高，投入的数值会偏高，但只要你想到当自己多接一个订单时，就意味着某个竞争对手少了一个订单，你们之间的差距要么缩小了，要么就是你更加靠前了，拉大了和竞争对手的差距。所以，通过站内广告为爆款增加助力就显得特别重要。

从这个层面来说，螺旋式上升在于销量增加，排名上升。

④销量、排名、价格三位一体：三个重要参量的互动形成螺旋式上升通道。

基于前三个阶段的铺垫，正在打造的排名的商品开始形成如下循环：因为产品价格低，所以产生销量，销量为商品带来排名。随着销量和排名上升，再加上站内广告的主动流量，商品获得了更多流量。于是销量增加，排名继续上升，卖家开始逐步调高价格；如果价格提升导致销量大幅下滑，卖家需要将价格稍微降低，并观察销量的变化，待销量稳定后，再进一步调价（价格的调整要"小步慢跑"，即每次小幅度调整，待销量稳定后，再进行下一次的调整）。

因为螺旋式上升的爆款打造模式是基于前期用低价激活销量的，所以打造前期可能会出现亏损的情况，但在运营中，要分阶段地将价格逐步向上调整。

正常的运营节奏应该如此：设定自己期望的日销量，如果日销量从低向高达到了日预期销量，在销量增加的过程中，围绕"销量增加，上调价格，销量稳定，降价拉升销量和排名，然后再逐步恢复并上调价格，前进两步，后退一步"。

这样一轮一轮地调整之后，出现的结果是：产品售价逐步提高，直至接近预期售价的水平，产品销量稳定增加，商品排名逐步提升，由于三位一体的相互作用，商品沿着螺旋式上升的通道，从没有订单、没有流量、没有排名的"三没"状态发展到销量稳定、排名稳定的喜人场面。

⑤排名卡位：打造爆款过程中最需要关注的是参量。

上述的打造可以让一件产品成为畅销款，但要想成为爆款，让商品的排名在小类目前10，甚至成为爆品，上述的打法就显得不够用了。

要想打造爆款，也就是大多数卖家心向往之的爆品，需要在上述方法的基础上，把排名卡位放在第一重要的地位，即所有的阶段性成果都回归到对排名高低的衡量上。

同样的价格、销量和排名三位一体打法，但核心是排名。在某些阶段，为了确保排名上升，卖家可以暂时牺牲利润，当排名到了一定程度，再逐步调整价格。在排名卡位的过程中，小类目排名第200名、第100名、第10名和第5名是重要的关口。突破一个阶段，适当稳定一下，然后继续向上冲，所有的手法都围绕推动排名上升进行。当排名跨过一个关口，上调价格，然后观察销量，当销量稳定之后，小幅降价，冲击下一个槛。以此类推，直到排名进入小类目前5名。

这时候，商品有了相对稳定的流量，消费者对价格的敏感度下降了，你可以逐步调高价格到预期的水平。此时，你还需要确保自己的价格在1～10名，这样比较有竞争力。这样，商品排名和销量都相对稳定了，一个爆款商品初步形成，每天少则可以给你带来几十甚至上百单，如果产品热门，那么每天可能会有几百单。

⑥库存：爆款打造的必要保障。

在螺旋式爆款打造模型中，销量是处于持续增长状态的。在这个过程中，最忌讳的就是库存没有跟上销量，导致运营中途断货。

相信有太多的卖家都经历过断货之后商品销量减少、排名下降、广告成本成倍增高的情况。在亚马逊 A9 算法体系中,断货对商品权重的影响是非常大的。卖家在爆款打造过程中一定要做好销量评估,储备足够多的库存,万万不可出现断货的情况。

⑦说到底,爆款打造是比拼卖家在单品上投注的心力。

每个卖家的店铺都会有各种各样的产品,而每个卖家在运营中都会把精力适当分散在各个产品上,这就意味着在运营的单品上,我们需要分心,我们并没有为某个单品倾注全部心力。

而螺旋式爆款打造模型的操作则恰恰相反。每一个爆款打造的过程都意味着卖家在全力以赴,阶段性地将自己的全部身心投注于一款产品上,促成这款产品的销量增加、排名上升,直至其成为并稳定在爆品的位置。

在这个过程中,可以说是以自己的全力和同行们的几分之一甚至几十分之一的用心程度做竞争,胜算的概率自然要大很多。说到底,这才是打造爆款中最核心的要素。

正是沿着上面的思路和方法,我们团队在运营过程中,屡次打造出来很多条爆品,而当一个个类目爆品的产品在店铺中铺开,业绩的增长也是必然的了。如果你正在为运营而发愁,不妨试试上述方法。

12. 打造低单价的爆款产品

说到亚马逊爆款的打造方法,很多卖家首先都会想到站内广告。是的,站内广告流量精准,亚马逊 80% 以上的订单都是由站内流量带来的,而站内广告正好起到卡位站内流量的作用,确实是一个好工具。但是，对于正在运营低价产品的卖家，站内广告真的合适吗？

我们总是焦虑亚马逊平台上的卖家增多了，价格战打起来了，利润稀释了，这都是实情，在这样的状况下，站内广告虽然可以获得精准的流量，但站内广告成本增高也是毫无争议的事实，而这样的现实对低价产品来说就显得更加残酷，即你的利润根本不够用来投放广告。

但即便如此，总有一些卖家，或带着试水的心态，或确实受可用资金的限制，不得不选择低价产品运营。如果选择低价产品已经是既定的客观事实，我们该怎么样推动其从没单到出单、从零星订单到稳定出单、从少量订单到成长为畅销款和爆款，变成自己运营中的"现金奶牛"呢？

高价产品的打造可以大量投放站内广告，可低价产品则需要换思路，需要卖家具备贴地飞行的能力，需要卖家敢于用消费者最敏感的价格因素激活销量。

低价的产品对任何卖家来说，从利润的角度都几乎一样——利润不高，从成本的角度也没有差别——成本几近相同，短兵相接勇者胜，这里的"勇"就是你敢于祭出超低价的大旗。绝大多数消费者往往还是偏爱有价格优势的产品的，卖家在打造的第一步，一定要让自己的产品价格具有绝对的优势。

那么，这里的超低价究竟低到什么水平呢？别人有 30% 的利润率，我只保持 10% 的利润率，是超低价吗？错！如果是这样的思路，你就会悲摧地发现，你根本就没有销量。

所说的低价要低到能够出单的价格，也许这个价格需要你阶段性地亏本，也许竞争对手都觉得你精神有问题，但这都无妨，总之，要低到能够自然地产生订单。

也许你会说，亏本的生意我不干，但试问，如果今天你投入广告而没有产生预期的销量，你有盈利吗？没有。如果今天没有销量，你亏本了吗？表面上没有，实际上有！你的时间成本，你原本可以有一定销量带来的累积优势等要素都会因为你没有销量而消失于无形。所以，没有销量也是亏本。损失了时间，消耗了信心。

相对于没有销量，即便是低价，只要有销量，都会为你的运营带来正向的力量。销量会直接拉升商品的排名，而排名上升，自然流量就会增长，流量多了，成交的机会就自然增多，一个正向的循环形成了，而最关键的是接到第一个订单时，你的心情是欢喜的，当订单稳定增长时，你不仅有了做下去的信心，还有了更多降低成本、提升利润的空间和机会。如果不信，你敢让自己试试三个月不接单吗？看看你是否还真的能熬得住。

当一个产品因为低价而产生订单，带来了商品权重上升，带来了排名上升，也为你带来了运营的信心，而同时，按照市场容量守恒定律，当你抢占了更多市场份额，就意味着你的竞争对手们所占有的市场份额在萎缩。你在增长，竞争对手们在下降，你成功的概率必然会越来越高。

从实际运营的经验来看，我们自己运营的产品普遍单价偏低，属于很出力、很累，却利润不高的产品。绝大多数产品在上架的第一天起，就坚守低价的原则，甚至连广告都不投放，就坚守一条——低价。在起步阶段，我们把每个订单的亏损看成投放广告的成本。随着销量的增加，我们会逐步提升价格，往往只要一两个月，就可以把一个产品推到类目的 Top 10。这时候，每天的销量稳定，而销售价格也已经恢复到了满足预期利润的水平。

第五章

国际物流的发展

1. 国际物流

国际物流是不同关境交易主体的物流活动，泛指国际贸易场景下衍生的物流运作及投资合作等，也可以把服务与跨境电商的国际物流活动理解为"跨境物流"。高效的物流将人、企业、市场和机遇连通，有助于提高生产率和民生福祉。国际物流水平对国家外贸竞争力及经济增长至关重要，帮助企业整合全球价值链和获得贸易机会是构建跨境电商供应链的基础支撑。连接到全球物流网络的能力取决于一个国家的基础设施、服务市场和贸易流程。发达国家与落后国家之间的物流绩效差距仍然很大，交通运输条件、法规体系及海关与边境管理效率越好，所在地的经济贸易市场环境越可靠。

降低物流成本是一个世界性问题，过去十几年中，物流业随着电子商务而崛起，中国物流业以世界独有的模式拉低了整个社会物流成本并大幅提升了运作绩效。虽然城市快递市场已趋于饱和，而无论是农村市场，还是跨境电商，对于快递公司的网络能力都有着更高的要求，已经实现量级的大快递向产业链上下游曼延，市场的竞争格局将会不断变化。因此，服务传统贸易的国际物流已不能完全覆盖跨境电商的需求，物流仍远远落后跨境电商的国际化进程，众多国内快递开始涉足这一被国际快递巨头霸占多年的市场。物流业与实体领域的关联甚密，特别是贸易增长放缓，加大了物流业网络重组和创新的压力，物流业议题的重点也发生了变化，很多"互联网+"概念下的新型物流企业以及专业物流市场都还有很大的创新发展空间。

　　国际物流是一个包罗丰富的专业领域。跨境电商平台的产生使得买卖双方可以越过中间环节，直接进行交易，小微企业甚至个人都可以参与到国际贸易中来，实现了跨境电商一站式交付的跨境物流，带来了跨境网络零售的腾飞。跨境物流是跨境电商的阿喀琉斯之踵，物流费用占了跨境电商总成本的 20%～30%。小订单、多频次订单日渐增多，根据万国邮联统计，从 2006 年以来，全球跨境包裹数量处于高速增长趋势，占全球总包裹数量的比例也在不断增加。互联网对物流服务的改变，除了物理的小包化，还使国际物流的经营模式发生了改变。传统的国际物流主营业务为国际贸易运输，以海运集装箱为主，主要解决生产与消费之间空间和时间的隔离，以及生产与消费之间信息和某些功能的隔离。而跨境电商的发展使得国际物流在商业模式上发生了根本性改变，将物流与供应链管理结合起来，由原来的单纯负责运输到与生产企业、供应商和购买商等贸易各方结合起来，进一步帮助企业实现从原材料到产成品、从供应商到终端消费者的整个供应链流程的重构与优化。这样不仅缩短了物流周期，而且控制了高速物流的正确性和可靠性。在 2015 年，我国跨境电商出口轻小件包裹约 10 亿件，如果粗算，物流环节成本占比为 25%，那么 2015 年这部分跨境 B2C 物流的市场规模已达 1196 亿，而且未来几年将保持 35% 以上年复合增速。跨境物流递送涉及环节较多，包括国内外的仓储、运输、配送及海关等，以及整合订单管理、库存管理、配送管理及运输管理。因此，跨境物流全程服务可分为三部分：一是支持 B2B 较大额业务为主的海运拼箱及空运等业务；二是支持跨境小包快递等业务；三是外贸服务，围绕贸易过程中的验厂、检测验货、跟单等环节，以及一般的通关、货代业务等展开。目前，这部分服务主要是线下贸易服务商服务跨境电商买卖家，有些还进入了线上服务市场。随着"电商 + 贸易"

的业务模式变化，尤其是与外贸综合服务及金融增值服务结合后，跨境物流涵盖的范围被无限放大，物流企业通常需要具备几种主要能力：一是国际运输，如货代、仓位、专线、保险等，以对货源和服务质量进行把控；二是清关、资质及口岸对接；三是技术平台，如电商集成、状态可视、过程可控；四是境外操作能力，如海外仓、传统零售的跨境货代、海外采购及供应链；五是跨境保税操作能力，如保税区入驻、保税仓运营；六是国内派送及目的国落地配合合作，提供低价、高效与增值服务（如图5-1所示）。

图 5-1

目前，满足跨境电商的国际物流模式有：邮政包裹、商业快递、专线物流、保税仓和海外仓等模式。物流模式的多样性使得商家在选择时可以着重考虑产品特点、物流成本和时效稳定性。跨境电商商品种类繁多、小批量、多频次，体积重量差别很大，不同品类所需的运输和仓储解决方案各异，跨境物流要实现一站式、门到门的服务，尤其需要做到国际段和国内段物流的有效衔接。跨境物流的发展仍滞后电商市场的要求，货物积压、延误或丢失破损等问题突出，海量分散的订单下，仓储体系不完善，面对客户多样化和复杂化的需求不能高效解决。还有一些国家，当地的物流系统不是很发达，缺少国外的物流分配中心，导致消费者体验较差，配送时间长，包裹无法全程跟踪，退换货不方便，出现清关障碍等问题。

跨境物流应对跨境电商及消费者的快速需求作出响应，只要是能够面向具有跨境物品传递需求的组织或个人提供跨境全程交付的服务，可以由第三方承运商（航空海运、国际快递、清关公司、各国邮政公司等）运输至世界各地，包括保税仓运营、海外仓租赁及代运营、境内外清关/转关、境外本地配送、国际运力资源获取及运输等国际物流项目上组合展开。物流行业是一种规模经济非常显著的行业，但这一复杂的运营网络为小型跨境物流服务商提供了生存空间。物流环节是跨境购物最大的掣肘之一，包裹无法全程追踪，整个过程"睁眼瞎"，成本高、配送时间长、清关障碍等几乎是各家跨境电商都会面临的难题。为了适合跨境电商业务的发展，跨境物流表现出极强的整合性及多态性，可以利用自贸区、货运代理、互联网技术、国际物流网络、清关及仓储等综合资源能力对接海关、电商平台与消费者，系统性地提升整个跨境电商的效率；也可以利用强大的国际快递网络、清关能力及口岸关系、出口国海外仓和保税仓资源、航空海运货代体系和资源、采购及货源分拨能力，甚至强大的外贸风险管控等条件，成为跨境物流企业独占一方并壮大的依据。术业有专攻，跨境商品供应链的复杂度和分销渠道的深度远大于国内，因此中间存在精细化分工的机会。但最终，第三方跨境物流综合服务将会崛起，更统一、更顺畅、更可靠。比如，应对跨境电商促销，大促飚量是亢奋的事，但"最后一分钟下单"对物流企业而言，若不能全过程地预案、执行和应急，无疑是无法承载的挑战。我国正形成面向全球的高标准自由贸易网络，物流仍然是跨境电商的瓶颈，物流要"走出去"，必须研究我国出口制造业发展战略、大型电商平台国际化举措以及国内用户海外直购的诉求，作为国际网络扩展规划的参考。例如，设立海外据点，帮助消费电子企业全球发布及新兴市场扩张。

大电商平台的自建物流或整合服务是有益的补充，与第三方物流共存的局面将持续保持，跨境物流人才专业化要求也会越来越高。继 FBA 仓配一体方案，亚马逊在美国注册为无船承运人，租借几十架飞机及上千辆卡车，计划打造全球性物流网络。其绕开中间商，直接从全球商家收货，然后低价购买舱位，新业务将使亚马逊成为全球物流产业的中心。商家将无须再向 DHL 或 UPS 等预订货舱，直接在亚马逊实现从产品—仓储—销售无缝的、无中介跨境物流。一旦亚马逊的物流业务量足够大，在学会独立运营该业务后，将逐渐摆脱第三方合作伙伴，从而进一步涉水金融服务领域，向商家贷款、处理国际支付、为商家提供客户和税收方面的咨询服务。这一策略与它进军云计算如出一辙，先是开发云计算技术供内部使用，而后逐步把它发展成一项业务，如今，云计算已经成为亚马逊发展最快和赢利能力最高的部门。初期，亚马逊从未公开宣布云计算业务的远大前景，IBM、惠普及戴尔等传统 IT 公司基本上都忽略了亚马逊的威胁，但是现在，它们都落在亚马逊后边。

2. 跨境物流网

物流是与宏观经济发展高度相关的服务业，不存在脱离实体的物流，也不存在无须物流的实体。经济发展是推动贸易的决定因素，贸易是国际物流发展的决定因素。作为产业结构调整及升级的重要支柱，目前，现代物流分属多业态，包括仓储、运输、合同物流、流通分销、快递及包裹、货运代理等在内的庞大体系。全球物流业的市场规模没有确切的数字，由于物流成本较高，若以 2016 年中国 GDP 超 70 万亿元来推算，我国物流业市场规模超过 12 万亿元，位居世界第一，甚至远高于美国。在经济增长、第三产业发展、城镇化进程等背景下，社会物流总额保持高速增长。国际物流作为大物流市场的一部分，在国家政策支持、贸易自由化和便利化所趋、跨境电商投资增长、网上跨境消费旺盛等有利因素下，发展态势十分可观。跨境物流成为国家"一带一路"倡议的重要组成部分，服务跨境电商产业链，既有重资产物流服务，也有第三方轻资产配套服务商，根据跨境电商每个环节的刚需服务，围绕成本、效率、体验等核心诉求，衍生出很多创新的运作模式。经静态测算，以当前进出口跨境电商交易额 2 万亿元计算，保守 20% 的物流费用，跨境物流的市场规模超过 6000 千亿元。

在进口和出口方面我国都是全球第一，GDP 和消费规模逐年递增。近年来，跨太平洋合作伙伴和跨大西洋贸易与投资伙伴暴露了欧美国家抢占国际规则制定话语权的动机。这两个框架重新定义了区域关税减免自由贸易，在投资及知识产权等广泛领域统一规范，名义上是为科技业和"数字经济"争取自由，实质是我国加入世界贸易组织后面临的新一轮贸易壁垒。战略上，一方面要密切观望这些动态的实质性进展；另一方面加快构建国家的全球供应链战略，高标准自由贸易区是必然选择。目前，全球自贸区分为两种类型，包括国与国之间根据世界贸易组织相关规则签署自由贸易协定形成的自由贸易区（FTA，Free Trade Area），一国之内单方自主给予特殊优惠税收和监管政策而设立的自由贸易园区（FTZ，Free Trade Zone），以及采取自由港政策的关税隔离区。据世界自由区组织（WFZO）统计，目前全球已有 1200 多个自由贸易区，其中 15 个发达国家设立了约 450 个，占 35%；67

个发展中国家共设立近 800 个，占 65%。类型主要分为转口集散型、贸易为主型、出口加工型、保税仓储型等四类。自由贸易区是两个以上的国家或地区设立自由贸易区，如北美自贸区（NAFTA）、美洲自贸区（FTAA）、东盟自贸区（AFTA）、中欧自贸区（CEFTA）、中日韩自贸区、独联体成员国多边自贸区、南亚新型自贸区等。自由贸易区对跨境电商进出口及海外仓的选址都有重要参考意义，比如中澳自由贸易协定的签署，中澳双方出口贸易中 85.4% 的产品将实现零关税，来自澳方的 97% 的税目实现零关税。减税过渡期后，出口澳大利亚将实现 100% 零关税，跨境热销的澳洲进口奶粉、保健品、海鲜等都将受益。

自由贸易区在世界整个国际物流体系中处于关键位置，促进经济一体化及区域物流发展，发展自由贸易区就是要逐步确立我国全球供应链核心枢纽地位，实现国际商贸的资金流、信息流、物流和商流的一体化，提高区域经济的主导权和影响力。国内自由贸易区支持跨境电商发展，主要体现在简化通关流程及创新运营模式。从 2013 年 9 月上海自贸区正式挂牌，我国有上海、广东、天津、福建四个试点自贸区，大部分创新内容是具有共性的，主要是政府职能转变、促进贸易便利化、知识产权保护、金融领域创新、优惠扶持、办事流程简化。上海自贸区：承载更多改革空间，陆家嘴、金桥、张江三个片区都在浦东新区，在更大的领域进行制度创新，强化上海的全球贸易中心地位。广东自贸区：推动粤港澳服务贸易自由化，加快经贸规则与国际对接，涵盖广州南沙新区、深圳前海蛇口以及珠海横琴新区。天津自贸区：服务京津冀一体化，位于天津滨海新区，涵盖天津港、天津机场、滨海新区等片区，重点发展融资租赁业、高端制造业和现代服务业。福建自贸区：与台湾深度合作及建设海上丝绸之路，三个园区分别位于福州、厦门和平潭综合实验区。此后，国家又陆续在辽宁、浙江、河南、湖北、重庆、四川、陕西新设立七个自由贸易试验区。据统计，自由贸易区的通关效率提升明显，进口平均通关时间较区外减少 41.3%，出口平均通关时间较区外减少 36.8%。

国际品牌及跨境电商企业入驻自由贸易区，具有方便设立采购中心、保税仓及离岸财务等优势，亚马逊在上海自由贸易区设立国际贸易总部，实现美国货物直邮及保税进口我国。自由贸易区以服务业开放为主，服务主体涉及港口、机场、贸易、制造、仓储等实体产业，这些产业构成了自由贸易区重要的产业链，以自由贸易区为核心的供应链也将促进国际物流的全球拓展。国务院颁布的《关于加快实施自由贸易区战略的若干意见》是自由贸易区建设的规划书，目标从"周边自由贸易区"向"一带一路"市场延伸，逐步形成"全球自由贸易区网络"。通关便利、服务贸易自由化对物流环境起了改善作用，以"走出去"战略来推动物流转型和模式创新，也将大幅提升我国的全球物流绩效水平，向中等发达国家靠近。

物流指数反映了这些国家的实际物流运作水平，对于做进出口贸易的跨境电商有重要参考意义。物流行业作为服务于商贸活动的辅助产业，对商品流动的效率具有很高的要求，而当下物流企业的小规模、碎片化、粗放式发展极大地限制了物流行业效率的提升。空间上，大多数物流企业只能分段进行物流服务，分割运行、分头管理，利益链加长、效率降低，不利于形成全球化的物流系统和跨区域物流网络。

3. 货运及综合物流

轻资产的代理类企业是行业分工的进一步细化。我国超过

80% 的进出口贸易运输和中转业务均由货运代理协助完成，进出口贸易的兴衰同步于货运代理产业的兴衰，一级国际货运代理市场已基本是垄断性竞争。国际货运代理介于跨境运输供需双方，有托运人 Shipper 和承运人 Carrier 之间的代理人 Forwarder，主要面向空运和海运两条运输渠道，即便在跨境电商领域，海运的货邮吞吐也远远大于空运，一条集装箱船能装几千个柜，抵得上成百上千架飞机。正是由于外贸发达，我国的海运比例远高于其他市场。海运本身是一个巨型行业，海运物流是世界经济的晴雨表，是国际贸易的主动脉。向外部看，按运力和运量，全球物流业实际上可以视为以海运为主干，辅以航空、铁路、公路运输为补充的一个大物流系统。海运主要解决的是港到港的问题，多类型的物流公司进行有效的协同合作，提供海空联运、海铁联运等综合性服务，最终形成门到门的物流能力。目前，国内的物流网已布局完成，未来还需加强海外布局规划，努力打造出类似马士基、MSC、达飞等跨国巨头，布局于全球多个中心节点的网状航运网络体系。全球排名靠前的国际货运代理包括敦豪、UPS、泛亚班拿、德迅、辛克、德莎、伯灵顿、日通等，国内则有中外运、中远、建发、锦程、嘉里等。在国际小件业有"邮关不分"，而中外运则有"第二海关"之称，国有企业背书，在口岸服务及境外衔接方面实力较强。

据国际航空运输协会 IATA 发布的 2014 至 2018 年航空业展望报告显示，空运货物价值约占全球贸易的 35%，而重量上只占 1%，快递占了很大比重。空运行业容量小，空运货物具有时效性强、货物本身价值高、货物尺码数量相对较小等特性，国际航空货运市场又有需求不稳定、运力分散难以预测及运能相对不足、客户群分散等特点，使航空公司难以独立完成整条产业链，从而货运代理需求强烈。空运货物中 90% 需要国际货运代理不同程度地参与，二者具有较强的相关性。国际货运代理行业主营中介服务，公司自有专用型固定资产很少，是轻资产运营行业，提供门到港、港到门、门到门、仓储理货、同行集运、海外配送和供应链融资等延伸服务。赢利模式主要是赚取订舱佣金、价差和增值服务费。影响运费成本的有三大要素：货运舱位整体价位、货运舱位预定方式（固定和非固定）和舱位装载效率。国际空运方面存在着航线少、货运飞机少、运能不足等问题，80% 依赖腹舱运输，运力受限，这也导致国际空运长期存在航线不清晰、效率跟不上、价格不透明等问题。货运代理公司支付的货机运费和陆路交通运费是主要的营业成本，其中，航空货运运费占比达到 90% 以上，传统货运代理，货运代理和航空运输公司的结账期较短，与货主的结算期较长，需要货运代理进行大量垫资，中小货运代理运营资金链比较紧张。

　　货运代理服务的意义在于帮货主节约精力，并专注承揽货物订单，帮助货主处理单据、换单交接、提货理货、报检、清关以及最重要的订舱，选择合适船期和价格等核心业务。但货运代理业存在的多层次代理与转包一定程度损害了服务质量与终端客户，传统外贸企业转型与跨境电商的兴起促使货主结构更加碎片化，中小企业客户与"长尾客户"的重要性将有所加强。互联网平台提供实时透明的订单信息，纰漏错误及信息不对称被削弱，去代理人、去货代变成一种趋势。一方面，向综合物流转型已经不可避免，满足一站式服务企业客户，标准化货运产品积累客户数据，实现时空上的最优配置。国内外大的货运代理商，比如DHL、K+N 等，通过开发多元化的产品来发展新的贸易行业，联合了空海运代理及物流全程服务。另一方面，从整个国际航空货运发展的动态而言，拥有机队的国际快递崛起将是主流，凭借全球网络优势，近年来，国际快递更将战略发展重点指向我国市场。

虽然，这两年，我国进出口整体形势造成航空货运市场持续低迷，几家国有货运航空都复苏乏力，但快递自营航空却提振显著，对DHL、FedEx 这样的国际快递的影响更是甚微，他们的客户以高附加值产品为主，线路上有显著优势。由于航空快递主要用于高端跨区产品，市场准入门槛较高，全货机运营必须达到一定规模，方能显现运营效率。出口电商产品价值普遍偏低，难以成为直接商业快递客户资源。货运代理转型的国际集成商和资源整合商将分食这一市场，按照"本地经济型快递商接货—专线包机干线运输—境外经济型快递商送货"的模式发展，跨境领域 UBI、顺友、RPX、八达通、Cacesa 等是转型专线物流的代表。总体来看，国际货运代理还局限在各挣各的那份钱上，搞航空运力、渠道和路线是根本，少数成为最终发展壮大的线路运营商，愿意从幕后走向台前、直接服务商家的则更少，最多提供自营点和集货仓。简单来说，近年，国际货运代理向跨境电商配套服务商转型，依托的是行业先行、地缘优势、海关及经贸委等政府关系。

国际综合物流是很多物流企业的终极目标，其价值主要体现在通过整合自身或外部的物流资源，为客户提供基于全球贸易供应链的全环节物流服务。第三方物流是国内外物流业最重要的经营主体，是各类生产制造业和商贸流通业的物流解决方案提供者和组织者，通过调集自身的运输工具和仓储设施，以及采购、整合社会运力和仓储资源，促进企业内部物流的社会化。但绑定紧密的客户关系及高度定制化又会成为第三方物流发展的瓶颈，即便让每个项目以独立事业去运营，管理复杂度及对企业资源的要求也会是指数级上升，非标准的物流服务和应收账款会导致运营的极限。反观快递和网络零担行业，由于服务标准化，百亿级的存在已经很多。包括三大快递，第三方物流仍是他们业务的重要板块，因为第三方物流是物流业发展最早和最成熟的市场群体，长于对规模性大客户及服务质量管控，能够对其他业务产生连带溢出效应。中东 Agility、法国 Geodis/SDV/Gefco、德国 Dachser/Hellmann、英国 Wincanton、日本 Seino/KWE/Yusen、马士基旗下 Damco、叶水福及嘉里大通等都是具有国际化特征的第三方物流商。

　　跨国制造业对国际物流及本地化服务的需求，以及贸易线路及全球化导致的流量变化是这些跨国物流成长的关键。早年日本物流企业国际化的过程就是跟随国内品牌商及投资业出海的过程。这些年，中资境外并购，联想、华为等品牌国际化，沈阳机床、徐工机械、中联重科等工业耐用品进军境外，售后配件及备件管理等都有很多物流需求，但地区差异造成国际贸易流通的障碍，国内还很少有国际化能力的物流企业可以支撑。加盟扩张是我国快递做大做强的路径，近期，圆通、申通等都在寻找全球加盟商，但还无法像国内那样简单地复制，而是需要组织、流程、人员、技术等全方位的落地。圆通已启动海外方案，授权韩国、泰国、德国、美国、俄罗斯等地区的快递企业、海外仓及代购个体等海外加盟商使用其品牌。或者收购规模较小的竞争对手来填补特定的战略或地区差距，以获得立足平台，一步步走向"全球供应链解决方案"。

　　还有以下几点：一是第四方物流。目前来看，电商平台主导的开放式物流整合较为成功。比如速卖通的无忧物流、Wish 邮、DHLink 等，以订单大数据驱动物流服务，卖家通过在线发货、支付运费，统一结算。菜鸟网络致力打造"跨境 + 快递 + 仓配 + 农村 + 末端配送"的全网物流链路 + 大数据联通、数据赋能等仓配一体化。二是冷链。进口食物和农产品冷链运输将成为两个关键的增量市场，过去十年，我国进口食品贸易额增长 4.5 倍，多数进口食品的门类需要冷链运输。三是物流园区。2015 年，全国包括运营、在建和规划的各类物流园区共计 1210 家，比 2006 年增长 5 倍，口岸服务型园区、保税物流园区，以及"一带一路"中对于园区的硬性需求，使得未来数年将成为园区建设和运营的一个新高峰。四是跨境物流金融。依托跨境电商，对传统外贸金融服务颠覆式创新。

4. 国际物流公司

目前，跨境物流公司主要有全球邮政网络、DHL 欧洲快递王、享誉全球的 FedEx、UPS 世界上最大的快递公司等。

（1）全球邮政网络

邮政一度是被边缘化的夕阳产业，通信电子化一度是其衰落最大的助推。追溯历史，传统邮政本质上是以"信息传递"为主的政府专营组织，与押运货物的镖局以及快递这种现代服务业均不同。所以，互联网化是从"信息"层面对邮政业做出质的影响，网络已改变了传统邮政业的供需关系，信函、报刊、汇兑等业务被网络服务严重冲击。而电子商务又为其提供了二次重生，在保有原全球邮政网络同盟的之外，众多有实力的邮政公司都另建立了商业快递企业，以方便参与跨国市场竞争。与美国邮政相同，全球许多邮政运营商的最大优势之一在于，在本土范围内拥有密集的末端网络，几乎能将包裹递送到全国任何一个角落，提供了基于公共信誉的可靠服务。由于历史悠久、业务链很广，很多邮政都是兼有部分政府或公共职能的集团化公司，多个大型邮政公司是世界 500 强，如美国邮政 2016 年营业收入高达 704 亿美元，远高于 UPS。

如今的全球邮政随着各个经济体的发展分化，表现出参差不齐的发展阶段。发展中国家及第三世界国家，很多邮政尚未市场化改革，甚至还是政府的组成部门，而小型发达国家的邮政甚至完全私有化。从主流趋势来看，一是集团化，以日本邮政控股、意大利邮政集团和中国邮政集团等为代表，将传统业务扩张到多元化领域，并且在金融领域尤为壮大。二是市场化，英国及荷兰等邮政私有化，甚至波兰等国将邮政服务社会化公开招标，很多国家邮政运营商除经营国内网络外，也经营国际和商业渠道，法国邮政下属的 GeoPost 物流集团包括 DPD、Seur、Chronopost 和 Exapaq 等子公司运营商业市场。三是专业化，很多邮政在国内快递市场的竞争中逐渐式微，但以德国邮政、美国邮政和澳邮等为代表，包括比邮、新邮、荷邮、港邮等中小邮政公司，专注并深耕物流市场，成为地区领导者，并积极拓展国际市场。四是国际化，中国高歌猛进的跨境电商市场拨动着各国邮政的兴致，很多邮政公司绕过 UPU 框架，透过代理机制全球揽货。直飞目的国邮政清关，本地派送将托管给目的国邮政，避免了邮政小包需要的排仓和中转等繁杂，优先配送，时效上有可靠的保证。中邮与澳邮的合资公司赛诚国际物流，在澳洲、新西兰及东南亚等专线物流具有绝对优势。

（2）欧洲快递王 DHL

DHL 在欧洲占有快递市场超过 40% 的份额，除了美洲国际市场，在国内市场、亚太与欧洲国际市场中，其市场份额均处于行业第一，是全球快递国际化程度最高的公司。DHL 全球员工人数超过 32.5 万人，空运机队超过 250 架，几乎能够为各种物流需求提供完美的解决方案。DHL 于 1969 年创立于美国旧金山，总部设在比利时的布鲁塞尔，2002 年与德国邮政合并，德邮控制了其全部股权并把旗下的敦豪航空货运公司、丹沙货运代理（Danzas）以及欧洲快运公司整合为新的敦豪航空货运公司，为此，德国邮政集团更名为 Deutsche Post DHL。其后，德邮又接连收购了美国的空运 Airborne、英国的 Exel 物流，均并入 DHL 板块，逐步奠定了 DHL 难以撼动的物流巨头地位。相比其他几家物流巨头，德国境外营收占其 70%，更彰显了 DHL 国际化程度之高。作为全球最大的综合物流企业，DHL 的业务范围遍布超过 220 个国家与地区。整个 DP DHL 集团的主营业务包括四方面：邮政、快递、货运代理与供应链。具体业务方面，目前该公司是德国国内最大的邮政服务商，国际市场上，在空海运代理、合同物流、快递服务业务方面的市场份额均居全球第一。近期，或许是受到 FedEx 收购 TNT 的刺激，DP DHL 计划收购英国皇家邮政集团（UK Mail Group），令人观止。

2015 年，DHL 实现营业收入 592.3 亿欧元，同比增 4.59%，净利润 24.11 亿欧元。各业务板块营业收入均衡，利润的最大贡献者为快递板块，贡献了超 50% 的净利，赢利能力最强。我国是全球主要市场和生产基地，也是 DHL 全球第一大市场。DHL 在我国运营收入近 50 亿欧元，超过其在亚洲运营收入总额的一半。在跨境电商物流圈内，群英争雄，DHL 一直扮演着重要角色，为了在这急速变化的行业内谋求长远发展，于是决定成立 DHL eCommerce 公司，开始做电商小包，以切合市场定位。并在亚太区内分建立大中华区，以更贴近我国跨境电商群，启用全新的 DHL 电子商务深圳包裹操作中心，同时扩大上海与中国香港现有包裹处理中心的规模。由于缺乏境内揽收网络，DHL 在国内有很多代理，如递四方、百千诚、均辉、中环运和互联易等，还有很多大客户拿着协议折扣去代发货。DHL 于 1986 年与中外运合资成立了中外运敦豪，各持股 50%，为我国各主要城市提供国际航空服务。在中国中外运敦豪共设立分公司 73 家、速递中心 88 个，根据官方信息，目前中外运敦豪已居我国国际航空快递业的领导地位，市场占有率高达 37%。依托中德双方优势，中外运敦豪堪称是合资企业成功的典范，其保持了我国市场占有率的绝对优势，DHL 成为中外运发展的主要业绩来源，2015 年贡献了85% 的净利，且每年仍保持高速增长。

点开 DHL 官网，就会发现，它制定的物流解决方案涉及航天、汽车、化学、消费品、时尚、生命科学与保健产业、工程与制造、可再生能源、科技物流、零售等多个行业。DHL 为汽车产业提供的解决方案极具特色，核心服务包括进货至制造厂、仓储及订单处理、运输管理、场内物流、售后物流和第四方物流等服务。所以，短期内模仿这些企业现在的业务形态几乎是不可能的，其飞机还运过大熊猫！

（3）享誉全球的 FedEx

FedEx 是隔夜空运的开创，让快递真正体现了时空价值。FedEx 成立之初就立足航空快递，是其对快递业最为精准的定位，历来，FedEx 首创的轴辐式航空集散网（Hub-and-spoke）在业内被奉为圭臬，目前仍是世界最大的快递空运公司，服务涵盖全球200 多个国家和地区，拥有超过 20 万名员工。如今的 FedEx 已并非单纯的快递公司，而是大型综合性物流集团，主干强大，枝干亦十分茂盛。FedEx 集团实际由服务、快递、地面、货运等四大板块业务组成，四大板块相辅相成，分别由不同公司展开相关业务。FedEx 公司从 1973 年开始运营后，便开启了传奇式"使命必达"，FedEx 依靠巨额风险投资孵化上市，如果失败了，或许人们就不会看到今天风险投资市场的空前繁荣。1975 年安装第一个投递箱，1982 年提供隔夜信件服务，孟菲斯机场超级物流中心显然要比灰熊队著名得多。FedEx 的全球扩张化战略就是不断并购，拓展国内外快递业、延伸其他物流运输业务。航空快递的开山鼻祖绝非浪得虚名，截至 2016 年，FedEx 已拥有 670 架飞机，自有比例高达 90%，确保日处理 450 万航空件，孟菲斯机场一直是世界最繁忙的货运机场。联邦快递在全球各地组建的物流网，航线尽可能向区域枢纽集中，围绕枢纽形成辐射网，并根据货运需要而建立次级处理中心。比如在亚洲，广州就是联邦快递的亚太区转运中心，始发地和目的地在亚洲的货物都会去广州进行转运。FedEx 关注并重点开拓电商物流市场，针对医疗保健、生命科学等高精尖行业以及艺术品和奢侈品行业，提供全面专业的运输解决方案。

即使 FedEx 享誉全球，但是其国内业务占比依然高达 70% 以上。FedEx 把 2014 年收购的 Bong Intl 更名为 FedEx CrossBorder 跨境公司，作为 FedEx 贸易网络的子公司，主要为网络零售企业提供电子商务技术方案，帮助企业解决各种跨境电商难题，包括监管合规、安全支付处理、多币种定价、信用卡欺诈保护以及全球消费者对接。Bongo 可根据位置自动调整货币以及海关和运输成本，帮助购物者从海外零售商那里购买商品，向货运代理客户提供跨境服务，使 B2B 客户更容易计算较大规模运输的国际货运成本。FedEx 于 2015 年并购北美第三方物流企业 Genco，扩展零售及电子商务市场，在美国，反向物流成本占消费品总销售额的 8%～10% 之多，而收购 Genco 强大的零售退换货处理能力正是 FedEx 看重的。2016 年并购 TNT 纳入其快递板块，从近期财务报告来看，还是物超所值，豪赚一笔。我国是 FedEx 国际业务发展最快、最具潜力的地区，中国区的员工数量接近万人，运营车辆近 3000 辆，地面操作站数量超过 1000。

以"橙色炸药"著称的欧洲第二大快递巨头 TNT，在三年前试图"委身"UPS，反垄断审查遇阻后，又折价转卖给 FedEx。TNT 生于南半球，1946 年成立于澳大利亚，从一辆货运卡车起家，一直在澳洲具有优势。到 1996 年被荷兰邮政 KPN 并购，TNT 成为一个包含邮政、快递、仓储等业务的综合物流集团，如今大名鼎鼎的 CEVA 前身就是 TNT 物流。2005 年，TNT 并购我国快运企业华宇，而后整合失败转手。TNT 通过不断的合并与收购的方式扩张业务版图，并逐渐将业务重心迁移至欧洲，目前该公司总部位于荷兰的阿姆斯特丹。除了空运能力，TNT 最值得一提的是具有非常丰富、完整的欧洲干线网络，陆运系统服务欧洲共计 44 个国家，网络包含 20 个国际转运中心、550 个普通转运中心与仓库，公路运输能力强大到可以用卡车满足 70% 的隔夜至需求。这对于在欧洲实力相对不强的 FedEx 而言，将能起到极大的短板补偿作用。从整体业绩来看，TNT 的经营状况较为艰难。TNT 几乎年年亏损，这为被出售埋下伏笔。目前在我国和欧洲的国际快递市场上，TNT 仍具有仅次 DHL 的领先地位。1988 年，TNT 环球快递公司与我国外运合作，成立中外运——天地快件有限公司。2003 年，TNT 结束了和中外运的十五年合作，选择超马赫作为总代理，迅速走向下坡路。笔者比较痛惜 TNT 没有被我国买下，国内企业错失一次品牌国际化机会。仔细分析 TNT 的财务报告，其本身运营能力并不差，就是"折腾"太多，各种整合失败，财务成本高昂。

（4）世界上最大的快递公司 UPS

联合包裹服务公司 UPS 作为世界上最大的快递承运商与包裹递送公司，同时也是运输、物流、资本与电子商务服务的领导性的提供者。UPS 于 1907 年成立于美国，1988 年成立 UPS 航空，1991 年，总部移至亚特兰大，于 1999 年上市，目前拥有雇员 44 万人，机队自有飞机 237 架、租赁飞机 413 架。在全美范围内拥有大型分拨中心 31 个、中小型分拨中心 1000 个，陆运车队高达 11 万辆，这还不算外包线路。"既生瑜，何生亮"，与 FedEx 都是规模近 400 亿美元的重资产企业，两者也常被拿来对比。2015 年 UPS 公司实现营业收入 583.6 亿美元，净利润 48.44 亿美元，

UPS 占据美国快递市场份额高达 45%，FedEx 运送的包裹量为 28 亿件，UPS 运送的包裹量为 47 亿件，虽然 FedEx 的单件收入高于 UPS，但比较两者的单件毛利可以发现，UPS 的单件毛利要高于 FedEx，主要原因就是航空成本高，UPS 的陆运更加发达、赢利能力更强。近年来，FedEx 的业务结构逐渐转变至与 UPS 趋同，尤其是空运占比不断下降，陆运占比不断上升。不同于 DHL 的全球化，UPS 业务的基石是在美国本土的快递服务，分板块来看，营业收入从高至低依次为美国国内快递、国际快递、供应链和物流板块，分别占总收入的 63%、21%、16%，利润的最大贡献者也是国内快递。从件均价上看，FedEx 和 UPS 的空运件均价在 20 美元左右，陆运价在 7 美元左右，都远远高于我国。

UPS 在 2015 年的年报中称，"当前和未来，我们面临着国内、国际各种服务类型公司的竞争，有的企业的成本和组织结构与我们存在差异，他们会提供一些我们所不愿意或不能提供的服务和价格。如果不能及时适应竞争，我们的财务和经营都将受到消极影响"。尽管 UPS 优势明显，但面对市场变化，三大巨头也充满危机感，过去，UPS 主要通过自身发展和合作经营进行稳健性的全球扩张。进入 21 世纪后，开始战略性扩张欧洲和新兴市场的快递业务。2005 年，UPS 收购了中外运的我国国内包裹的运输业务，自 2013 年开始，UPS 谋求收购 TNT，但由于对快递行业的竞争影响过大，欧盟否决了这次并购。合理的公司架构、系统的解决方案、持续的科技创新和有序的并购步伐，国际巨头的发展壮大不存在任何侥幸，而是凭借实力和正确的策略，一步一个脚印扎实走出来的。UPS 在我国市场有几个重大的投入，如上海国际转运中心、深圳亚太转运中心，以及上海、杭州的医疗保健仓储配送中心，在我国拥有 6000 多名员工、90 多个场所。

近年来，UPS 反复提及业绩提升的转型战略：部署技术驱动的运营体系、提供独特而专业的行业解决方案、扩张全球网络、满足全球终端用户需求。如果说，FedEx 对航空快递是一心执着，那么 UPS 则追求的是变中求胜，能够紧跟时代变化和竞争对手的节奏。UPS 会深入分析各种不测，如国内外监管政策的变化、日益严格的安全要求、隐私泄露或 IT 系统崩溃、劳工权益或财产损失诉讼，此外还有环保义务、并购或合作未带来预期收益等风险，这些都可能对企业的运营财务或品牌形象等产生影响。20 世纪，UPS 为了追赶 FedEx 在技术上的先行优势，在新技术上投资了上百亿美元，开发 DIAD 电子签名、GPS 定位与跟踪等至今仍很先进的技术手段，《财富》杂志戏称，UPS 是一个有卡车的技术型公司。1998 年，UPS Capital 资本公司成立，为客户提供包括代理收取到付货款、应收款受让、库存抵押贷款、办公设备和仓储设备租赁等服务，为客户创造融资的方便。UPS 资本的创新财务服务对现代商业结算是一项革命性的做法。国际贸易结算仅在亚洲地区业务量就达千亿美元以上，UPS 通过物流的辅助与延伸服务，形成另类全球性的金融机构。随着全球快递企业服务时效差距的缩小，新技术、新产品的研发和应用就成为"兵家必争之地"，UPS 之所以能如此快速地研发新技术并及时更新换代，是因为其拥有一支庞大的人才队伍。据悉，UPS 技术雇员人数超过6000 人，公司每年在信息技术方面的投入超过 10 亿美元。

5. 跨境物流渠道

目前，跨境物流的主要方式有国际快递、邮政 EMS、国际专线、海洋运输、铁路运输、空运、国际多式联运等。我国对外贸易使用较多的方式是海洋运输和集装箱联运。

（1）海洋运输

1）海洋运输的特点

海洋运输（Sea Transport 或 Ocean Transport）是最常用、最普遍的一种国际货物运输方式。海洋运输的货物运输量占全部国际贸易货物运输量的比例大约为80%。海洋运输之所以被广泛应用，是因为它与其他运输方式相比，具有以下三个突出的优点：

①运载量大。海运船舶的运载量远远超过火车、汽车、飞机等运载量。现在，油轮的载重量已达到60万吨，散装船也达到30多万吨，有的轮船可装4000多个标准集装箱。因此，一艘万吨轮的载重量一般相当于火车250～300个车皮的载重量。

②运费低。由于运载量大，具有较好的规模经济效应及燃料因素，因此，海运的单位商品运费就比其他运输方式低得多。海运每单位商品运输成本只相当于铁路运输的1/20左右，相当于航空运输的1/30左右。

③通过能力强，不受轨道和道路的限制。海洋运输可以利用四通八达的天然航道，而不易受限制，它不像火车和汽车那样受轨道和道路的限制。

海洋运输虽然有上述优点，但也有不足之处。例如，海洋运输易受气候和自然条件的影响，因而航期不易准确，航行中的风险较大。例如，自然灾害、意外事故、海盗掠夺、军事冲突或经济制裁。航行速度也相对较慢，运期长。例如，现在的远洋货轮的时速一般在10～20涅（18.52～37.04千米），从我国到欧美的货物运输大约需要20～30天时间。涉及当事人多，法律关系复杂等。

2）海洋运输的方式

海洋运输按船舶经营的方式，主要分为班轮运输和租船运输。

①班轮运输

班轮运输（Liner Transport），也称定期运输。它是指承运人接受众多托运人的托运，将属于不同托运人的多批货物装载于同一船舶，按预先规定的航期，在一定的航线上，以既定的港口顺序，经常地航行于各港口之间的运输，这种运输方式一般承运的是价值较高的成品、半成品货物，又称为杂货运输，其运量约占国际货物贸易的 20%。

②租船运输

租船运输（Charter Transport）是指出租人和承运人签订租船（舱）协议，租船人向船东租赁船舶，出租人收取租金，用于货物运输的海洋运输方式。租船运输与班轮运输的不同之处在于：在租船运输中，船舶航行的时间、航线、停靠的港口及运费（包括运费中是否包含装卸费）均在装运前由租船人和船东通过协商确定。租船通常适用于大宗货物的贸易和运输。租船人和船东之间的权利和义务要以双方签订的租船合同为准。

（2）铁路运输

在国际货物运输中，铁路运输（Railway Transportation）是仅次海洋运输的主要运输方式。海洋运输的进出口货物也大多是靠铁路运输进行货物的集中和分散的，一般都要经过铁路运输这一重要环节。铁路运输不易受气候条件的影响，运输过程中遭受风险的可能性较小，一般可以保障长年的正常运输。运量较大，成本低，速度较快，安全可靠，连续性和可达性好，和其他运输方式配合可以实现各种"门到门"的连续运输。手续简便，发货人和收货人都可以就近在始发站（装运站）和终点站办理托运和提货手续。不论经过几个国家，只需办理一次托运手续，全程使用一份统一的国际联运运单。

1）国际铁路货物联运

在货物需要经过两个或两个以上国家铁路的运输中，使用一份运输票据，发货人发货后，承运人负责货物的全程运输任务。这种运输方式就叫作国际铁路货物联运。利用这种运输方式，在由一国铁路向另一国铁路移交货物时，无须发货人和收货人参加。它的开办不仅免除了货物在国境站重新办理托运手续，而且通过直接过轨运输，可以减少因换装货物所需的人力、物力和时间，从而方便和加速了货物运送，减少了货损货差，降低了运输成本，为发展国际贸易创造了有利条件。

国际铁路货物联运程序大致如下：

首先，根据各进出口专业公司贸易合同，将合同副本送达外运公司，约定有关货运事宜。然后前者备货，后者准备安排具体发货事宜。接着，铁路发送点的外运部门根据货源情况、列车情况和运输要求，填写一式六份国际联运计划用车表，报请上级外运部门和铁路部门审批备案。最后，外运公司根据托运单（即合同副本）的内容，缮制国际联运铁路运单和运单副本，并交给铁路部门，再按照计划向车站托运、装车。

国际铁路货物联运按货量的多少，可分为整车和零担两种，整车是按一张运单办理的一批需要单独车辆运送的货物；零担是指按一张运单办理的一批重量不超过5000千克，并且按体积不能满足单独车辆运送的货物。

国际铁路货物联运按照货物运送速度的快慢，以及办理托运货物的类别，又可分为快运和慢运两种。快运托运的货物，铁路方面优先托运、优先发车、优先装车、优先编车和挂运。快运运费比慢运运费要多100%左右。如要求随旅客列车挂运的整车货物，则运费比慢运运费多收100%左右。

联运货物的运输费用包括货物运费、押运人乘车费、杂费及其他有关费用。国内铁路运输费用按我国《铁路货物运价规则》，由发货人以人民币付给发送站。过境铁路运送费用，按《统一货价》规定，可由发货人向发货站支付，也可由收货人在终到站支付。到达铁路的运送费用则按到达铁路国内规章，由收货人向终到站支付。国际铁路联运货物运费的计算主要根据《统一货价》和《铁路货物运价规则》（简称《价规》）。

发送国和到达国铁路的运费均按铁路所在国家的国内规章办理。过境国铁路的运费均按承运当日统一规定运价计算，由发货人或收货人支付。我国出口的联运货物，交货条件一般均规定在卖方车辆上交货，因此我方仅负责运至国境站一段的运送费用。进口联运货物则要负担过境运送费用和我国铁路段的费用。

铁路运单正本和副本是国际铁路联运的主要运输单据，它是参加联运的发送国铁路与发货人之间订立的运送合同。它具体规定了参加联运的各国铁路和收、发货人的权利和义务，对收、发货人和铁路都具有法律效力。当发货人向始发站提交全部货物，并付清应由发货人支付的一切费用，经始发站在运单正本和运单副本上盖始发站承运日期戳记，证明货物已被接受承运后，即认为运输合同已经生效。

国际铁路货物联运的运单共一式五联，除运单正本和运单副本外，还有运行报单、货物交付单和货物到达通知单。运单正本随货同行，在到达站连同货物到达通知单及货物一并交给收货人，作为交接货物和结算费用的依据。运单副本交给发货人，作为向收货人证明货物已经发运并凭此结算付款的依据。货物交收货人时，收货人在货物交付单上签收，作为收妥货物的收据，退车站备查。运行报单则为铁路内部使用。

国际铁路货物联运的运单通常还应随附出口货物报关单、出口许可证、商品检验证书等单证。此外，根据不同出口货物的情况，有的还应随附磅码单、装箱单、检疫证书、兽医证明书、化验单等买卖合同所规定的以及按照海关、出入境检验、检疫等法律法规所规定的单证。

2）大陆桥运输

大陆桥运输（Land Bridge Transport）是指使用横贯大陆的铁路或公路运输系统作为中间桥梁，把大陆两端的海洋运输连接起来的连贯运输方式。大陆桥运输一般都是以集装箱为媒介，采取海—陆—海的运输线路。

目前，全世界的大陆桥主要有西伯利亚大陆桥、北美大陆桥、新亚欧大陆桥等。

①西伯利亚大陆桥的运输线路东起海参崴的纳霍特卡港，横贯欧亚大陆，至莫斯科，然后分三路：一路自莫斯科至波罗的海沿岸的圣彼得堡港，转船往西欧、北欧港口；第二路从莫斯科至俄罗斯西部国境站，转欧洲其他国家铁路（公路）直运欧洲各国；第三路从莫斯科至黑海沿岸，转船往中东、地中海沿岸。

②北美大陆桥包括美国和加拿大境内的大陆桥。其中，美国境内有两条大陆桥运输线：一条是从西部太平洋口岸至东部大西洋口岸的铁路（公路）运输系统，全长约3200千米；另一条是西部太平洋口岸至南部墨西哥湾口岸的铁路（公路）运输系统，长500 ~ 1000千米。

③新亚欧大陆桥东起我国连云港，西至荷兰鹿特丹，跨亚欧两大洲，连接太平洋和大西洋，穿越中国、哈萨克、俄罗斯，经白俄罗斯、波兰、德国到荷兰，辐射20多个国家和地区，全长1.08万千米，在我国境内全长4134千米。

目前运用较多的是西伯利亚大陆桥及新亚欧大陆桥。

此外，还有一种OCP运输方式。美国对大陆桥运输规定有运费优惠条款，即OCP运输条款。OCP即内陆转运地区（Over

Land Common Point），简称"内陆地区"。美国幅员辽阔，内陆城市众多，西岸线的航商为了争取送往内陆城市的货物途经西岸港口转运，故制定出一个运费与直达西岸港口更为低廉的优惠费率，称为 OCP 费率。从美国的北达科他州、南达科他州、内布拉斯加州、科罗拉多州、新墨西哥州起以东地物均属 OCP 地区。

按 OCP 运输条款规定，凡是经过美国西海岸港口转往上述内陆地区的货物，如按 OCP 条款运输，运价比直达西海岸港口低 3% ~ 5%。相反方向，凡从美国内陆地区出运经西海岸港口装船出口的货物，同样可按 OCP 运输条款办理。同时，按 OCP 运输条款，尚可享受比一般正常运输低的优惠海运运费，每吨可优惠 3% ~ 5%。采用 OCP 条款时，必须在提单备注栏内及货物喷头上注明 OCP 字样。例如，我国出口至美国一批货物，卸货港为美国洛杉矶，目的地是芝加哥。洛杉矶是美国西海岸港口之一，芝加哥属于美国内陆地区城市，此笔交易就符合 OCP 规定。经双方同意，就可采用 OCP 运输条款。在贸易合同和信用证内的目的港可填写"洛杉矶（内陆地区）"，即"CIF Los Angeles"。除在提单上填写目的港洛杉矶外，还必须在备注栏内注明"内陆地区芝加哥"字样，即"OCP Chicago"。只有详细注明，才能享受 OCP 优惠条款。

大陆桥运输具有集装箱运输和国际多式运输的优点，并且大陆桥运输更能体现利用成熟的海、陆运输条件，形成合理的运输路线，大大缩短营运时间，降低营运成本。

（3）航空运输

航空运输（Air Transport）是利用飞机运送进出口货物的一种现代化运输方式，它具有许多优点：运送迅速；节省包装、保险和储存费用；可以运往世界各地，而不受河海和道路限制；安全准时。因此，对易腐、鲜活、季节性强、紧急需要的商品运送尤为适宜，被称为"桌到桌决递服务"（Desk to Desk Express Service）。

1）航空货物运输方式

航空货物运输的方式很多，有班机、包机、集中托运和航空急件传送等。

班机运输（Airliner Transport）是指在固定的航线上定期航行的航班。这种飞机有固定始发站、到达站和途经站。一般航空公司都使用客货混合型飞机。一些较大的航空公司也在某些航线上开辟有全货机航班运输。

包机运输（Chartered Carrier Transport）可分为整架包机和部分包机两种形式。整架包机是指航空公司按照事先约定的条件和费率，将整架飞机租给租机人，从一个或几个航空站装运货物至指定目的站的运输方式。它适合运输大宗货物。部分包机是指由几家航空货运代理公司或发货人联合包租整架飞机，或者由包机公司把整架飞机的舱位分租给几家航空货运代理公司。部分包机适于1吨以上不足整机的货物运输，运费率较班机低，但运送时间较班机要长。

航空集中托运方式是航空货运代理公司把若干批单独发运的货物组成一批向航空公司办理托运，填写一份总运单将货物发运到同一目的站，由航空货运代理公司在目的站的代理人负责收货、报关，并将货物分拨交予各收货人的一种运输方式。这种托运方式可争取较低的运价，在航空运输中使用较为普遍。

航空急件传送（Air Express Service）是目前国际航空运输中最快捷的运输方式。它不同于航空货运和航空邮寄，而是有一个专门经营此项业务的机构与航空公司密切合作，设专人以最快的速度在货主、机场、收件人之间传送急件，特别适用于急需的传送。

2）航空运输的承运人

①航空运输公司

航空运输公司是航空货物运输业务中的实际承运人，负责办理从启运机场至到达机场的运输，并对全程运输负责。

②航空货运代理公司

航空货运代理公司可以是货主的代理，负责办理航空货物运输的订舱，在始发机场和到达机场的交、接货与进出口报关等事宜，也可以是航空公司的代理，办理接货并以航空承运人的身份签发航空运单，对运输全程负责，亦可两者兼而合之。

③航空运单

航空运单（Air Waybill）是航空运输货物的主要单据，它是航空承运人与托运人之间缔结运输合同的书面凭证，也是承运人或其代理人签发的接受货物的收据，但它不是物权凭证。货物到达目的地后，收货人凭承运人的到货通知提取货物。

航空运单依签发人的不同，可分为主运单（Master Air Waybill）和分运单（House Air Waybill）。前者是由航空公司签发的，后者是由航空货运代理公司签发的，两者的内容基本相同，法律效力也无不同。

3）航空运价

航空运价是承运人为货物航空运输所收取的报酬。它只是货物从始发机场至到达机场的运价，不包括提货、报关、仓储等其他费用。航空运价仅适用于单一方向。航空运价一般是按货物的实际重量（千克）和体积重量（以 6000 立方厘米或 336 立方英寸体积折合 1 千克）两者之中较高者为准。针对航空运输货物的不同性质与种类，航空公司规定有特种货物运价、货物的等级运价、一般货物运价和集装设备运价等不同的计收方法。

6. 国内快递的国际化

比较中外快递服务，从时效、价格等维度来看，我国快递真的是又快又便宜，时效和性价比位居全球前列，以几块钱的价格，三五天送达，做到这个服务，无话可说。快递业发展对于刺激居民消费、便利居民生活具有重要意义，快递百亿级包裹及隐藏其后的海量仓储、分拣和运输等活动既润滑了社会经济，也解决了大量就业。同时，在公益、应急、环保及救助等公共领域，快递也体现了重要的社会价值。相比疲软趋势的"新常态"环境，快递业表现出了绝对的抗周期性。据国家邮政局统计，2006至2016年十年间，我国快递业务量复合增速达50%，业务量从2006年的10亿件增长到2016年的313.5亿件，增长30倍，全国快递业从业人员达200万人，业务收入规模超4000亿元，并在2014年首度超过美国，规模全球第一。快递业务总量的爆发性增加是多种因素共同作用的结果，如网购消费常态化、城镇化人口集聚效应、社会化仓配发展、运输配送距离缩短……20世纪90年代，长三角和珠三角高度集中的加工贸易模式（前店后厂）产生了各自区域密集的、强度足够的快递需求；2009年，新《邮政法》实施，民营快递正式得到法律认可，行业监管与价格机制松动，而我国快递的加盟模式创造性地解决了跨区域服务的问题，也解决了中小民营企业内源性和外源性融资难的问题。如今，快递市场仍处于高速增长期，新阶段呈现了新常态，具体如下：

（1）规模与微利

为了争抢市场，快递业陷入"以价换量"的发展模式，陷入"谁先涨价谁先死、谁不涨价谁等死"的险境。快递业属于典型的劳动密集型产业，人力成本占比较高，人工费占一般快递营业收入的 45%，运输费占 25%，行业利润不超过 10%。根据邮政管理局测算，2011 年之前，行业的盈亏平衡点在 30 万件 / 天，随着单件均价缩水，平衡点已经增至 100 万件 / 天，快递竞争"增加规模、控制成本、发掘增值内容"已不可偏废。从 2005 至 2015 年，快递单价降幅超过 70%，行业处于微利微亏，随着劳动力的短缺与服务消费升级，目前已到极限，这也是集中上市的被迫之选。各家都在加大技术投入，从处理自动化及信息化等方面提升人均劳产率。虽然市场结构尚未定型，利润率不断下行，行业进入壁垒已大大提升，新进入者很难立足，排在八九位的天天快递 2016 年日收件量已达 400 万单，新进入者在短期内不仅需要大量的资本支出和人员投入，还需要极为快速的学习曲线。但随着大型快递企业上市融资，相比其他中小快递公司，他们拥有压倒性的资本和规模优势，将成为未来推动行业并购的主体。实际行业净利率约为 3%~4%，加盟体系下，总部大致瓜分 60% 的净利，造成末端加盟商处境日益困难。

（2）市场集中

市场分散、同质化竞争激烈是快递成长期的主要特征，如今，几大家集中上市，获得资本的依靠，造就行业进入一种"卡特尔"式垄断竞争。一方面，这两年快递增速已经高于电商增长速度，电商增速已经有所下降，全渠道零售正成为现实，消费更加碎片化，基于社交网络及线下交易产生的快递服务为行业带来新的增长点。市场完全开放，冷链物流、快递下乡、跨境物流、供应链金融等开辟快递新战场，跨界合作，让快递转型综合物流跃跃欲试。另一方面，行业外，阿里、京东、苏宁等电商染指快递，倒逼一般快递转型升级，既有参与者一旦出局，新进入者又挡在门外，行业集中度一定能够有所提升。目前，行业 CR8 的集中度也就 70% ~ 80%，仍存在部分拥有差异化或本地化竞争力的参与者，但市场份额普遍较小，成为低端"寄生者"或幸存者，总体上，规模和价值最终会由领导企业"集大成"。资本介入后的档次分化，从业务量角度考虑，同时在跨境业务和航空业务中，与第一梯队内的差距在逐渐拉大。

（3）运营网络

从运筹管理的角度，快递的物理网络可以概括为"点""线""面"三个维度："节点"代表分拣处理中心；"线路"代表运输流转；"覆盖面"即通常所说的末端服务"最后一公里"。此前，国内快递市场争论的经营模式——直营和加盟，其实已经走向融合。快递业的经营特性决定其核心是靠"组织结构、绩效体系"双轮驱动战略之车。伯仲之间的"通达系"已占据主流，加盟和直营的核心区别是网络组织的开放和封闭、用人不养人。加盟是通过契约方式，在品牌使用、网络间接入、服务标准和市场指导价等方面对加盟商提出要求，加盟商的其他经营活动及自身能力建设均独立自主开展，自担成本，自负盈亏。直营则是公司总部掌管所有权和经营权，人、财、物由总部集中领导、统筹规划，实行统一的核算制度，各直营店实行标准化经营管理，包括干线运输、枢纽转运中心、支线运输和落地配送。加盟制在较少投入的情况下，可实现网点的迅速扩张，提高网络密度和瞬间业务量的弹性，各大加盟制企业的网点数量都非常庞大，基本是全国县级以上城市全覆盖，有的多达几万个。加盟模式的良好弹性很好地适应了我国近年来快递业务量的爆发，但这种扩张过度依赖市场增量，而且客户诉求的服务质量一直难以把控，如今，加盟制企业无不在尽可能地上收除末端网点外的所有控制节点和线路，以加强运营管控。规模是快递竞争的基本要求，而直营则受制末端成本压力及绩效机制的灵活性，一直在探索类似加盟的末端授权经营或员工创业计划。同时，为规避单一业务风险、具备组合服务能力，行业领导者都在加速多元化，网络就是一个货物流动的路由轨迹，这也让"仓、运、配"的组网模式更加复杂，冷链、仓配、零担、供应链、国际等新业务则要求全新的组织结构。

（4）创新发展

十年间，网购市场规模复合增速达 71%，电商直接带动快递业务实现跨越式增长，如闪购、团购、单品定制、大促、跨境等电商运营模模式，直接导致集散式、点对点、网格化、仓配一体、云仓/微仓、区域配送、整车专线、联盟、跨境物流等各种组网模式被实践。构建超级网络"Supergrid"，稳固灵活的"点、线、面"的全功能无尺度网络"Scale-free-network"是大型快递竞争的首要条件，在全渠道商业零售下，进一步要求快递企业综合供应链解决方案和全覆盖物流网络的创新。2016 年天猫"双十一"全天交易累计物流订单量完成 6.5 亿件，前期揽收压力较往年更加集中，发件集中在部分重点城市，进口跨境电商直接贡献了国内快递业务量。"唯快不破"是 B2C 电商配送的首要策略，但从某种程度上说，与时效相比，消费者更关心的可能是确定性，这属于快递服务分级的一部分，平时不分区的全行业 T+2 投递率已达 65% 以上，但环节瓶颈依然存在。符合电商的仓配网络是一个不可抗拒的趋势，依托技术投入的智能化运输、仓储与分拣中心是未来的重点突破。基于平台模式的资源共享及社会化物流也被广泛探索。以目前的运营水平，我国物流已经达到或超过发达国家，单价之低、规模之巨，运费相比淘宝客单价，只有 5% ~ 7% 的物流费用。按照阿里研究院测算，到 2020 年，我国整个网络零售将会超过 10 万亿元，全年包裹量将超过 1000 亿件，届时，电商物流从业人员将超过 500 万人，快递业营业收入有望达到 8200 亿元，这是一个容量足够大的创新舞台。

对于大型物流企业，如 UPS 及 DHL 等，已经很难单纯界定其是快递、货代、仓储或金融等企业属性，国内从事跨境物流的企业短期内无法拥有这种全面能力，必须通过灵活的"本地整合、全球适应"来获得比较优势。国内快递经历了筚路蓝缕的艰难求生，借助电子商务站稳脚跟，跨境电商再送一程，终于到了最近距离仰望国际快递巨头的节点。实物网，民营快递基本经历了"点到点线路—区域网络—全国网络—多层次整合网络—海外线路 / 海外仓"等过程，京东等大型电商也建立了自己垂直一体的物流体系，涵盖了供应链管理的全过程，不仅渠道下沉形成配送全覆盖，而且拥有超大型仓储和千万级 SKU 库存管理能力，海外广泛设进口仓。在 2016 年"双十一"，圆通单天揽收量达 6000 万件，处理吞吐能力已经超过 UPS 的 2000 万量级，具有深远影响。国内快递与四大家 DUFT 的真正差距是国际化网络，依靠快速投入，仓储相对容易复制，而国际网络及末端配送则几乎不可能短期成型。我国快递的国际网络还无法撼动几个巨头的国际定价体系，在国际快递的承担主体中，除了 DUFT 和邮政 EMS，其他快递多是通过代理方式参与，将快件转给合作方，然后收取代理费。近期，几乎每家快递都瞄上了跨境电商这块肥肉，借此向全球网络渗透，再迈上一个台阶。目前，国内快递涉足的国际业务，在海外先启动点的建设，再布线路，先易后难。依托境外分支据点，出口路向：商业快件代理、境外合作专线物流及少数海外仓，进口路向：代购及线上销售、集货转运物流（保税区提货不计）。

表 5-1 民营快递国际化发展与合作情况

中通	俄罗斯收购俄速通 20% 股份 欧洲与法国邮局 LaPoste 合作
申通	与俄罗斯驿马快递合作 欧洲与荷兰邮政合作 收购美国优晟速递 与日本邮政、佐川、西浓合作
圆通	与 CJ 大韩通运战略合作 与俄罗斯 DCD 外运合推俄易邮专线 与日本西浓运输合推日本专线
顺丰	与立陶宛邮政签订战略合作 开通美、澳、日、韩、泰、蒙等出口线路
百世	国内率先运用信息化手段探索快递业转型的公司
韵达	成立欧美日韩等境外分支，进口转运

顺丰成立于 1993 年，总部位于深圳，当年靠中港件起家，借力快速发展的香港内地贸易，逐步抢占市场，于 2002 年转为直营模式，并扩展至全国性网络。目前，顺丰拥有近 34 万名员工、19 架自有全货机及 12000 多个营业网点。顺丰国际化进展迅速，非常看重跨境机遇，从 2010 年开始，先后在多个国家设立营业网点，目前已开通美国、日本、韩国、新加坡、马来西亚、泰国、越南、澳大利亚、蒙古等周边国家的快递服务，"全球顺"是其主打的国际快递产品。2013 年 9 月，海购丰运 SFBuy 海淘转运服务平台上线；2014 年 "双十一"，顺丰优选的 "优选国际"上线聚焦进口食品领域；2015 年，自营的跨境 B2C 电商网站 "丰趣海淘"上线，极速保税和跨境直邮双线服务并行；2016 年携手俄罗斯本土电商 Ulmart，上线我国到俄罗斯的出口电商平台 Rumall 丰卖网。顺丰之所以对跨境电商如此锲而不舍，可能与其从中国香港发迹的历史有关，如今，进出境八成货物还是通过香港这个平台中转。

圆通成立于 2000 年，总部位于上海，目前业务量级已是国内最大。2006 成立海外事业部，先后在东南亚、中东、北美等运作国际快件，2014 年，与 CJ 大韩通运合作，与俄罗斯 DCD 外运集团合推专线产品，在德国建立转运。现已开通港澳台、东南亚、中亚和欧美快递专线。2015 年，圆通正式启动全球速递项目，联合亚、美、欧等多个国家和地区快递企业发起成立了一个覆盖全球主要市场的"全球包裹联盟"网络，联盟内的成员将遵守标准的信息基础和运营流程，希望通过此方式快速打开国际市场。2014 年底，圆通旗下网购电商平台"一城一品"正式启动海外直购业务，为消费者提供原产地直供及地方特产，上线澳洲馆和日本馆，采取海外直邮的方式，主营母婴产品、乳制品和洗护等产品。圆通航空同时也正在准备国际补充运行审定申请，计划 2018 年引入大型宽体全货机，投入洲际航线运营，备战跨境物流。

申通成立于 1993 年，2013 年成立海外事业部，"申通国际"为申通快递的国际品牌，2014 年在冲绳建立第一个海外物流处理中心，成立申通俄罗斯远东公司，已与俄罗斯驿马快递、荷兰邮政等达成合作，通过与外商协作，和国外建立快件来往。现有服务范围已经覆盖日、韩、美、欧等全球 60 多个国家及地区，开通了中英、中美、中泰、中加等 11 条出口专线，为国际件的卖家或买家提供揽收、转运仓储、出口报关、国际运输、目的地国进口清关、订单管理、送货上门的跨境物流一体化服务。

中通快递成立于 2002 年，总部在上海。2013 年底，中通快递收购了俄速通 20% 的股权，开始涉足中俄跨境物流，"中通国际"全称为"大誉国际物流有限公司"，于 2015 年 3 月上线，专门从事国际物流、国际包裹业务、跨境电商出口或进口业务，目前有中俄、中欧等专线业务。

百世的前身汇通快运，于 2003 年在上海成立，总部位于杭州，是一家在国内率先运用信息化手段探索快递行业转型升级之路的民营快递。2014年3月，百世汇通正式进军海外市场，开通全球国际快件业务，百世汇通国际快件业务由百世汇通总部航空部运营，中国香港和中国台湾的快件则主要以专线为主，其他国际区域的快件与国际快递企业合作，并在部分线路上开通专线服务。

韵达成立于1999年，总部位于上海。2013年以来，韵达开启了国际化步伐，相继与日、韩、美、德、澳、印等国家和地区开展国际快件业务合作，逐步走出国门。2014年9月，韵达曾上线了海淘代购网站"易购达"，后升级为韵达跨境直邮网站"UDA优递爱商城"，定位于整合国内外优质产品资源的全球跨境品牌零售电商平台，上线美国服务中心官网，开始为国内海淘网购客户和全球华人提供美国仓储、转运及跨境物流运输查询服务。欧洲服务中心在德国法兰克福，韩国、日本、澳大利亚等地设有分公司。

到目前为止，占据国内快递80%市场份额的七大快递公司都已经开始跨境物流业务，虽然都还处于起步阶段，但在与国际的接轨中，跨境物流有更多机会。对标国际大型快递企业，借鉴其发展脉络，或扬长避短，会发现并购是巨头迅速拓展网络的捷径。国际物流的并购以横向并购为主，过去两年，国际物流市场的几十宗并购案例中，并购金额超过10亿美元的有8宗，Fedex是并购的最大买家，通过并购，进一步缩小了与主要竞争对手DHL和UPS的差距。然而，直接并购物流企业难度较大，整合能力及文化融合风险不可忽视，鞋只有穿过，才知道是否合脚，要依靠自身优势寻找扩张动力。

7. 跨境物流的痛点

跨境电商中，"电＋商"能力缺一不可，"电"的能力主要是指服务设计、营销、引流等电商运营能力；"商"的能力主要是指产品、供应链及仓储物流等管理能力。而物流作为支撑，首先要看"物"的属性及要求，再定"流"的运作模式及操作。目前来看，几大平台的客单价（订单平均交易额）都不高，亚马逊最高才17美元，这充分显示出大部分我国出口B2C类产品的低价属性，对物流及其他方面的成本管理至为重要。跨境物流时间长且浮动范围大，跨境电商由于涉及不同国境，情况较复杂，且各国间政策差异较大，很难像内贸电商一样通过自建物流的方式来解决跨境电商的物流问题。对于跨境物流的选择，卖家首先要看性价比，其次是可跟踪、时效好、安全等因素，当然，差异化产品另当别论。UPS调研报告指出，我国出口制造需要放弃低价策略，提供更高质量的产品与附加值，物流在其中发挥的作用重大。根据浙江口岸的抽样，通过国际快递、邮政小包等国际行邮方式，直接投送到买家手中的物品约占65%，经过报关纳入海关跨境电商出口物品统计，只占10%，其他通过国际大宗货物运输的方式运到海外仓，再由当地物流企业配送的物品占25%。这些直观反映了当前跨境物流市场的分布：邮政包裹依然是量最大的出境渠道，其次，邮政旗下的e邮宝依然是最稳定、最优质的跨境物流产品。

（1）物流痛点

跨境物流，每逢旺季，卖家可谓悲喜交加，爆仓、线路拥堵，海关严查、清关迟滞，仓位骤减、运力不足，投递不力、包裹延误，导致客户投诉与差评剧增，售后一片狼藉、无力回天，影响账号运营。迫于无奈，平台也只能推出旺季物流延误卖家免责的保护政策。跨境电商市场，两股角力在挤压物流服务的提档升级。一是产品竞争延伸到服务层面，买家对物流的需求表现得越来越关切，时效慢、清关难、无法退回、丢失破损、无法全程追踪，直接映及买家对卖家的评价。另一方面，物流费用会侵蚀卖家的利润，在低价和频繁的促销之下，毛利率在15%以下是死亡运转，在 25% 以下将出现资金链问题，只追求物流低价成为众生相。然而，跨境物流是一整条服务链，包括清关、仓储、空运、海运、配送等诸多环节，大部分物流企业规模小、功能单一，单一环节的表现也许过关，但综合表现就差强人意了。因此要选择合适的物流方式，要从航空禁运、带电限运、价值、重量、体积、数量等货物特点兼顾买家可承受时长等诉求，趋利避害。

选择跨境物流的几个约束：一是价格。普包都是只看价格，专线、头程及海外仓也"渐落平阳"。二是时效。欧美的物流市场很成熟，只是淡季怕罢工，旺季运力紧张要用组合拳，而新兴市场更大程度上是这些地区国内物流体系尚未建立或太薄弱，如俄罗斯、巴西、印度等都还主要依赖邮政的普遍服务，头程集货尽可能快，尾程配送只能等。三是质量。物流"三害"指延误、破损和丢失，不求最快，但求最稳，绝大多数卖家只有在这方面吃过亏，才会有所领悟，低价换低质贻害无穷。四是服务。渠道功能是否全面，业务规模与整体实力为证，例如网点分布是否够广，是否有一套无缝对接上下游的系统等，务必要提供物流状态追踪。

跨境出口运力通道是保障，不能运输即意味着不能买卖。传统国际物流，海运拼柜及多式联运成本最低，以批量贸易货物为主；小件到门主打空运，细分有商业快递、邮政包裹、拼仓 / 包仓 / 包板等。跨境物流在原有各环节物流功能的基础上进行了拼装，并组合了各国境内物流，形成了多种服务产品。比如，Wish 有近 120 种物流发运方式，速卖通仅东南亚就有邮政、圆通海外、顺丰海外、递四方、乐趣购、酷悠悠、大韩通运等十多个跨境物流合作伙伴。其他平台也类似，物流产品一旦建立，往往具有通道的公共性。2014 年，美国订单量占敦煌网全部订单量的 42%，成为物流发货量最多的国家，就平均妥投周期而言，四大快递 3 ~ 4 天，一般快递（含 E 邮宝）9 ~ 14 天，平邮小包 16 ~ 22 天。

表 5-2 物流主流渠道对比

方式	优点	缺点	价格 & 时效
四大国际快递	速度快、服务好，丢包率低，发往欧、美发达国家非常方便	价格昂贵，资费比变化大，只有货值高、客户强烈要求、有时效性的情况下才会使用	价格高，3 ~ 7 天
中邮 EMS 及区域快递	速度较快，费用低于四大国际快递巨头，EMS 在中国境内的出关能力强	并非专注跨境业务，相对缺乏经验，路向（目的国）数量比较有限	价格中高，5 ~ 10 天
E 邮宝	速度较快，费用低于普通国际EMS，出关能力强	仅限 2 千克以下包裹，路向（目的国）相对少，上门取件城市有限	价格低，7 ~ 20 天
邮政小包	网络基本覆盖全球，价格非常便宜	有重量尺寸限制，无法享受正常出口退税，速度较慢	价格低，20 ~ 50 天
专线物流	集中大批量货物发送，价格比商业快递低，速度快于邮政小包，丢包率也比较低	相比邮政小包运费较高，且在国内的揽收范围相对有限	价格中等，10 ~ 20 天
集货物流＋海外仓（FBA）	可降低物流成本，提供灵活可靠的退换货方案，发货周期缩短，发货速度加快	有库存占用，适于库存周转快的热销单品，标准化、偏重、体积大，对卖家供应链管理等提出更高要求	综合价格中高，本地快递时效高，2 ~ 5 天

（2）境外配送

任何物流方式最终都无法绕开境外的末端配送，俯视全球物流网络，"最后一公里"的运作既是最简单的，又是最难的。各国情况各异，全程时限差异很大，新兴国家和欠发达地区的基础设施短板明显，几乎没什么可选择的服务。而发达市场，从投递来说，邮政及快递的投递分层服务做得很好，一分钱一分服务，完全差异化。例如在法国，用户可以选择物流送货上门、送货到旗下的门市或派送点自取，送货上门（home delivery）又分为标准、跟踪和签名，另外，预约、消息通知、查询等客服也比较到位。而在美国，电商大部分使用"老三家"，美国邮政 USPS 收费相对便宜，小件 300 克平均起步价 3 美元、2 ~ 8 个工作日送达；如果选择商业快递送货，价格就会贵得多，如 UPS 有陆运和航空两种，陆运不保证时效，一般为 3 ~ 8 天，价格一般为 5 ~ 10 美元。如果选择 FedEx 航空件，则有次日达、次晨达等多项服务，当然，价格也要高 5 ~ 10 倍。签收方式默认都是送达通知，即把快件送到客户住宅附近即可，可以是门边，不是默认本人签收的。本人签收、他人代收、改址、定时配送都属于附加服务，需额外付费。另外，欧美很多快递休息日是不送货的，如果需要休息日送货，也需要加收费用。基于这些服务标准，以及消费者市场教育足够到位，在本地配送方面，电商平台往往能够提供较多的可靠选项。例如，消费热情于平安夜前一周集中爆发，2015 年的平安夜，FedEx 和 UPS 的妥投率分别为 96.2% 和 97.7%，上述两家企业和美国邮政在当日共处理超过 6000 万件包裹，比平均日处理量增加了 70%。这也意味着，即使妥投率达到 99%，依然会有 60 万件快件延误。另外，发达市场突发情况主要受到运能不足、极端天气、罢工等影响，因为劳动力行业工会的强大，罢工运动在航空、交通运输及物流业屡试不爽。

每个市场都有一些本地配送商，相对能够提供性价比高的服务，如英国 Hermes、日本黑猫、韩国三友、法国 DPD 等公司，他们都是自己国家（地区）里面的"地头蛇"，不管价格、速度，还是清关能力、都要比其他公司优胜，配送交给他们往往是唯一的选择，也比较稳妥。

（3）退货

卖家怕冻结账户、怕平台跑路，还怕退货！退货最常见，却又是像口香糖粘脚一样的难题，总得面对。现在是买方市场，每个平台都想讨好买家，以便吸引更多客流。在遇到纠纷时，几乎所有平台都倾向保护买家，碰到恶意买家想吃霸王餐，或者明明是物流已经显示签收了，买家却说没有收到，还去申请索赔……没有物流跟踪信息的情况下，只能认栽，虽然对方可能是打着退货的名义，想要退点钱回去。当然，真实的电商退换货市场是存在的且很大的，任何一个地区，哪个物流企业要是能把退货和退货审查做好，至少 1/3 电商市场是它的。退货主要受消费习惯、文化和法规政策等方面的影响。根据 DHL 报告，德国和奥地利的整体退货率高达 13%，而意大利和日本的退货率则低至 2%，我国退货率略低于全球平均值。

卖家说自己的客户要退货，自己退给对方 5 美元，他就不退货了。买家退货，卖家会亏得更多，这样退点钱就不会亏那么多。卖家也不能把买家惯坏了，搞得所有买家都来要求退点钱，整个市场的气氛都不对。究其根本，大部分跨境电商卖的是低价产品，让客户从国外退回的成本可能要比产品价值还要高，更不用说产品进口税或者返修费用等其他成本，得不偿失。即使有海外仓接收退货，如果不能二次销售，销毁还要承担环保费用。不如直接告知客户送给他当礼物，不用退回了。如果非邮政渠道出去的货物必须退回，通常也是选择香港地址，在此不再详述。跨境电商逆向物流，目前可践行的解决方案是海外仓及本地倾销。

第六章

跨境电商纠纷处理

1. 贸易投诉

买卖双方在交易过程中产生争议，若双方无法协商或者协商不能达成一致意见的情况下，一方或双方可申请提交阿里巴巴进行斡旋处理。阿里巴巴介入后，会通知双方该贸易投诉产生。

如果贸易投诉没有及时解决，将会有很大可能升级为欺诈案件，被投诉方将有可能承担经济和法律上的责任。

（1）贸易投诉类型

①未收到货物招致投诉

情况 1：直接不发货

买家付款之后，供应商在收到投诉时，货物仍然未发出。

情况 2：虚假发货

买家付款之后，供应商提供了虚假的发货凭证，供应商收到投诉时，投诉方没有收到货物或者供应商提供的物流单号无追踪信息。

情况 3：拒绝退货

买卖双方协商一致，买家退货后，供应商不予解决（拒绝重新发货、拒绝退款、不合理拖延、联系不上等）。

②货物与约定不符招致投诉

情况 1：严重质量问题

买家收到的货物存在严重的质量问题。

情况 2：严重缺装

买家收到的货物少于合同约定的数量或者重量。

情况 3：假货

买家收到的货物是假货。

③未收到货款招致投诉

买家收到货物后，未按照合同约定付款。

（2）如何避免贸易投诉的发生

1）做好账号管理

①做好账号管理，防止邮箱被盗

案例：最近，业务员小王接了一个大单，有一美国买家 Jack 订购了 10 万个书包，双方沟通得很愉快，小王也将形式发票通过邮箱 wing_wang@xiwang.com 发给了买家，双方约定预付 30% 货款，尾款见提单付清，收款人为：浙江新希望文具有限公司，账号：527382724。发完邮件后的两周内，小王都没有再收到买家的邮件。

两周后的某一天，小王突然收到了买家 Jack 的催货邮件。小王很纳闷儿：为什么预付款都未打，就让我发货呢？和买家进一步沟通后，小王发现，在发完形式发票邮件的第二天，买家收到了另外一封邮件，告诉买家公司账号出现了问题，需要将预付款项付到一个个人收款账号。Jack 认为既然是供应商要求，个人账号就个人账号吧。

小王当场表示从未要求修改过银行账号，双方核对邮件后发现，交易过程中出现了一个新的邮箱地址 vving_wang@xiwang.com，这才恍然大悟——邮箱被盗了！

当前，越来越多的骗子通过盗取会员的邮箱账号，获得会员邮箱中的询盘信息进行欺诈行为。由于邮箱系会员自行注册获得，阿里巴巴无法对其进行安全保护，最终导致买家受到损失，客户诚信受到买家挑战。

②做好账号管理，小心账号转让的陷阱

案例：今年是王先生和阿里巴巴合作的第五年，双方合作得很愉快，生意也比较稳定。王先生很喜欢逛外贸论坛，通过论坛，他认识了一些生意上的朋友，其中就有一位小林。

小林对外贸非常熟悉，王先生有什么问题，总爱向他求教。久而久之，双方成了非常好的朋友。突然有一天，小林告诉王先生，自己想注册成为阿里巴巴会员，但希望能先看看效果，问王先生能不能先租个子账号给他。在了解小林经营的产品和自身没有冲突后，王先生二话没说，就给他注册了个子账号。

一个月的时间过去了，双方相安无事。突然有一天，王先生陆续收到了8个国外买家的投诉，投诉他收款不发货。王先生非常纳闷儿，在核实后发现小林收了买家的钱。等再想联系小林时，已经联系不到了。

由于涉案金额达到5万美金，王先生无法解决问题，最终，五年的供货账号被关闭，王先生欲哭无泪。

骗子或本人或通过中介向我国供应商求购子账号，部分供应商禁不住骗子的诱惑，又因为其经营的产品和自己本身无明显利益冲突，于是将子账号转让了出去。骗子拿到子账号后，专门从事欺诈行为，几乎百分之百会产生欺诈案件，最终需要供应商解决问题，因小失大。

2）提高警惕，识别骗子买家

案例：三个月前，小方通过阿里巴巴结识了一个孟加拉国买家，买家很畅快，两人认识的当天就下了个试订单，双方合作得很愉快。后来，这一买家又找到小方，表示对货物很满意，这次决定订一个集装箱的货物，总金额5万美金。

鉴于老客户，双方约定30%预付，70%见提单付清，货物需在一个月内发出。收到买家付款单后，小方催促工厂在一个月内完成了货物生产，并将货物发了出去。货物到达对方港口，小方即催促买家付尾款，但买家迟迟不给回复。

小方心生疑惑，仔细查看了预付款水单，并和银行核实，发现预付款水单系仿冒，预付款并未到账。正当小方想将货物运回时，发现买家勾结了当地海关，提取了货物，小方财物两空，损失惨重。

3）签订合同时需要注意以下几点

①避免过度承诺

国外客户较重视合同条款，因此在签订合同时，应该尽可能给自己留一点空间，切勿为了留住客户而过度承诺，最终导致客户投诉。

②避免欺瞒买家

当无法按照合同交货时，部分供应商会想出各种借口欺瞒买家，其实这时候如果供应商能够将实际情况告知买家，更能得到买家的理解。

③避免不理睬

双方出现纠纷时，部分客户会采取冷处理，即不理睬买家的诉求或者较敷衍地回复买家，其实，友好的沟通通常可以较大减少买家投诉。

4）发货之后需要注意以下几点

①关注物流运输情况

发货后可能因为物流原因而导致货物灭失的，这时应及时联系物流公司赔偿，然后将实情告知买家，并给出赔偿方案，避免卖家自己受损，也更能得到买家的理解。

②及时协助客户收货物

货物到达买家国家，及时提醒客户货物已经到达目的地，减少因为第三方导致未收到货物的情况。

③保留发货凭证

发货后，尽量完整保存发货凭证以及产品信息（例如，产品照片、发货批次的产品质检报告），保证在产生纠纷时，能有证明自己无责的材料。

（3）如何处理贸易投诉

三种贸易投诉类型对应的解决办法如下：

①未收到货物

与买家协商发货或者退款，然后提供发货或者退款底单作为解决问题的凭证。

②货物与约定不符

与买家协商补发货物或补差价，或者共同协商其他解决办法。

③未收到货款

与卖家协商付款，提供完整的付款凭证。

近日，国际第三方支付平台 PayPal 被曝出有大量中国商户的账户因为诉讼而遭到冻结。部分商户因为没有在规定期限内应诉，其账户资金可能将被支付平台清零，造成巨额的经济损失。一个 PayPal 账户维权 QQ 群的负责人统计显示，群内 134 位商户被冻结了 179.45 万美元，折合人民币约 1114 万元。在义乌做生意的余女士就遇到了这样的困境。

余女士：我的账号被我弟弟拿去，然后有一个客户通过他那个账号问他：您这边这个包有没有货，我想买 20 个，能不能通过 PayPal 付款？于是他就把我的账号提供过去了。这时，我这边直接收到一封 PayPal 发过来的邮件，就说我们收到法院传票，你的账户涉嫌卖侵权产品而被冻结了。

和余女士的情况相似的是，不少被冻结账户的商家遭遇的情况是：有来自美国的买家以高价购买仿冒品为由与中国商户聊天，获取其 PayPal 账户，随后相关品牌商凭借聊天记录，在美国提起诉讼。随之而来的是，这些中国商户的 PayPal 账户及资金被冻结，甚至清零。面对部分商户的质疑，早前 PayPal 给出的回应如下：

PayPal：因为你这个产品上面的一个问题，导致您的账户受限制。这个账户已经受到法务方面的一些临时禁令，所以不是 PayPal 可以单独决定的了。当 PayPal 收到法院判决书后，会根据要求执行扣除赔偿金，并根据法院要求汇入指定账户。理论上，商家账户在扣除赔偿金后，仍然会有余额。但是实际上，由于法院判决的赔偿金额往往远远大于客户的账户余额，因此才会出现账户归零的情况，PayPal 本身并不会"清零"用户账户。

按照 PayPal 公司的解释，在此类诉讼中，电商平台属于"第三方"，既不是原告方，也不是被告方，没有立场挑战美国法庭的指令。PayPal 公司还表示，"如果商户对原告的指控持不同意见，建议商户聘请熟悉美国法律程序的律师，以便获得最合理的应对诉讼的建议。同时，PayPal 也鼓励商户积极与原告方律师进行沟通并澄清误会"。

不过，遭遇 PayPal 账户冻结的商户汤女士指出，外国商户被美国买家提起诉讼时，相关诉讼通知需要通过电商平台代为转达，然而在这一点上，PayPal 的通知工作并不能保证及时到位。

汤女士：比如说，PayPal 关了我们的账户，那至少也要通过电话或者其他途径通知我们嘛，但是它没有做到，而且有些邮箱很久都没有用了。它只是说有书面的通知，但我们有没有真正收到这个通知，它也没有进行这方面的确认。

余女士也反映称，作为 PayPal，在处理事件的过程中没能及时传递法院传票等关键信息，这给她的跨国应诉增加了难度。

余女士：包括那些被清零了的商家也没有收到正当的理由，说你这些钱流向了哪里或者其他情况，包括他给我们的法院传票，我们管 PayPal 公司要，他们说：既然你有法院传票，且收到这个指令了，那你把法院传票的电子档给我们看一下，他们都提供不过来，他们没有。

法律问题最终还需要通过法律途径来解决。不过对于中国商户来说，即便选择应诉，维权之路同样举步维艰，摆在他们面前的最大问题是跨国诉讼高昂的成本。以刚才提到的余女士为例，她被冻结了 2.5 万美元，在美国请律师花费 4000 美元，最终支付和解金 1.5 万美元，算下来一共支付了十几万人民币，搭进去的时间和精力也让余女士疲惫不堪。

2. 国际市场风险管理

跨境电商是无法复制的"淘宝"。进入国外市场之前，要向熟悉目的国家税收和关税制度的专家或业内人士咨询。主要问题就是知识产权，在我国，知识产权的保护和重视程度还不够，而外国对知识产权的保护是不遗余力、无休止的，电商平台及海关对此管得越来越严格。速卖通新规定，除了商标注册、品牌备案，要求经营珠宝首饰的商家要持有权威机构认可的材质鉴定证书。在向"中国质造"转变的过程中，保持成本优势的同时，还要重视知识产权保护及质量安全，货物被扣罚带来的损惨重无比，影响不可估量。

（1）知识产权

当跨境卖家好不容易完成订单的运输和配送等过程后，到头来，产品质量和侵权问题仍无法回避。热销的无人机、平衡车、婚纱等都曾因专利和质量问题而在欧美清关和销售时遇到了麻烦，让很多卖家感受到最大的外贸风险就是手头上的货。有些产品，其成本约为跨国企业同类产品的一半或更低，质量则相当于跨国企业同类产品的七八成，品质基本能够满足境外较低收入消费者的需求。但是，发达市场对消费者权益和知识产权的保护法制化程度较高，不存在含糊的概念。因此，选品把关要慎重，产品和采购渠道要正规化，避免侵权，品质要合格。知识产权包括商标权、专利权和著作权，世贸组织《与贸易有关的知识产权协议》规定了海关应执行的"边境措施"，大部分就是扣留查没，而且不限于"严进宽出"。

抄袭盗取商标的途径早已不可行。有些国际品牌专门委托律师事务所大面积地在第三方电商平台上维权，牵连中国卖家账户众多，并形成常态化，随时出动查处一批卖家账户或独立站。迫于品牌方压力，国际反假冒联盟（IACC）暂停了阿里巴巴成员身份。2012年，为了应对来自中国的假冒伪劣婚纱礼服、图片侵权、盗用设计、仿冒牌等，美国婚纱与礼服行业协会（ABPIA）成立，其主要任务就是利用法律手段打击销售这些产品的中国外贸电商。2016年初，中国婚纱礼服行业遭到美国地方法院的起诉，波及网站4000多家，连德、法、意、俄等小语种网站都有涉及，挂靠在美国Godaddy下的域名均被转走，简直是釜底抽薪！其他奢侈品如手表和珠宝很容易被假冒和侵权，瑞士钟表业联合会每年都会举办打假活动。按照欧美政体，三权分立，法院的权力极大，跨国诉讼周期时间长，沟通又不是那么顺畅，一旦"挂号"，束手就擒的居多。常见的还有外箱有蓝牙标志，会发生清关问题导致海关扣关；在电池上贴有安全标贴，要准备好安全认证FCC相关文件；如果不是自有品牌，则需要提供品牌授权书文件副本，假的授权一旦被海关查获，除了扣货，还要罚款；盗图、货不对版等虚假营销的侵权也会被平台重罚。在Facebook上，很多独立站通过盗图、广告轰炸、提供PayPal和诺顿的安全保证图片，吸引消费者购买，结果名不副实，就会被投诉，而有些企业甚至被一些 Instagram 明星称为"图片掠夺者"。平台账号及 PayPal 等支付账号都是要花钱来养的,触犯规则后,不是被冻结,就是被封锁。行业也在不断呼吁产权、专利意识、主动维权等,但所有企业觉醒、整个大环境的改善并非一朝一夕之功。

（2）海关查验与扣货

海关几乎是全球物流运作中唯一无法完全掌控的环节,但各国海关能力差异很大,根据国际快递协会（GEA）分析测算,海关业务能力指数每提高 1 分,可使一个国家的贸易增长 4.4% ~ 5.3%。由于货物通常需要快速放行,所以通关手续会影响交付的速度和可靠性,国际快递尤其依赖通关效率。海关查验是指海关在接受报关单位的申报后,依法为确定进出境货物的性质、原产地、货物状况、数量和价值是否与货物申报单上已填报的详细内容相符,对货物进行实际检查的行政执法行为。查验的目的是为检查单货是否一致,检查有无瞒报、伪报和申报不实等走私违规情况。只要不是禁限寄及非法出境物品,政策上支持贸易通关便利化,降低出口平均查验率,推广"双随机"措施,出口海关扣货的概率比较小,如图 6-1 所示。

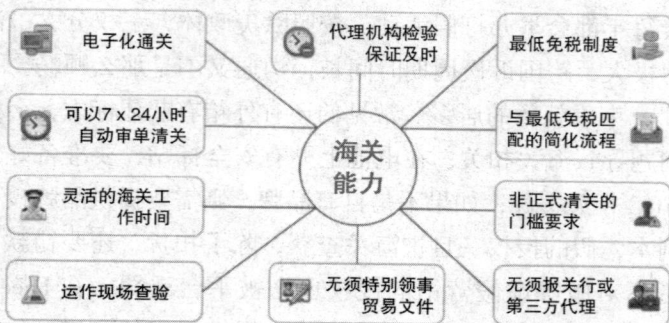

图 6-1

　　但进口查验就不同了，2015年，美国政府共计28865次查获到假冒产品，其中绝大部分假冒产品来源于中国。假冒产品数量增长了25%。在九大最常被查获的假冒商品中，高档服装最多，价格高、有利可图，人们想购买高档服装的欲望推动了假冒市场的发展，80%的仿牌服装来自中国。许多美国消费者希望买到最新的产品，于是刺激了购买和生产假冒电子产品，也体现了这方面中国创新能力的觉醒。另外，海关扣货后，清关费是根据申报价值计算的，申报价值越高，清关费越高。商业快递比中国邮政速递扣货率要高很多，重货、电子产品被扣的概率就相对较高。进口国海关扣货引起纠纷退款，最终，卖家钱货两空。除了侵权，还有一些申报禁忌，申报信息、装箱清单尽可能准确完整，货物的数量、单价、总价、币种，以及产品的材质、名称、用途、成分、部件要标明。申报价格和估价不一致、品名和产品不符、申报清单不详、私人物品货值太高，违反当地国家规定的一些相关政策等都可能被拦截。海关对于重量级货物和贵重物品，一般查得很严。卖家要多了解各国的政策，欧盟区包裹时常因低申报而被查；俄罗斯海关查货很严，快递方式基本上每件都会被查；美国、澳洲等国免征额度高，避税相对容易，而南美、中东则相对困难等；美国、日本等国对于个人用品、电子类、儿童玩具等产品查得很严，而且美国对所有进口产品都要求必须注明原产地，传统工贸企业都熟知这个情况，原产地标签"MADE IN CHINA"是必须的，加拿大海关要求的是每个独立产品上或者独立外包装上都要有原产地标识，如果你只在外箱上贴，那么这笔货只能以箱为单位出售。

（3）关税的审查

　　网络交易的虚拟性使企业享有很大程度的免税环境，各国对在线跨境贸易的消费税或增值税征收存在着较大争议，国际避税手段五花八门，获取税收证据和开展稽查都有困难。增值税（VAT，Value Added Tax）是如今跨境卖家不可逾越的一道门槛。最先提出的是英国，任何个人和公司在出口商品到英国时，海关会对其商品征缴进口税，包括关税（Import Duty）和进口增值税（Import VAT），在 eBay 和亚马逊上没有增值税税号的卖家可被移除销售权。理由是，一些非欧盟国家的海外贸易商逃避支付英国境内销售增值税，削弱英国本地的在线和实体零售商的业务。而且手段又准又狠，直指电商平台，如果不配合进行处理，可被视为对增值税负有连带责任。卖家被要求进行真实、及时、准确的税务申报，如果故意延误、错误或虚假申报，都可能受到英国税务及海关总署（HMRC）对包括货物查封、向平台举报封账号、罚款在内等不同程度的处罚。在这个政策下，对于已经使用英国海外仓，但没有注册销售增值税的卖家，如果继续销售，将属于非法运营。对于直邮，按规定，低于 15 英镑的货物，入关时免交增值税，但累计一年销售额超过 7 万英镑，则要注册增值税且都要进行申报。卖家的成本上升是必然的，不仅有税，还有代理申请、季度申报等后续税务会计费用。由于税法的复杂性，亚马逊推出了泛欧计划，缴纳 8000 欧元可包一年的会计处理费用。

其实，从国际贸易的角度来看，跟他国做买卖总要有税这个问题，关键在于交税的多少，不必纠结该不该交。在欧洲，根据欧洲的远程销售法（Distance Selling Regulation），只要货物在欧盟国家销售，超过了该国远程销售免税金额的规定，就要按当地增值税税率来缴售后税。增值税销售增值税和进口税是两个独立缴纳的税项，货物销售后，商家可以申请进口增值税退税。目前，亚马逊在欧洲 5 个国家站点，各地增值税税点分别是英国

20%、德国 19%、西班牙 21%、法国 20% 和意大利 22%。欧盟正在针对跨境电商贸易的增值税规范统一立法，增值税一号通全欧，跨境卖家将按季度统一向欧盟报增值税。另外，根据中欧世贸项目计划，2021 年起，所有进入欧盟的国际邮件必须进行电子数据预报关，或取消 22 欧元的免税额，执行统一的欧盟海关代码。乍一看，赴欧跨境将避税无门，但欧盟单一电商市场的建立将整体利好跨境电商运作。

海外仓卖家要注册属于自己的唯一增值税号，才能缴纳相关税费或申请退税，第三方不能代缴或冒用。物流货代注册增值税代客人清关，不同卖家货放在一起清关，万一殃及池鱼就惨了。只申请不申报或零申报也有信用风险，没有纳税记录，之后可能被税务机关调查欠税追溯，并处以其他处罚或采取强制措施。对于多账号运营的人来说，使用同一个增值税号码可能会造成账号关联。在美国，赦免电子商务销售税（Sales Tax）的好时光也即将过去，亚马逊已在 26 个州向消费者代征销售税；俄罗斯海关总署提议将个人免税进口额由每月的 1000 欧元降至 22 欧元，完全取消"自用商品"申报，参照商品对进境包裹征收增值税和由海关编码确定的关税；而南美各国关税更是惊人。未来，其他国家可能会仿效英国，要具体了解、及时跟进、随机应变，各国的基础税率 / 世界贸易组织税率、最惠国税率、优惠税率等可查询各国关税网址。

（4）电商欺诈

网上有时会遇到欺骗买家的无良卖家，但很少有人知道，买家也可以欺骗卖家。除了消费者容易买到假货，零售商也会遇到"假退货"，在收货环节，有无理由退运、拒收、调包或谎称未收到等。第一，骗子在退货时，把真货换成假货，欧美消费者的

"过度保护"几乎是无理由退货，节假日退货欺诈已经从零售业渗透到了电商，可以轻易获得网站的全额退款。第二，收货后，在争议（纠纷）的商品后写上产品损坏或有缺陷，在谷歌上搜索卖家的信誉和类似产品的不良照片，指明是他们的失误造成的损坏，让卖家返还 100% 的商品价值，等于完全免费提货，或者在争议（纠纷）时与卖方讨价还价和索取尽可能多的"补偿"。第三，谎称未收到货，因此卖家不能过度节约物流费用，无跟踪物流几乎无法避免这类敲诈。还有，以出差评敲诈，留言购买的产品坏了，以求卖家自愿返现一部分。最后，是被打假，如美国打假专业户 GBC 公司专门针对中国卖家赚法律官司钱，一旦被盯上，打越洋官司费时费钱，放弃应诉又意味着平台账号甚至网站被封，钱被划走，最后只能破财消灾，花钱和解。

美国益百利公司用 "bad transactions" 统计了 2015 年的电商欺诈率，分析了货运和付款欺诈在各地的发生频率，美东及若干州市，欺诈分子在高风险地区进行欺诈，欺骗当地卖家发货，然后在低风险地区收取欺诈货物。非洲的电商几乎都充斥着欺诈行为，该地区的电商欺诈率是全球平均水平的 10 倍之多，南美地区的欺诈率是全球平均水平的 3 倍多，亚洲处于全球平均水平，欧洲欺诈率比全球平均水平低。欠发达地区要充分利用第三方支付提供的防欺诈服务，屏蔽掉恶意诈骗或有风险的订单，尽量减少运营风险。独立站不得已，可以采用"地域屏蔽"（Geo-blocking）措施。

3. 我国跨境电商相关法律

当前，我国跨境电子商务可能涉及的法律类条文、规范、文件可以分为三类。第一类是跨境电子商务涉及的贸易、商务、运输类，这一类主要是针对跨境电子商务活动中的跨境贸易属性，解决涉及贸易的基础问题，尤其适用于 B2B 类的跨境电子商务。第二类是跨境监管对应的有关法律、法规、规章等，此类主要是针对跨境电子商务过程中的通关、商检、外汇、税务等问题，对多种跨境电子商务交易和服务都具有约束作用。第三类是电子商务活动相关的法律、法规，重点在于电子商务本身一般性的法律问题，其关键在于电子信息技术带来的新空间、新模式。通过对现行法律的梳理，有利于找到跨境电子商务法律应该参照、包含、补充的具体范畴。

（1）跨境电商贸易、商务、运输的相关法律法规

此类现行法律经过梳理，可以分为五个子类：

一是规范对外贸易主体、贸易规范、贸易监管的一般性法律。跨境电子商务的很多参与者具有贸易主体的地位，对跨境 B2B 电子商务而言，仍然适用于货物贸易的情形。在这方面，我国出台的最重要的法律基础是《对外贸易法》。在修订后的《对外贸易法》中，规范了贸易参与者、货物进出口、贸易秩序、知识产权、法律责任等。从根本上确立了贸易参与者的备案登记、对货物进出口的许可管理和监管、保护知识产权等措施。与此同时，针对贸易参与者的登记问题，又出台了《对外贸易经营者备案登记办法》，规范了登记需要递交的材料和审核细节。针对货物进出口环节，我国还制定了《货物进出口管理条例》，具体规定了对禁止进出口、限制进出口、自由进出口等的管理措施。

二是贸易合同方面的法律。跨境电子商务的合约除了电子合同的属性外，还具有贸易合同的性质。当前国际上比较重要的公约是《联合国国际货物销售合同公约》，该公约实际规范的是一

般贸易形态的，商业主体之间的，非个人使用、非消费行为的货物销售合同订立。该公约具体规范了合同订立行为、货物销售、卖方义务、货物相符（含货物检验行为等）、买方义务、卖方补救措施、风险转移、救济措施、宣布合同无效的效果等。同时，也需要参照我国《合同法》进行规范。我国《合同法》不仅仅规范了销售合同，而且对商事代理方面的合同行为提出了专门的条款，对运输过程中的一些问题也做了规定。

三是知识产权方面的法律和规范。跨境电子商务活动中交易的商品需要遵守知识产权的有关规范。主要涉及商品的专利、商标、著作权等问题的规范。我国相继出台了《专利法》《商标法》和《著作权法》。我国已经加入或批准了《保护工业产权巴黎公约》以及《商标国际注册的马德里协定》，在加入世界贸易组织之后，同时也受到了《与贸易有关的知识产权协定》（TRIPS）的约束。这些法律以及国际公约详细规定了知识产权的性质、实施程序和争议解决机制。

四是跨境运输方面的法律法规。跨境电子商务交易活动后期会涉及较多的跨境物流、运输问题，涉及海洋运输、航空运输方面的法律。主要应参照《海商法》《航空法》和《货物运输代理业管理规定》。这些法律法规对承运人的责任、交货提货、保险等事项做了具体规定，同时也对国际贸易中的货物运输代理行为做了规范，厘清了代理人作为承运人的责任。这部分的法律规范同时还需要与我国的《合同法》进行参照，解决代理合同当中委托人、代理人、第三人之间的责任划分问题。货运代理的代理人身份和独立经营人身份／合同当事人的双重身份也需要参照《合同法》进行规范。

五是产品质量和消费者权益方面的法律和其他规定。在法律实践中，跨境电子商务常常面临商品质量的责任和纠纷。在贸易过程中，产品／商品质量问题和责任需要通过法律来规范，消费者权益需要通过法律进行保护。这些法律对生产者、销售者的责任进行了梳理，以及对欺诈、侵权的行为进行了规制。

贸易类法律如表6-1所示。

表6-1　贸易类法律

相关业务	名称	类型
对外贸易	中华人民共和国对外贸易法	法律
对外贸易	对外贸易经营者备案登记办法	规章
对外贸易	货物进出口管理条例	规章
对外贸易	联合国国际货物销售合同公约	国际公约
商事合同	中华人民共和国合同法	法律
商事	国际货物运输代理业管理规定	规章
商事海事	中华人民共和国海商法	法律
商事运输	中华人民共和国民用航空法	法律
知识产权	中华人民共和国知识产权法	法律
知识产权	中华人民共和国商标法	法律
质量责任	中华人民共和国产品质量法	法律
消费者保护	中华人民共和国消费者权益保护法	法律

这部分法律对跨境电商的指导和规范作用主要是作为跨境电商的可参照的线下行为基础。对于跨境电子商务来说，相当多的

活动实质上还是跨境贸易活动，相当部分的参与者仍然是传统贸易活动中的主体，很多贸易环节、贸易问题对跨境电子商务仍然适用。

（2）跨境电商监管的法律法规

跨境电子商务活动仍然需要受到跨境贸易监管部门的监管，主要涉及通关、商检、外汇、税收方面的法律法规。

一是通关方面的法律法规。跨境电子商务所涉及的货物／物品需要经过海关的查验。我国出台了《海关法》，并通过《海关企业分类管理办法》《海关行政处罚条例》进一步细化。《海关法》涉及海关的监管职责，对进出境运输工具、货物、物品的查验、关税等内容。《海关企业分类管理办法》对海关管理企业实行分类管理，对信用较高的企业采用便利通关措施，对信用较低的企业采取更严密的监管措施。同时，也在通关环节加强了"知识产权的海关保护"，出台了《知识产权海关保护条例》及其实施办法。针对目前空运快件、个人物品邮件增多的情况，也出台了一些专门的管理办法，如《快件监管办法》以及《海关总署公告 2010 年第 43 号（关于调整进出境个人邮递物品管理措施有关事宜）》等。

二是商检方面的法律法规。跨境电子商务所交易的较多货物都需要通过商检的检验环节。目前的主要依据是《商检法》，涉及商品检验检疫方面的进口、出口的检验以及监督管理职责。同时依据《商检法》出台了《商品检验法实施条例》，对商检法各个部分拟定了细则。还出台了一些针对邮递和快件的检验检疫细则，如《进出境邮寄物检疫管理办法》和《出入境快件检验检疫管理办法》等。

三是外汇管理的有关规定。跨境电子商务主要涉及向外汇管理部门、金融机构的结汇问题。当前的规范主要有《外汇管理条例》等。《外汇管理条例》中所涉及的结汇条文会直接影响到跨境电子商务的部分支付问题。

四是税收方面的法律法规。跨境电子商务进出口环节可能会面临征税问题。该类法律法规主要有《进出口关税条例》，以及涉及退税阶段的各类规章制度。《进出口关税条例》在《海关法》和国务院制定的《进出口关税税则》的基础上来具体规定关税征收的规定和细则，包括货物关税税率设置和适用、完税价格确定、进出口货物关税的征收、进境货物的进口税征收等。针对新出现的跨境电子商务企业的征税和退税问题，税务总局也出台了一系列文件。

在跨境电子商务活动中，货物都需要通过海关、商检，经营参与者需要进行收汇和结汇，在通关过程中还会遇到税收问题。因此，跨境电子商务的法律需要考虑和参照已有的此类法律内容。

（3）电子商务相关法律法规

跨境电子商务仍然需要参照电子商务的一般性法律法规。当前，我国电子商务主要的法律法规可以分为以下几类：

一是电子商务登记、准入、认定相关法律制度。当前，此类法律制度主要以部门规章或规范性指导文件的形式存在，参与交易的企业以及各类第三方服务商都有一定的登记和准入要求，而个人准入条件则较为模糊和宽泛。若涉及设立网站行为，应主要依据《电信条例》和《互联网信息服务管理办法》进行审批和登记。从参与交易或服务经营的角度，应符合国家市场监督管理总局出台的《网络商品交易及有关服务行为管理的暂行办法》。电子商务各项活动的参与者应参照《电子商务模式规范》中关于成

立、注册、身份认定审核的条件。第三方平台服务商还需要符合
《第三方电子商务交易平台规范》的其他准入条件。

二是电子商务合同、签名、认证相关法律。目前，电子商务合同主要参照的应该是《合同法》中的相关条文。电子商务合同中的较多内容可以在《合同法》中找到对应的等同的条文，其他如点击合同、确认规则、电子错误等问题目前应借鉴国际上有关的电子商务法律所规定的关于电子商务合同的条文，如联合国《电子商务示范法》和美国《统一计算机信息交易法》等。我国已经出台了《电子签名法》，对电子签名的适用范围、法律效力、法律责任进行了详细规定。

三是电子商务支付相关法律。目前，主要参照的文件是《电子支付指引（第一号）》，对电子支付的原则、安全、差错处理、各方法律关系和权利义务等进行了说明和规范。

四是知识产权、安全隐私、消费者权益保护类相关法律。知识产权相关的法律除遵守一般的《商标法》《著作权法》《专利法》的相关规定外，还需要参照一些关于域名管理、网络信息传播管理的相关规定。

跨境电子商务作为一种电子商务活动，也需要参照上述与电子商务有关的法律、法规、规章、文件进行规范。

4. 跨境电子商务近期出台的政策

近期，有关部门出台了直接针对跨境电子商务的政策和部门规定，主要是解决目前跨境电子商务遇到的发展新问题和监管难题。主要有以下几个方面：

（1）对跨境电商的支持鼓励政策

近期出台的最重要的政策基础是 2013 年 7 月国务院办公厅下发的"外贸国六条"，从外贸政策的角度鼓励和支持跨境电子商务在外贸中发挥更大的作用。六条措施如下：

①制定便利通关办法，抓紧出台"一次申报、一次查验、一次放行"改革方案，分步在全国口岸实行。

②整顿进出口环节经营性收费，减少行政事业性收费。暂免出口商品法定检验费用。减少法检商品种类，原则上，工业制成品不再实行出口法检。抓紧研究法定检验体制改革方案。

③鼓励金融机构对有订单、有效益的企业及项目加大支持力度，发展短期出口信用保险业务，扩大保险规模。

④支持外贸综合服务企业为中小民营企业出口提供融资、通关、退税等服务。创造条件对服务出口实行零税率，逐步扩大服务进口。

⑤积极扩大商品进口，增加进口贴息资金规模。完善多种贸易方式，促进边境贸易。

⑥努力促进国际收支基本平衡，保持人民币汇率在合理均衡水平上的基本稳定。

国务院首次正式提出"外贸综合服务企业"这一概念，这表明政府首次明确了一达通、广新达等外贸 B2B 服务商作为服务机构的身份，并支持它们为中小民营企业出口提供融资、通关、退税等服务。

（2）针对跨境零售出口的政策

2013 年 8 月，商务部、发展改革委等九部门出台了《关于实施支持跨境电子商务零售出口有关政策的意见》。在该《意见》中，首次针对跨境零售出口出台了支持政策，将跨境电子商务零售出口纳入海关的出口贸易统计，提出了确定零售出口的经营主体和专项统计、检验监管模式、收结汇、支付服务、税收政策、信用体系六项措施，具体说明如下：

①建立电子商务出口新型海关监管模式并进行专项统计，主要用以解决目前零售出口无法办理海关监管统计的问题。

②建立电子商务出口检验监管模式，主要用以解决电子商务出口无法办理检验检疫的问题。

③支持企业正常收结汇，主要用以解决企业目前办理出口收汇存在困难的问题。

④鼓励银行机构和支付机构为跨境电子商务提供支付服务，主要用以解决支付服务配套环节比较薄弱的问题。

⑤实施适应电子商务出口的税收政策，主要用以解决电子商务出口企业无法办理出口退税的问题。

⑥建立电子商务出口信用体系，主要用以解决信用体系和市场秩序有待改善的问题。

（3）针对跨境电商支付问题

2013 年 3 月，国家外汇管理局制定和下发了《支付机构跨境电子商务外汇支付业务试点指导意见》《支付机构跨境电子商务外汇支付业务试点管理要求》等多项文件，决定在上海、北京、重庆、浙江、深圳等地开展支付机构跨境电子商务外汇支付业务试点。明确了鼓励支持"支付机构通过银行为小额电子商务（货物贸易或服务贸易）交易双方提供跨境互联网支付所涉及的外汇资金集中收付及相关结售汇服务"。该《意见》支持仅对具有真实交易背景的跨境电子商务交易提供跨境外汇支付服务。

2013 年 10 月，包括财付通、支付宝、汇付天下、重庆易极付公司在内的 17 家第三方支付公司已接获国家外管局正式批复，成为首批获得跨境电子商务外汇支付业务试点资格的企业，标志着国内支付机构跨境电子商务外汇支付业务迎来实质性的进展。

（4）针对跨境电商的通关便利化

2014 年 7 月 23 日，海关总署出台了《关于跨境贸易电子商务进出境货物、物品有关监管事宜的公告》。要求电子商务企业或个人通过经海关认可并且与海关联网的电子商务交易平台实现跨境交易进出境货物、物品的，按照《公告》接受海关监管。

该《公告》对企业注册登记及备案管理、电子商务进出境货物通关管理、电子商务进出境货物物流监控等方面作出了规定。主要条款如下：

①开展电子商务业务的企业，如需向海关办理报关业务，应按照海关对报关单位注册登记管理的相关规定，在海关办理注册登记。电子商务企业应将电子商务进出境货物、物品信息提前向海关备案，货物、物品信息应包括海关认可的货物 10 位海关商品编码及物品 8 位税号。

②电子商务企业或其代理人应在运载电子商务进境货物的运输工具申报进境之日起 14 日内，电子商务出境货物运抵海关监管场所后、装货 24 小时前，按照已向海关发送的订单、支付、物流等信息，如实填制《货物清单》，逐票办理货物通关手续。《货物清单》《物品清单》《进出口货物报关单》应采取通关无纸化作业方式进行申报。

③电子商务企业或其代理人应于每月 10 日前（当月 10 日是法定节假日或者法定休息日的，顺延至其后的第一个工作日，12 月的清单汇总应于当月最后一个工作日前完成），将上月结关的《货物清单》依据清单表头同一经营单位、同一运输方式、同一启运国 / 运抵国、同一进出境口岸，以及清单表体同一 10 位海关

商品编码、同一申报计量单位、同一法定计量单位、同一币制规则进行归并，按照进出境分别汇总形成《进出口货物报关单》向海关申报。

④电子商务企业在以《货物清单》方式办理申报手续时，应按照一般进出口货物有关规定办理征免税手续，并提交相关许可证件；在汇总形成《进出口货物报关单》向海关申报时，无须再次办理相关征免税手续及提交许可证件。

⑤海关监管场所经营人应通过已建立的电子仓储管理系统，对电子商务进出境货物、物品进行管理，并于每月 10 日前（当月 10 日是法定节假日或者法定休息日的，顺延至其后的第一个工作日）向海关传送上月进出海关监管场所的电子商务货物、物品总单和明细单等数据。

新电商精英系列教程

WORD OF MOUTH
COMMUNITYNEW RETAIL

淘宝天猫
网上开店
精品爆款实战营销

王 辉◎编著

中国出版集团
中译出版社

图书在版编目（CIP）数据

　　淘宝天猫网上开店精品爆款实战营销 / 王辉编著
. -- 北京：中译出版社，2020.6
　　新电商精英系列教程
　　ISBN 978-7-5001-6295-7

　　Ⅰ.①淘⋯　Ⅱ.①王⋯　Ⅲ.①网络营销—教材　Ⅳ.
① F713.365.2

　　中国版本图书馆 CIP 数据核字（2020）第 071913 号

出版发行：中译出版社
地　　址：北京市西城区车公庄大街甲 4 号物华大厦六层
电　　话：（010）68359376，68359827（发行部）（010）68003527（编辑部）
传　　真：（010）68357870
邮　　编：100044
电子邮箱：book@ctph.com.cn
网　　址：http://www.ctph.com.cn

策　　划：北京瀚文锦绣国际文化有限公司
责任编辑：温晓芳
封面设计：末末美书

排　　版：张元元
印　　刷：三河市宏顺兴印刷有限公司
经　　销：全国新华书店

规　　格：870mm×1220mm　1/32
印　　张：36
字　　数：840 千字
版　　次：2020 年 6 月第一版
印　　次：2020 年 6 月第一次

ISBN 978-7-5001-6295-7　　　　定价：210 元 / 套（全 6 册）

电商正在改变着我们的生活，为了帮助众多新手卖家掌握淘宝和天猫网上开店、选品定位、店铺装修、商品运营、营销推广以及品牌打造等知识，笔者精心策划、编写了本书。

本书将最流行的营销理念和最实用的营销技巧运用到淘宝、天猫等电商平台，且所有技术都在实际应用中获得了实战效果，因此推荐给广大读者。

根据数据显示，2019 年初，中国电商市场交易额已突破 30 万亿元。面对如此庞大的利益市场，不少商家纷纷打破单一的经营模式，从实体经营转向网络营销，以寻求新的销售增长点。

淘宝、天猫已经过了野蛮生长期，过去的开店经验和思路已经无法跟上电商的发展脚步和消费者日益增长的消费需求了。品质、品牌、服务已经成为开店的硬性要求，"爆品时代"已经来临。本书着眼未来，立足"爆品为王"的时代，旨在帮助卖家打造出自己的爆品，创立属于自己的品牌，从而在激烈的竞争中胜出。

同时，在网络经济日益发达、职场生存压力倍增的今天，许多公司白领也开始将目光投向了淘宝开店这个投资不大、几乎人人都可以起步的项目上。如今，开网店对于广大网上开店的创业者来说，正处于一个最好的时代，互联网的不断扩张、社交媒体的爆炸性增长……都为网上开店提供了更好的支持。虽然开一家网店并不困难，但想经营好它并不简单。

为了帮助众多新手卖家掌握淘宝开店的流程，本书介绍了淘宝、天猫开店、运营的基础知识和注意事项以及怎样创立自己的网店品牌，打造爆品。本书立意明确，为读者分析了怎样开网店，才能赢得下一个发展机遇，引发读者思考，避免开店之初就走上错误的发展道路。

"有志者，事竟成。"这本书是送给那些心中有创业梦想，想开网店，或正在经营网店，但苦于没有系统的经验，一直艰难前行的读者的最佳礼物。希望本书能够帮你打开思路，引发思考，成为你创业路上的敲门砖。

目 录

Contents

第一章

电商：颠覆传统的商业模式

1. 什么是电商

对于商人来说，时间就是金钱。随着互联网通信技术的发展，电脑、手机的普及让商人们的活动时间越来越长，似乎 24 小时都能开展业务，白天晚上可以随时接受订单、发货、收款。网络贸易就是这么不受限制，时效性非常强。真可谓商机无处不在，只要你愿意付出一点自己的娱乐时间，动动手指就能完成一笔交易。

新一代的商业贸易必定离不开电子商务。传统的市场营销模式已不能满足人们消费的速度和消费欲望。美国人杰罗姆·麦卡锡教授提出的经典营销理论：4P 组合，即产品、价格、渠道和促销的组合，虽然考虑到了企业的利润，而对消费者需求的考虑却不够。要知道，随着网络的普及，消费者对网购过程的参与度越来越大，他们能够轻易得到很多商品和店家的信息，并能在技术的帮助下，对这些商品进行比较。网络时代，消费者在商业过程中的地位得到了提高，拥有了更大的选择权，占据了主导地位。因此，现代营销要更多地考虑到消费者，并将他们的需求纳入各个环节中。在这样的背景下，很多学者都提出了"4C"的市场营销理论，即在营销过程中，要考虑消费者的需求和欲望、成本、便利以及沟通。

在传统的营销模式中，商品通常要通过制造商运输给批发商，再由批发商运输给零售商，最后才能到达消费者手中，实现最终的消费。这样烦琐的供应链不仅降低了产品的时效性，而且增加了产品的成本。

　　而电商则可以完全改变这种局面，随着互联网和移动互联网的快速发展，很多网上营销企业先后产生，传统的销售方式承受着越来越大的压力。在这种局势下，很多商家已经开始转型，发展网上市场。在 2019 年 6 月，我国网络购物用户规模达 6.39 亿，较 2018 年底增长 2871 万，占网民整体的 74.8%；手机网络购物用户规模达 6.22 亿，较 2018 年底增长 2989 万，占手机网民的 73.4%。可见，在中国指尖上的商机潜力巨大，这对很多企业来说既是机遇，又是挑战。下面我们具体了解一下这种目前金光闪闪的网络交易模式：电商。这种购物方式能让消费者在网上完成选购、支付等过程，不仅节省了消费者的时间，提高了效率，商品的价格也要比实体店低廉。尤其是对于工作忙碌的上班族，和没有大量时间购物的学生党来说，网购是他们最方便的选择，可以帮他们节省大量的宝贵时间，并满足其强烈的购物需求。在信息时代，消费者很容易就能得到很多与商品有关的信息，很多消费者因此养成了通过网店搜集并分析商家的信息，然后到实体店购物的习惯。

　　从大众普遍认可的角度来看，电商就是通过电子工具如互联网、移动互联网等进行的全球范围的商业活动。它以计算机网络为基础进行各种各样的商务活动，进行商品交换、商业广告投放，提供商业服务信息，等等，但电商所包含的业务范围远远不止这些。随着信息技术的发展，电商的范围也在扩大。其不仅包括电子购物，还涵盖了电子货币交换、供应链管理以及数据收集和分析等内容。

　　需要说明的是，电商并不等同商务电子化，二者之间既有联系，又有区别。电商强调技术，主要是指企业营销过程中的技术内容；而后者则强调应用，是指企业营销的电子化。也就是说，电商的主体是技术企业，而商务电子的主体则是应用企业。企业通过电子商务这种先进的技术手段来达到商务电子化的目的。

2. 电商才是商业的未来

现在我们所谈的电商主要是指网络贸易：买卖双方可以不用见面，就能完成整个交易过程的商业模式。电商节约了交易成本节约，实现大量交易信息的快速传播，突破了买卖双方时间差异和空间不同的限制。它最大限度地满足了网上用户的消费需求，消费已没有了国界，也没有了昼夜之别。电商在给消费者带来快捷和欲望满足的同时，更是给商家创造了巨大利润。它交易快速、营销覆盖面广、运营成本低的独特优势给传统的营销模式造成了强烈的冲击。

从生产角度来看，电商减轻了商家对物资的依赖，之前商家为了应对瞬息万变的市场情况，一定会保证一定的库存量，但是库存会造成流通资金的减少，影响企业的再生产。而电商能够使商家减少库存，从网络平台预算出消费者的消费数量，然后再进行生产，从而降低交易成本。

从交易地点和时间来看，互联网销售超越了时间和空间的约束，商家可以有更多时间和更多空间用于市场营销。企业的最新产品可能还没有批量生产，还在宣传推广期，但已经可以在网上开始预售，消费者可以提前在网上预定，不一定要等到市场正式发售商品，才开始购买，这种营销方式拉长了商家的销售时间，提高了销售效率。而且通过网络，消费者还可以 24 小时随时消费，全天候的服务方式极大地保证了电商比传统营销所具有的竞争力优势。同时，电商的开放性、全球性特点还能帮助企业开拓更大的市场，进军世界贸易。互联网能让人们不受地域和时间的限制，随时随地实现消费，选购想要的商品，完成消费过程。对于企业来说，电商能降低企业扩展市场的成本，中小企业也能获得与大企业一样的信息资源，从而提高自身的实力。

从购买方式来看，电商突破了传统的交易模式，缩减了中间环节，使得消费者能和企业直接进行交易，加速了经济资本运行。消费者通过网络购物，足不出户就可以获得自己想要的商品，只要在网上银行、手机支付平台完成支付后，在家中等待快递上门就可以。物流的快速发展也促进了网络营销的发展，电商与消费者之间的关系更加亲密，完全打破了传统空间的限制。这种优势让传统的实体店极其惶恐，他们在店里苦苦等待顾客的时候，消费者已获得了自己想买的商品。

从广告促销活动来看，电商可以在互联网上全方位展示产品及服务的优势，让消费者全面认识商品或自己的服务后，再去购买。无须雇用销售人员，无须花高额费用制作各种 POP 售点广告。互联网促销是一对一的，只要电商通过网站找准自己的目标消费者，通过互动活动慢慢培养消费者对产品的喜爱程度和对品牌的信任度，他们就会主动了解产品信息，主动"送上门"，而不用强制推销。因此，网络营销能降低企业的宣传、推广成本，而且避免了推销员对消费者进行干扰的情况，有利于消费者与企业建立良好的关系。

从商业信息传播的角度来看，电商用电子信息代替了实物流，从而大量减少人力、物力，降低了成本。互联网使我们传统的空间概念发生了变化，信息交流平台的出现打破了地理的限制，地球上的任何人或机构都可以通过互联网实现交流的目的，并能紧密地联系在一起。商家通过建立虚拟社区、虚拟的信息交流平台以达到商品信息的共享。

总之，电商在打破时间、空间的限制的同时，也让消费者能获得更多的商品信息，对经济元素进行了多样化组合，使得社会经济结构和组成也有所改变。21世纪是信息传播的时代，信息和时间越多，意味着财富就越多。为了获得更多财富，商家必须通过了解更多信息来了解消费者的需求。凭借着快速传递并分析信息的优势，互联网使整个地球变成了一个"地球村"，也使世界变成了一个大市场。商家可以通过互联网实现交流、谈判的目的，消费者则可以通过互联网向商家反馈信息，商家通过这样的方式了解消费者的更多信息，从而为消费者提供更好的产品和服务。与十几年前的电商相比，如今的电商早已实现了创新，发展成一种新的模式。电商有着很好的发展前景，因为它能打破时间和空间的限制，让各地的人们方便地交流信息，开展合作。其快捷、自由、低成本的特点为众多中小企业提供了发展的机会。对于这样的机遇，人们当然不会错失。

21世纪，要么做电商，要么无商可做。如果不抓住眼前的机会，积极开展电商，那就意味着错过了不少致富的机会。今天你所选择的消费方式也告诉我们电商是未来的趋势性行业，及时加入这个极具发展潜力的行业，未来自己可能就是一个电商赢家，所以如果你想成功，一定要关注更多的商业信息，很快地看懂商机并马上采取行动，这样，你才有理由成功。如果你想做电商，却没有看懂电商，那你更应该阅读本书。

3. 电商时代的趋势

随着网络的迅速发展，以及个人电脑的普及，大家通过网络购物的趋势越来越明显，越来越多的人加入网上购物的潮流中。现在，不论对于年轻人，还是中年人，网上购物已不再神秘和陌生。

市场的需求使电商平台之间的竞争日趋激烈，专业化电商运营推广机构也在如火如荼地进行着自己的营销大战。面对这样的现状，企业不得不思考：我们是否真的迎来了电商时代？我们是否应该加入其中？

大数据越来越受商家的青睐，通过数据证明，才能说如今是电商时代。下面让我们用大数据说话。

根据统计显示，2019年阿里巴巴的营收为3768亿元，其中，电商的业务占到了3234亿元，也就是我们再熟悉不过的淘宝、天猫。目前，中国拥有全球最多的移动互联网用户，智能手机销量全球第一。快节奏的生活正改变着人们的生活方式，移动互联市场确实蕴含着巨大商机。现在商家所面对的消费者已不同以往的消费者，消费大军已从70后逐渐过渡到80后、90后，而他们正是伴随着互联网长大的一代，追求便捷的购物方式，追赶时尚潮流。人们越来越离不开互联网，尤其是年轻的80后和90后。在2013年第二季度，全球智能手机出货量创历史新高，总额达到2.296亿元，同比增长47%。随着移动互联的不断提速，很多人从中看到了巨大商机。两个年轻人原本在美国第二大在线零售企业担任要职，拿着高薪，但他们却突然辞职，放弃悠闲的日子回到中国，决意要在移动互联领域自主创业，打拼一片属于自己的天地。从他们身上，我们可以看到电子商务对年轻人巨大的吸引力。

从销售平台的变化来看，实体店的门店已不再是最好的销售平台，对中小型商家来说，店面费是一笔巨大的开支，而从某种意义来看，网络平台就是一个十分廉价的"门店"，网络是商家开店的新空间。商家可以在商场中开设具有独特风格的网店，更加有针对性地对性自己的目标消费群体进行网络广告宣传，甚至达到比实体店更大的销售量。

市场在瞬息万变，如果你不变，那么自己的商业圈只能是越做越小，直至消亡。2012 年 11 月，淘宝销售突破 1 万亿元，从淘宝的身上，我们就可以察觉到新的商业生态必将势不可挡，线下商业必将遭遇危机。那么传统的商业模式到底遭受到了怎样的冲击呢？

相对于传统的零售业来说，电商不但成本小，还可以不受时间限制，24 小时提供服务，而且不受地域限制，这使得其充满活力和发展潜力。自从以淘宝网为代表的购物网站建立以来，网购已经打破了实体店购物的限制，对传统营销模式的理念和管理方式等都造成了很大冲击。

在互联网开网店面对的是数量庞大的网民，而实体店却像是在用竹竿钓鱼，谁收获的鱼多可想而知。很多实体店的老板深切地感受到生意一天比一天难做，新进的货却发现网上都有，而且价格更便宜。目前，在网上几乎可以买到所有商品，不仅有国内的，甚至有国外的，实体店经营的优势在不断缩小。实体店的经营成本高，而开网店不需要租金，成本低到可以忽略不计，同样的商品，消费者在网店买到的价格肯定要比实体店低。在通过互联网开设网店已成为不可忽视的营销模式下，越来越多的品牌厂商受到冲击后，也开始陆续加入电子商务，同时网上消费人群的数量仍在不断增加，我国网络购物市场爆发式增长，网上交易额涨势迅猛。与电商市场相比，实体市场很难有如此高的增长率，目前，正规的网上商店和卖场已越来越多，它们所涉及的商品种类越来越丰富并在不断完善。

4. 淘宝网与天猫商城电商平台

电商的出现和发展给广大消费者提供了网络购物平台，让消费者足不出户就能完成购物，为商家和消费者节省了大量时间，极大地提高了交易效率。众多企业、商家纷纷从线下转移到线上，互联网创业也逐渐成为年轻人创业的首选。

网店作为电子商务的一种形式，能够让消费者在浏览网站的同时进行购买，通过在线支付完成交易。网店不同于实体店，商家不需要一个用于经营的店铺，也不需要从一开始就招聘员工，这大大降低了经营成本，也为资金不足的人群提供了极佳的创业机会。

阿里巴巴电商平台、淘宝网、天猫商城作为我国网店店主最集中的社区，用户数量几乎占了我国网民总数的1/3。在我国电商高速发展的这些年里，不但阿里巴巴成为创业奇迹，而且借助阿里巴巴、淘宝网、天猫商城等平台成功创业的企业和个人也非常多。

阿里巴巴集团于1999年由马云等18人在杭州创立，是中国领先的网上批发平台。时至今日，阿里巴巴集团经营的业务更加多元化，其业务和关联公司的业务包括淘宝网、天猫、聚划算、全球速卖通、阿里巴巴国际交易市场、1688、阿里妈妈、阿里云、蚂蚁金服、菜鸟网络等，并于2014年9月19日在美国纽约证券交易所正式挂牌上市。

2016年4月6日，阿里巴巴正式宣布已经成为全球最大的零售交易平台。阿里巴巴的"淘工厂"项目就是基于互联网的柔性制造平台，将淘宝平台的服装商户与工厂连接起来，让工厂在互联网上承接生产订单。如今，阿里巴巴电商平台的发展促进了云计算、网络第三方支付、网店运营、咨询服务等生产型服务业的发展，形成了一个巨大的新兴产业生态环境。

（1）淘宝网

2003年5月10日，阿里巴巴集团投资创办了淘宝网，同年10月，推出第三方支付工具——支付宝，以担保交易模式促使消费者对淘宝网的网上交易产生信任。2005年，淘宝网成为亚洲最大的网络购物平台，年成交额突破80亿元，超越沃尔玛。

随着淘宝网的发展规模不断扩大，淘宝网也从单一的C2C网络集市变成了包括C2C、分销、拍卖、直供、众筹、定制等多种电子商务模式在内的综合性零售商圈（如图1-1所示）。

图1-1

（2）天猫商城

淘宝商城于2012年1月11日在北京举行战略发布会，宣布更换中文品牌"淘宝商城"为"天猫商城"。"天猫商城"提供了一个定位和风格更加清晰的消费平台，猫是性感而有品位的，天猫网购代表的是时尚、性感、潮流和品质；猫天生挑剔，挑剔品质、挑剔品牌、挑剔环境，这恰好就是天猫网购要全力打造的品质之城。

2012 年 3 月 29 日，天猫发布全新 LOGO 形象（如图 1-2 所示），成为淘宝网全新的 B2C（Business-to-Consumer）商业零售模式，整合了数千家品牌商、生产商，为商家和消费者提供一站式解决方案，提供百分之百品质保证的商品。2014 年 2 月 19 日，天猫国际正式上线，为国内消费者直供海外原装进口商品。

图 1-2

（3）淘宝网与天猫商城的区别

两个网站都属于阿里巴巴集团，模式都是在网上开店铺，都需要注册、认证以后，才能买卖自己的商品，两者都通过支付宝第三方支付，产品出现质量问题，都可以退货。

二者的区别主要体现在以下几个方面：

①淘宝网是 C2C 平台，每个人都可以在淘宝开店；天猫是 B2C 平台，需要以公司形式开店，没有注册公司，是不能在天猫

商城开店的。也就是说，二者的起点是不一样的。

②在淘宝网开店经营，卖东西不需要向淘宝网支付任何佣金；而在天猫商城每卖一件东西，都需要支付一定佣金。

③如果说淘宝网是市场，那么天猫商城就是超市，天猫商城经营的必须是品牌产品，淘宝网则什么样的产品都可以。

无论是在淘宝网开店，还是在天猫商城开店，我们首先要确定自己的产品和目标消费群体，根据产品的特点和经济情况而做出正确的选择。选择在淘宝网购物的消费者与选择在天猫商城购物的消费者，其心理需求是不同的，天猫商城的消费者更多的是寻求品牌和质量；而上淘宝购物的消费者追求的则是便宜、性价比，这在开店之前必须了解清楚。

5. 淘宝带来的商机

2003 年 4 月 10 日，淘宝一出，对在中国电商网站市场占据一定分量的 Ebay 和亚马逊形成了巨大的威胁，因为马云说，在淘宝可以免证、免费开店。很多卖家被淘宝的免费、免证吸引，纷纷注册了淘宝会员。出生二十天后，淘宝便吸纳了 10000 名用户。仅 2003 年一年，淘宝的成交额就高达 3400 万元。

进入网购市场后不久，淘宝凭借免费、免证的优势，迅速吸引了 8000 万的淘宝会员，而且会员数量还在以每年 100% 的速度狂飙式增长。在淘宝的迅猛发展下，Ebay 和亚马逊不得已也采取了免费措施，但已经阻挡不了淘宝的强大攻势。

淘宝虽然是白手起家，但凭借着诚信为本的工作准则、高效活泼的网络交易文化，两年之后便成为中国网购市场的带头大哥，并占据着国内网购七成的市场份额，创造了中国互联网企业有史以来最大的奇迹。到 2006 年，淘宝以骄人的成绩成为中国访问量最高的电商网站，位居中国所有网站访问量排名的第 7 位，世界第 22 位。

金庸先生曾为淘宝题字："宝可不淘，信不能弃。"说的就是淘宝的诚信准则。这一准则密切联系着淘宝、卖家和买家，三者之间以诚相待、以信合作，营造一个"互帮互助、轻松活泼的家庭式氛围"。

淘宝，顾名思义，就是要淘尽天下的宝贝，满足广大买家的购物需求。从家居用品到服装，从电子产品到汽车，淘宝店铺数量之大、种类之多，能够让买家尽情挑选，足以成为中国网民最青睐的电商网站。

2005 年 10 月，淘宝网对外宣称，继续使用"免费策略"，而且还要持续三年。在接近淘宝"免费三年"的承诺期限之时，淘宝的很多商家开始忐忑了，大家满脑子都是"淘宝真的要收费了？""费用高吗？"等等，对此，马云却非常淡定。就电商协会的信息显示，当时，中国的电商网站中 90% 以上都是免费的，连坚持"收费策略"的易趣网和新手百度 C2C 也加入了"免费开店"的阵营，在这样一个大背景下，淘宝选择收费的可能性就会很小。

虽然很多老牌淘宝卖家都非常信任和依赖淘宝，无论收费与否，都不会对他们造成多大打击，但新加入淘宝的卖家就不同了，他们依然希望淘宝施行"免费策略"。对于一个刚进入淘宝门槛的卖家来说，想要盈利，最起码也要奋斗一年。在这一年中，卖家一直是在赔钱做生意，如果淘宝再收取开店费用，无疑给这些卖家带来巨大的压力。所以，还是"免费策略"更能吸引广大的卖家入驻。

　　除了卖家之外，买家也很关注淘宝的收费问题。买家之所以选择在网上购物，最大的原因是价格便宜。如果淘宝收取店铺费，卖家的成本提高了，为了保证自身的利益，卖家势必会提高商品价格。这样一来，就会有损买家的利益，而淘宝的CPI数值也会因此升高，那么，网购经济实惠这一优点就很难体现出来了。为此，淘宝应该也不会选择收费。

　　淘宝的相关负责人曾发表声明："自淘宝整合网络广告平台'阿里妈妈'之后，广告收入就可以维持收支平衡，因此不需要再从商家那里抽取利润了。"对此，不少相关人士也表示，电商网站的利润不应来自"开店收费"，因此，不少电商都在通过广告宣传、提供增值服务等方式来赚取利润，且淘宝走的也是这一路线。如此，既能保证卖家和买家的利益不受损失，也会大大提高电商网站的访问量和支持度。

　　想到得到淘宝联盟的增值服务，卖家是需要掏腰包的。不过，淘宝的收费对象仅仅是B2C平台的卖家，针对C类卖家，淘宝依然施行"免费策略"。B2C卖家包括两类：一类是借助线上销售来拓展业务的传统商家；另一类是在淘宝成长起来店铺，因为业务扩大、业绩好，也有了自己的实体店。针对这两类卖家，即使收取一定增值服务费用，也不会给他们带来多大影响。

　　淘宝提供的增值服务有橱窗宝贝、二级域名和旺铺，每项增值服务的费用是不同的。针对这一收费款项，很多卖家并没有表示反感，因为这是一次提高店铺等级的机会。对于业绩较好的商铺，他们关注的并不是收取费用的问题，而是怎样享受更好、更全面的增值服务，以更好地满足买家的需求，并把自己和资质不佳的店铺区别开来，从而更好地维护自身利益。而且是否享受这项服务也是自愿的，如果卖家需要，可以选择适合自己的增值服务；如果卖家对自己的店铺很自信，也可不必使用增值服务。

6. 淘宝电商的优势

淘宝为卖家提供的增值服务很到位，举一个实际的例子。卡啦时尚女装网刚进入淘宝时，收入并不理想，店主花了很多心思，从单品推广到主题推广，并把推广的产品都集中在网站的首页，这种做法是很不科学的，所以成单率一直难以提高。

一天，店主接到一个陌生的电话，原来是淘宝联盟的增值服务人员打来的。对方对卡啦女装网的评价很高，并称这个店铺还有很大的发展空间。店主一听，非常兴奋，马上询问方法，于是对方便为他提供了淘宝客的增值服务。

第一，给网站首页做搜索链接。之前店主并没有做搜索，因为在他看来，这一环节不会给店铺的盈利带来多大影响，但尝试之后，他发现，自己当初的想法是错误的。在增值服务人员的指导下，店主在网站首页设置了恰当的提取代码，一段时间后，店内的成单率果然提高了。

第二，单品推广时，要选择成单率较高的商品。成单率反映了买家的消费喜好，如果卖家推广大众所喜爱的产品，必然会得到更多消费者的光顾，而且淘宝联盟后台还为卖家提取这些商品，为卖家提供了很大的便利。

第三，全面利用网站的内容页。最吸引客户眼球的其实并不是网站的首页，而是内容页，因此增值服务人员告诉他，一定要保证内容页的可读性。店主对内容页做出调整后，确实吸引了不少买家。

第四，做一个有特色的购物频道。在联盟增值人员的提点下，卡啦女装网的商城频道也打开了，而且非常专业。以女装为主题，将网站的个性和内容相结合，形成一个完整的体系，只要买家走进来，就能身临其境，产生较强的购物欲望。

第五，适当地在网站上增加淘宝客链接。增加淘宝客链接无疑是提高成单率的好办法。比如在图片下面置入"我喜欢这件衣服""我想买这件衣服"等文字链接，如果买家看到心仪的衣服，就会点击相关链接，既方便了买家购物，也提高了卖家的成单率。在联盟增值人员的指导下，卡啦女装网的月收入从几百元上升为上千元。

除了提供增值服务之外，淘宝还为各大店家提供各种特色服务，比如打造一个方便卖家和买家及时沟通的工具——淘宝旺旺。买家在消费时，如果对商品的质量、尺寸、价钱等有疑问，就可以通过淘宝旺旺与卖家进行沟通。淘宝旺旺还提供查看交易历史、卖家个人信息等内容，买家可以通过淘宝旺旺了解卖家的信用指数。而且淘宝旺旺还具有多方聊天的功能，方便卖家同时与多位买家进行商谈。

除了为卖家和买家提供便利外，淘宝也设立了较高的安全屏障，让卖家赚得开心，买家花得放心。想要网购顺利进行，首先要选择可信的卖家和买家。为此，淘宝设立实名认证制，分别有个人用户认证和商家用户认证，而且这两种认证是不可以同时申请的。在维护淘宝购物的安全问题上，淘宝的确花了不少心思。

买家和卖家最担心就是支付问题。卖家害怕买家不付款，买家则害怕卖家不发货，为此，淘宝推出了支付宝。买家付款后，钱会存在支付宝中，等到卖家发货，买家确认收货后，钱才会进入卖家的账户。如此一来，支付宝就提高了网上交易的安全保障。

随着电商的发展，外链图片也成为一项基础服务，主要功能是缓解卖家资源不足，提供图片存储空间。但由于种种原因，很多第三方图片服务商的能力和技术都存在问题。在这个信息数据时代，保护卖家和买家的数据信息尤为重要，但由于部分第三方图片服务商保护工作的不到位，一些黑客便趁机窃取了部分用户的信息，给卖家、买家和淘宝都带来了信息安全隐患。淘宝还经常收到很多卖家和买家的反馈，同一个商品在不同的城市显示的是不同的图片。比如在某个店铺销售的是保温杯，在北京显示的是正确的商品图，但在武汉显示的是黄色图片，而在杭州显示的是禁售品图片。

为了维护淘宝网、卖家和买家的信息安全，淘宝于 2013 年 7 月规定，卖家不可以再使用第三方服务商的外链图片，要把自己的图片搬迁到淘宝网的图片空间。之后，各淘宝卖家都积极响应，纷纷进行图片搬迁工作。为了配合这项规定的执行，淘宝用更多的时间帮助第三方的图片服务商进行软件系统的升级。根据当时进行搬迁工作的淘宝卖家反馈，虽然搬迁工作占据了一定工作时间，但并没有影响店铺的正常经营。

商品图片从第三方图片服务商搬迁到淘宝图片空间后，店铺首页、宝贝详情页的打开速度提升了很多，而且没有发生破图现象。更重要的是，图片的展示非常稳定，再也没有出现商品和图片不一致的情况。

近几年，各大电商之间"战争"不断，而淘宝也多次在"大战"中胜出，这和淘宝的用心良苦密不可分。淘宝打造出的"免费策略"、支付宝等都成为其他电商网站仿效的榜样。在淘宝的保护和引导下成长起来的店铺很多，比如御泥坊、韩都衣舍、麦包包、北山狼等，而很多店主都在淘宝发现商机，挣到了人生的第一桶金。

第二章

注册：开店前必须做好的准备

1. 网上开店需要具备的条件

尽管网上开店十分简单，投资又少，但是也要具备最基本的条件和投资。

（1）网上开店必须具备的硬件条件

网上开店需要一些必要的硬件设施，这些硬件主要包括以下几种：

①电脑和网络。电脑的配置无须高档，能上网，能进行简单的图片处理或网页设计即可。目前市场上的主流电脑都能满足网上开店的要求。网络应该选择能长时间上网的宽带网络，最好采用不限时间、不限流量的包月制收费的网络。

②自己独立的工作室地址。开网店，首先需要有一个办公场所。如果自己在家办公，那就可以写上自己的家庭住址。网上开店也要正规地开，工作室地址是一定要有的。

③方便与客户联系的移动电话。很多时候，网上联系并不能解决全部问题，还需要手机、电话来帮忙。电话也是网上开店的常用工具，因为网络联系会受到时间和空间的限制，不能保证24小时畅通。

④可以清晰地拍摄产品图片的数码相机。开网店，数码相机是必备的。数码相机用来给产品拍照，以便在自己的店铺中进行展示。因为实体货物在上"网络货架"之前，一般都需要对其进行拍照并上传照片到店铺上。照片使买家有了更加直观的感受和了解，也使物品更受关注。没有照片的货物很难销售，因为没有

照片这种直观的"货品",商品很难引起买家的注意,而且会让买家怀疑该物品是否存在。因此,好的数码相机和娴熟的拍摄技术就显得尤其重要。

数码相机的选择,最基础的可以用 2 倍光学变焦 300 万像素的。由于产品大多采用微距模式进行拍摄,要求数码相机的微距性能要好。相机品牌可以根据自己的喜好来选择,因为网上开店中主要的一部分就是通过图片给自己的客户展示产品,拥有了自己的数码相机,可以最快速地把自己的产品多角度、细致地反映在客户面前,客户想怎么看就怎么看,同时这也说明你服务周到。

⑤收发文件的传真机。一些文件需要通过传真来接收,如果自己的网店进入实际操作阶段,会有很多客户需要和你签订合同。这也是法律方面的保证,同时很多资料的收发也离不开传真机,所以生意做大的时候,传真机也是很重要的一件装备。

⑥打印机。虽然打印机并不是很重要的,但是平时也离不了,打印一些产品的相关资料也是很有用的,有时还可以打印商品的照片看效果。

以上是一些网上开店的基础硬件设备,因为网上开店的经营策略有很多种,所以根据不同的经营策略,也可以选择其中的某几个设备进行组合。

(2)网上开店必须具备的软性条件

网上开店有很多软件方面的要求,且有些软件要求较为复杂。这里主要介绍一些常用的软件及软件方面的要求,卖家可以根据自己的经营策略进行取舍。

①基本的网络操作要熟练。熟练的网络操作技术更有利于开展网上销售,如果你连自己网店的网页都打不开,那么即使你具

备了开网店的一切硬件条件，也没有能力把生意做成，更不要说在网上开店了。

②必须能熟练收发电子邮件。网上开店要拥有自己常用的电子邮箱，卖家可以到网易、新浪等大型网站上申请，并应学会如何管理自己的电子邮件。网上开店做生意，电子邮件是一种比较重要的沟通方式。

③需要熟练地运用聊天软件。如果卖家能够熟练地运用一些聊天工具，比如自己的 QQ 等，会更加有利于卖家与顾客的沟通。还有其他网站平台自带的聊天工具，比如淘宝网站的淘宝旺旺也很有用。打字要熟练些，否则客户会认为你不认真，打字聊天是最好的沟通方式，卖家的生意就是在手指敲击键盘的时候谈成的。

④学会应用 Word 软件。Word 是入门级的文字编辑软件，学会基本的操作以后，卖家可以很方便地编写合同，编写自己的产品宣传文案。文案编写的好坏程度对于销售有很大影响，所以一定要尽可能地把文案写好，当然也就离不开文字编辑软件了。所以，如果你想开网店而对软件的应用又不是很熟练的话，你可以事先学习一下这个软件的应用。

⑤学会基本的网站建设软件。需要学习网站设计软件，因为至少可以知道网上商店的建设原理，并且可以为自己的商店设计几个漂亮的广告页面，这样一个功能齐全的网上商店再配合几个漂亮的广告页面，效果会更好。

开网店时，用得着的网站设计软件主要是 Office 系列软件中的 Frontpage，还有就是 Dreamweaver，前者很适合初学者学习，当然，后者的优势就是更专业了。

⑥学会使用作图软件 Photoshop。网上开店除了文案编写，

另外一个非常重要的部分就是要有精美的商品图片和宣传图片，因为客户主要是通过图片来看你的产品的，质量差的图片会导致网店失去大部分客户。因此是否能做出合适的商品图片，对网上开店来说是一个至关重要的因素，现在的作图软件有很多种，而卖家只需要熟练地操作一个作图软件就可以了。这里给卖家推荐一种非常有用的学习软件——Photoshop。

2. 网上开店的基本流程

开网店之前，首先要知道网上开店的流程。通过总结，网上开店流程包括以下几方面：

①确定卖什么。开店前需要想好自己要开一家什么样的店。在这一点上，开网店与传统的店铺没有区别，寻找好的市场让自己的商品有竞争力才是成功的基石。

②选择开店的平台或者网站。需要选择一个提供个人店铺平台的网站，然后注册为用户。这一步很重要。

大多数网站会要求用真实姓名和身份证等有效证件进行注册。在选择网站的时候，人气旺盛和是否收费以及收费情况等都是很重要的指标。

③向网站申请开设店铺。要详细填写自己店铺所提供商品的分类，例如要出售时装、手表，那么应该归类在"珠宝首饰、手表、眼镜"中的"手表"一类，以便让你的目标用户可以准确地找到你。然后你需要为自己的店铺起个醒目的名字，网友在列表中点击哪个店铺，更多取决于这个店铺的名字是否吸引人。

④进货。可以从自己熟悉的渠道和平台进货，控制成本和低

价进货是关键。

⑤产品上架。卖家需要把每件商品的名称、产地、所在地、性质、外观、数量、交易方式、交易时限等信息填写在网站上，最好搭配商品的图片。名称应尽量全面，突出优点，因为当别人搜索该类商品时，只有名称会显示在列表上。为了提高吸引力，图片的质量应尽量好一些，说明也应尽量详细，如果需要邮寄，最好声明谁负责邮费。

登录时还有一件非常重要的事情，就是设置价格。通常网站会提供起始价、底价、一口价等项目由卖家设置。假设卖家要出售一件进价100元的衣服，打算卖到150元。如果是个传统的店主，只要先标出150元的价格，如果卖不动，再一点点降低价格。但是网上竞价不同，卖家先要设置一个起始价，买家从此向上出价。起始价越低，越能引起买家的兴趣，有的卖家设置1元起拍，就是吸引注意力的好办法。

但是起始价太低会有最后成交价太低的风险，所以卖家最好同时设置底价，例如定105元为底价，以保证商品不会低于成本而被买走。起始价太低的另一个缺点是可能暗示你愿意以很低的价格出售该商品，从而使竞拍在很低的价位上徘徊。如果卖家觉得等待竞拍完毕时间太长，可以设置一口价，一旦有买家愿意出这个价格，商品立刻成交，缺点是如果几个买家都有兴趣，也不可能抬高价钱。卖家应根据自己的具体情况而充分利用这些设置。

⑥营销推广。为了提升自己店铺的人气，在开店初期，应适当地进行营销推广，但只限于网络上是不够的，要网上网下多种渠道一起推广。例如，购买网站流量大的页面上的"热门商品推荐"的位置，将商品分类列表上的商品名称加粗、增加图片，以吸引买家眼球。

⑦售中服务。顾客在决定是否购买的时候，很可能需要很多你没有提供的信息，他们随时会在网上提出，卖家应及时并耐心地回复。但是需要注意的是，很多网站为了防止卖家私下交易以逃避交易费用，会禁止买卖双方在网上提供任何个人的联系方式，如邮箱、电话等，否则将予以处罚。

⑧交易。成交后，网站会通知双方的联系方式，根据约定的方式进行交易，可以选择见面交易，也可以通过汇款、邮寄的方式交易，但是应尽快，以免对方怀疑你的信用。是否提供其他售后服务也视双方的事先约定而决定。

⑨评价或投诉。信用是网上交易中很重要的因素，为了共同建设信用环境，如果交易满意，最好给予对方好评，并且通过良好的服务获取对方的好评；如果交易失败，应给予差评，或者向网站投诉，以减少损失，并警示他人。如果顾客投诉，卖家应尽快处理，以免为自己的信用留下污点。

⑩售后服务。完善周到的售后服务是生意保持经久不衰非常重要的筹码，与客户保持联系，做好客户管理工作。不管是技术支持，还是退换货服务，都要做到位，这才是一位好卖家。只有做好售后服务，才能赢得回头客。

3. 如何在淘宝网注册会员

注册淘宝会员时，需要填入一个电子邮箱地址。下面首先介绍注册电子邮箱的步骤：

（1）注册电子邮箱

当然，如果已经有了电子邮箱，就可以使用已有的电子邮箱地址，无须重新注册新的电子邮箱。这个电子邮箱很重要，淘宝网会向这个邮箱发送所有的交易信息，同时也用于激活账号，起到保护账号安全的作用。下面以网易邮箱为例，介绍注册新邮箱的步骤。

（2）注册淘宝会员

在邮箱注册完毕后，就可以进行淘宝会员的注册了。使用邮箱注册淘宝会员的步骤如下：

①打开浏览器，在地址栏输入 http：//www.taobao.com，即可打开淘宝网首页，单击"免费注册"按钮（如图 2-1 所示）。

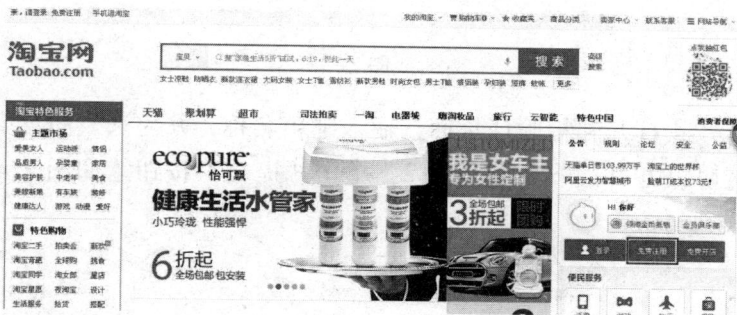

图 2-1

②进入会员注册页面，填写会员名、登录密码及验证码，然后单击"同意协议并注册"按钮（如图 2-2 所示）。

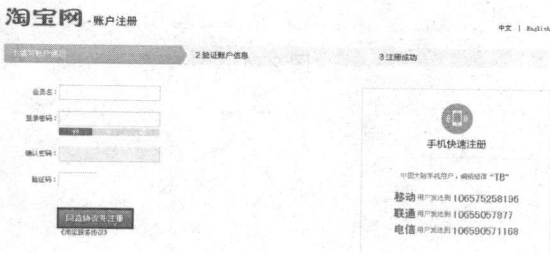

图 2-2

③在打开的验证账户信息页面中，用户可以输入手机号码进行验证，也可以使用邮箱进行验证，这里单击"使用邮箱验证"超链接（如图 2-3 所示）。

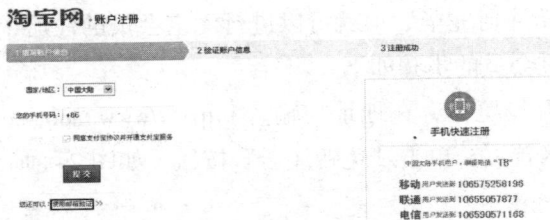

图 2-3

④打开邮箱验证页面，输入邮箱名称，并勾选"同意支付宝协议并开通支付宝服务"，单击"提交"按钮（如图 2-4 所示）。

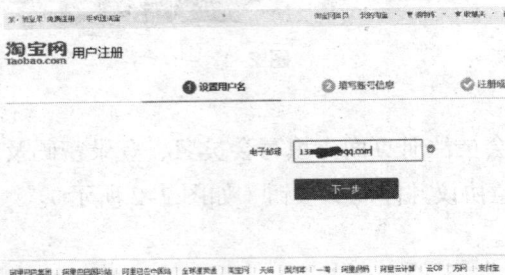

图 2-4

⑤进入激活账户页面，单击"去邮箱激活账户"按钮（如图2-5 所示）。

图 2-5

⑥在邮箱中，打开淘宝网发送的邮件，单击"完成注册"按钮。

⑦此时弹出注册成功的页面。

4. 开通店铺的支付宝功能

完成淘宝账号注册之后，接下来，我们还要注册支付宝账号，并对支付宝账号进行实名认证。只有实名认证的账号才能用来开淘宝网店以及使用支付宝余额支付等功能。

支付宝（中国）网络技术有限公司是我国主流第三方支付平台，支付宝致力提供"简单、安全、快速"的支付解决方案。下面让我们简单来了解一下支付宝。

（1）支付宝的主要功能

①支持余额宝，理财收益随时查看。

②支持各种场景关系，群聊、群付更加便捷。

③提供本地生活服务，买单打折尽享优惠。

④为子女父母建立亲情账户。

⑤可以随时随地查询淘宝账单、账户余额、物流信息。

⑥免费异地跨行转账、信用卡还款、充值以及缴纳各种费用。

（2）支付宝的主要作用

①为买卖双方完成安全、快速的网上支付业务，并为买卖双方提供交易资金记录查询和管理。

②为用户提供银行账户和支付宝账户之间的资金划转业务，并为用户提供相应资金往来记录查询和管理。

③为用户解决后顾之忧，在买家和卖家之间建立起资金互通的桥梁，交易时，买家先把钱打到支付宝，收到货以后，再由支付宝转入卖家账户。这就避免了买家支付后收不到货以及卖家发货后收不到钱的情况发生，使买卖双方都放心。

（3）支付宝的主要优点

①交易时，货款由支付宝先行保管，买家收货满意后，才付钱给卖家，安全放心。

②网上在线支付，更加方便简单。

③付款成功后，卖家立刻发货，快速高效。

④交易手续免费办理，经济实惠。

⑤余额支付。支付宝账户内的资金被称为余额，银行卡里的资金可以通过网银和快捷支付进入支付宝账户，使用余额支付时，基本没有额度限制，用户可以先充值，再付款，同时支付宝余额还支持随时提现，用户可以将余额提现至自己绑定的银行卡。

⑥余额宝。余额宝是支付宝推出的理财服务，用户可以在余

额宝获得理财收益。

个人支付宝实名认证需要准备的东西如下：

①个人身份证。

②银行卡。

③手机号码。

（4）企业的支付宝认证

①单位营业执照彩色扫描件或数码照片。

②组织机构代码证彩色扫描件或数码照片。

③对公银行账户（基本账户、一般账户均可）。

④法定代表人身份证彩色扫描件或数码照片。

⑤若为代理人申请认证，需额外提供以下两项材料：

a. 代理人的身份证彩色扫描件或数码照片。

b. 委托书上必须盖有单位公章或财务专用章，合同专用章、业务专用章等无效。

（5）个人支付宝注册流程

①进入支付宝注册官网 https://www.alipay.com，点击"免费注册"按钮（如图 2-6 所示）。

图 2-6

②阅读相关协议条款，点击"同意"按钮（如图 2-7 所示）。

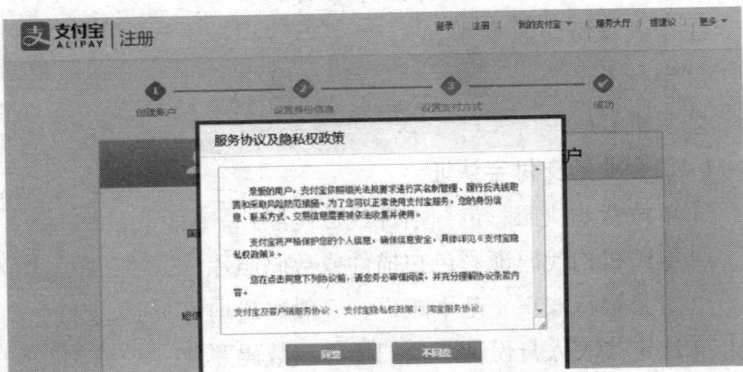

图 2-7

③点击"个人账户"按钮，默认选择"中国大陆"，输入手机号码，获取验证码并输入后，点击"下一步"按钮（如图 2-8 所示）。

图 2-8

④按照提示，填写账户基本信息，注册完成后不可修改，账户信息填写完成后，点击"确定"按钮（如图 2-9 所示）。

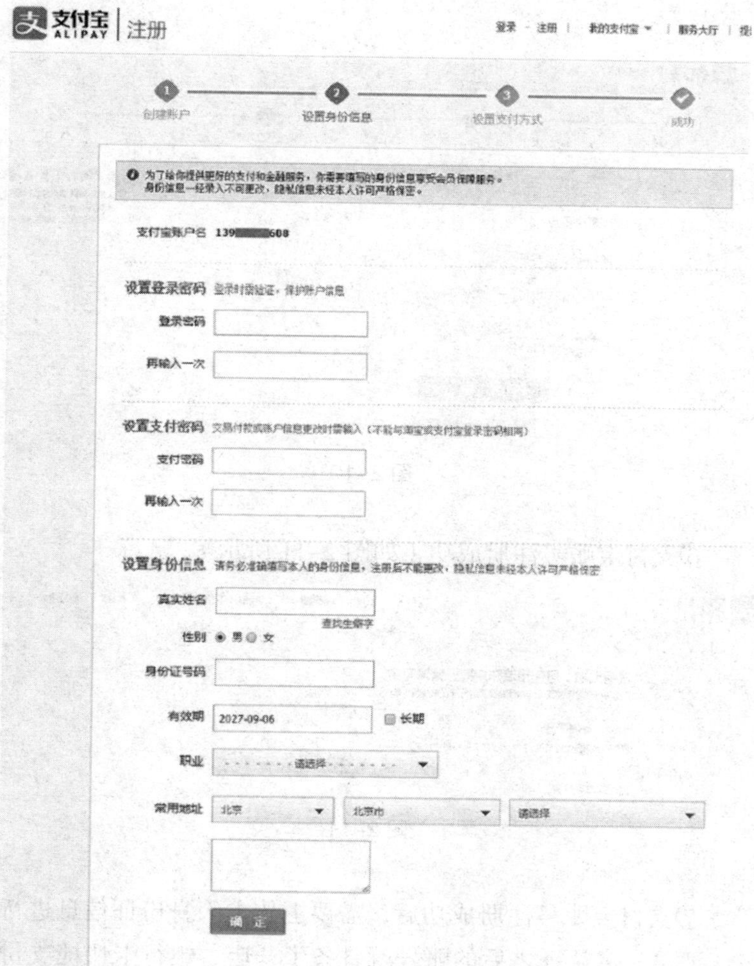

图 2-9

⑤输入银行卡卡号及该卡在银行预留的手机号码，点击"获取校检码"按钮，根据手机信息提示，输入校验码，阅读《快捷支付服务相关协议》，点击"同意协议并确定"按钮（如图 2-10 所示）。

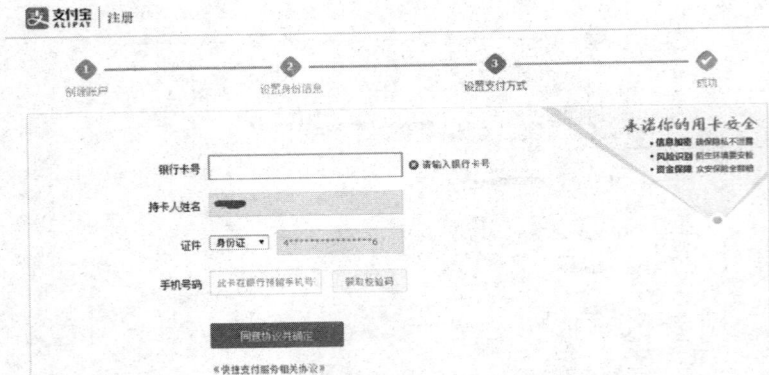

图 2-10

⑥支付宝账号注册成功（如图 2-11 所示）。

图 2-11

⑦支付宝账号注册成功后，需要上传本人身份证信息进行实名认证，实名认证之后的账号就具备了开店、银行卡快捷支付以及支付宝余额支付等功能。

5. 天猫商城开店规则

淘宝开店门槛较低，没有太多硬性要求，也不需要太多资金。而天猫开店则需要一定经济基础，而且要求比较严格。

在淘宝开店好呢，还是在天猫开店好呢？如果新手卖家想要开店创业，但是不知道选择哪个平台，首先就非常有必要了解一下淘宝网与天猫商城的区别。

（1）淘宝与天猫的区别

①淘宝网上任何人都可以开店，而在天猫商城开店则需要注册公司；淘宝网店消费者保证金可以自愿缴纳，入驻天猫商城则必须至少缴纳 1 万元保证金。

②天猫商城属于 B2C 综合性购物平台，是商家对客户的交易平台，淘宝网则是亚太最大的网络零售商圈，典型的 C2C 个人网上交易平台。

③天猫商城的商家必须缴纳年费，淘宝网则没有此项费用，开店费用主要是保证金及推广费等；入驻天猫商城需要进行严格的审核，开设淘宝网店则只需要简单的身份认证即可。

④天猫商城采用店铺动态评分体系，通过对产品与描述相符、卖家服务态度、卖家发货速度、物流公司服务四项动态指标来评判店铺。淘宝网除了店铺动态评分之外，还有一个很重要的卖家信用评分体系，目前有心、蓝钻、蓝冠、金冠四个等级。

天猫网店在搜索排名中占据天然优势，但开店费用相对较高。选择开店之前，应该详细了解一下两者的区别，然后根据自身实际情况合理地选择。天猫商城更加注重品牌与品质，淘宝网店做大、创立自己的品牌后，进驻天猫商城是必由之路。

（2）天猫入驻的规则

1）正品保障

商家不得销售假货及非原厂正品商品，一旦发现出售假货或非原厂正品商品，淘宝有权立即终止协议。

"正品保障"是天猫商家必须承担的服务内容，当买家使用支付宝服务购买商家的商品时，如果买家认定已购商品为假货，则有权在交易成功后14天内，按本规则及淘宝其他公示规则的规定向淘宝发起针对该商家的投诉，并申请"正品保障"赔付。

申请赔付金额以《中华人民共和国产品质量法》《中华人民共和国消费者权益保护法》及其他法规、部门规章和国家强制性标准规定的该类商品售假赔付金额为限。

① "正品保障"赔付申请条件

a. 买家提出赔付申请所指向的卖家是天猫商家。

b. 买家的赔付申请符合相关法律法规的规定。

c. 赔付申请金额仅以《中华人民共和国产品质量法》《中华人民共和国消费者权益保护法》及其他法规、部门规章和国家强制性标准规定的售假赔付金额及邮费（含投诉商品回邮邮费）为限。

d. 买家"正品保障"赔付申请应在交易成功后14天内提出。

② "正品保障"赔付申请流程

a. 消费者在满足以上赔付申请条件的前提下，可以在"我的淘宝—已买到的宝贝"页面通过"保障卡"通道向淘宝发起"正品保障"赔付申请，并注明理由（如图2-12所示）。

随心淘气,尊享以下特权

会买，会玩，会生活。
凭淘气值，可以享受以下特权！

图 2-12

b. 收到买家"正品保障"赔付申请后，淘宝有权根据协调情况要求交易双方提供必要证明，并确认及判定。淘宝根据相关规则判定买家"正品保障"赔付申请成立，则有权通知支付宝公司从商家的支付宝账户中直接划扣商家保证金，以退还买家的相应款项，并退还买家购买该商品所使用的相应积分。

2）卖家义务及处理办法

①淘宝受理买家"正品保障"赔付申请后，卖家需积极配合，并根据淘宝的要求在规定时间内提供相关证明。

②如果卖家能有效证明其商品为原厂正品商品，淘宝将退回买家"正品保障"赔付申请。

③如果商家在规定时间内不能提供相关证明或提供的相关证明无效，则淘宝有权通知支付宝公司从商家的支付宝账户中直接划扣商家保证金来退还买家相应款项，并退还买家相应积分，同时，淘宝有权根据约定终止与商家之间的协议。

2015 年 11 月，天猫携手蚂蚁金服与中国人寿保险等保险公司推出"天猫正品保证险""天猫品质保证险"等一系列普惠保险项目，如果消费者在天猫平台购买到假冒商品，将无条件获得退货、退款支持，并可以获得 4 倍赔偿。天猫查实商家出售假冒商品的行为后，除扣除保证金外，还将对涉事商家做出关店、摘牌等一系列严厉处罚。

6. 入驻天猫的流程

天猫商城是目前亚洲最大的综合性购物平台，拥有超过 10 万户的品牌商家，已经成为我国线上购物的地标性网站，吸引了更多商家踊跃入驻。

入驻天猫的卖家必须是在中国大陆注册的企业，包括法人和合伙企业，必须持有相应的企业营业执照。申请入驻天猫的品牌必须在中国商标局申请注册文字商标，持有国家商标总局颁发的商标注册证或商标注册申请受理通知书。

（1）入驻天猫商城的具体操作流程（如图 2-13 所示）

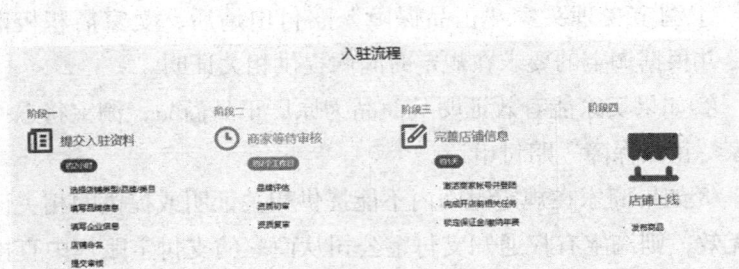

图 2-13

1）申请企业支付宝账号，且通过商家认证

①申请企业支付宝账号。输入网址"www.alipay.com"，点击"注册"按钮，选择企业。

②通过支付宝商家认证。查看申请商家认证的操作流程，这一步骤需要 3 ~ 7 个工作日，期间如有问题，可以随时致电支付宝客服电话95188。

③注意事项。天猫要求的支付宝账号必须是一个全新的账号，不能绑定任何淘宝会员 ID，如果已经拥有了一个经过商家认证的公司账号，但不符合天猫的要求，可以重新申请一个账户，无须再重复进行一次商家认证。

2）登录在线申请页面

①登录天猫招商频道，点击"立即入驻天猫"按钮，并阅读入驻须知。

②检测支付宝账户。支付宝账号通过检测后，请勿将此支付宝与任何淘宝账号绑定，店铺成功上线后，系统会自动将此账号与天猫账号绑定。

③阅读淘宝规则并完成考试。

3）提交企业信息

①填写公司申请信息，并上传相关的企业资质和品牌资质。

②确定天猫的店铺名称及域名，了解天猫店铺命名规范。

③签订服务协议、线上支付服务协议及签署支付宝代扣协议。

4）等待审核

①提交申请，天猫工作人员会于 7 个工作日内完成审核。

②用天猫账号登录"我的淘宝—我是卖家—天猫服务专区"，

在 15 天内缴纳保证金 / 技术服务年费。逾期操作，本次申请将作废。

5）发布商品、店铺上线

①用天猫账号登录"我的淘宝—我是卖家—天猫服务专区"，点击"发布商品"按钮，根据页面提示，在 30 天内发布符合规定数量的商品。逾期操作，本次申请将作废。

②点击"下一步，店铺上线"按钮，店铺正式入驻天猫。

（2）天猫开店须知

入驻天猫之前，非常有必要了解天猫开店的一些必要条件和其他规定，以减少入驻时不必要的麻烦。

①天猫未授权任何机构进行代理招商，入驻申请流程及相关收费说明都以天猫官方招商页为准。

②天猫有权根据包括但不仅限于品牌需求、公司经营状况、服务水平等其他因素退回客户的申请。天猫有权在申请入驻以及后续经营阶段要求客户提供其他资质，天猫将结合各行业发展动态、国家相关规定以及消费者购买需求，不定期更新招商标准。

③客户必须确保申请入驻及后续经营阶段提供的相关资质的真实性，一旦发现虚假资质，将会被列入非诚信客户名单，天猫将不再与之进行合作。

④天猫暂不接受个体工商户的入驻申请，也不接受非中国大陆企业的入驻申请。

⑤天猫暂不接受未取得国家商标总局颁发的商标注册证或者商标受理通知书的品牌开店申请（部分类目的进口商品除外），也不接受纯图形类商标的入驻申请。

第三章

选品：锁定客户的内心需求

1. 货源是电商的生命线

货源是网店生存的生命线，许多人想开网店，却苦于找不到好货源，也不知道怎样去寻找货源。可以说，有没有好货源直接关系到开网店的成败。

当前，可以卖的东西五花八门，货源也呈多样化。正因如此，想要找到合适的货源就有难度了。下面我们就来分析一下在淘宝开网店怎样寻找好货源。

（1）从批发市场进货

批发市场是货源的重要来源地，尤其是大型综合批发市场，进价低、品种全，很容易就能找到适合自己的货源。

在批发市场寻找货源时，不要盲目进货，而是要把握好当前的市场定位，对相关产品的价格要大致了解，与供货商商谈时，要会讨价还价，不然就会在价格上吃亏。从批发市场拿货，要注意以下几点：

①对批发的商品要有详细的报价。

②尽可能保证货源都有第一手实物拍摄图片，最好由供货商提供，因为自己拍摄非常麻烦。如衣服，通常每款衣服都有好几种颜色，而且需要模特穿上拍才有质感。

③货源库存数量以及退换货流程也是关键，经常断货或商品积压会给开店带来很大压力。

（2）从厂家直接进货

从工厂直接进货的优势在于可以找到一手货源，但从工厂进货通常对数量有要求，每一种货最少要拿几十件才可以。新手开店，很难找到这类可靠的货源，网店做大以后，从厂家直接拿货是必然的发展方向。

一件商品从生产厂家到消费者手中，要经过许多环节，其基本流程是：原料供应商—生产厂家—全国批发商—地方批发商—终端批发商—零售商—消费者。

如果是进口商品，还要经过进口商、批发商、零售商等环节，涉及运输、报关、商检、银行和财务结算。经过如此多环节、多层次的流通组织和多次重复运输过程，自然就会产生额外的附加费用。这些费用都被分摊到每一件商品上，所以一件出厂价格为 2 元的商品，消费者往往需要花 15 元才能买得到。

哪些工厂可以尝试着去洽谈，哪些工厂你根本想都不要去想？一定要对这方面情况有所了解，这样才不至于到处碰壁，浪费大量时间和精力。

对于外资厂和大型工厂来说，其吞吐量都较大，动辄以万计，仅是生产样品都成百上千种，对小订单一般也不会理会。

此外，代理加工厂和自主品牌厂都有自己的各级代理商，不能发货给他人，否则会造成恶意串货。

所以，对于网店新手来说，要找的只能是做内销的小型工厂了。

（3）从天猫供销平台选货

①在地址栏输入链接 "https://www.taobao.com"，登录淘宝网，点击 "我的淘宝" — "买家中心" — "货源中心"。进入货源中心，可以看到阿里进货管理、品牌货源、分销管理等（如图 3-1 所示）。

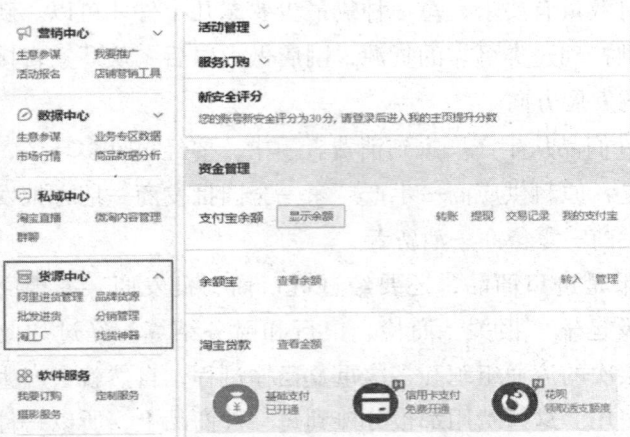

图 3-1

②在地址栏中输入 "https://gongxiao.tmall.com"，进入天猫供销平台挑选合适的货源。在这里可以查看供应商提供的销售模式、招募书，以及招募条件、分销利润、当前库存等（如图 3-2 所示）。

图 3-2

③与供应商建立合作关系，获得产品授权，发布产品。

（4）从阿里巴巴采购网进货

①在地址栏输入"https://china.1688.com"，登录阿里巴巴采购网（如图 3-3 所示）。

图 3-3

②搜索自己想要的产品类目，从价格、供应商、质量等方面进行比较后，做出选择（如图 3-4 所示）。

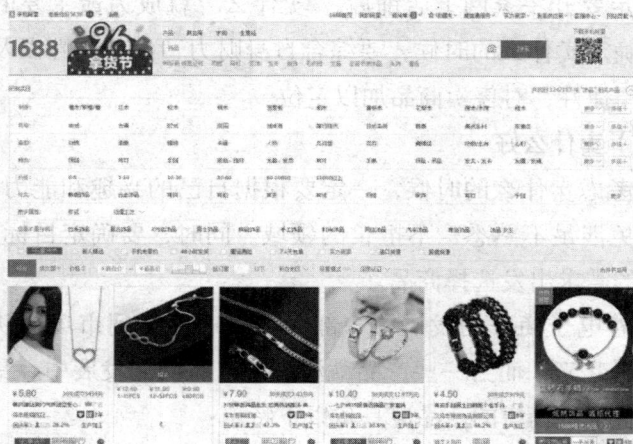

图 3-4

③查看供应商要求的订货量、价格，是否支持混批，以及物流价格等，然后将商品加入进货单，完成订购。

总之，在淘宝开店，寻找货源是要花费很多心血的。货源的价格和质量可以说是网店生存及赢利的生命线，即便是从厂家进货，你拿到的价格也可能不是最低的。实际上，出厂价也是有规定的，有代理商的地方，你去厂家也拿不到最低的价格，因为厂家要保护代理商的利益，厂家不会因为你而得罪他的代理商。

另外，在货品选择上，很多人认为，市场上什么好卖就进什么。实际上，跟风经营成熟产品风险更大。如果你想成为一个成功的网店店主，就不能盲目跟风，要用心处理好每一个细节，遇到难题解决难题，每解决一个难题，都是一次经验的积累。

2. 电商如何选品

确定要开一家网上店铺后，"卖什么"就成为最主要的问题了。在确定卖什么的时候，要综合自身财力、商品属性以及物流运输的便捷性，对售卖商品加以定位。

（1）卖什么好

在考虑卖什么的时候，一定要根据自己的兴趣和能力而定。尽量避免涉足不熟悉、不擅长的领域。同时，要确定目标顾客，从他们的需求出发选择商品。

随着电子商务的发展，一部分网络产品得到市场的认可并迅速火爆起来，而另一些产品就湮没在互联网的发展中。具体来说，适合网上销售的产品应具备以下特点：

①体积较小。主要是方便运输，降低运输的成本。体积较

大、较重，而又价格偏低的商品是不适合网上销售的，因为在邮寄时，商品的物流费用太高，如果将这笔费用分摊到买家头上，势必会降低买家的购买欲望。

②附加值较高。价值低过运费的单件商品是不适合网上销售的。要做价格相对稳定，不要做价格短时间内相对不稳定的产品，初期开店的小店主承担不了这个风险。

③具备独特性或时尚性。网店销售不错的商品往往都是独具特色或者十分时尚的。

④价格较合理。如果网下可以用相同的价格买到，就不会有人在网上购买了。网下没有，只有网上才能买到，比如外贸订单产品或者直接从国外带回来的产品。避免做国货之类的产品，这类产品一是利润相对少；二是价格相对透明；三是随处可见的商品毕竟不是那么吸引人。初期开店不可能有太多人气和订单，如果形不成一个量的话，是很难继续下去的。

⑤通过网站了解就可以激起浏览者的购买欲。如果这件商品必须要亲自见到，才可以达到购买所需要的信任，那么就不适合在网上销售。如果有品牌商品进货渠道的，可以考虑做品牌商品，因为这类产品的知名度较高，即便买家不看到实物，也知道商品的品质。

（2）电商进货注意事项

很多网店新手卖家对进货没有经验，导致在货源方面的不足或成本问题等因素，直接造成网店经营的失败。开网店进货需要注意以下几点：

首先是外贸尾单货。外贸尾单货就是正式外贸订单的多余货品。外商在国内工厂下订单时，一般工厂会按 5% ~ 10% 的比例多生产一些，这样做是为了万一在实际生产过程中有次品的话

（外商检验非常严格，不得有一点瑕疵），就可以拿多生产的数量来替补，这些多出来的货品就是外贸尾单货。

1）外贸尾单货的特点。外贸尾单货的优点就是性价比高，通常商家所销售的几十元钱的产品出口后，都是几十美金或是更高的价格，但缺点是颜色和尺码不全，不能像内销厂家的货品那样齐码齐色。所以，它的价格一般比商场或其他地方更便宜。

2）如何辨别真假外贸尾单货。面对鱼龙混杂的外贸货市场，应该如何判断其真假呢？下面介绍几点经验，供卖家参考：

①看价格。大多数外贸企业不擅长内贸，一旦产生了尾单货，一般都会选择低价脱手。

②看质量。真正的外贸尾单货的质量和正品一样，这就需要有相当的经验才能辨别，或者手上有真货可做比较。

③看包装。真正外贸尾单货的外包装都是比较简单的，那些包装精美、所有配件都齐全的商品就值得怀疑了。

④看尺码。一般来说，尾单货，特别是服装类的尾单货，有断码现象是非常正常的，尺码几乎不可能齐全。

⑤看瑕疵。有些外贸尾单货是有瑕疵的，不过瑕疵并不明显，不容易看出来。

⑥看商标。一般尾单货的商标都是最后才贴上去的，有的甚至没有，这并不代表商品不好，或者是质量有问题，而恰恰说明了真货的严谨性。越是替知名品牌加工产品的厂家，它的尾单货就越是不可能有商标，因为越是知名的品牌，对商品的控制越是严格，包装袋也算在内。

其次是民族特色工艺品。民族特色工艺品也是网店货源一个不错的选择。

1）民族特色工艺品的优劣势。民族特色工艺品具有工业化产品所没有的特性与优势，如奇特、淳朴、个性化。具有地域特色、民族内涵、文化底蕴等，这些特性与优势使其在商品海洋中显得尤其突出，但也有一些受地域限制、知名度低等的劣势。

2）民族特色工艺品的作用。

①收藏。人们外出旅游，除了在景点拍照留念之外，一般还会购买当地的民族特色工艺品作为收藏品或赠品。

②用作家居装饰。现在的人们不太喜欢冷冰冰的金属材料、没有质感的塑料制品，而是更喜欢具有民族内涵和文化底蕴的民族特色工艺品，如在书房、卧室、客厅的墙壁挂上具有民族特色的挂毯，或张贴具有民族风情的装饰画已经成为家居装饰的新潮。

③作为随身携带的饰品。民族特色饰品也成为人们的最爱，如钥匙圈、手机挂件、胸颈饰物、衣饰、首饰、脚饰等。

再次是二手闲置物品与跳蚤市场。

1）二手闲置物品。二手闲置物品虽然有无法退货、利润不高、无法持续经营等缺点，但也有以下几方面优点：

①不用考虑店铺的经营方向，能收集到什么就销售什么。

②没有压货的风险。

③不用考虑货物的成本。

④减少浪费现象。

2）跳蚤市场。如前所述，闲置物品不会一直增加，卖掉一件就少一件。那么，卖光这些闲置二手货后，怎样保持现有的经营特色继续经营下去呢？其实有一个地方能收集到便宜的二手货，那就是跳蚤市场。

"跳蚤市场"是欧美国家对旧货地摊市场的别称，它由一个个地摊摊位组成，市场规模大小不等，所售商品多是旧货，如人们多余的物品及未曾用过但已过时的衣物等。小到衣服上的小件饰物，大到完整的旧汽车、录像机、电视机、洗衣机，一应俱全，应有尽有，价格低廉，仅为新货价格的 10% ~ 30%。

在跳蚤市场淘货要打起十二分的精神，以避免交易中的陷阱。很多买家会选择网上跳蚤市场，在网上进行二手货物交易时，要注意以下几点：

①注意虚假信息。虚假信息的特征有以下几点：

发布了大量信息，热门类别尤其多，价格极其低廉，极具诱惑力。

注册人的名字明显是化名。

电话号码所在区域与标明区域不符，如在福建开户的手机，却说是在广州（或其他地区）等。

②进行交易时要注意以下几点：

通过对外公布的个人信息就可以知道信息发布者的情况。例如，借助信息发布者对外公布的联系电话，你可以通过直接打电话与信息发布者联系，辨别发布的信息与信息描述是否一致，从而进行正确的选择。

如果需要面对面交易，尽可能带朋友一起去或在公共场所交易。

检查发布信息中价格的可信度，可以在跳蚤市场中搜索相关类别最近的信息价格作为参考。

在进行物品交易时，应仔细核对成交物品与信息描述是否一致，是否属于违法销售或有害身心健康和个人财产安全的物品，所交易的物品是否属于国家禁止或限制买卖类商品。

最后是库存积压的品牌商品。品牌商品在网上是备受关注的产品之一，很多买家都通过搜索的方式直接寻找自己心仪的品牌商品。不少品牌商品虽然在某一地域属于积压商品，但在其他地域可能是畅销品，所以，积压库存的品牌商品也是网店货源的重要渠道之一。

1）品牌积压库存的优点。

①商品价格低。由于工厂处理库存货几乎都是被动处理，价格方面自然比较好谈，但也取决于个人的谈判能力，谈判能力强的自然可为自己省下不少钱。另外，人缘比较好的人能调动场面气氛，说话很容易让人接受，砍价方面自然高人一等。

②商品品种多。无论企业属于哪一行业，如果要生存下去，就必须以市场为导向，生产出市场需要的商品。而市场的需求正朝着多元化发展，因此企业就要不断研发新的商品，以适应市场的需求。这样日积月累，企业库存的商品品种必然越积越多。

2）品牌积压库存的缺点。与其他货源一样，积压的品牌商品也有其缺点，网店新手应多加留意。

①数量大。企业的库存数量一般都比较大，这一点对大部分小本经营的网店卖家来说是个不好的消息。

②款式过时。企业的库存货有些是以前的流行商品，但对现在来讲无疑是过时商品，这一点也需多加注意。

③混杂有瑕疵品。一些商品不会将瑕疵品做报废处理，而是当作库存商品卖给客户，检查货物时，要打起十二分精神，不要看到价格便宜，就忘乎所以。

④需更换商品的外包装。企业的库存货大部分都没有标准的外包装，或者外包装已经陈旧、变形、变色甚至破烂不堪，需要客户自己重新处理包装，而这会增加你的成本。

3）寻找积压库存的品牌商品。在寻找积压库存品牌商品过程中，要注意以下问题，否则收购回他人的库存后，商品不好销，立即变为自己的库存，让库存压力从厂家那里转移到自己的身上，有可能导致自己从此一蹶不振。

①消费者的品位。先从各个渠道详细了解当前大众消费者的品位，看他们是重实用，还是重感观，重内涵，还是重外形，重

本土品牌，还是重国外品牌，等等。

②文化鉴赏力。了解一下当前大众消费者的文化鉴赏力如何。

③销售及市场动态。广泛关注市场动态并进行分析。

④预测市场需求能力。预测市场需求能力及市场需求量。

⑤重视消费需求的不确定性。消费者的消费需求变化很大，不确定性增强了，流行风的存活期也越来越短，且流行风具备越来越强的区域性。

3. 了解天猫的店铺类型

天猫商城是现在很多创业者网上开店的首选，作为一个普通的商家，入驻前，必须要了解天猫店铺有哪些类型、开店需要多少成本。正所谓知己知彼，才能百战不殆。

入驻天猫的店铺类型主要分为三种，分别是旗舰店、专卖店及专营店。这三种类型的店铺具体要求分别是什么呢？下面就让我们一起来了解一下：

（1）旗舰店（如图3-5所示）

图3-5

旗舰店指商家以自有品牌（商标为 R 或者 TM 状态）入驻天猫而开设的店铺。旗舰店主要有以下三种类型：

①经营一个自有品牌商品的品牌旗舰店。

②经营多个自有品牌商品，并且各品牌归同一实际控制人的品牌旗舰店（仅限于天猫主动邀请入驻）。

③卖场性品牌（服务类商标）所有者开设的品牌旗舰店（仅限于天猫主动邀请入驻）。

旗舰店开店主体必须是品牌（商标）权利人或持有权利人出具的开设天猫品牌旗舰店独占授权文件的企业。

（2）专卖店（如图 3-6 所示）

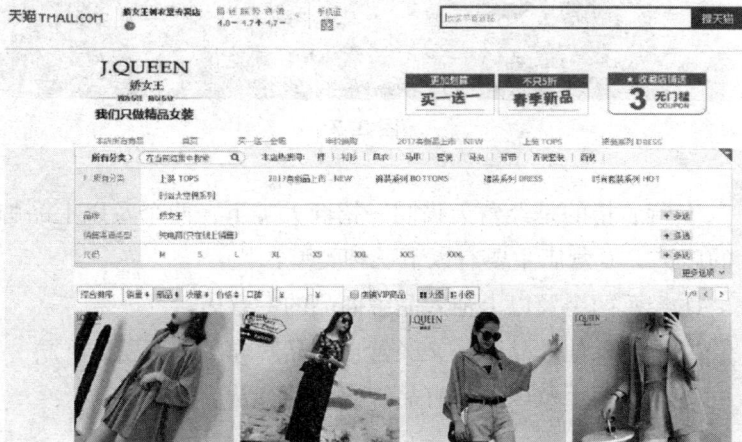

图 3-6

专卖店指的是商家持品牌授权文件在天猫开设的店铺，主要有以下两种类型：

①经营一个授权销售品牌商品的专卖店。

②经营多个授权销售品牌商品并且各品牌归同一实际控制人的专卖店（仅限于天猫主动邀请入驻）。

（3）专营店（如图3-7所示）

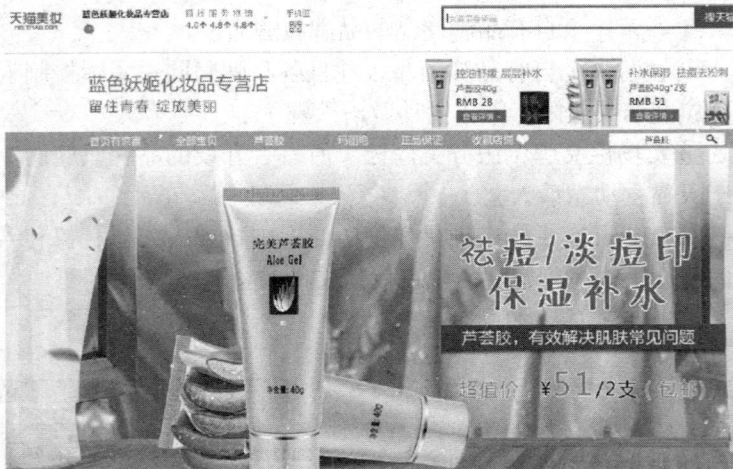

图 3-7

专营店指的是经营天猫同一招商大类下，两个及以上品牌商品的店铺。专营店主要有以下三种类型：

①经营两个及以上他人品牌商品的专营店。

②既经营他人品牌，又经营自有品牌商品的专营店。

③经营两个及以上自有品牌商品的专营店。

4. 如何定位自己的淘宝店铺

相信很多卖家提到"定位"都会十分头疼。淘宝网一直提倡店铺个性化、标签化、小而美，想要真正实现这些目标，就需要对店铺进行精准的定位。

　　定位，说起来很虚，即便用案例，也只能证明它的重要性，而对于实际操作没有任何帮助。那么，有没有适合实际操作的店铺定位方法和流程呢？首先你要弄清楚什么是定位、为什么要定位。店铺定位的目的是要让店铺在消费者心中占有一席之地，而且最好是唯一的。简单来说，就是让自己的店铺与竞争对手区别开来，让自己的店铺与众不同。

　　因此，店铺定位的主要方法就是寻找竞争优势，在某个点或者某一领域，你的店铺能够表现得与众不同，能够比其他竞争对手更有特色和优势。从自身的竞争优势和差异性作为切入点，这样更容易成功。

（1）从竞争对手的弱点切入

　　首先，确定店铺的直接竞争对手，找出销量最好、价位最接近、风格最相似的产品，找到后，打开这个产品的详情页，仔细观察累计评价详情，产品的弱点通常都会在累计评价详情中体现出来。

　　其次，仔细看那些负面评论，不一定是差评。例如，你发现大部分的负面评论中都说这款产品面料不舒服，那么你在自己的产品详情页当中就可以重点突出你的产品面料好，前提是你的产品面料要真的好。

　　如果消费者看了你店铺下的评论，然后发现有人说产品面料很好，收到宝贝后非常满意，给了你一个好评，并且在好评中强调"这家衣服面料真好"，这对你增加店铺的流量帮助是非常大的。

（2）从消费者的关注焦点切入

　　也就是说，消费者关注什么，你就去切入什么。如何知道一个消费者关注的焦点是什么呢？这要看消费者的累计评价详情。我们以狗粮为例进行说明。

　　累计评价详情中，如果消费者最常提到"狗狗很喜欢"，就说明消费者在买狗粮时，最关注的点是狗狗喜不喜欢吃。狗粮营养是否丰富、价格是否便宜等在狗狗是否喜欢吃面前都是次要的。并不是说这些不重要，而是消费者关注的焦点是狗狗是否喜欢吃，因此，可以将这个焦点作为你的切入点，而不是其他。

（3）从产品本身的核心卖点切入

你可以从不同维度提炼产品的卖点，从而形成自身的竞争优势。例如，颜色、大小、形状、口味等，这就需要你自己深入挖掘了。

例如，卖枸杞。许多卖家卖枸杞时，都是大包装的，500克或1000克装在一个大袋子里面。如果你将枸杞做成小包装，每1个小包可以泡一次水，这就形成了差异化卖点。

如今，产品同质化严重，有时候深挖产品卖点，形成差异化，创意思维起着关键的作用。如果你能给产品创造一个独特的概念，就会很容易帮助你形成相对的竞争优势。

（4）从产品的单一属性切入

这种方法很容易做到，但不容易做大。也就是说，你可以选择一部分细分市场，只服务某一类消费者，专心研究这类人群的消费特点和个性化需求，然后全力满足他们的需求。例如，专做大码女装的店铺，消费者黏性、回购率、满意度都非常高。同样，弊端也十分明显，那就是市场空间小，不容易形成品牌优势，很难打造爆品。

总之，目前在淘宝网上，各类店铺应有尽有，因此，开店之前，你要想好自己的店铺要经营什么、面对的目标消费者有哪些、自己经营的产品有哪些优势，等等。只要给自己的店铺以精准的定位，在细节上提供更优质的服务，其实小而美的市场还是很容易做的。

5. 开网店卖土特产

在山西运城市机场大道豪德贸易广场一家正在装修的门店

内，有两个为工作奔忙的大学生正紧张地忙碌着，他们一个叫杨少锋，另一个叫杨海军。杨海军在不停地接打手机，杨少锋则在整理店内的物品。两个小伙子都是芮城县靠近黄河的历山村人，他们从小一起长大，因为学习成绩好，两个人都考上了大学，杨少锋上的是长春金融学院，杨海军上的则是西南交通大学。

现在两个人是合作伙伴，虽然他们创业仅仅两年多，但是已经有了上百万的年收入。

杨海军不太爱说话，杨少锋则掸掸衣襟上沾着的尘土，说起了他们的大学生活、他们毕业后的经历以及现在开网店卖土特产的生意。

2006 年 7 月，杨少锋毕业。对于大多数大学生来说，毕业后找一份和自己专业对口的工作是一件惬意的事。杨少锋学的是金融专业，他的同学多数选择了在银行或国有企业上班。

杨少锋说当时他自己在长春找一份工作也比较容易，但是他很想看看不同于长春的世界，于是就辗转来到了江南，在杭州一家木业公司找到了工作。凭着踏实能吃苦，杨少锋一开始的业绩就很不错，并且很快当上了主管，然而，仅仅几个月后，他选择了跳槽。"那个公司收入不错，给我的岗位也不错，但员工相对老龄化，感觉不到朝气和活力，公司的规定我也觉得有些死板。这不是我想要的工作环境。"杨少锋说。

这时，一家著名电子商务公司正在招人，对网络本来就感兴趣的杨少锋毅然辞职，来到了该公司求职。"那天天气很热，其他求职人员都穿着短袖，而我却一直穿着从长春带来的长袖，因为那时身上的钱已经花得所剩无几，我又不好意思开口向家里要钱。我想，既然走出去了，就要靠自己，不想再靠家里资助了。"杨少锋说。

在公司里，杨少锋学到了很多知识和技巧，也结识了很多朋友。由于他的踏实、肯干、能吃苦，杨少锋很快又被提升为主管，而且他的想法和见解比较独特，很多都被领导采纳了。在当主管期间，他所在的部门成绩突出，很多时候，其他部门都以他的部门为"标兵"。

2008 年，受到金融危机的冲击，杨少锋的业绩也在不断下滑，看到短时间内无法改变，无奈之下，杨少锋再次辞职，辗转到北京，又在一家大型国企当上了客户主管。

有一份体面的工作，刚开始时，杨少锋很自豪，但过了不久，他发现自己还是不适应。杨少锋说："我可能一直渴望自己创业。经过毕业后几年的打拼，我觉得自己的经验和能力到了可以独立创业的时候，要不体现不了我的价值。于是我开始琢磨干点什么好，想来想去，就是开个网店。"

2009 年下半年，杨少锋回到了芮城老家。当时，杨海军恰巧回家探望父母。

童年的伙伴聚到一起，坐下来聊过去，聊将来。杨少锋开始给杨海军"洗脑"："现在是经济时代、网络时代，网上购物已经成为一种趋势，咱哥儿俩在外漂了这么多年，也该干点什么了，不如一起开个网店吧！"

对于杨少锋讲的开网店，杨海军并不是很了解，他问："咱们在上面卖什么呢？"

杨少锋说："卖咱们村的东西，现在城市里生活的人特别注重保健养生，对于原生态的东西也特别感兴趣，咱们就从这方面着手。咱们村好东西不少，环境又好，尤其是野菜山货都是绿色无公害产品，可是咱们村的人只知道挑出去、拉出去卖，就是弄到县城也没有多少人稀罕，既费劲，又不挣钱。咱们把这些收回来，在网上进行销售，一定能行。"

　　杨少锋让杨海军好好考虑考虑。很快，杨海军就给了杨少峰答复：入伙！

　　对于杨海军的加入，杨少锋特别高兴："海军看着话不多，但脑子灵活，有点子，他可是当年我们县的高考状元，西南交通大学毕业后，在上海、苏州等地工作，很了不起。"

　　说干就干，两个人做了一次市场调查，在网上注册了一个叫"原春味"的网店。一开始，他们试着把自家的枣、花生、绿豆，还有野花、野菜等几种产品的介绍和图片放到了网上，没想到第一天就有了订单。

　　杨少锋讲，他的第一个订单是小野花，当时看到有订单，别提有多高兴了，他赶忙用袋子包好，骑了20多分钟摩托车到县里的快递公司邮给买家。

　　接着又有了惊喜，当时全国市场紧缺绿豆，买家看到他们网店有绿豆，就向他们大批量订购。这回哥儿俩可忙了起来，白天在本村以及周围村子挨家挨户收绿豆，晚上和家人一起挑拣和筛选，第二天发货。几个月下来，哥儿俩瘦了一大圈，但收入也多了起来。

　　眼看着生意一天天好起来，问题也随之产生了。开网店，货源至关重要，但是农产品有季节性，杨少锋的网店不断出现缺货、断货的情况，满足不了客户的需求，有的农产品不易保存，卖不掉，只能白白扔掉，造成不小的损失。另外，他们的店铺资金周转不灵，人手紧缺，物流渠道也不畅通。

　　面对一大堆问题，两个小伙子一时间摸不着头脑，偶尔还会发生争执，但从来没有提出过要放弃。没钱了，放下架子，向亲戚朋友借，并保证一定尽快还上；人手不够，就把村里闲着的人拉过来帮忙，给他们发工资。

　　针对货源问题，他们可下了不少功夫，跑遍了周围的十里八村收购货物，还把自家的院子和房子改成了储存仓库，对于不易储存的，把它们腌制起来同样可以放到店铺里卖。就这样，两个人遇到问题解决问题，一起研究，一起开拓市场，店里的产品数量从最初的十几个品种做到了现在的八十几个品种，每天的订单数量也从几十单增加到上百单。现在，他们的农产品发往全国各地，深圳、广州、香港的买家居多，而且对他们的评价也很高，有的买家还把他们的槐花、蒲公英等特色产品带到了日本，让日本人也品尝了他们家乡的野味。

现在，哥儿俩的生意做大了，收入节节攀升。他们还找了十几个老乡帮忙整理打包，每人每年可以挣到 1.5 万元左右，村里的几家农户还和他们签订了合同，在自家的地里种上他们需要的品种，然后哥儿俩来收购，收购的价格也相当可观。这样既给村民们带来了额外的收入，又解决了货源问题。

杨少锋说："我们会经常教乡亲们使用电脑，让他们通过电脑学习农业生产知识，想办法使乡亲们的农产品增值。"

为了提高供货效率，他们把仓库搬到了离物流公司较近的豪德贸易广场。现在，他们正在装修自己的公司，招兵买马。"认准目标，坚持下去，就会走向成功。这是我和即将进入大学以及正在找工作的学弟学妹们分享的一点人生经验。"杨少锋说。

6. 线上线下结合销售

此前，一直把淘宝网看作假货、盗版横行之地的周扬，2013年，他的淘宝商城店铺"凯米尔"月销售额达到 4000 万元，保守估计，净利率达到 50%。

学国际贸易出身的周扬，毕业后的第一份工作便是在湖北武汉的黛安芬工厂中做采购，此后，辗转多家内衣工厂。

2006年，周扬辞去工作，在孝感市孝南区建起了一座小小的裁片加工厂。说是工厂，"其实充其量就是个小作坊，买几台缝纫机，雇几个工人，从大型代工厂那里领回一些裁剪好的布料，做好了，再送回工厂做质检"。

而在外贸形势一片大好的21世纪初，周扬的"小作坊"毛利率可达20%。但这不是他创业的终点。他一方面招兵买马，按照与自己合作的大型代工厂的部门设置，让小工厂看起来照样"五脏俱全"；另一方面，则开始独立地承接一些小额的内衣成品加工订单。

接下来的几年，周扬和当地的大多数工厂老板一样，将代工生意做得风生水起，年销售额逾3亿元不说，更重要的是，代工厂在海外大客户的"苛刻"要求下，锻造出一套相对专业高效的供应链体系。

如果不是敏锐地感知到了2000年末开始发端的一些"坏兆头"，周扬或许还会在为其他企业做代工这条"康庄大道"上飞驰。然而，就在他刚刚用手头所有资金买下一块新地、建起一个能容千人的大工厂时，他突然发现，那些合作多年的欧美品牌客户们开始变得越来越"古怪"——要求交付的设计稿越来越多，但订单却迟迟不下；总订单额虽然没太大变化，但款式做得越来越多，且每一款的订单额却越来越小。

多番打听之后，周扬才渐渐了解客户对于市场前景的迷茫和谨慎，而此时的他也并没有更多的选择。"建工厂把钱都花完了，还有1000来号人要养活，而且生意人都想图个好兆头，刚搬了新工厂，我一定要让它至少看上去红红火火的"，就这么盘算着，他一狠心，将原本将近30%的毛利空间一下子压到了5%，率先抢到了订单。

此后的每一天，周扬和当时珠三角许许多多代工厂老板一样，几乎是在一种"白色恐怖"下度过的，"一会儿这个人来电话说，听说谁的厂子关了，一会儿又有另一个人跑来告诉你，谁被收购了"，而周扬也开始反思过去自己为其他企业做代工模式是否过于单一，是否该尝试内销，线上线下两大类渠道又该如何选择。

2007年底，周扬决定"曲线"试水网络。他先找人搭建了一个网罗内衣爱好者的 BBS 社区，打算等攒够了人气，再将流量导向另一个独立的 B2C 网站。但让他郁闷的是，几个月后，他发现 BBS 社区里，除了自己的朋友，便是朋友的朋友。更重要的是，即便他花钱去其他时尚门户买流量，在他心里也开始打出一个个新问号："最终这些流量会变成有效流量吗？""我到底是要做什么呢？"

就在这时，一个做玩具生意的朋友拉着周扬到广州参加淘宝商城的招商会，抱着听听看的心理，他去了，也抱着试试看的心理，他以"凯米尔"的品牌进驻了淘宝商城。

起初，周扬并没有重视淘宝商城，他让原先负责 BBS 运营的员工打理着这家网店，把过去几年代工剩余的布料重新设计生产后，以"凯米尔"的品牌在淘宝上销售，同时他自己又重新回到了为其他企业做代工道路上。

有一天，网店的员工跑来告诉周扬，第一批生产的内衣好多款式已经卖脱销了，还不断有顾客来询问，之后会不会再生产。周扬决定再生产一批试试，结果再次脱销。而此时，凯米尔的日销售额已逼近10万元。

2009年初，周扬开始认真研究电商，在顺德一处闲置办公楼里组建起凯米尔营销和客服团队。

虽然周扬在代工时积累下众多欧美品牌客户的尺码和数据样本，但当他第一次正式为凯米尔生产内销产品时，却发现原本在欧美最好卖的几个尺码照搬到内地并不热销。此外，一些已经购买了凯米尔产品的顾客也会在评价中对更为细节的设计、做工提出各种各样的意见。周扬据此进行一一调整。

但是，让他没有想到的是，伴随着凯米尔在淘宝商城上的日成交量渐增，另一种质疑声也开始渐渐变大。一些顾客在评价中怀疑凯米尔不过是一家从各家代工厂里收罗尾货，然后在淘宝上倒卖的皮包公司。

于是，2013 年下半年，周扬拿下武汉市汉口步行街和民众乐园的两个门面，决定在那里开设两家凯米尔的线下体验店。

这一招被证明显然是有效的。在开设体验店之前，凯米尔的购买人群分布上海、成都、广东、武汉等大城市。而当体验店在武汉市内开到第 7 家时，武汉的购买人群上升至了第一位，所占比例也远远超过此前上海的 9%，达到 17%。随即周扬一口气又在成都和江苏等地新开十余家体验店。

"凯米尔在线下只做体验店。"周扬十分坚定地说，"因为我还准备再做一个高端品牌——'时尚巴黎'，定价在 350 元以上（凯米尔的平均价位为 100 ~ 150 元），主做线下。"

周扬也并未因此而完全放弃为其他企业做代工业务。一方面，尽管毛利率低得可怜，但每年 3 个亿的订单还能给上千人的工厂不少帮衬；另一方面，给诸如 C & A、H & M、CK 代工，也能让周扬和他的设计团队（一部分已外包给欧洲的两个工作室）了解到最前沿的流行信息，同时将内外销的采购环节整合在一起，尽可能地压缩成本。

至于品牌商标，周扬自信地回答道："可以说，我们就是网上的 H & M！"

第四章

美化：如何用视觉效果留住客户

1. 给产品拍摄照片的器材

一位专业的摄影师需要的设备是非常多的，专业的相机、镜头、三脚架、各种各样的灯光系统等。也可以说，摄影十分耗费资金。但是作为网商，我们中的很多人都不具备专业的摄影技术，也没有那么多昂贵的专业摄影设备，那么我们到底需要哪些拍摄设备呢？

（1）相机（如图 4-1 所示）

根据拍摄商品的不同特点，对相机性能的要求也不一样。拍摄绝大部分商品，我们只需要拥有一台相机，甚至连像素多少也没有特别的要求。

图 4-1

一张商品标题图片常用的尺寸是 500 像素 × 500 像素，即 25 万像素，一张商品描述图片常用的尺寸是（500 ~ 700）像素 ×（500 ~ 700）像素，最大也就是 49 万像素。而目前市面上的数码相机动辄就是千万像素，也就是说，几乎市面上所有的数码相机都可以满足图片的像素要求。

　　但是在拍摄网络零售行业使用的商品图片时，所需相机需要有一个基本功能，那就是微距拍摄功能。因为几乎所有商品描述图片都需要表现商品的细节之处，目前 80% 以上的数码相机都具备微距拍摄功能。

　　服饰类的商品图片很容易出现色差问题。如果您是服饰类商品的卖家，建议您尽量选择带有 M 挡的相机拍摄商品图片。M 挡即手动挡，具有 M 挡的相机可以随意调节光圈、快门、曝光值、白平衡等参数，这些参数的设置可以影响图片和实物的差异。在拍摄服饰类商品和其他对真实性要求比较高的商品时，特别需要使用能随意调节拍摄参数的相机。目前市场上大部分 1000 元以上的相机都可以达到这个要求，不过在购买的时候还是要留心相机是否具有 M 挡。

　　（2）三脚架（如图 4-2 所示）

　　在拍摄商品图片过程中，不少卖家由于双手拿相机的时候没有拿稳或者有抖动，而导致所拍摄的照片模糊不清，而使用三脚架，可以增加稳定性。选择三脚架的时候，建议使用带有伸缩支架和云台的三脚架，其拍摄的俯角更大，拍摄出来的商品更全面大气。

　　（3）灯光设备

　　如果在室外拍摄，使用的光源为自然光；如果在室内进行拍摄，此时使用的光源就是各种灯光。节能灯、摄影灯以及外置闪灯等

图 4-2

都是室内用光的上选。

（4）摄影棚（如图 4-3 所示）

　　专业的柔光摄影棚是拍摄小件商品的必要道具，在购买时，一定要买专业的、品牌的，因为柔光布的好坏直接影响了利用摄影棚拍出的效果。

图 4-3

（5）背景纸或者背景布

　　很多新手在拍摄宝贝的时候，往往忽略背景，只求宝贝拍得清晰，而到后面修图的时候才发现，要抠掉原来的背景，给宝贝换一个干净的背景是多么费功夫的事情。其实在拍摄之初，可以根据宝贝的颜色、特点等，将它放置在一个合适的背景里再进行拍摄，这样也许会事半功倍。我们常使用的背景道具有各种颜色的背景纸和背景布，可以让商品有一个明快、干净的背景。

2. 如何给产品拍摄出好看的照片

卖家可以去网上找相关产品图片，也可以雇摄影高手拍产品图。但是，网上的图片大都带有 LOGO，并且很多图片的效果都很差；而雇摄影高手拍图是一笔不小的开支，对于个人网店来说成本太高。显而易见，自食其力拍好产品图是最好的选择，这就需要我们学习一些拍摄产品的基本技巧。

（1）搭建摄影棚

要想拍好产品图，首先你必须搭建一个拍静物的摄影棚。如果主要拍小件的产品，只需要搭建一个比较小的摄影棚即可；如果要拍类似衣服之类的产品，则需要搭建一个比较大的摄影棚，前期投资也就会相应提高。

不过，如果实在没有条件搭建摄影棚，也可以利用自然光进行拍摄，但这就只能在白天拍。不建议在普通灯光环境下拍产品，这样很难拍出效果。

所以，如果真想拍好产品，最好还是自己在家搭建一个小型摄影棚，投资两三千元即可。

（2）准备器材

要想拍好产品图，器材的选择也有讲究。微单的镜头选择太少，不做考虑，单电倒是可以考虑，但本着精打细算的原则，它的价格还是偏高。最好的选择是入门级单反，标准套机通常只需要 3000 多元就能入手，还能节约出一些钱另外购买一只微距镜头。

很多时候，我们需要拍产品的特写图，标准变焦镜头的最近对焦距离太远，很难拍好这样的特写图片，这时就需要用到微距镜头。

微距镜头的价格也不贵，3000 元以内就有很多选择。由于是拍产品，就尽量选择焦段小一些的微距镜头。

（3）掌握基础的摄影技术

有了摄影棚和器材，接下来就是表现摄影技术的时候了。但是，淘宝店卖的产品千奇百怪，而每种产品的拍摄方法都不尽相同，要怎么才能拍好各种产品呢？

虽然每种产品的拍摄方法都不一样，但拍摄的基本要素是一样的，那就是控制好畸变和景深。在有了摄影棚的前提下，布光不成问题，我们需要注意的地方就是畸变和景深。

①控制畸变。由于镜头边缘失真的原因，拍产品图很容易出现畸变，也就是产品变形，看上去不好看。弥补的方法是离被摄体远一些（遵循透视的近大远小原理），用长焦端拍摄产品（畸变最严重的地方是广角端）。如果需要拍摄产品的正面图，则完全正对着水平拍摄产品，因为倾斜也会产生非常明显的畸变。

②控制景深。单反的景深很小，可以营造出非常漂亮的虚化背景，但在拍摄产品时，我们需要注意控制景深，不然产品前半截是实的，后半截是虚的，那就很难看了。通常我们需要增大景深，其方法也非常简单，缩小光圈即可，光圈缩至 F8，就能获得很大的景深。

有了柔和的布光，再控制好畸变和景深，拍出漂亮的产品图就非常简单了。

3. 如何用手机拍出好的产品图

在淘宝、天猫开店，将产品更好地展现给消费者是硬性要求，而产品展现离不开产品图。随着智能手机功能的发展，手机的摄影功能不断提升，完全能够满足产品图片的拍摄要求，这给中小卖家带来了许多方便。

许多淘宝、天猫老店的产品图片都是由专业人员来做，对于中小卖家而言，手机也可以拍出很好的产品图片，做好后期的图片处理，效果也是非常出色的。

（1）拍摄技巧解析

拍摄不能只是将产品拍摄出来，而是要在拍摄之前，思考想要拍摄的内容，也就是首先要在脑海里进行构图。拍摄的产品图要给谁看、想要展示产品的什么特点、能让消费者联想到什么、只要将这些方面全都想到，并呈现出来，那么所拍出来的产品图就形神兼备了。以下是拍图时需要注意的一些技巧：

①突出产品特色

简单来说，就是你拍摄的产品图片要展示什么，以食品为例，想要突出的点有新鲜度、色泽、食欲，等等。

②拍照分全景图、细节图

全景图看全貌，细节图看细节。

③构图

手机拍摄，最常用、最简单的拍照构图为井字格。

④景深

如果产品图中只有一个产品，就会显得很单调，这就需要搭配一些背景，但如果背景较多，又会喧宾夺主。这时候，可以采用虚实的方法，拍出景深。

⑤光线

光线对图片影响非常大，在没有专业摄影棚的情况下，我们要学会运用好自然光。拍照的时间最好选择在晴天的上午，因为下午的阳光偏黄，会影响图片的效果。拍摄时，注意不要让阳光直接照射在产品上。

（2）拍摄光线解读

①顺光

顺光即光线方向与相机拍摄方向一致。顺光拍摄时，被摄体受到均匀的照明，阴影被自身遮挡，影调较柔和，可以隐藏被摄体表面的凹凸及褶皱。弊端是如果处理不当，拍摄效果会较为平淡。

②侧光

侧光即光线投射方向与拍摄方向呈 90 度，受侧光照明的物体有明显的阴暗面和投影，能够表现出物体的立体形状和质感，表现力较强。弊端是如果处理不好，会形成一半明，一半暗的影调和层次，形成不均衡的影像。这对考虑受光面景物和阴影在构图上的比例关系要求非常高。

③逆光

逆光，即光线来自被摄体的后面，由于从背面照明，只能照亮被摄体的轮廓，因此又被称作轮廓光。

总之，只要掌握一定拍摄技巧，并在拍摄过程中不断去尝试，拍摄水平慢慢就会提高。另外，后期产品图片的处理与修正也非常关键。

4. 照片的后期处理

要想得到完美的照片，离不开后期的编辑。即使经验十分丰富的摄影师，也不可能拍出每张都是十全十美的照片，后期处理软件为我们弥补了这一不足。下面简单介绍几款常用的后期处理软件：

（1）Adobe Photoshop 图像处理软件（如图 4-4 所示）

Adobe Photoshop 简称 "PS"，是由 Adobe Systems 开发和发行的图像处理软件。Photoshop 主要处理由像素所构成的数字图像。使用其众多的编修与绘图工具，可以有效进行图片编辑工作。Photoshop 有很多功能，在图像、图形、文字、视频、出版等各方面都有涉及。Photoshop 支持多种图像格式以及多种色彩模式，使用 Photoshop 可以设计网店 LOGO、设计网店宣传广告等图片。

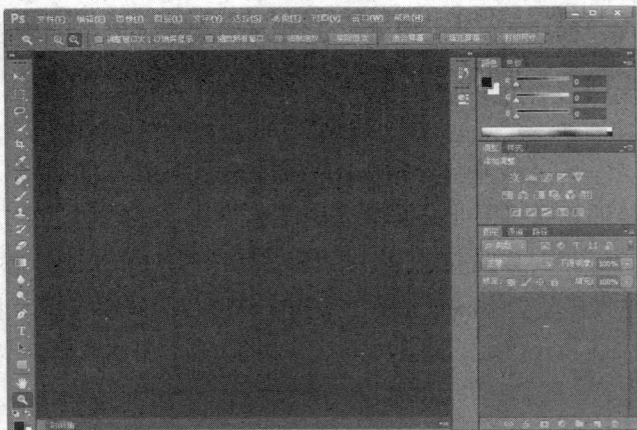

图 4-4

（2）光影魔术手（如图 4-5 所示）

光影魔术手（Neo Zmaging）是一款对数码照片画质进行改善及效果处理的软件。它简单、易用，不需要任何专业的图像技术，就可以制作出专业胶片摄影的色彩效果，是摄影作品后期处理、图片快速美容、数码照片冲印整理时必备的图像处理软件。光影魔术手是国内最受欢迎的图像处理软件之一。

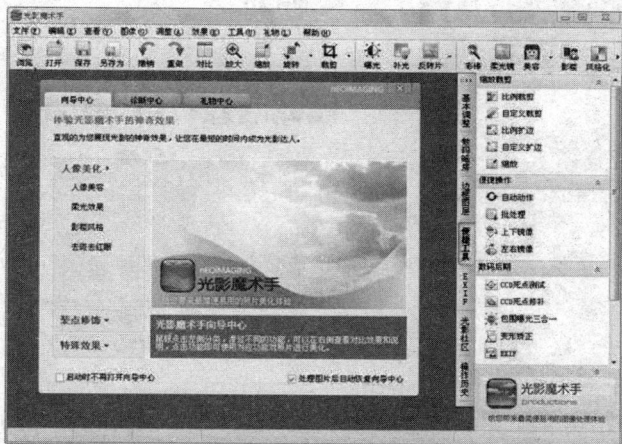

图 4-5

（3）佳能专业照片处理软件（如图 4-6 所示）

佳能单反数码相机配套的专业照片处理软件 Digital Photo Professional（DPP）是处理佳能 EOS 系列单反数码相机所拍摄 RAW 文件的官方软件，由于各家相机厂商对于其 RAW 均做加密处理，任何其他处理 RAW 格式的程序均为逆向运算，所以对于需要获得高精度的专业摄影师来说，Digital Photo Professional 是处理 RAW 图像最好的、也是唯一的选择。

对于采用佳能单反的消费者而言，这款软件自然需要经常用到，毕竟它可以最贴合佳能的数码单反。

图 4-6

5. 如何装修淘宝店铺

电子商务的高速发展及网络的普及给年轻人创造了非常好的创业平台，越来越多的人选择在淘宝或天猫开一家属于自己的网店。和实体店一样，网店也需要装修，装修精致的店铺才更容易吸引顾客。

正所谓"开店容易经营难"，怎样才能让自己的网店吸引更多人，得到更多的流量呢？其中最重要的一点就是要做好网店的装修。下面，我们就来探讨一下淘宝、天猫网店的装修。

网店装修指的是卖家对自己所拥有的网店店铺进行装修美化的一种在线编辑方式。店铺装修的目的是通过提高店铺外观形象来提升店铺的知名度、顾客回头率，以及提高产品的销售量。

在淘宝、天猫开店之后，卖家可以获得一个属于自己的空间。类似传统店铺，为了保证正常营业、吸引顾客等需要，就要对店铺进行相应的装修，装修的主要内容包括店标设计、产品分类、产品推荐、店铺风格等。

与实体店不同的是，淘宝店铺装修是网页设计师结合店铺销售的商品内容，通过平面设计并制作成网页模板，使商品与模板达成统一后，再通过店铺的装修功能，将制作的模板安装到店铺并使用。网店装修得好坏直接影响着消费者的第一感觉及成交率。

（1）淘宝店铺装修基础知识

①基本设置

登录淘宝网，依次打开"我的淘宝—我是卖家—管理我的店铺"，在左侧"店铺管理"中点击"基本设置"。页面打开后，店主可以修改店铺名、店铺类目、店铺介绍，主营项目要手动输入，单击"预览"按钮可以查看到效果。

②宝贝分类

对宝贝进行分类是为了方便买家查找。打开"管理我的店铺"页面，在左侧点击"宝贝分类"按钮，输入新分类名称，例如，"帆布鞋"，并输入排序号，单击"确定"按钮即可添加。单击对应分类后面的"宝贝列表"按钮，可以通过搜索关键字来添加发布的宝贝，从而进行分类管理。

③推荐宝贝

利用淘宝的"推荐宝贝"功能，可以选择最有潜力的 6 件宝贝在店铺的明显位置进行展示。具体操作为打开"管理我的店铺"页面，在左侧点击"推荐宝贝"，在打开的页面中选择推荐的宝贝，单击"推荐"按钮即可。

④店铺风格

销售不同产品的店铺应该采取不同的装修风格，以满足所针对消费群体的喜好。店铺经过简单装修之后，一个焕然一新的店铺页面就出现了。

上面介绍的都是店铺装修的基础操作，如非专业设计人员，想要达到好的装修效果，建议去购买装修模板，目前网上各种各样的装修模板应有尽有，而且价格也不贵。

（2）店铺装修基础技巧

①装修要符合自身网店风格及产品特点

网店产品类目决定了装修风格，例如，做女装，首先要明确自己的产品定位是少女型、熟女型，还是妈妈型的，然后再选择合适的风格。类目要清晰，主次要分明，简单地说，就是让买家一看就知道你是卖什么的。主打哪一款，就将这一款放在最抢眼的地方。

②根据宝贝上新、季节及优惠调整装修

找到好的模板可以时常转换一下风格，让网店时刻保持新鲜感，以免消费者出现视觉疲劳。卖家也可以根据季节变化来设计装修风格。例如，春天可以以绿色为主，夏天可以呈现出色彩缤纷的活力，秋天可以黄色为主，冬天可以选择一些深色系的风格。

③设计自己的专属风格

装修有特色的网店才能让消费者过目不忘。现在，年轻的消费者都喜欢追求个性化，而不再像以前那样跟风。

④与时俱进，拥抱变化

店铺装修要做到与时俱进，才能吸引消费者的目光。例如，淘宝的新规则、新动态都可以融合到自己的网店装修中，变成自己店铺的亮点。

总之，想要做好网店的装修，就要做到贴合实际、突出主题、设计独特、与时俱进、拥抱变化。只有装修出一个具有自己特色的网店，才能吸引大众的目光，提高店铺的流量，进而转化为更多的销量。

6. 淘宝店铺页面设计

许多淘宝新手在店铺装修时，都将装修重点放在详情页面上，却忽略了首页的优化，认为只要将产品按照类别简单堆积好就可以了。要知道，一个不花心思设计的首页是无法吸引消费者目光的。

网店首页可是个寸土寸金的地方，优秀的网店首页设计可以让用户尽快找到自己喜欢的产品，并且有兴趣去看单品页内容。因此，一定要重视首页装修，掌握一定装修技巧。首页，装修最重要的地方就是前三屏，如果网店产品不多，做好前三屏就足够了，首页太长反而会影响网页打开的速度。下面，我们就来介绍一下首页装修的技巧：

（1）首页第一屏设计

"第一屏"指的是店铺首页电脑视图呈现给消费者的第一屏幕，也就是消费者在不用滚动条的情况下，能够看到的浏览画面。每滚动一次鼠标滑轮，就是一屏，以此类推为"第二屏""第三屏"……

首页第一屏的装修要点在于给消费者留下深刻的第一印象，通过第一感官抓住消费者的眼球，只有这样，消费者才会继续看下去。第一屏的主要内容一般为：店招、导航栏和滚屏海报等。

①店招，简约不简单

店招就是店铺的招牌，店招信息不宜过多，应以品牌为主，结合店铺经营类目、品牌调性、总体套色等几方面进行设计。

②导航栏，清晰明了

首页的作用是将流量合理地分配给主推的产品详情页，引导消费者找到所需产品，并最终完成订单。因此，导航在首页中的主要作用就是分类引导。

需要注意的是，按照消费者的浏览习惯，导航栏中从左到右的前三个区块是重中之重，消费者看得最多的就是前三个区块。因此，店铺装修要将希望消费者点击的页面链接放置在前三个导航区块内。

如果三个不够，你有更多不想舍弃的区块内容想要展现给消费者，那么可以尝试用一些小而精的图标、标签或者较亮的颜色将其做出区别，以引起消费者的注意。但是要注意的是，导航栏的信息区块尽量不要多于 8 个，其中包括首页点击功能区块。

③滚屏海报，呼之欲出

滚屏海报就是视觉炸弹，要给消费者眼前一亮的感觉，滚屏海报的数量以 3 张为宜，做到丰富内容的同时，又在消费者阅读新鲜感和视觉耐性范围内。滚屏过多容易失去吸引力。

（2）首页第二屏设计

第二屏信息通常为店铺活动或产品主推，可以根据自身产品的特色，选择多个活动点各显神通，进行连环出击。排版不要用单一刻板的画面排列，而要尽量让活动内容丰富多彩，能够让消费者迅速找到自己关注的"热点"。

第二屏的产品推荐中要对产品卖点及功能进行提炼展示，而不是铺货展示，如果产品缺乏亮点，就会浪费绝佳的展示机会。

（3）首页第三屏设计

第三屏一般用来全面展示产品分类。因此，首页第三屏设计要根据自身情况来定。分类展示不需要用固定的格式，可以根据店铺营销需求及自身产品的特色进行设计。可适当增加活动、价格优惠等内容，以增加消费者的购买率。

总之，首页设计总体长度建议不要超过 8 屏，过长的页面容易造成视觉疲劳，选择困难，导致消费者流失。因此，店铺首页装修需要整体把控框架内容，掌握布局节奏，切合主题，又不落入俗套，让产品展示富有情感性，能够打动消费者的心，让消费者心甘情愿地打开自己的钱包。

7. 淘宝店铺海报的设计

淘宝开店装修，海报的设计十分关键。海报在产品展示及吸引目标受众等方面有着不可替代的作用，那么，怎样才能做出优质的店铺海报呢？

通常网店海报包括产品（模特）、文案、背景三个部分，设计海报前，我们可以将其划分为主体部分——产品（模特）+文案，次体部分——背景。设计时，我们要做到主次分明，排版合理。

（1）主体部分设计

①左文右图，右文左图

左文右图、右文左图这种"产品（模特）+ 文案"的排版形式最常见，大多数类目都适合这种排版设计，视觉上让产品（模特）与文案一目了然。根据不同店面的需求，产品（模特）可以由一个或者多个组成，要求产品（模特）比例适中，层次清晰。

文案则由大标题、小标题、辅助性文字、优惠券、价格标签等组成，根据需求，可以居中或左右对齐，这样，整体视觉上会更加舒服，整洁统一。

②图文图，文图文

图文图排版设计，可以文案居中，两边放产品，或者一边放产品，一边放文案，这种设计在视觉上较突出文案部分，需要将重点放在文案上，将文案设计得更加吸引人。

文图文这种排版方式被应用得较少，如果两边文案排版不当，就会造成视觉疲劳。这种设计要求视觉上突出中间的产品（模特），建议两边文案要排版整洁，让视觉中央更能体现产品的质感。

③上文下图，上图下文

上文下图、上图下文的排版方式非常符合视觉上的浏览方式，通常人们浏览页面的习惯都是自上而下。这种排版方式，产品与文案都在海报的中间位置，只要做到两者分明，海报内容就会显得更加饱满。

④产品包围文案

产品包围文案的排版方式也很常见，比较适合产品较多的海报排版，正所谓"萝卜青菜，各有所爱"，海报上琳琅满目的产品总有一款能吸引消费者的目光。排版时，文案在中间，周围的产品可以直线摆放，也可以斜线摆放，且斜线摆放会让画面更有节奏感。

上面介绍了几种较为常用的海报排版方式，在实际操作中也有一些较为特殊的排版方式，但无论哪种排版方式，都要以突出产品为核心，毕竟我们不是在做艺术品，而是要卖产品，最终转化成产品销量才是我们设计海报的根本目的。

（2）海报背景设计

下面介绍海报设计中的另一个重点，也就是次体部分，即背景部分的常见运用。

①纯色背景

纯色背景能给人干净、大气的视觉感。产品越高档，越适合用纯色的背景来凸显产品的质感。可以通过在纯色背景上增加纹理或装饰图案、色块等，在体现产品高档的同时，让画面富有一丝动感。

②渐变背景

首先，色块背景与产品颜色之间有邻近色、互补色或对比色，邻近色与互补色背景能让整体画面看起来比较舒服，运用对比色背景则反差较强烈，更能凸显出产品。

其次，形状背景。利用形状的切割或者素材的运用，让画面更具动感。

最后，渐变背景能够让画面产生明亮区分，运用渐变背景时，渐变色一定要过渡自然，否则就会让海报和产品显得低端。

③实拍背景

实拍背景就是产品与场景实拍图，实拍背景可以节省制作背景的时间。运用实拍背景时，一定要对产品图进行精修，体现出高端品质。

④手绘背景

手绘背景对设计海报人员的技术要求较高，许多大品牌通常都采用这种方式，通过透视原理、远近虚实、光源分布、3D立体等技术，让海报画面更灵动、产品更显高档。

总之，设计一张海报其实并不难，只要结合店铺需求进行分析，找出产品（模特）、文案、背景三者之间的联系，把产品（模特）融合到背景中，凸显出产品，再配以符合背景主题的文案，就能构成一张完整的优质海报。

第五章

运营：从菜鸟到精英的运营法则

1. 淘宝店的运营思路

现在，许多卖家反映淘宝是越来越难做了，现在开店创业，必须要跟上电商的发展形势，才能把店铺做好做大，在运营店铺过程中，应该有一条健康、清晰的思路，不要妄想一步登天。

为什么许多中小卖家整天抱怨淘宝、天猫越来越难做了呢？本质上说，是竞争过于激烈！对于电商而言，生存才是最重要的，只要能生存下来，并且有一条健康的店铺运营思路，其实做好一个店铺、一个品牌并不难。

（1）投入资金与运营技巧

在淘宝新模式下，有了运营技巧，没有相应的资金投入，店铺肯定做不起来；有了资金投入，没有好的运营思路，店铺同样做不起来。因此，目前，资金投入＋运营技巧已经成为淘宝开店的标配模式。

有计划的投入加上合理的运营技巧，店铺经营起来还是很容易的，对于一个中小店铺而言，每天有 5000 流量、1000 个访客，转化率在 3% ~ 5%，这是基本要求。

（2）淘宝资源与产品类目细化

淘宝资源不外乎是与淘宝客的对接、淘宝第三方平台的流量支持等，目前，没有淘宝资源的店铺将寸步难行。而产品类目细化是淘宝的一个重点模式。大众化产品市场已经被大卖家占据，中小卖家去做大众化产品淘宝店已经很难了。因此，对于中小卖家而言，将类目做小，将流量垂直化，将客户精准化，走"小而美"的路线才是出路。

（3）社交资源与好产品

好产品是消费者认可、价格合理、具有唯一性的产品。只要消费者愿意帮你传播，产品的口碑就会好起来，然后再利用淘宝成交平台，便可以形成社交型的店铺流量。而社交资源，包括微博粉丝、微信好友、论坛好友等，这些都是需要花时间去完成原始积累的。

（4）产品开发与品牌化

淘宝店铺运营，必须将自己当作一个产品经理人，掌握市场流通的第一手数据，什么产品好卖、什么款式的产品被消费者喜欢、什么类型的产品更容易出爆款、什么组合更适合关联营销、什么样的产品才能满足市场等，如果不了解这些，就无法做好店铺的产品布局。

淘宝品牌化进程不断加快，目前做淘宝店铺，没有自己的品牌，产品就没有唯一性，很容易在竞争中陷入价格战，最终被淘汰。淘宝品牌化应该如何营销？其实很简单，无非是"一个品牌名字＋品牌沉淀＋目标客户的筛选＋老客户的积累＋好产品＋一段品牌故事"。

（5）线下推广与线上展示

线下推广有很多模式，如，会销模式、线下合作端口模式、线下展会模式、线下广告模式、线下实体展示店铺模式、线下体验模式，等等。通过这些方式，将线上的店铺展示给线下的消费者，将线上的产品给消费者现场体验。线上店铺展示一定要选择有线上自带流量的平台，如淘宝店铺等有专注购买流量入口的平台展示。

（6）内容运营与店铺特色

目前，在淘宝平台上，只有将自己店铺的内容做好，才能留住消费者。店铺内容形式包括微淘、问大家、买家秀、店铺评论、品牌故事等。

店铺特色就是依靠店铺的整体布局及视觉色彩进行运营，另外就是自身产品特色，做出个性化、差异化、品牌化。例如，同行的产品背景都简单、整洁的时候，我们就加点色彩，等等。

（7）店铺运营的垂直化与专业化

这里所说的垂直化与专业化是基于产品和服务的维度上来思考的。店铺产品需要垂直化，将一种类型的产品做小、做深，深挖一类产品资源，把一系列产品做深。例如，经营一款丝袜的店铺可以做如何修身、如何搭配短裙、如何出席高端场合等一系列的垂直营销。

总之，现在的淘宝已经不是处于原先那个你只要有产品、能上活动、能打广告就能运营得很好的时代了。现在的淘宝是一个综合的淘宝，要想成功，就要全面发展。

2. 如何运营新的天猫店

淘宝、天猫的规则一直处于不断变化中，竞争环境及消费需求也在不断变化，想要在天猫开店，就要不断学习，否则就会被激烈的竞争淘汰出局。即便当前你做到了同类第一，如果跟不上形势的发展，拥抱变化，依然会很快被淘汰。

现在，网络、书籍上都有很多开店教程、运营方法，许多人看了这些教程和方法后，便信心满满地去开店，然而实践后才发现，开店并非说的那么简单，这是为什么呢？

（1）开店见光死的原因分析

①没有摆正心态。经营网店要耐得住寂寞，不要幻想一周打造爆款，一个月营业额几十万元。一旦内心浮躁，就会追求短期利益，舍本逐末。开网店，能否让自己的心静下来，用心去做是关键，点滴的积累才会赢得最终的爆发。

②任何教程与方法都需要时间和实践去验证，没有一招通杀的办法。

③任何方法只有结合自身实际情况，才会有效果，有人说方法是相通的，但很多人不知道还有个词叫"融会贯通"。

④朝令夕改是大忌。今天看到这个方法好用，用一下，明天看到那个方法不错，又用一下，反反复复，最终连基本的经营思路都没有，店铺怎么能生存得下去？

（2）天猫店铺战略性思路

许多网店店主都只注重运营技巧，而很少关注战略性层面，他们认为战略思路都是一些假大空的东西，不实用。实际上，在经营网店过程中，很多时候，战略性思路比任何技巧都重要，下面我们从两个方面来进行分析：

①有知名度类产品

批发战略，薄利多销。依靠品牌知名度和超高的性价比，专做批发生意。优点在于省时省力，不用投入太多营销资源；缺点在于品牌类产品的厂家一般都会打压低价，低价营销并非长久经营策略，不建议长期使用。

服务战略。面对相同产品、相同价位的竞争，通过极致的服务增加产品附加值，与竞争对手形成差异化。优点在于能提升顾客的购物体验，有利于长久经营，避免了恶性竞争，利润又能得到保障；缺点在于服务模式很容易被复制，极致、特色、不可复制是制胜的关键。

区域战略。淘宝、天猫面向全国,甚至是全球,如果新店定位的消费者群体为全国,那么就意味着你的竞争对手及全国。因此,不妨利用自己的地理优势,专注某一区域,将这片区域做活、做大。这一策略的优点在于避免了过度竞争;缺点在于市场变小了,一定程度上将区域外的消费者屏蔽了。

内容战略。在产品与服务都相差无几的情况下,谁的店铺更有内容,更有意思,谁得到的关注就会越多。这一战略的优点在于能把握未来趋势,增加顾客的黏性,利于店铺定位和品牌形象等多维度发展;缺点在于实施难度大,需要耗费大量时间和精力。

②没有知名度类产品

精品化战略。没有知名度,用质量说话,产品质量永远是销售最坚实的基础。这一战略的优点在于利于长期发展,也是突围的必要条件;缺点在于初期定位要准确,后期需要持续投入。

小而美战略。做出自身的特色与个性,只为特定群体服务,培养铁杆粉丝,与兴趣爱好结合起来经营。优点在于不用花大力气去营销,专心做产品就好;缺点在于小而美不是人人都能玩得转的。

网红战略。如果自己的产品有个性、有特色,不妨尝试一下直播,靠自己的名气和感染力去经营自己的店铺。优点在于营销成本低,小投入大产出;缺点在于如果产品不好,容易砸招牌。

线上线下结合战略。如果能发挥地域优势,做到线上与线下结合也是很好的选择。优点在于这一战略转化率高,回头率高,口碑传播效果好;缺点在于工作量大,时间成本高。

总之,天猫开店与淘宝开店相比,需要投入更多资金、人力和物力成本,需要潜心经营。付出与回报总是相对的,不要妄图天天出爆品。所谓爆品，不过是各种因素不断综合与积累到爆点后，顺其自然引爆了市场而已。

3. 双十一、聚划算、天天特价

玩转淘宝营销，除了自身店铺的活动外，还要紧跟淘宝官方活动，例如，聚划算、天天特价、"双十一"等。紧跟官方活动是提高店铺知名度、增加店铺流量的最佳途径。

临近"双十一"购物节，无论是进会场的卖家，还是没进会场的卖家，都要将其做重点来进行推广，以提升自己的店铺流量。推广手段不外乎站内与站外两大部分，只要卖家根据自身特点，选择适合自己的推广方式即可。

（1）"双十一"怎样抢占流量

1）站内推广

①直通车。直通车在预热阶段就要开启主推款关键词推广、定向推广、店铺推广。如果你已经设计了"双十一"预热专题页面，那从10月开始就要有针对性地进行推广了。

②钻展。钻展流量与投入有直接关系，对费用没有太多要求和限制，具体支出可以根据自身预算来制定，"双十一"预热阶段就要坚持每天投放。

③店铺互链。策划和组织用户群互补的多品牌店铺进行互链。

2）站外推广

①短信。针对已有会员，预热阶段可以发送 2 ~ 3 次，最重要的两次是 11 月 8 日发送一次（关心 + 提醒），11 月 10 号发送

一次（提醒＋诱惑）。

　　②BBS。BBS直接引流的效果不是太好，可以作为活动宣传的一条渠道，建议在11月9日和10日采用广撒网的方式，在各大BBS进行发帖。

　　③EDM。EDM推广建议采用第三方专业机构来操作，邮件内容主要以针对"双十一"产品和价格进行提前预知为主。

　　④SNS。SNS是当前热门，并且可以直接引流，因此可以作为重点来做，在预热阶段和活动当天进行相关的推广工作。重点渠道有豆瓣购物小组、QQ空间、说说、微博、微信、微淘等。

　　⑤视频网站。视频网站推广主要以"双十一"活动宣传片为主，很多大卖家都会围绕"双十一"活动策划几段视频来宣传内容。

（2）天天特价的三个关键点

　　对于许多中小卖家而言，报名天天特价很艰难，盲目报名并不是一件理智的事情，首先要学会总结，弄清楚自己的产品为什么通不过。因此，报名天天特价活动一定要注意以下三个关键点：

　　1）产品合理定价

　　天天特价对价格审核要求非常严格，许多卖家认为产品原价高、上活动时折扣大，就能通过报名。其实不然，不是你的产品折扣大，就能通过报名，而是只有在合理的定价基础上折扣大才行，比如，市场价几十元钱的产品，你发布产品时却标价几百元钱，这样肯定不行。天天特价有二审人工审核的，你的产品能通过机审，但很难通过人工审核。

　　2）完善产品属性

　　店铺产品属性完善度要跟上淘宝的脚步，这样，产品才会得到官方的认可。这里要学会换位思考，只有这样，你的店铺和产品才有机会获得更多的官方流量和资源。

3）避免同款产品或相似度过高的宝贝

如果你报名的产品在淘宝上有几百家店在卖，那么系统是可以检测出来的，系统审核时会检测出这个产品的均价是多少，天天特价活动的其中一条要求就是报名活动的产品价格不能高于全网均价。

①如果你的货源来自阿里巴巴，那么产品属性填写就尽量不要与供应商的产品属性一样，要知道，每个供应商都会有几百家代理店。

②参与活动的产品尽量不要用淘宝助理数据包上传，虽然方便，但是供应商的几百家代理店都用淘宝数据包上传产品，淘宝系统是能检测出来的。

③发布活动产品尽量使用手动发布，填写属性时尽量将货号改掉，详情页图片尺寸要修改，这样发布出来的产品才能避免与几百家同款店的雷同。

（3）参加聚划算的条件

1）报名聚划算的店铺要求

①集市店。五钻以上消保旺铺（化妆品店铺必须加入假一赔三），且好评率要大于98%。

②商城店。店铺综合动态评分需在4.6分及以上，"产品与描述相符"项4.6分及以上。

③店铺开店时间大于90天。

④店铺不得在处罚期，不得涉嫌信用或交易炒作。

⑤店铺有较强的运营能力，承诺遵守聚划算活动卖家服务规则。

⑥店铺需承诺在活动下线后7天内（最好在5天之内）完

成发货，并承诺因发货延迟、货不对版等问题，买家申请退货退款，运费由卖家承担；聚划算暂不支持货到付款；若商家 7 天内没有完成发货，聚划算有权对商家进行处罚。

2）报名聚划算的产品要求

①同一店铺每次限报 3 个产品，且单个产品数量在 1000 件及以上（大型数码电器类、金银珠宝类等，数量可适当放宽）；1 周内勿重复报名；同个卖家一个月最多参加两次活动；同卖家同商品的间隔时间为 1 个月。

②报名产品必须保证是全新商品，不能是违禁品、无证食品、成人用品、二手闲置产品、清仓货或其他淘宝违规商品。非品牌旗舰店的，须出示授权书。

③报名商品所属类目是交易额占店铺总交易额 30% 以上的主营类目。

④产品 1 个月内成交记录中不得含有低于商品报名时原价的销售记录。如果商品前期有折扣活动，上线原价需占销售记录的 60% 以上。参团后，不得低于聚划算价格销售。

4. 了解消费者心理

无论是商家、店铺，还是广告，只有被卖家看到才有价值，先吸引买家的注意力，激发其内心的购买欲望，进而促使其产生下单的行为。

（1）了解买家的类型

在与顾客的交流过程中，卖家有必要去了解不同顾客的购物心理，这样能够做到更有针对性地解答来自不同类型顾客的各种问题。

①纠缠型。这类买家比较关注商品细节，通常从购买商品开始，便一直反复询问各种问题。有些买家即使购买商品后，也会提出许多疑问。

卖家在面对这类买家时，如果买家尚未下单，为了做成生意，那么就有必要认真对买家的所有问题进行说明；如果买家已经下单，对于有必要说明的，给予回答，对于纠缠性问题，则可以有选择地进行忽略。一个好的解决方法就是，不必在买家每提出一个问题后，马上回答，而是等买家提出一大堆问题后，一次性回答。毕竟你要面对更多买家，而不能让一个买家占用太多时间。

②顾虑型。这类顾客通常具有明确的购买意向，对网上购物存在一定顾虑。顾客的顾虑通常包含两种含义：一是获取安全；二是避免不安全。

应对这类买家时，如果对自己的商品有信心，那么可以给予良好的保证；如果是代销商品或其他，那么应当说明商品的优劣，让买家自行考虑是否决定购买。对于网店来说，避免一个差评远比一次生意的利润重要。

③砍价型。网上交易与现实交易一样，当买家准备购买商品前，绝大多数买家都会和卖家讲价，这属于正常情况。

卖家在应对这类买家时，可以根据实际情况决定是否给予一定折扣。一些买家只是习惯性地讲价，无论成功与否，都会购买，但有些买家则是只有讲价成功，才会购买。卖家在灵活判断的同时，需要结合商品本身的利润来选择。有时，买家的讲价幅度非常大，对于这类买家，应尽量给予合理的解释，也可以适当给予一定降价空间。但如果买家坚持不合理的讲价，那么只有放弃这类买家了。

④拍下不买型。即买家在拍下商品后，却不付款。通常将这类买家分为两类：一类是具有购买意向，但不熟悉购买流程的，此时你可以联系买家并逐步引导其付款；另一类是举棋不定的，即拍下后，又产生反悔心理或者无意拍下，对于这类买家，当你确定其不会购买时，就没有必要进一步沟通。

⑤虚张声势型。目前在网上交易中也有很多比较精明的买家，他们通常不会直接讲价，而是婉转地向卖家透露以后自己可能会多次或批量购买的意向，让卖家觉得抓住了一个较大的买家，从而主动降价，以给予较大的优惠。

在网上交易中，大宗购买的顾客并不是没有，但是非常少，这时，卖家就非常有必要对这类顾客进行分析，避免主动掉进顾客的陷阱中。

⑥路过型。这类顾客可能并不是要购买店铺中的商品，而是探听商品的价格信息，以相互对比。

⑦观望型。观望型买家在网上交易中也是会经常遇到的，这类买家在店铺中看中某件商品后，通常会就商品问题咨询卖家，但又不会产生明确的购买意向。

通常来说，这类买家本身就犹豫是否需要购买该商品，此时卖家可以对买家"透露"商品所剩不多，优惠将要结束等信息，让买家产生"错过就没有"的心理，从而下决心购买。

上面分析的只是常见的买家类型，而广大卖家在实际经营中可能会碰到形形色色的顾客，这就需要对症下药，灵活地应对各类买家。

（2）了解买家的浏览路径

买家在淘宝购物主要有三种浏览习惯，分别是"点击首页的广告或促销活动""先逛首页，点击感兴趣的内容或产品"和

"上淘宝后直接搜索，在商品搜索结果中浏览"。

买家挑选宝贝过程中，习惯使用的筛选条件有：正品保障、如实描述、七天退换等。经常选择"正品保障"的用户占近70%。可见，淘宝买家非常重视所选宝贝的质量；习惯使用的筛选条件有"限时打折"与"秒杀"。

淘宝买家挑选宝贝过程中，习惯使用的宝贝排序习惯"以销量从高到低"为最高，占比53.2%，这也是很多商家选择"单品制胜"的理由。"价格、信用、销量组合使用"排第二。其次是"价格从低到高"与"信用从高到低"，占比均在40%以上，这类买家既要性价比，又需要有销售量做支持。综合前四位筛选条件，说明"销量""价格"和"信用"是买家首要考虑的三个因素。

一般情况下，在由淘宝提供的购物推荐信息中，口碑是人们最看重的决策因素，关注度高达78%；其次热销、优价、高人气以及多优惠的产品也有60%以上较高的关注度。目前来看，促销活动仍是淘宝网上消费者期待的推荐信息，热卖单品和畅销榜次之。消费者对"掌柜热卖"的期望程度接近40%，处于中等水平，尚有很大的提升空间。

调查发现，大部分用户在淘宝上闲逛时，浏览信息、查找宝贝是他们的主要动作。于是，淘宝网上的互动活动、广告活动、推广信息的触达机会和关注度便会相当高。

数据显示，半数以上的用户在挑选宝贝时，都会在意正品保障、如实描述、7天退换，可见卖家加入消保、加强售后服务、保障商品质量是增强用户购买信息的必要手段，也是提高销售转化率和用户忠诚度不可缺少的运营手段。

半数以上用户在宝贝排序时，习惯以销量从高到低，建议卖家打造部分热销商品来吸引用户，从而带动店铺总体的销售量，还有半数以上的用户在关注促销活动、热卖单品、畅销版等推荐信息时，要求产品口碑好、有优惠、人气高。可见，卖家推广商品时，除了常规的广告投放以外，参加平台活动和店铺进行定期促销也是必不可少的营运手段。

（3）买家为什么收藏和购买

买家的收藏、购买行为直接决定卖家店铺的收藏率、转化率、重复购买率，了解影响卖家收藏店铺、宝贝，以及购买行为的因素，对症下药，可帮助卖家更好地运营店铺。

①买家收藏宝贝考虑的因素。买家之所以收藏宝贝或店铺，主要是因为宝贝质量好，价格便宜，消费者评价好，一直在买或买过卖家信誉度高，卖家态度与服务好，会重复购买／供下次购买时直接进入，用户占比均在40%以上。

成交量：成交量不一定要高，但是必须有一定成交量，因为成交量是宝贝受欢迎程度以及质量的体现。

描述：宝贝描述必需详细真实，有参考价值，让买家对宝贝有全面的了解。

评价：好评率以及差评的内容是买家关注的焦点，差评的内容之所以有参考价值，是因为买家需要考虑其他买家对此宝贝或店铺不满意的地方自己是否能够容忍。

照片：是否实物是被访者共同的关注点，那些一看就是拷贝过来的照片很容易引起反感。掌柜自拍的一些实物很容易引起买家的好感。同时，是否有细节图片也很重要。

价格：价格要优惠。

卖家的信用：卖家的信誉级别不一定要很高，但是这对买家来说是一个保障。

店铺装修：店铺并不一定要很华丽，但是要有一定装修，分类清楚，宝贝的图片要清晰。相对而言，买家会关注店铺的装修，好的装修会吸引他们的注意力。

上新频率：这是服装、箱包等店铺被收藏后的一个考查因素，如果收藏后，买家发现上新频率很低，已经满足不了自己的需求，就会将其从收藏的店铺中删除。

不同类目：食品饮料倾向好友推荐；化妆品会因为重复购买而收藏；母婴用品倾向为以后做准备而收藏，文具用品、项链等饰品因为款式多样而收藏；女装、家居用品、箱包、鞋帽用户更倾向收藏消费者评价好的宝贝与店铺；家店消费者更倾向收藏卖家的态度与售后服务好的宝贝或店铺。

②买家购买宝贝考虑的因素。宝贝评价好是影响购买决定的首要因素，近80%用户表示影响购买。50%以上用户表示影响购买的因素有：宝贝评价好，宝贝描述详细；有足够细节图，信用度高，服务态度良好，有保障的售后服务，店铺有促销活动。

理性消费型用户多因宝贝评价好而购买；冲动易购型用户多因宝贝描述详细而最终购买；时尚个性型用户在购买时，受店铺的月销量、卖家态度与良好的售后服务等影响比较大；奢侈享受型用户更多受店铺装修精美的影响而决定购买。

项链等饰品的常购用户往往因为店铺有促销而购买；母婴用品与箱包的常购用户多因为宝贝描述详细、有足够的细节图而决定购买；化妆品的用户则多因为宝贝评价好而选择购买；家电、电脑等贵重物品的常购用户则更多因为卖家旺旺常在线而选择购买。

（4）设置店铺提醒

在淘宝的基本设置中有一个店铺提醒设置，分为卖家提醒、买家提醒、评价提醒、投诉举报提醒、社区提醒、退款提醒六大类，里面还有若干小类。获得信息的方式有旺旺、邮件、站内信和手机四种方式。

卖家可以在每一时间查收到买家发出的信息，并做出及时的处理，这对店铺的生意至关重要。淘宝网向卖家发出的各类信息也需要卖家及时处理，所以设置好这个功能大有好处。

一般情况下，要做好和宝贝相关的售出、下架、投诉、退款、买家留言等信息的设置，这样才能保证在第一时间对产品的相关事件做出快速反应。

为了避免加大自己的工作量，重复劳动，对于获得信息的四种方式不必全部设置，一般情况下，设置旺旺提醒即可，在最快的时间得到提醒，并及时处理。对于重要的信息，为了避免漏掉，也可以有选择地加用邮件、站内信和手机的方式，但不需要全部选择。

设置好店铺提醒之后，卖家就会在第一时间掌握店铺的相关情况，并及时做出反应和处理。

5. 如何留住消费者

作为卖家，一定要热情地对待每一位顾客，要用热忱的服务给顾客留下良好的印象。

（1）主动介绍商品

卖家必须熟悉店铺中的每一件宝贝，当买家提出疑问时，能很流利地应答。卖家帮助买家挑选喜欢的宝贝，同时能主动介绍自己的产品或者买家提出来的问题，这样，买家就感觉你比较专业，从而增加信任感，促进交易的成功。

对于那些有明确购买目标的买家，要根据买家对商品的了解程度而有针对性地介绍。卖家要体现出自己的专业素质，向买家详细介绍自己商品的功能、特点和价格等，如果卖家的商品符合买家的需求，就可以成功地完成交易了。

对于仅有购买意向、没有明确购买目标的买家，卖家需要在了解其需求后，推荐符合的几件商品，并进行简单、客观的比较，能够对买家的选择提供指导性的建议。另外，如果买家没有网上购物的经验，就需要卖家进行一定指导，如让买家了解邮寄方式、交易中需要注意的问题等。

对于有购买意向、但尚未完成交易的买家，可能现在无心买东西，只是问价了解商品的信息，遇到这类的买家，也不要敷衍了事，随便打发，应正面回答商品的情况，并以热情诚信的态度来对待，也许他们正在考虑购买这类商品，只是短期内不会购买，最后在其会员名后注明他想买的商品、未购买的障碍是什么，以便其下次光临小店的时候心中有数。

（2）掌握沟通技巧

卖家与买家之间的沟通一般以淘宝旺旺为主，大多数都是使用文字交流。旺旺沟通的优点是显得更从容坦然，表达得更充分。可以掩饰语言交流上的弱点，给对方好的第一印象；缺点是不直接，有虚拟成分，需要建立信任感的时间较长。

①学会尊重，要从内心深处尊重客户。多用"您"，多写短句，多按回车键，别让客户久等。不管客户以哪种姿态和你交流，傲慢也好，怀疑也罢，都要真诚对待。

②学会赞美，用真诚赞美赢得客户的心。通过聊天交流，发现客户的优点，用最美好的语言赞美对方。

③多使用旺旺表情。旺旺的表情库比较丰富，初步接触时，多用微笑、握手表情，熟悉以后用憨笑、大笑、干杯表情，再后

来就可以用飞吻、拥抱表情了。表情是使用旺旺的优势，是沟通的润滑剂。

④实事求是，不隐瞒缺点。网购的很多纠纷源于卖家的隐瞒。

⑤热情如火，持之以恒。卖家真正的热情不是在成交之前，而是成交之后。买家购买之前，卖家对买家热情，购买之后，还应保持原有的热情，把每个买家都当成自己的朋友。

6. 如何留住老客户

开网店，留住老客户，赢得回头率才是硬道理。从十年前的淘丰富到五年前的淘便宜，再到现在的淘品质，随着消费者需求的不断变化，网店的经营模式和策略也随之不断变化，老一套的网店经营模式已经无法赢得消费者的认同了。

在淘宝、天猫开店，要尽可能地将顾客细分、再细分，把握住你最了解的一群细分顾客的最大需求，将最适合他们的产品卖出去，认定这样一群顾客为"上帝"，并服务好他们。切记不要把所有消费者都当成你的顾客，没有任何一家店铺可以将产品卖给所有人。

随着客户群的逐步稳定及顾客数量的不断增长，顾客的需求会更多，然后根据他们的需求找到或研发新的产品，慢慢地，你的店铺规模就会越做越大。

（1）把自己当成第一个顾客

想要经营好网店，首要任务就是吸引顾客、留住顾客。没有顾客，再好的产品也不可能成为爆品。因此，开网店要以顾客的思维去考虑店铺的运营，把自己当成第一位顾客，只有这样，当你在做一个页面时，才会想到顾客最想看到什么图片和文字，也就会想到最能够吸引顾客购买的因素是什么，这样能避免许多错误。

另外，经常与顾客互动可以帮你迅速判断哪个产品畅销，哪个产品为什么卖不出去，并及时做出正确的调整。完成这些工作后，就不要把自己当成顾客了，而是要看顾客有什么反应。例如，你更换了一张宝贝的橱窗图，观察一下顾客的点击率是提高了，还是降低了；你更换了宝贝介绍的内容，统计一下实际顾客的转化率是提高了，还是降低了。

（2）用心留住老顾客

对于经营网店而言，留住老顾客至关重要。留住老顾客不仅能降低网店运营成本，还有利于发展新顾客，最重要的是老顾客可以保证网店的销售额。留住老顾客，除了要保证产品质量外，还要从服务方面用心做到以下几点：

①与客户保持良好的沟通

网店与实体店不同，从买家付款到收货确认并给予评价，一次交易才算完成。与顾客保持良好的沟通，顾客才会认真地去评价，当买家收到宝贝后，卖家应该积极询问买家是否满意、有哪些需要改进的地方，并真诚地表示感谢。卖家对顾客发自内心的感谢会让顾客有被重视、被需要的感觉，这样才能逐步搭建起信任的桥梁。

②建立顾客数据库，收集顾客的信息

收集顾客的信息包括收集顾客的联系方式、性格、脾气、爱好，以及主要对店铺的哪些产品感兴趣，等等。将这些信息整理汇总，建立一个顾客数据库，便于为顾客提供个性化服务。例如，顾客生日或节日时，卖家可以亲切地问候一声，或者送一些小礼物，这样可以培养顾客对自己网店的忠诚度。

③其他小技巧

交易完成不代表销售的结束，而代表下一次交易的开始。卖家只有用心对待自己的顾客，网店才能持续经营。经营网店有许多小技巧，例如定期举办活动、分享宝贝的保养知识或搭配技巧等。但是，卖家一定要明白，任何技巧都是建立在诚信的基础之上，否则，所有技巧都会让顾客觉得虚情假意，从而不再光顾你的店铺。

（3）赢取顾客回头率

赢取顾客回头率是经营网店最大的难题，淘宝网店大部分卖家的回头率都不是很高，尤其是那些卖低价、廉价商品的店铺，因为产品性价比本身就不高，难以给顾客留下好印象。另外，服务态度无法让顾客满意，顾客再次购买的概率很小。

对于网店而言，老顾客是网店宝贵的资源，如果一个老顾客一年能回头 10 次，远胜过开发 10 个新顾客。因为开发新顾客需要很多成本，比如，直通车的费用等，而老顾客回头是不需要任何费用的。因此，要定期对老顾客做些回访，赠送一些小礼物，做好情感营销，保证老顾客的回头率，网店才能生存下去。

7 如何挖掘潜在顾客

互联网逐渐覆盖了人们生活的方方面面，越来越多的人试图通过网络来创收，有些人认为，淘宝店远不如四五年前好做了。其实，当你的思维还停留在过去时，网店经营一定是艰难的；如果你的思维能够跟上互联网发展的速度，那么机会永远多于困难。

无论是经营实体店，还是网店，目的是通过完成产品销售实现盈利。能否完成销售这一环节，关键并不是产品，而是顾客。没有顾客，再好的产品也卖不出去。反之，拥有了大量顾客后，才能促进产品的优化，形成良性循环。

是不是随着在淘宝开店的卖家越来越多，顾客都被瓜分殆尽了呢？其实不然，虽然卖家不断增多，但是消费者的需求同样也在持续增长。我们要学会在满足顾客个性需求的同时，挖掘潜在顾客。这是开网店的基本功，也是一个重要技巧。

（1）抓住顾客的需求

淘宝卖家想要挖掘潜在顾客，就得准确体会顾客的所想、所感。顾客为什么要买你的产品？因为你的产品满足了他们日常生活中某方面的需求。因此，挖掘潜在顾客的关键点就在于能否站在顾客的角度去思考和理解。例如，你网店中经营的产品是高档皮包，你应该学会这样思考：

①买高档皮包的人，收入相对较高，只要性价比高、质量好，就算价格贵点也没关系。

②如果自己是顾客，选择皮包的标准是什么？品牌还是款式？

③进入店铺后的体验如何？

④买到这个皮包后，能否让自己更上档次，在朋友面前不丢面子？

⑤买这个皮包是不是为了参加某个聚会？通常什么情况下，才会买皮包？

⑥皮包的产地是否符合自己选择的标准？

⑦这款皮包的品牌形象如何?

当然,还有很多可以思考的点,甚至可以继续深入下去。这里只说明要学会用逆向思维思考问题,只有学会了逆向思考,才能精准地把握顾客想要什么、自己该卖什么。总体来说,想要挖掘潜在顾客群体,只有将顾客内心深处的需求点挖掘出来,灌输到你的产品中去,把价值不断放大,才能促使顾客下单。

(2)抢夺客户资源

当今,产品同质化严重,如何从同类产品中脱颖而出,不仅关乎能否将自己的产品打造成爆品,还决定了自己的店铺能否生存下去。

首先,我们要分析,同样的产品,别人家店铺销售火爆,为什么自己的店铺销量一直上不去。这时候就要用逆向思维分析竞争对手都做了哪些推广、这样的推广效果怎么样,然后改进自己的推广方式。

其次,针对此类产品顾客的需求点,找出与众不同的个性化卖点并放大,在服务模式与服务质量方面做到同行最优。

最后,拓展推广渠道,争取移动端顾客流量,同时研究竞争对手的合作对象和媒体链接等,并与竞争对手的合作媒体建立合作关系,抢夺顾客资源。

总之,如果你能进一步提升自己产品的价值,就能在顾客资源上轻易战胜竞争对手,从同行业中脱颖而出。当你的忠实顾客资源累积到一定程度时,你的产品成为爆品也就指日可待了。

(3)老顾客推荐

目前,对于淘宝网店而言,开发一个新顾客的成本越来越高,而维护一个老顾客的成本是非常低的。因此,在做好产品营销的同时,一定要注重售后服务,维护好与老顾客之间的关系。

例如，在老顾客购买时，给一些特别的赠品或优惠，鼓励他们再次购买；完成交易一段时间后，主动联系顾客，询问体验好坏，帮助顾客解决相关问题。

只要服务到位，老顾客就会主动推荐朋友来购买你的产品，如果老顾客成功推荐一个朋友，那么你可以提供一些优惠措施，这样，新顾客变成老顾客，然后又推荐新顾客，你的顾客资源就丰富起来了。

总体来说，就是服务好了一个顾客就等于服务好了他身边若干个潜在顾客。只要能做到掌握消费者心理，将产品描述或促销做到位，留住老顾客，发展新顾客，网店的发展就会越来越好。

8. 如何锁定目标消费者

每款产品都有一类目标客户群体，如果你能精准锁定你店铺的那一类目标客户群体，就意味着你锁定了最优质的客户，就能保证你营销的每一颗子弹都能命中目标。

什么是目标客户？简单来说，就是产品或服务的针对对象。任何一款产品都能满足某一群体的个性化需求，爆品就是在这一基础之上而诞生的。经营网店，打造爆品，必须要学会锁定对自身产品有需求的这一特定群体，从而实现精准营销。对于淘宝、天猫网店，如果你能圈定符合产品特质的这类客户群体，也就意味着你能够获得源源不断的客源。

（1）精准锁定产品的潜在客户

潜在客户是目前没有消费，但很有可能成为店铺新客户的群体。如果要圈定这类群体作为网店挖掘的新客户去推广，必须要坚持两点原则：

①圈定人数要足够多，只有这样，才能保证挖掘到足够的新客户。

②圈定的这类群体必须是没有在你的店铺消费，潜在需求没有被激发的人群。想要拉到这类客户，必须要做到激发、放大这类人群对你产品的渴望，保证转化率。

网店店主如何才能精准锁定产品的潜在客户呢？不同网店有不同的做法，也有不同的执行特色。但万变不离其宗，具体操作主要有以下几个步骤：

①初步界定你产品的潜在客户。

②通过购买力，对这些客户进行区分。

③锁定这些客户的购买轨迹。

④锁定对需求有针对性及紧迫性的客户。

⑤通过消费次数锁定容易成交的客户。

⑥市场聚焦，切割市场进行细分。

⑦提取所有精准客户的特征进行不断循环优化。

做目标客户分析，初步界定你的客户，必须要谨记你的产品不可能满足所有人的需求，但一定有一群人对你的产品有需求，我们要做的正是锁定所需产品人群的基本属性，然后针对这部分人群的特殊需求进行精准营销。

（2）深入发掘老客户的需求

不断吸引新客户的同时，做好老客户的维护工作，网店才更有生命力。正常网购过程中，只有老客户才会没事逛你的店，发掘老客户的需求有利于增加网店的访问深度，访问深度增加，购买概率也就提高了。网店深入发掘老客户的需求，主要可以从以下两个方面入手：

①借助评价系统做分析

评价体系已经成为网络零售的核心，由于竞争激烈，服务也成为网店脱颖而出的利器。客户的好评与差评是服务好坏最直接的反映。网店店主一直比较关心中差评，许多中小卖家指出，一个差评可以影响很长一段时间的销售额。那么，我们怎么通过评价系统来分析老客户的需求，并完善我们的服务呢？下面我们通过两个案例来说明。

案例一：发现问题，及时改进

×××女装店有件爆款产品，月销售上千件。经过一段时间，流量并没有下降，销量反而大幅度下滑。究竟是什么原因呢？店主打开店铺，分析这款衣服的销售曲线，发现明显是一开始越卖越好，而评价出来后，越卖越少。店主从评价中发现了许多共性的问题，并将这些问题进行了总结，找出需要改进的地方主要有内衬、领口扎人，还有袖子的问题。

店主立即针对这些问题调整了产品，并在产品详情页面加以说明，等这批新货发出后，店主紧盯着客户的评价，并主动联系老客户做修改后的调研。最后，经过一系列调整，好评回来了，销量再次上去了，这款产品再次成为爆款。

案例二：锁定目标受众，精准展示

××男士箱包店铺的购买比例仅为 9：1，为了改变这个现状，店铺做过一些活动，比如晒好评拿优惠券、包裹里放 VIP 卡等，但效果都不明显。不仅如此，店铺还将装修模板做了修改，结果访问深度还是不高。通过查看评价，发现店铺的消费者以男性居多。这群消费者对品牌、品质的关注多过对折扣优惠的关注。店主发现了问题，立即着手调整，将品牌概念和箱包制作工艺植入产品详情页。经过一系列调整，店铺访问深度逐步增加，销量也开始稳步提升。

评价越多，对潜在消费者的帮助就会越大。有过体验的老客户自然会将你的店铺与其他店铺区分开来，消费者评价逐渐就变成了店铺的金字招牌。既然是金字招牌，就要充分利用起来，将它放在最醒目的位置，例如，在产品图片的旁边放上产品评价的提示条，既能让消费者一目了然，又能体现店铺的独特性。

②主动出击，通过调研挖掘需求

既然只有老客户才会没事逛你的店铺，那么，让这些老客户在你的店铺逛出意犹未尽的感觉就是挖掘老客户需求的目的所在了。这种需求只有通过调研，才能挖掘出来。因为每个消费者的需求都有差异，比如，有的顾客买包是因为在意别人的看法，有的顾客买包是为了当作礼品，有的顾客买包是赠品很有吸引力，等等。因此，做好老顾客调研能帮助店铺提升回头率，也是提高网店访问深度的制胜法宝。

为什么淘宝的很多小店铺无法做到大店铺的访问深度？要知道，访问深度一定是关联销售加老客户随意浏览的综合，其根本原因是小店铺将重心全部放在关联上面了。因此，经营网店，不是说推广做到位，销量就能提升，产品就有可能成为爆品。了解自己面对的是什么类型的消费人群，然后锁定目标受众，深入挖掘新老顾客对产品的需求，才能在新品不断上线时，向客户推荐合适的产品，从而做到弹无虚发。

9. 如何给新产品预热

在淘宝、天猫上销售产品，往往要在产品开卖前，就进行推广，从而为以后的大卖热卖做准备。一般来说，在产品真正的销售旺季还没有到来之前，店铺总是需要先进行一定的人气和销量积累，这就是产品预热。

那么，哪些产品需要预热呢？通常来说，销售季节性很明显的产品，比如服装等，由于季节性比较强，很难在一年四季都热销。以夏天的服装为例，往往可以在夏季短短几个月内热卖，而一旦过了销售旺季，就难以再热卖，同时，当产品热卖季节到来时，商家又面临着较严峻的同质化竞争，这在客观上要求店铺对产品进行预热，从而在销售旺季里实现热卖。

淘宝天猫是一个"马太效应"很强的平台。所谓"马太效应"，主要是指强者越强，弱者越弱。也就是说，产品在淘宝天猫上销售越火爆，越容易得到更多展现的机会，即免费的流量会更多。尤其是淘宝搜索中的天猫"豆腐块"，一旦在"豆腐块"上榜上有名，就总会停留相对较长的一段时间，从而使店铺获得大量的免费流量。同时，店铺销量越多，意味着转化率也会有较好的提升，对店铺的各项指标也更有利。

基于此，在淘宝、天猫上销售产品要提前预热，尽早积累销量和人气是一件很重要的事情，这是因为等到销售旺季真正来临时，同行业内的很多竞争对手已经遥遥领先，这时，商家的产品在曝光率和转化率方面就难以保持相对优势，要想赶超竞争对手，便要付出更大代价，甚至还达不到预期的效果。比如，若商家选择了直通车推广，在销售旺季来临时，PPC（Pay Per Click，平均点击价格）会飙升，而在销售旺季之前就开始预热，PPC 会相对便宜很多。关于直通车推广，本书会在后面进行详细介绍。

另外，换季宝贝在预热前，要先选款，了解宝贝是否符合当前的潮流趋势和客户需求，努力积累一定的客户成交记录和客户评价，这样，会使产品更容易受到买家欢迎。产品一定要突出卖点和优势，给客户提供充分的购买理由。商家在选好宝贝款式后，还要进行消费人群定位，尽可能提高店铺流量的精准度，从而为店铺带来更多的潜在成交用户群。

在为产品预热时，商家往往还要在店铺首页为预热款做有吸引力的海报图，这在某种程度上也是告诉客户，即将换季，店铺要推出主打产品。为了起到预期的效果，商家一定要突出产品卖点，努力让消费者记住店铺和产品，并激发买家的购买兴趣。

总的来说，店铺流量提升需要循序渐进，并非在短期内就能一蹴而就。在这方面，商家对产品预热，尤其要从多个维度准备好新款，做好流量的衔接，从而领先同行，取得先发制人的优势。

产品在预热期间，应该投放多大的推广力度呢？一般来说，在产品预热期间，产品的转化率不一定会很好，毕竟销售旺季还没有到来，如果商家在推广方面投入太大，可能会得不偿失。这时，商家就可以充分运用生意参谋数据分析工具进行预热销售分析。

商家在生意参谋里可以看到，产品所在类目的排行榜中的产品在近段时间的大致销量如何，同时再观察其流量来源，并将通过一些促销活动获得的流量剔除，主要观察通过直通车和自然流量所带来的转化率。

举例来说，在产品预热阶段，位于热销排行榜第 20 名前后的若干宝贝每天销量大概是 30 件，这意味着如果你的产品想占据宝贝排行 20 名以内，在预热阶段的销量至少要与排行榜第 20 名前后若干个宝贝同步，也就是说，每天的销量要达到 30 件左右。一般情况下，销量与其他人接近，在旺销季节到来时的排名往往也不会差太多。这样的话，商家大概要为推广支付多少费用，会在前期有相对清晰的预算。当然，得出这样的结论主要是基于数据分析工具的运用，在实际经营中，宝贝排名往往还与其他很多因素紧密相关，商家要分析多个因素。

其实，产品预热除了要在店铺内进行重点推广，还不可避免地涉及一些付费推广，如钻石展位、直通车、淘宝客等，为此，商家要控制好预热的时间长度，从某种程度来说，也是控制推广成本。在这期间，商家需要对店铺的多项数据进行分析，从而更好地确定产品预热的时间长度。

另外，产品预热开始的时间点选择在什么时候合适呢？对此，商家可以对往年的销售数据和当年上架的同类款式产品的销售情况进行跟踪分析，期间可以利用生意参谋等工具观察哪些款式的转化率比较理想、其发展轨迹如何，从而适当借鉴，抓住市场先机。

比如，在生意参谋中可以观察某类季节性较强的产品销售情况，会发现任何产品的销量均可以一段曲线来表示，曲线中有高峰，也有低谷，这对季节性产品而言更为明显。为此，根据产品销售曲线的走势，往往可以选择在产品小幅上升的阶段进行预热，然后逐步在产品销售旺季到来时赢得先机。

此外，在对产品预热时，还可以采用"倒推"的方法，从而考虑预热前的一系列问题，逐步敲定每个时间点，保证计划的有效执行。以某款女装产品预热为例，产品预热前，必然要先上架，产品上架前，又必然要着手开始服装生产，以及对产品的照片进行美工制作，为此要对样衣进行拍照、修图。假如女装由商家自己生产，还要考虑采购各种生产所用的辅料和布料；假如女装由商家经销，则要采购成品。通过这种"倒推"的方式也有助于商家把握新品预热前的各个阶段，做好每个阶段应做的工作。

总的来说，要做好淘宝、天猫店铺产品预热，通常需要进行详细的数据分析，从而更好地促进产品预热工作的开展。可见，数据对店铺来说至关重要，一个好的店铺往往离不开对数据的精准分析。如果商家在产品预热和店铺经营时没有进行数据分析，就会迷失方向，从而给店铺经营带来不利影响。

10. 产品的上架周期

目前，天猫搜索排名因素中，未列入上下架时间的权重，但在淘宝搜索里是有的。另外，用户在淘宝搜索时，可以带动天猫搜索，毕竟天猫买家也有一部分流量来自淘宝搜索。正因为如此，淘宝卖家优化宝贝上下架时间无可厚非，同时建议天猫卖家也遵守淘宝搜索中的上下架权重进行规划，从而避免不必要的流失损失。

店铺流量中，最重要的流量资源便是站内的免费资源，其中尤为重要的就是搜索带来的流量。搜索排名涉及的因素很多，宝贝上下架时间就是一个重要因素。如果商家能够合理优化宝贝的上下架时间，就可以让自己的宝贝排名靠前，从而获得免费流量。

一般来说，商家在发布宝贝时，可以选择上下架的周期，通常将周期选为 7 天，并以 7×24 小时不间断地进行周转。在淘宝搜索规则中，宝贝距离上下架时间越近，那么就越可能排名靠前。

举例来说，假设今天是星期三，某商家在 15 点 30 分时发布了一个宝贝，那么到下星期三的 15 点 30 分为一个周期。假如自发布之日起，每天能带来 60 个自然搜索流量，那么快到下星期三 15 点 30 分时，在不考虑其他因素的情况下，该宝贝会优先展示在其他宝贝的前面。当然，在实际的宝贝排名中，搜索引擎会参考综合因素，但是上下架时间的因素也是不容忽视的。

既然合理规划宝贝上下架时间会对提高宝贝排名起到有利的作用，那么在规划宝贝上下架时间时，通常可以参考哪些方法呢？在这里给大家介绍两种。

（1）设置在流量高峰时段

通常情况下，宝贝设置在流量高峰时段可以获得更多被展示的机会，从而相应地得到更多被展示的机会，获得的流量也会更多。据大数据显示，淘宝每星期一、星期五是流量最多的两天，因此，很多商家都把宝贝设置在星期一或者星期五上下架。

（2）避开高峰时段

刚刚说过，将宝贝上下架设置在流量高峰时段可以获得更多被展现的机会，这里为什么又要说"避开高峰时段"呢？诚然，高峰时段的流量是比较多，但是若众多商家都一窝蜂地选择在高峰时段上下架商品，就意味着每家店铺平均获得的流量就不是很多了，况且，如果选择流量高峰时段上下架商品，而自己宝贝的竞争优势又不太明显，那么在高峰时段可能对宝贝的销售情况更不利。对此，可以适当考虑避开流量高峰，但也是竞争高峰的时段，去争夺边缘市场。比如，如果与竞争对手的宝贝相比，自己的宝贝在销量、评价数量、价格、款式、店铺动态评分方面无明显优势，就可以考虑与竞争对手的上下架时间错开。

关于宝贝上下架，除了可以参考上面两种时间段特征进行规划，还要在商品上下架时注意将同类产品细分，将子类目再精细化，按照淘宝展现规则，当关键词被搜索时，最多可以展现两个同店宝贝，为了让同类产品获得更多展现的机会，同类产品也应进一步区分开，且不要过于集中上下架，从而获取更多流量。同时，商家还要分析竞争对手，比如，若本店的爆款跟竞争对手的爆款存在差距，就要主动把上下架时间和竞争对手错开，以免受到影响，若本店爆款已经是行业内的爆款，那么就调整到流量最多的时间段上下架，从而获得尽可能多的流量与转化率。

11. 店铺营业额数据分析

经营淘宝、天猫店铺往往离不开数据指导，而在现实中，淘宝、天猫商家之中有两类人群比较常见：一种是不懂得看数据，更难以将数据分析用于店铺经营中的商家；另一种是过于沉迷数据，却忽略了其他经营细节的商家。因此，在充分运用数据去经营店铺时，需要站在一个更宏观的角度去分析问题。

商家运营店铺的最终目的是实现盈利，要让店铺有利润。利润公式如下：

利润 = 营业额 × 利润率

通过上面的公式可以看出，商家要想增大店铺的利润，通常有两种方法：一是增大利润率；二是增大营业额。增大利润率的方法有两种，分别是降低生产成本和提高产品售价。

在当今网购时代，信息传播速度非常快，有些产品在没有任何竞争力的情况下，贸然提高售价，无疑使产品销售雪上加霜。可以说，产品同质化越严重，消费者在购买产品时，价格因素所占的比重就越大。在这种情况下，商家希望通过提高产品售价的方法来增大利润率需要慎重。比较而言，降低生产成本也可以有效增大利润率，当然有个前提，就是要在保证产品质量的基础上，降低生产成本，如果商家以牺牲产品质量来换取降低生产成本，结果往往得不偿失。

基于此，商家可以尝试减少产品的周边成本，比如，将库房从租金高昂的市区移至租金低廉的郊区，提高员工的生产效率，优化生产环节，轻量化包装，尽可能减少快递运输成本等。

商家除了努力增大利润率，还可以通过增大营业额来获取更高的利润。淘宝、天猫店铺的营业额公式如下：

营业额 = 点击率 × 展现量 × 转化率 × 客单价 × 销售量

通过上面的公式可以得出，商家要想增大营业额，可以从流量、转化率、客单价（即每个顾客平均购买商品的金额）和销售量四个方面着手提升，这也是提高店铺营业额的四个核心点（如图5-1所示）。

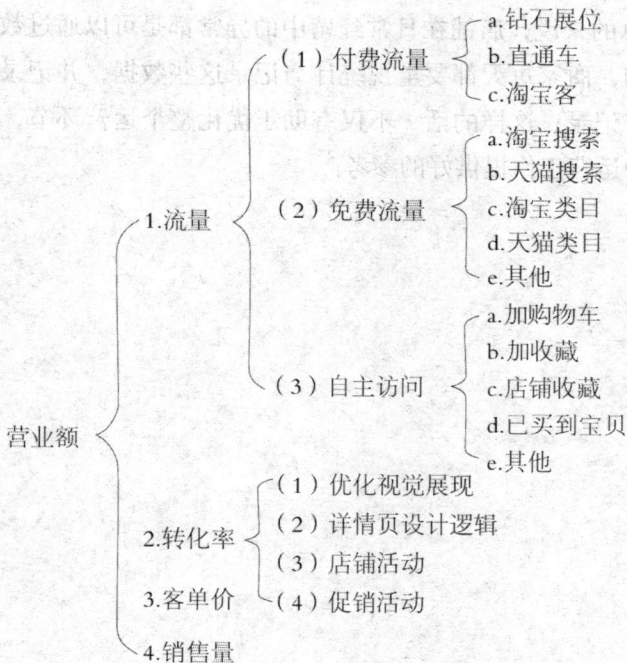

营业额
- 1.流量
  - （1）付费流量
    - a.钻石展位
    - b.直通车
    - c.淘宝客
  - （2）免费流量
    - a.淘宝搜索
    - b.天猫搜索
    - c.淘宝类目
    - d.天猫类目
    - e.其他
  - （3）自主访问
    - a.加购物车
    - b.加收藏
    - c.店铺收藏
    - d.已买到宝贝
    - e.其他
- 2.转化率
  - （1）优化视觉展现
  - （2）详情页设计逻辑
  - （3）店铺活动
  - （4）促销活动
- 3.客单价
- 4.销售量

图 5-1

从上图可以看出，店铺的营业额由流量、转化率、客单价和销售量组成。其中，店铺流量主要包括付费流量、免费流量和自主访问流量；转化率也可以通过一系列渠道得以提高，商家通过利用一些数据分析工具如生意参谋、生 e 经等，可以将影响营业额的相关指标进行侧重优化，并找出相应的解决办法。

如果商家发现店铺的人均访问量偏低，说明店铺的关联推荐与搭配套餐做得不够好；有时商家发现店铺某天的流量突然下降，转化率也下降了，而自己的店铺又没什么变动，这很有可能是竞争对手在搞促销或者在抢流量等。

总的来说，店铺在日常经营中的异常都是可以通过数据进行反映的，商家每天都要重视统计与记录这些数据，并记录好当日的操作记录，这样的话，不仅有助于优化整个运营环节，还会为以后的运营工作提供好的参考。

第六章

引流：多渠道推广才是引流的关键

1. 如何提高店铺流量

在淘宝、天猫的免费自然流量中，主要有两大组成部分，即搜索流量和类目流量。两种流量的区别在于流量来源渠道不同，其中，通过搜索关键词进入店铺的流量为搜索流量，通过淘宝、天猫首页类目入口点击进入店铺的流量为类目流量。

由于类目流量与搜索流量的来源路径不同，使类目流量主要有这样几个特征：第一，浏览目的性不够强，通常情况下，如果一个用户购买某种产品的意向很明确，那么最直接的寻找方式往往是通过搜索框搜索关键词来寻找产品，相对来说，类目流量用户的购买目的性不是很强，买家多属于点击进去随便逛逛，随意性较大；第二，转化率不高，正是由于买家浏览商品的目的性不是很强，购买意向也不是很强，使类目流量相对于搜索流量的转化率而言较低；第三，展现方式较混乱，由于各个类目的属性和风格有所不同，使其展示形式存在显著不同，举例来说，服装类目和手机类目要展示的页面信息就不一样，而其他类目的商品信息又会不同，这就使类目的展示形式比较混乱。

尽管相对于搜索流量而言，类目流量存在一系列不足，但毕竟作为淘宝、天猫的两大免费自然流量，获得比不获得终归是要好的。关于如何提高类目流量，我们主要看影响类目流量的因素都有哪些，通过优化这些因素，自然有利于改善类目流量。总的来说，影响宝贝在类目中展现情况的因素主要包括如下几种：

（1）转化率

淘宝、天猫类目会优先推荐转化率高的产品，这是因为转化率越高，往往意味着越受买家的喜欢。

（2）店铺动态评分

这主要包括三个方面的动态评分，即宝贝描述与实际是否一致、店铺服务态度以及物流服务。一般情况下，淘宝、天猫类目会推荐服务质量好的产品。

（3）新品打标

在淘宝、天猫中均存在"新品打标"，也就是说，淘宝、天猫系统会自动对符合新品标准的新发商品打上"新"的标识，打标的新品可以获得更好的权重，从而有利于在短时间内获得更好的排名，拿到更多的流量。为此，卖家在发布新品时，要确保新品主图清晰，详情页面按照官方指导完成，手机详情页面往往也需要填充完整，从而更易于被系统打标。

（4）宝贝上下架时间

本书在前面已经阐述过，上下架时间会影响宝贝的排名，卖家要合理选择上下架时间。

（5）主营占比

这是指当前经营类目下的所有产品的交易信誉累计占总交易信誉累计的百分比。如果跨度不大，则类目流量不会有太大影响，只要仍在大的主类目下就行。举例来说，在天猫的"女鞋、男鞋、箱包"类目中，商家之前卖女鞋，现在卖男鞋，主营类目未变，那么主营占比仍旧不变；如果原先商家卖女鞋，现在卖手机，那么主营占比的影响就会很大。一般来说，主营占比在80%以上的展示机会较多，80%以下的展示机会较少。

（6）提高店铺的装修档次

无论是天猫店，还是淘宝店，店铺装修都是开店的基础，店铺装修得好坏直接影响着店铺能否快速成长。店铺首页就相当于实体店的门面，高档次的门面才能获得更多买家的关注。我们都知道这样一个道理；同样的产品放在不同档次装修的店铺里，销量往往也会不一样。高质量的装修不仅能有效促进成交，提高店铺的权重，还会拉高店铺的自然流量。

因此，天猫新店想要引爆流量，首先要做的就是根据产品定位做好店铺的装修，根据引流情况，随时做出调整。

店铺营业额的多少与流量存在着密切的关系，一般来说，店铺流量的构成能反映店铺运营工作做得是否到位。举例来说，若店铺的付费流量比较多，说明店铺还没有一款能够持续带来流量的爆款产品。若店铺的访问深度低，说明产品规划还不够到位，使买家没有点击更多宝贝的冲动。若店铺转化率比较低，可能存在三方面问题：一是产品的展示形式或者详情页不够合理；二是产品定价不够合理；三是店铺推广带来的流量不够精准。这一系列问题都可以通过数据直观地反映出来。

在实际工作中，不少店铺通过生意参谋来分析店铺的流量数据。比如，用户在生意参谋中可以查看店铺的一系列实施指标，如店铺当前的访客数、支付金额、成交的买家数等，这些数据可以实时更新，有助于用户及时掌握店铺的运营情况。

用户还可以在生意参谋中看到店铺宝贝当前被访问的情况，以及单个宝贝的实时访客数；用户可以看到店铺的经营概况，主要是显示过去一天的店铺经营情况，包含了访客数、浏览量、支付金额、支付转化率、客单价、退款金额、服务态度评分，以及单个数据指标近 30 天的走势图。

用户还能在生意参谋中看到店铺的跳失率、人均访问量、平均停留时间，以及店铺流量的构成百分比，还可以看到店铺的流量来源，主要包含 PC 端流量来源的 TOP5（即流量来源排名的前 5 个入口）、无线流量来源 TOP5，以及 PC 端入店关键词 TOP 排行。

通过生意参谋，商家还可以看到店铺内被买家加入购物车的宝贝件数、宝贝的收藏次数、详情页跳出率，以及商品销售排行；还可以看到与交易相关的数据，包含下单的买家数、完成支付的买家数，以及新老客户成交占比等信息；还可以看到店铺的各项服务指标，包含店铺的各项动态评分；还能看到关于市场行情的分析，比如行业店铺 TOP5（即淘宝天猫平台上某个类目内排到前 5 名的店铺）、行业商品交易 TOP5，以及行业热门搜索关键词 TOP10 等，从而便于商家及时了解行业热销宝贝、店铺排名、热门关键词变化等信息。

总的来说，商家借助一些数据分析工具，比如生意参谋等，可以很好地"把脉"店铺流量，促进店铺的健康运营。

2. 在各大论坛中宣传推广

推广店铺，在淘宝论坛进行是必不可少的，此乃卖家必争之地，一个好的精华帖子往往会给店铺带来很多流量，如果你写的帖子上了首页，那效果会非常好。当然回帖也很重要，尽量多回帖，多支持别人，顺带学习前辈的经验，留言说说自己的看法，被人关注的话，自然也会有人顺便进入你的店铺。随着店铺知名度的提高，交易量也会渐渐提高。

（1）在淘宝论坛发帖与回帖

淘宝论坛是淘宝网的官方论坛，在浏览器地址栏输入 http://bbs.taobao.com，就可以打开淘宝论坛首页。

淘宝论坛分很多版块，单击页面上的版块链接，就可以打开相应的版块。例如"经验畅谈""创业先锋"等，这些版块是供淘友交流经验的地方，卖家经常去这几个版块逛一逛，会得到很多收获。

①发帖。单击论坛中"发帖"按钮，在下拉栏内选择要发表的帖子类型。

在弹出的窗口输入帖子的标题和内容，单击"发表"按钮，就可以完成帖子的发表。

②回帖。单击论坛中帖子的标题，进入帖子的详情页面，可以看到帖子的具体内容以及他人的回复。

（2）如何写出精华帖

论坛是淘宝网网店推广的关键，那么怎么样才能在论坛那么多帖子中脱颖而出呢？或者是成为淘宝论坛精华帖要具备哪些条件？

1）写好帖子的标题。好的标题主要有以下几种形式：

①悬念式标题。人的天性充满着好奇，这类标题时常使读者带着疑惑、猜测、惊讶去阅读，这种悬念能够引人入胜。

②炫耀式标题。这一类型的帖主要是财富故事类、经验分享类。如"从钻到冠做了……或月收入……"往往让淘友们兴致勃勃地拜读你的帖，幻想有一天奇迹会发生。目前此类帖子最火爆，但应注意把握好尺度，实事求是，切莫加入浮夸的成功。

③夸张式标题。如"雷死人……"这类标题常用夸张、拟人手法来表达，特别是新闻、娱乐性质的文章里较常见，它对眼球的杀伤力很大。

④数字概括式。这类文章在开店技巧和营销方面比较常见，受到新手朋友们的追捧，比如几大绝招、宝典等，这类帖文带有

权威性或总结性，让人一目了然。

2）写精华帖的秘密。如何写出让人瞩目的精华帖呢？卖家可参考以下几种方式：

①抓住热点，按需写帖。论坛上的帖，跟帖最疯狂的莫过于三类：经验篇、创业财富篇和教程篇。所以，写帖要抓住读者需求，注重引起共鸣的内容，做到有针对性、指向性地写帖。

②用查漏补缺法变旧为新。对于那些陈词滥调、老生常谈的内容，我们不要人云亦云、照本宣科，而是要从别人忽略的细节出发，寻找差异化或新的突破点。如同龟兔赛跑的故事，难道我们不可以摆脱一个"骄傲使人落后"的常规套路，去夸赞兔子谦让的高贵品质吗？请相信用创新意识、全新思路，老调也能谱成新曲。

③用独特的视角变冷为热、变废为宝。你一定听说过关于美国淘金的故事，为何多数淘金人没有淘到真金，个别卖水人却发了大财？所以请用心去发掘一些与淘宝相关、与财富相关实用的冷门题材，用独特的视觉来变冷为热、变废为宝。

3. 通过搜索推广店铺

搜索引擎推广是通过搜索引擎优化、搜索引擎排名以及研究关键词的流行程度和相关性，在搜索引擎的结果页面取得较高排名的营销手段。

（1）在各大搜索网站提交店铺地址

实施搜索引擎推广，首先要使得网站被搜索引擎收录。要被搜索引擎收录，除了等待搜索引擎的爬虫程序找到你的网站后进行索引之外，还可以主动向搜索引擎提交网站地址。目前国内各类搜索引擎提供商有百余家，而且基本都提供直接提交网站服务。让网店登录搜索引擎的目的就是更好地推广店铺，尤其是登录几大知名搜索引擎，如百度、谷歌、搜狐、新浪等，会给你带来意想不到的效果。

将网店提交给各个搜索引擎，这样，其他人就能通过搜索找到你的店铺，提交搜索引擎的方法如下：首先在浏览器地址栏输入各个搜索引擎网站的登录入口地址，将你的网店地址输入进去，然后提交就可以了。

（2）让搜索引擎快速收录你的网店

新手卖家在开了网店之后，总是希望网站快点有排名，快点有流量，快点能盈利。但是新站收录问题却成为所有梦想的一道屏障。开了网店很久，却不见自己的网店被搜索引擎收录，就更别谈排名了。怎样才能让搜索引擎快速收录自己的网店，这成为所有卖家在开网店之后最关心的问题。

正因为如此，做网站经营的人都把搜索引擎优化作为一项重要工作来做，作为一个普通的网店经营者，通过一些简单有效的手段让搜索引擎把我们的网店和宝贝收录进去，对网店经营还是大有好处的。

怎样让网店被搜索引擎快速收录呢？毋庸置疑，搜索引擎必须知道有你这么一个网店，然后它才会访问你的页面，并把你的页面抓到数据库里，然后，你的网店才有可能被访问者搜索到。那么怎么让搜索引擎知道你的网店存在呢？以前都采用主动向搜索引擎提交的办法，但现在几乎不用这么做了。现在最有效的做法是在已经被搜索引擎收录的其他网站上发布你网店的链接，让搜索引擎通过链接来找到你的网店。你发布链接的页面重要性越高，搜索引擎对它的访问越频繁，你的网店就被收录得越快。

4. 如何选择关键词

淘宝和天猫宝贝的标题字数均要求不能超过 30 个汉字，可以说，宝贝标题中的每个文字均堪称宝贵的关键词，一个好的标题对宝贝的畅销能起到重要作用，因此，标题中的关键词可谓"一字千金"。

通常关键词有三类：第一，类目主关键词，也就是产品的名称，如连衣裙、休闲裤、羽绒服、笔记本、手机等；第二，属性关键词，又称为二级关键词，主要是在类目主关键词上加了一个修饰，如新款连衣裙、薄款休闲裤、短款羽绒服、联想笔记本、小米手机等；第三，长尾关键词，是在主关键词上加多个修饰词，一般是两个或者两个以上关键词，如夏季 / 新款连衣裙白色、薄款休闲裤 / 大码 / 潮、短款羽绒服 / 男 / 修身、联想笔记本 / 正品包邮、小米手机 / 正品 /32G 等。

在上述三类关键词中，类目主关键词覆盖的人群最多，但是相对不精准；长尾关键词覆盖的人群最精准，但是覆盖人群少；属性关键词覆盖的人群居中。在掌握了关键词的种类后，接下来看如何挖掘这些关键词。挖掘关键词的途径有很多，下面就介绍其中主要的几种：

（1）搜索框下拉词

在淘宝、天猫的搜索框里搜索关键词的时候，下拉框里会出现很多候选词，这些词都是容易搜索到的热门词，通常流量很大，竞争也比较严重。如果产品比较有竞争力，各方面权重也比较高,那么不论是标题优化,还是开直通车,都可以参考下拉框里的热门词(如图 6-1 所示)。

图 6-1

在上图中,用户在天猫搜索框中输入"圣诞节礼物"关键词,下拉框中会出现一系列热门词,这些热门词可以供商家参考。

(2)相关词

在淘宝、天猫的搜索框里搜索关键词时,搜索框下部总会出现一些相关词,通常来说,这些词的流量也比较大,同样是众商家的"兵家必争之地"。

①站在客户的角度考虑。潜在客户在搜索你的产品时将使用什么关键词?这可以从众多资源中获得反馈,包括从你的客户、供应商、品牌经理和销售人员那里获知他们的想法。

②将关键词扩展成一系列短语。选择好一系列短语之后,可用网络营销软件对这些关键词组进行检测,软件的功能是查看你的关键词在其他网页中的使用频率,以及在过去 24 小时内,各大搜索引擎上有多少人在搜索时使用过这些关键词。

(3)生意参谋

生意参谋在 2011 年成立,现已发展为阿里巴巴商家端统一的数据产品平台，主要服务于 1688 商家、淘宝和天猫商家。生意参谋里有个"搜索词分析"的功能，包含了行业热词榜和搜索词查询榜。其中，行业热词包含了热门搜索词、热门长尾词、热门核心词、热门品牌词、热门修饰词等，其数据统计的及时性非常强，有助于挖掘潜力词、飙升词，从而优化标题与直通车。

生意参谋里的"搜索词查询"功能可以针对关键词进行重点分析，我们用得比较多的是里面的"相关搜索词"功能，还可以结合关联修饰词和关联热词进行组合，这些组合出来的新词也是标题优化和直通车关键词的重要来源。

（4）直通车后台推荐词

所谓直通车，就是在搜索框中搜索商品关键词时，在搜索结果页面的两侧会出现一些商品图片，若用户点击，那么参与直通车推广的商家则需给淘宝、天猫平台付费，用户不点击，则商家不产生费用。

商家在开通直通车推广后，在直通车后台会有很多来自系统推荐的关键词，如热搜词、潜力词、飙升词、锦囊词、质优词等，在直通车后台还可以解析关键词的引流能力，从而为我们挖掘关键词提供参考。

（5）排行榜

淘宝、天猫开店，找到关键词是关乎成败的重要因素，进而对关键词做出一系列分析，最后找到合适的供应商。淘宝、天猫宝贝的关键词影响着宝贝的排名，只有设置的标题最接近买家搜索词汇的宝贝，排名才会靠前。因此，掌握当前热搜词是每个卖家的必修课。

在淘宝网中有个"排行榜"模块，可以统计今日、今周等时间段的关键词排行情况，排行榜的上升次和热搜词本身就是非常好的取词来源。

　　淘宝网按照首页及若干类目统计了关键词，并对关键词的排名情况进行了统计。需要注意的是，对于他人的热门品牌词，绝不可将其抢来放入自己的标题里，有些商家误以为可以抢到他人的流量，实际上，这种行为会侵犯权利人的知识产权，属于滥用他人商标中的关键词，若对方发起投诉，那么违规商家不仅要删除宝贝，还会面临扣分，对店铺权重的影响也很大。因此，商家在挖掘关键词的时候，一定要合情、合理、合规。

5. 如何优化产品标题

　　在获得关键词后，如何将关键词组合成一个优质标题，对商卖家来说是一件重要的事情。为了更好地理解如何组建标题，先看一下对构成标题的关键词所进行的分类，这些词语主要分为四类：一是营销词，这类词又分为两种，一种反映了产品本身的特点，如某年新款、某品牌正品、爆款、新品等；另一种是促销活动特点，如清仓甩货、热卖、反季特价、包邮、秒杀、促销等。二是类目词，是产品的类目名称，如女装、内衣、男装、手机、图书音像等。三是属性修饰词，主要包含商品本身的特性，以休闲裤为例，修饰词有直筒、加绒、加厚、保暖、舒适等，主要是一些围绕商品描述的词汇。四是核心关键词，一般是产品名称，如碎花连衣裙、小米手机、棒棒糖等。

　　在将标题中的关键词分好类后，如何将它们有序地排列为标题呢？根据买家的阅读习惯，在这里给出一个书写标题的"公式"，供大家参考：

　　标题公式 = 营销词 + 类目词 + 属性词 + 核心关键词

一般来说，上面的标题公式主要是基于大众阅读习惯的，卖家在实际工作中可以根据实际需要而予以调整，必要时，可以融入一些长尾词，以提高面对用户的精准度。

在优化标题时，不宜频繁地修改标题，变化幅度也不能太大。通常情况下，以每周对局部分词做一次替换为宜。对热卖的宝贝，修改标题一定要慎重，最好不轻易改动标题，以免节外生枝。

对店铺内的一些低销量的宝贝，不一定非要争夺热词，可以适当选择长尾词，通过长尾词获取精准流量。一般来说，一个分词不能单独构成标题，而是需要与其他分词有机组合成搜索关键词，从而为店铺引来流量。那些构造长尾词能力较强的分词往往可以引来更多流量。

此外，在用相关推荐词、系统推荐词进行搜索时，可能会发现有些宝贝的在售数量虽不多，但是搜索量却不小，这些高搜索、低竞争的机会词通常能为店铺引来不少流量。基于此，要在工作实践中主动发掘这些机会词，从而运用到宝贝标题优化中。可以说，在竞争激烈的市场环境中，盲点还是不同程度地存在着的，只要用心去做，"功夫不负有心人"，我们一定可以找到这些机会词的。

在书写宝贝标题时，要尽量让标题生动自然一些，不可刻意追求"标准化"，否则不利于用户的独特性体验，影响顾客的转化和再次购买。比如，在前面虽然提供了一个标题公式做参考，但是并不要求大家完全按照公式去套。因此必须掌握标题优化规则：

前面已经介绍了宝贝标题优化的好处。那么在做宝贝标题时，是不是关键词越多越好，标题越长越好呢？下面来看看宝贝标题优化的规则及搜索规律。

（1）宝贝标题编写原则

①标题要尽量简单直接，能突出卖点；要让买家即使瞄一

眼，也能晓得商品的特点，知道它是一件什么商品。

②宝贝标题限定在 30 个汉字（60 个字符）以内。

最基本的结构应该是：产品名称 + 卖点（例如商品是包邮的，可在标题中加个"包邮"字样，以增加宝贝的吸引力）。

（2）宝贝标题的编写规范

在新淘宝规则中，宝贝标题的编写规范有以下几点：

①标题中不要故意堆砌一些无关的词。标题堆砌是指卖家为使发布的商品引人注目，或使买家能更多地搜索到所发布的商品，而在商品名称中滥用与本商品无关的字眼，扰乱淘宝网正常运营秩序的行为。

②避免使用大量的类似 / 重复标题。重复标题对用户体验不好，而且没有个性，在搜索的结果中，消费者点击也不会高。标题逻辑不通，点击率就会偏低，尽量让自己的产品标题多样化，每样商品都有属于自己的关键词。两个商品标题的关键词有过多的雷同，虽然产品曝光率会提高，但这样有可能会被认为重复铺货，所以宝贝的标题一定要多样化。

③不要使用特殊符号。很多卖家会在宝贝标题中滥用符号，一般来看，这些符号会被搜索引擎直接忽略掉或等同空格，还有种说法认为括号（包括大括号、中括号、小括号）中的关键词会被降权。总之，随意使用符号对于宝贝标题是有害无益的，一般情况下，在需要断开的地方加入空格就可以了。

④宝贝标题中不要包含店铺名称。除非知名的大卖家，一般情况下，不必将自己的店铺名称加到标题中，因为根本不会有人通过搜索您的店铺名称而找到需要的宝贝。所以在标题中加入店铺名称只是对资源的浪费。卖家应该节约空间，多加一些宝贝的属性关键词。

⑤忌用敏感词。淘宝搜索有自动过滤功能，如果标题中含有敏感词汇，会被系统自动过滤掉，如"高仿""山寨"等一些词汇。此外，一些当下敏感的政治词汇也会被搜索过滤。所以，卖家在写标题时，不要触碰敏感词汇，否则你的商品很可能会被降序。

总之，在优化宝贝标题时，一定要根据淘宝、天猫的规则，以及用户的搜索习惯等因素进行优化，从而让商品有更多的展现机会，获得更多的有效访问流量。

6. 如何运用淘宝的自然流量

自然流量，又称为主动流量。网民自上次进入目标站点之后，初次记下来的网站域名地址，或通过"收藏夹"标签等直接进入站点的，即自然流量。

如何获得淘宝的自然流量相信是每个卖家都极其关注的问题，因为它关系到店铺能否正常运行。如果要获得自然搜索流量，最便捷的方法就是获得好的排名，而要获得好的排名，就需要了解淘宝的排名规则。

（1）影响淘宝搜索排名的因素

1）宝贝主图的质量。宝贝主图应该是真实反映宝贝的，也是最直观的一个部分，如果宝贝主图"牛皮癣化"，一是不美观，带给买家最直观的感觉很不舒服；二是过多的文字、图片掩盖了宝贝真实的面貌，不能很好地辨认出宝贝细节，有悖淘宝公平诚信的交易原则。原则上，主图可以有商品 Logo 存在，也可以添加一个促销水印标签或者图片形式的广告，但是这些文字和图片大小不得超过主图大小的 10%，且不得覆盖主图商品。淘宝会根据情况，对于部分"牛皮癣化"严重的商品给予一定程度的降权或者是屏蔽处理。

2）宝贝是否遭遇降权或者处罚。一般情况下，宝贝遭遇处罚或者降权有以下几种原因：

①价格不符。系统识别后，立即降权，降权时间根据作弊的严重程度而有所不同，价格严重不符的商品调整正确后，最早可在 5 天内结束降权。

②标题滥用关键词。系统识别后，立即降权，降权时间根据作弊的严重程度而有所不同，标题滥用的商品修改正确后，最早可在 5 天内结束降权。

③虚假交易。系统识别后，对涉嫌虚假销量、信用的宝贝给予 30 天的单个宝贝搜索降权，同时根据卖家店铺涉嫌虚假交易情节的严重程度给予卖家 7~90 天的全店宝贝搜索降权。

④标题、图片、价格、描述等不一致。系统识别后，立即降权，降权时间根据作弊的严重程度而有所不同，标题、图片、价格、描述等不一致的商品修改正确后，最早可在 5 天内结束降权。

3）卖家服务质量。卖家服务质量主要体现在以下几点：

①店铺近 30 天退款率。店铺近 30 天退款率也是影响排序的一个因素，其中还包括：超时退款比率，超时退款反映了卖家处理退款的时间长短问题，也体现了卖家的服务质量；因商品质量问题以及发货未收到货等类型退款，这也是卖家服务质量的很好反映。退款率明显高于同行业水平的店铺，将会被淘宝根据情况给予一定降权处理。另外，卖家不要无货空挂，因为在淘宝商城，无货空挂要赔偿商品金额 30% 的违约金。

②纠纷退款笔数以及纠纷退款率。纠纷退款笔数多、纠纷率大反映了卖家在处理售后问题上的服务水平。卖家需要注意的是，一个自然月内纠纷笔数达到 6 笔，纠纷退款率达到 0.6%，下个自然月将会加倍收取消费者保障金。

③店铺 DSR 三项综合评分。店铺 DSR 三项综合评分体现了

卖家店铺宝贝描述相符度、宝贝发货速度、卖家服务态度等因素，所以，作为卖家，我们是否以一个良好的心态去面对顾客，就体现在这三项基本评分上。

4）店铺信誉度。目前淘宝最新规则出台，对于店铺各种经营类目下的信誉度是分开计算的。如买家想搜索一件毛衣，如果你家店铺虚拟交易信誉度为288，而实体女装行业信誉度为10，那么在这个搜索下，你的信誉度就为10。所以卖家应该合理调整结构，让自己店铺经营的类目集中起来。

5）橱窗推荐和宝贝下架时间。

①橱窗推荐。橱窗推荐位是通过搜索的方法让卖家的宝贝能有更多的浏览量及点击率，当买家选择搜索或者点击"我要买"，根据类目来搜索时，橱窗推荐宝贝会优先排在前面。橱窗推荐位又为卖家热推，在"卖家中心"→"宝贝管理"→"橱窗推荐"中设置。

②下架时间。因为在淘宝搜索规则中，对于快下架的宝贝，淘宝搜索会靠前，店铺的每天流量会有高峰期和低谷期，一般在早上9~11点、下午14~17点、晚上19~22点的人流量最多。因此，卖家在宝贝上架时，应该尽量在这些时间段多上架一些宝贝，还有就是要分批量上架，把宝贝的上架时间选为7天，每天上架一些，这样，7天后，每天都会有宝贝在流量高峰期要下架，当一个宝贝快下架时，搜索会靠前，这时，这个宝贝的访问量大了，可能会有人去访问其他宝贝，这样，整个店铺的流量将会提高。

6）宝贝转化率和收藏量。其他因素一致的情况下，转化率高的商品优先展示给买家。

7）宝贝属性的完善与否。属性不完善的商品会在类目搜索下直接屏蔽。默认不展示，类目搜索也是一个搜索的重要来源，属性越完善的商品，在类目搜索下越有利。

8）宝贝近30天的销量。近30天销售量好的宝贝，在销量排序这一单一维度下优先展示。在这里纠正一个误区，在人气排序下，并不是销量越好，越排在前面，这个说法是错误的。

9）是否加入消费者保障服务，并提交保证金。消费者保障服务是对买家网购安全最基本的保障，所有在搜索排序下，优先展示加入消保并且提交保证金的卖家。

（2）打造人气商品

淘宝网搜索结果的排序方式主要有两种：一种是综合排序；另一种就是人气排序（如图 6-2 所示）。虽然一般情况下，搜索结果列出的都是默认的综合排序，但是有很多用户还是会选择人气排序，因为人气排序更能够显示出商品的优越性。所以淘宝卖家很应该去考虑如何让宝贝在人气排行当中占据更有利的位置。

图 6-2

1）影响人气排名的因素。

①交易量。淘宝会同时参考该商品的交易总量和交易订单次数，时间一般以 30 天的数据作为参考，所以要想自己的宝贝能够在人气排行当中有较不错的位置，首先要考虑的就是如何将这个商品的销量进行提升。可以给你准备大力推广的产品做一些优惠促销的活动，以提升商品的销量，同时可以使商品在人气排行

当中有更好的表现。

②回头客。如果一个商品在一个月期间会有很多会员重复购买，这就意味着这个商品在被用户使用之后效果很好，淘宝也会看重这点，然后给出加分。

③转化率。转化率表明这个商品以及这个商品页面的吸引力，如果转化率越高，说明你的这个商品在同行当中有不错的竞争力，淘宝给出的搜索排名就会更靠前。要提高转化率，需要做的是把页面设计得更加人性化和美观，商品的参数要介绍得更详细，同时不要忘记加一些精彩的评论，这些对提高转化率都是有不错帮助的。

④其他较主要因素。比如说支付宝使用率、是否加入消保、各种评分、宝贝浏览量、卖家评分等也都会对人气的排名产生影响。

2）培养人气宝贝。对于小卖家来说，前期可以通过免费推广获取更大流量，促成交易，从单品着手，一个一个来培养宝贝人气，从而慢慢提高店铺人气。对于有实力的卖家，可以通过免费推广和付费推广相结合的方式，分批量地培养店铺宝贝的人气。

3）维护人气宝贝。卖家要及时关注买家的评语，当宝贝销量增大以后，出现中差评的概率也相应增大，如果遇到中差评，一定要想办法和买家沟通，找出问题所在，尽最大的努力让买家改回好评。这样才不会给自己辛辛苦苦培养出来的人气宝贝抹上污点。评语很重要，好评语可以把你的宝贝捧上去，负面评语会把你的宝贝摔下来。

7. 通过微博推广网店

微博推广是以微博作为推广平台，每个粉丝都是潜在的营销对象，因此，商家可以开通微博，通过微博向网友宣传企业、产品的信息，从而树立良好的企业形象和产品形象。另外，商家一般要每天更新内容与大家交流，或者谈论大家感兴趣的话题，从而达到营销推广店铺的目的。

在实际工作中，新浪微博运用得比较频繁，在这里就以新浪微博为例，先看一下如何增加新浪微博的粉丝数。

一般来说，开通新浪微博后，要先去"关注"别人，成为别人的粉丝。在这方面，粉丝的质量比数量更重要。为此，商家要先了解自己的客户群是一些什么人，先成为自己客户的粉丝。实际上，你成为对方的粉丝后，对方可能会反过来关注你，成为你的粉丝，从而实现互粉，使你拥有一批高质量的粉丝。

接着，还要写作有质量的微博内容。比较而言，写微博要比写博客容易得多。因为博客文章的篇幅较大，字数可以多达成百上千字，甚至可以更长，但是一篇微博最多不能超过140字。因此，短小精悍是微博的特点。

在写作微博内容时，内容的定位应该结合企业的特点，同时还要从用户的角度去着想，毕竟微博内容是为用户服务的，用户能够从微博中获取想要的东西，这样，他们才会更加忠实于你，和你成为朋友，也才能有利于你接下来的销售。

另外，在微博的内容中，选择合适的图片也非常重要，要经常从和自己相关的微博里获取一些行业里的图片，重视微博推广的细节，努力把微博写好。在这方面，建议商家可以在微博里写自己的日常感悟，增加个性化色彩，还可以在微博里写故事，取材可以有企业成长中的创业故事、经验教训、获得的荣誉等，还可以展示工厂、品牌、设备等，以及团队故事、聚会、培训等，商家还可以在微博里写一些关于客户的故事、媒体专家采访报道等。为什么要在微博里多写故事呢？这是因为故事最容易形成口碑传播和品牌传播，也更容易被人们接受和喜闻乐见，实际上，那些被转载频率高的微博往往就是不同的故事。

在有了微博内容后，该如何把微博推广出去，以及怎么通过微博来推广网店呢？在这方面，我们可以在经常活动的网页上留下自己的微博地址，比如，将微博地址放在你博客里每篇文章的底部，或放在你 QQ 空间里每篇文章的底部等，总的来说，凡是你能想到的地方，都可以留下微博地址。

如何在微博上推广网店呢？可以在微博上书写促销文案，在文案里充分说明产品的价值，然后加上店铺宝贝的链接，吸引粉丝点击访问；必要时，还要为客户营造一种紧迫感，比如明确表示什么时间统一促销、在什么时间截止、要限制什么样的数量等，从而让微博推广发挥应有的效果。

总的来说，微博推广不是一蹴而就的，需要长期坚持，拼的是投入和执行力，要长期坚持下去，在实践中不断积累经验，培养和用户的感情，从而一步一步实现在微博推广方面的营销目标。

8. 如何用微信推广网店

在当今的移动互联网时代，微信堪称最为普及的即时聊天工具。《2019 年微信数据报告》显示，2019 年微信的月活跃账户数超过了 11.5 亿。基于微信平台上海量的用户，利用微信进行推广和营销也成为一种重要的网络营销方式。

那么，用微信推广网店有哪些技巧，又有哪些方面需要注意呢？下面就来介绍一下相关内容：

（1）做好一个微信公众号

有些商家觉得微信公众号越多越好，于是便注册了很多公众号，结果由于时间和精力有限，都未能做好。一般来说，商家最好选择一个微信公众号来用心做好，并利用它来推广自己的产品，把它做大做好即可。

（2）要避免公众号内容太过单一

举例来说，销售产品的微信账号，如果每天都是关于自己产品的文章，那么这个账号可能会让人觉得兴味索然。所以，商家应该把微信内容做得丰富一些，让微信内容更接近人的生活。另外，在维护公众号时，还应注意塑造编辑者（有时称为"小编"）的形象，让编辑者有鲜明的个性特点。比如，编辑者偶尔可以在微信里撒娇："昨天的活动奖励设置太多了，老板要开除我，除非有 100 个人回复支持小编，拜托了……"这样的话可以使得微信内容变得更加丰富。

（3）微信文章需要注意的事项

一般来说，微信文章的标题要注意前 13 个字，这 13 个字会直接影响文章的点击率。因此，应该尽量将这 13 个字写得足够吸引人。另外，微信文章的配图也要足够赏心悦目。

在微信里的内容一定要体现该账号的核心价值，内容也要多样性，迎合与满足众多客户的需求，从而增强内容的吸引力。

通常情况下，微信里不一定要发表长篇大论，但是要求文章能够吸引读者的注意力，文章内容一般以 300 ~ 500 字为宜。微信内容要讲究小而美，在内容提供上要能够长期坚持。

（4）如果要发链接，请优先选择短链接

有时，商家需要在微信朋友圈里发链接，这时，建议优先选择短链接，太长的链接会影响美观，从而让人失去点击的欲望。

商家在朋友圈里转发其他人的文章时，要加入自己的评论或者摘录文章中的观点，从而让朋友更加信任或好奇。有时，你转发自己公众号里的文章加评论，其他人在朋友圈里转发你的文章时，也可以直接复制粘贴你的文字描述。

通常情况下，微信文章转发有两种方式：一种是在朋友圈里转发；另一种是在微信群里转发。商家可以选择合适的方式进行转发。

（5）多关注竞争对手的微信

竞争对手是很好的老师，因此，如果你关注了30个竞争对手的微信，就意味着有30个人教你怎样做微信推广，这时候，你要做的就是总结归纳他们的推广方法，从而找出最适合自己的方法。

（6）开放平台＋朋友圈

"微信开放平台"是微信新推出的功能，应用开发者可通过微信开放接口接入第三方应用。还可以将应用的Logo放入微信附件栏中，让微信用户方便地在会话中调用第三方应用进行内容的选择与分享。

微信除了异步通信的功能，其"朋友圈"分享功能的开放为分享式的口碑营销提供了更好的渠道。微信用户可以将手机应用、PC客户端、网站中的精彩内容快速地分享到朋友圈中，并支持网页链接方式的打开。

（7）关键要发挥人的作用

微信推广能否成功，人的因素尤其重要，这里的"人"指的是使用微信做推广营销的人员。为此，推广者一定要努力提高自己运营微信的水平，多与其他人交流，从而一步步提升自己用微信推广营销淘宝、天猫店铺的本领。

商家还要培养线上线下互动推广的能力，通过在微信线上聚拢人气，以及在线下交流强化真实性，使得商家更有亲和力，最终充分挖掘微信的内在营销潜力。

第七章

爆品：把产品打造成超级爆款

1. 如何打造爆款产品

淘宝天猫店铺里的爆款即为人气宝贝，顾名思义，爆款具有较高的人气，在网店流量提升和转化率的提高等方面发挥着重要作用。爆款的魔力在于瞬间引发网店流量，并吸引越来越多的回头客。

据统计，有不少爆款在一次成功的营销策划活动中，能够在很短时间（有的甚至是几小时）内达到高于 5000 件的单品销量，并且能带动其他产品的关联销售。可以说，爆款产品不仅能给店铺带来较大的销量，还有助于改善店铺的整体经营。

平时在逛一些销量不错的店铺时，可以发现，这些店铺的销量集中在某些宝贝上面，有些宝贝销售了几万件，而有些产品销量不过几件。在企业管理学中认为，通常一个企业 80% 的利润来自它 20% 的项目，这就是所谓的"二八定律"。在网店经营中，80% 左右的销量往往来自 20% 左右的爆款。

（1）爆款对店铺的积极作用

①引入自然流量，提升人气

一般来说，一个店铺要想给客户留下深刻的印象，通常需要具备一定特色产品，从而让客户一旦有相应需求，就会想到这家店铺。相对而言，爆款往往是能在某些特定方面很好地满足客户需求的，同时，爆款出色的销量又便于爆款在客户搜索时被搜索到，从而持续带来自然搜索流量，提升店铺的人气。

②带动关联销售，提升客单价

客户在浏览爆款的详情页时，通常可以看到详情页中的一些关联营销，比如店铺借助爆款的人气和流量，将一些关联产品也放在爆款详情页上，增加其他产品的曝光度和访问流量，当客户购买爆款的同时，又购买了其他关联产品时，无疑会提升客户每笔成交的金额，也就是提高了客单价。

③利用消费者的从众心理，提高转化率

客户在购物时，一般看到一款产品越热销，越容易激发其购买的热情，这是消费学中的从众心理。相对而言，爆款的成交笔数往往较大，较容易激发客户的从众心理，从而使来访流量转化成交的可能性增大。

④降低库存风险，资金得以回转

商家在网上开店做生意，不仅要面临流量、销量的压力，还要面临客户一系列评价指标的压力，为此，商家要提高发货速度，通常需要准备一些库存。若商家的出货速度很慢，经营的不确定性和市场流行款式的不确定性会加大商家的库存风险，不利于资金的尽快回转；若商家成功打造了爆款，在短时间内实现了产品的畅销，则有利于降低库存风险，加快资金周转。

⑤引来更多回头客

商家借助爆款，可以显著增加店铺的流量，也使得店铺的曝光机会增多，这时，店铺努力提升服务质量，用心服务好每个客户，提升客户的满意度，会增强客户持续来店购买产品的兴趣和信心，有利于为店铺培养回头客。

爆款对流量和交易量的巨大拉动作用是众所周知的，因此，很多卖家都想打造自己的爆款。然而，打造爆款不能盲目，需要经过精心的策划，正如古人所说"凡事预则立，不预则废"，也就是说，无论做什么事情，提前有准备，才更有可能成功，如果提前没有做好准备，很可能就要失败。

（2）打造爆款通常需要做的准备

①选择几款有爆款潜力的宝贝

要打造爆款，就要知道店铺里的哪些产品最受欢迎，可以通过生意参谋统计出宝贝被访排行，从而查询到当天或者最近一段时间的人气宝贝，并根据排名情况，从中挑选 2 ~ 3 款宝贝作为爆款候选。选款非常重要，受大众欢迎、符合大众审美、质量好、性价比高，这些都是基础指标。如果选了款质量差的，又恰巧打造成店铺爆款了，那么店铺售后就惨了，卖得越多，店铺指标越惨。

②要与供应商进行充分而有效的沟通

在选出候选的宝贝后，接着要与供应商仔细沟通，了解宝贝的质量如何，品质有无保证，售后情况如何，货源是否充足，从而为爆款做好充分的准备。实际上，前期与供应商的沟通非常重要，可以避免爆款做起来后发生意外断货等情形。

③店铺界面要诱人，有吸引力

要提升客户的购买欲望，就要努力打造诱人的店铺界面和动人的文案，这样，当客户访问到店铺时，才会被个性化、有吸引力的界面与文案用语所吸引，可以在一定程度上增加访问流量，提高转化率。

④重视客户对店铺与产品的好评

买家在淘宝、天猫上购物时，普遍会看产品与店铺的好评，这也是买家了解产品与店铺的一条重要途径。如果产品与店铺的好评率高、好评多，就可以在一定程度上增强消费者的购买信心；反之，可能弱化消费者购买的信心。

⑤考虑好参加淘宝、天猫活动的细节

当淘宝、天猫官方举办一些活动，如"双十一"等活动时，店铺主动参加这些官方活动，有利于在这样的流量高峰中分一杯羹，同时，在参加这些活动时，产品不可避免地要考虑促销价。

⑥根据产品的卖点与顾客的买点去写文案

商家要根据产品的卖点策划出好的文案，然后参照文案来拍摄与修图；同时，商家还要明白，产品的卖点往往是源于商家的归纳，还要重视产品的买点，这是源于买家的归纳，也是让买家动心购买的原动力。

⑦做好宝贝推广

商家在做好上述工作后，接下来就是努力增加宝贝的曝光率，让宝贝多出现在买家面前。在这方面，商家要做好站内SEO，增加宝贝的自然搜索流量，还可以适当购买付费流量，也可以做好站外SEO，从店外引来流量，最终为宝贝带来源源不断的流量，让宝贝的受欢迎度持续升温。

总的来说，每家经营成功的店铺几乎都会有自己的爆款。因此，作为淘宝、天猫上的店铺商家，一定要掌握打造爆款的本领。

2. 学会用 SEO 打造爆款

淘宝、天猫 SEO 既包括站内 SEO，也包括站外 SEO，其中，站内 SEO 的作用尤为重要，站外 SEO 可以起到积极的辅助作用。基于此，在阐述 SEO 在打造爆款中的作用时，主要从站内 SEO 和站外 SEO 两个方面进行论述。

（1）站内 SEO

任何产品都有一个从新品发展的过程，爆款也不例外。一般来说，刚开始，新品都需要流量，如果某款新品将被作为主推产品，尤其是潜在爆款的话，对流量的需求就会更旺盛。毕竟爆款通常会伴随较大的流量。

通常情况下，流量主要有三种，即自然流量、付费流量和活动流量。在新品的前期，往往主要依靠前两种流量。说到自然流量，SEO 肯定不容错过。正如前面所阐述过的，SEO 主要是指自然搜索优化，从而使产品的排名靠前。

淘宝、天猫搜索的核心是关键词，因此，淘宝、天猫 SEO 的核心也是关键词。淘宝、天猫搜索引擎的核心是为了方便搜索者，即消费者，从而为消费者提供良好的搜索购物体验。如何才能让消费者快速找到自己想要的东西呢？搜索引擎会把消费者搜索的每个关键词视为一种需求，也就是搜索这个关键词的消费者最想要的是什么，进而搜索引擎将消费者最想要的结果展现出来。其中，那些与消费者搜索的关键词相关度越接近的产品，获得的排名也会越靠前。

可见，商家要通过一系列数据分析工具，如生意参谋、生 e 经等来分析客户搜索频率最高的关键词，并提高主推新品与这些关键词的相关度。这个相关度里有两个主要因素，分别是属性匹配和类目匹配。

在选择属性匹配时，要确定最佳属性匹配，这方面要以最大搜索成交量来判定优先属性。举例来说，用户在搜索"项链＃女"的关键词时，成交量最大的产品属性是"925 银"属性，那么，选择"925 银"属性的产品往往会排在选择"非 925 银"属性的产品前面。基于此，要确定产品的最大成交属性。

在为产品选择类目时，要选择正确最大类目，以及各级子类目，从而提高匹配度。可以说，站内 SEO 的一个核心是关键词，每个关键词都代表了一个类目、一个属性、一个消费需求。

此外，还要优化宝贝标题，要在标题中含有搜索的关键词，并且做好关键词的组合搭配。为了有效突出标题的个性化色彩，还可以在标题中适当融入长尾关键词，一般来说，长尾关键词的搜索人数不是很多，但是转化率较高，针对性也较强。在具体运用中，商家可以配合不同的营销阶段做出相应选择。

其实，站内 SEO 的方式还有很多，在前面已经进行比较详细的阐述，在此不再赘述。

（2）站外 SEO

商家通过站内 SEO，可以使主推新品在淘宝天猫站内获得较多的自然搜索流量，商家还可以通过站外 SEO，将站外流量导入主推新品与店铺，从而增加流量来源。

一个爆款的打造离不开流量的积累，在这方面，站内外 SEO 均可以有效向商家的主推新品进行导流，从而为打造爆款提供必要的流量基础。

3. 爆品需要具备的特质

在销售过程中，爆品能帮助卖家获得十倍、百倍的营销效果，甚至不需要你进行主动推广，就能给你带来数倍的收益。这就是爆品的力量，许多网店经营者和企业都渴望做爆品，但事实上，爆品并不是那么容易打造的。

很多人将爆品和爆款混为一谈，其实它们之间是有区别的。爆品是具有价值感、培养潜力和品质守恒的单品，需要打造成品牌；爆款是战术策略或引流需要，往往是阶段性的，为后续导入其他产品铺路。

（1）爆品不是简单的产品

爆品不是一个简单的产品，而是社会化营销时代的认识论和方法论，可以说，没有爆品，就没有社会化营销。许多人认为大单品就是爆品，甚至有人拿大单品当爆品。要知道，大单品是"渠道为王"时代的产物，爆品思维是营销体系的标志。

什么样的产品算是爆品呢？是不是出个新品，销量不错，就算是爆品呢？目前，许多新品上市，连大单品都算不上，更不用说爆品了。"集体围观"现象是爆品的重要标志，而非销量，依靠传统渠道带来一点销量的产品算不上是爆品。

（2）新时代的产品代言人

没有品牌、没有资产、没有渠道、没有营销队伍，却能创造出营销奇迹，这就是爆品在互联网时代的价值。

在这个不缺少产品的时代，许多新品都被淹没了，只有爆品或大单品才具有传播价值，爆品就是这个新时代的产品代言人。

我们正处在一个社会化营销与中国产业升级重叠的新时代端口，随着移动互联时代的来临，手机屏幕比 PC 界面小得多，屏幕越小，注意力越稀缺，只靠产品丰富解决不了注意力的问题，而爆品却能做到。中国整体产业升级，一个新时代是需要有标志性产品的，于是爆品就承担了这个角色。

（3）爆品具备哪些特质

爆品都具备什么样的特质，或者说，具备什么特质的产品才有可能成为爆品呢？总结起来，主要有以下几点：

①新主流产品

主流指的不是高端或低端产品，而是能满足大众需求，表现为销量最大的一类产品。所谓新主流，就是指以前没有被认识，未来却可能成为家庭标配的产品。

②品质视觉化

所谓品质视觉化，就是让消费者第一眼看到时，形成与传统产品巨大的反差，有很大的对比度。

③抓住痛点

实际上，痛点就是消费障碍，也就是消费者为什么不买。

④性价比高

爆品借助了社会化营销，与传统产品相比，它是有性价比空间的。

传统营销，一个广告连续播无数遍，最后形成记忆。而社会化传播的关键在于传。传一遍就够了，只要能够持续传下去，最后就会形成"集体围观"，那么传播效果也就达到了。

许多人刷屏做爆品，其实违背了社会化传播的本意。爆品，最后一定是"自然围观"，就像大单品推出后，后续还有一系列动作一样。爆品引爆后，后续一定还要有动作，才能打通全面营销。现在，爆品多数只是在传播层面，延伸到整体营销层面的还很少，这就要求我们寻找出打造爆品的规律和方法。

4. 用爆品思维做营销

在互联网时代，爆品意味着专注某一类用户，以用户思维为导向去设计、研发、生产与销售，找到用户真正的痛点，甚至一款产品可以实现销售额几个亿。

打造爆品需要站在消费者的角度，以用户思维完成对消费者需求的推测，完成产品规划与品牌定位，做出满足消费者需求的产品，并提供极致享受的服务体验。同时，打造爆品还要对经营理念有深刻的领悟。

（1）爆品思维

打造爆品需要对商业模式、组织形态进行规划，思维模式贯穿了打造爆品的全过程，因此可以说，打造爆品是一种思维模式，也就是爆品思维。

①用户思维

打造爆品时，不能从自身需求出发，而是要从消费者需求出发，找到真正的痛点，有针对性地解决消费者的需求，精益求精地打造出能够让消费者尖叫的产品和服务。所以，用户思维是爆品思维的重要组成部分，以用户思维打造爆品，才能在满足消费者需求的同时，赢得其认可与信赖。

②品牌思维

打造爆品是为了树立品牌，只有品牌树立起来了，才能被大众消费者认同和喜爱，才能形成良好的口碑效应，让产品在消费者心中占据一席之地。因此，品牌思维是爆品思维不可或缺的组成部分。

③粉丝思维

打造爆品离不开粉丝，正因为有了粉丝的存在，才能将产品在社会化营销过程中成功引爆。因此，粉丝思维也是爆品思维重要的组成部分。传统产品营销通常都是请明星代言，大面积播放广告，等等。互联网营销则注重在保证产品高质量的前提下，通过与粉丝互动，提高粉丝忠诚度，达到裂变的效果，最后形成对爆品的"集体围观"，从而实现社会化传播的目的。因此，爆品在最初阶段不以销量定输赢。

（2）爆品营销

爆品一定卖得好，但卖得好的产品却不一定是爆品。单从销量上衡量，并不能定义一个产品是不是爆品，因为打造爆品需要创造出全新的产品，同时要带给消费者极致的体验。严格意义上说，打造爆品需要制定战略，需要规划实施，所以说，打造爆品更是一种解决方案，而误打误撞出来的高销量产品，不能称之为爆品。

①找到痛点

打造爆品，首先要找到消费者真正的痛点，根据消费者的痛点，有针对性地制定出解决方案，将消费者的"痛点"变成"尖叫点"。所以，打造爆品，首先要成功解决消费者的问题。

②做到极致

爆品营销，最重要的一环就是全力以赴做极致产品，这里的"极致"并不是说将产品做到最好、最贵、技术最先进，而是要做到简单、好用，将消费者重视的指标做到最好，把产品打造成高性能、高性价比的产品，这样才能在销售中远超竞争对手，形成社会化传播，积累大量用户。

③制作爆点

没有爆点的产品，就无法成为爆品，找到传播的爆点是爆品营销的关键。因此，爆品营销一定要找最火爆的平台来传播，例如，淘宝、天猫都是爆品营销的最佳平台。另外，爆点最好能够触动大众的内心情感，好平台搭配好爆点，才会真正引起消费者的关注，引爆市场。

5. 爆款的经营思路

淘宝、天猫上的店铺在"玩"法方面可谓丰富多彩，比如有代购模式风格搭配、爆款思路等，还有玩自媒体借助微博微信来培养粉丝，靠情怀来销售。其中，最常见的玩法有两种：一种是单一产品爆款，这是大多数店铺常用的思路；另一种是走品牌化，靠产品多样化经营的路线，即"多款式"路线。

　　举例来说，一个主做高端羽绒服类目的店铺，其经营的宝贝数量较少，但是产品款式却很有风格，平均客单价在1600元左右，店铺宝贝的最低价是600元，产品的质量做工上乘。假定店铺内一件价格1000元的衣服，毛利率在40%，即毛利润为400元，这种情况下，若店铺开通付费推广，做好店铺优化，将产品打造为爆款，那么只要保证平均每件产品的销售成本低于400元，就可以实现盈利，而且可以大量复制，如果每天能够卖出去几十单，就意味着每月营业额可以比较轻松地达到100万元。

　　那么，店铺如何才能保证平均每件产品的销售成本低于毛利润呢？假如每件产品的广告成本是200元，这200元花费不仅仅包括了直通车流量，还包含了自然流量，是店铺总花费下产生的交易订单。如果店铺花费2000元做付费推广，产生了10笔订单，而这10笔订单的流量包括直通车流量和自然流量，而且测试发现，开通直通车与不开直通车导致自然流量变化较为明显，可以分析出当前形势下，开通直通车比较适宜。

　　假如商家在产品方面具备一定优势，也有一定资金实力，那么在打造爆款的前期可以开通直通车来打造爆款，尽管前期需要支出一定推广费用，但是只要逐渐积累起客户，就会发现越做越轻松，从而形成良性循环。

　　实际上，采用直通车打造爆款一般被认为是店铺经营的不二法则，然而随着市场竞争的加剧，顾客消费观念的转变，使得常规方式打造爆款日益暴露出一定弊端。比如说，爆款通常在售价上具有一定竞争力，即售价较低，这会使店铺的客单价偏低，盈利空间较小；再者，爆款对款式要求较高，一旦选错款式，势必造成库房积压，使资金周转困难，严重时，可能会将店铺拖垮。

针对上述情况，不少商家开始采用另一种经营方式，即不再刻意打造某一爆款，而是通过推广多个宝贝，利用款式多样化来吸引买家，这种方式叫多款式思路。这种思路的运营方式一般以产品为核心，同时要求整个团队组织结构相对完善，使运营、推广、设计、客服、物流等部门通过周密配合协同作战。

以服装类产品为例，多款式路线在经营中尤其要注重产品质量，以免由于产品质量问题而影响整体声誉。目前，即便是各类目 TOP 级别的卖家，也很少有自有工厂，大多是与工厂代加工的合作方式，商家主要负责产品设计、选款、采购面料、向工厂下单等，在整个环节中，工厂只负责加工生产，商家会派专人去跟踪产品质量，在产品生产结束后，在发货前，要对产品进行质检，确保产品质量无误后，将产品运送至商家的库房。

一般来说，多款式下的产品结构主要有三大特点：一是市场反应快速，由于款式较多，市场销售周期又比较固定，会使商家无法在单款商品上消耗大量时间，因此，无论是款式设计、样板制作、款式筛选、下单生产等，都要快速完成，从而紧跟销售周期；二是产品线丰富，款式多，多款式经营主要靠款式丰富来吸引消费者，只有足够多的款式，才会供消费者选择，为此，有的店铺宝贝数量会高达成百上千件；三是量少，由于产品款式多，使商家在给工厂下订单时，不可能订太多，从而在一定程度上可以规避库存风险，同时，款式太多会使单款产品的销量不会太高，而店铺往往以整体销量来取胜。

比较来说，多款式经营思路是对单品爆款的一种有益补充，两者并非截然分开，而是在实际经营中彼此融合的。比如，爆款的经营思路容易给店铺引来大量流量，此时，若店铺做好关联营销，便可以充分利用爆款导入的流量实现其他产品的销售；同时，若店铺采取多款式经营，没有几款足以吸引顾客眼球的产品，那么就会不利于为店铺引来流量，如果产品没有在顾客面前曝光的机会，又怎能谈得上销售出去呢？所以，在实际经营中，爆款与多款式的交叉、融合运用往往是商家常用的经营思路。

6. 新品如何打造爆款

对商家打造爆款而言，选择适当的商品款式是一个很重要的过程。因此，商家在打造爆款时，一定不要盲目地选择，而是要根据生意参谋等数据分析工具来分析数据，从而指导店铺的选款工作。具体来说，商家在选款时要注意以下方面：

首先，判断清楚消费趋势。在选择商品款式时，最难之处可谓是判断消费趋势。一般来说，对消费趋势的判断在很大程度上需要商家长期培养与形成的行业观察力，同时，商家还要积极利用生意参谋等数据分析工具来判断未来的消费趋势。可以说，如果商家能够捕捉到未来的消费趋势，便会对选款起到积极有效的作用。

其次，爆款要"小而美"。通常情况下，那些能够满足消费者特定功能、定位清晰、性价比高、平易近人的款式最容易成为爆款，这一方面有利于产品的精准化营销；另一方面，消费者对平易近人的款式的心理抵触力也最小。

这里说的产品要"小而美"主要是指产品要能够充分满足某个特定小众市场的需求，努力成为消费者在细分市场中同类产品的首选。为此，产品要在小众市场里具备鲜明的个性化，能够充分满足目标顾客的需求。举例来说，商家选择了一款羽绒服，那么就要考虑到羽绒服的多种颜色可选，多个尺码可选等、从而满足顾客的个性化需求。

最后，确定最小进货量。商家在选好款后，接下来要考虑进货数量。由于选款仅仅表明有成为爆款的潜质，所以还难以确定最终能否一定好卖。为此，商家要严格控制经营风险，根据经营预测，选择最小的进货量先进性试销，以试探其在市场上的受欢迎程度。

具体来说，以女装为例，商家可以先把试销服装放在新品区，看自然流量之下会产生怎样的销售数据。如果商家发现有特别好卖的款式，或者咨询量较多的款式，那基本上可以判断这个款式可以拿来好好打造。在这种情况下，商家可以逐渐加大对该品的宣传推广力度，引来更多流量，将其向着爆款的方向努力，同时再适当增加进货量，以应对市场需求。

通常情况下，网店上新款后，如果不进行推广，新款就会无人问津，从而错过店铺的一次营销机会。所以，店铺上的新款不仅要推广，更要努力使新款营销成为爆款，从而借助店铺新款给店铺引入足够的流量。那么，网店新款应该如何打造爆款呢？

（1）新款试用营销

店铺推出新品后，宣传推广很重要，这样可以积累一定人气、销量与口碑，为爆款奠定坚实的基础。一般来说，一个爆款不仅要求销量高，还要求转化率、收藏与分享，其中，好的评价、口碑对爆款的打造非常重要。为了烘托起新品的早期流量，店铺可以适当进行试用营销，用新款商品发布免费试用活动，从而赢得好的口碑。

店铺为新款进行试用营销往往会考虑这样几个方面：一是快速积累店铺新款的人气，通常来说，新款刚推出时，最缺少的是人气，通过免费试用，可以最快地积累大量顾客的关注，给店铺新款带来大量人气；二是提升店铺新款的收藏、分享，为打造爆款奠定基础；三是赢得大量的新款好评，在试用活动中，得到试用资格的顾客领取试用品，写出试用报告，一般来说，只要店铺商品质量过关，往往就能得到免费试用商品的顾客的好评；四是提升新款销量，最终帮助店铺树立良好口碑，为后期的爆款打造奠定销量及口碑基础。

（2）借助清仓吸引流量

一般来说，店铺上新品时，通常会伴随着清仓，而清仓本身也是引流的一种良好方式。因此，店铺可以趁着商品换季，同时做好店铺的营销，做好关联推荐，从而帮新品积累第二波口碑。举例来说，商家可以用加换购的方式促进新品成交，当然，这通常需要有一定技巧，具备一定优惠力度，才能最终吸引买家购买。

（3）做好店铺内的营销活动

店铺上新时，在吸引流量方面会做出一系列努力，同时，店铺也会遇到有流量、没销量的问题。基于此，商家在做好新品上市的推广时，还要在店铺内部搞一些活动，以促进流量转化。在这方面，商家要确认营销活动是否便于买家熟悉和接受，比如，网店常用的几种促销方式有"满就送""满就减""满就返""抽奖""秒杀""加价购"，以及设置阶梯价格、客服销售等。店铺上新时，通过这些促销活动有助于增加新款曝光率，推动新款的销量。

（4）不断完善宝贝

在将新品打造为爆款过程中，新品的价格、宝贝标题并不是一成不变的，如果商家看到一些数据指标有下滑现象，就要适当改进，确保数据指标重回正轨。可以说，宝贝完善的过程是一个持续的动态过程。当新品销量不断攀升，爆款真正做起来时，商家要密切关注库存，从而避免爆款断货。

总的来说，每个爆款都有从新品中发展而来的过程，为此，店铺每推出一个新款，就要用心做好这个新品，把每个新品当作潜在的爆款来对待，只有这样，才能让每个新品都能充分发挥出其应有的市场潜力。

7. 利用"购物节"打造爆款

在淘宝、天猫官方的大促销活动中，"双十一"的知名度可谓很高，也是淘宝、天猫平台上的商家们大卖特卖的重要时节。据统计，2019年"双十一"交易额最终定格在2684亿元人民币。

可以说，淘宝、天猫"双十一"给整个零售业带来的冲击是巨大的，"双十一"的一系列破纪录数字除了给人们带来热血沸腾的想象空间外，也给整个零售业带来了新的反思。

不少店铺借助"双十一"，成功地打造了若干爆款，赚到了不菲的利润，从而使店铺走上了良性发展的轨道。当然，也有店铺由于准备不当，被"双十一"中产生的大量订单"砸死"，比如几乎被投诉、退款和差评所包围，直接导致店铺信用下降，甚至使店铺经营进入恶性循环。

那么，商家应该如何利用"双十一"打造爆款，进而促进店铺的良好发展呢？

（1）做好需求定位

通常来说，不同店铺借助"双十一"活动要达到的目标也不同，因此，各店铺在"双十一"促销活动中设定的目标也不同。

比如，有的店铺致力在"双十一"中打造爆款，有的店铺致力培育老客户，有的致力吸引新客户，有的致力强化品牌影响力，还有的致力清仓甩卖等。

以打造爆款为例，店铺在"双十一"大促销活动前，需要对主推产品进行预热，力争将其打造为店铺的引流款或畅销款，在"双十一"到来时，再设置醒目、刺激购买的宣传标语和心动价格，并在"双十一"中实时更新直播爆款商品的销售状态。

（2）做好店铺预热

一般来说，淘宝、天猫平台上的中小卖家的品牌影响力没有大卖家的强，想要在"双十一"中得到更多买家的关注，那么在"双十一"前的预热就很重要。这个阶段的预热主要是扩大店铺宣传，加深店铺品牌影响力。预热方法往往有很多，比如采用试用营销，通过免费试用来吸引大量消费者对店铺的关注，通过让买家有亲身体验店铺产品的机会，让买家在试用过程中加深对店铺的印象及好感，店铺在此基础上再赠送优惠券、现金红包等，引导试用的买家参与到店铺"双十一"的活动中来。

试用营销既能帮助店铺获得大量曝光的机会，又能扩大店铺的品牌宣传，还能帮助宣传店铺参与"双十一"活动的有关情况，从而为店铺参加"双十一"做好必要的预热。

（3）吸引流量

流量可谓是店铺的生存之本，虽然在"双十一"中，可能有很多流量进入淘宝、天猫平台，但如何将这些流量转化为自己店铺内的流量则显得更现实和重要。一般情况下，在"双十一"前，中小商家可以去关注一下大卖家的关键词是怎么设置的，借鉴和学习他们的优点，同时有针对性地做好店铺的引流款宝贝，当单个宝贝的流量到来时，再通过店铺的具体促销活动来拉动店铺整体流量。

（4）提高转化率

基于"双十一"活动巨大的交易额，意味着"双十一"活动导入淘宝、天猫平台的流量是巨大的，从而使广大店铺获得流量的机会显著增加。然而，即便获得同样的流量，两家店铺的成交单数也会有所不同，这种转化率的差别将会直接影响店铺的交易额。

那么，店铺怎样才能在"双十一"中有效提高转化率呢？在此，为大家提供这样几种做法：一是做好产品图片，将图片细节放大，将数量精简，使图片大小整齐；二是精简产品说明，确保让买家一看就懂；三是积极营造促销氛围，比如采取"满就送""打折""包邮""限时折扣"等，从而营造积极的促销氛围。

（5）增加客单价

在"双十一"期间，卖家们几乎都是不仅想产品卖得多，还希望价钱卖得高，毕竟很多买家积攒了长时间的购买力，在"双十一"这天充分释放，购买力往往是惊人的。对商家来说，可以将产品价格分为几个档次，第一档是高价位，第二档是中价位，第三档是低价位，然后再通过关联营销和搭配销售的方式让客户一次买得更多，从而增加客单价。

（6）做好产品质量检查

通常来说，"双十一"促销活动往往伴随着程度不等的优惠活动，正是商家的一再让利，才在很大程度上推动了"双十一"购物活动的火爆。基于此，不少商家在"双十一"活动中是赚人气不赚钱的，尽管这样，商家不能因为成本问题而对店铺的产品偷工减料，甚至销售次品，这无异于自毁名誉。

因此，商家在"双十一"活动中要严格把控店铺产品的质量，对商品质检不能松懈。可以说，若是由于产品质量问题，或是包装问题，或是发错货等因素影响买家的购物体验，就会让店铺得不偿失。所以，无论"双十一"的成交量多大，商家都要用心对待每个客户。

（7）做好客服工作

在"双十一"当天，进入店铺的流量一般会比日常多很多，这时候，店铺一定要做好客服工作，特别是中小卖家，由于不能像大卖家那样拥有强大的客服团队，因此更需要做好店铺客服营销工作，实际上，有不少顾客在下订单后，因为店铺客服工作不到位，从而使顾客又选择退货、退款，甚至给店铺进行差评等。

基于此，店铺可以采取这样的处理方法：一是动员公司所有员工展开客服培训，必要时，全面动员迎接巨大流量；二是针对店铺有可能在"双十一"期间会出现的问题准备客服话术，比如准备实用的快捷回复短语，从而在一定程度上提升客服质量，给客户提供优质的服务。

在"双十一"结束后，通常店铺还要做好其他一系列工作，比如异常订单处理、控制发货速度、把控后续流量、做好会员营销等。一般来说，"双十一"期间的订单量很大，店铺在处理订单时一定要注重细节，尽量减少出现异常订单，必要时，可以安排专人进行跟踪解决，从而避免影响店铺评分；店铺的发货速度要尽量快，尽量减少人为的漏发、错发。

通常情况下，在"双十一"过后，店铺流量会明显下降，但还是比日常流量要大些，因此，店铺要努力留住这些流量，"双十一"期间的产品价格最好在三天后再恢复正常。在"双十一"结束后，店铺要对数据进行建档，统计买家信息，并进行会员营销，从而促成店铺回头率，让"双十一"积累下来的买家成为店铺的流量红利。

第八章

售后：任何品牌的成功都离不开服务

1. 如何做好商品的包装

在买家下了订单之后，卖家就该发货了。如何保证商品到顾客手上还是原模原样呢？这就需要卖家掌握好商品包装的技巧。专业的包装会使卖家的宝贝避免损失。完好的包装会提高顾客的满意度，从而提高店铺信誉度。

（1）常见商品的包装技巧

发货前，卖家先要将宝贝包装好，以免在快递过程中造成破损。不同的商品，包装方法也不同，具体方法如下：

1）首饰类产品。首饰产品一般都需要附送首饰袋或首饰盒，通过以下方法可以让你的服务显得更贴心。

①一定要用纸箱包装。对于首饰来说，3 层的 12 号纸箱就够用了。为了节约成本，卖家可以到网上去购买纸箱，一个 12 号的 5 层纸箱，在邮局可能要卖到 3 元钱，而在网上，0.3 元甚至更便宜就可以买到。

②一定要以报纸或泡沫等其他填充物填充，以便让首饰盒或首饰袋在纸盒内不晃动。

③纸箱四个角一定要用胶带包好。因为邮寄的时候，有很多不确定因素，比如在递送过程中，另有一件有液体的货品和你的货品在同一个包装袋里，一旦这个液体货品的包装不严密，出现泄漏，你的货品就会被浸泡。所以，纸箱的四角一定要用宽胶带包好，这样也可以更好地防止撞击。

④附送一张产品说明卡，这样显得比较专业。

2）易变形、易碎的产品。这一类产品包括瓷器、CD、茶具、字画、玻璃饰品、工艺品等。

对于这类产品，包装时要多用些报纸、泡沫塑料或者泡绵、泡沫网，这些东西重量轻，而且可以缓和撞击。另外，一般易碎怕压的东西，其四周都应用填充物充分地填充，这些填充物也比较容易收集，比如包水果的小塑料袋，平时购物带回来的方便袋，苹果、梨子外面的泡沫软包装，还有一些买电器带回来的泡沫等。

尽量多用聚乙烯的材料，而少用纸壳、纸团，因为纸要重一些，而那些塑料的东西膨胀效果好，自身又轻。

3）衣服、皮包、鞋子类产品。邮寄衣服时，要先用塑料袋装好，再装入防水防染色的包裹袋中；用布袋邮寄服装时，宜用白色棉布或其他干净整洁的布。这类产品在包装时可以用不同种类的纸张（牛皮纸、白纸等）单独包好，以防止脏污。如果要用报纸的话，里面还应加一层塑料袋。遇到形状不规则的商品，如皮包等，可预先用胶带封好口，再用纸包住手提带并贴胶带固定，以减少磨损。

4）贵重的精密电子产品。贵重的精密电子产品包括手机、电脑荧屏等。在对这类怕震动的产品进行包装时，可以用泡绵、气泡布、防静电袋等包装材料把物品包装好，并用瓦楞纸在商品边角或者容易磨损的地方加强包装保护，并且要用填充物（如报纸、海绵或者防震气泡布这类有弹力的材料）将纸箱的空隙填满，这些填充物可以阻隔及支撑商品，吸收撞击力，避免物品在纸箱中摇晃受损。

5）书刊类。书刊类商品的具体包装方法如下：

①书拿回来后，用塑料袋套好，以免理货或者包装的时候弄脏，也能起到防潮的作用。

②用报纸中夹带的铜版纸做第二层包装，以避免书籍在运输过程中被损坏。

③外层用牛皮纸、胶带进行包装。

④如打算用印刷品方式邮寄，用胶带封好边与角后，要在包装上留出贴邮票、盖章的空间；包裹邮寄方式则要用胶带全部封好，不留一丝缝隙。

按邮局的规定，1千克以上要打井字绳，否则不给邮寄。不论要不要打井字绳，四周都要用胶带贴好，防止邮寄途中被人打开（有了胶带，就不容易打开了）。

6）液体类产品。邮局对液体类产品有专门的邮寄办法，先用棉花裹好，再用胶带缠好。在包裹时，一定要封好割口处，可以用透明胶带使劲绕上几圈，然后再用棉花整个包住，可以包厚一点，最后再包一层塑料袋，这样，即使液体漏出来，也会被棉花吸收，并有塑料袋做最后的保护，不会流到纸盒外面，污染到别人的包裹。

至于香水，卖家可以到五金行或是专门的塑料用品商店买一些透明的气泡纸，在香水盒上多裹几圈，然后用透明胶带紧紧封住。但是为了更确保安全，最后，你应该把裹好的香水放进小纸箱里，同时塞些泡沫塑料或者报纸。

（2）包装时的注意事项

在包装商品的时候，卖家还需要注意以下事项：

①无论用什么包装寄东西，卖家都应把盒子弄得干干净净，破破烂烂的包装会让人怀疑里面的东西是不是已经压坏了，甚至怀疑产品的质量问题。所以包裹一定要干净整洁，在不超重的前提下，尽量用硬壳包装。

②可在包裹中加上商品说明。对于比较复杂的商品，在包裹中有针对性地写一些提醒资料，比如不同质地的衣服分别要怎么洗、要注意什么、不穿时应该怎么收纳等，这样会让顾客感到卖家的人性化、贴心，从而成为你的老顾客，甚至给你带来很多新顾客。

③不要自作主张，把商品的价格标签放入包装箱内。因为有些顾客购买商品是用来送礼的，这些顾客希望网店直接发货给他的朋友，而他们一般是不愿意让朋友知道这件礼物的价格是多少、是在哪里买的。

④如果你自己弄张小卡片或者小饰品放在商品里送给买家，会让买家有一种物超所值的感觉。因为一般买家都是本着能收到货就好的心态，现在不但收到了意想中的商品，还有礼物跟着来，不给一个大大的好评也太过意不去了。

小礼品只要实用就好，但切记千万不要把自己用过的东西当礼品，否则对买家就太不尊重了，不但收不到好的效果，还可能适得其反。

2. 电商如何做好售后服务

售后服务是整个交易过程的重点之一。售后服务和商品的质量、信誉同等重要。

（1）售后服务的具体事项

俗话说，一个好的客服等于三个销售，尤其是售后服务做得好，回头客不会少。贴心周到的售后服务会给买家带来愉悦的心情，从而成为你的忠实客户，以后会经常来购买你的商品。售后服务增加了卖家与买家交流的机会，同时拉近了与买家之间的距离，增强信任的机会，这样的话，买家很可能会介绍其他更多的亲朋好友来光顾的。在做淘宝的售后服务时，一定要注意以下几点：

①随时跟踪包裹去向。买家付款后，要尽快发货并通知买家，货物寄出后，要随时跟踪包裹的去向，如有运输意外，要尽快查明原因，并和买家解释说明。比如，卖家曾发过一个申通快

递，在查询包裹时发现，日期都两天了也没变化，赶紧向快递公司询问原因，原来是客户所在地区下大雪了而无法走件。和买家说明后，买家表示理解，避免了差评。

②交易结束及时联系。货到后，及时联系对方，首先询问对货品是否满意，有没有破损，如对方回答没有，就请对方确认并评价。这就是人们所说的"先发制人"，买家都满意了，还能给你差评吗？如果真的有什么问题，因为我们是主动询问的，也会缓和一下气氛，不至于"剑拔弩张"，而更有利于解决问题。因为往往好多事情争取主动要比被动更易占"上风"，当然，遇到"胡搅蛮缠"的买家则另当别论。

③平和心态处理投诉。来自五湖四海的买家什么样的性格都有、货物运输力所不能及等各种原因都会不可避免地出现各种各样的纠纷，能和平解决的，尽量和平解决，如果真正遇到居心不良或特别顽固的买家，我们也要拿起合法武器去据理力争、奉陪到底。

④认真对待退换货。货品寄出前，最好要认真检查一遍，千万不要发出残次品，也不要发错货。如果因运输而造成货物损坏或其他确实是产品本身问题，买家要求退换货时，卖家也应痛快地答应买家的要求，正所谓和气生财，说不定以后这个买家会成为你的忠实客户。

⑤不同买家不同备注。卖家们应该好好地总结自己买家群体的特征，因为只有全面地了解到买家情况，才能确保你进的货正好是你的买家喜欢的物品，更好地做生意。

建立买家的资料库，及时记录每个成交交易的买家的各种联系方式。

总结买家的背景至关重要，在和买家交易过程中了解买家的职业或者城市等其他背景，能帮你总结不同的顾客需求和特点。

购买能力很强的买家更要作为你总结的重点，发展这批群体成为你的忠实买家有助于提高你的生意。

⑥发展潜在的忠实买家。当用户成为你的买家以后，淘宝不可能收回这些买家，他们将成为你自己的资产，你维护得好坏将直接影响以后他们会不会继续购买你的物品。

忠实买家所产生的销售额通常能够达到一定比例。所以对于曾经购买过你的物品的买家，除了做好第一次交易，更要做好后续的维护，让他们成为你的忠实顾客。

定期给买家发送有针对性、买家感兴趣的邮件和 QQ 消息，切忌不要太频繁，否则很可能会被当作垃圾邮件。另外，宣传的物品绝对要有吸引力。

把忠实买家设定为你的 VIP 买家群体，在店铺内制定出相应的优惠政策，比如可以让他们享受新品优惠，等等。

定期回访顾客，用打电话、QQ 或者电子邮件的方式关心客户，与他们建立起良好的客户关系，同时也可以从他们那里得到很好的意见和建议。

⑦管理买家资料。随着信誉的增长，买家越来越多，那么管理买家资料也是很重要的。除了买家的联系方式之外，还可以记录这些信息：货物发出、到货时间；这个买家喜欢自己挑选，还是别人推荐；买家的性格是慢吞吞，还是干脆利索；在价格或产品问题上是随意，还是苛刻……建立这些资料的作用有两点：一是如果买家再次购买时，用不同的方式与之沟通；二是可以积累实际"战斗"经验。

（2）如何提高售后服务意识

卖家们都知道，货源和宝贝照片在网店经营中有非常重要的作用，货源直接影响到商品的价格，而照片则影响到商品交易成功率。但卖家们在注意到这两点至关重要的同时，更需要注意的是售后服务。在某些时候，售后服务的重要性还要赶超前两者。遇到过中差评的卖家们深有体会，中差评会拉低网店的信誉度，对商品销售影响极大。通过良好的售后服务，可以最大可能地解决这个问题，使得卖家的长远利益伤害值减到最小。总结一下，良好的售后服务需要具备六种意识。

①职业意识。不论是兼职，还是全职的卖家，都必须具备卖家的职业道德，否则在淘宝是无法长久存活的。哪怕是拍卖一个1元的物品，卖家也需要学习淘宝规则，具备职业素养，不然，投诉和举报会接踵而来，这样的事情对于卖家来说是很不利的。

②危机意识。对卖家来说，最怕遇到差评或中评，说不定，一个差评下来，连消保都没法儿加入了。关于对中差评处理的技巧都是需要卖家首先学习的，不能遇到了问题，再现学现卖。所以每一单的货品发出后，卖家需要总结经验。

③换位思考意识。在淘宝上的卖家大部分也都是买家，卖家往往在抱怨买家不理解自己的同时，应该想想自己作为买家的时候对产品或者对卖家的期待。有这样一个例子：有一位卖家在淘宝论坛发帖喊冤，说是快递私自转了物流，造成买家冒着大雨打车去取货，最后买家给了中评，说是付了几十块钱的快递费用，还需要自己冒雨打车去取，太不像话了。当时帖子里大家回复的意见不一，部分卖家认为该买家应该体谅卖家不容易，可也有部分卖家认为，事态发展到当时的情况，买家给出差评也不为过，因为就交易的过程及结果来说，买家在经济和精神上都有不同程度的损失。换位思考一下，谁买东西能接受这样的结果呢？这位卖家应该追究快递的责任，最好能让快递跟买家道歉并给出适当的赔偿，这样，这个中评才有可能得以修改。

④服务意识。虽然卖家在淘宝出售的是商品，但是买家购买时会根据附加值来考虑到底到谁家购买。很多卖家都会想，我卖

的东西是正品，质地很好，凭什么要低三下四地跟买家说话，像求人家买似的。在淘宝，卖家太多太多了，同类商品重复非常之多，这让买家有了更多的挑选空间。买家在购买商品时，都会挑地点、挑价格、挑信誉，如果商品质量一样，唯一可比的就只能是服务了。若是没有好的服务，又如何吸引买家来你店里购买呢？切记服务第一。

⑤公关意识。前面说到卖家要具有危机意识，要提前准备，提前准备并非指做好被中评，然后申诉的准备，而是提前开始做售后服务，将这个中差评的苗头扼杀在摇篮里。这里所谈的"售后"，不是指买家接收商品后的过程，而是指卖家发货之后的过程。当商品发出之后，经常会遇到各种问题，比如常见的物流问题，这时公关就显得尤为重要。对待不同的人要用不同的公关手法，不要因为在途中出现的失误而让买家对你的商品产生怀疑。只要卖家用心与买家多沟通，总是能找到解决的办法的。

（6）树立形象意识。很多卖家认为树立形象应该是前期宣传中所要做的，其实不然。随着店铺的发展壮大，遇到不同的买家，能一直维持百分之百好评的卖家必然是少数的。这有很多方面的因素，比如遇到的买家实在是无法协调之类的问题。除去协调和申诉，卖家还有一种解决方法，那就是差评下面的解释，有理有据的解释会使买家对你产生好感，有的时候，中差评的解释还能起到正面的影响。如果遇到差评不解释，别人就以为你已经默认了。

3. 时不时地给顾客制造惊喜

通常来说，一个诚实守信的人，才能更好地在社会中立足与发展。同样，作为一个品牌，更要做到言行合一，至少不能言过其实，否则就会难以拥有客户的忠诚，甚至会给品牌带来灭顶之灾。可以说，品牌失信的代价是沉重的。

尽管如此，不少店铺为了吸引客户的关注，还是比较喜欢给客户制造一些惊喜的，对此，店铺的承诺一定要量力而行。实实在在地提高客户的满意度，客户对此的回报往往是继续购买商品，商家则是持续为顾客创造惊喜，进而一步步形成顾客对品牌的忠诚度。当然，商家在为顾客创造惊喜时，要把握一定的度，以免让顾客失望。在这方面，主要为大家提供三条建议，以供参考。

（1）承诺保障

一般情况下，顾客在购买某款商品前，往往要参考商家对该商品的综合承诺，比如"七天无理由退换货""货到付款""包邮"等，这些承诺对商家和顾客都很重要，因此商家要慎重承诺。通常情况下，商家要从提供问题解决方案的角度来思考品牌的宣传与承诺，从顾客的角度反推对产品的需求，从而实现与顾客需求的精准对接，在很大程度上避免承诺失当。

此外，品牌承诺不仅表现在宣传文案中，还包括品牌与消费者之间的两个接触点，即物理属性的产品接触点及顾客情感体验的综合接触点。如果商家在这两个方面处理不当，就可能让顾客失望。其中，顾客情感体验的综合接触点非常广泛，甚至某些细节问题都可能对顾客产生重大影响。

举例来说，有些店铺在宣传文案上虽然声称"以客户为中心"，但是在真正接触客户时，对自己做出的承诺，如"符合规则返现"但并未落实，在客户提出相应诉求时，又不够重视，这都会影响顾客的满意度。

（2）差异化承诺

一般来说，承诺过度却兑现不了，会让顾客失望，承诺不足又不利于提升品牌竞争力，基于此，不少商家采取的办法是承诺得比竞争对手多一些，实际上做得再比承诺多一些。然而，这种方法通常适用于一些实力雄厚的大品牌，对中小品牌而言，过多的承诺意味着需要付出更多成本，从而在无形中增加店铺经营的压力。

对此，商家可以考虑采取差异化承诺的方式，也就是说，跳出承诺的惯有套路，以一种新颖而又能够吸引客户兴趣的方式来做出差异化承诺，从而使承诺具有一定创意，这样既可以避免同其他竞争对手正面竞争，还可以有效规避资源不足的劣势，化被动为主动。比如，当不少店铺选择只要顾客在购买产品后予以评价，就返现后，是否可以考虑给顾客赠送一些实用的小礼品？其实，对于这些方法，商家在实际工作中都可以不断地揣摩并加以尝试。

另外，商家的承诺贵在落实，只有这样，才能把承诺初给顾客带来的吸引力转化为给顾客带来的满意与惊喜。

（3）制造惊喜

我们在前面讲述的亮点主要是给顾客做出承诺，以及兑现承诺，从而使顾客满意，接下来介绍的是品牌胜出的关键，即在顾客满意的基础上，再为顾客创造惊喜。一般情况下，这种创造惊喜的方式有很多，既有物理层面的，又有情感层面的，比如给顾客赠送一些赠品，价格再便宜一点，或者是给顾客提供预期之外的消费体验等。

实际上，这种惊喜往往不需要商家付出太多代价，只要超出顾客的期望一点点，就可能让顾客兴奋至极，甚至为之感动。在实际工作中，商家单纯地让出一些价格为顾客带来的惊喜程度远不及为商品增加综合价值所给顾客带来的惊喜更有效。比如，商家可以告诉顾客商品存在的其他功效或功能，或是额外给顾客赠送个小礼物等。

另外，由于顾客已经通过商家对产品的承诺与价格之间找到了认可后的平衡，此时再增加商品的价值就意味着让顾客"赚到了"，相对来说，如果此时再降低价格，可能会降低商品在顾客心中的价值，反倒打破顾客心中原有的平衡。

商家为顾客创造出一个惊喜，往往只能让顾客欢喜一会儿，对品牌的正面印象加深一点，而要让顾客持续惊喜，并最终转化为对品牌的忠诚，就要不断地为顾客创造惊喜。在创造方式上，商家可以根据所处行业的不同特点来因地制宜地操作。其中和关键在于商家要站在顾客的角度，换位思考，要带着创意为顾客创造惊喜，从而感动顾客。

淘宝、天猫上虽然店铺众多，但是不同店铺的品牌美誉度最终会让那些优秀的店铺脱颖而出，这与店铺持续地为顾客创造惊喜是分不开的。在良好的品牌美誉度下，有利于聚集大量高中程度的顾客群体，从而使品牌迅速发展壮大。因此，商家要每天问自己一个问题，那就是今天我为顾客创造惊喜了吗？

4. 处理好和客户的纠纷

在交易过程中，有时买卖双方发生纠纷是不可避免的。当问题发生的时候，我们应该尽量协调和妥善地解决问题，在不影响生意的情况下，找到一个买卖双方都可以接受的平衡点，也不会因小失大。

（1）制定退货与换货的规则

买卖中很容易出现买家不满意的情况，如果发生了纠纷，应该如何处理呢？一般情况下，卖家都应先制定一个合理的退货与换货的规则。使得买家在购买商品时更放心。卖家在制定退货与换货规则时，应注意以下几点：

①退货与换货的条件。通常情况下，对于没保修期的商品，

如果发货前就出现了质量问题或者在运输途中出现了质量问题，卖家都应该为买家进行退货与换货。如果是有保修期的商品，那么在保修期内，只要商品出现了质量问题，卖家都应该为买家进行商品的退货与换货。当然，如果是买家人为地造成了损坏，则卖家可以不对其负任何责任。

②退货与换货的期限。退货与换货还是要设定一个时间限制的，如果不对它进行限制，买家放在手里很长时间后再退还到卖家手里，如果破坏了卖家的第二次交易，那就得不偿失了。对于这个要求，相信大部分买家都是能够接受的。

③退货或换货物流费用。这里的费用应该和买家进行协商处理，一般情况下，买卖双方是谁的责任，谁就负责物流的费用。

④退货或换货引起交易时间的变更。为了避免系统自动打款，卖家应该主动为买家延长交易的时间，为买家争取到时间，这样才可以给买家提供更好的服务。

如果买家因为对商品的颜色或者型号不满意而希望退还商品，卖家还是应该尽量为买家考虑，能换货的，就进行换货处理，实在不好办的，最好选择退货，这样，买家才不会给你差评。

（2）合理处理买家退货要求

"网店卖家最怕遇到什么？"消费者的退货要求必定榜上有名，其实网上的货品交易难免因各种原因而被买家要求退货。不同于线下交易，由于网购商品缺乏直接接触，也可能存在商品质量、物流配送等一系列问题，使得消费者即使在付款后，也可以申请退款维权。然而退款、退货对淘宝商户来说却十分"头疼"，一方面增加了店铺的无效工作时间；另一方面也会增加店铺的退款率，同时退款原因也会显示在信用栏中，以供买家参考，因此退货问题的处理是否得当也会间接影响店铺销量。

按交易进度，可将退货分为两大类，包括在付款后确认收货前的退货，以及在确认收货后的退货要求，其中，消费者的退货和换货要求大多是一瞬间的决定，针对不同阶段的退货要求，售后客服会采用不同的应对技巧。不过无论最终交易是否完成，售后人员都要积极努力地解决买家的退换货问题。处理买家退货的方法一般有以下几种：

①如果顾客因为某些不合意的理由，使用已购买的商品不能感到满意而希望退货的时候，就网上店铺服务顾客的立场而言，不得不接受顾客退货的要求。但是接受顾客退货的情形并不是百分之百无条件地接受。也就是说，店铺当然在允许范围之内接受退货或换货。

店铺必须事先决定好有关顾客退货换货的标准才行。如果不这么做的话，不但造成工作人员莫衷一是，就连顾客也会对店铺产生不信任的感觉。一般而言，以生鲜食品为主的商品，原则上是拒绝退货的。至于服饰类，因为有季节性的区别，即使是在旺季，价格也会一天一天地滑落。正因为衣服具有这种特性，所以除了特别情况之外，一般接受退货的期限是在一个星期以内。

②退货的理由也是一个问题。如果光是说："买回家一看，发现不喜欢。先生也说不好看。"对店铺来说无可奈何，又不能很痛快地接受顾客的退货，这种时候，不妨建议顾客更换其他商品。退货自然是越早越好，如果在短短几个小时之内来要求退货，店方应该很高兴地接受退货的要求，不过邮费最好由买家承担，以避免无谓的损失。

③因为顾客是怀着不好意思的心情来退货的，如果这时候店员不情愿，说话态度不好，结果会使原本心怀内疚的顾客转变成愤怒，把顾客弄得不愉快之后，再也不会来这家店购物了。

如果是不得不接受退货，也应该一开始就心情愉快地接受。并且马上笑着说："好的，没关系。"把钱退给顾客，并请顾客再次光临。之后，顾客一定会跟家人、左邻右舍或朋友们这样宣传："那家店退货时的待客态度很好。而且处理速度快，所以大可安心买东西。您也到那家店去买东西吧，就说是我介绍来的就可以了。"这样不但可以创造客户群，也可以达到一传十、十传百的广告效果，建立良好的口碑。

（3）正确应对顾客的投诉

如果交易中需要退换货，但经买卖双方协商后没有解决的，那么任意一方都可以向淘宝网进行投诉，之后，淘宝网的工作人员将介入并与双方协调解决。

一般来说，在交易过程中，以买家投诉卖家居多，而买家多是在双方协商未果的情况下，才向淘宝网投诉卖家。首先，买家会发出投诉请求，并提供相应的证据，如商品图片、旺旺聊天记录等，而淘宝网客服在接受投诉后，一般会通过邮件方式联系卖家。

在收到投诉通知后，卖家需要根据实际情况进行处理。如果确实属于自己的退换货范畴，那么应当积极退换货并联系买家撤诉。因为如果自己强行不予退换，那么淘宝网工作人员会根据情况进行强制退款或给予卖家不同程度的处分。对于网店卖家，因为一次交易而换取一定处分是非常不值得的。

当然，如果确实属于买家责任，那么卖家可以向淘宝工作人员提供有力的证据来说明自己不予退换的理由。只要证据充分，工作人员就会正确处理的。

无论责任在哪方，只要能通过买卖双方交流与协商解决的问题，尽量不必向淘宝网申诉，申诉的结果一般都以责任方妥协而告终，但在申诉过程中，卖家需要耗费大量时间和精力。

当淘宝网店的信用和规模达到了一定的程度之后，交易量会大大增加，顾客的投诉必然也会增加。不管是钻石卖家，还是皇冠卖家，没有不处理投诉的。在处理顾客投诉的过程中，态度是非常关键的。

①换位思考。理解是化解矛盾的良药，店主一定要学会换位思考，站在顾客的角度看待问题。不管问题出在什么地方，都要先真诚地向顾客道歉，千万不要试图去制止顾客的火气，也不要指责顾客，要尊重顾客并让顾客发泄。顾客往往会在平静下来后，觉得对不起你，甚至会向你道歉，这个时候，难道还会有什么问题不好解决吗？当一个人被放到文明的环境中时，他也会用文明的方式解决问题；相反，如果他受到了不公正的待遇，他的行为甚至有可能是偏激的。

②认真倾听。顾客投诉的时候，肯定会有很多怨气。处理投诉，首先要处理的是顾客的心情，认真的倾听会让顾客的心情平静下来，也会让你了解顾客的真正意图。要耐心倾听顾客的抱怨，不要轻易打断顾客的叙述，不要批评顾客的不足，应该让他们尽情宣泄心中的不满。你只需要闭口不言、仔细聆听。当然，不要让顾客觉得你在敷衍他。当耐心地听完了顾客的倾诉与抱怨，顾客发泄满足之后，就能够比较自然地听卖家的解释和道歉了。

通过他的报怨，了解他所认为的真正问题是什么，这次他投诉真正要达到的目的是什么。这既是对顾客的安慰，也有助于店主了解真相，解决问题。

③态度好一点。买家抱怨或投诉的原因一般是对产品及服务不满意。从心理上说，他们会觉得卖家亏待了他们。因此，如果在处理过程中态度不友好，会让买家的情绪很差，会恶化与买家之间的关系；反之，如果卖家态度诚恳，礼貌热情，会降低买家的抵触心理。

④不可推卸责任。接到顾客投诉时，不管是何种原因引起的投诉，首先要向顾客真诚地道歉，承认自己的不足，然后双方再交流投诉产生的原因。此时切不可推卸责任，把一切过错都推到

顾客身上，在你把责任推出去的时候，一定会连顾客也一块儿推出去了。

⑤及时表达歉意。即使卖家没有错，或只是一个误会，也不妨礼貌地给顾客道个歉。道歉并不意味着做错了什么，重要的是它向顾客表达了卖家的态度。尽量用委婉的语言与买家沟通，即使是买家存在不合理的地方，也不要过于冲动，否则，只会使买家失望并很快离去。

⑥询问顾客意愿。店主不要试图以自己的意愿来解决问题，也不要把以前解决同类投诉的经验照搬过来。每个顾客希望的解决方案都是不一样的，有时顾客只想听到真诚的道歉和改进工作的保证，而不是经济方面的补偿，询问清楚顾客的意愿，才能真正做到让顾客满意。

⑦提出完善的解决方案。顾客的所有投诉、抱怨，归根到底，是要求解决问题。因此，买家抱怨或投诉之后，往往会希望得到补偿。这种补偿有可能是物质上的，如更换产品、退货，或赠送产品等，也可能是精神上的，如道歉等。有时是物质补偿及精神补偿同时进行，多一点的补偿，让买家得到额外的收获，他们会理解卖家的诚意，而且下次会再来的。

⑧双方谈判。谈判时，一定要向顾客展示自己的诚意和信心。对顾客提出的不现实的解决方案，要先君子，后小人，因为让顾客满意并不代表着要一味地退让，全盘接受顾客的方案。谈判的结果应该是双方在理智的范围内达成一致。

⑨信守承诺。谈判方案达成后，落实工作一定要及时到位，包括赔偿。越早处理，顾客的满意程度就越高。处理投诉和抱怨的动作要快：第一，可以让买家感觉到尊重；第二，表示卖家解决问题的诚意；第三，可以及时防止买家的负面宣传造成更大伤害。一般接到买家的投诉或抱怨信息，应立即向买家了解具体情

况，想好处理方案，最好当天给买家答复。如果迟迟不肯落实，会加重顾客的不满情绪，引发新的投诉。

⑩跟踪结果。问题解决后的一定时间内对顾客进行回访，了解顾客对解决方案的满意程度。这样才可以增加顾客对你的信任度，使之成为你的忠实顾客。

（4）避免买家的中差评

"差评"是一个随时可以挑起淘宝卖家神经的关键词，尤其在日均订单量不是很大的情况下，由于评价的总量较少，在评价的百分比中，差评会占较大比重，一个差评往往可以颠覆卖家们之前付出的努力。相信许多卖家都会遇到一些刁钻的买家，单子不做没得赚，做了又怕遭差评。为了做好客户服务疲于奔命，"亲爱的""非常感谢"这些讨好的词汇已经无法满足卖家们的词库了，送小礼物也不是办法。

以下几种方法可以尽可能地避免中差评：

①先从自己的客服管理做起。有时候，客服为了做好订单达到绩效，常常会给买家许下承诺。比如发货时间、快递到达时间。物流这个环节并不是控制在卖家手上，天有不测风云，快递耽误了物流，不会为卖家负责，所以卖家给买家的答复应该是"正常情况下 ×× 天到达"，而不是"×× 天肯定能到"这种绝对的答复。在给客服做培训的时候，一定要讲清楚这个问题，时常调取客服的旺旺聊天记录查看客服在对话里有没有不妥的措辞，注意及时帮助他们纠正。

②注意宝贝详情的内容，把你的宝贝可能存在争议的问题写清楚。比如你卖的是衣服，买家会关注面料、尺码和细节做工，虽然卖家在宝贝详情里的配图已经做得很详细了，但是有很多卖家把宝贝详情都过度优化，内容太多太密集，买家关注的几个细节反而会被忽略。所以，概括性的东西大概提一下就可以

了。把买家关注的问题写清楚写详细，就算哪天你和买家的交易出现纠纷，你的宝贝详情快照也能够帮你证明你的服务已经说清楚了。

③注意收集买家的提问，通过记录买家的问题了解买家对你的宝贝的关注焦点。在积累到一定时间后，把这些问题做一个排序，提问最多的必然可以代表市面上最常出现的问题，有利于以后卖家在给客服做话术培训以及进货采购时，尽可能地规避掉这些问题。

④密切留意买家给你的评价。因为网购的大多数都是上班族，下班回到家里以后拆封，确认收货，所以其实有超过60%的买家会在晚上给出评价，而这时候，很多店铺的客服都处于轮班状态或者无人值守的状态。而得到差评的更有80%是因为买家找不到客服，认为申诉无门，纠纷无法得到解决，干脆就给一个差评。因此晚班的客服值守很重要，这个客服要有及时解决问题的能力和权力，否则要给买家换货，还得找老板请示，那就来不及了。

⑤多做活动冲掉负面的评价。有时候，一些差评是没办法逆转的。那只能通过好的评价来冲抵差评所占的比重。比如，你可以用一些促销品做包邮来冲订单数，当然，这可能会消耗一点利润，但是这对于评价和总体评分的提升是有好处的。也可以做做店铺有奖评价活动，旺商云好评推广就有这个功能。你可以设定逢80、180、280的评价，就奖励小礼物。用这种方法来刺激买家尽快给你确认和评价。然后把这些获奖的评价信息、好评信息分享到你的店铺微博上去，既可以给店铺做一些引流，也可以让你的店铺尽可能地出现优质评价。

5. 电商如何构建自己的品牌

爆品需要树立自己的品牌，才能增加爆点，在市场竞争中赢得胜利。马云用演讲的方式传播阿里巴巴品牌，他的这种方式被哈佛商学院命名为"零成本营销"，并被写入了哈佛商学院的案例集。那些想要走爆品品牌路线创业的网店店主更要从品牌故事开始。

品牌故事就是以品牌为核心，对品牌的创立和发展进行故事化讲述，将品牌相关的文化内涵、经营理念等进行深度展示。每家网店做爆款产品的品类不同，每个品牌背后的故事也各不相同，但是，每个品牌故事的作用却是相同的。

（1）会讲故事的重要性

很多人都听过马云讲故事，在听的过程中，不知不觉就接受了他的品牌。品牌故事的作用是它赋予了品牌以生机，增加了产品人性化特征，将品牌与顾客的生活与情感融为一体。最重要的是，一个好故事可以引起受众的情感共鸣，甚至影响一代人。

大多数网店店主会说，做品牌，那是大企业才能做的事，自己一个小小的网店，哪有什么故事，哪能做什么品牌。其实，网络时代，没什么是不可能的，可以说，网络时代就是一个创造奇迹的时代。

品牌故事要增加消费者对品牌的正面认知，加深对品牌的印象，进而关注与故事相关的店铺与产品，赋予产品以人性化情感。你的故事必须要承载起你创立这个品牌的文化价值。

（2）品牌故事怎么讲

在淘宝开店创业，品牌故事要怎么讲？首先，要给产品精确定位，简单地说，就是要清楚将产品卖给哪一类受众；其次，要明确给自己的产品赋予什么样的人格特征，将其人性化；最后，明确你的产品吸引眼球的亮点在哪里。

这些总结为一句话，就是你要明确自己要做什么。只有明确了这些，你才能讲出让受众感同身受的品牌故事。一个好的品牌故事，要么走心，要么娱乐。走心的故事最能打动人心，娱乐故事最能吸引目标受众的眼球。讲好品牌故事，必须把握好以下四点：

①导向性

讲的故事一定要有导向性，所谓导向性，就是引导目标受众的行为，不是一味说自己好，而是讲自己怎么个好法，给消费者一个购买的理由。

②传播性

故事必须简单，具有可传播性。例如，关于钻石的这则文案"钻石恒久远，一颗永流传"，简单的一句广告语赋予了钻石忠贞的爱情属性，因此，钻石就有了灵性，击中了人们心中对忠贞爱情的美好渴望，传遍世界。

③可续性

但凡一个好的品牌，前半段故事一定要自己说，后半段故事交给消费者去说。

④可信性

买家产生购买行为是基于信任，因此，你讲的故事一定要具有可信性。可信性就是以细节代替局部，由局部代替整体，以现在代表未来。买家不可能知道你全部的故事，但要传达给消费者一个可信的细节，用一个细节去向买家证明：你值得信任。

总之，品牌初创，无非要做到点燃消费者的欲望，让消费者觉得买到你的东西得到了便宜，让消费者相信你的产品物有所值。因此，讲就是为了让消费者产生信任，商家要用各种各样的方式坚持讲下去。

6. 让客户持续关注你的店铺

淘宝、天猫上的店铺数量非常多，商品更是琳琅满目，那么，商家应该怎样做，才能让自己的店铺和产品脱颖而出，引起客户的关注，进而形成品牌呢？我们姑且把这个问题剖析为两部分：一是客户为什么关注你的店铺？二是客户为什么关注你的产品？

（1）客户为什么关注你的店铺

关于这个问题，主要有如下因素：

①你能够为客户解决问题

在分析客户需求时，要具备透过现象看本质的本领。比如，客户选择在你这里购买，是为了解决哪些问题？有些卖家总爱围绕客户购买的产品而分析问题，其实这还不够全面和深入，应该围绕客户需要解决的问题来分析。

为此，不妨思考一下：客户向你购买，真正的原因是什么？你帮助客户解决了哪些问题？当你把这些问题想清楚时，请把它们做成宣传文案，这样的话，客户一看到宣传方案，就容易产生共鸣，进而唤醒客户沉睡的需求。因此，要给客户想要的，不要给自己主观以为与想给的。

②你很真诚

虽然在网购中，买卖双方彼此看不见，但实际上，买卖双方仍在悄无声息地进行一场心理博弈。比如，卖家美化产品图片，让产品文案具有一定煽动力，吸引顾客下单购买，而顾客则认真浏览产品详情以及其他买家的评价，试图揭开卖家的"庐山真面目"，看是否应该在这个卖家的店铺里购买。

其中，真诚可谓是卖家的第一张、也是最后一张底牌。一切情感信任的建立都来自真诚，人们不会选择没有安全感的人进行购买。因此，如果客户认为你在产品描述中前后不一，或者受到一些差评的影响，认为你缺乏真诚，就会对店铺失去信任并离去。

③你能够帮助客户实现梦想

实际上，每个人的心里都会有一个梦想。客户选择购买的原因，往往是为了解决某个问题，如果这个问题得以妥善解决，就意味着客户的一个痛点得以消除，从而使客户暂时进入一种梦想实现的佳境里。

举例来说，客户由于平时交通不便，迫切需要购买一辆汽车，从而改善自己的交通状况。然而，客户的经济并不宽裕，这时，如果你能帮助客户用适当的费用和支付方式实现自己的汽车梦，那么客户无疑会对你的店铺产生兴趣。所以，要努力培养自己帮助客户实现梦想的本领。

④你能够让客户感觉占了大便宜

一般来说，顾客在交易中都喜欢精打细算，这可谓是人的本能，实际上，顾客在做出购买决策时，往往也是自我说服"占了些便宜"的后果。比如，客户在购买某款产品时，对比了多个电商平台，最终发现同样的产品，淘宝、天猫平台上的一家店铺便宜一些，而且过期不候，这时，在规定时间内购买就会让客户觉得自己"占了些便宜"，从而有利于客户做出购买决策。

可以说，主要出于上述四个原因，你的店铺会让客户产生兴趣，并加以关注。

（2）客户为什么关注你的产品

客户之所以关注你的产品，通常是基于下述几个因素：

①产品效果

客户关注某款产品的根本原因往往是产品效果能够解决客户相应问题的程度。比如，顾客之所以关注某款服装产品，往往是基于穿上这件服装后要达到的预期效果的实现程度，以及产品自身的材质如何等，从而确保产品在使用之后能够达到预期效果。

②可信度

通常来说，顾客在购买产品时，会对产品和店铺预先有一个认知，并基于这个认知形成一定信任度。举例来说，同样的产品，不同的商家和店铺，由于顾客对其信任度不同，最终做出的购买决策也会不同。所以，客户关注你的产品，除了与产品的效果有关，还与店铺打造的诚信度有关。

③价格

一般来说，人们在购买产品时，往往会有价格预算，从而决定购买什么价格区间的产品。在确定好价格区间后，顾客就会找在这个价格区间上下浮动的产品，再通过对比，找出性价比最高的产品。因此，商家要保证自己的产品在同类产品中具有一定价格竞争力。如果不便于降价，可以考虑适当赠送些配件、附件，从而在基本不影响经营成本的情况下，让自己的"整体价格"更有吸引力。

④方便性

这主要是指顾客购买产品时的便捷程度。比如，顾客在购买产品时，希望商家能够提供多种支付方式，从而使顾客可以方便地支付。否则，一旦顾客心仪的支付方式受阻，就会影响顾客购买时的方便程度，甚至会使顾客打消购买决策。

⑤服务

有不少产品在售出后，需要一定售后服务，比如电脑、手机等产品，这时，那些可以提供完善售后服务的产品显然更容易引起顾客的关注。在很多时候，顾客甚至愿意为更加完善的售后服务买单。

当知道顾客为什么关注一些店铺与产品时，商家要做的是持续改进自己的店铺与产品，从而赢得更多买家的关注，并持续提高店铺的销量。

（3）打造品牌，让顾客记住你的店铺

在淘宝、天猫上产品趋于同质化的今天，商家要想从众多竞争者中脱颖而出，往往需要在店铺自身品牌方面下足功夫，让顾客感到你的店铺与众不同，这也正是淘宝、天猫所提倡的。因此，如果你对自身品牌有着清晰的定位，从而给顾客留下深刻的印象，必然有助于获得长足的发展。

那么，商家在打造品牌时，主要从哪些方面着手实施呢？主要包括以下几点：

①挖掘唯一性

通常情况下，产品的个性化打造以及价格、质量、材料、性价比、售后服务、物流、产品包装等方面都可以成为挖掘唯一性的要素。其中，个性化往往意味着唯一性，这既可以是商品的唯一性，也可以是店铺的唯一性。当然，这种唯一性需要对每个细节进行严格把控，从而能够获得顾客对店铺或者品牌的认同感。举例来说，一家销售草编制品的店铺，它使用的是具有某个地方特色的可食用香蒲草编制出的草编家具，其唯一性是天然环保、卫生安全，这些有益因素显然会有利于获得用户的认同感。

高性价比不一定是最便宜的，比如，有些中端电子产品或许在有些方面的功能不如某些高端电子产品，但这些中端电子产品贵在功能齐全，在功能使用上不会有遗憾，因此往往是中端消费者的最爱。

在网购中，发货速度快、物流速度快往往是影响客户满意度的重要方面。因此，店铺一定要着力提升物流速度。

在产品包装方面，商家要关注细节，因为在产品包装方面给予客户惊喜和最佳体验往往是维护老客户的一个重要手段。

一般来说，没有包治百病的药，同理，也几乎没有哪款产品能够做到让所有人都需要。因此，商家要明确产品面对的目标客户群，从而努力让产品由内而外地获得目标客户群的喜爱。另外，那些使用价值高、质量过硬的产品，即便没有价格优势，同样有可能获得客户的青睐；还有些产品在受欢迎度方面与所使用的材质有密切关系，比如某些家具可能会强调是由什么木材打造的等。

②打造品牌感

店铺的品牌通常与哪些因素有关呢？首先是店铺 Logo（标志）及名称，通常情况下，好的店铺 Logo 和名称容易让人记住，而且印象深刻，可以起到顾客维护和品牌宣传的作用，店铺名称不宜太长，且要接地气，便于人们记忆；其次是广告语，这作为品牌的延续，又被称为第二品牌，广告语最好与品牌货店铺名称押韵，容易记忆和上口，比如，天猫的一句广告语"上天猫，就购了"，"天猫"与其域名"tmall"发音相近，"就购了"中的"购"与"够"谐音，还表示"足够"的意思，告诉消费者不用去别的地方，来天猫就可以满足所有的购物需求；最后，商家还要关注品牌在细节方面的体现，比如给顾客赠送一些赠品等。

③在活动和推广中注重服务质量

商家可以适当开展一些活动和推广，从而在提升店铺知名度过程中强化品牌意识。其中要注意的是，在价格定位方面，商家不要单纯为了开展推广活动而降低某件产品的价格，以免导致该产品和店内其他同类产品的定价有着过大差距。比如，店铺里的商品价格基本都是百元以上，这时却参加了一个"9.9 元包邮"的活动，这样的结果是，即便有些销量，但同时会使客户定位不准确，店铺虽然吸引了一些客户前来购买，但是活动一过去，可能对后续营销没有什么实质的帮助。

在活动期间，商家一定不要降低物流品质，如果条件许可，建议商家最好选择发货能力强、服务质量好的物流供应商，或者多选择几家物流供应商发货。举例来说，某店铺为了压低经营成本，舍弃之前正常销售的物流，选择了一家报价很低的快递公司，结果导致大量货物积压发不出去，即便发出去了，也常由于物流运输不当而导致产品包装损坏，或者货物丢失以及错发等情况发生，使顾客大量退款、退货，结果，顾客对此怨声载道。最后，该店铺虽然赶忙另找了一家快递公司来重新发货，但仍然无法阻挡该店铺动态评分的一路下滑，降低了店铺在自然搜索中的权重，还使店铺增加了成本，丢失了口碑，得不偿失。

总之，为店铺打造品牌不是一朝一夕的事情，需要店铺的长期努力。一家店铺要获得持续的流量，不能完全依靠付费推广，关键在于通过 SEO 获得源源不断的自然免费流量。即便如此，店铺的搜索排名提高了，能够展现在用户的眼前，毕竟还需要用户进一步做筛选，这时，品牌美誉度高的店铺显然更有利于吸引用户的点击和购买。

新电商精英系列教程

NEW MEDIA
MARKETING ACTUAL COMBAT

新媒体
实战营销

王 辉◎编著

▶

中国出版集团
中译出版社

图书在版编目（CIP）数据

　　新媒体实战营销 / 王辉编著． −− 北京：中译出版
社，2020.6

　　新电商精英系列教程

　　ISBN 978-7-5001-6295-7

　　Ⅰ．①新⋯　Ⅱ．①王⋯　Ⅲ．①网络营销—教材　Ⅳ.
① F713.365.2

　　中国版本图书馆 CIP 数据核字（2020）第 071911 号

出版发行：中译出版社
地　　址：北京市西城区车公庄大街甲 4 号物华大厦六层
电　　话：（010）68359376，68359827（发行部）（010）68003527（编辑部）
传　　真：（010）68357870
邮　　编：100044
电子邮箱：book@ctph.com.cn
网　　址：http://www.ctph.com.cn

策　　划：北京瀚文锦绣国际文化有限公司
责任编辑：温晓芳
封面设计：末末美书

排　　版：张元元
印　　刷：三河市宏顺兴印刷有限公司
经　　销：全国新华书店

规　　格：870mm × 1220mm　　1/32
印　　张：36
字　　数：840 千字
版　　次：2020 年 6 月第一版
印　　次：2020 年 6 月第一次

ISBN 978-7-5001-6295-7　　　　定价：210 元 / 套（全 6 册）

新媒体这一概念出现在 1967 年，是由美国哥伦比亚广播电视网技术研究所所长戈尔德马克提出的。

随着信息技术不断发展，媒体形态越来越多元化，新媒体的内涵与形式得到极大的丰富，不仅有论坛、贴吧、门户网站、视频网站等相对传统的新媒体，还出现了社交媒体、直播平台、音频平台等新型的新媒体。

以微博、微信为代表的新媒体，已经成为人们生活与工作中不可或缺的重要组成部分，每个人在扮演信息接收者角色的同时，也是信息的创造者和传播者，这个过程中也伴随着流量从传统媒体向新媒体，从 PC 向移动端的转移。为了适应这种变化，企业纷纷开展并重视新媒体运营。

在报纸、广播、电视、互联网之外，新媒体被称为"第五大媒体"。从现在看来，新媒体早已经广泛传播开来。传统的报纸、广播和电视对人们的吸引力正在逐步降低，越来越多的人把时间用在互联网上，以互联网为代表的新兴媒体正在逐步成为最主要的媒体形式。

从全球范围来看，信息化已经成为时代发展的主旋律，各个国家都将发展信息技术作为主要战略目标。信息化技术的进步推动了新媒体的发展，在不断发展变化过程中，新媒体也越来越多地影响着人们的生活。

新媒体不仅改变了人类的日常生活，更变革着人类的商业生活。作为一种新型的媒体形式，其运作模式和商业模式还有许多需要探索的地方。近年来，新媒体行业日臻成熟，成功的新媒体运营者更是不断涌现。

新媒体创造财富的强大能力，让越来越多的人心向往之。随着自媒体平台的出现和发展，个人媒体时代宣告到来，这使得个人新媒体创业成为可能。"微博大V""抖音大神""直播大牛"，借助新媒体平台，不同领域的KOL展现出强大的吸金能力。人们不约而同发出感叹：新媒体就是财富！

"新媒体就是财富"这句话说得一点没错。对于大多数人来说，从已经壁垒森严的商业社会突出重围并不容易。在已经成熟的金融、投资、物流、餐饮行业体系中，后入场者很难有超越的机会。但新媒体行业不同，这是一个全新的商业领域，虽然已经发展多年，但其中依然有很多商业价值可以去挖掘。

虽然造成新媒体运营困境的因素多种多样，但从业者心态浮躁，追逐所谓的"热点"是重要原因。笔者在和业内同人交流时会发现，很多新媒体从业者对新媒体运营的基本内涵与逻辑缺乏足够的了解，这又怎么可能从激烈而残酷的同质竞争中脱颖而出呢？

鉴于此，作为一个新媒体观察者、研究者和资深的媒体从业者，我们深入剖析了新媒体运营策略，对新媒体运营的内涵与逻辑、切入点选择、运营实战技巧与攻略等进行全方位解读，为创业者及企业提供一条行之有效的新媒体掘金之路。

谈到新媒体运营，并没有一条直通"成功彼岸"的路径，更多是要从众多市场经验和教训中进行总结，那些成功的、失败的案例都将会成为运营者学习的典范。从新媒体运营入门，到新媒体运营精通，运营者可能需要总结和分析成百上千个案例，才能够深谙新媒体的运营之道。

从企业和个人两个角度来讲，企业运营者希望通过新媒体来打造品牌、销售产品。而个人运营者则更多希望树立起良好的个人形象来获得粉丝。二者虽然在目标上有所不同，但所需要探索的路径却都是一样的，那就是做好新媒体运营这项工作。

从入门到精通，新媒体运营者有很多事情要做。考虑到不同运营者对新媒体行业的了解程度会有所不同，本书在进行内容讲解时，选择从新媒体的类型和历史开始讲起。在铺陈叙述完新媒体行业的发展历史后，才进入新媒体运营知识的详细讲解中。这样做的目的就是让读者能够"知其然，更知其所以然"。

对于个人运营者，本书对当前行业中存在的自媒体平台进行了详细分析。从不同平台的注册方法，到内容创作的必要技巧，以及不同平台的审核机制和特征，都进行了详细分析与介绍，自媒体从业者可以从中对自媒体平台有一个纵览式的了解。

当然，没有哪一种方法是适合所有运营者的。新媒体运营要考虑运营者个人的战略目标和现实情况，同时还要考虑当下的新媒体行业环境和现状，在综合考量这两方面因素之后，才能够寻找到正确的运营方法。因此，本书中的运营方法和技巧，需要结合具体情境应用。运营者应该在实际操作中融会贯通，这样才能获得良好的运营效果。

新媒体是一片蓝海，其中还有很多未知的财富等待运营者去挖掘。以当前的眼光来看待新媒体行业，看到的只是当下的价值体现。如果能以更为长远的眼光去看待这个行业，所能看到的就是整个行业新的商业未来。对于运营者来说，这是一种重要的能力。

新媒体行业依然在发展，其究竟会发展成什么样，没有人能够轻易断言。但可以确信的是，现在开始成为一位新媒体运营者为时不晚，新媒体行业中还隐藏着更大的商业价值等待我们去挖掘。

目录
Contents

第一章

什么是新媒体营销

1. 什么是新媒体

新媒体，顾名思义，就是一种能将所有物体都当作媒体的环境形态。换言之，新媒体就是一种环境。

这种环境涵盖了所有数字化的媒体形式，包括传统媒体（书刊、报纸、杂志、广播、电视等）、移动端媒体（手机、电脑、车辆广告等）、网络媒体以及数字电视等。

与传统的报纸、杂志不同，新媒体是一个十分宽泛的概念。它利用数字技术与网络技术，以人们的手机、电脑和数字电视为终端，通过互联网、卫星、无线通信网等渠道进行传播。

因此，新媒体又被称作"数字化新媒体"。

为了适应日渐加快的生活节奏，为了满足人们对休闲娱乐的追求，新媒体应运而生。它可以随时随地查询信息、了解新闻、表达沟通、提出诉求。相对于传统媒体而言，以互联网为标志的新媒体更能满足人们的多样化需求。

随着时代的不断进步，新媒体也一直在完善自己。人们对新媒体的选择性和目的性，也促使新媒体行业更加细化。

从这个意义上说，新媒体必须具备以下几点要求。

（1）有效价值

就媒体本身的意义来说，其载体需要有一定的受众。如果新媒体的受众数量过少，造成媒体成本高于受众所带来的商业效益，就不能让媒体形成有效价值。

例如，近几年由于新媒体的不断发展，市场上出现了"百花齐放"的局面。可是经过市场的考验，能活下来的新媒体却屈指可数。

究其原因，就是他们没有深入调查信息载体需要具备的价值。很多新媒体都是盲目复制成功媒体的理念，导致基本价值与实际市场不相协调。更有一些新媒体的理念太过超前，忽视了与当前市场的适应程度。

（2）原创性

新媒体的重点并不在媒体，而是在"新"。既然新是重点，那就应当具备基本的原创性。这里所说的原创性，并不是一般意义上个人作品的原创性，而是时代赋予媒体理念上的创造性。

新媒体需要适应飞速发展的时代，需要有区别于之前时代的理念，在形式和内容上，新媒体都需要不断地革新。

不难看出，最火的新媒体形式，都是比之前时代超前那么一点儿的形式。如果你的理念过于超前，就只能孤芳自赏；如果你的理念停滞不前，就会被市场无情淘汰。

可见，这"一点儿"的尺度是很难把握的。比如，分众传媒就是一种具备原创性的新媒体。它别出心裁地将原本的媒体形式，嫁接到一个特定的空间上。这种原创就是属于一个时代的原创，也是新媒体理念创新中的典范。

聚众传媒也是具备原创性的新媒体，因为它将信息受众进行细化，这在当时也是具备创新性的进步。因此，它在媒体理念上同样具备一定意义的原创性。

（3）特定效应

自从 20 世纪 90 年代中期，网络接入我国后，新媒体就成了一种新型的信息载体，而且掀起了巨大的效应。这种效应改变了人们的生活方式，也推动着时代向前发展。因此，新媒体需要形成能掀起"效应"的特征。

例如，"分众无线"以手机信息为载体，用来传播广告信息。它虽然是手机屏幕上的广告，却形成了规模相当大的效应，甚至惊动了央视"3·15"。

"分众无线"让人们的目光纷纷对准了无线媒体，而无线媒体市场空间的广阔，也让无数新媒体行业趋之若鹜。

（4）生命力

作为媒体，就必须具有或长或短的价值体现，而价值的长短，便是新媒体生命力的体现。

近几年，我国的媒体行业发展迅速，新媒体的发展可谓日新月异。无数新媒体都把眼光定在创新、细化、技术上，它们的目的只有一个：在竞争残酷的市场面前，比同行多熬一段时间。

如今，电梯视频媒体、交通工具视频媒体、超市卖场视频媒体等形式层出不穷。它们都是新媒体行业的一员，也在一定时间内具备一定的生命力。但它们能否长久发展，就看它们的运营能力，以及企业的创新发展能力了。

有专家做过这样一项调查：把一则消息推广给 5000 万人，广播用了 38 年，电视用了 13 年，互联网用了 4 年，而微博只用了 14 个月。从传播媒体的发展速度可见，新媒体的传播速度是多么令人震惊。

2. 新媒体有哪些类型

今天我们常提到的新媒体，主要是在 20 世纪 90 年代后期形成的一些新媒体形态。

从广义上讲，新媒体是针对报纸、广播、电视、杂志等传统大众媒体而言的。其既包括信息技术媒体，也包括由传统媒体经过发展改造而来的新媒体形态。

从狭义上讲，新媒体就是指那些以数字和网络化为核心支持的信息技术新媒体。

从功能上讲，新媒体不仅可以作为一种载体，同时还具有识别信息和处理信息的功能。比如，当我们在进行营销传播的时候，只要进行一定的参数设定，就能准确选择信息传播的对象。更为简单的，我们在生活中使用的微博、微信、QQ 等技术媒体，在信息筛选和内容分享上所体现的都是信息处理的优势。

上面所提到的五种媒体类别并不是一成不变的。从当前来看，电视属于第三媒体，但随着媒体形式的逐渐普及，电视也开始向着第二媒体转变。而伴随着互联网技术的发展，互联网开始逐步上升为第一媒体。

新媒体所指的主要是互联网和移动互联网两类媒体。当然其他媒体经过改良和发展，也衍生出许多新媒体形式。当前的新媒体类型还可以继续分为以下几种类别。

（1）数字新媒体

这里的数字新媒体是指第一、二、三媒体在应用数字技术之后，形成的新的媒体形式。一个很明显的现象是，传统媒体在与新媒体的竞争中逐渐落于下风，没有办法再去坚持传统的传播方式，必须要通过数字化改造，来与第四媒体和第五媒体竞争。

举例来说，现在大多数报纸、杂志、书籍都推出了支持各种终端阅读的电子报纸、电子杂志和电子书。传统的电视也开始推出数字电视、网络电视等不同类型的媒体形式。

（2）网络新媒体

网络新媒体的发展主要依托于互联网的全面普及。互联网在全球迅速扩展，创造了新的网络环境形式，也将人类带入了信息社会。在新的网络环境中，信息的获取和接收方式被彻底改变。信息的传播和交流也开始跨越时空的界限，信息共享程度越来越高。

（3）移动新媒体

移动新媒体很好地继承了网络新媒体不受时间、空间限制的特点，而在覆盖程度上，要比网络新媒体更加广泛。相比于网络新媒体，移动新媒体开始逐渐成为新媒体中的主流，智能手机的普及让移动新媒体获得了进一步的发展。

迄今为止，新媒体行业还并没有一个确切的新媒体分类标准。我们经常提到的新媒体更多的是一些网络新媒体和手机新媒体。但实际上许多传统媒体经过改造发展后，也逐渐出现了新媒体的传播形式。

除了上面提到的分类方式，新媒体的基本分类还包括以下四种不同类别。

（1）户外新媒体

户外新媒体主要包括户外视频、户外投影、户外触摸屏等，LED广告牌、户外电视大屏都属于这种类型的新媒体。户外新媒体可以采用一些户外互动的因素，来增加媒体传播的互动性，吸引更多人气。

（2）手机新媒体

如果评选哪种新媒体最受用户欢迎，手机新媒体应该会当仁不让地拔得头筹。从当前来看，手机新媒体是所有媒体形式中最便捷、最普及的媒体平台，而智能手机的普及，更是让手机新媒体成为人们获取信息的重要手段。

（3）网络新媒体

网络新媒体主要通过互联网进行发布，以网络名片为代表，通过关键词匹配可以快速实现全网覆盖，具有极强的传播效果。

（4）电子菜谱新媒体

这是一种最新出现的新媒体。在大多数中高档餐厅中，都会使用平板电脑等作为电子菜谱载体。通过高清大图、视频播放等方式来增强传播效果，增加品牌的知名度。

尽管新媒体的种类多种多样，但当前主要占据主导地位的仍然是微博、微信，以及各类客户端媒体平台。其他一些新形式的媒体平台正在逐渐发展，但在影响力和宣传力上，还存在些许不足。

3. 新媒体运营技巧

（1）新媒体运营的基本条件

新媒体运营的三大基本条件：一是粉丝多，二是知识面广，三是能与用户充分互动。

①粉丝多

如果是微信运营，就要先看微信好友数量，如果微信好友有几千人，与只有几百个微信好友的账号相比，运营比较容易成功。微博也是如此，如果账号加V，运营起来就比较容易成功。

②知识面广

运营人员的知识面越广，越能对网站的发展趋势与发展脉络进行深入了解，越能实现成功运营。

③能与用户充分互动

运营人员要站在用户的立场上对问题进行充分考虑，切实提升用户体验。

（2）企业新媒体账号怎么做

企业要根据自己的定位寻找目标用户，主动发现目标用户的需求，根据目标用户的需求生产内容与服务。内容要通俗易懂，具有实用性，要能引发受众的共鸣，带动用户的情绪，充满正能量。

（3）如何做内容运营

要做好内容运营，运营人员必须先熟悉自己的产品，有针对性地撰写内容，保证内容的质量，然后做好内容推广，只有这样才能接近目标用户，获取一批忠实的粉丝。另外，运营人员必须做好排版、UI 设计，因为这与留给用户的印象密切相关。如果排版混乱、图片不清晰，就会给用户留下不专业、像是盗版的印象；相反，如果排版简洁、图片清晰，即便内容质量有待提升，也能吸引用户观看，获取很多用户的反馈。

另外，内容不能太简单，并且要有自己的风格，也就是要实现单点突破。如某服装品牌只设计、生产"小黑裙"，只因形成了自己的风格，产品销量就会非常好。

（4）如何掌握运营小技巧

①给账号添加个性化标签

在新媒体时代，"标签化"是一个人的个性化表达，蕴含的是其独特而鲜明的价值主张，它能聚集价值观相近的人，从而产生更多的社交连接。

②跟热点

运营人员要理智、巧妙地抓热点，对那些与政治有关的热点和与负面新闻有关的热点要尽量少跟，最好不跟，以免使品牌形象受到不良的影响。

③跨界合作

与相关行业交换资源。

④坚持做正确的事

在新媒体运营领域，正确的事包括坚持原创、坚持与粉丝互动。如果运营人员无法确定坚持的事是否正确，就可以学习、借鉴同行业竞争对手的做法，以将试错成本降到最低。

⑤熟悉自己的产品与平台

对新媒体运营人员来说，熟悉自己的产品与平台是最基本的工作。如果运营人员不熟悉自己的产品，就无法向他人介绍自己的产品。如果运营人员不熟悉微信、微博的功能，就无法引导粉丝关注自己。因此，新媒体运营人员要想做好运营，首先必须熟悉自己的产品与平台。

（5）新媒体公司如何做

①科学招聘运营人员

在招聘新媒体运营人员时，很多公司倾向招聘有经验的人。事实上，有些新媒体的运营方法与手段，乃至运营经验都是可以学习、积累的，但运营人员的风格是相对固定的。因此，在招聘新媒体运营人员时，公司可以有针对性地招聘一些有风格、有个性的运营人员，如在新媒体运营方面有独特的想法，并能将这种想法用到实际工作中的新人。一般情况下，这类运营人员的学习能力与承受能力都比较强。

②投入充足的运营资金

新媒体运营不是简单地在朋友圈或微博免费发个文章就能取得明显的效果，相反，新媒体运营要想取得显著的效果必须投入大量资金，运营人员需要考虑如何用最小的成本获取最好的运营效果。例如，公司可以让运营人员根据自己的特长运营适合的账号，让个人贡献价值充分发挥出来。

③关注粉丝质量

从某种程度上说，粉丝数量多确实能使平台活跃，但如果粉丝只是点赞，不对内容进行评论就没有互动。相反，如果粉丝的活跃度较高，很多粉丝对内容进行评论，就能使整体的活跃度大幅提升，使"增粉"的概率显著增加。由此可见，对新媒体运营来说，互动非常重要。

④流量转换

无论社交网站上的新媒体运营效果有多好，如果运营人员不注重导流，用户就很有可能流失。因为在一个社交网站上，用户可以同时喜欢、关注多个同类型的账号，所以，为了提高粉丝的忠诚度，企业必须在社交网站上发布一些有特色的内容，才能给粉丝留下深刻的印象。

新媒体运营方法多种多样，但人的精力有限，只能选择几种合适的运营方法，不可能每种都尝试使用。除此之外，运营人员还要做到坚持，如每天发布文章、收集和整理反馈、定期举办一些活动等，让用户产生新鲜感，从而吸引用户不断地关注产品。

4. 新媒体行业现状分析

随着互联网的普及，新媒体开始日益广泛地进入人类社会生活之中，成为人们的一种生活方式。在这种趋势带动下，新媒体行业进入迅速发展时期。作为一种交互性很强的全媒体融合形态，新媒体已经成为中国传媒产业中的重要力量。

新媒体行业发展至今已有近 20 年的历史，其在发展过程中，出现了许多不同的变化。

第一，各类智能终端和移动互联网平台的应用服务技术，成为新媒体传播的核心技术基础。新媒体出现后，媒体的传播路径被改变。此外，新媒体还改变了媒体与政府监管的关系，新媒体的开放性为政府管理带来一定的挑战。

第二，新媒体已经形成自有的生态环境，并大大改变了旧有的媒体生态环境。传统媒体在新媒体生态中如何转型，如何与新媒体融合，成为传统媒体必须要解决的问题。

第三，作为信息科技和媒体产品相结合的产物，新媒体带来了新的媒体经济。新媒体经济的出现，使传统媒体从规模经济转向共享经济、创意经济等新模式。高新技术手段不断为人们提供个性化服务，任何媒体都能探索出一条适合自己可持续发展的道路。

第四，新媒体在发展过程中，自身营销价值不断提升，营销属性也随之增强。新媒体开始成为广告主最为青睐的焦点，更成为企业整合营销必不可少的重要部分。

第五，新媒体的开放性也为不同文明的传播带来了便利，通过新技术手段，不同文明之间可以实现对话和交流。

第六，当前中国新媒体行业正在蓬勃发展，但存在着较为严重的不平衡现象。这种不平衡一方面是中国东西部地区新媒体行业发展程度有所不同；另一方面是中国各级城市之间新媒体行业发展程度存在差异。

如今，新媒体已经成为全球最具发展潜力的新兴产业。随着各种新媒体形态的出现，人们的生活方式得到很大改变，世界媒体生态也正在被重塑。从这一方面来看，大力发展新媒体行业，广泛开展新媒体行业趋势和现状研究是十分必要的。

中国新媒体行业始于2004年，随后获得了突飞猛进的发展。如今，新媒体消费群体逐渐增多，社交媒体、移动媒体广泛流行。随着相关产业制度的不断放宽，新媒体行业产业化和市场化进程也不断加快。

当前，中国的新媒体行业正处于快速发展时期，中小企业是新媒体行业的主力。广阔的市场前景，让新媒体行业吸引了大量资本注入，进而大幅增强了新媒体营销的价值。

新媒体正广泛融入人类的社会生活中。在大数据时代中，新媒体运营者应该更加注重用户需求，为用户提供更优质的内容定制服务，在获得最多用户的同时，发掘出新的盈利模式。

随着互联网支付手段越来越成熟，新媒体在盈利模式方面也在不断成熟，一些媒体产品更是可以直接获得用户的付费收入。

现阶段，大数据、移动互联网已经成为新媒体发展的主要方向，以此为基础的新媒体产业已经形成。这一产业立足于互联网等数字化网络，通过实时互动的自由传播模式，形成了依靠规模化内容生产、传播为主的各类经营实体，迸发出了巨大的产业前景。

5. 新媒体未来的发展方向

新媒体行业的高速发展，使人们的生活发生了巨大的变化。从"互联网+"到"万物互联"，越来越多新元素的加入，让新媒体更为深切地改变着人们的生活。

"互联网+"主要是用互联网技术去对接配置、更新配置甚至取代传统的商业模式，进而重塑传统行业。而"万物互联"则是通过技术来感知场景，让用户连接服务变得更加智能，让人机交互的过程更加简便。

人工智能也能为新媒体发展提供助力。在未来 5~10 年中，人工智能将会极大改变人们的经济、生活和工作，并将覆盖人类生活的诸多方面。各类机器人将在社会生活中承担重要角色，其在智力方面汇聚着各方智慧，甚至会在某些方面超越人类。人类也有可能走向人机合一的状态，那些具备自我学习和辨析能力的机器人，还会形成自我机制，从而让人类无法驾驭。

VR 和 AR 技术也将对新媒体产生深刻影响。在与新媒体相关的娱乐产业中，游戏、影视、动漫等领域，将会更广泛地应用这些从虚拟到现实的技术。

依托电商起家的阿里巴巴在过去十几年中，已经构建起一套完整的电商生态体系。阿里的发展已经超出传统电商生态体系，在 VR、AR 技术的影响下，已经向着更广泛的领域迈进。从 2014 年开始，阿里巴巴开始在文化产业领域中进行收购，如收购文化中国、认购华数传媒，都是其中重要的步骤。这些都是阿里巴巴在互联网生态领域进行的拓展，这也是新媒体科技改变人类生活的显著案例。

　　新媒体在改变人们日常生活的同时，也极大改变了传媒行业的面貌。以当前发展趋势来看，新媒体在未来发展上主要呈现出以下几方面的特点（如图 1-1 所示）。

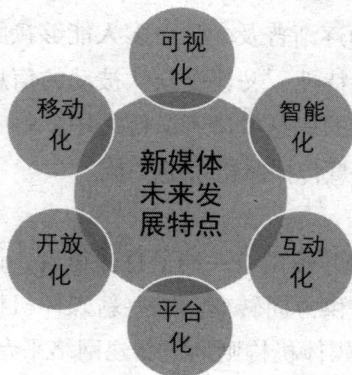

图 1-1

　　（1）移动化

　　手机、平板电脑等移动终端已经成为人们获取信息的主要手段，随着移动终端的更新迭代，人们还会寻找到新的信息获取工具。但无论工具如何改变，新媒体移动化的特点都不会改变，并会逐渐加强。

　　（2）可视化

　　视频和短视频将成为信息传播的主流，无论是传统媒体，还是新媒体，都将会把视频业务作为发展的重点。

（3）智能化

大数据、云计算和人工智能技术的普及，将会极大地改变信息采集、制作和发布的方式。信息传播模式和流程会出现新的变化，信息传播也将会更加丰富多样。

（4）互动化

移动互联网的逐渐普及，让更多人能够接触到新媒体。新媒体的开放、包容等特性，又让受众从被动的信息接收者，加入更加主动、更加自由的信息生产者队伍之中。每一个人在新媒体时代，都能够成为信息传播队伍中的一员。

（5）平台化

新媒体运营者并不是单一的信息提供者，许多媒体机构已经开始向综合服务提供方向转变。一些新媒体机构依托原有平台不断扩大影响，其他媒体机构则通过新建网络平台来聚集用户资源。平台化成为未来新媒体行业发展的一个重要方向。

（6）开放化

日益发展的新媒体为传统媒体带来了很多意想不到的挑战，传统媒体想要在竞争中取胜，就要提高自己的综合能力，而传媒行业与其他行业间的合作，也会变得越来越紧密。

在新媒体发展的诸多趋势中，社会化媒体将会成为新媒体发展的焦点。

社会化媒体是一种新型在线媒体，这种媒体给予用户极大的参与空间，将媒体"一对多"的传播方式转换为"多对多"的传播方式。社会化媒体需要用户积极参与进来，如果缺少用户的有效参与，这一媒体平台就很难产生有效内容。微博、论坛等内容社区都是较为常见的社会化媒体。

社会化媒体借助移动终端，逐渐融入主流社会中。基于社会化媒体平台不断衍生出的第三方应用，也引发出一系列崭新的商业变革。

社会化媒体不仅成了人们进行有效交往的社交工具，还被各国政府和企业组织广泛应用。社会化媒体能够提高各组织机构的工作效率，还将会吸引更多资本转移到社会化媒体平台当中，促进新媒体行业的发展。

对于未来新媒体行业的发展，运营者在关注时应该用动态的发展眼光来看待。现阶段，新媒体还处于蓬勃发展阶段，很多新的因素依然层出不穷。因此，新媒体运营者除了要跟紧新媒体产业转型升级的步伐，还需要时刻关注新媒体的社会整合功能。

第二章

如何运用新媒体营销

1. 什么是新媒体运营

新媒体运营是相对于传统媒体运营而言的。传统媒体主要通过广播、电视、报纸、杂志等平台，对社会公众发布信息，做运营就是利用好这些平台去吸引用户和维护用户。而新媒体主要依靠互联网向用户传递信息，主要传播媒介是微信、微博、贴吧等，在运营上要比传统媒体更加复杂一些。

所谓新媒体运营，就是通过移动互联网手段，利用微博、微信等新兴媒体平台工具，进行产品宣传、推广、营销等一系列运营，来达到相应营销目的的活动。同时，新媒体运营者还可以通过策划相关优质内容和活动，来向客户广泛传播信息，在提高用户参与度后，再利用粉丝经济达到营销目的。

从用户角度来讲，新媒体运营工作主要就是将潜在用户转变为忠实用户。如果进一步扩大到获利角度，就是将潜在用户转变为付费用户。

在刚刚接触新媒体运营时，很多人会将新媒体运营和产品运营相混淆，认为二者都是为了推销产品而进行的。从根本目的上来看，这种理解并没有什么问题。但如果仔细研究就会发现，产品运营是一项从内容建设层面到活动策划层面都要来管理产品内容和用户的工作，而新媒体运营则只是其中的一个重要分支。

从最终目的上来看，二者都是为了获得更多用户，然后将这些用户转换为忠实用户。相较而言，新媒体运营的方式更为纯粹直接，而产品运营的内容和方式则更为庞杂，这使得其对用户的影响程度更加深刻。

无论是网络新媒体、移动新媒体，还是数字新媒体，任何一种新媒体都是以具体的媒介形式作为载体。无论是主流的微博、微信、客户端，还是知乎、豆瓣、抖音等新兴媒体平台，都是新媒体运营需要利用的传播媒介。

新浪微博诞生于 2009 年，微信诞生于 2011 年。此后一段时间，微博、微信等社交媒体开始迅速发展，各种手机客户端也开始火爆起来。新媒体运营伴随着新媒体的发展逐渐成熟，从最初的职能模糊，到现在逐步形成了明确的岗位设置和岗位要求。

从具体内容来看，新媒体运营的工作内容，主要包括五个部分。

（1）内容运营

内容运营是新媒体运营工作中的重要部分，其主要是指以产品或咨询为前提，进行内容选题、策划、创意、采写、编辑、排版、推送等运营工作，同时还要做好内容创造、搬运、整合和推荐等相关运营工作。在进行内容运营时，原创性内容更容易吸引关注。

（2）产品运营

产品运营可以从两个方面进行理解：一方面可以将产品运营理解为企业产品的运营，包括企业产品的设计开发和调试等；另一方面可以将产品运营理解为新媒体运营过程中涉及的平台、账号的运营，包括对这些平台进行管理、策划和调试。

（3）活动运营

活动运营应该根据产品的特点和用户画像进行策划推广。通过一些创意的传播方式，或是带有奖品的奖励形式，去策划相关活动，这样能更好地实现增加用户、提升品牌、促进销售的目的。

（4）用户运营

新媒体运营中的用户运营，是围绕用户进行拉新、留存、转化相关的运营。从产品的生命周期来看，用户运营主要需要做好用户的注册、活跃和付费等几个关键节点的工作，以及通过各种运营手段来对用户进行管理。

（5）社群运营

随着新媒体行业的日益发展，除了以上提到的内容运营、产品运营、活动运营和用户运营外，新媒体运营中还出现了许多其他的运营内容，而社群运营就是其中的一项重要运营内容。

从 2015 年开始，社群运营开始萌芽。2016 年起，社群运营开始逐渐火热。到现在，社群运营已经成为新媒体运营中的一项重要运营内容。

所谓社群运营，就是通过一系列运营手段，将用户聚集起来，通过一定的方式来促进这些用户的活跃。新媒体运营者可以通过有效管理来刺激和激励被聚集起来的用户群体，让用户群体中的成员对管理者和产品产生信任和认同，进而促进产品的销售。

上面提到的几个新媒体运营的工作内容，并不是相互独立的。在进行新媒体运营时，各方面工作需要综合配合，只有这样才能取得最好的运营效果。

其中，为了解用户，新媒体运营者需要做好竞品分析及用户调查。运营者需要了解用户正在关注什么，然后根据调查情况去设定自己的明确目标。同时，运营者还应通过用户调查绘制用户画像，了解用户的年龄区间、收入情况等信息，通过信息反馈分析用户需求，根据用户需求再去进行内容创作。

真正优秀的内容一定是在充分了解用户的情况下创作出来的，只有触动了用户需求的痛点，将用户感兴趣的内容表达出来，才能引发用户共鸣。在内容运营中，内容创作的好坏并不取决于内容的多少，而取决于内容质量的好坏，以及与用户需求的契合程度。

通过用户分析完成内容创作之后，还需要选择合适的内容分发渠道。新媒体运营在内容分发渠道上可以有很多选择，对于新手运营者来说，选中合适的分发渠道有一定困难。优质的内容只有通过分发渠道推送出去，才能起到好的营销效果。但一个重要的问题是，并不是每一个渠道都是合适的。

优秀的运营者会根据各个新媒体平台的风格来投放自己的内容，将内容投放到符合自家产品风格的渠道中，才能起到事半功倍的效果。如果将一篇优质的小清新风格软文投放到钛媒体这样的科技属性十足的媒体平台，无疑就会让这篇优质文章的效果大打折扣。

新媒体运营是一项综合性工作，无论是企业还是个人，想要做好新媒体运营，就需要全盘掌握其各个环节的关键内容。再好的运营者也无法一个人扛起新媒体运营的大旗，所以，现代新媒体运营越来越向着组织化、团队化方向发展，企业也日益成为新媒体运营的主要力量。

2. 新媒体运营的发展史

新媒体运营伴随着新媒体的蓬勃发展而逐渐成熟，其主要目标对象是互联网用户，因此，其发展历史也是随着互联网用户的习惯和喜好而逐渐演变的。

在新媒体运营发展的各个阶段中，主要工作内容并没有发生变化，但不同时期所侧重的工作重点却有所不同。下面来简单了解一下新媒体运营在不同阶段的发展历史。

（1）以用户作为核心运营点

在 2000 年以前，中国互联网发展还处于萌芽阶段。虽说那时互联网公司如雨后春笋般层出不穷，但中国的互联网用户增长却并不明显。这种情况主要是由于当时中国经济发展水平有限，互联网普及程度不够所致。

因此，对于当时的企业来说，谁能够先找到用户需求，谁能够先获得用户，谁就能迅速发展起来。当前中国互联网企业发展的现状，也印证了这一论断。

在 2000 年左右，那些围绕用户需求，不断抢占用户的互联网企业，不仅在当时获得了发展先机，直到现在也依然处于中国互联网行业的领先地位。

腾讯依靠 QQ 软件抓住了用户的社交需求，获得了广泛的用户支持，从众多互联网企业中脱颖而出。发展到现在，腾讯依然立足社交软件，在中国互联网市场中处于领先地位。

百度依靠搜索业务抓住了用户使用互联网浏览信息的需求，

同样获得了广泛的用户支持。也正是凭借强大的用户支持，百度才能在日后的市场竞争中逐渐壮大起来。

在当时，许多企业的程序人员常常会扮演运营的角色。通过与用户沟通，获取用户的反馈信息，以此不断调整产品，来更好地满足用户需求。

（2）以产品作为核心运营点

2000—2005 年，中国互联网进入稳步发展阶段。互联网市场中的用户需求差不多已经被挖掘殆尽，很多互联网企业便将运营的重点转向产品。通过对产品进行优化升级，来更好地维护用户，促进销售。

在当时，以腾讯为首的互联网企业纷纷在原有产品基础上，推出许多新的互联网衍生产品。腾讯在 QQ 的基础上，推出了 QQ 游戏和 QQ 空间；而百度则在文字搜索基础上，推出了 MP3 搜索和图片搜索。这些做法不仅很好地维系了原有的用户，也获得了许多新的用户。

这一时期的新媒体运营主要围绕产品展开，这也是当时互联网企业应对市场竞争、扩大企业规模的一种必然选择。

（3）以活动作为核心运营点

2005 年以后，中国互联网市场中的竞争开始进入白热化阶段。这一时期中国互联网市场中涌现出许多同类型的互联网企业，这也是互联网市场竞争加剧的一个重要原因。

这些同领域竞争的互联网企业因为产品和服务基本相似，想要脱颖而出，就需要通过活动运营来进行品牌推广，让更多的用户关注自己的产品和服务。因此，通过多种不同形式的活动来增加品牌的曝光率，成为当时最为主要的运营方式。

　　为了与其他企业的活动区分开，企业的运营团队需要从不同的角度、不同的形式去设计线上线下活动。在设计出创意活动之后，还要严格执行，随时监测活动的效果。通过不同创意活动获取用户成为当时的核心运营点。

（4）以内容作为核心运营点

　　进入 21 世纪的第二个十年，智能手机开始逐渐普及。在移动互联网时代中，微信聊天成为用户每日必做的事情。

　　这一时期，中国的经济水平和科学技术水平都获得了长足发展，许多新鲜事物出现在人们的生活中。特别是信息碎片时代，让人们的注意力越来越无法集中到一件事情上。这一时期，企业如果想要获得用户，就需要首先抓住用户的注意力，将用户吸引到自己的产品或服务中来。这成为该时期新媒体运营者的必备能力，这一点即使在现在也是如此。

　　想要吸引用户，内容运营无疑是重中之重。想要在众多的图片、文章和视频中被用户发现，新媒体运营者就需要创作出优质的内容。想要创作出优质的内容，不仅需要分析用户喜好，还需要在内容结构和排版上多下功夫，综合利用各种工具，才能获得最好的运营效果。

　　支付宝在 2016 年春节推出的"集五福"小游戏，就是一次十分不错的内容运营。这款小游戏不仅将我国的"福文化"更广泛地传播开来，同时也将支付宝与新年年俗主题捆绑在一起。多种多样的扫福集福活动，增添了活动的趣味性。这也是"集五福"活动能长期开展下去的一个重要原因。对于大多数用户来说，瓜分现金已经成为次要噱头，新年集福才是主要目标。

　　纵观新媒体运营的发展历史，其在不同发展阶段的核心运营点，已经成为新媒体运营的重要工作内容。新媒体运营者在运营时，需要综合应用各种方法，从用户、产品、内容、活动等多个方面着手。只有这样，才能应对日益激烈的市场竞争。

3. 新媒体如何进行品牌传播

自新媒体出现以来，人们获取信息的方式及企业传播信息的方式有了很大的改变，无论是信息获取方式还是信息传播渠道都越来越多。在这种情况下，品牌传播理念与传播内涵也发生了一定的变化。企业要想在新媒体环境下做好品牌传播，必须要了解新媒体环境下品牌传播的特征，然后制定正确的品牌传播策略，提升品牌传播的效果。

在微博、微信、SNS 社区等新媒体的影响下，我国的媒体环境发生了很大的变化，企业品牌传播手段的创新要面对更多新的挑战。随着经济全球化的推进，市场竞争日益复杂，企业要想提升自己的竞争力，必须推行合适的品牌战略。

企业要想制定合适的品牌战略，就必须对新媒体环境中的品牌传播特征进行有效分析，将其与品牌的实际情况相结合，精心策划品牌传播手段，将品牌信息迅速、精准地传播给目标受众。

传统媒体在交流、沟通、参与方面存在很多不足，新媒体的出现有效地弥补了这些不足。另外，新媒体凭借可预见的影响力为企业的品牌传播增添了新标志，为其赋予了新特征。新媒体环境中的品牌传播变化如图 2-1 所示。

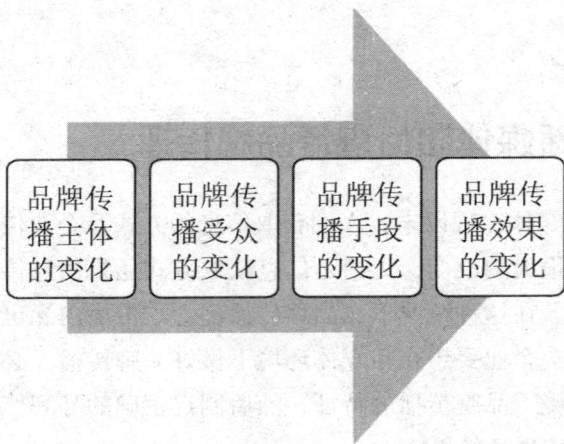

图 2-1

（1）品牌传播主体的变化

在新媒体环境中，借助微博、贴吧、社区等网络平台，人人都能发表自己对某个品牌、某个事件的观点与看法。在这种情况下，人人都能成为传播主体。传播主体得以大幅拓展，诱发了两种结果。

第一，大量的传播主体可以被企业所用，让企业品牌更好地传播。同时，通过这些网络平台或其他互联网渠道，企业可以与消费者直接接触。但是，在传播主体增加的同时，品牌与传播主体的关系也变得越来越复杂。信息量急剧增长，用户的注意力越来越分散，对品牌信息快速、精准的传播造成了一定的制约。

第二，在新媒体环境中，品牌的任何问题都有可能通过网络平台曝光，对企业形象、企业发展造成不良的影响。

由此可见，新媒体的诞生与发展不仅为品牌传播带来了机遇，也为其带来了一定的风险。为了抵御这种风险，企业必须不断提升自己的管理能力，对品牌传播进行有效的管理。

（2）品牌传播受众的变化

与传统媒体的受众被动地接受信息不同，新媒体的受众会通过互联网主动搜索信息，发表自己的观点。也就是说，新媒体的受众有极强的主动性。随着新媒体的出现，反馈渠道逐渐增多，用户的表达空间越来越广。无论传统品牌的维护，还是新兴品牌的构建，都是企业与客户进行联系、沟通的过程。

在新媒体环境中，消费者获取信息的方式从被动接受变成主动搜索，商品购买也从熟人介绍转变为陌生人推介。由于消费者的决策心理发生了一定的变化，因此要重新理解互动营销。在这种情况下，企业要充分利用新媒体进行传播，传播内容主要包括品牌信息与消费者体验，让消费者在购物的过程中能以这些信息为依据做出购买决策。

同时，企业在借助新媒体传播信息的过程中必须做好消极信息的管理工作。在以信息为主导的网络环境中，品牌的利益相关者要相互协同，更好地进行品牌传播，引导消费者积极地传播品牌信息，成为品牌传播的主导者。

（3）品牌传播手段的变化

增强传播手段的融合性可推动企业进行传播整合。现阶段，很多新媒体平台上的媒体属于复合型媒体，在新传播平台上的形态与传统媒体有很大的不同。新媒体有很多种表现形式，如杂志、报纸等传统媒体加入视听元素后，相较于过去来说，其传播效果要好很多。

另外，媒介融合隶属于数字化进程，媒体发展的主要趋势除了新旧媒体的融合，还有新媒体之间的融合。通过融合，各种媒体的优点被整合到一起，通过资源共享实现共同进步。例如，电视媒体的内容质量较好，网络媒体就可以学习电视媒体的这个优点，拓展、完善自己的内容；而网络媒体的开放性和动态性较好，电视媒体就可以学习网络媒体的这个优点，进行优化、调整。另外，在新媒体环境中，企业可以通过整合多种传播手段进行品牌传播，取得综合效应，以提升品牌传播的效果。

（4）品牌传播效果的变化

相较于传统媒体，新媒体环境中的品牌传播可以更全面。针对网络媒体的可控性强的特点，企业必须实时控制品牌的展示内容，并借助动态 Web 中的内容管理系统，对品牌的展示页面进行实时更新，让品牌的定位更加及时、精准。

4. 新媒体在品牌营销上的优势

对比分析新媒体营销与传统媒体营销，可以发现，在互联网时代，新媒体营销的优势愈加明显。中小企业可以借助新媒体营销进行有效的信息推广，通过发挥优势资源的力量推动自身的发展。新媒体在品牌营销上的主要优势如图 2-2 所示。

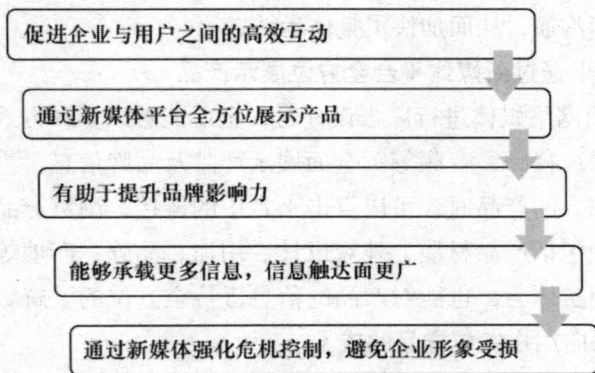

图 2-2

（1）促进企业与用户之间的高效互动

在互动性方面，新媒体比传统媒体更有优势：企业在推广期间可利用网络平台与用户展开互动，根据用户的反馈内容与其展开双向交流，帮助用户解决问题，并同时服务多个用户；当用户对产品或服务提出质疑时，企业能够快速做出反应，并纠正自身存在的问题，使用户认可自己的产品。

为了方便营销，企业可以打造独立的官方平台，在平台上定期发布产品及品牌的相关信息，从而与消费者进行深度沟通，进一步增进企业与用户的关系，增强用户的黏性。

另外，企业要想使自己的产品类型与消费者的需求相符，并缩短生产周期，不妨在营销策略上进行创新。在传统营销模式中，企业通过专业广告公司开展市场营销，难以高效获得与用户相关的数据，对市场情况的了解也很有限。在新媒体营销时代，企业在营销过程中发挥了更大的作用，能够对市场需求进行总体把握，并据此制定相应的经营战略；再者，企业可以通过线上平台与客户进行交易，就价格等问题进行协商，并最终达成一致，无须通过中间商沟通，从而加快了整体运转。

（2）通过新媒体平台全方位展示产品

利用网络媒体进行广告设计时，企业能够以多种方式（如文字、图片、视频、音频等）全面展示产品及品牌信息。当用户看到自己想要的产品时，可以点击平台中的链接，浏览产品各方面的信息，包括产品材质、外观设计、用途、品牌、产地等。用户即使不到实体店，也能对产品的信息进行全方位的了解。企业也可以省去向用户发放样品的成本。

另外，新媒体营销能够给企业带来更多的信息推广的渠道及方式，能够打破传统营销模式的思维局限性。利用新媒体平台，企业能够发挥并实践更多创意思维，通过增强营销活动的趣味性吸引用户的关注，并通过改变传统思维模式推动自身的战略转型与升级。营销人员需要明白，在同质化竞争愈演愈烈的今天，只有发挥创意思维，突出自身产品及品牌的特色，才能从众多竞争者中脱颖而出。

（3）有助于提升品牌影响力

通过传统媒体平台进行传播，运营方需要在内容输出之前经历排版、印刷等许多中间环节，但通过新媒体平台进行传播，运营方能及时发布信息，内容上传之后就能触达用户。因此，通过网络平台进行信息推广，能够在低成本消耗的基础上达到及时扩散信息的目的。

企业要想获得长远发展，就要注重自身形象的建立，而借助网络媒体不仅能在更短的时间内给用户留下良好的印象，还能减少资源浪费。所以，相较于传统媒体，新媒体吸引了更多企业的目光，新媒体营销也成为企业打造自身品牌的重要战略方式。

在新媒体占据主导地位的今天，企业要想推广宣传产品、建立良好的形象、打造自身品牌、扩大品牌的辐射范围，就应该跟随时代发展的脚步，通过独立建设官方网站或利用开放的互联网平台开展营销。

（4）能够承载更多信息，信息触达面更广

从信息承载数量及传播范围来看，传统媒体的局限性非常大。例如，电视媒体承载的信息量在很大程度上取决于其播出时长，而且其信息内容仅能触达当时坐在电视机前的观众。

不同于传统媒体，网络平台的信息推广在这方面的局限性很小，只要国际网络保持畅通，其信息内容就能够扩散到全球的各个角落。用户在能够连通网络的前提下，随时可以通过网络平台了解相关信息。不仅如此，触达面广也是新媒体的独特优势。以博客为例，企业的信息上传到博客后就能被网络用户看到，并向企业反馈自己的意见，就某些方面的内容提出问题等；企业则可及时获取大众的反映，对用户的评价进行收集与分析。新媒体不仅能够实现大范围的信息覆盖，还能在第一时间传播；用户则可以便捷地接收信息，且无须支付任何费用，以此形成双方之间的有效互动。另外，用户还可转发信息，实现共享，进一步扩大信息的传播范围。

（5）通过新媒体强化危机控制，避免企业形象受损

如今，消费者更注重个性化需求，而不同人的关注点有所不同，因此，企业无法做到令所有人的都满意，其产品或服务可能在某方面没有达到部分消费者的期待，他们的负面评价经过新媒体平台的迅速传播，可能对其他受众的认识产生影响。在这种情况下，企业形象可能受损。为了弥补这一点，企业不仅要通过传统媒体做出正式的解释，还应在网络平台上向广大消费者交代。若问题确实存在，则应承认错误。让消费者了解客观事实，并看到企业的诚意，企业也能通过这种方式重新塑造良好的形象，强化危机控制，避免情况继续恶化。

5. 新媒体运营误区分析

新媒体运营是一项复杂任务，需要一系列精细化工作互相配合。新媒体运营者需要在完成各项细致工作的同时，将这些工作有效整合到一起，这样才能取得最好的运营效果。

新媒体运营工作能否取得良好效果，主要看细节工作能否做到位。此外，新媒体运营者还需要提前了解一些新媒体运营的误区，从而合理避开这些误区。

（1）只做内容运营

在新媒体运营工作中，内容运营在所有细节工作中居于中心地位。好的内容是获得传播效果的重要前提，但这并不意味着我们需要执着于内容本身。

一些新媒体运营者在做运营时，很注重用户分析，在确定目标用户后，便专注于内容运营。这种一味关注内容的运营方式，在短时间内会起到一定效果。然而，随着时间的拉长，竞争者的增多，就会出现优质内容发掘乏力等问题，因此，单纯做内容运营是无法维持新媒体运营的。

（2）专注吸粉，不重维护

用户是新媒体运营者的"上帝"，谁能获得更多"上帝"，谁就会在新媒体战场中独占鳌头。基于此，很多新媒体运营者会通过各种方式来吸引粉丝。做活动、送礼物、发红包，这些吸粉方式虽说能够让粉丝数量在短时间内迅速增长，但也容易让粉丝在短时间内迅速流失。

粉丝流失很大程度上是因为运营者没有做好粉丝维护工作，

只注重吸粉，不注重粉丝维护，是新媒体运营的常见误区。

新媒体运营者在吸粉时，首先要清楚吸引来的粉丝是否是目标粉丝。相比于目标粉丝，普通粉丝更容易流失，所以专注于目标粉丝开发，能够在一定程度上防止粉丝流失。当然，即使是目标粉丝，黏性很大，运营者也需要为粉丝设计单独的活动，与粉丝展开线上线下互动，这样才会留住粉丝。

（3）有活动就会有转化

这种运营上的错误，初学者不容易犯，常常会出现在有一定新媒体运营经验的人身上。每个新媒体运营者都知道需要举行各种活动来促进用户转化，初学者因为经验不足，往往会对活动内容、渠道和形式更为关注，反而是有一定经验的运营者会陷入坐享其成的误区之中。

一些运营者认为自身新媒体平台粉丝人数较多，只要有活动就会有用户主动报名参加，因此很少在活动宣传渠道上下功夫。实际上，一场好的活动，不仅要有好的互动内容，还需要有好的宣传渠道让更多人去了解它，这样才能保证活动取得良好效果。

因此，在一个活动方案制定出来后，运营者一定要充分利用各种宣传渠道。在宣传渠道的选择上，一方面要广而全，另一方面要专而高。广而全就是范围广、形式全，专而高就是专业度强、匹配度高。只有做到这两点，才能保障活动的预期效果。

（4）进行"刷群式"宣传

"刷群式"宣传看上去做到了广而全，实际效果却只能做到"惹人烦"。无论是哪一种新媒体平台，在进行宣传时，"刷群式"宣传都很常见。一些运营者认为这种宣传方式只是前期铺垫，是在为后面的精准宣传铺开路径。实际上，这种宣传方式很容易让后续宣传效果大打折扣。

"刷群式"宣传并不是不可取，但前提是宣传内容的质量要非常高。首先要看我们所宣传的内容是知识还是广告。从现在的新媒体宣传来看，很少会有直接利用广告刷群的，这种方式在很多年前就已经被淘汰了。现在的宣传刷群都是以知识包装起广告，让用户获得知识的同时，观看到推送的广告。

现在大多数微信公众号的推广都会采取这种形式，无论从标题还是从文章前部内容来看，都不会让人察觉到广告推广的痕迹。但无论多么专业的知识介绍，最后无一例外都会牵引到相应的广告上面。相较于直接使用广告刷群宣传，这种方式更容易让人接受。

（5）缺少综合活动策略

很多新媒体运营者在策划活动时，往往依靠自己的想象去做决定，不注重数据分析和案例参考，这种情况下产生的活动策划，很难取得预期效果，活动制定时想象的火爆场面，也很难实现。

在进行活动策划时，需要综合考虑各种策略因素。在这一过程中，要对活动的各个环节有一个综合把控（如图2-3所示）。只有搞清楚这些问题，才能确保活动真正起到应有的效果。

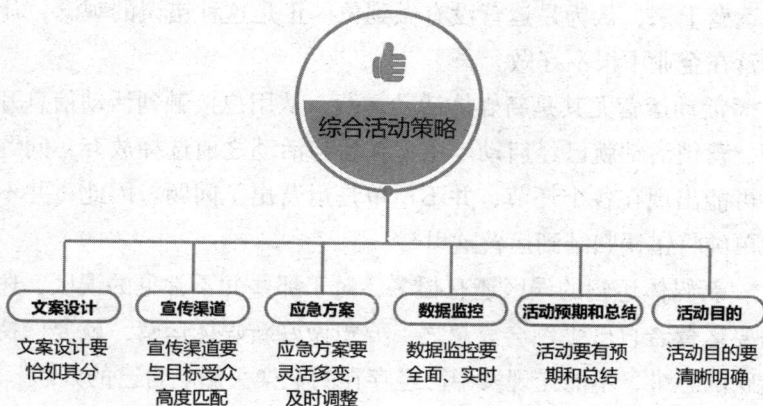

文案设计	宣传渠道	应急方案	数据监控	活动预期和总结	活动目的
文案设计要恰如其分	宣传渠道要与目标受众高度匹配	应急方案要灵活多变，及时调整	数据监控要全面、实时	活动要有预期和总结	活动目的要清晰明确

图2-3

（6）新媒体运营平台单一

微博、微信作为重要的新媒体平台，是大多数新媒体运营者青睐的对象。但新媒体运营并不是只有这两条道路可以走，专注于单一新媒体平台的确可以走出专业化运营道路，同时也可能会让自己的运营道路越走越窄。

以粉丝运营为例，微信是粉丝运营的重要阵地，一些运营者便扎根微信，以朋友圈转发、微信群分享等方式来运营吸粉。其实，运营者完全可以走出微信平台，利用今日头条、企鹅号、百度百家、贴吧论坛等多种方式进行组合吸粉。相比于微信平台单一吸粉，这种综合方式的效果会更好。

当然，在扩大运营平台的同时，也要注意各个媒体平台的人群属性是否与自己的目标受众吻合。比如，如果运营的目标受众是喜欢二次元的年轻人，那B站（bilibili网站）无疑是较好的选择。

（7）一切问题在运营

在企业中，一场活动没有达到预期效果，很多人会将问题归到运营上来，认为是运营没有做到位。正是这种错误的观念，让运营在企业中很不好做。

活动运营尤其是新媒体活动运营，从用户接触到活动信息开始，营销活动就已经启动。用户在参与活动之前选择放弃，问题很可能出现在各个环节，并不单单是运营出了问题。因此，并不能单纯将错误归结到运营这里。

新媒体运营的误区还有很多，对于那些并不常见的误区，还需要运营者自己去领会。总之，要想做好新媒体运营，就要保持活跃的思维，不能让现实中已经存在的框架去影响自己的判断。

6. 如何用新媒体营销

随着新媒体的出现，企业品牌传播迎来了一个全新的环境。在这个新媒体环境中，企业要想做好品牌传播，必须对品牌传播的特点进行深入分析，培养数字化、网络化的思维方式，将消费者的线上与线下需求结合起来进行品牌传播。

同时，企业还要改变过去从内到外的单向说服模式，形成由外到内的思考模式，也就是要站在消费者的立场上对营销传播方式进行规划，以实时掌握消费者的动态，包括媒体形态、核心需求、接触信息的时间段等，与消费者更好地沟通，构建长期的互惠互利关系。以上述理论为指导，在新媒体环境中，企业可采取以下几项措施进行品牌传播（如图 2-4 所示）。

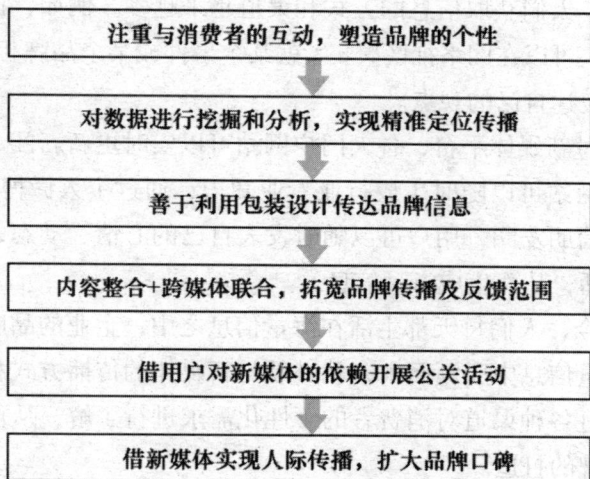

```
┌─────────────────────────────────────────┐
│   注重与消费者的互动，塑造品牌的个性        │
└─────────────────────────────────────────┘
                    ↓
┌─────────────────────────────────────────┐
│  对数据进行挖掘和分析，实现精准定位传播      │
└─────────────────────────────────────────┘
                    ↓
┌─────────────────────────────────────────┐
│     善于利用包装设计传达品牌信息            │
└─────────────────────────────────────────┘
                    ↓
┌─────────────────────────────────────────┐
│  内容整合+跨媒体联合，拓宽品牌传播及反馈范围  │
└─────────────────────────────────────────┘
                    ↓
┌─────────────────────────────────────────┐
│    借用户对新媒体的依赖开展公关活动          │
└─────────────────────────────────────────┘
                    ↓
┌─────────────────────────────────────────┐
│   借新媒体实现人际传播，扩大品牌口碑         │
└─────────────────────────────────────────┘
```

图 2-4

（1）注重与消费者的互动，塑造品牌的个性

互动性强、信息及时的网络通信工具受到我国居民的青睐。而且随着我国的信息化水平的提高，国人使用网络通信工具的频率也越来越高。

企业要紧抓这一特点，利用交互式的传播方式将网民转变为品牌传播者，以扩大品牌的传播范围。要想让这一想法实现，首先，企业要对消费者的新媒体接触点与接触频率进行精准把握，尤其要对目标消费者的新媒体动态高度重视，利用最能吸引消费者的新媒体将企业的产品或服务展示出来；其次，企业要积极地与消费者互动，及时响应消费者的需求，引导消费者积极互动。

企业品牌在企业竞争中处于核心地位，企业品牌个性的塑造能帮助企业在市场竞争中占据有利地位。企业品牌个性的塑造与新媒体受众的个性特征密切相关，其原因在于，随着新媒体时代的到来，人们获取信息的方式和渠道越来越多。例如，拥有相同爱好的人可以在网络社区聚集，就某个事件或某个品牌相互交流、沟通，表达自己的观点。

通过新媒体平台，各大门户网站可以实时更新新闻、资讯，各行业网站可以随时生成行业专业知识；通过个人微博、QQ空间、微信朋友圈，用户可以随时发表自己的心情、动态，分享自己的生活，从而生成海量信息。

如今，人们每天都生活在海量信息之中，企业的品牌信息要想在海量信息中脱颖而出，就必须与新媒体的传播方式相结合，企业通过各种渠道对消费者的个性化需求进行了解，从而实现个性化品牌的打造。

（2）对数据进行挖掘和分析，实现精准定位传播

在新媒体环境中，企业要想实现精准定位传播并非易事，必须对新媒体与新媒体之间、新媒体与产品之间的关系进行深入研究，并按照目标受众重新对传播目标与传播对象进行分类，以便制定出高效、精准的传播策略。

要想推动上述目标实现，企业必须对媒体的角色定位进行精准把握，对目标受众群体进行细分，有针对性地投放品牌信息，以提升品牌传播效果。

（3）善于利用包装设计传达品牌信息

在新媒体环境中，企业可以通过对广告信息进行包装设计（如信息增值、游戏嵌入等）来达到传播的目的，进而推动品牌信息实现快速传播。

以玫琳凯化妆品公司为例，该公司为了推广护肤产品，利用大数据技术在一二线城市的居民中选出年龄在 18 ~ 60 岁的高收入女性，以图片、文字、视频等方式向这部分女性推送产品信息，并为其提供上门试用服务。通过这种方式，该公司成功地达到了传播品牌信息的目的。

（4）内容整合＋跨媒体联合，拓宽品牌传播及反馈范围

在新媒体环境中，企业可通过设置超链接让更多受众对企业的品牌信息有更深入的了解，从而使品牌的传播范围与反馈范围有效拓展。

例如，企业可通过设置让广告内容实现自动更新，设置能根据用户输入的关键词对产品进行智能选择的产品排行榜或用户商品库，让用户方便快捷地搜索到所需产品，并对同类产品的价格进行对比，方便用户做出最佳选择。

（5）借用户对新媒体的依赖开展公关活动

根据用户对新媒体的依赖程度，企业可以对互联网用户的忠诚度进行有效判断。用户对新媒体的依赖程度越高，新媒体的传播价值就越高，取得的传播效果就越好。所以，在选择新媒体开展公关活动时，企业要选择目标客户聚集的新媒体，以此提升传播效果。

（6）借新媒体实现人际传播，扩大品牌口碑

在新媒体环境中，人们经常会借助各种网络工具（如网络社区、微博、微信、QQ等）进行交流，尤其是近年来发展迅猛的微信、微博，是很多人使用的网络工具。

对企业来说，微博是制造话题、传播信息的重要平台。在选择这个平台传播品牌信息之前，企业要对博主的兴趣爱好进行深入研究，定向投放品牌信息，或为博主提供免费试用品，邀请博主发表使用感受或产品评价，增进与博主的关系，引导博主化身口碑传播者，使口碑传播效应有效扩大，更有效地说服受众。

除微博以外，网络虚拟社区也是一个很好的口碑传播者，企业可将虚拟道具、虚拟商品作为载体对品牌信息进行传播，从而提升品牌信息的传播效果。

第三章

新媒体
运营的阵地

1. 微博运营

"如果你的粉丝数量超过 100，你就像是一本内刊；超过 1000，你就像是个布告栏；超过 1 万，你就像是一本杂志；超过 10 万，你就像是一份都市报；超过 100 万，你就像是一份全国性报纸；超过 1000 万，你就像是一家电视台。"这番话形容的是微博的媒体影响力。

在注意力经济时代，谁能吸引消费者更多的关注、洞悉消费者更隐蔽的需求，谁就能在市场上立于不败之地。2019 年 3 月 15 日，新浪微博数据中心发布最新《2018 微博用户发展报告》。2018 年第四季度财报显示，微博月活跃用户 4.62 亿，连续三年增长 7000 万 +；微博垂直领域数量扩大至 60 个，月阅读量过百亿领域达 32 个。随着大众关注度和喜爱度的不断提高，微博成为社交媒体中用户最活跃的平台，也改变了媒体和信息传播模式，更给营销带来巨大想象空间。

何谓微博营销？广义上说，微博营销是指组织或个人借助微博这种新兴社会化媒体影响其受众，通过在微博上进行信息的快速传播、分享、反馈、互动，从而实现市场调研、品牌传播、产品推广、客户管理和公共关系等功能的营销行为。

企业官方微博传播作为企业微博营销最直接而有效的方式，越来越受到商家们的青睐，诸如凡客诚品、恒信钻石、东航凌燕、中粮等，是第一批被媒体树立为企业运用微博实现精彩营销的典范。如今，小到餐厅、美发店，大到国航、电信、保险等行业，短短两年时间里，大小企业的官方微博陆续开通，抢占微博营销的"高地"，而它们中的大多数也在应用中感受到了其来自营销各方面的魅力。

（1）目标市场洞悉

在激烈的品牌竞争中，深入洞悉市场、准确把握目标消费者需求，是企业制胜的关键之一。对市场的各种信息情况了解得越多，企业越能够做到"知己知彼，百战不殆"。

微博是企业较好地聆听、学习及了解客户的有效平台。微博用户在微博上记录了自己日常的真实想法、爱好、需求、计划、感想等，真实地表露了自己的消费需求、偏好、生活形态、品牌态度等，尤其是一定程度上能够了解消费者对产品的态度、需求和期望、购买渠道、购买考虑因素，可以让企业深度了解消费者，从而制定或者优化产品策略、营销策略。

（2）企业信息发布

微博的短小（140字）及发送信息的方便性（用手机就可以发送），让微博彻底改变了信息传播的模式，任何一个人都可以实时接收或传递自己身边的第一手信息，那些微弱的信息也可能得到加强并引起广泛传播。这种自媒体引发的媒体变革和信息革命是空前的，直接颠覆了过去由主流媒体主导传播的格局，让微博成为所有社交媒体中，最为即时性的、低投入而高回报的信息传播平台。官方微博成为企业发布品牌相关信息的重要阵地。

（3）客户关系管理

在以客户为核心的商业模式中，客户关系管理强调时刻与用户保持和谐的关系，不断地将企业的产品与服务信息及时传递给用户，同时全面、及时地收集顾客的反馈信息，并快速予以处理。微博以其高效的传输方式，很好地做到了这一点。简单的140字的微博，极大地降低了沟通的门槛。同时，基于这种"微"的模式，企业在进行日常正式沟通活动的同时，可以将一些生活中的零星想法发布出来，从而使企业不再以冷冰冰的经济人形象示人，而成为一个人性化的、可以作为朋友的"邻居"。特别是用户在对企业产品或服务发出质疑、请求帮助等信息时，对微博用户进行实时跟踪的企业便可以快速了解到相关信息，并通过微博回复、邮件或电话等方法快速解决用户的问题，避免用户因为不满而大规模地在网上传播负面信息，从而能够较为有效地提高客户的满意度。

微博的转发功能，使得企业或用户所发出的信息能够快速地传播给第三方。信息宛如一条线将各自的粉丝串联在一起，而非传统意义上的相互独立。这种彼此间互动的关系更能够让他们产生共鸣，进一步使企业、用户、潜在用户之间的关系得到巩固。通过在微博上进行信息的传播、分享、反馈，企业和消费者的关系可以升华到互利互惠的高度。

2. 微信运营

如今，人们都已知晓微信营销活动的作用，如一场优秀的微信活动能提升粉丝的活跃度和营销转化率，开展精准营销，为用户提供个性化服务，通过与用户的高频互动增强用户对品牌的认知，提升用户对品牌的忠诚度等。但是，具体到应用方面，策划微信营销活动是摆在企业面前的一大现实难题。

很多品牌曾推出微信营销活动，除小米和掀起刮刮乐风暴的OPPO手机外，大部分收效甚微。那么，微信营销活动该如何策划，又有何策划技巧呢？具体分析如下。

（1）用户体验至上

企业在策划微信营销活动时，要尽量设置一个单一且明确的目的，不要在一个营销活动上融入太多目的。因为每增加一个目的就会使用户多操作一点儿，目的越多，用户操作越多，活动体验就越差，最终很有可能导致用户放弃参与活动。

如某抽奖活动设置的参与流程如下：让用户关注微信获取活动链接—点击登录—输入手机号码获取登录码—凭借登录码登录、抽奖。在这个活动中，用户不仅需要4步操作来完成活动，还要在手机端与 PC 端切换，操作起来非常烦琐。而企业之所以如此设计活动流程就是因为其活动目的太多，既想增加微信粉丝，又想给网站带来流量。

（2）数据分析衡量效果

一场设计得当的营销活动其效果可以衡量，如可以计算新增粉丝数量及流量，可以统计销售出去的产品数量。如果营销活动的效果无法衡量，就无法通过 KPI 指标监测对活动进行优化调整。如事先预计的活动目的是增加粉丝数量及网站流量，最终活动效果要与该目的相匹配。

在某些情况下，容易衡量的效果未必是开展营销活动的目的，如有奖转发一条产品信息，转发数非常容易统计但这不是该活动的最终目的，流量或产品销量才是。

（3）有限的奖品或投入

奖品或活动投入要有一定的限制。同样的营销活动，同样的效果，A 只花费了 500 万元，B 却花费了 1000 万元。相较于 A 来说，B 策划的这场营销活动就是失败的。另外，如果微信营销活动的投入不可控，就会衍生诸多活动风险，带来极大的危害，所以活动策划人员要对活动奖品与投入做出一定的限制。

（4）"一键操作"操作规则

人们都喜欢"一键操作"的活动，流程过于复杂、操作过于烦琐的活动会严重影响用户的体验，引发用户的反感。当然，活动流程、操作步骤与营销目的有很大的关系，营销目的越多，操作流程就越复杂。

例如，某微博活动要 @ 几个人才能领奖，微信活动转发到朋友圈之后用户要截图才能兑换奖品。相较于单纯的有奖转发来说，这些活动流程都过于烦琐。当然，在一定的范围内，"丰厚"的奖品能让人们忽略操作流程的烦琐，但从原则上来看，活动流程要尽量简单，或者在活动中分阶段地设置一定的奖励，激励用户一步步地完成整个活动。

（5）好玩有趣、具有共鸣的巧妙设计

如果活动好玩有趣就能吸引用户主动参与，甚至无须设置奖励。因为用户在参与活动的过程中能获得极大的愉悦感，得到精神上的满足，无须激励就会主动参与。被人改编和转发的凡客体、聚美体就是其中的典型代表。

由此可见，如果企业让用户在参与活动的过程中获得精神层面的满足，就能让用户忽略物质方面的奖励，使企业的营销投入大幅减少。有些企业热衷于公益营销就是如此，通过抓住人们的热心、善心、助人为乐之心，引导人们参与活动，让人们在参与活动的过程中获得满足感，从而扩大自身的影响力，实现自发传播。

微信活动类型处在实时变化中，企业充分了解微信公众平台现有的功能，并利用接口开发其他功能，就能策划出更多富有创意的活动。下面对微信活动运营常见的 3 种类型进行分析。

（1）二维码现场签到活动

人工指引或通过展架指引用户扫描二维码，关注微信公众号，成为微信公众号的订阅用户以领取奖品。企业在开展现场签到活动的过程中必须注意一点，就是对平台实时监控，保证到场用户均已成为微信公众号的订阅用户。

在开展活动的过程中，用户扫描二维码关注微信公众号，成为订阅用户之后，公众号可自动回复一条领奖信息指引用户领取奖品。另外，平台还可将优惠券或电子门票等融入其中，丰富活动内容，吸引更多用户参与。

（2）有奖投稿或评选活动

鼓励用户向微信公众号投稿或参与达人评选活动。稿件必须是用户的原创作品，作品类型可以是文字、图片、语音、视频等。如某育婴类公众号举办了一场"晒宝宝照片赢大奖"的活动，鼓励用户上传自己的宝宝的照片，运营者对这些照片进行整理后放到评选页面，推送给公众号用户，让他们投票选出最可爱的宝宝，并为上传该照片的用户提供一定的奖励。由此可见，微信活动运营的各种方式可结合在一起使用，关键在于找到契合点。

（3）订阅用户转发有奖活动

鼓励微信公众号的订阅用户在自己的朋友圈转发某指定消息，或者将某指定消息分享到自己的微信群。目前，微信对朋友圈图文链接的分享次数做出了限制，规定分享次数不得超过 100 次。这就说明，如果某微信公众号推送的图文信息需要订阅用户分享到自己的朋友圈，那么该图文信息最多被分享 100 次。

虽然朋友圈分享有次数限制，但微信公众号可以鼓励用户将指定图文信息分享到微信群。用户将图文信息分享到微信群后要截图发送给微信公众账号，只有如此才被视为任务完成，用户才能领取奖励。该活动做得好，微信公众号的订阅用户量就能在短时间内大幅提升。

3. 公众号运营

对企业来说，拉新、促活、留存是评价运营效果的3个重要指标。具体到微信运营层面，拉新就是吸引新的目标用户；留存就是将新用户留下来，将新用户转变成忠实用户；促活就是让这些留下来的用户保持一定的活跃度。

从微信运营方面来讲，拉新就是获取新用户的关注，包括发现目标用户、找到目标用户，通过内容推荐、开展活动等方式吸引目标用户关注。在这方面，企业必须做好三大关键工作。

（1）做好公众号定位

对微信公众号运营来说，品牌定位非常关键，因为品牌定位对公众号的后续发展方向、运营策略、内容策略、后续关注人群的特点有决定性的影响。微信公众号定位包括3个层面的内容。

①品牌定位

细节决定成败，这一点在微信公众号领域同样适用，品牌定位就是其中的一大细节。这里所说的品牌定位包含两大内容，一是品牌形象，二是品牌调性。品牌形象指的是微信公众号展示出来的视觉元素，包括微信公众号的名称、简介、图标、顶关注、底关注、正文中的特殊符号、菜单栏的规划和内容等。品牌调性指的是微信公众号的内容及相关视觉元素传递出来的特点，这是公众号运营需要长期坚持的内容，如顾爷、故宫淘宝等微信公众号就有鲜明的品牌调性。

从拉新方面来看，无论用户通过哪种方式获取信息，并决定关注你的微信公众号，其原因无非两点：第一，认可你的内容，也就是通过浏览某期内容或历史内容对账号内容产生了认可；第二，认可公众号的品牌形象，即公众号的视觉元素得到用户的认可。在这两点中前者是重点。大量数据证明，如果微信公众账号没有特点，内容没有鲜明的特征，公众号受关注的概率就会很低。因此，微信公众号的运营者为了保证运营成功，必须率先做好品牌定位。

②用户定位与内容定位

在运营微信公众号的过程中，运营者必须做好用户定位和内容定位。那么，微信公众号的运营者是要根据内容确定用户，还是要根据用户确定内容呢？关于这个问题，不同的人有不同的看法，在我看来，这个问题不能一概而论。

第一，品牌类的微信公众号要根据用户确定内容，因为品牌有非常明确的目标用户群体，了解用户的特点，可以根据目标用户的喜好创造内容，这样生产出来的内容更能吸引目标用户关注。第二，自媒体类的微信公众号要根据内容确定用户，因为自媒体大多有自己的优势领域，只有处在这个领域才能源源不断地创造内容，有何种类型的内容就能吸引何种类型的用户。

总而言之，无论是通过内容定位用户，还是通过用户定位内容，最终的关注点还是要落在目标用户上，要以用户为核心。无论微信公众号如何定位自己的目标用户群体，都要保证自己的内容质量，让用户产生满足感。

一般来说，微信公众号的内容定位和用户定位最好的方向就是小而美，即只专注一个领域或一个方向，将其做精、做细、做专。小而美的优势有两点：第一，从内容方面来讲，小而美能帮助运营者将关注的领域聚集起来进行深挖，让内容更加专业；第二，从用户方面来讲，专一、有重点、有内涵的文章更能吸引用户注意，受到用户喜爱。

（2）找到目标人群

定位微信公众号之后，就已经明确了公众号的发展方向、目标人群和运营策略。对公众号拉新运营来说，定位之后就是明确目标用户群体，采取有效的方法向其推送内容。常见的、免费的内容推送策略有以下几种：朋友圈转发、微信大号资源互换或互推、注册传统媒体专栏将信息同步、跨平台推广等。

从社交媒体方面来看，每个用户都不会只使用一种社交工具，换句话说就是目标用户群体的注意力非常容易被各种各样的社交媒体分散。在这种情况下，要想获取用户关注，首先要走进用户的视野。为了将信息传播给更多目标用户，运营者可以在多个平台推送信息，以提高目标用户群体看到信息的概率。

为了保证内容分发效果，内容发送要根据不同平台的特点进行，更专业一点儿就是要了解目标消费群体的触媒习惯，如目标用户群体的活跃时间段等。初创的微信公众号很难做到这一点，因为每个平台都有各自的特点，如果操作过于复杂就会浪费时间与精力，因此，微信公众号运营者要尽量采取便捷的方式做到这一点。

（3）将信息传递给用户

明确目标用户群体的所处位置之后就要采取有效措施将信息传递给他们，吸引目标用户群体关注。为了保证信息传递的有效性，在此之前运营者要做好基础工作，如定位、寻找目标用户群体等。

运营者可以采用多种方法将信息推送给用户，有效的方法之一就是活动导流，如用户关注微信公众号、将信息转发到自己的朋友圈、截图回复公众号等。

　　按照常规思维，用户关注微信公众号的原因只有一个，就是认可微信公众号的内容。但用户要关注微信公众号，通常会做出两个动作。

　　第一，发现并认可公众号的内容。因此，内容发布时间、发布平台、内容本身尤其是标题显得非常重要。如果公众号的内容被权威平台推荐，该公众号被关注的概率就会大幅增加。

　　第二，在关注公众号之前，用户会查看该公众号的历史消息与视觉形象，如果这些符合自己的需求或喜好就会关注。

　　另外需要注意一点，用户关注微信公众号的方式通常有以下几种：扫描公众号二维码、搜索微信号或微信名、通过内容页提示入口关注等。基于这一点，公众号运营者在推送信息的过程中必须明确关注入口，如在内容下方添加二维码等，让用户在产生关注意愿后直接扫码关注。

4. 微信小程序

从传播媒介的角度看，微信小程序的出现，迎合了在移动互联网流量红利逐渐消失的背景下，线上和线下的场景与媒介深度融合的发展趋势。营销的侧重点开始从流量导入转变为场景及内容输出，线下的用户数据、碎片化需求与线上的工具与技术的融合将为营销产业的发展提供广阔的想象空间。

微信小程序对线上与线下的中长尾流量进行截留，以微信为媒介，通过二维码扫描及线上搜索等方式为广大用户提供各种优质服务，将带来用户黏性及价值变现能力的大幅度增长。

微信小程序能够降低中小型企业的开发及运营成本。从本质上来说，对于高频 App 而言，人们会更倾向直接下载安装，小程序对这类 App 很难造成影响；对于那些低频长尾的 App 而言，人们本来使用次数就很低，就算没有微信小程序，其本身的商业价值也有限，而且会给企业带来运营负担。而对于中部 App 而言，微信小程序覆盖了物流、交通、金融、生活服务等诸多领域，能够将这些领域的 App 流量集中起来，使广大中小企业从开发及运营 App 的负担中解放出来，有效提升了用户体验。

小程序的出现能够使互联网营销从业者更好地对流量进行定位及追踪，通过分析用户数据并描绘用户画像，实现精准营销。在具体业务方面，专注于微信小程序营销的企业主要涉及小程序设计、开发、运营及数据追踪服务。那些传统的户外及楼宇广告商也能够充分借助微信小程序实现资源的重新配置及优化，加快完成互动营销时代的转型升级。

微信小程序具有方便快捷、即用即走的特征，对用户体验的提升有良好的效果，从而帮助传统实体商家提升线上与线下融合的 O2O 营销转化率。

当然，目前微信小程序仍处于起步阶段，用户对其接受程度与技术成熟度等还有待时间验证。不过它在中长尾碎片化流量的整合方面具有明显的优势，那些低频长尾需求将会被微信整合起来，使商家的营销推广变得更高效、低成本，并借助智能硬件等高科技产品实现对线上及线下用户的全面覆盖。

微信小程序的出现，为那些具备精准营销能力及擅长互动营销的企业提供了重大发展机遇，微信小程序在对用户流量的实时追踪及用户需求精准分析等方面的巨大优势，将为这类企业创造海量的价值。

如何通过小程序的应用，将线上渠道与线下渠道的运营结合起来呢？在这里以健身会所为例进行分析。

某用户在微信中收到好友分享的健身体验小程序页面，用户进入这家会所的小程序对其服务进行了解，根据页面的提示完成预约操作，提交申请，收到会所运营方发来的提醒信息。用户到会所体验之后，运营方通过手机告知他已完成体验，并邀请他参与评价，建议用户在对服务满意的前提下将该活动分享给好友，用户在分享之后获得了一张待使用的优惠券。

上述应用实现了线上渠道与线下渠道的完美对接，在具体实施过程中，用户主要经历了 4 个入口。

（1）分享入口：用户收到好友发送的分享页面，产生体验需求。

（2）提醒入口：向商家预约，收到相关信息。

（3）服务入口：到店中扫码，通过预约审核。

（4）评价入口：体验结束，收到评价邀请，将程序页面分享给好友。

在传统模式下，企业主要依托微信服务号与 H5 广告开展营销，并致力于实现线上营销与线下营销的融合，但此商业模式并未给企业带来预期的营销效果，原因主要有两个：第一，用户无法获得良好的体验；第二，该模式无法实现与线下场景的对接。

如餐饮类商家，消费者对点餐环节的体验要求较高，如果在点餐或者下单时出现卡顿现象，就会影响消费者的体验。在服务号与 H5 结合的模式下，消费者要想进入页面中的链接，就必须连接网络，如果网速过慢就无法顺利完成整个体验过程。当此类问题频发时，商家会考虑改用其他线下方式让消费者点餐。

相比之下，微信小程序只需在本地运行，流畅性要高于H5。另外，用户扫码就能进入小程序，不用关注或者下载，运用本地网络就能启动程序应用。

传统应用多使用 http 通信协议，小程序使用的是 WebSocket 通信，这种通信方式为全双工通信，即服务器与客户端能够相互发送消息，不同的小程序之间也能够发送消息。

例如，当顾客进入某个餐厅用小程序点餐之后，小程序会自动给打车小程序推送消息，对顾客当前的位置进行定位，并为其规划回家的路线，顾客在用餐完毕之后，就能坐车回家。此类应用场景还有很多，在今后的发展过程中，小程序开发者可以进行更多的尝试。

小程序未推出时，微信的支付功能就囊括了不少线上与线下的应用场景，然而在支付环节以外，消费者是用不到这个功能的。也就是说，消费者的商品选择、信息查询等操作需要依赖企业的服务号、第三方提供的应用或 H5 来完成。在这种情况下，营销行业并未对程序开发或用户体验进行规范，这可能给商家的运营带来挑战，但商家很难找到解决方法。

小程序的开发具有统一标准，能够覆盖线下的任何一种场景化应用，从而为商家的运营提供了便利，并有效提升了用户体验。从某种角度上说，小程序应用能够配合微信支付功能的应用，并使该功能的应用上升到一个新的层面。

商家利用微信小程序，结合二维码的使用，能够形成完整的支付闭环，并将线上与线下渠道的运营结合起来。在传统模式下，用户在进行线上操作的过程中，如果商家信息分布于不同的应用程序或浏览器，而其信息无法在不同平台兼容，就会影响用户的体验，降低整体效率。

小程序能够很好地解决这个问题，商家可在微信平台上完成商品展示、产品介绍、消费者转化等各个环节，用户无须在不同平台之间跳转，可通过扫码方式直接启动小程序，用完之后就能退出，实现与线下场景的无缝对接。这种方式不仅能够有效提升用户体验，还能帮助商家实现不同渠道的一体化运营，形成完整的闭环系统。

5. 短视频运营

2015 年，短视频内容生产及短视频平台成为互联网行业的热门创业方式。随着类似 papi 酱这种短视频创业者在互联网中崛起，越来越多的媒体人也走上了短视频创业之路。2016 年 7 月 29 日，时任"澎湃新闻"CEO 的邱兵宣布从"澎湃新闻"及《东方早报》离职，开始进行短视频创业；11 月 3 日，邱兵及其团队打造的短视频平台"梨视频"正式上线。

2016 年 8 月，"今日头条"前副总裁林楚方为其短视频创业项目"环球旅行"招募同路人；同一时间，原"壹读"CEO 马昌博创立新项目"视知"，并进行大规模招聘。"视知"将以可视化的方式，解读那些晦涩、专业的知识。一时间，短视频创业的信息在朋友圈持续刷屏。

得益于网红经济的快速发展，短视频产品具有的商业价值被深度发掘。在传播视频内容的同时，又能让粉丝与主播实时交流的视频直播，也受到了创业者及资本市场的青睐。

通过短视频内容吸引粉丝，然后以社交媒体对粉丝进行运营，最后利用视频直播及电商平台完成价值变现，初步形成了一条网红经济的全产业链。虽然短视频本身具有一定的互动性，但受众群体并不认为短视频平台是一种有效的社交工具，而是更加注重其娱乐属性。

所以，凭借短视频内容取得成功的网红 papi 酱，将核心"阵地"放在微博上，而不是美拍、小咖秀等短视频平台。短视频平台的社交属性终究太过薄弱，虽然能引入足够的流量，但并不能让网红与粉丝建立较强的连接关系。

制作短视频不需要较高的成本，而且由于其时长较短，在互联网中容易得到广泛传播，从而吸引了大量内容生产者创作了很多优质的短视频作品，但其劣势在于变现阻力较大。而视频直播内容本身具有强烈的社交属性，利于引导粉丝完成价值变现，但内容不利于在互联网中进行传播。在将二者结合的基础上，再借助社交媒体与电商平台，就形成了一条完整的网红经济产业链。

短视频网红要想长期发掘粉丝群体的商业价值，最关键的还是要打造有某种调性的个人品牌。在移动互联网时代，一部时长仅有几十秒的优质短视频，可以让内容生产者在一夜之间成为拥有上百万名粉丝的网红，但这并不意味着可以一劳永逸，网红需要长期生产优质内容来留住粉丝，不过就算有专业的团队，也很难做到这一点。

如果网红打造了具有某种调性的个人品牌，这个问题可以得到有效解决。网红的个人品牌将具有共同调性的粉丝聚集起来，使网红与粉丝建立强大的连接关系，这样即便网红生产的短视频内容质量有所波动，也不会产生太大的影响。更关键的是，这些具有相同调性的粉丝群体可以为网红提供创意及灵感，不但确保了内容生产的持续性，而且生产的内容也更容易被粉丝认可。

2016 年，网红、直播、短视频无疑是互联网领域的几大热点。对企业管理者来说，如何利用这些热点，对自己的产品及品牌进行推广，并提升产品销量是一件颇为困难的事情。

当下，越来越多的品牌商通过将网红、短视频、直播与电商相结合，实现了产品销量的大幅提升，在被诸多成功案例刷屏的同时，企业更要思考如何从中借鉴经验，为自身创造价值。

在制定落地战略以前，首先企业要对网红、短视频及直播的特征有一个清晰的认识。尤其是对短视频与直播，很多企业并不了解二者对销售产品的效果有什么差异，简单地认为它们都是视频形式，没有太大的区别。但事实上，这种看法是相当片面的。短视频和很多电视节目一样，是录制完成后，再进行传播；而直播是向目标群体实时传播内容，并且要在这个过程中与他们进行互动交流。

网红主要包括两类：一类是电竞、美妆、段子手等娱乐网红，papi酱就属于娱乐网红。人们之所以关注这类网红，主要是为了满足自己的娱乐需求。另一类是以张大奕为代表的在淘宝及微博上卖货的电商网红，人们关注这类网红是为了购买自己想要的商品。所以，二者在帮助商家提升产品销量方面的能力是有所差异的。虽然papi酱和张大奕同为各自领域的网红，但papi酱在卖货方面的能力要弱于张大奕。所以，如果企业的目的是提高自己的产品销量，选择电商网红比选择娱乐网红的效果可能要好很多。

与网红进行合作为产品代言，或者让自己培养的网红为产品代言，需要确保网红本身的特性和产品或品牌有较高的契合度，这样才能确保他的粉丝是企业产品的潜在消费者，而不是仅仅为了传播效果，找一个名气较高的网红。

找到合适的网红后，接下来要做的就是帮助他积累粉丝。积累粉丝可能是一个漫长的过程，企业需要帮助网红持续生产优质内容，并进行多渠道推广。不过在各种优质资源的支持下，能够有效降低积累粉丝的时间成本。

网红积累了足够的粉丝后，就可以进入卖货阶段。在网红、短视频、直播与电商结合的模式中，线下常用的促销打折策略同样适用，如可以让网红给粉丝发红包、代金券、优惠券等。不过因为粉丝和网红有着良好的信任关系，即使不进行促销打折，也能够有效提升产品销量。

"短视频＋直播＋带货"模式是帮助企业提升产品销量的有效方式。其逻辑是通过短视频和直播吸引粉丝，然后将这些粉丝导入微信公众号（也可选择导入多个私人微信号）。在微信公众号粉丝积累到一定的规模后，便可以在和粉丝交流互动的同时，向他们推荐商品。

在某种层面上，网红、短视频、直播对企业来说并无本质的差异，它们都是企业用来向目标群体销售产品的有效工具，最关键的是将粉丝掌控在自己手中，这也是很多企业会选择自己培养网红的核心因素。即使和网红合作，企业也要尝试将粉丝导入自己的微信或微博公众号中。

在以移动互联网为支撑的新消费时代，企业要想取得成功，就必须掌握渠道与粉丝。

在渠道方面，未来，多渠道运营将成为主流发展趋势，企业不仅要重视线上的社交媒体、视频网站、短视频平台、直播平台、电商平台等互联网渠道，也要重视线下的体验店、专卖店等实体渠道。

而在粉丝方面，谁能吸引关注，并沉淀出忠实粉丝，谁就拥有主导权，当企业积累了足够的忠实粉丝后，营销工作就不难开展了。

6. 直播运营

在移动直播的影响下，网红 IP 打造方式也逐渐多元化，网红群体的崛起是互联网时代的产物，未来，其发展势头会更加强劲。

随着移动互联网的迅猛发展，受直播、网红迅速崛起的影响，直播平台的发展或将加快，与中国文化、经济及社会现状相适应，形成中国特色，实现可持续发展。

对直播平台来说，内容是最重要的。直播平台内容的提供者是个人主播。个人主播能通过在平台树立个人形象，与粉丝实时交流，实现个人 IP 化，且个人 IP 化的规模巨大，这是其与传统平台最大的不同。并且实现个人 IP 化之后的主播还能借助直播平台的相关机制变现，这种变现方式也是传统平台所不具备的。

事实上，个人化的 IP 一直都有，不是一个随直播而生的新事物，其价值早已被人熟知，并且很多组织，如新东方、中央电视台等，生产许多个人化的 IP。前者生产的个人化 IP 有俞敏洪、罗永浩等，后者生产的个人化 IP 有马东、罗振宇、樊登等。

IP 打造要通过直播平台，虽然业内对直播的内容与形式持不同的看法，人们对直播今后的走向也各持己见，但不可否认的是，直播行业确实吸引了众多投资者及用户的关注。尽管身处舆论中心，直播行业的发展似乎并未受到影响，而是收获了众多目光，涉足该领域的初创企业也不断增多。

直播行业今后的发展方向如何？何种形式的直播将在今后的

发展过程中占据主导地位？

内容决定一切，直播领域也不例外。目前，很多直播平台只注重用户获取，并获得迅速发展，但这类直播平台缺乏丰富的内容支撑，用户黏度不高。尽管这类直播平台可以迅速吸引用户，但当用户发现平台在很长时期内没有输出优质内容时，就会转向其他平台，经营者的变现也就无从谈起，更不用说让用户参与线下活动进行变现了。所以，直播要想拓宽变现渠道，就必须进行内容建设，打破传统思维模式的限制，增强企业发展的持续性。那么，哪些内容更容易获得用户的认可与青睐呢？

优质的内容能够让人感到愉悦。目前，以网红为载体的直播就能满足用户在这方面的需求。然而，随着时间迁移，人们的需求水平也会逐步提高，届时，只依托网红元素的直播平台将处于劣势地位，所以运营方需加强内容建设并持续优化。

优质内容不仅能够从形式上打动用户，还能给人以思想上的启发。此外，因为现阶段的直播形式在用户黏度上还不完善，为了改善这个问题，也应进一步优化直播内容，提高其专业度。

为了进一步丰富直播的内涵，可将直播的运营与其他领域的发展结合起来。若直播只局限于自己的领域，其价值就得不到充分体现。为此，需要拓宽直播的应用范围，使其渗入其他领域。如今，包括游戏、社交、培训、购物等在内的诸多行业中都体现出对直播的应用，在向其他行业渗透的过程中，直播的形式也不再单调。

例如，直播在淘宝中的应用能够让卖家全方位地展示自己的产品，淘宝的商品详情页添加直播功能后，消费者可据此在线上浏览产品的现场效果及正确的使用方法；直播在众筹行业的应用，给投资者从多维度把握项目方的相关信息带来了便利，以聚米众筹为例，项目方可通过直播形式展示自己的产品，介绍相关信息内容，从而减少投资者的担忧；直播在教育行业的应用，可实现类似于现场的培训，方便创业者与投资人及时互动和沟通，能够促成双方的合作，不仅如此，创业者还可以就企业的发展问题进行咨询，得到专业回复。

直播应用范围的拓宽，不仅能够使直播形式更加多样，还能有效降低直播对网红经济元素的依赖，给直播平台的发展带来更多机遇。对其他领域而言，也能通过与直播的结合找到创新之路。因此，不管站在哪一方的角度考虑，直播形式的渗透都将会产生积极的作用。

在扮演流量入口的同时，直播在今后的发展过程中，可能更趋向工具化。众多企业聚焦于直播行业的发展，就是因为直播吸引了众多用户的目光，能够作为企业的流量入口，扩大其用户规模。

分析现阶段直播的应用情况可知，通过直播形式聚集用户，本身是没有什么问题的，但在如今的市场上，各类直播软件如雨后春笋般涌现，直播平台在流量吸引方面发挥的作用将不再那么明显。所以，除了流量入口外，直播还需向其他方向努力。

在直播过程中，品牌商要带货，必须为用户提供专业指导，帮助他们降低决策的时间成本、提高决策的科学性。例如，在直播间的醒目位置插入官方商城的链接，为用户提供推荐商品与同类商品的测评数据等。

在互动性方面，直播要比微信、微博更有优势，对目标群体消费决策的影响力更强，容易引发用户消费。因为直播是通过实时的视频形式向观众传播内容，而且可以通过文字、语音等和观众进行交流互动，拉近了主播与粉丝的距离，使粉丝更容易信任。

如果品牌商想要引入更精准的流量，主播的选择就显得十分关键。从实践案例来看，选择那些风格、调性和产品及品牌一致的主播往往更容易取得成功。当然，也要确保帮助自己进行营销推广的主播拥有一定规模的粉丝。在与主播达成合作以前，最好前往其直播间观看几次直播，了解其直播间的人数、弹幕数量、主播与粉丝的互动效果等。

确定合作的主播后，接下来品牌商就要考虑怎样将自己的产品或品牌在直播间展示出来。品牌商可以在主播的身后放置背景板、为主播提供定制版的服装或者将产品作为道具放在桌子上等。在对产品进行推广时，品牌商需要注意 4 个方面。

（1）提高营销针对性

产品功能、价格、品质、风格等诸多方面的差异，决定了其适合的用户群体是有所不同的。企业在进行营销时，需要对产品的目标用户群体精准定位，然后再寻找相应的主播进行合作。

此外，直播这种传播形式并不适合对所有的产品进行营销推广。通常而言，那些功能及应用可以与直播场景深度融合的产品，往往更容易得到直播间内的观众的认可。这就提醒企业要充分考虑自身产品与直播场景的契合度。从产品角度看，企业可以对其包装进行一定的调整；从直播场景角度看，企业可以请专业人员帮助主播重新设计直播环境，或者让主播进行户外直播。

（2）增强品牌的宣传效果

为了增强品牌的宣传效果，品牌商可以要求主播在直播过程中展示品牌标志，讲述创始人的创业故事、企业的发展历程及品牌理念等。创业者在创业过程中会遇到各种各样的困难，选择一些有代表性的故事，并将其分享给观众，能够引发他们的情感共鸣，从而提升品牌在他们心中的影响力。

（3）扩大覆盖面

事实上，直播内容在传播方面具有一定的局限性。一方面，直播视频占用的流量较多，不适合仅有几十秒的短视频在微信、微博中进行传播推广。另一方面，直播具有强烈的时效性限制，主播为了确保可以取得较好的传播效果往往选择在直播间人数较多的时间点为品牌商进行推广，在这之前已经离开以及后续进入直播间的用户无法被覆盖，就算一些直播平台会为主播的直播内容录制视频，但从实际效果来看，很少有粉丝会观看录播内容。所以，为了实现大规模推广，企业可以尝试和多个主播进行合作，而且和在传统媒体上投放广告相比，邀请多个主播在直播中为自己宣传推广的成本更有优势。

（4）多元化渠道推广

主播除了在直播平台上进行直播外，还会在 QQ 上开通粉丝群，在微博上开通公众号等，所以，品牌商也要充分借助这一点进行多渠道推广，从而取得最大化的传播效果。例如：品牌商可以将自己制作的短视频内容提供给主播，使其在社交媒体中传播。

在市场竞争愈发激烈的移动互联网时代，产品同质化问题愈发突出，品牌商用传统的营销方式对产品进行营销推广很难取得预期效果，而通过与具有强大引流能力、能够和粉丝进行实时互动的主播进行合作，不但可以有效降低营销成本，而且能够让主播以产品体验者的视角向粉丝实时分享企业产品的特点、优势，从而有效提高转化率。

7. 手机媒体

中国有十二亿部手机。

手机的普及性、信息传达的有效性、丰富的表现手法使得手机具备了成为大众传媒的理想条件，手机继而成为除报纸、广播、电视、网络之外的"第五媒体"：短信的出现使手机有了报纸的功能；彩信使手机有了广播的功能；手机电视的出现使手机有了电视的功能；WAP 和宽带网络使手机有了互联网功能，同时手机在一定程度上与报纸、广播、电视、网络互相结合、渗透、融合，成了一种"全媒体"。

中国的手机用户和互联网用户分别占全球的四分之一和十分之一。中国几亿手机用户相当于 2005 年全国日报发行量总和 9660 万份的 4 倍，相当于同期全国上网电脑总数的 3 倍多，和全国电视拥有户数基本持平。

2000 年 5 月 17 日，中国移动公司正式开通短信 (SMS) 服务，这种原本为客户节约开支的文本业务，却成为移动通信公司的最快经济增长点，全国短信发送总条数由 2001 年的 189 亿条到 2005 年的 2600 亿条以上，创下 200 多亿的市场份额，手机短信不仅创造了让人震撼的"拇指经济"，也开辟了新的传播渠道。随着短信增长的趋缓，一种新的增值业务"彩信"(MMS) 震撼登场，它是在移动网络的支持下，以 WAP 无线应用协议为载体传递多媒体的内容和信息，这些信息包括文字、图像、声音、数据等各种多媒体格式，如音乐、贺卡、新闻照片、MMS、动画、铃声、视频等。随后又有一种手机铃声定制业务"彩铃"（炫铃）风靡起来。2011 年 1 月腾讯公司推出的以手机智能终端提供即时通信服务的应用程序，微信支持跨通信运营商、跨操作系统平台通过网络快速发送免费（需消耗少量网络流量）语音短信、视频、图片和文字，同时，用户也可以使用通过共享流媒体内容的资料和基于位置的社交插件。2020 年，微信的月活数达到了惊人的 11.5 亿，而 2019 年的月活用户为 10.8 亿，在原本基数已经如此大的情况下，还获得了近 1 亿的增长。用户覆盖 200 多个国家和地区、超过 20 种语言。

（1）手机媒体的优势

①终端普及率高。从媒体的个人拥有量来看，目前全国手机用户已超过 7 亿，超过了包括网络在内的其他任何一种媒体。而且手机用户的未来增长潜力依然巨大。

②信息直达与即时反馈。手机用户可 24 小时随时随地在线，不受时间、地点限制，用户的黏着度好。信息可以即时反馈，广告传播效果可计量。

③有效接触率高。这主要体现在两个方面。一方面，广告商是在掌握客户数据资料的基础上，利用其数据库分析筛选手机使用者的消费取向，进而发布有效信息，精准度高；另一方面，消费者根据需求自愿定制广告信息，情况随时更新，直接导致广告的有效阅读。

④随时携带，贴身性好。便携、小巧，你无论在哪里，它都可以时刻伴随着你。这是其他任何媒体都望尘莫及的。

⑤功能多样性。打电话、上网、听广播、看电视、玩游戏、收发短信、读新闻、摄录像……几乎是所有媒体的功能都能在它的身上找到影子。

⑥价格低廉。0.1 元发条短信（除彩信、视频外），千人成本 100 元左右，且能准确"到位"，效果显著。而传统媒体若想达到这种效果，其费用可能不只是几倍的问题。且移动媒体的收费是以数量收费而非大众传统媒体的以时间和空间来收费。

⑦具有极强的隐私性。这给广告信息的发布者提供了一个极大的可具体针对某一特定受众发送隐私特点信息的便捷通道。如有些受众对某些商品有需求但又有"难言之隐"，那么使用手机媒体是再好不过了。

⑧有针对性地设计个性化信息。如果发送广告信息获得某些受众的许可，你便有可能得到这些受众的个人相关资料，如性别、年龄、职业、爱好等，这样便可以进行不同人的个性化广告信息的发布。而其可"群发"功能又可使用户几乎在同一时间接到信息，这显然在时效上又比 DM 广告更胜一筹。

⑨可追踪性。如果获得目标受众的允许，全球卫星定位系统加上受众个人信息资料库，甚至可以追踪受众的大致的消费行为和喜好，从而可以制定或调整广告传播策略。

⑩时效性更强。在网络顺畅的情况下，可及时发布或在有排期的情况下随时都可"插发"。这对那些强调时效性的广告信息显得尤其重要。

⑪互动性。首先使用移动通信工具的消费者可以通过按动不同的数字键，便可对广告上的信息做出不同的及时反应。这是其他传统媒体难以得到的对广告效果进行准确评估的反馈信息。其次，手机上的"转发"功能又可使广告信息在受众自身之间产生互动效应。如一个消费者收到自己感兴趣的广告信息后可能会转发给其他对其有兴趣的熟人共享。

互联网时代科技技术迅猛提升，拥有了手机以后，人人都是记者，人人都是文字记者，摄影记者，电视记者，评论记者，这是"双刃剑"还是"三刃剑"。

（1）手机媒体的劣势

①监管问题还未解决。目前，有手机的人基本都收到过各种垃圾信息，屏蔽垃圾短信，手机运营商能做到的只是探明短信的发送者和接受者，但对短信的内容却很难监控，其原因有组织和监管商的无力，再有就是电信、网络平台及各类服务商的巨额利润问题。

②运作模式尚未规范。如果你现在涉足于移动媒体信息发布的广告市场，你将会发现用"混乱"二字来形容它并不为过。当然，说其"混乱"也是相对于目前的传统大众媒体广告流程而言的。因为在目前的移动媒体的广告运作中，似乎任何机构、任何公司甚至个人都觉得自己能够制作乃至发布广告及广告的调查与评测。

③相关服务还不配套。移动媒体的商业性服务还因各种原因在实际的运作中根本无法兑现。

④信息发布单一性。尽管移动媒体有巨大的能给广告市场开辟一个崭新领域的潜力，但你现在暂时还不能像传统媒体那样点对面地向用户发送广告。手机上大部分的广告信息都是以点对点方式发出的。

手机媒体广告作为一种传播载体既区别于人际传播时代的小众传播，又区别于大众传播时代的泛传播；既是一对一的人际沟通工具，同时又由于能随时随地连接互联网，因而具备了大众传播的一些特征。手机媒体广告以完全不同于传统大众传播的模式，完全不同的传播性质。

⑤视觉冲击力差。手机携带方便，但面积小，接收的文字，画面受限制，不能像电视、户外广告那样形成强大的视觉冲击力。

第四章

新媒体内容营销实战

1. 学会利用软文传播

软文，这个词在学术界尚没有确切的定义，百科上的定义为："软文是由企业的市场策划人员或广告公司的文案人员来负责撰写的'文字广告'。"著名社群营销专家、畅销书作家梁文认为软文是指通过特定的概念诉求、通过理论联系实际的方式，利用心理冲击来使消费者理解企业设定的概念，从而达到宣传效果的营销模式。他认为软文是一种文字广告。软文作为一种服务于营销的文体形式，主要包含三个基本要素：（1）创作的主体一般为公司或者产品宣传人员；（2）创作的作品能够在某一个内容点吸引读者，如通过一则真实的事实新闻吸引读者，或者通过一个有视觉冲击力的标题吸引读者等；（3）有一定的宣传目的。

软文相对于一般的广告文章，突出在"软"，通过潜移默化的作用影响读者，达到宣传企业或者某种产品的目的，一篇优秀的软文，读者阅读时，很难发现是软文。阅读结束之后才明白作者的意图，此时已然明白软文内容的中心点。《就想开间小小的咖啡馆》一书中内容讲述了作者的一个梦想，当读者看完这本书，其实已经完全了解了参差咖啡的产品和服务特点，作者无形之中，宣传了参差咖啡。随着读者阅读喜好的变化，软文通过各种渠道被广泛应用到宣传中，如论坛、博客、微信上，文章的形式也变得多种多样，从早期的新闻事实、故事性软文到现在的微小说、购物体会、经验分享等。

软文的概念从形式的角度可以分为狭义和广义的定义。

狭义上是指广告发展初期，通过付费的方式，企业在报纸、杂志等媒体刊登宣传企业的或产品的文字广告。如报纸上经常出现的针对某种产品的感谢信，召开产品发布会的新闻等。

广义上是指通过专业的策划或者某种宣传目的，付费至报纸、杂志、网络等各种宣传媒体，刊登文章，以达到宣传企业或某种产品的目的。渠道多种多样，包括当前盛行的博客、微信等自媒体，形式上也包含新闻报道、案例分析、购买心得等。

（1）软文的重要性

随着自媒体的发展，软文在宣传中发挥的作用显得愈发重要，在企业的宣传策划上，软文是考虑应用的必要手段，如在房地产行业中，新房上市前，企业用新闻性软文宣传楼盘价格低，之后在各大博客和论坛分享房客的看房和购房经历，介绍楼盘的配套和服务等。软文对企业如此重要，主要体现在以下几个方面。

①广告成本相对较低

广告费用是企业的一大笔开支，消费时代，一个企业要想使自己的产品成为名牌产品，就必须在广告宣传上有巨大投入。如前些年的王老吉每年在广告宣传上的费用支出是一亿元人民币，在 2016 年竞价购买央视《新闻联播》10 秒广告位费用高达 9650 万元，硬广告的巨大投入带来了巨大的销量。电视广告、网络广告这些广告迅速有效，但费用较高，而且其收入与产出比面临着很多不定因素影响，风险较大。相比之下，软文有很大的优势，一篇原创的软文费用低，而且一篇优秀的软文能够免费得到转载，产生极大的宣传效果，在消费者心目中产生良好的口碑效应。

②能够有效提高产品知名度

信息爆炸时代，一个产品信息很难在消费者心中留下印象，通过软文的深度阐释和介绍，能够让消费者理解企业或者产品信息，口口相传，从而能有效提升企业或者产品知名度。网络宣传中，有两个重要的元素：链接和关键词，一篇软文正好体现了这些，由此可以提高产品的曝光率，能够有效地将读者引流到企业或者产品界面。增加了网络的流量，促成了产品销售。

③企业宣传的必备手段

随着互联网通信技术的发达，自媒体的迅速发展，软文的重要性越来越突出。一篇优秀的软文能够在一夜之间成就一个产品，为企业带来巨大收益。每一个企业都非常重视软文这一宣传方式，通过在各种渠道发布一些软文，提升企业知名度，增加企业和产品的曝光度，让消费者认识和熟悉产品。

（2）如何写好软文

软文的写作不仅要让客户学到一些东西，还要让客户进入到你的软文里面，跟着你的文章走，只有这样你的软文才能发挥它的价值。那么如何才能写好软文呢？

①标题选择

如果软文适用于网站的推广，不管是引导用户还是网站品牌的推广都需要考虑用户的定位。因为在这个行业永远是初级用户看文章的比较多，所以我们在设置标题的时候一定要抓住初级用户，标题一定要是基础的内容，涉及高深的技术初级用户很难懂，自然也不会去点击。怎么去设置呢？标题一定要懂得选择关键词，通常在标题里面一个用户关注的关键词能给你带来一大批用户。如排名第一、算法、收录、小白、新手、技巧、快速等这些词容易受到初级用户的关注，所以我们在写作软文的时候尽量包括这一些关键词进去，你也可以进行数据分析，去观察那些比较火的帖子，当然一定要分清楚是楼主自己顶的还是大家顶的。

②文章条理清晰

文章条理一定要清晰，一篇好几百字的文章如果没有条理，用户很难耐着性子去看完，更加不用说会去评论。所以写文章的时候一定要分第一点、第二点、第三点，并且文章的小标题最好使用加粗标识，这样用户就非常清楚一篇文章到底讲了那几个点，也不会看完一篇文章不知道说的是什么意思。一篇文章的内容不要太长，1500个字就非常好，如果达到3000个字以上用户很难认真地看完，并且论坛或者文章板块的收藏用户很少去使用，所以文章就很难达到最终的效果。

③提出观点吸引用户

提出观点很重要，你要让用户明白你今天说的是什么。怎么样的一篇软文能让用户产生兴趣看下去呢？除了标题就是文章的第一段内容。更为重要的是你今天说的跟用户有什么关系，如果跟用户没有关系，那么用户凭什么要看你的呢？又怎样吸引住用户？

（3）软文的传播要素

著名的传播学家拉斯韦尔提出著名的传播过程"五要素"构成理论，即"5W"模式，软文作为传播过程中的内容要素，要达到很好的传播效果，就必须考虑传播发生时的传播者、对象、渠道，以及希望达到的效果，从而形成传播的内容，即软文内容。一般情况下，主要从以下几方面打造软文的内容：

①一个有吸引力的标题

标题是文章的眼睛，一个好的标题能够第一时间抓住读者，一篇有内容的文章，也少不了一个好的标题。如以"利"吸引读者的标题《小站长年收入10万不是梦——我的奋斗历程》（网址培训软文标题），《注册××网址会员，即送100元现金券》

（××网上商城的软文标题）；还有以"新"馋人的，《我市惊现"日光盘"》（楼盘促销软文标题），《终于，多功能车开始用安全阐释豪华》（途朗轿车软文标题），《苹果 AIR 创、新、薄（世上最薄的笔记本电脑）》（苹果软文标题）；还有以"情"动人的标题等。

②内容有真情实感

软文靠一个好的标题吸引了读者，能够留住读者的关键还是内容，正如"标题党"能够通过标题吸引读者，给一个网址或者产品带来瞬时关注量，但不能打动读者，留住他们。新闻性的软文，能够讲述好一个事实性故事，一个经验分享型软文，讲述的是创作者真实的感受，让阅读者能够被细节打动，受到无声无息的影响，避免文字广告的灌输式宣传，不能起到宣传作用，反而引起读者反感，不能达到预期效果。

③深入分析目标客户

广告需要一定的夸张，但过度的夸张则不行，过度的夸张会让消费者觉得虚假，产生厌恶的情绪。软文产生的宣传效果是在消费者对作者阐述的事实有了信任之后，因此，软文创作前就必须充分考虑自己的顾客的特征，如年龄特征、购买行为和心理特点，写出的文字能够吸引她们，从而将产品信息隐藏在其中，影响到他们的决策和购买行为。如通过微信渠道发布的软文，一定要考虑读者，谁会阅读，谁会分享，他们会了解到什么内容，最大限度吸引客户，使自己的目标客户乐于主动分享。

下面是一篇宣传脑白金的软文，你是否会读完才发现是广告，是否了解到了一些知识性的内容，它与一般的文章有什么区别呢？

不睡觉，人只能活五天

医学工作者都知道：

不吃饭，人可以活 20 天，

不喝水，人可以活 7 天，

不睡觉，人可以活 5 天。

可见，睡觉比吃饭、喝水更重要，睡眠有障碍的人往往面色灰黄，智力及记忆力下降，精神萎靡，抵抗力差、衰老过速等。有关文献显示：睡眠障碍者每天的衰老速度是正常人的 2.5—3 倍。美国圣地亚哥退伍军人医院的实验报告：一天的睡眠不足，就可导致第二天的免疫力下降，其中 78% 的人呈大幅度下降。

许多人有一个误区：失眠伤人，但睡得不沉、易惊醒、醒得过早等浅睡眠现象对人体伤害不大。医学论文指出：浅睡眠所造成的衰老、智力下降、免疫力差等危害与失眠造成的危害几乎相当。

为什么会出现睡眠障碍？原来是大脑的中枢神经出现了故障。以前解决的办法是用药物对中枢神经进行麻醉，该药物就是安眠药。近年人类找到了更好更安全的办法，就是求助于中枢神经的"顶头上司"、大脑的"总司令"——脑白金体。脑白金体位于大脑正中心，是人体的主宰者，掌管衰老，为人体的生命时钟。脑白金体通过分泌的脑白金物质控制着人体各系统，随着年龄的增长，其分泌量日渐下降。如果每天饮用脑白金，脑白金体的指挥能力大大增强，从而解决人体各系统出现的故障，包括睡眠障碍。

饮用脑白金 2—3 天后，睡不好觉的人即可享受婴儿般的睡眠，的确神奇！脑白金作为人体固有的天然物质，未发现任何副作用。美国政府 FDA 委托麦克博士，在荷兰针对 1800 名妇女，每天喝正常剂量25倍的脑白金，经三年观察，无一例发生副作用。

脑白金无上瘾性。但许多人有疑问，美国有5000万多失眠者喝脑白金已达三年，为什么仍坚持饮用？根据调查报告，这些失眠者的睡眠早已改善，但补充过程中，多数人出现了精力旺盛、食欲上升、疾病改善、大便畅通、更年期推迟、衰老减缓等意外惊喜，导致众多补充者坚持不懈。

但脑白金也有缺点：喝脑白金后，补充者夜间的春梦明显增加，如果其爱人得知梦中情人不是自己，脑白金就可能成为家庭和睦的杀手。另一个缺点是假货盛行，老百姓往往分不清真假。在中国市场上的假货一般都没有口服液，但脑白金的一种主要成分是液体。

世界老化与癌症会议主席华特博士在其科学专著《脑白金的奇迹》中论述脑白金是人类迄今为止发现的最好助眠食品后，幽默地奉劝喝脑白金者：

别忘了，找一个心爱的枕头！

（4）选择发表的媒体

根据目标受众，选择可刊载较多的报刊或网站，切忌乱投乱发。

2. 新媒体时代的内容营销

以前如果一家企业想要打造一个品牌，怎么操作？很多资深营销人士知道，那就是买广告、报纸版块、电视广告时段、门户首页等。这些营销方式到底有没有效果？答案肯定是有！然而，当下的企业如果还抢着去电视台、报纸、门户首页发广告真是一件费力不讨好的事情，因为时代变了。

无论是微博、微信公众号，还是现在火爆的今日头条、百家号等自媒体平台，它们的传播效率和成本已经是传统媒体无法比拟的。微博可以随时发现身边的新鲜事，微信公众号产生了一大批内容创造者，今日头条等平台有智能算法推荐。

从营销的角度来讲，可以将传统媒体与微博、微信公众号放在一起归为管道式营销。它们的共同特点是关注基数，电视收视率越高代表关注的人越多；微信、微博粉丝越多，说明投放之后能够接收的人次就越多。通过花大价钱在电视台、微信、微博投放广告获取更好的效果，实际上是媒体收取"地租"的方式，这就是传统的管道式营销的优势和局限性。

然而，现在各类新闻移动客户端的智能算法推荐，让管道式营销不得不向内容营销转变。在内容符合算法推荐要素时，智能算法推荐让不是大 V 的自媒体人仍然可以获得大量的流量，而那些局限在管道式媒体中的大 V 可能只获得远远低于自己粉丝的影响力，如果内容不符合算法推荐要求就不能获得推荐量，可以说，算法推荐机制在一定程度上将大 V 与普通人第一次置于同一起跑线。当大 V 的粉丝已经不能直接为品牌主带来流量的时候，内容营销已经逐渐取而代之。

在人人都可以是媒体的时代，营销成本要低很多，首先，不需要花大价钱去买时段、头版、首页，取而代之的是用更低的价格获取更好的效果。更好的效果从何而来？那就不得不说智能推荐算法的优势了，智能算法推荐带来的是更精准的目标客户，如美食博主的文章肯定会被推送给经常看美食相关内容的读者，这是以前管道式营销所不能比的。其次，企业不再需要专门的媒介、文案等职位，这一切工作都可以通过自媒体号主来完成，更是大大降低了企业的成本。

3. 内容是传播的生命线

纸媒必然会因为移动互联网和社交媒体的冲击而发生巨大的变化。现在，我们的交谈已经不再仅限于身边的人了，我们开始搜索和选择话题，甚至直接与这些话题的专家、作者、编辑等进行直接交流。当然，如果我们喜欢正在读的杂志或者报纸，就会一直购买它；如果不喜欢，我们就会停止购买或者切换到电视频道。可以想象的是，当后者情况出现时，广告主会撤销他们在纸媒上的广告，从而导致数百万出版物取消出版，你会发现，不少报刊会失去消费者而逐渐退出市场。

社交网络使这一切都不同了，它可以通过花费少量的成本去创建一些让人们喜欢的、有价值的消息内容。它也使我们不再只是通过出版物与作家、编辑进行沟通，更关键的是可以和世界各地的人进行交流。现在每个人都可以申请一个博客网站或者微博账号，或者开通一个微信或易信的公众账号，然后可以添加文章或者视频。而且，每个人都可以评论其内容，影响它的风格和出版方向。

这就是社交媒体及其带来的内容革命。

正如 Facebook，它并不是一家出版公司，本身不创建自己的任何内容，不发表任何文章和帖子，也不上传任何影片或者图片，它只是让用户按照自己的想法去设计自己的主页。当然，每一个人撰写文章后，都希望他们的朋友或者读者能够在文章的底部留下他们的意见，从而围绕这些争论点撰写新的文章和添加新的信息。

再如，移动社交的即时通信软件微信和易信，也是通过朋友圈进行内容的分享和传播，虽然移动社交更多的是一对一的私密互动，但通过朋友圈这个具有媒体属性的功能，可以在加强关系网络中传递和传播内容，即使传播数量不及微博等社交媒体，但到达率和打开率都遥遥领先。

这就是社交网络中的"社会"，它充分展现了发布消息就是参与。成功使用社交网络不仅是添加内容、人和人之间的交谈，还需要创建社区进行交谈，这才是社交网络的美妙之处。是否达到这个目标就在于人们在该社交网络的参与程度如何。当这些关系被运用到商业中时，将有效地促进品牌的忠诚度。

社交网络吸引了大量的人，而这些人很多都是受过高等教育、享有高薪，并且是各个领域的专家。你现在应该很清楚，社交网络为企业提供了一个巨大的机会，一个去推广其产品、确定他们想要达到的市场范围，以及重构与消费者之间的信任关系的机会。

现在，你应该更好地了解到社交网络的核心是粉丝和内容。是的，社交网络是以个体为中心，由用户创造内容的平台。首先是用户，其次是内容，二者缺一不可。企业的社交网络运营是经营粉丝和内容，内容包括定调性的资讯、基本面的商业、促销类的活动以及阻击类的竞争对手等，而粉丝是互动、分类和持续跟踪的对象，基于信任程度和社交管道进行可持续管理。

当然，社交网络上的人与内容需要整合，内容来源于人，影响于人并聚合人群；人创造内容，分享内容并利用内容。在笔者们看来，企业有效地利用新媒体，本质上是一个整合的问题。你的企业可能已经进行整合营销很多年了，社交网络只不过是与其他营销工具一样的新的渠道，渠道可能会有所不同，但是你仍然需要将它计划在你的业务策略和活动目标的背景下，将目标客户转化为品牌的粉丝并与多渠道进行有效的整合。

美国史上最伟大的培根交易。2012 年夏天，卡夫食品公司（Kraft Foods）旗下的肉类品牌 Oscar Mayer 推出了一款高端新培根：屠夫厚切片培根。在竞争激烈的美国培根市场，怎么能让这款培根一炮而红？ Oscar Mayer 和它的社会化媒体服务商经过头脑风暴，想到了这场美国史上最伟大的"培根交易"。

Oscar Mayer 请来了美国喜剧演员 Josh Sankey，请他带着屠夫厚切片培根穿越美国。活动的灵感来源于对这款新培根的品质定位。它"贵如黄金"，1 磅屠夫厚切片培根的价值相当于 1 磅黄金，不过这只是形容这种培根非常有价值。

既然它那么值钱，何不就把它当成流通货币？于是，这场内容运动的亮点出来了：9 月 10 日至 9 月 23 日期间，Josh Sankey 将带着 3000 磅屠夫厚切片培根，从纽约一路开车到洛杉矶，途中穿越 12 个城市。其间，Josh Sankey 不能带任何现金、银行卡，他要用这 3000 磅培根换取住宿、食物、汽油等一切他需要的东西。是的，在他的整个旅程里，培根就是钱。

尽管这些年来，我们看到了很多人展现了他们对培根无尽的爱，但是这场培根交易也许是唯一量化了培根价值的准实验。

那么，公司是怎么宣传 Josh Sankey 的培根之旅？又怎么让沿途的培根粉丝们参与到一次次的"培根交易"中呢？ Oscar Mayer 整合营销传播和广告部的总监 Tom Bick 说，我们必须跳出传统宣传手法的思路。在电视上播培根广告片，要花 50 万美元；用电视直播这场培根之旅，要花 500 万美元。但是，通过社会化媒体，十几万美元就足够了。而且这也是一场公关活动，能吸引很多媒体的免费报道。

是的，Oscar Mayer 充分运用了社会化媒体。他们为粉丝们专门建立了这次培根之旅的网站：BaconBarter.com，还有 twitter 账号：@BaconBarter。通过这两个平台，粉丝们可以随时了解 Josh Sankey 的旅途故事，并参与其中。

在 BaconBarter.com 上，记录了 Josh Sankey 用培根进行的每笔交易。每笔交易都离不开粉丝的鼎力支持。每笔交易也是 Josh Sankey 和粉丝们共同创作的故事。

比如，9月7日，用10块培根，找算命先生看了个相。"一个能看透人灵魂的灵媒说我能活到87岁！"

9月9日，一块培根换来了一张婚礼请帖。

9月11日，西弗吉尼亚，9块培根换来了在网友的沙发上过夜。

9月16日，在奥马哈市（Omaha），用37块培根换到了在旅馆小憩一夜。那里的服务很赞。

9月23日，培根之旅的最后一天，在洛杉矶，用250块培根，在海滩上举办了一场不错的 party。棕榈树、日落、美味怡人的培根，太美妙了。

与此同时，@BaconBarter 也在和粉丝们实时互动，邀请粉丝们一起参与"培根之旅"。

360i 的主席 Sarah Hofstetter 是怎么一语道破这次"培根之旅"的目的的显而易见，就是要产生"参与感"，点燃粉丝们的参与热情！这不是 Josh Sankey 一个人的旅行。他将通过社会化媒体，邀请大家加入其中，帮助他实现"培根交易"。

是的，Josh Sankey 和粉丝们都是这次"培根交易"故事的主角。他们共同推进、决定这个故事的情节及结局。这场"内容运动"最大的亮点是：Josh Sankey 就如小蜜蜂，采集故事的源泉；而"花蜜"就是 oscar mayer 培根的粉丝们，他们贡献内容。最终这罐甜美的花蜜是怎么酿成的？就是通过社会化媒体，粉丝们线上、线下的内容缔造而成的。

4. 新媒体内容营销的技巧

首先内容制作的多样化，企业的同一篇文章交给不同的自媒体号主推送，由于智能算法的应用只会有一个号主的内容被推荐，而其他的号主不会获得任何推荐量，这就需要企业主或者不同的媒体主对同一事情从不同角度进行创造，这样就会让企业主投放的内容更加多样化。

内容更有创意，这些自媒体号主是非常了解平台的，因为懂得平台，才能获得平台的推荐量，同时他们又非常懂得用户，只有懂得用户才能让用户点击进来阅读内容，从而进一步获得智能算法的推荐，形成正向循环。在内容找人的时代，如果创意不足，用户不满意，就不会获得推荐与阅读量，营销也不会成功。

号主的选择才是企业主面临的最大问题，现在人人都可以成为自媒体，自媒体账号的质量参差不齐，那么企业管理者应该怎么选号主呢？

关注号主的粉丝量。虽然智能算法的推荐不会因为粉丝多少而被影响，但是有粉丝号主的粉丝必见功能会有最低量的保证。

历史发布量与历史阅读量。企业通过这两项数据可以判断这个号主的文章内容创意如何，推荐量高与阅读量高说明号主懂平台、懂用户。

指数推荐量。虽然智能算法的推荐是由内容来决定的，但是不同的指数对应的推荐量会有差距，指数高，获得相应的推荐量越高；指数低，推荐量也会受到影响。

相关优化功能。自媒体平台会有各种各样的等级头衔，如原创、优化助手、千人万人等。选号必须尽量挑选那些有头衔的账号，从而获得更好的营销效果。

对企业来说，懂得挑选账号仅是第一步。单单一个头条就有那么多的号主，挑选账号需要花费大量的时间。对此，国内一些创业公司已经在帮助企业解决这个痛点，如国内首家内容营销平台"媒得选"整合各种优质的自媒体账号，覆盖了所有的自媒体平台，如今日头条、一点资讯、百家号、企鹅号等。这样节省了企业大量的时间，企业只需要挑选适合自己营销内容领域的账号就可以了。"媒得选"提供了让企业与优质自媒体号主直接沟通的机会，在节省时间的同时能够获得更好的营销效果。据悉，"媒得选"在整合号主与企业需求的同时，将陆续加入 AI 人工智能营销功能，帮助企业更好地匹配自媒体号主，实现营销费效比最大化。

5.粉丝也能让你飞起来

社交网络最核心的环节不只是创造有价值的内容，还有另外一个关键元素：人。对于企业而言，更关键的是这个"人"是不是你的"粉丝"。

这个主体是社交网络中的人，也是你的粉丝。这个人，不仅指名义上的粉丝，还有那些与你有关的、暂时还没有关注你的，但是在社交网络上与你的关键字匹配、与你的相应业务场景对应的人，他可能已经是你的粉丝，可能还不是你的粉丝。所以，在企业的社交网络运营中，关注你的粉丝不是一切或者主要的，而是你的社交联系"人"或者社交"消费者"，这才是大粉丝的概念。

企业在社交网络的所有动作就是如何建立与人的信任。如果在这里面的人们说的内容是有效的、真实的，即使你参与进来也只能是有限地影响。其实，我们要学习如何在社交网络上有效地"影响"他们，这不仅是在事件发生的时候才去行动，而是从一开始就要有效地创建一个重要的、可以防御的社交网络阵地，这里面更多的是你的客户和粉丝的声音，那才是你真正的"核武器"。

比尔·盖茨用了12年才获得他的第一笔十亿美元，雅虎的创始人杨致远则将这个时间缩减到3年，而同样是3年时间，雷军甚至将小米做到了百亿美元的估值，他所引领的"粉丝营销"，也成为企业营销的圣经，被大量崇拜小米神话的企业家信徒奉为圭臬。

粉丝当然是好东西，它看上去声势浩大且整齐划一，获取廉价又不求回报。但是，粉丝文化是将传统意义上的品牌管理施以"快餐化"处理之后的产物，它抛掉了那些难啃的工作，比如，对品牌资产进行可持续的扩张、建立品牌信誉的高效评估机制等内容，仅仅保留并极致浓缩了"与客户建立亲密关系"，这本质上有着取巧成分。

那么，你如何影响人群呢？既然你不能告诉"它"怎么说怎么想，因为你试图直接控制它的想法一定会失败；就不如认真地倾听它、利用它，并从中吸取经验教训。所以，社交网络的特征之一是，你可以倾听它，参与它，衡量它，跟踪它，与它互动，随着时间的推移，你可以对你所学到的经验进行不断的修改和完善，然后你就会明白应该提供什么，并逐渐学会如何影响一对一的社交谈话。

这就引出了什么是社交网络的核心，以及如何将它作为一种营销工具的问题。社交网络是一个自然形成的、基于人群相互之间真正感兴趣的话题的交谈，如果你试图用各种权势、胁迫和控制等手段来影响结果，那么这种结果即使存在也是毫无意义的；你需要的是用透明的方式，找到"人"，那些可以"影响的人群"，引导他们在社区中积极地交谈，然后再对其产生的对话不断改善。是的，你需要找到你的达人和粉丝，影响他们在朋友圈或者所在的不同群组介绍和推荐你，如果你按照这种方法，随着时间的推移，你将被从那些不挖掘社交网络的竞争对手中区别出来，尤其是那些选择快捷方式或者水军营销的企业。在这个过程中，企业需要关注的是对粉丝持续的跟踪和互动，以及信任程度的不断改变。

苹果公司一直以"高冷"的形象示众——不开设任何社交媒体主账号，也无意与用户在社交媒体上互动。不过随着社交网络已经成为不可替代的生活方式，一直在营销上特立独行的苹果似乎开始逐渐转变。2016 年 3 月，苹果开设了一个 Twitter 账户 @AppleSupport，专门用于提供客户支持。

在这之前，苹果的客服特色是旗舰店里的"Genius Bar"（天才吧），不过想要与高级技术人员见面，还需要提前预约，但许多商家提供实时的在线客服完全相反。而现在，用户们只要通过关注 @AppleSupport，人们就能随时向苹果提出自己的问题。

苹果公司希望能在 Twitter 上为用户提供建议、技巧和其他有用的信息。总体来说，它就像一个标准的客户服务号。在上线 24 小时内，@AppleSupport 就获得 12.1 万粉丝，发布 2200 次推文。这个粉丝数量已经超过戴尔的客服账号，而微软的客服账号只有 30 万粉丝。

在 Twitter 上开设客服号早就成了许多公司的服务标配，比如，微软、Adobe、Spotify 等公司都有这样一个类似的技术支持账号。与此同时，Twitter 也一直通过新工具鼓励企业们把这里当成与顾客沟通的核心平台之一，因此它还放弃了私信的 140 个字符限制，允许发送链接和图片以及推出新工具，便于企业向用户发送更多信息。

以前苹果很少以官方姿态参与公共平台，但没有人怀疑苹果公司的营销能力。从 Mac 到 iPod 到 iPhone 到 iPad，作为一个屡屡为世界带来神奇产品的品牌，它从来都是以一种"天才"的视角告诉人们什么才是最酷的。但自从首席执行官库克（Tim Cook）上任后，这种情况就似乎开始发生变化，毕竟如今社交网络已经成为开放、互动的代名词，融入社交网络不仅对于营销有巨大意义，同样也是获得用户反馈的最直接、最快速的途径之一。

2013 年的苹果以超过 2 亿美元的价格收购了社交媒体分析公司 Topsy Labs（Topsy 专注于对 Twitter 的数据分析，以帮助客户追踪用户需求）。2014 年 8 月，苹果挖来耐克的前高管穆萨·塔里克，以补齐苹果在社交媒体营销上的短板。同时，库克等苹果高管也相继开通 Twitter、Facebook 等社交媒体账号，随后 App Store Games 等也落户 Twitter。而现在，苹果也融合依托社交网络作为技术支持平台成为发展的潮流中。

仔细分析那些拥有庞大"粉丝"群的产品品牌或个人品牌，不难发现，人性是贯穿"粉丝"营销始终的一条清晰主线。苹果是，小米也是，它们不仅产品酷，更人性化，它的系统每年都会升级；企业在为他们的粉丝着想的时候，粉丝也在为企业带来不可估量的宣传作用。

6. 新媒体的组合营销

广告从诞生的那天起，因其强调传播能力的特点，就注定要与新科学技术结合在一起。网络技术以其极高的知识、技术内涵、广泛的传播范围和快速的传播途径，成为 20 世纪人类最有价值的传播媒体之一。互联网在美国问世不久，理所当然地引起了嗅觉灵敏的广告人的注意。网络正式作为媒体是 1994 年，美国著名的 Wired 杂志推出了网络版，其主页上有 14 个商家的横幅广告。这是广告史上里程碑式的一个标志，它为网络服务商、广告商以及广告客户开辟了一条崭新的发展之路。时光飞逝，目前这种广告形式不但没有衰退的迹象，反而越来越显示出其顽强的生命力。1996 年美国网络广告收入仅为 2.67 亿美元，占广告总收入的 0.2%，而 2003 年美国网络广告收入总额已达到 150 亿美元。到 2004 年年底全球网络广告收入有望达到 244 亿美元，将首次超过广播、电缆、电视以及消费类杂志等传统媒体广告。

在中国，IT 业界也较早地意识到网络广告的明朗与广阔的前景。网络广告媒体的历史可以追溯到 1995 年 4 月，留美学者马云创办的"中国黄页"在中国大陆开始推广网络广告理念；1996 年底，中国网民数量达到 10 万人。中国各类新闻媒体上网数量有飞快增加，1997 年，网易在广州正式成立；1998 年，搜狐、腾讯和新浪又纷纷成立；到 1999 年底，全国已建立独立域名的新闻报道机构达 700 多家。2014 年，互联网广告收入为

1540 亿元，超越电视和报纸的广告收入之和；百度广告营收超过 490 亿元，将超过全国报纸广告收入之和；淘宝广告营收也超过 375 亿元，迈过 300 亿元大关；腾讯的广告收入超过 80 亿元。网络媒体在短短十年间发展迅速，网民达到七亿多，成为主流媒体之一。

（1）新媒体的优势

①传播范围最广：全球性

传统媒体无论是电视、报刊、广播还是户外广告，都不能跨越地区限制，只能对某一特定地区产生影响。但任何信息一旦进入 Internet，分布在 200 个国家和地区的近 20 亿 Internet 用户都可以在他们的计算机上看到。从这个意义上讲，Internet 是最具有全球影响的高科技媒体。

②保留时间长：全天候

报纸广告只能保留一天，电台、电视台广告甚至只能保留几十秒，几秒，Internet 上发布的商业信息一般是以月或年为单位。一旦信息进入 Internet，这些信息就可以一天 24 小时，一年 365 天不间断地展现在网上，以供人们随时随地查询。

③信息数据庞大：全面性

影像、动画、声音、文字；涉及企业、教育等各行各业。

④交互性、沟通性强：全动态

交互性是互联网络媒体的最大优势，它不同于电视、电台的信息单向传播，而是信息互动传播，用户可以获取他们认为有用的信息，厂商也可以随时得到宝贵的用户反馈信息。以往用户对于传统媒体的广告，大多是被动接受，不易产生效果。但在网络媒体上，大多数来访问网上站点的人都是怀有兴趣和目的来查询的，成交的可能性极高。

⑤成本低、效率高：最经济

电台、电视台的广告虽然以秒计算，但费用动辄成千上万，杂志广告也价格不菲，超出多数单位、个人的承受力。网络媒体由于节省了报刊的印刷和电台、电视台昂贵的制作费用，成本大大降低，使大多数单位、个人都可以承受。

⑥强烈的感官性：全接触

文字、图片、声音、动画、影像等多种手段使消费者能亲身体验产品、服务与品牌。这种以图、文、声、像的形式，传送大量感官的信息，让顾客如身临其境般感受商品或服务，并能在网上预订、交易与结算，将更大增强网络广告的实效。

（2）新媒体的劣势

①易读性小于印刷媒体

首先，"书香"以及躺在被窝里看产品说明书的惬意，这是网络广告文案所望尘莫及的；其次，对开报纸的超大版面可以"一览无遗"，而网络上的超大幅广告则只是在理论上可行，实际操作中还没见过有人去尝试，因为你不能设想让网民主动地用鼠标费力地挪来挪去才能看到一幅完整的广告画面，那也太奢侈了。

②容易引起疲劳

所有常用的广告媒体中，上网恐怕是最容易引起大脑、视觉以及上肢疲劳的。

③有效位置匮乏

虽然网络媒体具有容纳海量信息的特点，但相对于一个电脑屏幕来说，特别是主页的页面上，可供选择的广告位置其实很少且很小。一般来说，可供选择的旗帜广告位置只有顶栏和底栏的两处。而选在底栏的广告如果是在页面很长，必须用鼠标下拉才能看到，其广告效果将会大打折扣。

④点击率低

传统媒体特别是电视和广播，往往是强迫受众观看广告内容，而网络由于网站成千上万，信息浩如烟海，加上页面的面积及非线性等因素，往往采用链接的方式进行广告诉求。也就是说，只有你点击了，它才能展现完整的信息，其主动权被网民掌握。

（3）新媒体组合策略

网络媒体的组合可分为综合门户网站的组合、搜索引擎类网站的组合和专业类网站的组合。可口可乐公司广告总裁纳达乐曾说："网络广告的形式必须要与你的产品或服务相符合，否则就是浪费金钱。"由此可见，尽管网络由于技术上的优势发展迅速，吸引了大量的消费者，但在网络上做广告，还是需谨慎规划。

①综合门户网站的组合

由于综合门户网站首页内容复杂且寸土如金，所以，组合时要注意在各网站投放广告时位置、形式、大小及内容上的统一。

②搜索引擎类网站的组合

搜索引擎类网站是指那些日访量大，具有众多消费群的综合性门户网站，比如，Yahoo、sohu 等，很多大的广告主，像宝洁、微软、IBM 等，都在这类网站中投放了大量的广告。其特点是，守株待兔，"愿者上钩"。但是要注意关键词的输入，目的是让受众想查的内容在第一时间内找到。

③专业类网站的组合

专业性网站是指有明显的行业特征的网站。这类网站吸引了大量有关专业性质的广告主。我们在组合中到底以谁为主，这要依产品本身的特点、目标消费群的分布和广告主的财力、物力决定。

一般而言，在搜索引擎类网站中打品牌，然后在专业性网站中做销售。在汽车专业网站里，消费者可以通过一个互动展室来完成购买或租一辆新凯迪拉克的全部过程。顾客可以选择自己感兴趣的车型，还可以从外部颜色到内部设计各方面进行选择，屏幕也会相应显示这种车的样子。

MINI 汽车和互联网媒体的一次亲密合作实现了品牌推广的作用。MINI 选择与搜狗合作，主要建立在搜狗强大的用户规模基础上，搜狗输入法用户超过 4 亿，搜狗壁纸用户超过 1 亿，每天活跃用户分别超过 1 亿 900 万，凭借这些活跃用户在他们每天必经的浏览渠道中覆盖，在用户打字过程中和使用电脑桌面时全程营销，最大限度传播微旅行主题与活动信息。

从 MINI 的定位、市场状况及搜狗汽车行业投放等多方面共同研讨得出，喜欢个性化输入法皮肤、电脑手机壁纸的用户，往往更重视生活品位和格调，满足 MINI PACEMAN 的定位。MINI 新车与搜狗人群均为年轻、活跃人群，他们偏好互动、新颖的方式，厌恶硬性的推送，视觉影响占据他们营销体验的重点。所以，最终确定以微旅行为主题的输入法皮肤、壁纸设计大赛，以用户设计的作品来影响更多用户。同时还调动搜狗已经积累的大量设计师资源，以他们的参与设计大赛，唤来更多优质作品。在大赛结束的同时，上线第二阶段，利用广告位推送优质作品，吸引更多的用户点击下载皮肤及壁纸，在日常生活中时刻营销网民。

举办以新车皮肤壁纸为核心思想的设计大赛，以视觉冲击传递 MINI 品牌内涵。搜狗以 MINI 新车设计大赛为契机，开辟了一个先河。设计师参与设计搜狗的输入法皮肤、壁纸，不但能够尊享万千网民的膜拜，更能通过优秀的设计赢得各类精美礼品和奖金。

以往的展示广告，往往比拼的是广告展现位置和机会，搜狗则切入另一个全新领域,以大家每天使用的输入法皮肤以及电脑手机桌面为原点,构建了一套全新的广告体系。当用户对图片产生浓厚兴趣后,可以点击下载皮肤或桌面壁纸,客户广告将会很长时间驻留在用户打字时和开机浏览时,将广告时间无限延长。

对于不少网民来说,已经厌倦被各种广告信息轰炸,搜狗设计大赛的独特创意,让产品图片以高端、大气、上档次的格调进驻消费者视野。以旅行为主题,向广大受众征集作品,并在作品中加入官网链接再次推送,将品牌桌面 MINI 站请到用户桌面去,让用户在对壁纸、皮肤的使用中,全天候时刻感受品牌理念。

此次合作超过原定目标。最终征集得到 58 款皮肤、195 款壁纸,远超过原定计划的几十款,下载量分别达 76 万与 1603 万,为原定计划 8 万的上百倍。

除去下载量与征集作品,据统计,搜狗达到了 3.8 亿次的展现量,预约试驾导流 1663 次,官网导流超 17 万,成功让更多人主动了解了 MINI 新车,拉近了品牌与消费者的距离,以皮肤和壁纸的制作使用,视觉冲击+网络生活伴随,感知品牌微旅行概念。推广期间,MINI 曝光量明显增加,官网流量与试驾导流显著提升。MINI 以及新车的理念在网络上最大化发声,让更多人认识并认同 PACEMAN 车型。可以说这是一次非常成功的网络品牌推广。

7. 新媒体时代的营销策略

品牌建设与管理是企业发展过程中的重要一环。用户对企业品牌的认知、消费者的黏性与企业品牌建设的效果有很大的关系。面对日益激烈的市场竞争，企业需要借助新媒体的力量，实现品牌价值的精准传达，在竞争中占据优势地位。

消费者对企业的认识在很大程度上源于品牌。对企业而言，品牌是企业竞争实力的集中体现，对企业具有重要的价值。企业在实施品牌建设的过程中要注重以下两点：品牌塑造与渠道管控。

在进行品牌建设及管理的过程中，企业要始终围绕消费者的需求开展运营，根据消费者的心理变化调整品牌的发展战略。如果企业能够选择适合的渠道进行品牌传播，就能够进一步扩大品牌的影响力，得到消费者的青睐。

在宣传形式上，新媒体与传统媒体存在很大的区别。适合传统媒体大范围传播的品牌内容，可能无法在新媒体平台上达到同样的效果。在进行品牌塑造时，企业要利用合适的时机进行品牌升级，使其更适合通过新媒体渠道传播，并采取有效措施拉近消费者与品牌的距离。

将新媒体运营纳入企业的营销战略，将会成为企业在新媒体时代的必然选择。我们不难发现，有强大影响力的品牌往往具备以下 4 个方面的特征。

第一，提出具有较高价值的客户承诺，并且向目标群体传播。

第二，通过履行客户承诺与目标群体建立信任关系。

　　第三，对客户的承诺不断优化、完善，从而推动市场份额进一步增长。

　　第四，通过创新发掘用户群体的潜在需求。

　　从表面上看，这几个特征并不是很难具备，但事实上，大部分企业往往由于各种原因未能具有这些特征。社交媒体崛起后，企业更需要进一步强化自身在这4个方面的能力，而且社交媒体可以作为一种有效工具，帮助企业打造具有这4个方面特征的强有力的品牌。

（1）客户承诺

　　对客户群体来说，诚信、价值、安全、愉悦无疑是他们想要从航空公司获取的价值，所以维珍航空公司通过客服中心、旅行社、社交媒体、各类在线旅游网站、App等诸多与客户接触的渠道，向客户做出这些方面的承诺，并搜集用户的反馈意见与建议。在开展社交媒体活动前，维珍航空公司会先确认该项活动是否符合自己向客户做出的承诺。

（2）建立信任

　　通过为用户提供优质的产品及服务，维珍航空公司赢得了顾客的信任。当出现紧急情况时，维珍航空公司会充分确保客户的知情权，这有效降低了意外事故给企业形象及品牌带来的负面影响。

　　例如，曾经出现的"欧洲火山灰危机"，导致航班延误甚至被取消，一系列问题在短时间内集中爆发。由于事态瞬息万变，维珍航空公司的官网难以及时为用户提供最新的航班信息。此时，Twitter、facebook等社交媒体就成了维珍航空公司和用户沟通的有效媒介。

　　许多用户对维珍航空公司的这种应对策略给予充分肯定，但部分致电者和网站上的用户留言，也让维珍航空公司意识到相关工作还存在不足之处。在灾难面前，客户的内心会变得极为脆弱，此时更需要公司能够提供更优质、完善的产品及服务。在经历此次事件后，维珍航空公司对官方网站进行了调整，如在网站上添加了访问公司 Twitter 及 Facebook 主页的入口等。

（3）持续改善

对维珍航空公司来说，社交媒体也是其搜集用户反馈意见，从而对产品及服务不断优化改善的有效工具。很多用户反映在某些地区的机场打车不方便。了解到这一情况后，维珍航空公司推出出租车拼车服务，减少用户的等待时间。很多经常乘飞机的旅客会员在公司网站上留言，表示安全信息验证流程太烦琐。针对这一问题，维珍航空公司推出安全自选服务。

（4）创新战略

在航空服务领域，维珍航空公司的创新始终走在前列。豪华经济舱、机上娱乐系统等更是被世界各大航空公司争相效仿。而这些创意来源往往是维珍航空公司在社交媒体上和用户的交流互动。例如，通过和顾客在 facebook 上交流，维珍航空公司发现很多消费者有大型旅行计划，而且在真正实施前他们会花费较长的时间对旅游行程进行规划，不过市场中没有公司提供这种服务。

为了满足消费者的大型旅行计划需求，维珍航空公司上线了旅游网站，并安排专业人员为客户提供服务。用户可以在网站上提出自己的问题，专业人员会及时给予解答。更关键的是，客户可以在网站上创建自己的旅行计划。通过各种创新活动，维珍航空公司不但提升了自身的服务水平，给客户带来了更优质的出行体验，而且通过一系列的增值服务获得了高额的利润回报。

8. 新媒体在企业危机公关中的作用

具备强大的企业危机公关处理能力的企业，能够在危机管理计划的指引下，灵活应对可能发生或已经发生的危机事件，尽可能地降低负面影响，甚至将危机转化为机遇。新媒体就像一把"双刃剑"，它在造成企业面临更多、更复杂的危机事件的同时，也为企业提供了解决危机的有效方式。诸多实践案例已经充分证明，要想有效应对新媒体环境中的危机公关，就要充分发挥新媒体的作用。新媒体在企业危机公关中的作用如下。

（1）为企业提供了一个较好的监测环境的窗口

早在 1948 年，美国学者哈罗德·拉斯韦尔（Harold Lasswell）就将"环境监测"作为传播的三大功能之一。为了满足长期生存与发展的需求，人类需要及时了解内外部环境的变化，从而制定有效的应对策略。作为一种新的传播形态，新媒体自然具备了环境监测功能。和人类同其他物种的竞争一样，企业也面对各种各样的竞争对手，而且在跨界融合及经济全球化的背景下，面临的竞争更激烈，从而使环境监测在企业危机公关中的价值进一步凸显。

在移动互联网时代，所有的企业都要充分借助新媒体实时监测环境，灵活应对外部变化，争取在危机事件尚未造成较大的负面影响前将其制止。

（2）为企业提供了一个快速回应危机的平台

当企业遇到危机需要公关时，可以借助各种各样的新媒体做出应对。

①利用微博等向外界实时公布最新的调查进度，为消费者提供真实、权威、客观的信息。

②快速建立公布危机事件信息的专题网站或在企业官网开辟专题版块，实时更新调查及处理结果。

③举办线上新闻发布会，或由当事人以电话采访、视频直播的形式还原事件真相。

④在四大门户网站上发布公告。

⑤在负面评论较多的平台的首页添加权威信息发布渠道链接等。

（3）充当"意见领袖"，引导舆论

在企业遇到危机事件后，新媒体不仅可以快速、高效地传播最新的信息资讯，呼吁各方冷静下来协商处理，而且能够发挥其引导舆论的"意见领袖"的作用，从而让危机公关处理事半功倍。当然，引导舆论也需要有一定的技巧，企业需要坚持公平、诚信等原则，否则只会让事件愈发严重，给企业带来更严重的危害。

很多时候，当一家企业遭遇危机事件时，如果企业领导人或高管能够第一时间站出来，主动承担责任，让公众了解真相，即便企业应该承担主要责任，也更容易取得公众的谅解。反之，如果出现危机时摆出一副傲慢的姿态，会让企业蒙受重大损失。

新媒体的普遍应用大大提高了信息的传播速度，扩大了信息的触达范围，这对企业的危机处理能力提出了更高的要求。企业要提前做好预防工作，提高自身的危机应对能力，利用先进的技术手段提高自身的信息获取能力，并启动预警系统，实现不同部门之间的信息共享。

为此，企业应及时了解当前政府相关部门推出的新政策，并对同类企业的竞争实力进行评估，把握公众舆论的方向，以理性

的态度对其中不利于企业发展的因素进行分析，提前预测企业可能承担的风险以及面临的损失。

除此之外，企业还要提高自身的管理能力，充分调动各个部门的积极性，在预警系统发出提示后迅速提出应对方案，并通过方案的执行降低企业的风险，在危机扩大之前予以解决，或竭尽全力加以弥补。

危机发生后要及时应对。当危机出现后，企业需派遣专业人员处理危机：在短时间内把握事态的发展，对危机产生的原因及性质进行评估，迅速提出有效的应对措施；根据公众的反映，采取适当的策略减少危机的影响，并尽快消除负面信息。新媒体在企业危机管理中的应用策略。

（1）企业要建立应对危机的预防体系

危机意识是企业预防危机的重要基础。所有的成员都应该充分认识到每个个体、流程及部门会对企业的形象产生影响，所以，预防企业危机需要所有成员的协调配合。在日常工作中，组织的每个成员都要保持危机意识，尽可能规避危机事件。

在遇到危机事件时，如果员工有危机意识，就会在最短的时间内制定应对策略，从而将负面影响降至最低。当然，企业无法真正避免危机事件，尤其是在新媒体环境中，企业遇到危机事件是大概率的事情。所以，在组织内部树立危机意识的基础上，企业还要建立危机预警体系。

①完善自身的危机管理机制以及危机应急处理系统，并为其落实提供制度保障。

②提升组织成员的综合素质以及危机公关的能力。

③企业要对与自身相关的信息进行实时监测，在论坛、贴吧、微博、微信等各种渠道搜集公众对企业的评论信息，并分析是否

存在潜在危机。当发现潜在危机时，企业要争取在短时间内制定应对策略，尽可能将潜在危机制止。

危机发生之后，企业应该立即采取行动，并组建专业机构负责危机处理，任命合适的人选带领机构落实企业政策，从相关部门抽调有能力的员工组成专业团队。如果危机事件的负面影响较大，企业的高层管理者就要亲自坐镇。在处理危机事件时，为保证工作项目前后衔接的一致性，企业应选择能够长期做此工作的人员负责执行。

（2）企业要借助媒体及时澄清事实

危机的发生通常具有突发性的特点，且在很多情况下超出企业的预料。这会对企业造成很大的影响，使企业的发展陷入困境。面对此类问题，企业要及时出台有效措施，及时应对，从而降低危机对企业造成的负面影响。

在这个过程中，一方面，企业要对危机事件进行有效分析，找出危机的源头，将事态发展维持在自己能够控制的范围内；另一方面，企业在制定好相应的措施后，要利用媒介渠道迅速下达给各个部门，以防止流言的产生与大范围扩散。

如今，网络渠道是企业负面信息的主流传播渠道，绝大部分的危机事件是经过互联网的传播扩散而爆发的。在遇到危机事件后，与企业相关的各种负面信息会在互联网中被广泛传播，给企业形象及品牌建设带来极大的危害。面对这种情况，企业不能保持沉默，任由其在互联网上传播推广，而应该主动发声，向公众还原事实真相。

如果是自己的责任，企业应该向受害者道歉，并赔偿损失；如果被恶意诽谤，就要坚决回击，甚至拿起法律武器维护自身的利益。

（3）企业要加强品牌建设

在市场竞争愈发激烈和残酷的背景下，完善产品并加强品牌建设是企业打造核心竞争力的重要手段，也是企业应对危机的有力武器。拥有优质的产品及较强的品牌影响力的企业更容易获得顾客的信任。当企业出现负面信息时，很多忠实顾客甚至会自发组织起来抵制谣言；即便企业真的要为事件负责，也更容易获得公众的谅解。

发生危机事件的企业要通过新闻媒体向公众表明自己的态度。新闻发言人负责揭露事情的真相，向公众传达企业的理念，以及企业目前正在积极采取的各项措施，对事情的真相进行还原，并保证在公布信息时不会泄露公司的重要机密，争取获得媒体记者与公众的谅解。此外，企业应任命专人发布信息，为媒体运营方提供全面的事件解读信息，避免媒体捕风捉影，传播不利于企业的负面消息。

（4）企业要培养具有创新意识的公关人才

人才竞争向来是企业竞争的焦点，应对危机公关也需要优秀人才的创新能力。造成危机的因素是多元化的，很多危机公关事件并没有有效的借鉴经验，需要优秀人才充分发挥其创新能力，找到完善的解决方案。

除了创新能力外，新媒体环境中的优秀公关人才还需要树立用户思维，能够站在用户的角度思考问题，并熟练运用各种新媒体技术与工具，与公众实时交流互动，与其建立良好的信任关系，借助公众的反馈建议，快速处理企业危机事件。

综上所述，在新媒体时代，人们的思维方式已经发生了很大的变化，并在信息传播过程中掌握更大的自主权。身处这种大背景下的企业要跟上时代的步伐，提前制定危机解决方案，尽量减少危机造成的损失，降低负面信息对企业品牌的不利影响。

9. 新媒体时代企业危机公关的策略

博客、微博、微信、社交网站、即时通信工具等媒介迅速兴起，社会化"自媒体"时代来临。每一个人从传统媒体时代的"旁观者"转变成为现在的"媒体人"，每一个人都是信息资讯的传播者，都有属于自己的媒体，如微信、播客、微博等。

"自媒体"的多样化和便捷性，给企业危机公关带来了诸多不确定性因素，企业如果不及时正确地处理，任何再微小的危机事件都可能经过自媒体的放大效应造成重大的影响。要正确解决自媒体时代企业的危机公关，必须从源头抓起，把危机控制在萌芽状态，才能使企业在自媒体时代下的发展竞争中游刃有余，不惧挑战。

在人人都是媒体的时代下，对自媒体时代下的企业危机公关策略分析，是企业在激烈的社会竞争和舆论环境中需要面临和处理的重要问题，也成为诸多企业和个人面临和关注的问题。

（1）在危机公关中，企业面临的首先是来自信息环境的挑战

信息环境的掌控能力对于危机公关的处理显得至关重要。与传统媒体时代相比，网络时代企业的信息环境变得愈发复杂，和多样性，所以，企业要及时掌握信息环境的变化来应对可能发生的危机。

（2）自媒体时代的信息传播更具便捷性

在传统媒体时代，对于公众来说，报纸、电视、广播、杂志四大媒体的使用权主要集中在社会主流、精英人群手中。普通公众很难有机会直接接触和使用大众传播媒体公开表达自己的观点和看法，公众在信息传播的渠道、信息内容的自由度还是表现形式上都受到很大的限制，自我的意见表达传播受到一定的限制。

在自媒体时代，传统媒体垄断的局面被打破，公众拥有了更多的传播渠道。以网络为平台的论坛、博客、即时通讯、短信等新媒体迅速发展、普及。对于公众来说，这些新媒体易得性、易使用性、开放性、费用的低廉性、便捷性，给公众创造了一个个可供他们传递信息、交流意见的平台。

网络的发展为公众提供了更多的传播平台，也使得公众的信息得以更好地实现和传达，更加自由地选择信息传递的时间和平台。在传统媒体时代，由于媒体资源的本身特性、媒体技术自身发展的局限性、媒体使用的高昂成本等，在表现传播形式上也常常只能局限于采用文字、图片或者视频等某一形式，在表现的形式上略显单调。

而在网络自媒体时代，媒体技术的发展与媒体资源的丰裕，使得公众传播的手段和形式更加多样化，公众可以通过网络同时使用文字、图片、声音和影像等多种多样的表现形式，不再局限于某一单一的表现手法，如我们可以在某人的博客上同时看到对某件事情文字、图片、影像等多样化、多角度、多媒体地表现，极大地增强了传播效应。

（3）企业媒体传播环境面临不可控性

在自媒体时代，危机事件一旦发生甚至仅仅是呈现丝毫的征兆，信息都会在第一时间内在互联网上传递，这种速度往往抢先于传统的大众媒体。这种传播时间上的不可控性，对于企业来说就无法利用时间的延迟来化解危机的解决，任何的迟疑都有可能将企业置于困境之中。

　　而在自媒体时代，强大的信息搜索功能，特别是人肉搜索的力量，为公众提供了更为充裕的、多样化的信息来源。此外，公众还可以从网络上获得各种内容充裕的信息数据库，进一步丰富了他们的信息来源；同时，网络传播具有一定的匿名性、虚拟性，我们常常不清楚传播者究竟是谁，究竟来自哪里，使得这种信息的来源具有极大的不可控性。而在自媒体时代，网络传播环境的特点使得大量的信息留存于网络上。信息很难被删除，具有更长久的保存性，各类信息可以随时进行搜索查阅，极易进行复制传播。当危机来临时，此前各类不良信息的点滴积累对于企业来说无疑是一颗烈性炸弹。

（4）企业媒介传播面临信息不对称

　　对于组织来说，网络媒体的危机公关面临的是一种新的信息不对称。传统媒体时代，公众面临的是信息缺乏的不对称，组织利用自身的优势故意隐瞒或掩盖信息，带来组织与公众间在相关信息上的不对称，从而解决相关危机。在自媒体时代，信息的不对称则是指信息过剩而带来的不对称，从而给组织危机公关的解决带来极大的难度与挑战：企业想努力地发出有利于自身的信息，公众却不断地接收到各种不利于企业的信息，企业面临着自身信息无法有效到达公众的不对称。具体表现在，自媒体时代，公众有时很难及时得到有效信息，容易出现由于信息过剩而引发的信息处理难度的增加，从而导致对信息的怀疑，进而加大危机公关的难度。

（5）互动性是网络自媒体的一大特性

　　网络自媒体时代，传统单向的线性传播方式被网络媒体的双向甚至多向的传播方式所代替，信息的传播具有很强的交互性。网民与网站之间、网民与网民之间都可以通过论坛、博客，借助网络电话等工具即时沟通、实现互动，公众可以对各种新闻稿件、视频资料等及时发表评论、展开讨论，可以说网络媒体给大家一个充分的互动交流的机会，实现了媒体与网民的互动，这种互动既包括个人间的信息交流互动，也包括组织与个人间、群体与群体间、一对多、多对多等的互动。公众的话语传播可以不受时间和空间的限制，可以随时随地传播到世界各地，通过网络，实现无疆化、跨区域化乃至全球化的传播。

（6）自媒体时代企业公关面临着严峻挑战

自媒体与传统的传播方式不同，每个人在自媒体上都是多种身份，有多种位置，比如，每一个参与者，他首先是一个信息发布者，又是信息传播者，同时又是话题创建者，也是活动策划者，每一个参与自媒体的人，实际上是以多种角色，多种形象在媒体上出现。

社会化媒体改变了以往传统媒体一对多的传播方式为多对多的"对话"。由于发布者的不可知性，任何一个人都可以是危机发生的触发器，任何一个细节都可能是危机的诱发因素，我们也许能控制某一个媒体，但无法控制每一个人。正是门槛低的原因，给危机的潜入提供了机会。

自媒体时代，我们也面临一个很大的挑战，那就是信息没有价值，注意力才有价值。而这个挑战的残酷性在于：好消息通常不能吸引注意力，而能够吸引注意力的往往是坏消息。

"微博或论坛曝光——网民关注——传统媒体报道——网络转载——网民议论放大——更多媒体关注——更多社会关注——事件升级，掀起高潮"，这种令人恐怖的裂变效应，往往使企业措手不及。自媒体的"扩音器"作用明显。

自媒体传播具有垃圾累积效应。负面信息一经发布，就会被不断谈论、转载，甚至被丑化。有的"自媒体"过分追求新闻发布速度或者说为了追求点击率而忽略了新闻的真实性，这就导致了"自媒体"所传播的信息的可信度低。而微博的传播机制，也让很多人在无意中当了谣言的"二传手"。

自媒体时代成为"围观时代"，当企业被无数人围观时，即使你做了一百件好事，也抵不过一件错事带来的伤害和中伤。任何一个微小的疏忽或者细节的失败，都可能导致严重的后果，前功尽弃，甚至万劫不复。有人说：爬到山顶需要花10年的时间，而掉到山谷只需要10秒钟。在社会化媒体时代，尤其如此。

（7）自媒体时代企业危机公关的应对策略

"自媒体时代"信息的传播源十分分散。微博、BBS、博客、SNS、QQ群等都有可能传播负面信息。在不能有效干预和屏蔽疏导的情形下，面对危机，任何愤怒、隐瞒、掩盖，都于事无补，几乎所有的危机处理失败的案例，都存在着态度上的偏差。此时企业最明智的办法是，面对事实，正视事实，认真对待，敢于公开真相。在这样一个信息碎片化的时代，企业危机公关面临着重大的挑战，有众多需要规避和注意的方面，正确看待自媒体，及时发现危机根苗，将其扼杀在萌芽状态，才能游刃有余。

（8）"预防是解决危机的最好方法"

这是英国危机管理专家迈克尔·里杰斯特的名言。未雨绸缪，超前预防潜在的危机本身就是最好的公关。对于企业而言，预防危机的难度在于危机的先兆可能很细小，非常容易被忽略，也可能出现的频率很高，以致麻痹了决策者的神经，还可能从先兆出现到危机爆发的时间极短，企业无暇顾及。

在发达的媒体环境中，任何再微小的危机事件都可能经过媒体的放大效应酿成大旋涡，最终导致品牌的美誉度及公众信任被摧毁。因此企业进行危机公关的关键是要重视媒体沟通策略，进行正确的舆论引导，从而实现公众信任重建。

要抢占社会化媒体阵地，需要建立危机的防火墙。首先，建立危机公关体系，从危机的预防、处理到从危机中恢复，都应有体系、流程和制度为保证；其次，确保在第一时间发现危机源头，了解危机动向，对热点进行识别，通过分类、聚类分析，判断其倾向和趋势；最后，主动、系统、全面地进行传播，积极承担社会责任，潜移默化地树立正面形象。因此，无论是在传统媒体还是在自媒体时代下，通过坦诚而行之有效的行为来约束自己，才能够更好地获得良好的社会效应和舆论传播。

10. 传统媒体和新媒体结合的强大能量

当一家公司深陷一系列负面新闻当中时，它应该如何权衡以下三者对监管者的责任、对消费者和员工的忠诚和对股东的回报？公司在通报负面事件时，又有哪些道德选择？

国际汽车制造商丰田公司就曾面临这样的抉择：2007 年到 2010 年丰田生产的最畅销车型被曝光存在安全隐患，当时丰田的国际销量如日中天，达到历史新高。

《华尔街日报》曾详细介绍了 2007 年至 2010 年间与汽车加速器有关的召回事件。2007 年 3 月，美国国家公路交通安全管理局开始着手调查当年发生的五宗和雷克萨斯 ES350 油门踏板有关的投诉案件。在这五宗案件中，似乎是踏板导致了汽车的突然加速。

一辆 2007 年生产的凯美瑞轿车发生了致命事故，美国国家公路交通安全管理局提醒丰田公司，应该召回全天候脚垫，理由是脚垫使得驾驶者无法正常操控油门踏板。2007 年 9 月 26 日，丰田公司宣布召回全天候脚垫。然而，事情还没有结束。两年后的 2009 年 9 月，一名加利福尼亚州的公路巡逻员驾驶着雷克萨斯 ES350 汽车，发生了惨烈的事故。

当时车上还载有他的妻子、女儿和内弟，四人无一生还。事故的原因正是汽车多次加速到每小时 100 英里时，速度过快的汽车失去控制，发生碰撞。2009 年 9 月 25 日，美国国家公路交通安全管理局提醒丰田应当为加速器问题做出更多的解决工作。10

月 5 日，因为脚垫可能会影响油门踏板操控，丰田召回了近 400 万辆轿车。

2010 年 1 月，丰田发现踏板设计可能存在缺陷，并将这一情况向美国国家公路交通安全管理局汇报，同时敦请管理局快速行动。1 月 16 日，丰田宣布再召回 230 万辆汽车。美国国家公路交通安全管理局要求丰田停止销售可能存在缺陷的汽车，丰田公司遵守了这一要求，召回汽车的数量又增加了 110 万辆。不久，管理局认定丰田至少在 2007 年 9 月 29 日就已经知道踏板存在问题，并通知了欧洲的分销商，但是对美国分公司隐瞒了这一情况，导致问题踏板继续在车上安装，尽管美国消费者已经就此问题进行投诉，丰田公司依然没有向美国国家公路交通安全管理局或消费者通报这一隐患，经过调查，管理局对丰田公司处以 1640 万美元的罚款。5 月，丰田缴纳了这笔罚款。在美国，许多针对丰田的起诉接踵而至。

但是，丰田汽车的安全问题还在继续。2010 年 4 月，丰田召回了 2010 年生产的雷克萨斯 GX460，因为《消费者报告》杂志曝光了这一车型的稳定控制系统存在问题。1 个月后，丰田宣布将召回 2010 年生产的雷克萨斯 LS 系列汽车，因为其转向控制系统存在问题，亟须修缮。

很明显，对于公开产品问题的时机，丰田公司内部也有过争论。根据美联社的报道，负责公司环境和公共事务的副总裁伊夫·米勒曾经告诉负责公司信息传输的执行协调员，公司应该先将产品问题公之于众，过几天再宣布召回的决定。美联社还披露了米勒所写的一封邮件："我们保持沉默不是在保护消费者，根本就没时间再隐瞒下去了。"

对于丰田召回事件，传统媒体的报道连篇累牍；在社交媒体上，关于召回事件的讨论和帖子也是铺天盖地，而且大部分都是负面消息。2010 年 2 月 6 日，丰田公司的主席丰田章男终于在名古屋的新闻发布会上现身，为产品的安全问题向公众致歉。安全问题影响了公司的股价，他还就股价下跌向公司股东道歉。2 月 24 日，他出席了美国国会众议院监管和政府改革委员会的听证会，在事先准备好的陈词中，他说："我们所追求的发展速度，超过了我们员工和企业当前能承受的极限，这一点我们必须牢记在心。由于我们片面追求发展速度，而导致召回事件中出现的种种安全问题，对此我追悔莫及。对于驾驶丰田车而发生事故的司机们，我也感到深深的歉疚。"

丰田把问题单纯归咎于汽车加速系统，招致了一些批评，丰田也很快对此作出回应。美国广播公司在 2 月 22 日的新闻节目中播出了一则布莱恩·罗斯报道的调查性新闻。丰田指责该报道中出现的丰田车上的流速仪画面是嫁接的。美国广播公司随后也承认，新闻中出现的读数很高的流速仪是从另一辆车上拍下来的，两车情况完全不同，在剪辑时把这个读数高的流速仪的画面插了进去。丰田在一份新闻通稿中表示，美国广播公司的做法是在误导大众。

不仅如此，丰田还试图对肖恩·凯恩和大卫·吉尔伯特的批评进行回击。肖恩·凯恩是一名安全顾问，大卫·吉尔伯特是南伊利诺伊大学汽车技术系的教授，他们在 2 月众议院能源和商业委员会的听证会上作证。

凯恩请吉尔伯特做一个实验，试图证明丰田车的加速器问题可能导致车内电力系统问题，而不是踏板卡住的问题。丰田公司向委员会汇报，指出丰田已经聘请了专业从事测试的毅博公司来调查此事。毅博公司出具了一份 56 页的报告来为丰田辩护，丰田也在官网上播放了毅博公司的视频信息。但是，《纽约时报》报道称，毅博公司其实在此之前就受雇于丰田的法务部门，负责研究公司面对法律诉讼时保护公司的最佳对策。2000年到2009年，毅博公司向丰田收取的咨询费用有1100万美元之多。

　　丰田公司还聘请了RLM公关公司作为顾问，并委托该公司进行一项民意测验——"凯恩与吉尔伯特揭露的事实是否可信"，随后，众议院能源和商业委员会要求查阅所有与民意测验相关的文件，因为委员会怀疑该测验意在恐吓两位证人。

　　丰田也在处理新增的消费者投诉。根据《洛杉矶时报》的报道，丰田公司与"快速市场分析与研究团队"进行合作，共同调查、解决消费者的投诉。一位普瑞斯的驾驶者向丰田投诉汽车突然加速问题，"快速市场分析与研究团队"把媒体邀请到圣迭戈的高通体育场，见证这款汽车并无问题。在纽约，该团队也用这种方式回击了对普瑞斯汽车的质疑。但是，在另一桩凯美瑞汽车投诉中，消费者获得了胜利：该消费者的凯美瑞汽车被召回后，本应完成的修理工作却没有完成。

　　一系列召回事件迫使丰田公司的诸多车型停止销售，丰田公司急于重新拉拢消费者。一场全美范围的宣传活动出现在平面媒体和电视上，该活动意在告知那些拥有丰田座驾的车主该如何行动以修缮汽车。2010年1月31日，丰田在全美各种媒体发布广告，宣布召回的各车型已暂停销售。2010年2月5日，丰田又在各大报纸上刊登整版广告，随后还在油门踏板出现问题后进行了系列宣传："目前，人们对召回事件议论纷纷，这是我们向消费者坦陈的事实。"广告解释了丰田公司针对加速器卡死和油门踏板投诉的"四步解决方案"：（1）向出现问题的八款车的450万车主发送信件，请他们与经销商安排时间见面；（2）延长经销点的营业时间，加快修理速度；（3）向经销点的工作人员提供维修指导和培训；（4）停止生产被召回的车型。

丰田还利用新媒体与用户交流。2010年2月9日，丰田汽车公司美国区销售总监吉姆·林茨参与了一场网络访谈，并回答了10个问题。这10个问题是由 Digg 新闻挖掘网站的用户在提交的1400个问题当中投票选出的。五天之内，这场线上访谈就吸引了超过100万次的点击。

TweetMeme 是一项针对 Twitter 的加强型服务，它运营着"对话丰田"服务，向用户提供丰田官方以及与此事件有关的其他 Twitter 账号订阅，并提供新闻报道的链接。丹尼斯·莫里塞是丰田汽车公司美国区销售部社交媒体团队的成员之一，他解释了设立"对话丰田"的初衷——"既是倾听消费者声音的平台，也为对丰田车感兴趣的消费者提供对话的空间"。丰田还利用 Facebook、Twitter 和 YouTube 账号与客户进行沟通，在公司网站的首页上，还设置了召回专题网站的链接。

2010年3月，丰田宣布建立"全球质量优先委员会"，促进公司在安全方面的沟通。3月，丰田提供了多款车型的"0首付"购买活动，同时也降低了其他车型的租赁费用，消费者反应热烈。自2月起，销售额上升20%，回到了召回问题车型前的正常水平。

第五章

企业如何运用新媒体变现

1. 企业如何用好自有媒体

　　自媒体出现后，全球传媒生态发生了深刻变革。相关统计显示，2016 年全球网民数量将超过 40 亿，占到全球总人口的一半以上。其中，中国网民数量达 7 亿多。根据腾讯公司发布的《2016 微信用户数据报告》，截至第四季度末，微信每月活跃用户突破 7 亿，微信公众平台自 2012 年 8 月上线至今共 3 年，公众账号总数超过 1200 万个。与此相应的是，纸媒体的数量大量减少。从 2005 年到 2011 年，美国纸质日报的发行量由 5334.5 万份下降到 4442.1 万份，下降幅度达 16%。

　　自媒体的迅猛发展对传统媒体带来很大的冲击，关注自媒体的人群越来越庞大。对于这样一个庞大的群体，不得不引起企业传媒人的关注，尤其是企业传媒策划人，更应该掌握自媒体策划的武器，为自己的企业赢得用户，变自媒体为资本。

　　随着博客、微博、微信等媒体以惊人的速度发展，影响力日益增长，当今时代可以说是自媒体时代。有鉴于自媒体的影响力，越来越多的企业对自媒体的开发利用愈加重视。如何策划好自媒体，这是摆在企业面前的一个严峻命题。

（1）用户选择渠道的多样性

　　一方面是客户更加愿意通过网络获取信息来了解服务和选择商品，另一方面是移动互联网让媒体变得更便捷、更丰富，企业可以与客户在任何媒体上建立互动，由此获取客户。

（2）企业进入"信任＋分享"阶段

①社交媒体的营销的手段更加丰富，如二维码、微信、支付宝、SNS 等；

②企业与消费者建立联系，通过游戏、聊天、讲故事等方式互动，激发出人人参与的力量；

③企业更加注重消费动向，消费者将大量的时间花在手机上了，那么企业就尽可能吸引消费者的眼球。

（3）让客户主动上门

①选择合适媒体：潜在客户会利用搜索引擎、社交媒体、官网、社区、网店等渠道接触品牌；

②设置引导页面：企业在媒体设置优质内容，引导客户互动或改变其访问路径，即利用表单、在线客服等手段捕获客户需求及联系信息；

③及时收集信息，持续营销：企业用记分卡模式把有效数据采集回来，进行有效分析，销售人员通过邮件、微信、电话等与客户互动，促进消费者二次消费。

（4）电子传单

电子宣传单发送，企业通过 Email 的方式发送给用户。这是互联网时代最新的营销方法。电子宣传单的优点：

①目标客户消费能力强：使用 Email 的人大部分是商务人士、都市白领、新锐学生，有很强的消费能力。

②精准营销，传播力强：商务精英、年轻消费者，电子宣传单可以按指定行业、指定地区、指定年龄段、指定性别发送，精准营销。

③表现力强：电子宣传单图文并茂，表现力强。过去的纸质宣传单可轻松做成电子宣传单。

④成本低廉：电子宣传单发送是一种低成本的营销方式，成本比传统广告要低得多。

⑤主动传播：电子宣传单发送属于主动式营销。客户接收到电子传单，企业的信息就能被客户所知道；保存时间长，二次传播方便；因为广告的载体就是电子邮件，所以具有信息量大、保存期长的特点。

（5）企业内刊

①传播企业理念。建立并传播企业的经营理念、价值理念、管理理念等是企业文化建设的重要途径。在企业内刊的传播过程中，社会形象和员工风采得到充分展示，从而增强了员工的自信心和对企业的自豪感与责任感，优化了企业发展环境。

②服务企业发展。内刊可以展现企业的发展战略、企业未来的发展方向、企业的总体规划。企业内刊的任务就是充分发挥宣传阵地和企业喉舌的功能，迅速及时将企业的年度战略、长远战略传递给广大员工，企业内刊可以围绕企业发展战略，精心组织版面和文章内容，有针对性地开展宣传报道。

③记录企业成长。企业内刊记录企业的历史、发展，这本身就是企业的无形资产，企业内刊充当着记载企业历史的角色，在宣传报道的同时，也完成了对企业历史的记录。

（6）企业网站

①企业网站有利于提升企业形象，它所起的作用更类似于企业在报纸和电视上所做的宣传。不同之处在于企业网站容量更大，企业可以把任何想让客户及公众知道的内容放入网站。此外，相对来说，建立企业网站的投入比其他广告方式的投入要低得多。

②企业网站可以与客户保持密切联系，企业有什么产品、服务或新产品，甚至只是想知道该企业有什么新闻时，他们就会习

惯性地进入该企业的网址。

③企业网站是与潜在客户建立商业联系的方法之一，现在，世界各国的经销商主要都是利用互联网络来寻找新的产品和新的供求，因为这样做费用最低，效率最高。原则上，全世界任何人，只要知道了企业的网址，就可以看到企业的产品和服务。因此，关键在于如何将企业网址推介出去。

（7）企业微信公众号

企业微信公众号是目前企业最常用的传播手段，通过公众号可在微信平台上实现文字、图片、语音、视频的全方位沟通、互动。形成了一种主流的线上线下微信互动营销方式。大部分企业都在其商品上贴出二维码图像供用户扫描关注。街上发的宣传单、小杂志，包装袋、饮料瓶，也都有公司微信公众号的二维码。

①微信公众号可以实现精准营销。微信公众平台可以给关注者推送文字、语音、视频、图片及多图文消息，当消息推送后，每位关注的用户能收到，实现精准营销。

②收集数据，进行大数据分析。微信公众号后台可以对用户数据进行分析。如用户增减数据，用户性别、语言、省份、地理位置、使用的移动终端设备机型等。图文消息的到达率、阅读率、转发收藏率以及消息分析和接口分析等。通过这些数据分析可以制定更优化的营销方案。

③建立好自己本身的公众平台，做微信的运营系统。企业加强推广自己的微信平台，比如在电视、报纸等上加上自己企业的微信号，在商品上面可以印上公司的微信公众号等。

④微信二维码：二维码的信息容量巨大，可容纳多达 1850 个大写字母或 2710 个数字或 1108 个字节，或 500 多个汉字，比普通条码信息容量高几十倍。这样企业可以把商品图片、音频、

文字等更便捷地推送给消费者。

⑤微电商：微电商为一种电商形态，微店解决了交易，而体验和引流较弱；而抽奖、优惠券、限时抢购、秒杀等，将参与活动的流量导入微店、实体店，电子传单＋微店是最实用的微电商方案。

（8）企业微博

微博之所以被称为"微"，与传统博客相比最大的特点就在于篇幅短小。所有的信息都被限制在140个字符以内。这样一来，企业通过微博发布的信息往往短小精悍、言简意赅。用户看起来既方便快捷，也不会因长篇累牍而觉得反感。

①快速传播。一条好的微博可以在短时间内转发成千上万次，转发量大就会获得巨大的展现量。一条转发超过千次的微博，其展现量可达到几十万，也就是说有几十万人会看到这条微博，看到的人并不一定会转发，但这也会起到一种宣传的作用。对于企业微博来说，这十分具有诱惑力，因为企业微博一般都是使用公司名称作为微博名字，一条转发上千的微博会给这个企业带来数十万的展现，虽然这种展现不能立刻产生效应，但不能否定它的作用。

②传播低成本。相比其他推广方式，微博绝对算得上是廉价，这也是众多商家涉足微博的原因。

③口碑营销的力量。企业所发的微博如果得到很多转发，这足以证明这条微博是受到大多数人喜欢的，喜欢你的微博内容，间接证明对你价值观的认可，会对你的微博产生好感，继而产生信任心理，因此，称其为口碑营销。

（9）企业博客

企业博客是高效、自主地推广企业品牌和产品的网络传播方式之一，作为传播途径它大体上可以分成两个方面的作用，第一个方面是通过博客促进企业内部交流，就是对内的博客，通过博客手段促进学习、绩效、变革；第二个方面是企业博客对外的部分，譬如狭义上的企业博客，再加上员工博客，可以起到推广企业品牌，传播企业文化的作用。

企业博客可以使企业和客户、供应商、媒体、合作伙伴等外部环境之间的沟通更为有效和简单，这是网站更新的最简单方法之一，为企业所创建的内容提供自动组织的有效方法，并且能够保证更新的内容及时到达你的目标受众。当然，它还有一个很重要的好处，与冷冰冰的新闻稿相比，企业博客显得更加人性化。

通过企业博客，企业可以及时收集大家对产品的质量和服务的反馈。企业博客是现有沟通的渠道，是网站、电话会议和电子邮件等的有效补充。把博客和市场营销结合起来，博客是一个很好的市场营销手段。企业可以使用它制定一个远期战略目标，并让这个目标传递给消费者；还可以通过它加强内部沟通或缩短与顾客的距离。如果更正规一些，可以由企业的公关部门管理这些博客。而且，这些博客内容也可以由企业员工之外的作者编写，比如喜爱你公司产品或服务的顾客。企业的 CEO 或高管也可以参与到博客编写中，这样更有利于企业品牌的推广和传播。

2. 企业如何运用新媒体营销

近年来，新媒体呈现迅猛发展的趋势，新媒体的应用逐渐普及并渗透人们日常生活的方方面面。相较于传统媒体，新媒体的差异化特征表现为用户选择更加丰富，信息更新速度快，表现形式丰富，更符合受众的个性化需求，能够与受众高效互动，实现信息的数字化传播，并充分发挥网络平台的优势。

未来，传统媒体行业将转型，纷纷在新媒体领域展开布局。落伍于时代发展的部分传统媒体行业将逐步活力减退，能够对接市场需求的新媒体行业则呈现蓬勃发展之势。企业在竞争过程中将聚焦于对优质文化内容的争夺。在此趋势下，新媒体将被应用于广告营销领域，以促进行业的发展。

（1）新媒体营销的概念

近年来，高速发展的信息技术正在对越来越多的领域产生影响，传媒行业也是其中之一。在新技术应用的基础上，以移动媒体、网络媒体为代表的新兴媒体平台纷纷出现，受到广大用户及投资者的关注，给经营者带来更多的收益，使传统媒体的发展面临挑战，同时带来行业布局的变化，并对世界范围内人们的日常生活及传统思维产生了重大影响。

除此之外，企业是社会关系的参与主体之一，其运营也因新媒体的诞生及快速发展而呈现新的特点。从企业发展的角度分析，企业要想在激烈的市场竞争中维持自身的生存与发展，就要不断地提高自身的竞争力。为此，经营者应该在把握外部环境变化的基础上，对落后于时代的传统运营方式进行改革，加强自身对新媒体应用的控制，趋利避害。

概括而言，新媒体营销是指以新媒体的发展为前提，利用新媒体渠道实施营销策略。作为一种新型营销模式，新媒体营销能够使营销者对产品的概念及相关信息有充分的把握，对消费者的心理产生影响，促使其做出消费决策。

从根本上分析，新媒体营销是企业通过新媒体形式进行软性渗透，向消费者传播信息，使其接受企业的价值理念与思维逻辑，有效促进产品销售，并提高企业品牌影响力的一种营销模式。

相较于传统营销模式，新媒体营销受到的思维局限明显减少。采用新媒体营销的企业既可以对信息访问数量进行统计，又能获知受众的浏览时间、所处地理位置、性别、年龄、行为特征等，从而提高营销的针对性和整体营销效率。

另外，新媒体营销能够拓展企业的发展思路，丰富企业的选择；帮助企业获取客户的详细信息，实现精准营销；减少企业的成本消耗，实现资源的优化利用；以快捷、有效的方式达到品牌推广的目的。

（2）新媒体营销的特征

新媒体营销与传统媒体营销存在明显的差异。新媒体营销更侧重于从情感方面打动消费者，能够以柔性方式对受众产生影响，不同于传统营销的硬性信息灌输。

采用新媒体营销方式的企业，能够拓宽信息覆盖范围，对消费者的行为进行引导，提高企业的知名度并实现成本控制。随着新媒体营销的发展，在可预见的时间范围内，媒体终端及产品将在传播过程中占据更重要的地位。

从创新的角度分析新媒体营销，就要对创新的两个层级进行把握：新元素的开发是一种创新；以全新方式实现对原有元素的整合也是一种创新。在技术水平不断提高的今天，媒体终端、产品及营销模式都会快速更新，这三者之间的结合发展，将成为新媒体营销的主要发展方向。

相较于传统营销方式，新媒体营销的独特性体现在以下几个方面。

①新媒体营销更注重横向及纵向的拓展与延伸。

②新媒体营销是开放式营销。与传统营销方式的单向信息传播不同，在新媒体营销中，营销者与用户存在互动关系。企业通过新媒体营销方式，不仅能了解市场的相关情况，还能提高用户对其信息的接受度。

③新媒体营销可在短时间内实现信息的大范围传播，并增添娱乐化元素，能够对接当今的用户需求，符合市场发展趋势。

④受众在新媒体营销中掌握更多的主动权。在新媒体营销模式中，受众除了能接收信息外，还能参与到传播过程中，在网络平台发表自己的意见。而在传统营销模式下，受众只能被动地接收企业输出的信息。

3. 杜蕾斯教你玩微博

微博营销在当今的企业网络营销中越来越占据重要地位，不管是传统企业，还是新兴企业，都开始重视微博这个重要的品牌缔造平台。在信息化的时代，谁能最先抓住机遇，谁就能抓住用户，有用户的地方也就有了利益。下面来看看杜蕾斯是怎样在微博营销中取胜的，看看它是如何在微博中创造奇迹的。

杜蕾斯官方微博，人称"小杜杜"，在微博用户眼中，小杜杜的微博形象是多变的，它可以很性感、也可以很幽默；可以很雷人、也可以很智慧；可以很活泼、也可以很感人；可以很媚俗、也可以很高雅……

杜蕾斯把官微定位成为一个"有一点绅士，有一点坏，懂生活又很会玩的人，就像夜店里的翩翩公子"。下面将通过杜蕾斯微博营销中的三个案例简单剖析杜蕾斯塑造官微形象的过程。

案例一：微博上一个网友把益达口香糖的广告词改了："兄弟，油加满……你的杜蕾斯也满了。"这句广告语在网络上疯传，引起广大网友的大量转发。当时杜蕾斯回复了一句："杜蕾斯无糖避孕套，关爱牙齿，更关心你。"瞬间把大家都逗笑了。

案例二：@Vanci 粉丝团发布一条微博，"韩寒新书《私》中提及送给未来十八岁女儿的一句话——套好安全带，带好安全套。韩少真是语不惊人死不休哇"，杜蕾斯发现后评论并转发道："所谓安全第一，韩少作为赛车手深谙此道啊。"诙谐风趣的回复，巧妙地将品牌诉求点与名人话题结合，引起 Vancl 粉丝团和韩寒粉丝强烈的共鸣，这已经不是单一的内容营销，杜蕾斯把名人效应用到极致，适时地抓住话题，把注意力引流到自己品牌上来。

案例三：2011 年 5 月 16 日，王功权私奔事件的微博一时间转发量高达 7 万，被网友们戏称为私奔体。杜蕾斯敏锐地捕捉到这条热点微博中的关键词"男女""私奔""幸福"，发现都与杜蕾斯品牌调性相关。在第二天下午便原创一条微博："私奔需要 3 样东西：①杜蕾斯；②现金；③一起私奔的他她。"巧妙结合，掀起第二轮的疯传和话题讨论。

引爆杜蕾斯事件营销高潮的是北京大雨后，一位据说是杜蕾斯的员工灵机一动，在雨天将此安全套覆于鞋子之上，使鞋子免遭雨水打湿。该员工将套上安全套的鞋子的照片传到微博上，这个举动瞬间吸引了众多眼球。短短的一条微博文字配上简单的图片，竟然一举盖过北京暴雨消息的微博转发量，荣登当天新浪微博转发量第一名。

从杜蕾斯的微博经验可以看出：

（1）内容设计上一定要以"人"为核心

放下身段，不要官腔，不要死板，后台更新的人要让粉丝觉得，是可以接触的，可以一个活生生的人在和粉丝打交道，甚至可以被调侃。内容上要努力做到原创，再不济可以跟随模仿，可以做，但不要一直这样模仿。

首先，明确内容主题。在进行微博定位后，就开始设定大致的内容发布计划，明确内容主旋律和辅助的内容。在奠定了基本的内容格调之后，就必须持之以恒地去维护，并根据消费者的反应及时适当地调整策略。

其次，善用内容编写技巧。①内容人性化，不定期发布一些生活贴士等；②经常以疑问句结尾，引发用户的讨论；③尽量图文并茂，有可能的话也可发布一些音频、视频，让你的微博（或其他社会化媒体）页面更"好看"；④和大事件保持同步；⑤品牌可以尝试以更生动的形象出现，杜蕾斯在微博上自称"小杜杜"，以拟人的形态，发布微博并亲近地和粉丝交流互动，并很成功地塑造了"小杜杜"这一形象和品牌调性一致的性格。

最后，恰当地自我标榜。品牌可以适时地发布一些权威的行业报告，用直观客观的数据显示品牌的领先性和优越性。

（2）一定要说符合品牌调性的话

杜蕾斯的微博内容都与性有关，既与品牌产品契合，又容易很吸引眼球，但是为难之处恰在于怎样运筹帷幄，让微博既能博人眼球却又不让人反感。鉴于目标消费群主要以年轻人为主，而时下又是内容为王的时代，杜蕾斯决定将自己的微博打造成酷、幽默、好玩，有些俏皮的小笑话、浪漫的情感宣言，却又不失时机地为产品做宣传；尽管不是每条微博都与品牌有关，但是他们的基调都很统一且明确。

（3）多和品牌微博粉丝互动

杜蕾斯的官方微博非常热衷于和网友互动，据不完全统计平均每天要回复400多次，最高纪录是一天回了1000条。同时对于一些与自己品牌相关的其他博主发布的微博也积极转发，尤其是充满创意、和自身品牌调性相符的内容。

趣味活动：杜蕾斯曾在微博中发起关于不同三款售货架哪种更受消费者喜爱的小调查，吸引了近千名用户参加。杜蕾斯开展"特别的杜版车贴给特别的你"活动，鼓励品牌微博粉丝投票选出最中意的一款车贴，只要粉丝所投票的这款车贴成为该款中二个设计里票数比较高的那个，就可以得到该款杜蕾斯特别版车贴。杜蕾斯还会不时发起"今日最粉丝"活动，每天随机选出一名最粉丝，送上小礼物。

粉丝互动：除了这些调动粉丝积极性的互动小活动之外，杜蕾斯在微博上经常与粉丝互动，让粉丝感觉到品牌的活跃度与亲近感。

此外杜蕾斯还会积极与其他品牌官方微博或微博名人互动。杜蕾斯官方微博及其运营团队关注了许多"大号"，并从这些大号的内容中捕捉预设的关键词，一旦发现和品牌相关度高的红人微博就会积极评论并转发，引起裂变传播同时自我宣传。而所有这些互动内容的一致特点就是有趣、好玩（如图 5-1 所示）。

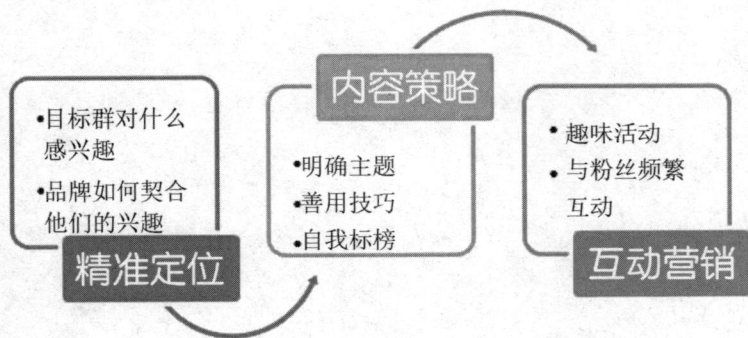

- 目标群对什么感兴趣
- 品牌如何契合他们的兴趣

精准定位

内容策略
- 明确主题
- 善用技巧
- 自我标榜

- 趣味活动
- 与粉丝频繁互动

互动营销

图 5-1

（4）精准定位

明确品牌调性及消费群体特征，找出在微博上你的目标受众群所感兴趣的话题、容易被什么吸引；继而进一步决定你的微博风格。

（5）一定要做数据分析，尽量细化，努力做到精准

要注意挖掘更深层的数据关系，比如 2 次转发，他还关注，评论，转载了我们什么等。

杜蕾斯之所以成功地塑造官微情感形象，是因为对其他品牌的深入学习借鉴。对社交媒体重视的是关系，传播只是对用户关系的一种利用，企业入驻社会化媒体，应该清楚关系的意义，以诚恳和热情与粉丝建立关系。如果自然人一样地与用户沟通交流是初级阶段，那么中级阶段就是做一个有个性的人，以企业独有的"人格"魅力来保持粉丝对企业品牌持久的关注，同时发现机会，懂得借势，借热点事件扩大自己的影响力。

4. "罗辑思维"凭什么这么火

　　互联网普及涌现出大量的自媒体，美国学者谢因波曼与克里斯·卫斯理将自媒体(We Media)定义为普通大众经由数字科技强化、与全球知识体系相连之后，一种开始理解普通大众如何提供与分享他们本身的事实、他们本身的新闻的途径。自媒体具有节点"弱连带"和信息"圈子化"的特点，这些赋予自媒体不同于传统媒体的经营方式。罗辑思维是一次成功的自媒体经营尝试，除了充分地利用自媒体所固有的优势外，其在信任建立、商业模式的开发上也做了出色的尝试。

　　如今的自媒体含义早已超越新闻媒体的范畴。自媒体变成了一个信息发布、沟通交流、组织动员，甚至是品牌推广和营销的平台。简单明了的网络信息形式，提供了传受双方互动的开放性和可能性；个人化特征下的个人性的行为、个人性的角度、个人性的思想，组成网络搜索引擎和思想发源地，正是博客问题能够吸引博客本人和受众的力量源泉。

　　2015年自媒体最火的是什么，当然是罗辑思维。2016年罗辑思维推出罗振宇个人脱口秀跨年演讲项目，2天预计入账4500万元，而其2016年10月完成B轮融资，估值13.2亿元，罗振宇成了自媒体"首富"，创造自媒体时代的奇迹。罗振宇，央视前主持人，2008年辞职，2012年底与独立新媒创始人申音合作，推出知识型视频脱口秀《罗辑思维》。半年内，这一款互联网自媒体视频产品，逐渐延伸成长为全新的互联网社群品牌。

2012 年 12 月，《罗辑思维》第一期视频在网站、手机 App 中上线，这档脱口秀节目的内容包罗万象，政治、商业、生活、文化无所不谈，主持人罗振宇分享日常读书所得，语言个性鲜明。"罗辑思维"的微信公共账号也在同一天开通，公共账号每天早晨六点半向微信用户推送一条罗振宇本人录制的 60 秒语音，分享其每天的生活感悟，通过回复关键字的方式，用户可以获取推荐文章的超链接，与文章同时发出的还有会员活动或是会员福利放送的通知。

"罗辑思维"发展得很快，一年下来，微信公众号的粉丝数量已突破 110 万，优酷上《罗辑思维》脱口秀视频每一期的播放量平均下来也有 100 万次以上。

凯文·凯利认为，网络经济时代复制品大量存在，无法复制的东西变得罕见而有价值。其中，这些无法复制的事物包括信任、个性化、可赞助。这三个属性概括了罗辑思维如何在互联网上形成强大的影响。最终，罗辑思维在粉丝群里形成了一个可靠的品牌形象。

新的媒体环境下，网络的即时性、缩小地理空间，似乎受众的联系更加便易，但是网络信息便捷和多样，大众更倾向于和兴趣相同的人组成松散的网络或小组，围绕兴趣、共同话题和我们想知道的事情展开讨论，拒绝相信朋友圈以外的事物。所以将大众联系在一起仍然是一件很困难的事情，要将散布在网络上的大众连接起来，并齐心协力做成一件事情，需要"信任"。"信任"对网络技术语言了如指掌，所以他们往往愿意大胆尝试新方法、新装置。他们常常使用社会化网站，经常性地在这些网站推荐很多新事物。他们和更多的人保持联系，而且知道如何给人留下好印象。

在这样做的时候，他们就建立起了健康而真诚的人际关系网络。其速度、广度和深度是公关、广告部门所达不到的。

罗振宇曾在讲述自己创办"罗辑思维"的构想时，说："信息封闭的时代，权威媒体自上而下，谎言重复一千遍就是真理。信息民主的时代，没有权威，只有'信任'。谁的可信度越高，谁的影响力更大。"通过发布"罗辑思维"的视频和语音，"罗辑思维"吸引到一批有读书求知需要的互联网上的个体们，这些个体通过微信朋友圈上的超链接或口口相传，吸引自己的朋友圈子关注，为罗振宇带来了大量地散落在互联网上的小组。不同于营销账号，"罗辑思维"发布的内容并非为推介个人名声或赞助的广告商，"罗辑思维"提供读书推荐服务、会员线下服务，形成了持续的影响力。

信任的构建，除了持续的影响力，还来自信任代理与受众面对面、个人对个人的交流。罗振宇作为信任代理，用每天早晨六点半准时到达的微信语音、持续而优质的自媒体内容、主动积极地与微信上的粉丝群交流，甚至于粉丝也为"罗辑思维"撰稿策划。"罗辑思维"作为一个公众平台，却不是和粉丝交流的中心点，而是呈现出一个链式结构。

链式结构中，罗辑思维和其他的关注者一样，成为一个普通的节点。总体上结构趋向了扁平化，交流也从多对多转变成了一对一，各网络节点的等级关系变得相对平等，这样构建起来的社会网络里，"粉丝"和"粉丝"之间的弱关系链条激活起来容易很多，方便了日后的会员制度施行。

"罗辑思维"并不急于将广告营销引入自己的媒体里，在线上，关注者几乎不会收到那些令人反感的广告推广，而"罗辑思维"与商家的合作是在线下进行，并且达成的是"品牌"推广的共识，而非传统广告以"利"相诱的短期营销，这样的做法其优点不言自明。

"罗辑思维"擅长提供主流视角以外的解读。在"读书人的新活法"里，罗振宇通过讲述卢梭一生的故事，传达"读书人必须转变一种活法"，只有练就一门手艺，去捕捉大环境里的机会，才能够摆脱"学历越高收入越低"的困局。不同于主流观点"市场经济的社会亏待知识分子"，"罗辑思维"在观点的标新立异外，也给读书人以如何生活的启示。

正如罗振宇对《罗辑思维》的定位，有种、有趣、有料，自媒体"罗辑思维"的媒体产品有着强烈的个人风格，接地气的切入点，包括独立的思想见解、翔实的论证材料。这使得罗振宇在微信的受众中拥有强烈的个人魅力，也是其倡导的一种自由观念，为"罗辑思维"在微信公众的平台上聚集起一批有共同信仰的社群打下基础。

在互联网时代，媒体的生态环境已悄然改变，互联网技术将所有人都连接起来，传播平台成为免费资源，人人皆媒体，人人皆可生产信息，信息这种要素的价格几乎降为零。互联网为人们提供了免费的新闻、电视节目、音乐、书籍……给传统媒体带来不小冲击。

"罗辑思维"不满足于仅做一个有影响力的自媒体，为人津津乐道的是它还摸索到一条适宜互联网时代的商业模式——"连接"，后 Web2.0 时代，互联网将是服务网络、内容网络与关系网络的连接。"罗辑思维"发展初期，主攻微信公众号，辅以优酷视频，通过这两个免费的平台发布内容（视频、音频、文章）聚集起大量有读书需求的用户。在微博、微信上，先有用户，后有流量。两个平台很快聚集起超过 1000 万的受众。"罗辑思维"

后期采取会员制，会员会收取一定的会员费，收取会员费并非为会员提供更优质的内容，而是在内容产品之外，向那些缴了钱的会员提供媒体服务。这个举动类似星巴克的差异化竞争，白领们宁愿放弃办公室的免费咖啡，而去选择5美元一杯的星巴克咖啡，星巴克在卖咖啡时也在出售它的舒适安逸的环境。这种"内容+服务"的模式也运用到"罗辑思维"的商业模式中。

　　自媒体平台最大的特点就是"开放"，开放的准入模式使得许多参差不齐的自媒体入驻，这些自媒体包含了许多"内容搬运工"，这些"内容搬运工"深谙用户心理，懂得在网上挑选能够获得用户关注的信息，这些信息通常格调不高，通过满足用户的放松心情而获得用户的追捧。明确用户的个性化特征，把个体潜在的特殊需求通过提供知识(内容)和服务的方式，传递到有这些特殊需求的个人，把自媒体当成一个解决问题、提供经验交流的平台而非待价而沽的商品，这就是"罗辑思维"经营的成功之道。

5. 报事贴：特殊媒体的新玩法

每个职场人士早晚都会用到报事贴，报事贴又叫便签。一种小型的便于携带的纸，有的一面有黏性，多是黄色的，现在为了迎合年轻人的喜好，也出现了其他鲜艳的颜色，用来随时记下一些内容，如写便条，电话号码等。便签是办公用品，长方形或正方形，颜色大小不一，几十或几百张形成一叠，可随处粘贴，方便提醒使用者有关问题、想法、指示等事情。这种粘贴式的实用工具已经成为家庭、办公室和其他场所日常生活和工作中的一部分。该产品一直是 3M 投资组合中稳定盈利的重要业务。3M 明尼苏达州文具及办公用品部副总裁杰西·辛曾经说："如果你仔细想一下，就会发现报事贴是一个标志性产品，它在市场上已经存在了 30 多年。"

2013 年，公司从一个全新的角度推出一项 1000 万美元的营销活动。这一新的方式充分利用电视广告、网络广告、公司网站以及社交媒体来传递信息。这次活动的创意是报事贴还可以有更多的用途。活动强调的是"定制"，或者是迎合年轻的消费者想要区别于大众传媒的个性化信息以及商品的个性化用途的念头。

随着以"不断前进"为主题的活动的展开，消费者被鼓励寻找这一长期存在的产品的新的用途。不久，报事贴"战争"便在各地的办公室之间爆发了，员工们使用报事贴在外窗上创作图像和进行其他设计。此外，该产品的灵活性使杰西·辛认识到"他们正在利用它进行交流、合作和自我组织"。形势的变化稍微有点出人意料，3M 的研究显示，大多数消费者都有强烈的报事贴情结。

报事贴成立了一个"理想总部"网站，帮助人们发现报事贴独一无二的用途，其中包括变得更富有成效和减少拖延症。社交媒体发布了利用报事贴与众不同的特征的更多方法。

电视广告为其他领域的营销活动提供支持，信息瞄准的是妈妈们表现出来的使用报事贴来组织其日常生活的不同方式；千禧年一代在留便条提醒自己相关活动和与其他人进行沟通（据一位观察者称，这是一种纸质"推文"）以及帮助他们保持乐观方面极具创造性；而已婚的男人可以用报事贴来提醒自己"保持蜜月期"。

报事贴的营销团队未来面临两个趋势。第一个趋势是让产品本身变得更具吸引力，经得起新的使用方法的检验。一个想法是除了传统的黄色和常见的颜色以外，增加更多的颜色。第二个趋势可能会随着时间的推移变得更加严峻。当一个品牌变得很受欢迎，以至于品牌名称被用来描述该品类的产品，而不在意经销的是哪家公司的产品时，就会出现"泛型"问题。其中包括邦迪创可贴、施乐复印机和思高 (scotch) 透明胶带。如果在今后的媒体广告中你听到这些产品被称为"报事贴品牌"，请不要感到惊讶。因为这种做法已经成为对泛型问题的最常见的解决办法。它以媒体的形式，承载创意的广告内容，让更多使用者获取更为直观的信息。

与此同时，灰色纽约 (Grey New York) 广告公司执行创意总监杰夫·奥迪奥恩 (JeffOdiorne) 说，2013 年的活动是"我们第一次把所有这些创新形式（媒体）包含在了一个旗帜下"。他继续说道："消费者们已经自己动手想出该品牌的一些新的使用方法。这是一个如此受消费者欢迎的品牌，是他们造就了品牌的今天。"他又补充说："我们要把实实在在的人们做的或者做过的实实在在的事情呈现出来。"

6. 红牛传递 "正能量"

红牛是一个奥地利品牌，但是很多人可能曾经以为红牛是一个中国品牌。品牌营销做到如此成功着实让人佩服。如今，成立 27 年的红牛集团，它的饮料产品已经在全球 166 个国家出售累计 400 亿瓶，集团在全球拥有 9600 名员工。那么红牛是怎么做到的呢？

20 世纪 80 年代中期，奥地利商人迪克·梅特舒兹（Dietrich Mateschitz）发现泰国市场上的一款供蓝领和泰拳选手饮用的饮料具有很好的提神作用，就买下了这款饮料的配方和商标，在 1987 年 4 月创立了红牛，并赋予它 "功能饮料" 的概念——希望红牛代表的不仅是一种新式饮料，更是一种充满乐趣、刺激和高能量的生活方式，将这种生活方式推销到全世界的消费者（如图 5-2 所示）。

图 5-2

　　初期，他采用的营销手段是通过赞助一些小众的极限运动，比如快艇、滑雪、速降滑冰、自由式山地车等，使这些运动的发烧友类消费者群体对饮料和他们所钟爱的运动之间形成某种情感关联，也保证了公司在这些运动中处于领先地位。

　　作为一家大型企业，红牛在体育赞助上的投入很大。根据福布斯稍早一些的报道（2012 年），红牛在全世界支持了 600 名运动员，其中在美国 120 名，涉足 160 种不同的运动，在营销上的投入占其收入的大约三分之一。

　　另外，红牛的体育赞助有自己的"口味"。虽然像 NBA 篮球这样的常规运动中也能看到红牛的赞助，但是红牛还是更主要投资那些纷繁复杂、各种各样的极限运动。比如，红牛购买了一支 F1 车队，叫 Red Bull Racing——红牛车队，由英菲尼迪赞助。这支车队成绩比较好，红牛从中获得了很大的曝光。据说仅仅是从车队那里获得的曝光所折合的价值，就抵掉了红牛在车队上一年的投入。

　　专注于极限运动也不是红牛策略的全部内容。他们的另外一个赞助方法是创造赛事举办活动，然后进行内容营销。红牛经常出资举办一些体育赛事或活动，让普通人或运动员可以参与到活动中，品牌也自然得到曝光。

　　在红牛赞助的极限运动中，比较有名的是 2012 年菲利克斯·保加拿（Felix Baumgartner）的太空边缘的一跳。在这次挑战中，菲利克斯从 24 英里的高空（相当于 38624 米）纵身跳下，用自己的身体打破音速。

　　红牛为这次极限运动专门配备一个项目，叫 Red Bull Stratos，聚集一批水平先进的科学家、工程师和太空药材专家，帮助菲利克斯制造装备，也研究怎样收集生理数据提供给科学界。

　　红牛的发言人说，红牛当然了解这样的尝试中所蕴含的风险

（据说电视直播延迟了二十几秒，以防止意外结果的出现），但是红牛一直和所赞助的运动员有着特殊的联系，希望帮助运动员们实现自己的愿望。红牛和菲利克斯为这个项目合作了5年。

图5-3是这次活动的照片。从里面可以看到红牛的商标放在了菲利克斯的服装上、头盔上，和他所乘坐的太空舱的外部。当看到那红色和黄色的红牛标志的时候，怎能不给人留下深刻印象！

图 5-3

红牛对极限运动的赞助就是可以做到这么极致。

著名赞助咨询机构IEG对红牛体育赞助的评价总结说：红牛的体育营销之所以成功，可以分析出三点原因：让自己成为体育运动实现的一个工具，而不仅仅是一个赞助商；倾听所赞助的运动员和体育运动想要什么，从他们那里了解这项运动，让赞助更贴近这项运动，也帮助他们实现愿望；内容为王，巧妙地打破广告和内容的界限。

同时，他们也发现这些极限运动本身具有非常好的影像特点，充满冒险性、吸引力的画面特别有利于影像传播，于是，红牛就通过与独立制作机构或者与媒体合作伙伴一起合作，专门制作了一些含有红牛品牌理念的媒体内容，并将其传播出去。

这样，红牛积累了有关其品牌活动的大量媒体内容。当这些内容被源源不断地生产、积累下来，红牛发现，这些内容不应该就此沉睡，而应该努力通过多种网络平台、第三方媒体以及自己的频道传播出去，来争取更多核心消费者和更广泛的主流媒体用户。同时为了便于这些媒体内容的收集、制作和流通更为规范化，红牛于 2007 年投资成立红牛媒体工作室。

由于常年赞助或筹办运动赛事、极限赛事，并与近 500 位体育明星签约，红牛媒体工作室的内容库里储存了大量有趣的图片、视频和文字内容。红牛将这些内容在电台、电视台、网站、杂志等多个渠道进行了分发。

红牛媒体工作室首席商业负责人 Alexander Koppel 认为"内容创作、媒体平台和流通渠道是内容营销最重要的三个要素，所以我们致力于成为一个 360 度无死角的媒体商业公司，那么在拥有各类媒体平台及与各大媒体保持良好合作关系的前提下，能否创作出优质内容就成为决定内容营销成功与否的第一要素"。那么红牛是怎样搭建自己的媒体平台的呢?

（1）电台

红牛媒体工作室旗下主要推出了两个数字电台，一个是无线音乐电台，另一个是红牛音乐学院电台。无线音乐电台是一个音乐家、音乐制作人和音乐爱好者交互分享的平台，该网站主要汇集了世界各地的音乐人，并参访和读解流行乐坛的优秀音乐人访谈。而红牛音乐学院电台提供上千种来自世界上最好的俱乐部和节日的访谈、DJ 混合音效和演唱会录音，相当于一个巨大的尖端音频档案库。

（2）电视台

红牛的电视台业务一方面是通过和电视频道合作的形式为其提供电视节目内容，另一方面是通过自建网络电视台的方式，提供在线的电视点播业务。

MSNBC、ESPN 等体育电视台是红牛内容合作的重要频道系列，以和卤素电视台的合作为例，红牛作为卤素电视台每周四晚间的节目提供商，为其提供以极限运动和嘻哈风的街头运动为主题的节目内容，这些内容中传达了红牛的品牌理念，还不时有红牛 logo 出现在内容当中。

（3）网站

在红牛的官方网站，你几乎看不到有关产品的介绍，全部的的内容都围绕着不同的运动类型展开，常年开设有游戏、图片、音乐的下载专区，每年固定会有 50000 幅图片免费上传到网页端，页面游戏的主题也围绕着赛事展开。

（4）杂志

《红色公告》（*Red Bulletin*）是红牛媒体工作室拥有的一本发行量达到 500 万册的内部杂志，也是红牛传递其能量生活方式的重要渠道。不管是来自自由撰稿人的反馈，还是来自普通读者的反馈，《红色公告》都不是一本随刊赠送的广告杂志。

《红色公告》虽然隶属于红牛集团，但它并不是一个形象工程，职业的撰稿人在写作时可以不用受到任何限制，也从来不会被要求必须在文字中植入红牛广告，这本杂志所传达的就是一种健康的生活方式。

2011 年，红牛媒体工作室投资 200 万美元拍摄了单板滑雪大片《飞行的艺术》（*The Artof Flight*），这部电影集合了惊险华丽的单板动作，令人揪心的冒险历程，还有不可缺少的故事情节，让观众切实地与 TravisRice 等众多世界单板滑雪高手进行了近距离接触。然后红牛把它放在 iTunes 的体育、纪录片频道以及所有付费电影网站中置顶一周，在 iTunes 上以单次 10 美元的价格提供有偿下载。最终这部影片荣登 2011 年 iTunes 同类影片下载榜首。2012 年，这部影片还被制作成 3D 电影，在部分 AMC 影院里进行了限量播放。可见，红牛直接从付费中就赚取了成本花费。

　　一般而言，在媒体眼中，企业是广告主，是媒体最主要的收入来源；在企业眼中，媒体是广告和宣传推广渠道。但是，有一些企业，由于种种原因，自己直接跨界进入传媒行业，成为传媒行业中的特殊力量。

7. 黄太吉是怎么卖煎饼的

　　煎饼果子加豆腐脑是北方人最常见的早餐搭配，被认为是最"接地气儿"的平民食物。一家名为"黄太吉"的小店通过新媒体应用，将这种传统食物做得"大牌范儿"十足，其市场估值已经达到4000万元人民币，成为2013年最著名的煎饼。在互联网行业浸淫多年的创始人赫畅通过成功的个人社会化营销、品牌精准的服务定位、跨行业跨平台跨媒介的经营和低成本颠覆式的新媒体营销写就了黄太吉的煎饼传奇。餐饮市场的巨大空间，是赫畅决定转型的重要原因，"移动互联网市场也就200多亿，而中国一年的餐饮市场高达7万亿"。新的营销模式给煎饼果子店打开了一条不同寻常的营销之路。当传统煎饼遇上社会化媒体，其互联网玩法给传统餐饮业带来了诸多思考。

　　20平方米的店面面积，13个座位的有限容量，煎饼果子能从早卖到晚，猪蹄限量发售，购买需提前预约，新浪微博粉丝量已超90000，被称为"微博营销经典案例"。一年能实现500万元的流水，被风投估价4000万元人民币。这个煎饼的传奇是如何写就的？除了一流的口味之外，其社会化媒体营销功不可没。"黄太吉"几乎利用了所有社会化媒体平台营销，不止微博、大众点评，还有即时通信工具，如微信、陌陌，通过这些途径来订餐和推送促销信息，从而使营业额节节攀升。

　　从选址上看，黄太吉就注定不是一个传统的餐饮企业，看上去更像是一个"新物种"。在建外SOHO西区，虽然这里的房租比繁华热闹的东区便宜了五分之一，但自然人流则要少了一半以上。重要的快餐品牌几乎都不选择在西区开店，黄太吉却反其道而行之。他选址的标准很简单，不需要太大，能安排下 20 个座位即可；能做明厨，让消费者看见食物制作的过程；交通便利，易于送外卖。黄太吉选址上跳出了传统餐饮业的成本结构，不被高房租绑架，而且通过口口相传的口碑创造属于自己的客流和粉丝，让客户主动找来。消费者会主动去搜寻这些信息，然后决定他们的消费和行为。赫畅认为"黄太吉做的不是 O2O，是 C2B。"

黄太吉的潜在客户是北京 CBD 附近无数知名公司的高密度的白领客户，他们深知上班族会天天为每顿饭吃什么而头疼，上班族对食品的要求主要在于是否物美价廉、卫生放心，同时还要对这种食品有熟悉感，不能稀奇古怪。此外还要有些附加值，这就要求就餐环境舒适、品牌有格调。因此，他把"土气"的煎饼店包装出了时尚范儿：点餐模式类似星巴克，装潢风格类似港式餐厅，海报做成文艺风，还提供免费 Wi-Fi。

2015 年 6 月，黄太吉正式宣布"外卖服务平台"问世。黄太吉外卖"中央厨房"国贸 CBD 基地 1 号正式启动，可以接入第三方品牌标准化快餐产品，提供生产加包装加配送的一条龙服务。单一基地单日产能 8000 单，25000 件单品……在北京未来 3 个月将启动 10 个产能基地，向单城市单日 10 万单进军。黄太吉的成功来源与传统行业的媒体化运营，那么让我们来看一下他是怎么做的。

（1）个人社会化营销

"个人社会化营销指的是个人以社会化媒体为平台进行自身或作品的策划推广以扩大影响力或获得经济效益的营销活动。"

其中，社会化媒体主要包括当今网络中的博客、微博、社交网络、视频网站、维基百科等以"人人均可参与"为特点的传播媒介。

2013 年电影《泰囧》《致我们终将逝去的青春》《小时代》的成功得益于良好的社会化媒体营销策略。赫畅本人也是个善于借势的创业者。他看到了互联网社会化结构的趋势，借助新浪微博、消费者自身、名人效应之势，来传播黄太吉的品牌。他在经营黄太吉这个品牌的同时，也在经营自身的品牌。

（2）"微时代"媒体运营

赫畅认为自己做煎饼果子就是将原来已存在的东西做好，做出它的本真，这也是一种创新。他把准了互联网时代人们餐饮消费的脉搏，这是传统餐饮业的突破。

黄太吉在"微时代"的突破之一，在于对粉丝的重视。很多人觉得黄太吉的品牌影响做得很不错，尤其是微博营销。当很多企业家认为微博的回复烦琐无甚作用时，赫畅却干了许多人不屑于干的事，他认为粉丝就是黄太吉的未来。在赫畅看来，微博根本不是 0 和 1 的问题，不是一个要做和不做的问题；而是 1 和 2、1 和 3 的问题，是怎么做的问题。一个在互联网时代的创业者，如果仍然忽视微博这个最重要的用户行为，"坦白说，你做什么都不成功的风险可能非常高，因为你忽视了最显而易见的品牌沟通现实"。

黄太吉在"微时代"的突破之二，在于其走心的服务。没有任何品牌是可以脱离产品和服务本身存在的。如果不是黄太吉的理念和产品，消费者不会有持续的热情。而黄太吉的服务理念也为人津津乐道，甚至成为媒体竞相报道的话题。如店内免费Wi-Fi、免费洗车、停车攻略、开奔驰送外卖……特色而贴心的服务是一般餐饮业的突破，这也为消费者提供了持续分享的理由。

（3）跨界经营的优势

不少人将黄太吉与互联网思维捆绑在一起，原因在于其用户驱动产品和良好的用户体验。赫畅认为的互联网思维是"一切都是可以连接起来的"理念。

用互联网思维做餐饮。从行业归属看，黄太吉属于传统餐饮业。黄太吉通过对品牌的精心打造，形成了这样的品牌："黄太吉 = 煎饼"，"黄太吉 = 互联网思维的煎饼店"。一时间得到了全世界的关注，尤其震惊了餐饮业，引无数人不远万里前来学习这种互联网餐饮模式。

（4）颠覆式的媒体营销

2013 年，黄太吉与小米手机、平安银行、余额宝等一起被《台湾商业周刊》评选为"中国大陆年度最佳商业好点子"案例。黄太吉的成功不仅仅是其煎饼产品的成功，更是营销的成功。它的营销做得好到什么程度？很多人去黄太吉并不是为了吃煎饼，甚至不是为了吃饭，而是为了一种体验，一种文化，一种时尚，一种品位。更让人意外的是，黄太吉始终没花一分钱做广告。

黄太吉运用社会化媒体因其广泛的公开性、参与性，打破了口碑传播的时间、空间和关系界限，消费者可以随时随地地获得很多有相似体验的其他消费者对自身体验的描述。因此，几乎所有的社会化媒体形式都为黄太吉所用：微博、大众点评、微信、QQ、陌陌……特别是"微信""陌陌"等即时通信工具，都可以用来订餐和推送促销信息，既利于品牌推广，又方便顾客订餐。

（5）多种营销手段同时使用

①内容传播，制造分享理由

黄太吉深谙网络营销之道，善于利用微博"以小搏大"，善于寻找卖点，为社交网络制造分享的理由。除了口味纯正之外，黄太吉的卖点一是美女老板娘，二是开奔驰送煎饼。

②饥饿营销，就是要吊你胃口

在寸土寸金的北京 CBD，黄太吉的店铺小，座位少，而随着影响力的渐渐扩大，顾客越来越多，排队是必然现象。此外，每天限量供应的猪蹄等更是吊足了顾客的胃口。这种饥饿营销的效果是非常明显的，形成"越来越多的人知道黄太吉这个品牌→越来越多的人涌进黄太吉的门店→场面也显得越来越火爆→人们选择黄太吉的理由也越来越充分→更多的人知道黄太吉这个品牌"这样一个循环递进。

③差异化事件营销，细分顾客

消费者的兴趣爱好不同，关注的事情自然也就不同，黄太吉充分结合事件和节日进行差异化营销，细分顾客群体，充分抓住各方顾客的需求，使同质化的产品做到了差异化的销售。比如，奥巴马竞选期间黑米豆浆和巧克力豆浆半价销售，六一致青春怀旧风，光棍节买一根油条送一根油条，甚至老爵爷弗格森退役也给身着曼联队服到店的顾客一套免费的煎饼。黄太吉的种种活动创意让顾客得到了美食以外的附加值——这种快乐和满足远远大于煎饼本身。社交媒体时代，社交是关键，参与体验是关键，去了以后吃什么反而不再那么重要！

不难发现，黄太吉的大部分营销方法是基于互联网或是在互联网平台发酵扩散的。黄太吉善于利用潜在客户常用的媒介（如微博、微信等）扩大品牌传播，也深谙潜在客户的心理和兴趣，善于吸引和引导。这才是黄太吉成功的密码所在。

8. 从 papi 酱看"网红"

当今社会，粉丝经济无处不在，会"吐槽"、擅长搞笑也是生产力？没错。靠短视频"吐槽"在微博汇聚 800 多万粉丝人气的网络红人"papi 酱"2016 年 3 月获得了 1200 万元投资，投资方为罗辑思维、真格基金、光源资本和星图资本。2016 年 3 月 21 日，罗辑思维宣布与"papi 酱"联合拍卖广告，广告主可以在短视频中露脸，最终广告以 2200 万元的高价收官。这次的广告拍卖被业内视为首例网红经济成功"变现"案例。

从 2015 年 9 月 29 日开通微信公众号至 2106 年 3 月 15 日，papi 酱共发布 37 篇图文消息，其中有 9 篇 10W+ 文章。2016 年 1 月 5 日发布的 papi 酱的"上海话＋英语又来了"截至目前已经在公众号上收获 43 万＋阅读。微博上也有过万转评，4 万点赞。

除了公众账号与微博，papi 酱的短视频在优酷上也广受好评。papi 酱 2015 年共发布了 27 个短视频，累计总播放数量达 2065.3 万次，聚集了 10.3 万粉丝，评分更是高达 9.3 分。"papi 酱 2015 年度十大烂片最专业点评"不仅在公众号上收获了 10 万＋，在优酷视频上播放量达 110 万之多。

不管是做自媒体，还是做网红，都已经开始明智地选择在多个平台发布内容。因为有好的内容所到之处无不收获俘获一批粉丝，成为到处能见的"网红"。

从最初的秒拍，到优酷，再到 AB 站，豆瓣、知乎、再到现在的微博、微信，papi 酱都凭自己的原创内容收纳了不少粉丝，瞬间成为全民讨论关注的逗比女神。现在能全平台做内容的可能也数不出几个，papi酱在新媒体领域的渠道布局也是亮点之一。

　　现在，多平台的内容分发趋势已经不可避免，对于内容创业者来说有更好的机会获得成功。今日头条、搜狐自媒体等多个平台都在大力扶持内容创业者。多个渠道的分发推荐，将会是未来很大的竞争力优势。那么作为网红如何运营自己的个人品牌呢？

　　在个人品牌时代到来的今天，个人品牌的建立和网红其实是两个层面的东西，网红只是你个人品牌其中的一个属性或者渠道。用网红的渠道去打造自己的个人品牌，而后者则是在内容基础上增加了网红这一个渠道。比如，很多人都在说的雷军和贾跃亭正在成为新的企业家网红，前提是他们即便之前不是网红，他们的身份、职位、财富等就已经形成了他们的个人品牌。

　　网红IP化的运作，其实是一个由渠道打内容的过程，跟大多数渠道商想要品牌化一样，是一个"逆向"的运作，其实并不会有想象中的那么容易。这一方面取决于你的内容究竟是什么，是否有足够好的潜力，如果你是一个靠打擦边球直播的网红，那么你的IP化就很难，而像papi酱这样，本身内容带有价值观属性的，则易于IP化；另一方面则取决于你是否有好的媒体平台去进行IP化，强化自身的品牌影响力。

　　对papi酱而言，通过网红这一身份，已经让她形成了一定的个人品牌，那么下一阶段则是，如何把个人品牌进行IP化——很显然，papi酱目前的那些短视频的潜力远没有她个人IP化的潜力和空间更大，毕竟一个3分钟左右的视频很难有足够多承载IP化得内容。因此，虽然不清楚罗振宇当时以什么理由说服papi酱接受投资，但相信IP化运作一定是最大的筹码。

　　对于在电视和互联网行业厮混多年的罗振宇来说，他有足够的资源和平台去帮助 papi 酱进行 IP 化运作，现在网上流传的表情包相信还是 papi 酱无心插柳的 IP 内容，未来 papi 酱可以去参加电视录制、可以筹拍电影、可以推出基于个人品牌的延伸品，这些其实都是罗振宇所擅长的东西。

基本上可以这样下个结论，如果个人想要成为网红，可能会成功，但是如果想把网红这一身份转移到个人品牌并且充分地进行 IP 化运作，那么这个可以说单靠个人很难达到好的效果。或许你可以进行某部分的 IP 运作变现，但很难进行系统的 IP 化。如果你的网红身份没有足够的媒体平台去进行 IP 运作，那么你的个人品牌也就仅仅停留在网红阶段。

所以，未来基于公司或者平台的网红或许会成为主要的方式，它不仅可以给你足够的资源，同时可以让你权益变现最大化。更甚者，未来个人品牌也会成为企业进行招聘的一个主要的标准。

papi 酱广告拍卖事件之后，已经不知道有多少人有立志成为网红的想法。显然，如果之前网红赚钱这个事还只属于大多数普通人概念里的东西，而这次的 2200 万则彻底地让网红概念落地，与之相伴的则是大量人开始涌入网红市场。

实际上，即使在 papi 酱以前，网络直播市场的火爆已经为网红形成了一个主要的渠道。像是游戏主播，或者是女主播这些，很多人已经吃到了直播的红利。

但是，这与 papi 酱利用微信公众号所形成的网红不同，直播市场仅存在于一个相对封闭媒体空间和封闭的人群中——只有观看直播的人可以看到，大多数直播的人并没有通过直播这一渠道向公众号、微博导流，而 papi 酱的成功，则开始让这些直播的人意识到，原来可以有一个更大的可能。

"网络直播—> 微信公众号—> 个人品牌—>IP 运作—> 社群

运营"，我们已经隐隐约约地看到这一条完整的产业链成型。在产业链中的每一个环节，都可以完成变现，只不过越往后变现的力度越大。透过"papi酱"现象，可以看出，"网红经济"已初具规模。

"papi酱"的走红，指明了"网红经济"未来发展的几个趋势。

（1）短视频崛起，将在网红传播中发挥重要作用。短视频的地位将日益突出，脸书（Facebook）接连收购几家短视频公司，如今短视频广告已占到脸书广告一半。未来国内也将迎来短视频的爆发。

（2）原创成为网红经济新势力。未来网红经济将日益细分化、差异化，类似"papi酱"这样的优质原创内容将越来越多。

（3）网红将从个体团队转为公司化运营。网红本身具有很高的流量。但为了创造效益、扩大影响，网红将从个体到团队公司运营的方向发展，更多网红创作公司会出现。

（4）网红将推动热门IP（版权）变现。网红是热门IP的一部分，具有商业变现价值。自媒体网红是跨界的，其价值能够体现在网络经济的各个方面，因此受到不少投资人青睐。

9. UC 浏览器的新媒体计划

UC 浏览器全球用户超过 5 亿，日活跃用户突破 1 亿，是阿里巴巴旗下的核心产品。UC 头条是根植于 UC 浏览器的信息流个性化推荐产品，自 2015 年 7 月上线后，文章日曝光量已达 63 亿次，日阅读次数 5.7 亿次，单条文章最高阅读量达千万次。

UC 头条现已全面启动自媒体开放平台战略。强大的品牌平台和庞大的阅读群体，让 UC 订阅号成为自媒体人的最佳选择。在这里，您的产品能最快地出现在用户的移动终端上；同时，基于阿里巴巴的大数据，您的订阅号及其内容将被推荐给更懂您的受众与粉丝，百万级别阅读量不再是遥不可及的梦想。

2016 年 4 月 28 日下午消息，阿里巴巴移动事业群今日在京召开战略发布会，正式宣布旗下 UC 浏览器将实现战略升级，成为千人千面的新媒体平台（如图 5-4 所示）。

图 5-4

同时，阿里移动事业群总裁俞永福还宣布推出赋能媒体计划，推动内容提供商向内容服务商转变，让媒体像天猫品牌商家一样拥有自己的"内容店铺"，形成良性、可持续发展的媒体新生态。并发布阿里汇川移动广告平台，打通 UC 浏览器、神马搜索、PP 助手等多个阿里旗下移动平台，为广告主提供移动精准营销服务。

从"人找信息"到"信息找人"

"未来五年，互联网产品必须从'人找信息'到'信息找人'升级"，俞永福指出，当下人与信息连接方式正在经历重构。互联网出现之前，信息很少，获取信息的途径少，用户要自己去找信息，是"人找信息"的模式；移动互联网出现之后，信息爆炸，理想的模式应该转变为"信息找人"。

从"人找信息"向"信息找人"升级，自己受启发最大的互联网产品是手机淘宝。传统 PC 上的淘宝网，本质上就是电商门户，但手机屏幕空间小，还用中心化的流量分布方式，消费者信息过载，商户也有流量天花板。

"从'人找信息'到'信息找人'，信息服务与电商变革逻辑是一样的，UC 要像做淘宝、天猫一样做媒体平台！"UC 将沿着手机淘宝的变革路径升级 UC 浏览器，在供给侧主打"万能的UC"，不断提升内容的丰富度和高质量，同时在消费侧发力，用阿里大数据优势进行个性化内容推荐。

2019 年 11 月，UC 浏览器全球用户突破 4 亿，月活超 2 亿，智能机用户占 90%。

2015 年 8 月，UC 推出了基于浏览器的个性化信息流产品——UC 头条，并启用了全新品牌 Slogan "给的再多，不如懂我"。根据移动场景和浏览习惯，UC 头条将精选后的信息和服务用更好的体验和方式传递给用户，初步实现千人千面。

随着移动互联网的普及，人们对信息的获取方式出现明显的变化，以微信、微博、UC 浏览器为代表新媒体平台崛起，随着它们的用户规模庞大起来，内容需求凸显，微信、微博、UC 就变成了内容服务的渠道，成为一种泛媒体，也造就了一批自媒体浪潮。

2019 年 4 月，UC 正式推出了"赋能媒体计划"，推动内容提供商向内容服务商转变，让媒体像天猫品牌商家一样拥有自己的"内容店铺"，形成良性、可持续发展的媒体新生态。

在运营商 UC 就是要让内容创造者拥有自己的"内容店铺"，把自己的店铺作为自己长期经营的阵地，这样内容提供商的经营价值不是一次性的流量售卖，可以利用内容店铺沉淀自己的品牌价值。

同时，针对信息流产品普遍存在的同质化问题，UC 也给出了自己的解决方案："既要做内容的淘宝，追求丰富度，又要做内容的天猫，追求专业和品质。"俞永福表示，不能仅仅以点击量来判断信息的价值，财经评论和段子手吐槽需要不同的推荐标准，也需要更多元化的价值变现手段，可以是打赏，也可以是社群电商。他指出，在媒体变现方式上，要实现"千人三面"——广告、增值服务、电商。而这三种方式，阿里 UC 都有自己的优势，广告上拥有阿里妈妈，电商则是阿里的业务大本营。

阿里移动方面称，UC 即将实施的"赋能媒体计划"，包括精准流量、多元变现两个部分，在流量上，UC 将利用阿里大数据将每天 60 亿次的曝光资源利用精准算法结合人工运营进行智能推荐，把高契合度、高匹配度的用户推荐给媒体人，同时会强化版权管理，加大原创保护。在变现方式上，除了传统的内页广告和运营补贴，还将提供付费墙、众筹、打赏等多种形式，提升变现效率；此外支持外链，无缝对接电商及支付系统。

何小鹏还指出，UC 后续还会加紧建设数据参谋、社群运营等工具平台，让媒体更高效、便捷地经营自己的"内容店铺"，甚至推动用户参与媒体的内容创造。

2016年3月，UC表示已经与新浪、第一财经、网易、爱卡汽车、时尚集团达成内容合作，著名明星高晓松、黄磊，知名财经作家吴晓波也先后入驻。

俞永福表示："UC有充分的耐心，我们计划用五年的时间，完成媒体新生态的建立，实现内容、平台、用户三者的长期平衡和共赢。"现阶段UC除了用"信息找人、千人千面"升级消费侧，以"赋能媒体、授人以渔"媒体变革，还必须提升平台自身的商业化能力，在移动营销领域有所建树，提升平台的供血能力。

阿里妈妈COO朱顺炎在UC发布会的演讲中指出，互联网营销受到了信息碎片化的极大冲击，一个单一的媒体无法完全覆盖商家和品牌想触达的用户群体。只有拥有强大的媒体矩阵，才可以覆盖更多的用户，并使这些用户在访问时间和深度上进一步增加。

而阿里巴巴已初步完成了营销媒体品传销矩阵的布局，既有优酷这样的品牌类媒体资源，又有包括UC浏览器、神马搜索、微博在内的传播类媒体，此外还有淘宝、天猫这一国内最大的电商媒体平台，能够直接为销售带来直接转化。品传销矩阵能为广告主带来维度更加丰富的投放媒体。广告主根据可以自己的诉求，找到最为优质的投放渠道。

10. 可口可乐把自己做成媒体

可口可乐正计划将更多广告投向社交媒体，而不再是传统媒体。可口可乐董事长兼 CEO 穆泰康在一次新闻发布会上重申了可口可乐对社交媒体的偏爱。现在可口可乐在 Facebook 上拥有大约 7000 万粉丝。

穆泰康说："在中国，我们现在有 10% 的产品广告是通过社交媒体平台来完成的。2015—2016 年，这一比例将上升到 75%。"他解释这一做法的初衷是因为："15 年前，我们只要生产出质量好的产品，做个好广告，给消费者制造一个积极的产品印象，就可以把产品摆到货架上去卖了。现在，你必须去创造消费者表达意愿，让消费者愿意主动地谈论你的产品和公司。这也改变了我们的业务，改变着我们和消费者沟通的方式。"在这次来中国前，穆泰康刚刚在缅甸参加了两家新装瓶厂落成仪式。可口可乐是第一个在当地拿到外商投资许可的企业。

可口可乐是社交媒体行家，在营销上的创新让穆泰康引以为傲，其中包括"小小世界"案例：可口可乐在印度和巴基斯坦拥有自动贩卖机，他们在机器上装了摄像头，印度消费者可以通过摄像头看到巴基斯坦消费者。很多人在社交网络上谈论这件事情，这个小小的技术创新，获得了大范围热议。穆泰康说："你要始终保持在潮流前端。有的时候需要冒一些风险，因为没有风险就没有回报。"

2017 年 11 月，可口可乐"卖萌表演"在社交平台上走红。

一系列印着"高富帅""有为青年""天然呆"等网络流行语的可口可乐，被很多消费者买来拍照上传到微信、微博。

除了可口可乐品牌，该集团旗下还有其他 499 个品牌，3000多种不同的产品。

如果把货架上的可口可乐的瓶子当成媒体来发消息，每天十亿级别的销量，意味着它的到达将高过任意单个媒体。

2013 年夏天，"你是我最重要的决定""阳光总在风雨后""我愿意为你"等几十款流行歌曲歌词被印在可口可乐的瓶身和易拉罐上。据可口可乐公司提供的数据显示，6 月，"歌词瓶"带来可口可乐整个汽水饮料销量的增长高达 10%。

"谢谢可口可乐送我有专属名字的瓶子"这是歌手林俊杰2013 年 6 月发布的一条微博，他收到可口可乐公司寄送的"昵称瓶"，昵称是"有为青年"。随后，包括黄晓明、王心凌、蔡少芬、林更新、陈建州等，网上一共有 2430 位各路明星和意见领袖在各自的社交网站上分享了自己收到可口可乐"昵称瓶"的惊喜和疑惑。

这些"昵称瓶"都是可口可乐公司送给这些名人的，并随后正式宣布推出"昵称瓶"的包装，引发了网友广泛热议，要知道可口可乐的经典瓶型外观一直没有多少改变，这次突然发布如此"接地气"的包装着实让网友吃惊，甚至有很多人表示是不是山寨可口可乐。一时间，可口可乐换装的消息遍布微博、豆瓣、天涯、人人等新媒体平台。随后，大量传统媒体也跟进报道。

如果说"昵称瓶"是人与人之间身份认同或风趣打招呼的一种方式，那么"歌词瓶"就是一种深入的情感表达与双向对话，两者使包装本身成为一种"自媒体"。从产品本身出发，让产品在货架上跟消费者产生独特的沟通，这样一来，全世界没有比可口可乐瓶身更大的户外媒介了。

早在 2009 年，可口可乐全球制定了"2020 战略"，用十年的时间，让品牌在 120 多年时间内创造的规模实现翻番，也就是说，从每天供应 16 亿瓶可口可乐产品增至超过 30 亿瓶。

要完成这看似"不可能完成"的任务，可口可乐认为，关键在于"内容"。

"品牌故事的内容如液体（Liquid）般，自由地流向每一个角落。但不论它们流淌到多远，都与品牌战略和目标相连（Linked）。"可口可乐高级副总裁 Wendy Clark 在一次演讲中如此阐述"品牌与流动性传播连接"的关系。

详细分解下来，首先，品牌在传播的过程中要有故事，有生命力的故事可以在任何一个媒介传播；其次，邀请品牌的粉丝一起创造故事，只有这样，故事才有真实性、有说服力，才能被消费者主动传播；再次，创造广泛而有效的渠道，让消费者参与进来；最后，同样重要的是，所有的内容和渠道都是在品牌策略的指引下进行的。

可口可乐正是将每一瓶"歌词瓶"化身为表情达意的载体，让消费者可以向家人、朋友、爱人、同事或同学"唱出"心声，分享情谊。这些被选择上瓶的歌词大多来自明星们脍炙人口的单曲，而且经过了精心的挑选，考虑到不同年龄、不同性别、不同性格的人群的喜好和对流行歌曲的认知区别。虽然应用场景不同，但共同点是具有正能量，积极乐观的。

2012 年可口可乐在中国成立社交媒体中心以来，聆听消费者呼声，了解消费者需求变得更加直接和有效率。这个类似"即时舆情监测"的部门，一边对接公司的各个品牌团队，另一边传达至系统外的装瓶厂，消费者在社交媒体上有关"可口可乐"等关键词的意见，在社交媒体中心的疏导下，快速反馈到公司相关的节点。

一个典型的例子："歌词瓶"项目自上线、在市场上铺货后，每一天，营销团队都会用一段时间聆听消费者在线上谈论什么。他们注意到，消费者在社交媒体抱怨"要跑很多地方找'你是我最重要的决定''你在我眼中是最美'这两句歌词的瓶子"。

为什么会这样？因为这两款"歌词瓶"很适合婚礼，而所有的铺货是随机的。要凑齐一定数量，就必然去很多地方寻找。

一探究，就发现了新的机会。可口可乐集团立刻与 1 号店合作，推出了"结婚'歌词瓶'"系列。当消费者有需求时，就可以在这个专区通过购买一定数量的可口可乐，来定制有名字的"歌词瓶"。

我们希望在夏天把快乐带给所有可口可乐的消费者和喜欢可口可乐品牌的大众。此外，随着社会化媒体的地位日益凸显，我们也希望在产品中体现"接地气"的一面。这也正是可口可乐昵称瓶活动的初衷。其实，可口可乐昵称瓶的灵感来自两年前在澳洲广受欢迎的"Share A Coke"广告，他们把最常见的 Amy 和 Kate 等澳洲人的名字印上产品包装。

在中国，我们对这个概念进行了本地化处理，把大家在社会化媒体上使用最多、最耳熟能详的热门关键词印上了瓶。利用社会化媒体聆听系统抓取网络社交平台上过亿热词大数据的捕捉，把网民使用频度最高热词抽取出来，使可口可乐与消费者拉近了距离。从销售结果来看，这种自媒体的传播方式非常不错，使得可口可乐在中国的销量较 2018 年同期实现了两位数的增长。

11. 小米为什么能深入人心

小米的互联网企业模式——粉丝营销，彻底冲击了传统企业的传统思路。传统企业的思路只是传统的营销理念，而小米正是靠着粉丝的力量将其推到大众的面前。近年来，整个传统手机业已经进入小米时代，并掀起了全民学习小米的浪潮。魅族 MX 和中兴旗下的 Nubia 早就已经学习了小米营销并抢滩登录互联网市场。2013 年 11 月，联想集团公开表示联想 VIBE Z（K910）开启现货预售并且以抢 Z 码形式进行，这正是学习小米的饥饿营销。而仅过了一天就被另一家手机公司金立抢了头条，金立召开发布会，声称将推出全新互联网手机品牌 IUNI，其战略口号为"以小米反小米"，首款产品将于春节前后发布，并搭载 IUNI OS。与此同时，OPPO 原营销掌舵人离职，他将策划全新互联网手机品牌，这意味着又一个新的杀入者出现。

华为在 2013 年 12 月发布了两款比小米和红米手机更有竞争力、更超值的荣耀手机，将荣耀品牌从华为独立出来专门走电渠销售。

更令人不可思议的是，除了手机通信行业，还有消费电子、家电、网络设备以及其他生产制造企业，也都在学习小米，试图复制小米的模式。

（1）通过自媒体培养忠实粉丝

从小米论坛就可以看出来，他们利用论坛的互动来带动忠实粉丝帮助口碑宣传，虽然目前我们不知道小米的忠实用户有多少，但我可以肯定的一点是小米的忠实粉丝非常多，这就是雷军利用用户引来客户的口碑宣传。做类似的很多，我们可能在某一个领域非常陌生，但在另一个领域有非常多的粉丝，我们可以利用另一个领取的忠实粉丝来带动这个领域的口碑宣传。我们站长经常参加一些站长活动，投资方自然也就是希望回去以后能够给他写一点感悟并为他们宣传。

（2）定期举办新品发布会

发布会都是土豪做的事情，但一般来讲能做这样的产品自然是有能力来做发布会、找媒体登记信息等操作，其目的外人看起来是做广告用的，但实际是把新闻发布会在线下做推广，同时在线上让忠实粉丝推广口碑。外加雷军本来就有不少的粉丝，小米的微博阵地有两个，一个是雷军本人的，他利用自己在 IT 产业的影响力不断发声，目前已有粉丝 800 多万，也就是雷军每一次发声有 300 多万的人在收听！另一个是小米手机的官网微博，目前其粉丝也有几百万，同样是一个庞大的数字。

（3）用影响力带动饥饿营销

放在其他企业，饥饿营销无法实施，我们经常可以看到有淘宝小店铺在做饥饿营销，但饥饿后还是无法营销，小米手机每次都是限量销售，每次都是销售一空，累计销售逾 180 万部！饥饿营销的意义在于，首先，造成一种物以稀为贵的假象；其次，批量销售有利于厂家控制产品的质量，即使出了问题也可以控制在一定范围之内，后一批产品在销售前可杜绝同类问题的发生；最后，人为造成供不应求的热销假象。

（4）完美的产品体验

用户想要一个什么样的手机？硬件好、价格低、外观美，在大家眼里小米都做到这几点，无论是价格、性能和外观，可以说是在业界没有漏洞可以钻了。其次是为了提高用户对小米手机的体验，小米官方一直在开发新的产品，如小米手环、App 应用等。虽然在手机上做不到用户体验的极致，但小米手机能够在附加产品上做到极致并且使用上不亚于其他手机，这就是最好的用户体验创新，比如，手环在其他品牌出售价格在 700~1000 元不等，但小米手环推出的价格在 79 元，这就是一个非常大的改善，配合饥饿营销的模式，小米完全颠覆了手机行业。

这样，一家史无前例的公司，在争议和吐槽声中"发烧"产生了。从 MIUI—米聊—小米 1—小米 1S—小米配件—小米青春版—小米 2—小米 2S—小米盒子—小米 3—红米—小米电视—小米 4S—小米 5S。只有你想不到的，没有小米做不到的。

如今，数以万计的米粉们（小米手机的粉丝，简称米粉）每周都参与到小米系统的开发订制中，小米创始人雷军曾自豪地表示："苹果的更新是一年一次，谷歌是一个季度发布一个版本，而小米则是一个星期发布一个版本，风雨无阻。"聚集小米粉丝的小米社区用户已达到 900 万，每天关于手机讨论的帖子多达几十万条。

并且，我们还可以看到小米的饥饿营销和巨大的销售量：QQ 空间 1 分 30 秒，10 万台红米售罄；而今红米 F 码"一码难求"，另外，在天猫"双十一"节中，小米第一次参加便连夺数项第一，短短时间实现 5.5 亿销售额；而且小米手机 3 与微信合作，15 万台被抢光，还当掉了微支付后台。这一切实在是太疯狂了。

其实，小米的媒体宣传并不神秘，它源自美国苹果公司，但却将这种粉丝经济扩展到极致；作为创始人的雷军，并非像苹果公司的乔布斯那样遥不可及，而是作为小米品牌第一人冲在社交媒体第一线上；他创办米粉节，让全国各地的小米粉丝们有了一种集体归属感；并且在全国各地创办小米之家，不断推出针对粉丝的线下活动；从微博到微信，小米可谓深谙社交媒体的沟通交流之道。

这一系列举措让小米公司成为中国发展最快的互联网公司之一，2015 年的估值已经高达 450 亿美元。短短几年，小米成为手机行业一个新巨头。

12. 戴尔公司的媒体策略

在当今的新媒体世界里，机智、巧妙的沟通策略是必不可少的，其所能达到的结果也更为显著——但是只有当一个公司雇佣优秀的资深领导者，并给予他们决策权的时候这些才可能发生。如果你想做一件事，那就认定这是值得去做的，一定不要轻视它。

在公司内部进行调查，以确定你目标的价值所在。提升并保护本公司品牌和声誉有什么价值呢？看一下本行业内的案例，然后去雇用可靠的媒体公关专业人士。

最重要的是，在雇用优秀的媒体公关人才时，要乐于接纳他们带来的新点子，并乐于考虑他们提出的建议和意见。

戴尔公司雇用了好几个代理机构，期望能获得公司所缺乏的公关领域的专家意见。假设一家日报的首席记者，编辑要求我跟戴尔公司和苹果公司联系，问他们一些问题然后写一篇报道。找到戴尔主页底部的"联系我们"，但是没有任何媒体联系的内容，因此不得不寻找并点开了"网站地图"，在那里找到了"新闻中心"，但是点击后却找不到任何负责新闻媒体的员工的具体联系方式，只有一个表格可以填，提交了表格但却没有收到任何回复。

戴尔公司的这种模式被笔者称为"老式公关部门"，而苹果公司的却是一个精通媒体的公关部门。所以苹果公司总有醒目的头条新闻、新闻炒作以及引人注目的新闻报道，这些远远超过戴尔公司，不过考虑到上述因素也就不足为奇了。苹果公司吸引了所有媒体的关注，他们创造出的这种效应被营销人员称为"晕轮效应"，因为其回报直接体现为销售额和市场占有率的增长。

　　每次苹果公司发布一款新的笔记本电脑，都会上头版头条，而戴尔公司则主要依赖于付费广告和新闻发布会，而且其新闻发布会的内容往往因循守旧，缺乏新意。苹果公司在主流媒体和新媒体的覆盖范围如此之大，相比之下戴尔公司在这方面所做的工作简直微不足道。苹果公司的销售额、不断攀升的市场份额以及顾客满意度都说明这样做是成功的。仅在 2014 年到 2015 年一年间，苹果手机销售额的增长就超过了 30%。

　　哪家公司的品牌更有活力，哪家公司更有可能在未来成为科技市场的领军人物，至此已毫无疑问。当然付费广告并非全无用处，但是当今最激动人心的和最有效的战略主动权取决于出色的战略性沟通，也就是与外界各种"媒体"的联系。

　　现在越来越多的公司意识到把公司愿景传递出去非常重要，因为媒体对此的报道越频繁，其影响就越大。所以现在出现了一个非常重要的趋势，那就是越来越多的顶尖公司正在投资以加强公司内部公关团队的建设而不是去外界寻求帮助，因为外边的公关公司更不可靠。

　　在社交媒体盛行的今天，戴尔公司也在改变对媒体的策略。戴尔鼓励所有员工以正确的方法善用社交媒体，如在 Facebook，Twitter 和人人网上做推广，但是诸如 YouTube，Flicker，博客或者维基百科，他们也善于运用这些媒体。

　　（1）戴尔采用网络直销的方式，大大降低成本，并能很好地掌握消费者的需求，产品的客户化。

　　（2）充分利用互联网技术，公司网站向客户提供大量信息，使客服了解公司的最新动向及新产品，起到十分好的推销作用。

　　在促销策略方面，Dell 网业也起着举足轻重的作用。首先是广告。广告在 Dell 的网页中无处不见。Dell 的网页中有各种各样的多媒体图片和许多性能比较图表，有的广告甚至做成了幻灯片的形式。这些都能充分地激发顾客的购买欲望。第二是公共关系。在 DELL 公司的主页中，也有不少地方体现了公司的公共关系策略。例如，在其页面中有公司的宗旨等信息的介绍，还有对最新电脑世界的新闻信息发布等。

（3）利用网络提供服务和技术支持，完善售后服务，提高顾客忠诚度。作为一个高科技产业，其服务环节是相当重要的，可以说，是决定公司成功与否的一个关键因素。因为对一个用户来说，购买的不仅仅是机器本身，更重要的是其相关的服务。Dell 公司的总裁在谈到今后如何继续保持强劲的发展势头时说："我们这个行业对客户总是漠然置之，今后我想把客户服务提高到一个全新的高度。"这并不是一句泛泛的推销口号，公司已经认识到客户服务是今后争夺市场的关键，并提出了一系列衡量服务质量的标准，如交货准时率、首次修机成功率、24 小时内维修人员到场率等。事实证明，对于 DELL 公司的许多客户来说，首先是被 Dell 的价格所吸引，但后来价格并不成为主要因素，品牌忠实粉丝的支持才使他们之间建立了牢固的关系。

今天的互联网让营销力量得到了极大的释放，网络营销如此深刻地融入企业的运营模式之中。Dell 公司的网络营销策略迎合了时代的潮流，利用了先进科技发展其网络销售，可谓是开直销之先河，逐步建立起粉丝营销系统，培养起大批忠实用户。

13. 京东的媒体品牌塑造

京东近年来持续扩张业务，气势如虹，也推动其股价连日上扬，京东在上市一年多后，市值首次突破 500 亿美元，仅次于 BAT，巩固了中国第四大互联网公司的地位。

2014 年 5 月，京东在美国纳斯达克挂牌上市，成为中国第一个赴美上市的大型综合性电商企业。京东在过去的几年里一直保持高增长，2015 年一季度财报也堪称华丽。2015 年第一季度，京东交易总额（GMV）为 878 亿元人民币（约 142 亿美元），同比增长 99%，超出市场预期。

京东第 12 个年头的 618 店庆活动，这不止是一次店庆，更是一次媒体营销策略。京东发布了 12 周年"变与不变"的主题广告配合炒作。自京东上市这一年多来，大动作频频，积极布局着各类"风口"领域，回首京东一路走来的发展，它的"变与不变"能够让我们看到一个迅猛发展的上市电商企业在成长路径上的坚守与突破，值得思考深究。

初心未变，是一个热词，也是一口百折不挠、久经考验的陈年鸡汤，京东这次卖这碗汤找来了谢霆锋、李娜，以及京东掌门刘强东，他们都是拥有不同故事的公众人物，除了听出刘强东的家乡口音还没变以外，他和霆锋、李娜一样，认为 12 载光阴，很多故事在发生，身份、地位、性格都会变，外界的形象也会改变，但那只是浮于表面的变化，并不代表真实的内心，对于京东来说，12 年，初心未变，12 年，也要从心出发。

广告风格以黑白人物搭配红色的字体，于严肃中流露出一个人对坚守初心的决心（如图5-5所示）。广告覆盖北京各大地铁、户外也尝试了微信端的信息流广告，这次广告的声势可谓是盛大，它充分利用了组合媒体宣传的方式，同时这次广告也是成功的，它使得京东网站的流量迅速爆棚。

图 5-5

京东从刚开始的蹒跚学步到现在成为电商领域的领军人物，用了只有短短的十二年时间。在这十二年时间里，刘强东带领企业员工渡过了一个又一个艰难的时期，京东的快速成长与其企业文化价值观和巧妙的媒体合作有着密切的关系。然而京东要想始终保持核心竞争力，重中之重在于企业文化价值观的贯彻执行。这就需要借助媒体传播的手段来使京东的企业文化价值观传播出去。随着京东的体量日益庞大，员工人数不断膨胀，通过不断打"价格战"追求市场份额，京东企业形象传播近年来也饱受争议。负面的企业形象不仅不利于京东的运营，也不利于其新的企业文化价值观的切实落地。

所以在 2013 年，京东决定休养生息，重梳理企业文化价值观，并通过一系列的企业形象传播作为其文化价值观落地的重要抓手，让其有效地沟通京东企业的内外部环境，重新塑造京东的企业形象，真正贯彻企业的文化价值观。

（1）京东企业形象传播近年来面临争议

近几年，京东的名字被越来越多的人所熟知。然而，这一路走来却饱受争议，京东多次处在舆论的风口浪尖，在媒体和公众中形成了一个颇具争议的形象，这些都不利于企业长期的健康发展，也有悖于京东企业文化价值观的切实落地。

京东 2010 年、2012 年分别与当当网，苏宁、国美展开价格战后，便"一战成名"，成为公众舆论的中心。然而，虽然这两次价格战使"京东"这个词走进了大家的视野，却给大家留下了一个颇受争议，甚至是负面的形象。由于京东领导人刘强东在微博上与他人的"恶语相向"，各种网络流言诸如"京东价格战还卖贵了""这纯粹是一场电商的赚钱阴谋"等，导致外界对京东持"质疑""批评"的态度，甚至对京东品牌产生了不信任。

自京东创始以来"诚信"一直是京东企业文化价值观的重要组成部分，而京东近年来不断通过"价格战"来增加自己的知名度，在一定程度上形成了"扰乱市场秩序，缺乏诚信"的不良形象，使得社会舆论对京东的质疑声越来越多，对京东良好企业形象的树立非常不利，对于京东企业文化价值观的稳定及落实更加不利。

"树大招风"，京东的快速发展势必引来业界的质疑，但京东的企业形象传播建设却落后于企业发展的速度，使得京东的企业文化价值观缺乏有效的支撑。其所希望得以落地的企业文化价值观由于其负面的企业形象而被架空，缺乏有效的企业内外舆论支持与资源配合。

（2）加强企业正能量传播

京东的十二年是高速发展的十二年。有人这样评价京东的发展方式："既野蛮又不守规矩，不仅破坏了行业规则的底线，对其自身也是一种'自残'。"2013 年，京东决定休养生息、重新出发。这一年里，京东不仅重新梳理了企业文化价值观，更做出了一系列重塑企业形象的努力。

①新域名和吉祥物

视觉识别系统运用统一的、系统的视觉符号系统，对外传达企业理念与形象信息，是极具传播力和影响力的要素。标识重塑，也就是对标识的再塑造，是指推翻标识在人们心目中的原有形象，通过重新定位企业理念、企业文化、品牌经营产品和服务内容等要素，对原标识的色彩、图形、文字进行艺术再设计，产生新的企业视觉形象效果和企业品牌核心价值的过程和活动。

2013 年 3 月，"京东"把原先以蓝色为主调的"360buy"更新成为一条名为"Joy"的金属狗，成为京东官方新的 Logo 和吉祥物。"JD"的意义也很多，很多人解释为"简单、决定、激动……"同时"JD=Joy Dog"代表着京东的吉祥物，代表着京东的使命"让生活变得简单快乐"。京东通过改变品牌外部标识、设计吉祥物，用更简单、更直接的外化标志使京东的企业形象深入人心，逐渐被人们铭记，扩大了京东的知名度。

②开展全媒体营销等为企业品牌铺路

京东还进一步加强了对体育营销、娱乐营销的投放力度。比如赞助了中超赛、CBA篮球赛，赞助了《我是歌手》《爱情公寓4》《失恋33天》以及各种热门韩剧等。京东依托这些载体传达企业品牌文化，也拉近了京东与消费者的距离。这些体育元素、娱乐元素调动了用户情感，使情感融入产品消费过程中，满足了用户情感上的需求。如其在电视剧《北京青年》中的植入，《北京青年》中的年轻人改变自我，激情奋斗，积极寻找正确的人生方向，这与京东的"拼搏"理念、"创新"理念完全吻合。此外，京东的目标客户群也与《北京青年》的观众群体统一。《北京青年》主要受众群体为都市白领，而这一群体正是网购的主要力量，京东借着剧情直接向广大用户传递品牌信息，适时抓住了他们的眼球。

③多重危机下，屡屡巧妙公关

伴随京东的快速发展，京东也频繁遭遇了一些危机。但从其应对来看，京东的危机公关较为及时，不仅化险为夷，也顺势在公众中树立了"亲民"的形象。比如王思聪网上吐槽京东电脑桌送货慢事件，瞬间引起网络众人吐槽京东。但京东公关团队立即反应，立即发货，并同时借"电脑桌"事件迅速发起了"土豪电脑桌营销"活动，将危机转为自己新的卖点。

不得不说京东的公关做得非常巧妙，让京东在此事件中从一开始"店大欺客"的形象转而借机树立了一个"对客户负责"的大企业形象。

④广告宣传主打温情牌

2014年，京东开启了品牌价值观营销之路，这标志着互联网企业品牌营销时代的到来，打破了电商只关注产品、价格的旧模式。从价格升华为品牌价值的营销战略，透过情感，传递企业价值观、塑造企业品牌形象。

2014年春晚，京东更是投入重金在春晚前播放企业形象宣传片——《为每一点喜悦》。此片由国际金奖导演贾樟柯导演，用细腻的镜头语言传递京东"快乐"的品牌理念，与消费者产生情感共鸣。

透过京东的发展历史，刘强东带领京东塑造了属于京东独特的企业品牌形象，这种在京东骨子里的精神，指导着京东一路走来。这种"为客户、为行业、为社会创造价值"的企业文化，是京东一直坚持的。京东是一家顺应时代、不断改变发展以完善自身的企业。未来，京东作为一家全品类自营式开放性的电商在发展的同时也将面临巨大的挑战。

结论：

企业发布媒体广告的四大原则：

一是长期性；二是连续性；三是权威性；四是针对性。

企业发布媒体广告的四大忌：

一忌不做调查研究，胡乱投放；

二忌不问时间地点，只投放一种形式的广告，"吊死在一棵树上"；

三忌"蜻蜓点水"式投放，结果是"隔靴搔痒"；

四忌不顾企业根本利益，投放"权利广告""关系广告""回扣广告"。